中国刑法导论

童德华 / 著

中国法治出版社
CHINA LEGAL PUBLISHING HOUSE

编写前言

晚近以来，我国刑法学研究显示出百花争艳的特点，最显著的一个表现是，刑法学教材编写的个性化特征越来越明显。而在过去，刑法学教材编写主要采取主编制。无论是全国性的统编教材，还是一些重要法学院校自行组织编写的教材，无不采取这种模式。这种模式可以集约一个教研团队的力量，彰显教学与学术团队的共同成就。其不足在于，这种方式在很大程度上导致刑法教材之间的内容大同小异，缺乏个性，对新理论吸收不及时。正因如此，近些年个人独自编著刑法学教材似乎成为一种新的学术时尚。个人编著刑法学教材可以最大限度地释放个人的学术潜力，展现个人的学术才华和学术积淀。然而，这种方式也似乎有所不足，它过度强调个性，甚至在概念使用上也出现了明显不统一的现象。

笔者结合这些年研究、教学的体会，遂决定编写一部教材。本教材在写作过程中力求做到如下几点：

一是坚持教材的主导性。具体而言，以贾宇教授主编的马克思主义理论研究和建设工程重点教材《刑法学》(简称马工程《刑法学》)为蓝本。马工程《刑法学》是马克思主义理论与中国刑法有机结合的成果，体现了习近平法治思想对刑法学教育与研究的指导，对于培养社会主义法治国家未来法治人才无疑具有重要作用。因此，它不仅是本教材编写所遵循的基本内容，也是本教材编著最主要的参考资料之一。

二是还原教材的历史性。1949年以来，我国政治、经济、社会、文化的发展经历了坎坷的过程，刑法研究也并非一帆风顺，但是刑法研究和争鸣的局面已然出现。尤其自1978年改革开放以来，刑法学研究日渐繁荣，取得了辉煌的成就。可惜的是，在大举学习德日刑法理论的态势下，曾经在我国具有很大影响力的教材最近几年似乎淡出了刑法教学的舞台。这并非正常现象，这种现象无法反映刑法历史发展的脉络和规律。刑法历史赋予刑法立法与理论研究以稳定持续的发展，并为刑法创新不断累积厚实的根基。如果背弃刑法历史，刑法的发展很难说是建设性的，遑论对刑法未来的展望。国外刑法学者在编撰本国刑法学教材时，尽可能反映本国刑法及理论研究的历史与现有成果。意大利是“现代刑法的摇篮”，笔者收藏的意大利原版刑法教科书就充满着浓厚的历史气息。再如，德国刑法学者罗克辛教授编写的《德国刑法学（总论）》，虽然是一部个性极其鲜明的教科书，但是其中不乏对20世纪60年代、70年代历史文献，甚至是20世纪20年代、30年代文献的述评。在日本学者前田雅英的《刑法总论讲义》中，也经常引用牧野英一、宫本英修这些早期新派学者的文献。如何反映我国1949年以来的研究成果，无疑是一个需要注意的问题。本书参考的资料包括20世纪80年代以来在我国具有重要影响的刑法学教材，如高铭暄教授主编的统编教材《刑法学》，21世纪初由高铭暄教授、马克昌教授联袂主编的教材《刑法学》以及马工程《刑法学》。这些以团队形式编著的教材，集中体现了各个时期不同政法院系刑法学骨干力量的智慧和成果，在某种意义上代表了我国刑法学界的主流性的思想。

三是展现教材的共性和个性。教材编写只有坚持多样性、兼容并蓄，才能最大限度展现我国刑法学研究的成就。刑法学是一门应用性很强的学科，刑法学教材作为打造法律共同体的一种训练内容，既要展现个性，还要体现共性。本书除了参考全国性的统编教材之外，还参考了刑法学者个人编著的教材，如张明楷教授、陈兴良教授、林亚刚教授、黎宏教授、周光权教授、付立庆教授等学者编写的刑法学教材，它们都具有较为鲜明的个性，呈现了刑法思想多元化的现实情景。在编写过程中，笔者尽可能参考国内学者的研究成果；对国外学术理论的介绍，限定于少数必要场合。

四是遵循教材的目的性。教材不是工具书，刑法学教材的意义在于令读者掌握刑法中的基本概念、刑法中的基本理论和刑法实践的基本方法。无疑，任何一种刑法理论都有其合理性和局限性，但是这些合理性和局限性都是相对而言的。教材编写应引导读者思考，让他们学会用同一种语言，用不同学说理论对刑法的公平正义、刑法的谦抑性、刑法的价值和机能等关键内核，结合不同时空结构的社会发展进行判断。编撰者可以将自我理解及其理由告诉读者，但不能代替读者思考。

五是展示教材的时代性。刑法具有强烈的社会性，立法总在完善、司法不断创新、理论持续发展，因此，刑法学教材必须关注和回应刑法立法、司法和理论的现实变化。为此，本教材在编写时力求做到以下三点：第一，遵循立法新规定。立足刑法立法规定，弥补教材空白，在相关理论部分明确国家监察机关的地位和责任，对职业禁止、终身监禁、情节等都进行必要的回应。第二，体现刑法司法新动态。近年来，我国最高人民法院、最高人民检察院对一些主要范畴进行改革，并进行了一些制度的创新，如制定实施了指导性案例制度，量刑规范化、量刑精准化、认罪认罚从宽制度，等等。本教材简要介绍了这些制度，并根据其他学者的研究提出个人看法。第三，追踪刑法理论新发展。晚近以来，随着对外国刑法理论，尤其是德日刑法理论的研究深入，我国刑法理论的进步还是很明显的，教材在编写中，对中立帮助犯、客观归属、义务犯等理论，结合国内最新研究成果予以了积极回应。

六是兼顾教材的实用性。教材的实用性体现在其内容较为全面、观点较为明确，整体上表现为简明扼要。但是受刑法立法与研究不断深入的影响，当前刑法学教材有越来越厚重、越来越庞大的趋势。这固然有利于展现作者的能力和水平，但是作为教学“产品”的制造者（即教材的作者）还应当关注到，学习者是否有充裕的资金、充足的时间来一一消化和学习。为了最大限度避免立法修正给教材编写带来的问题，本教材力求简要，尤其在罪刑各论部分，没有对刑法分则的具体犯罪及其法律后果一一介绍，而是主要采取了将犯罪行为予以类型化的方式集中介绍。

本书主要供在校法学学生学习刑法、进行刑法知识测试之用。另外，法学研究者可以将其作为批评的资料，司法实务工作者也可以在办案时参考使用。本书引用的冠以“中华人民共和国”的法律、行政法规及相关草案等，统一略去“中华人民共和国”字样。

本书编写过程中，马嘉阳、王杰、张奕然、周旋、黄昱铖、成梦露、王璨、龚思琪等研究生同学对书稿进行了认真校对，其中张奕然费力较多，且尖锐地指出了许多问题。此外，张紫妍冒着酷暑对书稿做了全面彻底校对。在此，对张奕然、张紫妍和其他同学付出的努力表示衷心感谢。

童德华

目录

Contents

第一编　刑法导论

第一章　刑法概述 / 003

第一节　刑法的基本概念 / 003
第二节　我国的刑法立法 / 010
第三节　刑事政策与刑法机能 / 020

第二章　刑法解释与论证 / 034

第一节　刑法解释 / 034
第二节　目的解释与刑法论证 / 037

第三章　刑法的基本原则 / 040

第一节　罪刑法定原则 / 040
第二节　适用刑法平等原则 / 055
第三节　罪责刑相适应原则 / 056

第四章　刑法的效力范围 / 059

第一节　刑法的空间效力 / 059
第二节　刑法的时间效力 / 066

第二编　犯罪总论

第五章　犯罪与犯罪构成 / 073

第一节　犯罪的基本观念 / 073
第二节　犯罪构成的概念与种类 / 076

第六章　主体要件 / 085

第一节　主体要件概述 / 085
第二节　责任能力 / 090
第三节　单位犯罪 / 099

第七章　主观要件 / 107

第一节　主观要件概述 / 107
第二节　犯罪故意 / 110
第三节　犯罪过失 / 118
第四节　犯罪目的和动机 / 125
第五节　刑法中的认识错误 / 127
第六节　无罪过事件与无过错责任 / 132

第八章　客观要件 / 136

第一节　客观要件概述 / 136

第二节 危害行为 / 140
第三节 危害结果 / 153
第四节 犯罪情节 / 160
第五节 刑法中的因果关系 / 163
第六节 其他客观要件 / 169

第九章 客体要件 / 171

第一节 犯罪客体 / 171
第二节 犯罪对象 / 178
第三节 严重的社会危害性 / 182

第十章 正当化事由 / 190

第一节 正当化事由概述 / 190
第二节 正当防卫 / 192
第三节 紧急避险 / 199

第十一章 犯罪的未完成形态 / 203

第一节 犯罪未完成形态概述 / 203
第二节 犯罪预备 / 210
第三节 犯罪中止 / 213
第四节 犯罪未遂 / 223

第十二章 共同犯罪 / 238

第一节 共同犯罪概述 / 238
第二节 共同犯罪的成立范围和条件 / 242
第三节 共同犯罪的形态 / 254

第四节 共同犯罪人及其法律后果 / 270

第十三章 罪数论 / 288

第一节 罪数论概述 / 288

第二节 实质上的一罪 / 293

第三节 法定的一罪 / 303

第四节 处断的一罪 / 308

第三编 刑事责任

第十四章 刑事责任概述 / 321

第一节 关于刑事责任 / 321

第二节 期待可能性论 / 333

第三节 违法性认识 / 345

第四编 刑罚总论

第十五章 刑罚概述 / 359

第一节 刑罚的概念和目的 / 359

第二节 刑罚的种类和体系 / 365

第十六章 量刑 / 376

第一节 量刑和量刑情节 / 376

第二节 量刑制度 / 381

第十七章　刑罚执行制度 / 402

第一节　减刑 / 402
第二节　假释 / 404

第十八章　刑罚消灭制度 / 409

第一节　刑罚消灭概述 / 409
第二节　时效 / 410
第三节　赦免 / 413

第五编　刑法分论

第十九章　刑法分论概述 / 417

第一节　刑法分论、分则与体系 / 417
第二节　罪名、罪状、法定刑 / 420

第二十章　侵犯公民个人法益的犯罪 / 426

第一节　侵犯公民人身权利的犯罪 / 426
第二节　侵犯公民自由法益的犯罪 / 462
第三节　其他侵犯公民人身权利、民主权利罪 / 483
第四节　侵犯财产罪概述 / 491

第二十一章　侵犯社会法益的犯罪 / 551

第一节　破坏社会主义市场经济秩序的犯罪 / 551
第二节　妨害社会管理秩序的犯罪 / 615
第三节　贪污贿赂犯罪 / 658

第四节　渎职犯罪 / 730

第五节　危害公共安全犯罪 / 756

第二十二章　危害国家安全的犯罪 / 786

第一节　危害国家安全罪概述 / 786

第二节　危害国家安全的具体犯罪 / 787

第一编

刑法导论

第一章

刑法概述

第一节 刑法的基本概念

一、刑法的概念与特征

（一）刑法的概念

刑法的概念揭示刑法的内涵与外延，明确刑法的研究对象和范围。但是，不同时期的学者对刑法的含义有不同的表述。

观点一认为：“刑法是掌握政权的统治阶级为了维护本阶级的利益和统治秩序，以国家名义颁布的关于什么行为是犯罪和如何惩罚犯罪的法律。”①

观点二认为：“刑法是规定犯罪与刑罚的法律。”②

观点三认为：“刑法是规定犯罪、刑事责任和刑罚的法律。”③

观点四认为：“刑法，就是规定什么样的行为是犯罪、对该行为应当予以什么样的处罚或者制裁的法律。”④

可见，随着认识的发展，人们对于刑法的理解越来越深入、具体，从而出现以上明显具有分歧的观点。其中涉及的最关键问题，首先是如何理解刑事责任和刑罚的关系，其次是刑罚是不是犯罪的唯一法律后果。本书认为：

第一，刑事责任具有独立于犯罪与法律后果的地位。在观点一、观点二和

① 高铭暄．刑法学［M］．北京：法律出版社，1984：1.

② 刘艳红．刑法学总论［M］．北京：北京大学出版社，2004：5.

③ 林亚刚．刑法学教义（总论）［M］．北京：北京大学出版社，2017：3.

④ 黎宏．刑法学总论［M］．北京：法律出版社，2016：1.

观点四中，刑事责任没有明确的地位。这种认识受到了长期以来的一种观点的影响，即认为“刑事责任是犯罪的法律后果，刑罚只是刑事责任的实现方式之一”。[①]问题在于：其一，主流刑法教科书使用了刑事责任的概念，并且其在体例上分别独立于犯罪与刑罚；其二，在部分刑法教科书中，与刑事责任相似的概念还有“责任”或者“有责性”，它们还被当作犯罪的要件。[②]那么三者之间是否存在联系，以及对此应该如何取舍？有如下几点值得注意：首先，刑法教科书或者刑法教义学的基础是刑法的现行规定，所以刑法教科书的体例、概念及对它们的理解或解释不能脱离本国的刑法。其次，我国《刑法》总则第二章第一节的标题就是“犯罪和刑事责任”，而且在《刑法》第5条中，刑事责任与罪行和刑罚并列，这说明，刑事责任在我国《刑法》中有其独立性，这是理论必须承认的前提。故此，观点三将刑事责任与犯罪、刑罚的地位并列这一做法较为可取。

第二，在现代刑法中，刑罚是犯罪的重要法律后果，但并非唯一的法律后果，将刑罚作为犯罪唯一法律后果的观点，越来越不适应刑法文明发展的历史逻辑。在古代刑法中，刑法主要是和作为犯罪行为的法律后果的“刑罚”联系起来表述的。例如，外国早期使用的主要是“刑事的”（peinliches），它源于“痛苦”（pein），借用的是拉丁文“poena”（处罚、刑罚），拉丁文来自希腊文“poine”（处罚）。法语区使用“droit Penal”和“droit Criminel”；英语区则使用“criminal Law”和“penal Law”；意大利使用的是“diritto penale”；西班牙使用的是“derecho penal”；在斯拉夫语中，相关术语有俄语的“Ugolownoje prawo”（刑事法律），也有波兰语的“Prawo karne”。[③]也有人将其翻译为犯罪法，但其中的含义并无实质区别，它们莫不与痛苦有关系。在古代中国，“刑”字从“刀”，故有“夫刑人用刀”之说。[④]从这些史料中我们大体可以推知，古代中国的刑法，也是和痛苦的人身处罚有联系的。但是，近代以来，刑罚的目的不再定位于“报复性

① 张明楷．刑法学（上）［M］．北京：法律出版社，2003：23.

② 参见张明楷．刑法学（上）［M］．北京：法律出版社，2021：316；陈兴良．教义刑法学［M］．北京：中国人民大学出版社，2010：416；付立庆．刑法总论［M］．北京：法律出版社，2020：189.

③ 参见汉斯·海因里希·耶塞克，托马斯·魏根特．德国刑法教科书·总论［M］．徐久生，译．北京：中国法制出版社，2017：13-14.

④ 转引张中秋．中西法律文化比较研究［M］．南京：南京大学出版社，1999：4.

或者惩罚性的措施”，它具有越来越浓厚的教育和预防色彩。惩罚性的刑罚在刑法中开始丧失独尊地位。刑法所规定的犯罪包括已然之罪和未然之罪。关于犯罪后果的规定中，除了已然之罪的刑罚之外，还包括未然之罪的其他处罚措施，例如德国、瑞士等国家刑法都规定了保安处分和其他处分措施。《刑法》第37条规定：“对于犯罪情节轻微不需要判处刑罚的，可以免予刑事处罚，但是可以根据案件的不同情况，予以训诫或者责令具结悔过、赔礼道歉、赔偿损失，或者由主管部门予以行政处罚或者行政处分。”可见，已然之罪的法律后果也未必限于刑罚。

总之，保安处分与刑罚都发展成为未然之罪或者已然之罪的法律后果。综上所述，本书认为，刑法概指规定犯罪、刑事责任及其法律后果的法律。我们还可以从立法理论和刑法教义学两个层面进一步解释刑法的概念。从立法理论上看，刑法是针对特定主体的行为是否构成犯罪、构成何种犯罪，进而是否予以刑罚处罚，予以何种刑罚处罚进行规定的规范；从刑法教义学角度看，刑法是针对特定犯罪的构成条件，以及相应的法律后果予以规定的规范。

（二）刑法的特征

刑法的特征，主要指的是在整个法律体系中，刑法作为一个部门法与其他部门法相比所具有的不同的性质。在整个法律体系中，刑法具有如下独特性质。

1.调整范围的广泛性

刑法规制的范围、对象极其广泛。从《刑法》第2条规定的任务以及《刑法》分则部分规定的内容看，一切对国家安全、国民生活有重大影响的利益都在刑法的保护范围之内，任何对国家安全、公共安全、经济秩序和公民个人的人身权利、财产权利造成现实侵害或者可能造成现实侵害的行为都在《刑法》规制范围之内。但是其他法律仅仅调整国家安全、国民生活的某一部分。如民法只调整平等主体之间的人身关系和财产关系；行政法（含经济法）只调整行政机关与行政相对人之间因行政管理或者行政服务产生的法律关系。因此，刑法规制的范围与民法、行政法等法律规制和调整的范围之间存在竞合关系。所以在如下场合，都可能适用刑法：

（1）甲从事网络带货直销，获利丰厚，但逃避缴纳税款数额较大。

（2）乙没有获得行政批准，就擅自挖掘河道砂石进行销售。

（3）丙与朋友聚会，一个人独自喝了一瓶啤酒，之后驾车回家。

2.调整对象的专门性

尽管刑法与民法、行政法之间存在竞合关系，但是刑法的任务以及实现任务的方法不同于其他法律部门。刑法主要规制对各种社会关系造成重大侵害或者有重大侵害可能性的行为，并将这些行为规定为犯罪，确定各种犯罪的刑罚标准，追究犯罪人的法律后果，实现惩罚犯罪、保护人民的基本目标。简而言之，刑法只规制严重违反其他法律、具有严重社会危害性的行为。可以说，在社会规范的生态链中，文化规范、道德规范等非正式规范具有上游性特征，行业规范、民事法律规范、行政法律规范具有中游性特征，而刑法规范则是最下游、最后的规范。例如，如下情形就不值得刑法调整：

（1）甲放任自己的未成年的子女在客运列车车厢内打闹。

（2）乙因工作与同事发生矛盾，大骂同事。

（3）丙在公共汽车上骗取了一个未成年人价值人民币2300元的手机。

3.刑罚制裁的严厉性

刑法规制的不是一般的违法行为或者民事违约、民事侵权行为，更不是一般的不道德行为，而是具有严重社会危害性的犯罪行为，这决定了刑法的强制力度较民法、行政法的强制力度要严厉得多。违反刑法的法律后果主要是刑罚制裁。刑罚制裁的方法包括剥夺生命、自由、财产、资格等重要权益。这种法律后果的严厉性是民法、行政法等其他法律所不能比拟的。

4.刑法具有补充性和保障性

刑法只规制犯罪，且刑罚具有严厉性特征，所以刑法应作为社会治理的“最后手段”使用。只有当其他非正式或者正式的规范不能充分保护某种社会关系，导致社会规范体系面临着崩溃的危险时，才考虑动用刑法调整。但是刑法不是万能的，刑法具有“第二次调整法”的特点，是其他法律的保障法。司法机关不得随意发动刑法，应恪守刑法的谦抑性精神，根据犯罪的基本态势，谨慎适用刑法。由于行政法等法律规制和调整的范围之间存在竞合关系，由此也容易产生民刑竞合、行刑竞合之类的问题。对于这个问题，目前理论上的争议很大。有的观点主张刑法的独立性，有的观点主张刑法的从属性。在刑法的从属性论中，则有绝对从属论与相对从属论之分。本书认为，当前稳妥的方式应该采取相对的从属性观点。即在刑法规范与民法规范、行政法规范的保护目的相同的场合，刑法绝对从属于民法、行政法；在刑法规范与民法规范、行政法规范保护目的相异的场合，刑法相对独立于民法、行政法。刑法上的相关概念是否应与民法、行政法保持一致，应根据不同规范保护目的相同与否进行判断。[①]但是从历史的视角看，随着立法的不断完善与发展，刑法的从属性特征将会越来越强，独立性色彩会越来越弱。据此有些案件首先要通过民事、行政程序处理，只有当其无法得以解决的时候，才可以考虑运用刑法处理。例如：

（1）甲长期拖欠公司员工工资。

（2）乙利用信用卡透支大量资金不还款。

（3）丙盈利丰厚但不向税务机关申报并缴纳税款。

二、刑法分类

根据刑法的立法现状以及未来需要，刑法大体可以分为如下几种。

1. 根据刑法的表现形式分为狭义刑法和广义刑法

狭义刑法，是使用“刑法”名称的法律，通常指刑法典。在我国，有观点认为目前我国还没有一部真正意义上的刑法典，但是刑法学界一般观点则认为，《刑法》就是我国的刑法典。可见，对于刑法典的理解存在不同看法。严格来说，刑法典必须具有“刑法典”字样，据此，我国没有刑法典。但宽泛意义上，只要是就犯罪、刑事责任以及犯罪的法律后果进行专门性、全面性、系统性规定的法律，也可以认为是刑法典，据此，可以说我国现行刑法就是刑法典。刑法典的专门性体现为它只规定犯罪、刑事责任及其法律后果，而不规定民事侵权或者行政违法等。刑法典的全面性体现为它尽其可能规定各种类型的犯罪，而不仅仅就某一类主体、某一类行为或者某一类客体的犯罪进行规定。刑法典的系统性表现为它通常分为总则和分则两大部分，总则往往规定刑法的基本原则、效力范围、犯罪、刑事责任、刑罚制度等一般性内容；分则主要按照一定逻辑体系规定各个具体犯罪的罪状和法定刑。

广义刑法，是规定犯罪成立及相关法律后果的一切法律规范，除了刑法典之

① 参见于改之．法域冲突的排除：立场、规则与适用［J］．中国法学，2018（4）．

外，它还包括不具有“刑法”名称的其他法律规定，如单行刑法和附属刑法。单行刑法是指以通令、决定、条例、办法等名称颁布的，规定某一类犯罪及其刑事责任、法律后果的刑事法律。附属刑法，是指在经济、行政等非专门刑事法律中附带规定的一些关于犯罪、刑事责任与刑罚的条款。例如，我国海关法、环境保护法、票据法规定的有关追究刑事责任的条款。目前，我国的附属刑法一般只重申刑法典的内容，没有确立新的犯罪与法律后果的具体内容，其并非严格意义上的刑法。在我国，还有一些刑法规范性文件，如立法解释、司法解释，指导性案例等，它们对犯罪认定与处罚具有更明确直接的规范作用，因此具有法律属性，从广义上看，亦可以理解为刑法的渊源。关于刑法的表现方式，有两个问题应当引起重视。

第一，刑法修正案是不是刑法的表现方式？有教科书认为刑法修正案是刑法的表现方式。[①]这种观点不可取。刑法修正案是一种刑法立法的方式，而不是刑法的表现方式。如果认为刑法修正案是刑法的表现方式，就意味着它有独立的意义和地位。但事实并非如此，根据一般理解，刑法修正案的内容一经生效，就被刑法典所吸收，具体表现是司法机关在裁判文书中不会直接引用刑法修正案的条文。

第二，刑法究竟应该采用何种表现形式？我国在1979年《刑法》颁布以前，主要通过单行刑法打击新型犯罪；1979年《刑法》颁布之后，为了适应打击犯罪的需要，又陆续颁布了20多部单行刑法，而且重视附属刑法立法。这种做法充分发挥了单行刑法和附属刑法的优点，有效维护了改革开放之初的社会秩序和社会稳定。1997年《刑法》颁布后，立法机关主要以刑法修正案的方式完善刑法。迄今为止，尚在适用的单行刑法只有1998年12月全国人民代表大会常务委员会颁布的《全国人民代表大会常务委员会关于惩治骗购外汇、逃汇和非法买卖外汇犯罪的决定》。而附属刑法明显有虚化现象，大多数法律不再对需要追究刑事责任的行为予以专门确定，而是简单地表述为“违反本法规定，构成犯罪的，依法追究刑事责任”。至于哪些行为违反了“本法规定”则不明确。当前我国刑法立法采取了单一法典化方式，在学界引起了很大争议。有观点主张刑法立法应走法典化道路，有观点批判单

① 参见齐文远. 刑法学［M］. 北京：北京大学出版社，2016：10.

一法典化道路，并主张立法形式的多样化。[①]必须承认，刑法典、单行刑法与附属刑法各有利弊。刑法典条文规范周全、体系性强，因此修订刑法典必须尊重法典的内在逻辑性，应当谨慎修改；单行刑法则较为灵活，社会回应性强；附属刑法的补充性较为明显，能较好维系行政法与刑法条文内容的衔接。可见，刑法典与单行刑法、附属刑法并不冲突，它们在形式上、内容上完全可以相辅相成。立法机关应综合运用不同刑法表现形式，才能在充分发挥刑法机能的同时，保证刑法典的稳定性和权威性。

2. 根据刑法适用的对象分为普通刑法、特别刑法

普通刑法，也称为一般刑法，是规定一般社会生活中最重要的基本犯罪的刑法，刑法典是最典型的普通刑法。

特别刑法，是就特殊的生活领域需要特别予以规定或者为了特别加重处罚的刑法，如《全国人民代表大会常务委员会关于惩治骗购外汇、逃汇和非法买卖外汇犯罪的决定》，仅仅规制骗购外汇、逃汇和非法买卖外汇的犯罪行为。普通刑法之外的刑法均属特别刑法。

3. 根据刑法规定的效果分为实体刑法、诉讼刑法和行刑法

实体刑法，是规定国家刑罚权的内容与范围的法，即规定犯罪与刑罚、其他法律后果之间关系的法。其主要形式是刑法典。

诉讼刑法，是规定国家实现刑罚权所必要的程序方面的法，或者说是规定对犯罪行为进行调查、追诉、审理和判决程序的法。其主要形式是《刑事诉讼法》，此外还包括《人民法院组织法》《人民检察院组织法》等。

行刑法，是规定刑罚如何执行的法律和行政法规，如调整执行机构执行自由刑、执行特殊的处遇措施等的法律。在我国，主要的行刑法包括《监狱法》《社区矫正法》。近些年，随着社区矫正制度的建立和完善，行刑法在我国受到了关注和重视。

4. 根据刑法适用的范围分为国内刑法、区际刑法和国际刑法

国内刑法，是国内关于犯罪、刑罚和保安处分的法律规定，如各国刑法典以及特别刑法。

---

① 参见童德华. 当代中国刑法法典化批判［J］. 法学评论，2017（3）；卢建平. 刑法法源与刑事立法模式［J］. 环球法律评论，2018（6）.

区际刑法，还不是一个内容明晰的概念，一般指就区际刑事司法协助，如我国大陆与台湾地区，内地与香港特别行政区、澳门特别行政区的刑事司法协助所规定的法律规范。区际刑法以后在实体上能否突破现有体系，是值得研究的。

国际刑法，是国际公约中旨在制裁国际犯罪、维护各国共同利益的各种刑事性法律文件。国际刑法通常将国际犯罪实体法、诉讼法和执行法融为一体，构成独立的法律体系。有代表性的国际刑法包括：《公民权利和政治权利国际公约》《经济、社会及文化权利国际公约》《禁止并惩治种族隔离罪行国际公约》《联合国反腐败公约》等。

第二节　我国的刑法立法

一、古代刑法立法

（一）先秦时期的刑法立法

我国刑法是具有悠久历史传统的法律。“任何一门学科的发展和完善，都经历了长期不断探索的过程。”①我国古代刑法，经历了从习惯到习惯法进而到成文法的漫长历史发展过程。

一般认为，公元前21世纪左右的夏朝，是中华法制文明的发轫阶段。上古三代之前，源自于氏族征讨的需要，在我国古代部落、氏族中诞生了刑。刑罚最早可能起源于战争的需要，即“刑也者，始于兵而终于礼者也”或说“夫战，刑也”。②大约公元前21世纪，夏朝建立，这标志着我国早期国家的产生。夏朝统治者对原始社会的传统氏族习惯加以改造，使之上升为习惯法。夏、商时期以习惯法为主，很少运用刑法，故有“先王议事以制，不为刑辟”之说。③当时出现了成文法。刑法不仅体现于一般性的法规中，而且还体现在誓、诰、命中，如《甘誓》中规定“用命，赏于祖；弗用命，戮于社”。《左传》记载：“周有乱政，而作九刑。”所谓“九刑”有两种理解：一指《逸周书》中提到的成王时的“刑

① 杨一凡. 重新认识中国法律史［M］. 北京：社会科学文献出版社，2013：3.

② 分别参见辽史・刑法志；国语・晋语。

③ 左传・昭公六年。

书九篇”，可能西周中后期才有《九刑》之名；二指西周的九种刑罚，即墨、劓、剕、宫、大辟五刑加上赎、鞭、扑、流等刑罚，合称“九刑”。

到西周时，成文法可能已经较为普遍。在早期，统治者奉行的指导思想是“刑不可知，则威不可测”①，刑法一般不对外公布。西周经成康之治后，至穆王时国势渐衰。周穆王为革新政治，命司寇吕侯作《吕刑》。《吕刑》被誉为西周中期具有代表性的法典，②可惜其具体内容无从可考。

公元前536年，鉴于当时社会关系的变化和旧礼制的崩溃，郑国的执政有子产率先“铸刑书于鼎，以为国之常法”③，一般认为这是我国历史上第一次正式公布成文法。继子产铸刑鼎之后，郑国大夫邓析于公元前502年私自修订郑国法律并书之于竹简，史称“竹刑”。“竹刑”在当时的郑国影响很大。

战国时期诸侯争霸的局面促使各国纷纷变法。魏国魏文侯时，由李悝主持改革。李悝在吸纳当时诸侯各国立法经验的基础上，制定颁布了成文法典《法经》。《法经》原文早已失传，但从《晋书·刑法志》等文献中可知《法经》之概略。在篇目结构上，《法经》共有6篇：《盗法》、《贼法》、《囚法》、《捕法》、《杂法》和《具法》。《法经》在我国立法史上具有重要的历史地位，被誉为我国历史上第一部比较系统、完整的成文法典。④商鞅变法是战国时期最为成功的一次社会改革。商鞅在变法过程中将《法经》改编为秦律，史称“改法为律”。

（二）秦、汉、魏晋南北朝时期的刑法立法

法家的法治理论，尤其是韩非子法、术、势相结合的思想，对秦朝的政权建设和法制活动影响极大。1975年12月，湖北省云梦县睡虎地秦墓葬中出土了1155支秦代竹简，学术界称之为“云梦秦简”。“云梦秦简”中记载了大量秦的法律，主要包括律、法律答问、封诊式、为吏之道等。秦朝的法律主要包括以下法律形式：（1）律，律是秦朝主要的法律形式，它是通过正式的立法程序制定、颁布、实施的法律条文，因此具有稳定性、规范性与普遍适用性。（2）

---

① 左传·昭公六年。

② 参见杨鹤皋.先秦法律思想史［M］.北京：中国政法大学出版社，1990：37.

③ 左传·昭公二十九年。

④ 参见张晋藩.中国法制史［M］.北京：中国政法大学出版社，2002：52.

令，令是皇帝针对某些具体事项临时发布的命令，令具有最高的法律效力。王政二十六年改命为制，改令为诏，此后，“制”“诏”成为正式的法律形式。它们是中央集权专制时代人治的重要体现。（3）法律答问，其实是对法律条文、术语、律义作出的具有效力的法律解释，因采用答问的形式，故称为“法律答问”。（4）封诊式，是司法机关有关审判原则、治狱程式以及对案件进行调查、勘验、审讯、查封等方面的法律规定和文书程式。封诊式还包括了一些具体案例。（5）廷行事，这是司法机关判案的成例或判例，在律文无相关规定时，它可作为司法实践中审理同类案件判决的依据。除上述几种法律形式之外，秦朝的法律形式还包括课、程等。

刘邦入咸阳时约法三章，即“杀人者死，伤人者刑，及盗抵罪”，从而宣布废除了秦朝苛法。汉朝建立后制定出了“九章”，又称《九章律》。两汉时期，主要的法律形式是律、令、科、比。律是汉代的基本法律形式，包括以刑事规范为主的具有普遍性和稳定性的成文法，包括汉律60篇以及《左官律》《酎金律》《上计律》等大量单行法律。

东汉末年，出现了魏、蜀、吴三足鼎立的政治割据局面。三国时期最具代表性的立法是魏国于公元229年制定的《新律》，又称《魏律》或《曹魏律》。此外还有蜀国制定的《蜀科》等。《曹魏律》在继承汉律的基础上进行了较大的改革，在形式上的变化主要体现为：第一，删繁就简，增加篇目至18篇，扩充了法典的内容，又删削了一些条文；第二，将《法经》中的“具”改为刑名律，置于律首，突出了法典总则的规定及其地位。

（三）隋唐的刑法立法

隋朝建立于南北朝后期，但是和秦朝一样是一个历二代而亡的短命朝代。因此，唐初统治者十分重视法律和制度的创制，并对隋朝的立法指导思想进行了反复的探讨和反思。唐朝法律形式主要包括四种：第一，律，律是关于定罪量刑的基本法典；第二，令，令是有关国家政权组织制度与行政管理活动的法规，涉及的范围较为广泛；第三，格，格用以“禁违止邪”，是皇帝针对“百官有司之所常行之事”临时颁发的各种敕令，经过汇编后上升为普遍适用的法律，称为“永格”；第四，式，式是国家机关的公文程式和活动细则，具有行政法规性。律、令、格、式彼此既相互联系，又发挥着不同的作用，对复杂的社会关系起到了综合调整的重要作用。

唐高宗时期颁布了《永徽律》。《永徽律》不过是《贞观律》的翻版，它仅对后者中的一些字词做了改动。永徽三年长孙无忌等人又奉命制定律疏，对律文逐条逐句地进行解释，被赋予与律文同等的法律效力。由于疏议附于律条之后合编，又被称为《永徽律疏》。《永徽律疏》不但从历史上对主要的法律原则和制度寻根溯源，叙其沿革，而且引证儒家经典作为律文的理论根据，在元代以后它被称为《唐律疏议》。《唐律疏议》是我国现存最早最完整的古代法典，也是我国古代最具社会影响力的法典，集中体现了唐朝法律空前发达的盛况。唐律继承了古代立法的传统，将各种基本法规熔为一炉，采取刑事立法的形式，除《名例》篇外，全部律条连同注、疏议和问答，都围绕着“罪”和“刑”加以规定、解释、阐发和答疑。唐律的结构，包容了近代刑法之总则和分则两大部分。

唐律在法制史上具有继往开来、承先启后的重要地位，不仅对后来的宋、元、明、清法律产生了深刻影响，而且作为中华法系的典型代表，影响力远远超越中华疆界，对周边各国产生了重大影响。例如，朝鲜《高丽律》的篇章内容取法于唐律，日本《大宝律令》以唐律为蓝本，越南李尊时期的《刑书》全面参用唐律。①可见，唐律在世界法制史上具有十分重要的地位。

（四）隋唐以后的刑法立法

宋朝建立于兵变基础上，未历经汉、唐初期社会发展萎缩的局面，其刑法指导思想也和前朝变化不大。建国不久，最高统治者就制定颁布了《宋建隆重详定刑统》，史称《宋刑统》。《宋刑统》是我国历史上第一部出版发行的封建法典。《宋刑统》在内容上明显沿袭《唐律疏议》，但在体例上取法于唐五代的《大中刑律统类》和《大周刑统》，律下分213门，律后附有唐中期以后至宋初的敕、令、格、式。宋朝后期法律形式和内容有所变化。《宋刑统》作为国家的基本法典，是宋朝自始至终通行的一部刑事法典，但后来因为统治者颁敕，难以得到贯彻实

---

① 参见乔伟．中国刑法史稿［M］．西安：西北政法学院科研处，1982：23.

施。①

南宋末年，蒙古兵南下消灭了宋朝，开创了少数民族统治华夏的先例。但在实际统治中，元一方面保留蒙古的一些传统做法，另一方面“遵用汉法”，借助传统的汉文化和法律制度维护统治。②

明太祖朱元璋在总结历史经验的基础上，确立了“刑乱国用重典”的立法指导思想。《大明律》从起草到最后颁布，前后历经30年。《大明律》改变了唐、宋旧律的传统体例，以名例冠于篇首，下按六部官制分吏、户、礼、兵、刑、工六律，共7篇。《大明律》条文简于唐律，精神严于宋律，无论形式还是内容都有所发展，是终明之世通行不改的基本大法。为了防止“法外遗奸”，朱元璋还亲自指导制定《大诰》，作为明初的刑事法典。

1644年之前，处于由习惯法向成文法过渡的历史阶段。皇太极统治时期，既学习和参考明朝制度，也参考满族固有的习惯法，并将之奉为基本国策。入关后为了维护在中原地区的新统治秩序，清朝采取了“以汉治汉”的策略，在原有的“参汉酌金”基础上，提出了“详译明律，参以国制”的立法指导思想。其具体做法体现为：一方面以代表着汉族法制的明朝法律为蓝本，另一方面又根据时代需要，斟酌吸收满族固有的习惯法，最终以《大明律》为模板，制定了《大清律例》。乾隆五年清朝正式颁布《大清律例》。《大清律例》的结构形式、体例、篇目与《大明律》基本相同，分名例律、吏律、户律、礼律、兵律、刑律、工律7篇。③

鸦片战争以后，随着西方列强对我国侵略的加剧，清王朝面临的各种矛盾逐渐尖锐。为了缓解当时国内和国际矛盾、压力，清政府不得不对当时的体制进行改革。此时，开明人士意识到学习西方法律制度的重要性，因此，清朝廷委派一些官员出国考察外法，并延请外国法学者帮助立法，出台了具有现代刑法形式的刑律。20世纪伊始，处在内外交困之际的清王朝，企图以实行“新政”为名，缓和各种矛盾，挽救危局。清政府于1905年派遣五大臣赴日本等国考察。五大臣回国后，上书建议进行“立宪之预备”。1910年5月15日清政府颁行了一部过渡

① 参见乔伟．中国刑法史稿［M］．西安：西北政法学院科研处，1982：27.

② 参见周密．中国刑法史［M］．北京：群众出版社，1985：296.

③ 参见周密．中国刑法史［M］．北京：群众出版社，1985：330.

性法典《大清现行刑律》。它在《大清律例》的基础上经局部调整删改而成，共36卷，389条。《大清现行刑律》是我国古代法迈向近代化的一次尝试，其体现有二：一是它取消了《大清律例》中按吏、户、礼、兵、刑、工六部名称而分的六律总目，将法典各条按其性分隶30门；二是区分民、刑不法，对继承、分产、婚姻、田宅、钱债等纯属民事性的不法行为不再科刑。

二、近代刑法立法

清政府于1911年1月公布了我国历史上第一部近代意义上的刑法，即《大清新刑律》，新刑律原称《钦定大清刑律》。《大清新刑律》分为总则和分则两编，共53章，411条。《大清新刑律》是我国近现代意义上的专门刑法典，是清代修律的代表之作。

1911年10月，武昌起义爆发，辛亥革命开始，清王朝统治覆灭。

1912年3月10日，袁世凯在就任临时大总统时下令："现在民国法律未经议定颁布，所有从前施行之法律及新刑律，除与民国国体抵触各条应失效外，余均暂行援用，以资遵守。"以后北洋政府制定法律，多以清新订的法律为蓝本。在沿用清法律的同时，北洋政府制定颁布了一系列单行法规。

南京国民政府以北洋政府《暂行新刑律》和改定的第二次刑法草案为基础，于1928年3月公布了第一部《中华民国刑法》，通称"旧刑法"；1935年1月1日公布修订第二部《中华民国刑法》，通称"新刑法"。与旧刑法相比，新刑法吸收了西方最新的刑法理论和立法经验，作了较大的修改。新刑法分总则、分则两编，共357条。总则12章，为法例、刑事责任、未遂犯、共犯、刑名、累犯、数罪并罚、刑之酌科及加减、缓刑、假释、时效、保安处分；分则35章，规定各种罪名及刑罚。新刑法在形式上的主要特点是，一方面接受西方国家通行的刑事法律原则，另一方面维系与传统宗法伦理原则相适应的法律制度。在立法原则方面，继受了罪刑法定、罪刑相适应以及刑罚人道主义等原则；在罪名体系和刑罚制度方面，采纳了西方国家通行规定。在刑法典之外，南京国民政府根据不同时期的需要，制定了一系列刑事特别法，并赋予其高于刑法典的效力，主要目的在于镇压共产党和民主进步人士。

三、《刑法》的制定与完善

（一）《刑法》颁布之前的刑法立法

1949年，中华人民共和国成立伊始，就宣布废除了国民党统治时期的六法全书。在新民主主义革命时期，共产党领导的革命根据地进行过一些刑法立法活动，但革命年代的刑法立法不宜作为建设时期的刑法制度。

为了应对当时复杂的政治和社会治安形势，中央在新中国成立初期先后制定并颁布了一系列单行刑法法规。这些单行法规的主要任务就是要维护和巩固当时新生的政权，它们包括大量为维护新生政权而制定的刑事法律，如1951年2月21日公布施行了《惩治反革命条例》，这是新中国成立后颁布的第一个单行刑法；此后，为巩固革命政权又颁布了《妨害国家货币治罪暂行条例》《惩治贪污条例》等文件。

（二）1979年《刑法》的制定

新中国成立后，中央就开始着手制定刑法典。在学习苏联刑法理论和刑法的基础上，我国草拟和完善新中国的刑法，构建刑法司法的模式，使我国刑法理论和现在的俄罗斯刑法理论非常相似。

但是，立法过程稍显漫长。从1951年到1963年，较为权威的刑法草案已经拟定了33稿。其中原因大致有二：一是彻底废除国民党统治时期的六法全书客观上导致新政权立法基础薄弱，这是不争的事实；二是由谁立法的问题没有得到很好解决。在此期间，一些曾经在国民党统治时期从事过法律工作的学者和法律工作者要求由专家立法，并迫切要求加快立法进程，有学者甚至放言如果由他们立法，数个月就可以完成任务。但在20世纪50年代后期，政治形势已经开始出现对于立法不利的苗头，上述要求和主张被斥为“右派”言论，他们的立法主张也被归结为立法工作中的“资本主义路线”。[①]可见，在阶级斗争的时代背景下，立法承受了额外的负担和包袱，立法的进程举步维艰。我们完全可以得出这样的结论：当时刑法典立法之所以推动缓慢，是因为法典立法要求较高的专业水准，

---

① 参见孙亚明．立法工作上两条路线的斗争［J］．政法论坛，1957（6）．

加快刑法典工作，势必就要依赖老专家和学者，而新中国自己培养的法律人才在当时还没有成熟起来，那么立法到底要倚重谁？或者说过去的专家可否倚重无疑是立法主体要考量的重要问题，其中的政治风险是比较明显的，这导致了当时法典立法进程缓慢。结果亦如众所知，“四清”运动和接踵而来的“文化大革命”中断了法典立法的进程，刑法典草案也被丢弃在一边。

“文化大革命”结束不久，法律不完善的问题受到了正视，法制建设相应受到了必要的重视。但是刑法典的制定还需要突破以往的思想观念的束缚。“文革”之后，从事社会科学研究的政治风险比从事自然科学研究的大，在社会科学研究中，从事政法研究的风险又是最大、最多的。对于这个问题，学界首先采取了较为有效的文献考证方法，有些学者根据党史文献的记载，指出毛泽东对于法律的重视及其实践。①其次，有些学者开始提出，刑法是一类和广大人民“切身利益密切的法”。据此立法的急迫性被提了出来。②最后，也是最为关键的是，理论呼吁得到了中央的认同。邓小平同志在1978年10月的一次讲话促使中央有关部门成立专门班子，重新修改原来的刑法草案。从此，刑法立法发展到新的历史阶段，原来的刑法草案不仅重见天日，而且大放异彩，成为1979年《刑法》的重要基础。1979年《刑法》的诞生是我国法治史上的重大事件，它标志着成立了30年的中华人民共和国终于有了自己的刑法。“1979年刑法从总体上说是一部保护人民、惩罚犯罪、维护社会秩序、保障改革开放和现代化建设的好法。”③我们认为，1979年《刑法》的制定和颁布之所以推进顺利并得到好评，得益于如下因素：一是中央对法制工作的重视，“有法可依”是当时法制建设的重要任务；二是当时政治风向转为重视科学进步和经济发展，专家能够表达意见，专家的意见因为较为客观、理性，所以相对容易受到重视；三是学界的意见往往具有一定前瞻性，容易得到中央的重视。

（三）1979年《刑法》的完善

1979年《刑法》出台之际，我国正开始改革开放，因此这部法典的局限性

---

① 参见于浩成．解放思想冲破禁区［J］．法学研究，1978（3）．

② 参见于光远．关于社会主义立法和法制的几个问题［J］．法学研究，1978（3）．

③ 高铭暄．中华人民共和国刑法的孕育诞生和发展完善［M］．北京：北京大学出版社，2012：3.

也是显而易见的。同时，美国、德国、日本等国法学成果被译介到我国，扩大了法律学人的视野，也使我国学者正确地意识到“任何一部刑法都不可能把纷繁复杂的危害社会的犯罪行为概括无遗”，因此刑法改革如同其制定一样，都极为必要。[①]正是在这种背景下，我国开始制定单行刑法和附属刑法规范。基于对现实状况的思考，我国学者注意到，首先，特别刑法弥补了刑法典稳定性矛盾，对于打击某些特定犯罪具有直接作用，但是，单行刑法不宜制定过多、过细；其次，特别刑法不仅是刑法典的必要补充和修改，而且是立法的“有益形式”，它为刑法典提供立法经验和实践根据；[②]再次，因为刑法立法已经顺利放弃了以往的许多思想包袱，加之社会主义法治建设提上政治日程，因此，立法发展进程较快；最后，刑法作为促进社会发展的工具所面临的新任务繁多，非1979年《刑法》所能包容。为此，最高立法机关先后通过了24个单行刑法，并在107个非刑事法律中设置了附属刑法来补充和修改1979年《刑法》。但这造成刑法规范分散、凌乱的问题。刑法学者意识到：一方面，特别刑法并非常态之法，它有诸多问题，其大量、长期存在会阻却刑法典适用，影响形式法制的质量；另一方面，从科学化、现代化要求出发，应重视刑法典的效能。[③]

（四）1997年《刑法》及其完善

刑法法典化被提出来后，最高立法机关在1997年重新全面修订刑法，并通过了1997年《刑法》。1997年《刑法》被认为是新中国最完备、最系统、最具有时代特色并具有里程碑意义的法典，它基本实现了刑法的统一性和完备性。[④]特别是改革开放之后，越来越多的学者开始研究日本、德国等大陆法系国家以及英美法系的刑法理论，为我国刑法理论的进一步完善提供了大量的资料，也促进了现代刑法基本理念的转型与发展。

我国社会在1997年《刑法》发布之后的发展变化也是十分显著的。因此，

① 参见赖宇. 论当代资本主义国家的刑法修改［J］. 法学评论，1983（4）.

② 参见高铭暄，姜伟. 刑法特别法规的立法原则初探［J］. 法学评论，1986（6）.

③ 参见郝兴旺等. 也论特别刑法与刑法典的修改［J］. 中国法学，1996（4）.

④ 参见高铭暄. 中华人民共和国刑法的孕育诞生和发展完善［M］. 北京：北京大学出版社，2012：4.

1997年《刑法》不适应时代需要的漏洞也逐渐显露出来，如对公共卫生、贪污腐败、经济犯罪等一系列问题的刑法规定都存在不足。所以，1998年，最高立法机关专门出台单行刑法弥补其不足。但是1997年之后，刑法立法最引人注意的不仅包括其内容，也包括其立法形式，刑法修正案几乎已经成为唯一的刑法立法方式。迄今为止，立法机关已经连续颁布了十余部刑法修正案。[①]

根据社会主义法治建设的要求，当前刑法立法有两大特征值得重视。一是立法的形式特征，以刑法修正案方式进行立法，体现了法典中心主义。它表明专家的意见和知识结构对于立法的重大影响。但是，理论上在围绕是否坚持法典中心主义这一问题上存在很大争议。坚持法典化的学者是在科学理性的基础上提出立法的时代使命。在他们看来，法典化是立法体系化和科学化的必然要求，而且我国刑法体系的规范化、统一化和科学化程度都将得到进一步发展。二是立法的内容特征，和世界上大多数发达国家的刑法立法一样，我国刑法立法也表现出立法活性化特点。我国刑法立法活性化的现实写照是：刑法立法已成为我国各类立法活动中最积极、最活跃的一个领域。[②]刑法立法的积极、活跃不仅表现为立法活动的频繁，还表现在立法内容的取向上，即在历次对刑法的修改中，基本趋势是增加罪名或加重对某些犯罪的刑罚，实质性删除罪名并不存在，降低刑罚的情况仅限于罕见场合。立法活性化产生了如下问题，即刑法法益的抽象化和法益的精神化。在立法上则表现为通过三种显著方式增加抽象危险犯的数量：一是将原来结果犯类型中的构成要件结果删除，使之简化为抽象危险犯或者行为犯类型。如删除原生产、销售假药罪中的“足以严重危害人体健康的”要件，使之简化为只要具有生产、销售假药的行为即足以入罪的规定。二是设立提前性介入罪名，如在交通肇事罪之外创设危险驾驶罪，或将非实行行为正犯化，等等。三是将行为次数或者情节作为入罪条件，稀释了结果在犯罪构成要件中的影响力，将结果犯变相地修正为行为犯。盗窃罪和敲诈勒索罪，增设了其他补充性的客观构成要件，如“多次”或者“入户”等。有

---

① 考虑到刑法修订会持续不断，所以在此不用具体修订回次。

② 参见郎胜. 在构建和谐社会的语境下谈我国刑法立法的积极与谨慎［J］. 法学家，2007（5）；吴亚可. 当下中国刑事立法活性化的问题、根源与理性回归［J］. 法制与社会发展，2020（5）；程红，吴荣富. 刑事立法活性化与刑法理念的转变［J］. 云南大学学报法学版，2016（4）.

学者认为，以法益抽象化为表象的预防性立法导致了法益保护原则的崩溃。[①]也有观点认为，“刑法的最基本任务还是保护公民的自由，而不是消除人们的不安感”[②]。本书认为，公民的自由与公民的不安感是不可分割的，公民的不安感源自于其对本人自由或者权益受到侵害之可能的感知，如果公民感到不安，必然会采取某种措施维护自己的利益，所以，立法不仅要保护社会利益，还有必要安抚社会的不安情绪。法益抽象化因此成为法益发展不可避免的现象，在一定程度上它可能对法益保护原则有影响，但是从总体上看它符合法益保护的要求。

第三节　刑事政策与刑法机能

一、刑事政策

（一）刑事政策的概念

刑事政策的概念，来自德语Kriminal politik，最早出现在18世纪末19世纪初德国法学家克兰斯洛德和费尔巴哈的著作中。克兰斯洛德认为，刑事政策是立法者根据各个国家的具体情况而采取的预防犯罪、保护公民自然权利的措施。费尔巴哈则认为，“刑事政策是立法国家的智慧”，是国家据以与犯罪作斗争的惩罚措施的总和。起先，这一概念并没有受到重视。20世纪初，德国刑法学家冯·李斯特复兴了该概念，并赋予了它新的内涵。李斯特将刑事政策定义为“国家与社会据以组织反犯罪斗争的原则的总和”，[③]并提出“最好的社会政策，即最好的刑事政策”的论断。[④]李斯特的观点引起了理论上的重视，很多人在此基础上重新定义刑事政策。在西方学术界，大致有最广义的刑事政策、广义的刑事政策、狭义的刑事政策以及最狭义的刑事政策四种看法。

---

① 参见何荣功.“预防性”反恐刑事立法思考［J］.中国法学，2016（3）；储陈城.刑法立法向法益保护原则的体系性回归［J］.刑法论丛，2018（2）.

② 黎宏.刑法学总论［M］.北京：法律出版社，2016：46.

③ 转引卢建平.刑事政策学的基本问题［J］.法学，2004（2）.

④ 转引马克昌.中国刑事政策学［M］.武汉：武汉大学出版社，1992：2.

1.最广义的刑事政策

最广义的刑事政策，包括一切与犯罪有联系的社会政策。如瑞典法学家内尔森教授认为：刑事政策就是一个国家的社会总政策中专门处理犯罪问题的那部分；刑事政策是社会政策的组成部分；刑事政策应该与自由、平等、团结、安全等社会发展目标联系起来，应鼓励社会多方面的宏观范围的参与，而不应仅仅依赖传统的刑法武器或刑罚。联合国社会防卫研究所主任柯恩兹也认为，刑事政策学不能忽略法律制度或惩罚制度以外的一切与犯罪现象有联系的因素。法国巴黎法律、经济和社会科学大学教授勒瓦瑟强调，刑事政策学也应该研究社会问题，也应包括“社会预防”。

2.广义的刑事政策

广义的刑事政策，立足于社会政策的阵地，独立化为一个专门的与打击犯罪、保护社会有关的范畴。如波兰华沙大学法学教授安德烈耶夫等人既不主张将刑事政策完全划到社会政策中去，也反对那种认为刑事政策学就是研究刑法或刑事措施的科学的观点。法国著名法学家马克·安塞尔更进一步强调刑事政策学研究对象的双重性。在他看来，刑事政策学首要的研究对象就是刑事政策本身，这个刑事政策应是实在的，应是可以或已经在特定国家付诸实施的。换言之，刑事政策学首要的任务就是将刑事政策作为一个社会现象来研究。在此意义上说，刑事政策学首先是一门研究科学。其次从应用的或实践的立场出发，刑事政策学应在观察、研究的基础上提出一整套合理有效的打击犯罪、保护社会的战略战术。法国著名刑事政策学家克里斯蒂娜·拉塞杰在她所著的《刑事政策学》一书中认为，政策是对国家事务的认识与管理。刑事政策一方面是对犯罪这一国家内部的特殊事务的认识与分析，另一方面是用来解决犯罪行为或越轨行为所带来的一系列问题的战略。现今西方最流行的观点认为，刑事政策是对犯罪现象的综合分析，是对与犯罪现象以及与违法犯罪行为作斗争的方法措施的解析；它同时也是建立在一定理论基础之上的，旨在解决打击与预防广义犯罪现象所提出的问题的社会和法律的战略。这也是广义的刑事政策。

3.狭义的刑事政策

狭义的刑事政策，是与打击犯罪直接联系的各种方法，包括对犯罪的一般预防和特殊预防以及惩罚措施。如德国著名法学家耶赛克、意大利罗马大学教授瓦沙利以及米兰大学教授卢伏伦等人主张，考虑到研究人员与研究条件等方面的原因，刑事政策学不可能研究所有与犯罪现象有关联的社会问题（诸如就业条件、失业、社会保障等），刑事政策学的研究对象就是与犯罪作斗争的各种方法。这些方法既可以是立法的和行政的，也可以是司法的。无论如何，它们的出发点是共同的，即对犯罪的一般预防、特殊预防和惩罚。瓦沙利教授更强调应将刑事政策学同社会政策或社会预防区别开来，因为刑事政策学的研究对象是处罚制度，当然也包括犯罪原因；但这些犯罪原因主要应从对某几种类型的犯罪或犯罪的研究过程中去找寻。[①]

4.最狭义的刑事政策

最狭义的刑事政策，是对各个犯罪者、犯罪危险者以特别预防为目的而实行的措施。如日本有学者认为，刑事政策是对犯罪者或有实行犯罪的危险的人所施加的强制措施。[②]我国台湾地区有学者认为，刑事政策是国家以预防和镇压犯罪为目的，运用刑罚以及具有与刑罚类似作用的其他制度，对于犯罪人及有犯罪危险性的人所采取的刑事上的对策。[③]我国大陆地区有学者认为，刑事政策是国家或执政党依据犯罪态势对犯罪行为和犯罪人运用刑罚和有关措施以期有效地实施惩罚和预防犯罪目的的策略。[④]这也是最狭义的观点。

本书认为，关于哪一种刑事政策观点更合理，很难有一个容易被接受的标准。实际上，在人类社会生活中，为了维护其基本的条件——社会秩序，每一种社会活动在开始之前，都不得不考虑其存在的积极作用和消极作用。只有当一个社会政策对减少犯罪有意义时，它才可以说是一个有效的刑事政策。经济不平等是犯罪的重要诱因，在国家的经济政策中，如果尽可能减少不平等的经济制度，能有助于预防犯罪，该经济政策就是一个好的刑事政策。但是，在相当长的历史时期内，人类社会是不可能根除犯罪的。对国家的相关刑事政策而言，控制犯罪的发生和增加无疑是一种现实的期待。事实上，阻止犯罪还受到社会成本的制约。国家采取刑事政策的目的仅仅在于，在社会群体能容许的限度内，抑制犯罪现象的

① 参见卢建平.刑事政策学的基本问题［J］.法学，2004（2）.

② 参见马克昌.中国刑事政策学［M］.武汉：武汉大学出版社，1992：3.

③ 参见张甘妹.刑事政策［M］.台北：三民书局，1979：3.

④ 参见杨春洗.刑事政策论［M］.北京：北京大学出版社，1994：7.

滋生和蔓延。在刑事立法中是这样，在刑事司法中是这样，在刑罚执行中还是如此。可见，如果将刑事政策的对象完全限定于犯罪的人或者有犯罪危险的人，放弃对被害人及其亲属的抚慰和救济，放弃对于不稳定分子的教育，就不可能真正有效减少犯罪发生。另外，一般民众也不应游离于一般预防措施之外。本书认为，针对包括一般民众在内的一般预防的刑事政策，比针对犯罪分子的特殊预防的刑事政策更有现实价值。

根据现代法治的基本精神，现代刑事政策主要包括以下内容：第一，具备现代法律的基本理念，即立足于维护自由、公正和秩序的需要，体现刑法的谦抑性和人道性；第二，初级的刑事政策是在法律框架之内，根据社会对犯罪进行反应的需要，调剂各种刑事司法资源，并调整刑事司法运作重心的过程；第三，成熟的刑事政策是包括有效的刑事立法机制、刑事司法和行刑机制以及犯罪预防机制的有机体；第四，刑事政策的目的是预防犯罪。

（二）刑事政策与刑法的关系

理论上的分歧如下。

1. 灵魂说

灵魂说认为，“……刑事政策的研究，是研究刑事法最基本的工作，也是终极的目标，研究刑事法而不知道刑事政策，至多只看到刑事法的形式，而没有把握到更高一层、更深一层的灵魂”[①]。还有学者认为，刑事政策是运用刑法武器同犯罪作斗争的策略、方针和原则，是“我国刑事立法和刑法司法工作的灵魂”。也有观点认为，“刑事政策是刑法的灵魂，是刑法保持社会主义方向、实现党和国家的总路线总任务的根本保证”，或者说“刑事政策是刑法的灵魂与核心”，刑法不过是刑事政策的条文化与定型化的结果。[②]据此，现代刑法不能离开刑事政策的指导。

2. 冲突说

受国外学者的影响，我国有些学者认为刑事政策与刑法是冲突的。理由在于：

---

① 马克昌. 中国刑事政策学［M］. 武汉：武汉大学出版社，1992：14.

② 参见闻德锋，董文蕙. 对“刑事政策是刑法的灵魂”论的质疑［J］. 青海社会科学，2004（1）.

刑事政策具有强烈的应世性和政治性色彩，一旦出现某种严重异常的犯罪态势就异常渴求社会的规则有序，从而丧失理性和平日“温情脉脉”的面孔，爆发出情绪性的盲动。此时，刑事政策就凌驾于刑法之上，刑法的人权与公平正义的精神遭到蔑视和抛弃，最终导致对刑事政策自身的诘难和危机。①

冲突说与李斯特的刑事政策观点比较贴近，但是值得思考的问题是：第一，刑法不能脱离特定的政治、社会和法律系统。法律不可能超越于政治之上，不能脱离特定的社会结构，法律必须承载政治、社会生活赋予的任务。第二，刑法的刑事政策化并没有客观描述静态刑法与动态刑法的关系。刑法的刑事政策化描述的是，在司法实践中刑法缺乏必要的安定性，完全取决于政策的要求，并认为这是一种背离法治的法律运行方式。但是，在实践中这个判断并不能成立。如果说刑法立法中要以刑事政策的观念为基础，制定刑法的具体规定，那么，它的合理结论应当是“刑事政策的刑法化”。

没有刑事政策的刑法不过是呆板的文字、机械的记述和僵化的规训。刑法，无论是通过成文法还是判例的方式确定，都是通过概念组成的命题，由命题形成规则。这些规则只能从静态上描述国家关于犯罪的基本态度，至于如何操作这些规则、如何实现对不同行为和不同行为人的区别化、如何最终适应社会的要求，都必须根据由潜在的社会价值、社会观念等因素共同形成的基本原则和指导思想。如果没有这些指导思想，刑法就没有方向，就会陷入机械操作的泥潭，现代刑法的基本原则也不会形成。比如，没有人道主义观念，我们不会反对酷刑；没有人权的思想，我们不会倡导罪刑法定原则；没有公正的理念，我们不会强调罪责刑一致的原则。再如，在司法中，没有一定政策的指导，就同一个犯罪的不同行为人，在评价时可能不会评价犯罪原因。而且，在司法资源比较有限的情况下，也不能根据社会的突出矛盾调节司法的工作重点。又如，在刑罚中，没有某种指导原则，就不能实现对犯罪人的分化教育。刑事政策正是这些基本原则和指导思想的体现。刑事政策及时反映社会的价值观、政治文明的发展方向、其他制度性和观念性的呼求，引导刑法的实践和变革。

---

① 参见闻德锋，董文蕙. 对“刑事政策是刑法的灵魂”论的质疑［J］. 青海社会科学，2004（1）.

因此，应当坚持“刑事政策是刑法灵魂”的观点。在现代法治社会中，刑事政策作为刑法的灵魂，应当具备现代刑法规范所揭示的现代法治的基本理念和价值目标：它在立足于维护社会秩序的基础上，尊重基本人权并最大限度地保护人权；在追求公正和效率时，首先要最大限度地通过形式体现实质正义的内涵，而且要在形式正义的范围中追求实质正义的实现；它要以人为目的，而不是以人为手段，建立积极的防御犯罪的体系，建立行之有效的评价犯罪的体系，建立能促进犯罪人再社会化的复归体系。

（三）刑事政策与刑法实践

1.刑事政策与刑法立法

政策对法律的完善和刑法的发展具有一定的作用，如填补法律漏洞、推动法律的形成与发展。[①]刑事政策对刑法立法的影响是最明显的。在刑法历史上，保安处分在刑法中得以确立，就是以近代新派中的刑事政策观为基础的。即便完善刑法，也“需要有正确的指导思想和修订原则”。作为刑法的基本原则，刑事政策贯穿于刑法立法和刑法适用中，它是刑法基本性质、基本特点和基本思想的集中体现。[②]德国学者提出的刑事政策的基本原则，包括罪责原则、法治国家原则和人道原则。这些原则和我国刑法的基本原则有异曲同工之妙，它们的作用就是研究“刑法如何规定，以便其能最好地实现其保护社会的任务”。[③]

我国在20世纪六七十年代受“左”的路线影响，以政策替代刑法，导致刑法立法工作被迫停止。而1979年颁布新中国第一部《刑法》和《刑事诉讼法》时，由于国家的各项制度和社会秩序还处于“十年动乱”后的恢复时期，政治上在拨乱反正、正本清源，经济上正在谋求改革、对体制结构等许多方面的问题还未认识到位，社会上的不安定因素依然很多、治安状况差的局面需要迅速扭转等原因，立法时的基本价值取向就是控制犯罪、打击犯罪、维护社会秩序。在这一总的刑事政策思想的指导下，刑事司法制度的设计就明显地表现为国家至上，权

---

① 参见陈柏峰.法理学［M］.北京：法律出版社，2021：274.

② 参见高铭暄等.新中国刑法五十年（上）［M］.北京：中国方正出版社，2000：198.

③ 汉斯·海因里希·耶塞克，托马斯·魏根特.德国刑法教科书·总论［M］.徐久生，译.北京：中国法制出版社，2017：28–29.

力至上，被追究刑事责任者的权利则被置于无足轻重的地位，如刑法中规定有类推制度、刑事诉讼法中被告人的辩护权极为弱小等。因为难以适应不久之后我国经济、社会和文明全面发展的需要，刑法不得不被多次修改。所以重视刑事政策，在一定程度上可以确保我国刑事立法更成熟、更文明、更合理。①刑事政策对刑法立法的指导是很明显的，如立法修改妨害传染病防治罪的客观要件、增设高空抛物罪和袭警罪都具有鲜明的政策因素。

当前积极一般预防刑法观对刑法立法有积极推动作用，但是也要看到其中的负面问题，如预防刑法在我国已由碎片化条款转变为类型化立法，预防刑法追求对法益侵害的事先预防，却隐含着扩张和模糊刑法干预界限的风险。②再如，忽视了具有统领作用的整体性范畴，立法应当以行为的一般社会生活意义为根据，避免过度分立罪名。③

2.刑事政策与刑事司法

刑事政策在刑事司法活动中的地位、作用体现在以下几个方面：第一，刑事政策决定刑事司法的基本价值取向；第二，刑事政策对具体的司法实践活动有直接的指导作用；第三，刑事政策在刑事司法中对法律起到了具体化和补缺的作用；第四，刑事政策在国际刑事司法协助中起着重要的指导作用。④

在刑事司法实践中，虽然有刑法、刑事诉讼法等作为依据，但是在具体的司法活动中，刑事政策对司法活动的指导作用却不容忽视。法律规定了犯罪构成和刑罚制度，规定了追究犯罪的程序，但是刑事司法如何运用好这些制度，使得法律惩治犯罪、预防犯罪的功能收到预期的最佳效果，则需要刑事政策根据社会矛盾的变化进行调节。

在社会政治、经济、文化等形势发生重大变化的情况下，刑事政策对某一类或某几类犯罪评价的宽严程度也会相应发生变化，进而影响到司法对这些犯罪社会危害程度的评价以及对它的处罚轻重。如2018年中共中央、国务院发布了《关于开展扫黑除恶专项斗争的通知》。和以往“严打”政策不同，本次提出了“宽

① 参见陈卫东，石献智.刑事政策在刑事司法中的地位和作用［J］.江海学刊，2002（5）.

② 参见何荣功.预防刑法的扩张及其限度［J］.法学研究，2017（4）.

③ 参见王志远.论我国刑法各罪设定上的“过度类型化”［J］.法学评论，2018（2）.

④ 参见陈卫东，石献智.刑事政策在刑事司法中的地位和作用［J］.江海学刊，2002（5）.

严相济”的政策要求：要严格贯彻宽严相济的刑事政策，对黑社会性质组织犯罪组织者、领导者、骨干成员及其“保护伞”要依法从严惩处，对犯罪情节较轻的其他参加人员要依法从轻、减轻处罚。《国家监察委员会、最高人民法院、最高人民检察院、公安部、司法部关于在扫黑除恶专项斗争中分工负责、互相配合、互相制约严惩公职人员涉黑涉恶违法犯罪问题的通知》《最高人民法院、最高人民检察院、公安部、司法部关于办理非法放贷刑事案件若干问题的意见》《最高人民法院、最高人民检察院、公安部、司法部关于办理利用信息网络实施黑恶势力犯罪刑事案件若干问题的意见》《最高人民法院、最高人民检察院、公安部、司法部关于跨省异地执行刑罚的黑恶势力罪犯坦白检举构成自首立功若干问题的意见》等4个法律政策文件，落实了中共中央和国务院的政策要求。

由于立法技术等多方面的原因，我国刑事法律中的有些规定比较模糊、原则、概括，司法中需要进一步解释明确，使之具体化后才能适用。在刑法司法适用中，刑事政策调节刑法的规制目的与范围的效果很明显。第一，刑事政策对犯罪构成要件的推理引导。例如，甲醉酒后驾车通过城市闹市区，造成多人伤亡的，甲的心理状态是故意还是过失，需要根据政策考量；再如甲强奸女子后，女子自杀的，这种情况是否属于强奸罪中的加重处罚情节，必须根据政策评估各种可能的结果。第二，刑事政策对违法阻却事由的引导。如《刑法》第20条规定了防卫过当，但在实践中由于控制严格，导致司法打击过宽的问题。鉴于此，最高人民法院、最高人民检察院、公安部2020年发布指导意见，明确“造成重大损害”是指造成不法侵害人重伤、死亡。造成轻伤及以下损害的，不属于重大损害。防卫行为虽然明显超过必要限度但没有造成重大损害的，不应认定为防卫过当。第三，关于自首等量刑情节的认定，也应当根据刑事政策的需要，该从宽的从宽认定，该从严的从严认定。刑法中有许多犯罪构成都使用了“情节严重、情节特别严重”“数额较大、数额巨大、数额特别巨大”等用语，在规定量刑时也大都使用了诸如“处3年以上10年以下有期徒刑”等类似的量刑幅度比较大的条文。对此，审判法官拥有很大的量刑裁量权，但对于某个具体的案件来说，就需要监察机关、司法机关根据法律和刑事政策对“情节严重、情节特别严重”等类似法律条文明确具体化后，才能予以适用。

当今世界，国与国之间的政治、经济等各项交流日益密切，与此同时，跨国犯罪、犯罪后出逃境外的情况也越来越多，这种形势导致各国必须重视与他国的国际刑事司法协助。长期以来，我国在国际司法协助方面缺乏相应的配套法律，再加上我国一向将与他国的司法交往当作外交事务、政治事务来处理，因此在需要与他国进行刑事司法合作时，更多的是依靠政策来具体操作。因此以后参与有关国际合作和立法时，就更要注意顺应国际刑事政策的潮流。总之，刑法在司法适用中，从宏观层面，要在社会保障与人权保护的刑法功能上寻求协调；从中观层面，要在刑法规制范围的扩张与限缩之间达至均衡；从微观层面，应在法律效果与社会效果的规范适用上寻求平衡。①

3.刑事政策与行刑

不同的刑事政策导致不同的罪犯教育改造制度，这点在不同国别是非常明显的。刑事政策对于罪犯改造的基本理论、机构设置、监狱管理、教育改造和生产劳动等具有一定的影响。行刑也有政策，行刑政策是在刑事政策的基础上制定的，是刑事政策的一个重要组成部分。在人类社会早期，刑法是统治的工具，所以，通过刑罚使受刑人感到痛苦、得到报应、受到惩罚，并威慑其他人，是当时刑事政策下的行刑政策。但到了近代，对受刑人进行教育、人道、改过迁善等成为行刑政策的基本方面。②如根据教育刑的思想，要加强对罪犯的教育矫正，使其改过从善，预防再次犯罪。这样的主张压缩了刑罚的强制和威慑机能，对监狱制度影响很大，促进了20世纪监狱制度的改良和立法。

（四）我国基本刑事政策及其展开

在我国刑法发展史上，刑事政策先后经历了不同发展阶段。

1.镇压和宽大刑事政策

在抗日战争时期，提出了镇压和宽大两个政策，该政策沿用到1949年，为中华人民共和国的成立提供了有力的保障。

2.镇压与宽大相结合的刑事政策

中华人民共和国成立后，由于当时新生政权面临镇压反革命和巩固新政权的

---

① 参见徐岱，白玥．论中国特色法治体系下刑法观念的冲突与均衡［J］．社会科学战线，2020（9）．

② 参见金鉴．监狱学总论［M］．北京：法律出版社，1997：235-236.

艰巨任务，所以中央提出了镇压与宽大相结合的刑事政策，有力打击了当时国内各种反革命势力的活动。

3.惩办与宽大相结合刑事政策

1956年之后，随着国内形势的变化，刑事政策由镇压与宽大相结合发展为惩办与宽大相结合，并且成为从1950年到1982年期间我国政法机关奉行的基本刑事政策。该政策虽然适应了当时社会的政治变化，但有浓厚的时代特色。

4.严打刑事政策

我国1978年实行改革开放政策，社会的政治、经济、文化形势发生了翻天覆地的变化。20世纪80年代初期，国内的治安形势较为严峻，为此，1983年在全国范围内开展了严厉打击刑事犯罪的斗争，严惩严重危害社会治安的犯罪分子，从而确立了严打的刑事政策。总体而言，严打政策收到了一时之功效，但并没有从根本上改变犯罪的严峻势态。①

5.宽严相济刑事政策

21世纪之后，我国刑事法治发展到新的阶段。基于对严打政策的全面总结和反思，中央确立了宽严相济的刑事政策。宽严相济刑事政策的前提是遵循罪刑法定原则，基本含义为以严济宽、以宽济严。在实践中首先要根据不同犯罪行为进行分类适用。如对于实行组织、领导黑社会性质组织，贪污贿赂，毒品犯罪，网络电信诈骗等犯罪活动的，原则上要采取从严政策。其次要根据宽严相济刑事政策对不同犯罪人区别对待。如未成年人实行犯罪的，总体上要采取从宽政策；另外，对共同犯罪中的不同参与人要区别对待。根据2010年发布的《最高人民法院、最高人民检察院、公安部、司法部关于依法惩治拐卖妇女儿童犯罪的意见》，在处理拐卖妇女、儿童犯罪时，要综合考虑犯罪分子在共同犯罪中的地位、作用及人身危险性的大小，依法准确量刑。对于犯罪集团的首要分子、组织策划者、多次参与者、拐卖多人者或者具有累犯等从严、从重处罚情节的，必须重点打击，坚决依法严惩；对于具有从宽处罚情节的，要在综合考虑犯罪事实、性质、情节和危害程度的基础上，依法从宽，体现政策，以分化瓦解犯罪，鼓励犯罪人悔过自新。最后要根据不同社会情势实行宽严相济刑事政策。如在突发重大社会事件中，总体上应从严打击，但要考虑到特殊时机，对于具体行为人应根据其行

① 参见马克昌.宽严相济刑事政策的演进［J］.法学家，2008（5）.

为动机和原因进行处理，情有可原的，应从宽处理。

当今社会被认为是充满风险的社会。在风险社会，风险刑法维系社会团结是经由对风险流动的规制而实现的，是配合工作规程、单位纪律、风险伦理、风险知识的生产传播制度、公共政策以及其他风险法律之角色功能的补充有至关重要作用的手段。①风险社会要求刑事政策在强化防范意识、突出多元性、注意前瞻性以及积极审慎应对风险方面作出有力回应。事实上，当今社会既有风险社会的特质，也有传统农业社会与工业社会的印记，所以刑事政策的选择应注意安全与自由的统一、立法谦抑与刑法扩张的统一、刑事打击与社会防范的统一以及放眼世界与立足本土的统一。②

二、刑法的机能

根据《刑法》第2条的规定，我国刑法的任务包含四个方面的内容：第一，保卫国家安全，保卫人民民主专政的政权和社会主义制度；第二，保护国有财产和劳动群众集体所有的财产，保护公民私人所有的财产；第三，保护公民的人身权利、民主权利和其他权利；第四，维护社会秩序、经济秩序，保障社会主义建设事业的顺利进行。

刑法如何实现上述任务，取决于刑法机能及其发挥。刑法的机能，就是刑法在社会生活中应当具有的积极作用。刑法具有哪些机能，这些机能之间具有何种关系，理论上有如下争议：观点一认为，刑法机能分为保护法益机能和保障人权机能；③观点二认为，刑法机能分为行为规制机能、法益保护机能和人权保障机能。④本书认为，刑法作为法律主体理性交往的产物，其所具有的呼应机能是其他机能所不可取代的，同时也是更好实现其他机能的重要条件，所以行为规制机能是一种独立的机能。

1.行为规制机能

刑法的行为规制机能，是刑法规范在创设、适用中对普通民众和司法者产生的引导和指引功能。法律作为行为规则，其作用是引导国民的行为选择，即

① 参见刘仁文，焦旭鹏.风险刑法的社会基础［J］.政法论坛，2014（3）.

② 参见张旭.风险社会的刑事政策方向选择［J］.吉林大学社会科学学报，2011（2）.

③ 参见黎宏.刑法学总论［M］.北京：法律出版社，2016：6-9.

④ 参见付立庆.刑法总论［M］.北京：法律出版社，2020：8-10.

在法律之下，社会成员应当作什么、可以做什么、不可以做什么。所以，法律具有行为规制的性质。[①]刑法对普通民众行为规制机能的产生有两种途径：一是通过立法向普通民众或者司法者表明刑法规范的性质，即哪些规范属于禁止性规范，哪些规范属于命令性规范，从而促使民众进行行为的理性选择。二是通过司法机关适用刑法，进一步将某些行为确定为犯罪并要求行为人承担相应的刑事法律后果，使犯罪行为人或者普通民众意识到刑法的必定性、行为的无价值性和行为法律后果的痛苦性，增进其对刑罚规范的认同感和服从感，引导其不去犯罪。对司法者的行为规制机能，就是对从事刑事侦查和调查、检察和审判等职责的刑事司法人员的行为规制，即表明行为在什么情况下构成犯罪，应当给予何种处罚；行为在何种情况下不构成犯罪，不能判处刑罚，从而引导刑事侦查人员围绕刑法的实体规范和程序规范来收集证据、开展侦查和调查并发现和控制犯罪嫌疑人。检察人员审查证据和事实决定是否提起诉讼，审判人员决定被告人的行为是否构成犯罪，构成何种犯罪，应当如何处罚。可以说，行为规制机能是普通民众对刑法规范的积极回应，它对司法人员是一种制约，有助于保证国家刑罚权的合法行使。

2.法益保护机能

刑法的法益保护机能，或称保护机能，是指刑法对个人法益、社会法益和国家法益所产生的保护作用。法益是宪法所保护的利益。“刑罚的本质是保护值得保护的利益，刑法是一部法益保护法。”[②]可见保护法益是刑法的重要机能。法益保护机能包括三层含义。第一，对个人法益的保护机能，即保护个人的生命、健康、名誉、财产等法益。如通过对故意杀人行为的定罪和处罚保护公民的生命不被非法剥夺；通过对侵犯公民个人信息行为的定罪和处罚保护公民的个人信息和隐私。第二，对社会法益的保护机能，主要是维护公共安全、社会安定、社会秩序等法益。如通过打击寻衅滋事行为维护社会安宁，通过处罚高空抛物行为保护生活安宁。第三，对国家法益的保护机能，即维护国家安全和统一、政权稳定等法益。如通过打击分裂国家的行为维护国家统一。需要注意的是：在总体国家安全观下，我们对国家安全的理解可能包含多重性、多维性、多层性。

---

① 参见李洁．论罪刑法定的实现［M］．北京：清华大学出版社，2006：169.

② 黎宏．刑法学总论［M］．北京：法律出版社，2016：9.

3. 人权保障机能

刑法的人权保障机能，或称为保障机能，是指刑法对个体人权和自由的保障作用。刑法规定了犯罪行为及其法律后果，一方面是为了让普通民众知道哪些行为属于犯罪，应当受刑法的处罚，从而帮助其做出理性的行为选择；另一方面是为了限制承担国家刑罚权的司法者随意发动刑罚，防止任意限制公民的自由，侵犯公民的人权。自由是人在理性支配下的可选择状态。法律的目的不是限制公民的普遍自由，而是发展公民的普遍自由，如果法律对人的自由行为进行正确的引导，就会将个人的自由行为改变为社会发展的动力。①所以刑法限制的是对普遍自由构成威胁的个人肆意行为。在后一种意义上，如果行为符合刑法的规定，国家就应当在法律规定的范围内对行为人定罪处罚；如果行为不符合刑法的规定，国家司法机关就不得随意发动刑罚权对行为人定罪处罚。据此，可以说刑法不仅是“犯罪人的大宪章”，而且还是“善良人的大宪章”。

一般认为，刑法的人权保障机能与刑法谦抑性原则有关。根据刑法的谦抑性原则，刑法不是社会治理的“万能药”，刑法因其局限性和严厉性，只有在不得已的情况下才能适用。我国学者一般采用日本、德国刑法理论对谦抑性含义的表述，认为其内容有三：或认为是刑法的补充性、片段性和宽容性；②或认为是刑法的紧缩性、补充性和经济性；③又或者认为是刑法的补充性、宽容性和经济性等方面的要求。④本书认为，经济性是分析的工具，而不是谦抑性的内容，补充性、片段性和宽容性的含义不同，但它们都没有显示谦抑性对刑法主要法律后果的限制意义。本书认为，刑法谦抑性的内容有四：第一，规范的不可替代性；第二，违法评价的必要性；第三，责任评价的不得已性；第四，刑罚处罚的社会适应性。值得注意的是，当前学界存在这样的观点，即“民法要扩张，刑法要谦抑”或者说“立法扩张，司法谦抑”。这种观点有一定的道理，但是也有明显不合理之处。首先，民法和刑法之间虽然有其各自的任务，但是在出现刑民交叉案件的时候，并不能一味奉行民法优先，刑法替补的程式。对于这类问题应当运用类型化思维，结合社会的合理性进行判断和处理。其次，立法是司法的指导，立法扩

① 参见李国强．物权法讲义［M］．北京：高等教育出版社，2016：7.

② 参见马克昌．我国刑法也应以谦抑为原则［J］．云南大学学报（法学版），2008（5）.

③ 参见陈兴良．本体刑法学［M］．北京：中国人民大学出版社，2011：60-65.

④ 参见李洁，孔祥参．刑法的扩张对谦抑性的悖离［J］．社会科学辑刊，2020（2）.

张了，司法也必然呈现扩张趋势，否则就出现立法和司法之间的漏洞。最后，如果机械理解谦抑性原则，对该处理的犯罪问题不进行处理，结果就会适得其反。它意味着普通民众要花费更大的成本来保护自己的利益，这可能导致私力救济的泛滥。

刑法谦抑性具有重要意义，所以，有观点主张将刑法谦抑性作为刑法基本原则，其对立法、司法和理论解释具有指导功能。[①]但是，因为刑法价值冲突不可避免，且影响到其实施的效果，[②]所以保障机能与保护机能之间必然存在冲突。例如，甲拒不执行有关机关的决定，虽然有支付能力，但是却以各种方式拒绝向自己雇用的员工支付工资薪酬。从保障机能看，这类行为当属民事纠纷；但是从保护机能看，这类问题如果仅仅作为民事纠纷，则有可能导致问题无法得到解决，进而在当事人之间发生更严重的暴力冲突甚至引起群体性事件，因此有必要将情节严重的拒不支付劳动报酬的行为作为刑事犯罪。保障机能与保护机能之间也有内在协调性。保障机能是保护机能的目的所在，保护机能是保障机能得以实现的基本前提。一味强调保护机能，必然弱化保障机能，最终反噬保护机能；但一味强调保障机能，必然削弱保护机能，这不利于对善良公民的保护。刑法作为社会规范的一部分，不可逾越其他社会规范，只有当其他社会规范呈现崩溃的情势时，才要运用刑法来保障其他社会规范被认同、被遵从。但是，如果一味奉行刑法，用刑法强化社会秩序，就可能严重限制普通民众的自由和权利，削弱社会的发展动力。所以，在实践中，要协调好保障机能和保护机能之间的关系。总体而言，期待刑法消灭犯罪并不现实，但是，要发挥刑法的机能，有效控制犯罪，使犯罪问题不至于失控，社会发展和社会生活具有持续为继的社会秩序。总之，刑法机能化旨在协调好保护功能和保障机能的关系，这取决于国家刑事政策的基本走向。如果犯罪对社会的影响大，刑事政策就趋于严厉，刑法就需要适度强调保护机能的发挥；如果犯罪的影响有限，刑事政策就趋于轻缓，刑法就应当凸显保障机能，而不是相反。[③]

---

① 参见熊永明，胡祥福. 刑法谦抑性研究［M］. 北京：群众出版社，2007：72-80.

② 参见陈柏峰. 法理学［M］. 北京：法律出版社，2021：43.

③ 参见梁根林. 刑罚结构论［M］. 北京：北京大学出版社，1998：189.

第二章

刑法解释与论证

第一节　刑法解释

一、刑法解释的含义

刑法解释，是对刑法规范含义的阐明。刑法规范是刑法立法经过提炼之后的具有一定抽象性、概括性的命令。因此，不同的人基于不同的立场对规范可能有不同的理解，刑法需要解释。刑法解释的意义在于合理地理解刑法规定和刑法精神，明确刑法的规制目的及其范围，为司法适用确立罪与非罪、此罪与彼罪、重罚与轻罚的界限。

二、刑法解释的种类

刑法解释可以从如下方面进行分类。

（一）立法解释、司法解释和学理解释

这种划分方法是以解释的主体为依据的。其中，立法解释和司法解释被认为是有权解释，学理解释被认为是无权解释。

1.立法解释

立法解释，是指由立法机关对刑法所作的解释，在我国是由全国人民代表大会及其常务委员会对刑法所作的解释。立法解释主要是对刑法规范含义的必要解释，或者为解决最高人民法院和最高人民检察院所作的司法解释的原则性分歧而进行的解释。一般认为，刑法实践中的立法解释包括如下情形：

（1）在刑法的起草说明或修订说明中所作的解释。如1997年3月6日全国人大常委会所作的《关于〈中华人民共和国刑法〉（修订草案）的说明》。

（2）在刑法中对有关术语的专条解释。如《刑法》总则第五章第91条至第99条关于“公共财产”“公民私人所有的财产”“国家工作人员”“司法工作人员”“违反国家规定”“首要分子”“告诉才处理”等概念的解释。

（3）全国人大常委会以决议形式对刑法条文含义的解释。如关于《刑法》第九章渎职罪主体适用问题的解释，关于《刑法》第313条的解释，关于《刑法》第384条第1款的解释（2002年4月），关于《刑法》第228条、第342条、第410条（占用农用地）的解释，关于《刑法》第93条第2款（国家工作人员）的解释，关于《刑法》第294条第1款的解释，关于《刑法》有关信用卡规定的解释等。

2. 司法解释

司法解释，是指最高司法机关对刑法条文进行的解释。在我国，司法解释包括最高人民法院对于法院在审判工作中具体应用刑法问题所作的解释、最高人民检察院对于检察院在检察工作中具体应用刑法问题所作的解释。以下两点值得注意：

（1）司法解释并不限于某一个司法机关单独发布的解释，还包括其联合其他司法机关甚至执法机关联合发布的有关解释，如最高人民法院联合最高人民检察院发布的司法解释。最高人民法院、最高人民检察院、公安部、司法部以及其他单位联合发布的司法解释也不少见。

（2）司法解释有较为规范的形式。近些年，司法解释一般表述为“关于××刑事案件使用法律若干问题的解释”，但实践中并不限于冠名解释的文件，在很多时候，指导性案例、座谈会纪要、指导意见、批复、答复等规范性文件都可以视为司法解释的有机组成部分。

3. 学理解释

学理解释，是指有权对刑法进行立法解释和司法解释的机构之外的机关、团体和个人对刑法条文含义的阐释。立法解释、司法解释有法律上的约束力，属于“有权解释”。学理解释没有法律上的约束力，所以又称为“无权解释”。但是，学理解释一般是由国家宣传机构、社会组织、科研部门、学者、专家及司法工作者所作的解释或者提供的法律论证意见书。这种解释虽然不具有法律效力，但因为专业人士所具有的业务能力以及科学素养，其理解更具有专业性和权威性，更容易获得社会认可，所以不可轻视学理解释。它们可以推动刑事立法和司法，为立法提供理论支撑，为司法提供参考。

（二）文理解释和论理解释

1. 文理解释

文理解释是对条文的字、词、句、概念、术语，从字面含义上进行的解释。文理解释既不广于字面含义，又不窄于字面含义，是不偏不倚的解释。

2. 论理解释

论理解释是根据立法精神、联系实际，从刑法条文的逻辑上所作的解释。论理解释通常分为当然解释、扩张解释和限制解释。

（1）当然解释，即刑法虽未明确规定，但按情理应包含在刑法规定的内容之中。如偷税受到两次行政处罚又偷税的构成偷税罪，那么偷税三、四次甚至更多的，当然应构成偷税罪。

（2）扩张解释，即超出字面含义所作的解释。破坏交通工具罪的工具，除了刑法列举的汽车、火车、轮船、电车、飞机之外，还包括大型的拖拉机、索道车。

（3）限制解释，即对刑法条文作小于字面意思的解释。如伤害罪，就应当作限制解释，不能说殴打致人鼻孔出血，就构成伤害罪。

上述刑法解释分类的意义值得商榷。所谓的文理解释，即对于法律条文字面含义的解释，这种方法近乎对刑法进行形式解释，由于缺乏解释上的目的导向，因此严格来说，文理解释实际上是不存在的；而论理解释有实质解释的色彩，但是扩张解释和限制解释，究竟是解释方法还是解释后果，在罪刑法定的语境下似乎还有讨论的必要。[①]假定它们被认为是解释方法，那么这种解释方法本身的实践意义是值得怀疑的，因为它并没有明确应当采取何种方式去扩大或者缩小解释对象的外延。

---

① 参见程红．形式解释论与实质解释论对立的深度解读［J］．法律科学（西北政法大学学报），2012（5）；罗世龙．形式解释论与实质解释论之争的出路［J］．政治与法律，2018（2）．

第二节　目的解释与刑法论证

一、目的解释

这种解释是根据解释的目标进行的分类，包括主观解释、客观解释。

主观解释，是指对立法者立法时主观上的立法原意的解释。换言之，就是阐明立法时立法者的意思。

客观解释，是指解释客观存在的刑法规范本身的意思，又或者是根据现实的客观需要解释刑法。

有观点主张既要运用主观解释，又要运用客观解释。这是一种综合方法。毫无疑问，解释者能否正确理解立法者的意思，本身是值得怀疑的。特别是对那些稳定性较强的刑法典而言，当代人如何以现有的经验和价值观去发现过往的历史，这是一个重大的挑战，而且过往的价值观是否在当代还有其意义，也值得怀疑。所以，主观解释并不合理，进而综合说也不切实际。本书主张客观解释，即对刑法的理解和解释要以其符合现实需要为前提。有人担心客观解释会造成“法官造法”的问题。①在立法与司法相互独立的情景下，这种担心虽然有一定道理，但是，必须承认，任何法律都存在漏洞，刑法也不例外。法律漏洞是指根据现有的法律体系，存在违反立法计划的不圆满性状态。法律漏洞以开放性和隐蔽性两种方式存在。开放性法律漏洞属于明显的法律漏洞，指的是法律应当规定而没有规定的漏洞，如我国《刑法》规定了拐骗儿童罪，却没有对社会危害性更大的掠夺儿童行为作出规定。隐蔽性法律漏洞，是指法律虽然作了规定，但是法律规定的要件存在缺失或者限制，以至于具体规范与案件事实难以进行有效对接或者匹配。如《刑法》第17条第2款规定的相对刑事责任年龄人承担刑事责任的八种犯罪，究竟是指行为人触犯的罪名还是指其实施的犯罪行为？②

如果割裂立法和司法的关系，否定法官在解释法律中应有的主观能动性，必然会造成刑法适用的僵化问题，这不利于刑法及时有效解决社会问题。立法具有稳定性和滞后性，社会具有发展性和变动性，如果否定司法解释者的主观能动

---

① 参见林亚刚.刑法学教义（总论）[M].北京：北京大学出版社，2017：33.

② 参见资琳.法理、文本与案例[M].北京：中国法制出版社，2020：309-310.

性，刑法适用就无法针对新情况进行规制，从而指望通过立法完善的方式解决问题，最终陷入立法万能的怪圈，刑法也就很难实现自身的目的和任务。

二、刑法论证

仅靠刑法解释不能完成刑法适用的任务。刑法适用的方法除了涵摄、解释之外，还应当包括论证。刑法解释是在认识主体（解释者）和认识客体（刑法规范）之间发生的单向度理解关系。但在现代社会，我们必须注意到刑法解释有两个局限性问题：一是解释者在理解刑法时可能存在固有的偏见和错误，即便是司法者也不能克服这种问题；二是如前所述，刑法规范的含义并不是确定不变的，在很大程度上，刑法规范的含义受到了解释者自我理解的影响，所以仅仅运用刑法解释并不足以保证刑法适用的合理性和合法性。如何保证解释的有效性是解释本身难以解决的问题，解释要取得效力必须获得他人的承认。因此，刑法适用还应当以刑法解释为基础，在认识主体（解释者）之间建立双向度的论证关系，从而取得对刑法规制目的和规制范围的共识。

所以从解释范式上，有学者主张要实现从主客体解释向主体间性解释的转向。①其中的一种思路就是进行法律论证。法律论证理论是当代西方法哲学中的一种重要法律适用方法论。迄今为止，尽管外国刑法理论上少有学者明确将论证作为刑法适用方法，②但是德国的罗克辛、日本的山中敬一等刑法学家实际上都在运用刑法论证方法，以弥补传统刑法解释学的不足。

为了说明刑法论证方法，在此简要介绍德国学者阿列克西的法律论证理论。阿列克西认为，法律论辩和普通实践论证不一样的地方是，它受现行有效法的约束。它并不要求规范绝对符合理性，而只是要求它们在有效法秩序的框架内能够被理性地加以证立。为此，法律争议要根据正确性要求，并诉诸理想的条件来予以讨论。③依照他的理论，刑法规范命题的证明包含内部证成和外部证成两部分。内部证成，关系到刑法“三段论”的逻辑演绎。在一般刑法判断中，有些问题只

---

① 参见聂立泽，庄劲. 从“主客间性”到“主体间性”的刑法解释观［J］. 法学，2011（9）.

② 参见陈航. 刑法论证方法研究［M］. 北京：中国人民公安大学出版社，2008.

③ 参见罗伯特·阿列克西. 法律论证理论——作为法律证立理论的理性论辩理论［M］. 舒国滢，译. 北京：中国法制出版社，2002：265–272.

需要通过简单的三段论就可以证成，但在具体场合中，该刑法判断可能还须借助一个普遍性的规范，并根据普遍性的规范，联系其他命题逻辑进行推导。这要求最大可能地陈述逻辑的展开步骤，使之达到没有争议的程度。外部证成，其对象分为实在法规则、经验命题和既非经验命题又非实在法规则的前提等。与这三种不同的前提相对应的是不同的证立方法：第一，对实在法规则，主要指出它符合该法秩序之有效标准；第二，对经验前提，则可能要引用一整套程式，它们涵盖从经验科学到合理推测的公理直至诉讼的证明负担等；第三，对既非经验命题又非实在法规则的前提，则要运用所谓“法律论证”的方法。外部证成理论的首要任务，是对法律、法教义学、判例、理性、经验、特殊法律论证形式等六项内容的论述形式进行逻辑分析。这个分析最重要的结果在于审视判断它们之间相互联结的必然性和可能性。①大体而言，内部论证满足了刑法规范的合法性和合逻辑性要求，有助于实现刑法的法律效果；而外部论证是在内部论证的基础上使刑法规范获得合理性，从而有助于实现刑法的社会效果和政治效果。

法律论证对事实论证有意义。在诉讼中，各方当事人都有自身需要“建构”的案件事实，其选择的事实也是用于支持其自身意图的事实，因此每个描述都具有一定的选择性。②案件事实不仅是证据的产物，也是修辞论证的产物。修辞论证以影响、说服他人为出发点，以法律概念、法律规则和法律原则为修辞论证的前提，融合运用法学原理、一般法理及学说等教义学知识构成论证的前提。③

---

① 参见罗伯特·阿列克西．法律论证理论——作为法律证立理论的理性论辩理论［M］．舒国滢，译．北京：中国法制出版社，2002：274.

② 参见资琳．法理、文本与案例［M］．北京：中国法制出版社，2020：99.

③ 参见资琳．法理、文本与案例［M］．北京：中国法制出版社，2020：101.

第三章

刑法的基本原则

第一节 罪刑法定原则

一、罪刑法定原则及其形成

我国《刑法》第3条规定："法律明文规定为犯罪行为的，依照法律定罪处刑；法律没有明文规定为犯罪行为的，不得定罪处刑。"本条即罪刑法定原则之规定。

罪刑法定原则，又称罪刑法定主义，其最基本含义是：法无明文规定不为罪，法无明文规定不处罚。进一步说，即什么行为是犯罪，对犯罪的行为应处以何种刑罚，必须以预先存在的法律明确规定为依据。罪刑法定原则是现代刑法学展开的基本要求，所以，要了解现代刑法中的犯罪论构造，必须先就罪刑法定原则的内容加以认识。

（一）罪刑法定制度的历史沿革

罪刑法定原则，是针对欧洲中世纪罪刑擅断主义提出来的。当时欧洲君主独享断案大权，生杀予夺取决于一念之间，所以什么是犯罪、对其如何处罚，都由君主或者审判官自由裁量。这导致了法官滥用刑法自由裁量权和随意施加残酷的刑罚。18世纪民主思想的勃兴和人权意识的出现，渐渐形成了反对罪刑擅断、倡导罪刑法定的思想，并进而成为一项受到世界普遍承认的刑法原则。

罪刑法定制度源于1215年英国的《大宪章》（Magna Charter），[①]其第39条规

① 有一些学者认为不能将大宪章作为罪刑法定主义的渊源，但也有学者认为应将大宪章作为罪刑法定的渊源。可参见马克昌. 比较刑法原理［M］. 武汉：武汉大学出版社，2002：57-59.

定："凡自由民除经其贵族依法判决或遵照内国法律之规定外，不得加以拘留、监禁、没收财产、剥夺其法律保护权，或加以放逐、伤害、搜索或逮捕。"这项原则性规定后来在1628年英国《权利请愿书》（Petition of Rights）和1689年的《权利法案》（Bill of Rights）中反复得到了立法上的确认。1772年，在美国波士顿，英国在北美的殖民者集会，要求在北美殖民地也要确认《大宪章》和《权利法案》中的权利。1774年，在费城的殖民地总会上，发表了一个题为《居民依据自然法，拥有不可侵夺之权》的宣言书，其中反映了罪刑法定原则。1789年《美国宪法》第1条第9款第3项明确规定："……追溯既往的法律不得通过之。"1791年通过的宪法修正案第5条明确规定了适当的法律规定："……未经正当法律程序不得剥夺任何人的生命、自由或者财产……"在以普通法为主体的英美法中，罪刑法定原则主要是从程序方面加以规定的。1789年法国《人权宣言》为罪刑法定原则在刑法中的确定提供了宪法依据。1810年《法国刑法典》规定："不论违警罪、轻罪或重罪，均不得以实施犯罪前未规定之刑罚处罚之。"这被认为是罪刑法定原则的直接渊源，也是其他国家刑法立法争相仿效的对象。①

现在，罪刑法定原则不仅是许多国家刑法中的基本原则，也为国际法所确认。1948年的《世界人权宣言》规定："根据实行时的国内法或者国际法，如果任何人的作为或者不作为不构成犯罪，就不被当作犯罪，而且，对犯罪不得科处比行为时应适用的刑罚更重的刑罚。"联合国大会在1966年通过并于1976年生效的《公民权利和政治权利国际公约》（也称《国际人权规约》）第15条第1款规定："任何人的任何作为或不作为，在其发生时依照国内法或国际法均不构成刑事罪者，不得认为犯有刑事罪，所加的刑罚也不得重于犯罪时适用的规定。如果在犯罪之后依法规定了应处以较轻的刑罚，犯罪者应予以减刑。"

（二）罪刑法定的思想基础

早期奠定罪刑法定主义的思想基础，包括自然法思想、分权学说和心理强制理论。而20世纪"二战"之后，随着人权思想和民主主义的强化，当代罪刑法定原则的思想基础也增加了一些新的元素。

---

① 参见马克昌．比较刑法原理——外国刑法学总论［M］．武汉：武汉大学出版社，2002：60.

1. 自然法思想

17世纪、18世纪的启蒙思想家为了抗制当时的封建制度，以天赋人权、社会契约等理论为基础，提出理性主义的刑法思想。根据国际法之父格老秀斯的理解，自然法是一种正当理性的命令，它指示任何与合乎理性的本性相一致的行为就是一种道德上的必要；反之，就是道德上罪恶的行为。万国法是从自然法原则中产生的。国家是一群自由的人为享受权利和他们的共同利益而结合起来的完整的联合体，即国家源于契约。虽然统治者取得人民让渡的主权，但是，他们有义务遵守自然法则和万国法原则。[①]虽然早期的一些思想家，如格老秀斯、普芬道夫、霍布斯等认为统治者有不受法律约束的权利，但是到了18世纪，启蒙思想开始关注保护自由的法律制度因素。英国学者洛克提出，人的自然状态是一种完全的自由状态，在这个状态下，人人都可以执行自然法，并亲手处罚违反自然法的犯罪行为。可是，这种现状是有缺陷并且危险的：第一，人人将会面临他人的侵犯。第二，人人在惩罚违反自然法的行为时，都是自己案件中的法官，从而在报复犯罪行为时容易超越理性规则。为了终止伴随自然状态的混乱和无序，人民缔结契约，组成国家。但他认为，“自然法是一种适用于所有的人（包括立法者和其他人）的永恒规则”，所以，“由于人们构成的社会或由人们成立的立法机关的权力绝不能超越公益的范围”，没有人们的同意，最高权力不得从任何人那里夺走其财产的任何一部分。基于这样的理由，他主张立法权和行政权分离。就立法而言，它的目的“不是废除或限制自由，而是保护和扩大自由”。[②]行政部门在特殊情形下取得特许权，但一般要执行法律。那么，为了保护个人的权利，国家拥有的对违反者处罚的刑罚权，必须来源于有立法机关指定的法律规定。洛克还认为，全体人民是自然法的最终保障者。这种思想，包含了人权保障的精神，被认为是罪刑法定原则的核心思想。

2. 权力制约学说

法国启蒙思想家孟德斯鸠指出：“每个有权力的人都趋于滥用权力，而且还

① 参见E. 博登海默. 法理学：法律哲学与法律方法［M］. 邓正来，译. 北京：中国政法大学出版社，1999：42–43.

② E·博登海默. 法理学：法律哲学与法律方法［M］. 邓正来，译. 北京：中国政法大学出版社，1999：52–53.

趋于把权力用至极限，这是一条万古不易的经验。”[①]在专制国，法官就是法律；在君主国，法官依法律是否明确办事；共和国的性质则“要求法官以法律的文字为依据”。[②]易言之，在民主文明的共和国家，为了有效地维护公民的荣誉、自由、生命、财富等权利，必须确立罪刑法定的原则。而专制的本性使它不可能做到这一点。为了防止权力滥用，就要以权力制约权力。在刑事司法中，犯罪与刑罚必须预先加以规定。没有法律预先规定的，法官不能论罪，也不能处罚。如果说洛克为罪刑法定原则找到了理论根基，那么孟德斯鸠就是为该原则的实践完成了制度设计的任务。

3. 心理强制理论

心理强制理论有诸多学说，但在费尔巴哈看来，人具有追求快乐、逃避痛苦的本能，人们犯罪，就是为了追求犯罪时的快乐的感性冲动。为了防止犯罪，就需要制止、防止人的感性冲动。为了抑制人的这种感性冲动，就要利用犯罪欲求能力本身，采用成为感性害恶的刑罚，对犯罪加以必要的痛苦。或者说，为了防止犯罪，就要对行为人科处刑罚，使之预先知晓因为犯罪所获得的痛苦大于因为犯罪所获得的快乐，从而抑制其心理上萌生犯罪的意念。只有行为人确信这种后果，才能抑制自己的犯罪欲念而不犯罪。为了达到这种心理上的强制效果，需要预先用法律明文规定犯罪与刑罚的关系，以预示利害，让人们趋利避害。[③]

4. 民主主义和尊重人权

由于人类文明的发展，罪刑法定的内涵发生了一些变化。过去强调形式意义上的罪刑法定原则，今天，从实质意义上理解罪刑法定的倾向也开始凸显出来。这要归因于民主主义和人权尊重主义。依据民主主义，国家的重大事务由国民自己决定，各种法律应由国民自己制定，所以应由国民决定什么行为是犯罪，面对犯罪科处何种刑罚。依据尊重人权的要求，为了保障国民人权，不妨害国民的自由行动，不令国民对未来产生不安感，要使国民事前能够预测自己的行为性质及

---

① E·博登海默. 法理学：法律哲学与法律方法［M］. 邓正来，译. 北京：中国政法大学出版社，1999：55.

② 参见孟德斯鸠. 论法的精神（上）［M］. 张燕琛，译. 北京：商务印书馆，1963：76.

③ 参见马克昌. 比较刑法原理——外国刑法学总论［M］. 武汉：武汉大学出版社，2002：64.

其后果，为此国家应明确规定犯罪与刑罚。[①]

二、罪刑法定原则的基本内容

（一）罪刑法定原则的形式要求

从形式上把握罪刑法定原则，其内容或者说它所派生的原则，一般认为包括四项。

1.禁止习惯法

习惯法不是由正式的立法行为制定的，它是一个社会普遍存在且根深蒂固的文化要求，它表现了国民内心的法确信。习惯法的产生有两个前提：第一，从法律角度看，习惯法得到了某个社会的普遍承认；第二，从社会的法律效力看，习惯法通过持续的实践明确表现出其有效性。[②]如前所述，根据法律主义的要求，定罪和刑罚只能依据由国民的代表在议会通过的法律，所以，作为“法无明文规定不为罪，法无明文规定不处罚”的当然结论，不能根据习惯法对行为人定罪处罚。不过关于习惯法要考虑几个问题：

其一，习惯法的例外适用。虽然流行于19世纪的法典编纂风潮使习惯法失去了存在的基础，立法者应当致力于将习惯法转变为确定的法律条文，但是在刑法司法中，习惯法还是得以例外适用的，即当习惯法增加刑罚会产生对被告人不利的后果时，则习惯法被禁止适用；但当习惯法使得犯罪构成要件被废除、减轻或受到限制时，它在刑法中仍然具有一定意义。[③]不过，意大利学者认为，即便免除犯罪方面的习惯，其也不能成为刑法的渊源，因为免除犯罪，实际上就是不适用刑罚规范。所以，只有当法律明确规定习惯是犯罪构成的要件之一时，它才可以发挥补充法律的作用。但这时，“习惯”的意义是由法律来“决定”的。[④]在理论上，我国学者对是否在刑法中承认习惯法有不同看法。少数学者认为应当对

① 参见张明楷. 刑法学（上）[M]. 北京：法律出版社，2021：46–47.

② 参见汉斯·海因里希·耶塞克，托马斯·魏根特. 德国刑法教科书·总论 [M]. 徐久生，译. 北京：中国法制出版社，2017：139.

③ 参见汉斯·海因里希·耶塞克，托马斯·魏根特. 德国刑法教科书·总论 [M]. 徐久生，译. 北京：中国法制出版社，2001：140.

④ 参见杜里奥·帕多瓦尼. 意大利刑法学原理 [M]. 陈忠林，译. 北京：法律出版社，1998：23.

民族习惯进行现代化转型，即不赞成承认习惯法；[①]但是大多数学者认为，应当在刑法的适用中充分考虑少数民族地区风俗习惯的特殊性，尊重民族习惯法在少数民族地区人们心中沉淀下来的影响。在实践中，习惯法有时候被例外适用。如A村和B村是某区C县的两个村子，两村交界处的高山牧场因历史原因，在归属上一直存在争议。后两村因此发生了武装械斗，武装械斗也是当地历史上解决纠纷的常见方式。此次冲突造成了两村3人死亡，4人重伤，8人轻伤，死伤牲畜8只。最终该事件由政府主导进行调解，采取当地赔命价习俗用经济赔偿的方式解决。[②]

其二，行政法规的法源性问题。一般来说，行政机关的政令不能独立创设罚则。但在外国，法律也可授权行政法规制定罚则。依据日本《宪法》第73条第6项但书的规定，在依据法律有具体、个别的特定委任之场合，政令中设定的法则可以被承认；在同样的条件下设定罚则的下级命令中的委任也是合宪的。日本地方自治法第14条第5项规定："对违反条例者，可以设置科处2年以下惩役或者监禁、10万元以下罚金、拘留、科料或者没收之刑。"因此，日本学者一般认为，条例具有准法律的性质。[③]但在我国，依据《立法法》第11条、第12条的规定，涉及犯罪与刑罚的事项只能由法律规定，且不允许授权行政机关制定行政法规。这说明，在我国，行政法规既不能成为刑法法源，更不得规定刑罚法则。

其三，判例是不是刑法的渊源。在英美法系中，判例一词涉及判例和判例法两个词。判例是具有典型性或制作良好的，并通过一定的形式予以公布，要求本级和下级司法机关在办理同类案件时遵循的先前案件的判决；判例法是判例中体现、确定的法律规则。判例法不是一种法律，而是适用法律的方法或制度；但是，判例具有规范性约束力和事实上的约束力，前种效力使判例成为法律的渊源，具有普遍的适用性。但是，有国外学者提出，"所谓判例，是法院在解决具体案件时表现出来的法律见解。从来，作为法律主义归结的判例的法源性应当被否定的见解是有力的"[④]。

---

① 参见林亚刚．刑法学教义（总论）[M]．北京：北京大学出版社，2017：11.

② 参见扎洛．社会转型期藏区草场纠纷调解机制研究——对川西、藏东两起草场纠纷的案例分析 [J]．民族研究，2007（3）.

③ 参见内田博文．罪刑法定主义 [J]．法学セミナー，1997（7）.

④ 大谷实．刑法讲义总论 [M]．东京：成文堂，1996：67.

近年来，我国司法机关开始推行指导性案例制度。对于最高人民法院、最高人民检察院发布的指导性案例，各级法院与检察院在办理类似案件时应当参考。从实效看，我国指导性案例有三类：第一，造法型；第二，释法型；第三，宣法型。[①]可见指导性案例并不必然具有刑法法源性。从理论上看，判例法体现了法院的公然立法，违反了民主主义原则，违背了罪刑法定原则。[②]

2.禁止事后法

禁止事后法也可以说是新刑法没有溯及力，即不允许根据行为实施之后的刑罚法规处罚刑罚法规施行之前的行为，因为行为人只能根据已经施行的法律来规范自己的行为，预测自己行为的后果。所以，罪刑法定原则要求必须预先由法律规定犯罪与刑罚并公布于众，以便人们能了解和遵循。否则，如果以行为后施行的刑法为根据处罚施行前的行为，就达不到心理强制的效果，不利于维护社会安全。

但是，事后法并非绝对被禁止。根据“有利于被告人”的原则，如果行为时的刑罚规定重于裁判时的刑罚规定，则事后法还是有溯及力的，并能适用于它颁布和生效之前的行为。对此，很多外国刑法都作了明确规定，如1996年《瑞士联邦刑法典》第2条第2项规定：“在本法生效前所为之重罪或轻罪于本法生效后判处的，惟本法处刑较轻者，始可适用本法。”1994年《法国刑法典》第112—1条第3项规定：“但是，新法规定生效前的犯罪，未经已生效力之判决者，在新法规定轻于旧法规定时，适用新法之规定。”《日本刑法典》第6条规定：“犯罪后的法律使刑罚有变更时，适用较轻的法律。”可见，当新法的溯及适用有利于被告人时，并不违反罪刑法定原则。另外，对于判例，《美国宪法》第1条第9款第3项规定，禁止通过“追溯既往的法律”，它本来只针对制定法，而不适用于判例，但是，现在一般认为，只有不利于被告的判例变更才被禁止。

3.禁止类推解释

所谓类推解释，是对没有法律条文规定的行为，援用和它具有类似性质的行为的法律规定的解释。“类推解释不是法的解释，而是法的创造。”[③]在形式上，它

---

① 参见资琳.法治中国语境下指导性案例的分类适用［J］.法制与社会发展，2013（5）.

② 参见张明楷.刑法学（上）［M］.北京：法律出版社，2021：50.

③ 山中敬一.刑法总论Ⅰ［M］.东京：成文堂，1999：71.

扩大了处罚的范围，伤及了法律的安定性，悖逆了罪刑法定原则的要求，所以不被允许适用。但是，如果类推解释有利于被告，却得以例外承认。不过要指出的是，类推解释和刑法扩大解释的界限，在理论上是明晰的，但在实践上却难以划分。

我国学者提出了如下学说：第一，明显突兀感说，认为如果解释结论使一般人感到明显突兀的，就属于类推；虽然具有一定的突兀感，但可以通过合理的解释加以说明的，则属于扩大解释。①第二，超预测可能说，认为如果将国民根据刑法用语所预想不到的事项解释为刑法用语所包含的事项，就超出了国民的预测可能性，从而属于类推解释。②第三，等同说，认为类推解释与扩大解释之间只存在程度上的差别，并无实质性的不同。二者的区别仅仅在于是否超出了法律用于可能具有的意义，剥夺了一般人的预测可能性。③

上述观点都提出了问题，但最终并没有解决问题。问题的根源在于我们以解释对象的含义是稳定而明确的为前提。其实，作为刑法解释对象的含义本身是流变而且不太明确的。所以，本书认为，如果我们一定要在刑法中将类推解释作为违背罪刑法定原则的做法，那么最终区分类推解释或者扩大解释在很大程度上将取决于解释者的内心确信，即如果解释者内心理解的含义与其阐述的含义相一致，则属于扩大解释，如果解释者仅仅为了实现某种不合理的目的，违背其内心理解，做出与内心理解不一致的阐述，且阐明的含义明显超过了其内心理解的范围，则可将其视为类推。

4.禁止绝对的不定期刑

绝对不定期刑是没有确定上限，或者没有确定下限，或者上下限都没有确定的自由刑。绝对不确定的刑期，赋予法官过大的自由裁量权，完全不能保证处罚的明确性和必要性，所以不符合罪刑法定的主张。但是绝对确定的法定刑，限制了法官的自由裁量权，不利于根据案件的具体差异适用刑罚法规，也不可取。现

① 参见付立庆．刑法总论［M］．北京：法律出版社，2020：58.

② 参见张明楷．刑法学（上）［M］．北京：法律出版社，2021：51；周光权．刑法总论［M］．北京：中国人民大学出版社，2016：45.

③ 参见黎宏．刑法学总论［M］．北京：法律出版社，2016：23.

在各国刑法典中采用相对确定的法定刑。

（二）罪刑法定原则的实质要求

“由于罪刑法定原则从一开始就是基于尊重人权的意旨而确定下来的，所以必须从实质上保障人权（实质的人权保障的原则）。这就要求超越形式的法律主义的要求而实现刑罚法规内容的正当。”[①]罪刑法定原则的实质要求如下。

1.明确性原则

从法律条文上看，如果刑罚规定的内容是明确的，就不会招致法的恣意解释和适用，因此，罪刑法定原则在实质上的第一个要求就是，刑罚法规必须具体和明确。但在现代复杂的社会中，法律不可能对危害行为作出详尽的规定，明确和具体的限度实际上难以把握。但可以肯定的是，详尽列举的立法方法割裂了概念的完整性，难以发挥法律规范的引导机能，并留下法律漏洞。[②]

除了规范要明确之外，司法中还要强调事实上的明确。那么，关于事实的疑问，也应当作为罪刑法定的内容予以关注。当法庭对于具有法律意义的事实尚存在疑问时，就有必要提出“疑问有利于被告”的原则，克服在举证之后适用法律上所产生的疑问。

2.刑罚适当原则

如果仅仅刑罚的规定是明确的，但其内容不适当，也会侵犯人权，因此，刑罚适当的原则，也成为罪刑法定原则的实质要求。在如下场合，应当认为欠缺适当性：第一，违反了宪法规定，包括适用残酷的刑罚、根据身份的不同处罚；第二，违反了刑法处罚的必要性；第三，罪刑不均衡。

三、罪刑法定原则与我国刑事法治

（一）我国古代是否存在罪刑法定原则

由于对罪刑法定的内容如何理解存在分歧，所以，在我国古代是否有罪刑法

---

① 马克昌.刑法学全书［M］.上海：上海科学技术文献出版社，1993：605.

② 参见杜里奥·帕多瓦尼.意大利刑法学原理［M］.陈忠林，译.北京：法律出版社，1998：26.

定原则，在理论上有不同的看法。

1. 肯定说

该说认为，我国古代自《尚书》开始便进入了罪刑法定时代，并使之上升为古代社会的一项法律原则。如中国当代刑法学家蔡枢衡认为，我国古代罪刑法定原则经历了起伏跌宕的发展。五帝时代前期虽无明文根据，但根据《吕刑》的记叙，夏族非难苗族允许临时随意处刑，从反面不难推知黄帝、颛顼都依法裁判，"若用后世的名词来表达，显见五帝时代前期所奉行的是罪刑法定原则"。从正面表明五帝时代后期采用罪刑法定原则的记述是《尚书·舜典》："慎徽五典，五典克从。"（意为非难违法裁判，虞舜能够依照刑法办事）。这就充分表明当时是如何重视践行罪刑法定原则。到夏代，古老的罪刑法定随着陈旧的五帝传统刑法的废除而被否弃，刑法走上了当年苗族随意处罚的旧路，但商、周二代却都实行罪刑法定原则，明证就是《礼记·王制》："有旨无简不听"、《尚书·吕刑》："无简不听，具严天威。""这即是说，在进一步总结历史经验、修改和增订刑法的基础上，又为贯彻统治者的意志和利益于每一案件的裁判中，而要求统一司法官吏的裁判意志和行动，罪刑法定原则的重视，意味着伸张君权，抑制官权"。[①]

2. 否定说

该说认为，在我国封建社会，提倡实行罪刑法定原则的法学派，都是极端的绝对君权论者。之所以主张限制各级官员的擅断权力，完全是为了加强和扩大专制君主的绝对权力。专制君主拥有立法、司法、行政等一切权力，因而在事实上拥有不受法律限制的罪刑擅断权力。在我国整个封建社会，皇帝的这种罪刑擅断的权力，是不容置疑的，在人们的观念中，也不曾动摇过。既然君主的权力不受任何限制，就不能认为是罪刑法定原则。

3. 折中说

该说认为，我国古代刑法无罪刑法定原则存在的空间，但从思想层面和制度层面这一角度，首肯"罪刑法定原则作为一种思想主张在中国古代一直是伴随成文法的产生和发展而存在和发展的。罪刑法定原则作为一项实证法律原则在秦律

① 尚书·吕刑。

和唐律中也得到一定程度的体现"[①]。日本学者崛毅亦认为，中国先秦时期的罪刑法定原则思想在秦汉律中已上升为法律原则，因此他论述道，"说中国古代存有罪刑法定原则主要是从思想层面上讲的，其次才是从制度层面上讲的"[②]。即在区分罪刑法定原则和罪刑法定之别的基础上而展开论述。我国古代刑法存有罪刑法定原则，但罪刑法定作为一项刑法原则是就制度层面而言的，在古代法制中并未落实。[③]

本书认为，上述的分歧是基于对罪刑法定的不同视角而产生的，它和"法治"观念如出一辙。肯定说是从"形"上理解罪刑法定；否定说是从"神"中阐释罪刑法定；折中说无非是试图将两种认识方法调和起来。那么调和的观点是否可取呢？根据折中说的观点，罪刑法定原则似乎对应于思想层面，但罪刑法定对应于制度层面，这就是说我国古代有罪刑法定的思想，而无罪刑法定的制度。这种观点应该没有问题。但是，我们论述的是在我国古代刑法中有无罪刑法定原则，其实就是从刑法的制度中理解的。在这个意义上，折中说最终倒向了否定说。

根据肯定论者的看法，只要强调依法办事，就属于罪刑法定的表现，这未免过于牵强。根据罪刑法定的考证，它渊源于对君主权限的抗制和对平民的保护，从而强调罪之法定、刑之法定。但是，在我国强调罪与刑的法定思想，是基于"圣人之为国也，壹赏，壹刑，壹教。壹赏则兵无敌，壹刑则令形，壹教则下听上"。而"所谓壹刑者，刑无等级。自卿相、将军以至大夫、庶人，有人不从王令、犯国禁，乱上制者，罪死不赦"[④]。刑无等级，似乎是罪刑法定思想的有利证据，但是仔细推敲，这种思想是要维护君主不可动摇的统治地位，而所谓的"壹刑"，不过是为了确保君主对权力的绝对控制。因此，我国古代强调依法治国和西方法治具有不同的出发点，在这个意义上，不能认为罪刑法定原则在我国古代就存在。

我国古代法缺乏现代意义上的罪刑法定的基因。首先，我国古代法中不存在现代罪刑法定原则的人际基础——平等。古代中国刑法一度废除等级，是为了维护君主权力，其后设立"八议"制度，确立了等级制度，其目的是有效维护皇

① 杜纲健．无罪推定与罪刑法定［J］．天津社会科学，1997（1）．

② 陈顾远．中国法系之回顾及其前瞻［M］．文化大学出版社，1993：129．

③ 参见徐岱．罪刑法定与中国古代刑法［J］．法制与社会发展，2000（1）．

④ 商君书·赏刑。

权。在统治阶级和农民之间没有平等可言，就是在统治阶级内部，皇帝和其他人之间也无平等可言，皇帝执掌着所有的权力，因此，身份刑法大量存在。其次，我国古代缺乏现代法的理念——自由。自由在我国古代政治中是一个不曾被重视的字眼，民众为法和礼所束缚，皇帝的集权制度严重限制了自由的思想和自由在政治中的作用。笔者认为，连坐、株连等制度就很能反映自由的匮乏。最后，我国古代缺乏罪刑法定的素质——法治。这一点，如有学者说："法家的'务法''法治'也丝毫不具备法治的精神""中国古代社会不仅不曾有过'法治'，而且也不可能出现'法治'"。

以上三种元素的缺乏，导致罪刑法定原则在我国刑法中不能形成。之所以在此强调这个问题，本书认为有两个现实意义：

第一,三种元素是相得益彰的，其中任何一种元素的缺乏，都不可能引导另外两种元素的形成。由于缺乏自由的政治制度，所以没有平等的政治意识，进而在法的治理下的人，不是法律的目的，而是工具。在这种法律制度下，人们往往缺乏主体性意识，自由和平等的呼求不是很明显。因此，一个值得警醒的现象就屡屡发生，就是民众很难养成通过法律手段解决社会纠纷的习惯，大量的社会问题最终是通过改朝换代得以消解的。

第二，在我国现代刑法中，还存在一些特权意识和等级思想的流毒，保护公民权利和自由的意识还需要进一步加强。在现代社会，罪刑法定原则就是在刑法中实现民主与人权，保障国民的自由，实现对国家权力的限制，实现在刑事领域的法治。[①]而如果认为我国古代就存在罪刑法定原则，我们就会被罪刑法定的外衣所迷惑，不能理会其精神实质和发展倾向，从而阻碍自由、平等意识的养成，阻碍保护公民权利的法治的形成，这于国内法的完善和国际法的交流，都是一个意识上的陷阱。

（二）罪刑法定原则在立法中的体现

1997年《刑法》第3条规定："法律明文规定为犯罪行为的，依照法律定罪处刑；法律没有明文规定为犯罪行为的，不得定罪处刑。"这一规定在新中国刑

---

① 参见李洁．论罪刑法定的实现［M］．北京：清华大学出版社，2006：22.

法历史上意义重大，可以说是罪刑法定原则在立法上的胜利。罪刑法定原则的思想和内在要求，也在《刑法》中得到了较为全面、系统的体现。

1. 1997年《刑法》明确性不断加强

我国1979年《刑法》立法鉴于当时的需要，采取了宜粗不宜精的指导思想。1997年刑法全面修订时，为克服过去刑事立法简单粗疏的缺陷，力求周详、完备，将其分则条文由1979年《刑法》中的103条增加到350条，其中的罪名数量由1979年《刑法》中的130个增加到413个。后来历次刑法修正无不体现了立法精细化的要求。刑法的明确性体现为：一是在总则条文中规定了构成犯罪的共同性要件，即成立各种犯罪均必须具备的条件，如《刑法》第20条分款对正当防卫、防卫过当、特别防卫的成立作了十分明确的规定。二是在分则条文中对每一种犯罪的具体构成要件做了尽可能详细的描述。一方面，对于1979年《刑法》中的若干"口袋罪"作了具体规定，如将流氓罪分解为寻衅滋事罪、聚众淫乱罪、聚众斗殴罪等犯罪；另一方面，对于构成犯罪的重要构成要件作出具体规定，对构成要件的行为（如《刑法》第182条关于操纵证券、期货市场的犯罪行为）、构成要件的身份（如《刑法》第185条之一背信运用受托财产罪的行为主体）、构成要件的行为对象（如《刑法》第226条关于强迫交易的对象、第229条关于提供虚假证明文件中的虚假证明文件的种类）都做出了较为详细的列举。三是设定了各种犯罪的具体法定刑幅度，如《刑法》第263条的抢劫罪，分为两个量刑幅度，其中规定了八种加重处罚的情节。

2. 1997年《刑法》重申了1979年《刑法》为解决刑法溯及力问题而确定的从旧兼从轻原则

20世纪80年代早期，为了开展"严打"活动，个别单行刑法中采取了"从新兼从重"的做法。这种做法明显偏离了罪刑法定原则的要求，所以，1997年《刑法》的规定具有积极意义。

3. 1997年《刑法》废止了1979年《刑法》第79条关于类推的规定

从刑事法治理念看，类推制度与罪刑法定原则格格不入。废止类推制度不仅有助于指导司法实践，而且有助于弘扬刑事法治的精神。

（三）罪刑法定原则在司法中的体现

立法和司法毕竟有区别。罪刑法定原则不仅要有文本的依据，还要在司法中体现出来，从文字变为行动。在我国刑法实践中，要使罪刑法定原则真正成为一种行动的指南，至少面临三个观念问题：第一，将罪刑法定理想化的观念——将罪刑法定原则理解得过于优越；第二，将罪刑法定庸俗化的观念——将罪刑法定原则理解得过于简单和肤浅；第三，认识罪刑法定的狭隘主义——只从纯粹的实体法角度认识罪刑法定，忽视了程序法对罪刑法定的影响与制约。[①]这三个问题的形成，源于理论上对罪刑法定理解的偏颇，没有从法律条文的实质规定中寻求罪刑法定的精神。具体而言，应当从社会主义法治的实质要求评价罪刑法定原则。

罪刑法定原则不仅强调形式要求，也强调实质要求。那么实质的主张如何得以实现呢？申言之，在司法中可以突破刑法立法的正义规定追求实质的正义要求么？如果可以，又应当通过什么样的途径呢？笔者认为，如果刑法的规定不符合罪刑法定原则的基本内涵，它就应当被否定。但是，这种否定不是无限制的，它应当被限制在宪法的框架下。换言之，在司法中，应当对我国刑法立法的规定展开必要的合宪性审查。其理由如下：

第一，这是罪刑法定原则规定的基本要求。近现代法治国家都奉行罪刑法定原则。许多国家不仅在刑法典中确认罪刑法定原则，赋予其在刑事立法中的显著地位，还有许多国家将罪刑法定原则宪法化，使之在宪法中被规定下来。如《德意志联邦共和国基本法》第103条第2项，《意大利共和国宪法》第25条第2款，《日本国宪法》第31条正当程序的保障、第39条事后法的禁止，美国宪法第14修正案的正当法律程序规定、第8修正案的禁止残酷和非常的刑罚、第5修正案的禁止制定事后法等。因此，罪刑法定成为刑事司法的基本准则，取得了对于其他刑法规定审查的权力。

第二，国外司法中的具体做法已经成为一种国际性的基本倾向。比如在美国，宪法对刑事立法的宪法性规约包括三个方面：一是刑事立法的特别宪法限制，具体是《美利坚合众国宪法》第1条所规定的禁止制定剥夺公权法案（即不得

---

① 参见王祖德，金泽刚．罪刑法定原则司法化的三个观念问题［J］．法学，2003（1）．

制定允许不经司法程序就直接处以刑罚的法令）与禁止制定溯及既往的法律；二是民权法案即《宪法》第1至第10修正案规定公民可以行使的宪法性权利对刑事立法的实质性制约，这些权利涉及个人言论、集会、结社、宗教信仰的自由，不受非法搜查、逮捕，合法佩带武器，不得强迫被告人自证其罪，禁止一案再审，禁止制定残酷与非常的刑罚以及禁止奴役与强迫劳役等诸多方面；三是正当法律程序、平等保护原则以及宪法虽未明确规定但蕴含于宪法精神之中的隐私权对刑事立法的程序性与实质性制约。在德国，对于刑事立法的宪法性制约，则更多地表现为强调人民主权原则（民主原则）、分权与制衡原则、法律保留原则、法律面前人人平等原则、公共干预限制原则、法治国家原则（罪刑法定原则）、人道主义原则、人性尊严与生命保障原则以及设置公民权利与义务的宪法性规定。①

第三，这是我国宪法规定的必然结论。我国《宪法》第5条第3款规定："一切法律、行政法规和地方性法规都不得同宪法相抵触。"《宪法》第二章则确定了对公民的基本权利和对相关权利进行限制的另外规定。因此，与这些规定不符合的刑法立法就是违反宪法的。比如，《宪法》第36条第1款规定："中华人民共和国公民有宗教信仰自由。"那么在一般情况下，公民信仰宗教是不受到限制的。但是同条他款规定："国家保护正常的宗教活动。任何人不得利用宗教进行破坏社会秩序、损害公民身体健康、妨碍国家教育制度的活动。"可见，当宗教有害于社会秩序、公民健康和妨碍国民教育时，在我国并不为宪法所许可，因此，在刑法中惩罚邪教的规定在我国并不违宪。再如，《宪法》第37条第1款规定："中华人民共和国公民的人身自由不受侵犯。"但是，作为例外的规定，"任何公民，非经人民检察院批准或者决定或者人民法院决定，并由公安机关执行，不受逮捕"。说明经过人民检察院批准或者决定或者人民法院决定，并由公安机关执行，公民被逮捕的，不能认为违法。

第四，在我国刑事司法中，还应当对刑事判决进行合宪性审查。这有助于强化罪刑法定的法律意识，有助于法官对于法在适用中的解释，有助于刑事判决的合理性。众所周知，成文法不可避免地存在所谓法规定不明确的问题。在具体的司法过程中，法官将法律文本规定和社会现象进行指称性的判断，在缺乏罪刑法

① 参见梁根林.罪刑法定视野中的刑法合宪审查［J］.法律科学，2004（1）.

定基本原则的基础上，是不可能的。而罪刑法定的基本精神和原则规定是解决问题的准则。此时，宪法确定的公民的基本权利，其实就是罪刑法定原则中的具体标准。对司法的评价，主要是根据宪法的规定。

第二节　适用刑法平等原则

一、适用刑法平等原则的含义

《刑法》第4条规定："对任何人犯罪，在适用法律上一律平等。不允许任何人有超越法律的特权。"该条规定了适用刑法平等原则。

适用刑法平等原则的含义是：任何人犯罪，都应当受到法律的追究，任何人都不得享有超越法律规定的特权；对一切犯罪行为，不论犯罪人的社会地位、家庭出身、职业状况、财产数额、政治面貌和才能业绩如何，都应一律平等地适用刑法定罪处罚，不允许任何人有超越法律的特权。适用刑法平等本来属于罪刑法定原则的应有之义，但是《刑法》单独规定这个原则也具有其时代意义。

二、适用刑法平等原则的具体体现

作为刑法的一项基本原则，适用刑法平等原则具有指导立法、司法和行刑的意义。具体而言，适用刑法平等原则具有不同层面的要求。

1.定罪平等

即任何人犯罪，无论其身份、地位等如何，均应一律平等对待。刑法不能随意出入罪，尤其不允许任何人有超越法律规定的特权。在立法中，存在不同身份的人实施相同行为但法定刑不一样的现象，如职务侵占罪和贪污罪，挪用公款罪和挪用资金罪。这种差别并不违反平等原则。因为行为人身份不同，导致了社会期待及行为人基于特定身份所保护的法益重要性不同，所以立法必须根据其社会危害性的不同分别确定法定刑。但是，司法实践中对盗窃罪、诈骗罪和贪污罪犯罪构成数额的标准有很大差异，这个问题值得研究。

2.量刑平等

即对性质和严重程度相同的犯罪，应当按照刑罚规定的量刑幅度给予相同的处罚，即做到同罪同判、同罪同罚。但是，不能简单、机械地理解同罪同判、同罪同罚。刑法的平等性是相对的，不是绝对的。所以，量刑平等并不意味着只要是犯同一性质的罪且属于同一法定刑幅度，就要判处完全相同的刑罚。司法机关在量刑时，要根据刑罚的不同目的、犯罪行为社会危害性的不同、行为人在犯罪中作用的差别等因素，确定犯罪人应当受到的刑罚，而不能为了平等而平等，甚至抛弃刑罚个别化原则。为了解决量刑不平等的问题，司法机关积极探索量刑规范化或者量刑精准化改革。改革的初衷是好的，但是应当遵从法律公正的内在规律。法律公正具有很大的主观性，所以法律在实践中不可能实现绝对的公正。同一类案件，犯罪地点、犯罪时间、犯罪对象、犯罪动机等因素的不同，对犯罪人量刑都可能产生影响。如果用简单的数字刻画公正的标准，有可能适得其反。

3.行刑平等

即对受刑人平等执行刑罚。只要罪行相同、人身危险性相同，其刑罚处遇即应当相同。不能因为受刑人的贫富有差距、权势地位有高低而对一部分人给予优待，对另一部分人给予歧视。当然，根据刑法执行的要求，刑罚执行机关往往对罪犯实行分别关押、采取不同方式管理。这种制度是为了矫正罪犯采取的必要措施，它和行刑平等并不冲突。在司法实践中，在办理减刑、假释和监外执行的时候，尤其应当严格标准。

第三节　罪责刑相适应原则

一、罪责刑相适应原则的含义

《刑法》第5条规定："刑罚的轻重，应当与犯罪分子所犯罪行和承担的刑事责任相适应。"该条规定了罪责刑相适应原则。

一般认为，罪责刑相适应原则是指，犯多大的罪就应承担多大的刑事责任，法院也应判处其相应轻重的刑罚，做到重罪重罚、轻罪轻罚，罪刑相称，罚当其罪。[①]

理论上对罪责刑相适应原则有不同认识：观点一认为，罪责刑相适应包括三

---

① 参见贾宇.刑法学（总论）[M].北京：高等教育出版社，2019：63.

层含义，即刑罚与犯罪性质相适应、刑罚与所犯罪行相适应以及刑罚与犯罪人的人身危险性相适应；[①]观点二认为，罪责刑相适应原则包括两层含义，即刑罚的轻重与犯罪分子所犯罪行、与犯罪分子所承担的刑事责任相适应。[②]

上述问题的关键在于如何理解刑法条文中的“罪行”和“刑事责任”：第一，罪行是否包含犯罪性质；第二，刑事责任是否包含人身危险性。

关于问题一，本书认为，简单说，罪行就是犯罪的行为。具体而言，罪行包括犯罪分子已经实施的构成要件行为及其所造成的构成要件结果和非构成要件结果等主观和客观要素。罪行是行为具备刑事违法性和严重社会危害性的统称，如《刑法》第48条规定，“死刑只适用于罪行极其严重的犯罪分子”。众所周知，死刑只适用于少数几种犯罪性质极其严重的犯罪分子。对于实施盗窃、诈骗等犯罪的犯罪分子，由于其犯罪性质难以被认为极其严重，所以不得对其处以死刑。可见，罪行本身包含了犯罪的性质。

关于问题二，有观点认为本条中的刑事责任是指犯罪分子的主观恶性或者人身危险性。[③]本书认为，不应将刑事责任与主观恶性和人身危险性混为一谈。主观恶性是犯罪分子表现犯罪罪过的严重程度，如故意、过失、目的等。人身危险性则是犯罪分子再次犯罪的可能性。在大多数场合，这些因素都被罪行所评价，如故意犯罪和过失犯罪、行为的次数等。刑事责任如何理解，在我国刑法学中还没有形成共识。但本书认为，罪行是刑罚的客观基础，刑事责任是刑罚的主观依据。刑罚的客观基础是指对刑罚裁量的合法性具有决定性影响的一般性和抽象性事实；刑罚的主观依据是指对刑法裁量的合理性具有重要影响的具体性和个别化事实。如甲为了吸毒在医院盗窃了患者张某一准备支付医疗费用的2万元现金；乙为了给身患重病的妻子治病，在高档购物中心盗窃了张某二准备购物的2万元现金。从罪行的角度看，刑法只评价甲和乙盗窃2万元现金的行为，但是从刑事责任的角度出发，刑法还应评价甲和乙实施盗窃的动机。

---

① 参见林亚刚．刑法学教义（总论）[M]．北京：北京大学出版社，2017：17.

② 参见黎宏．刑法学总论［M］．北京：法律出版社，2016：26–27；付立庆．刑法总论［M］．北京：法律出版社，2020：69.

③ 参见黎宏．刑法学总论［M］．北京：法律出版社，2016：27；付立庆．刑法总论［M］．北京：法律出版社，2020：69.

二、罪责刑相适应原则对刑法学体系构造的影响

犯罪、刑事责任和刑罚是刑法学中的重要理论范畴。罪责刑相适应原则的立法规定不仅为司法提供了指导，而且对刑法学体系的构造提供了法定的基础。当前我国刑法学界中围绕犯罪构成论体系，出现了很大的争议，其中一个重要的分歧在于要不要遵循刑法立法的规定。刑法教义学的制度逻辑在于现行刑法，刑法教义学不以本国刑法及法律制度为蓝本，却以外国刑法理论为阐述观点的重要理论依据，难以称为中国刑法教义学，称其为比较刑法学或许更为合适。我国《刑法》第5条的规定，明确赋予罪行、刑事责任和刑罚的并列地位，这是构造我国刑法学体系不可忽视的制度根基。刑法学者应在这个框架下建构我国犯罪构成论、刑事责任论和刑罚论的体系。

第四章

刑法的效力范围

刑法的效力范围，也称为刑法的适用范围，是指刑法在什么地域内对什么人和在什么时间之内具有效力。刑法的效力范围包括两方面的内容，即刑法的空间效力和刑法的时间效力。我国《刑法》第6条至第12条对此作了明确规定。

第一节　刑法的空间效力

一、刑法空间效力的概述

刑法的空间效力，是指刑法在什么地域对什么人具有效力，它由对地域的效力和对人的效力两部分内容组成。当一个人在本国领土之内犯罪，由该国司法机关对他进行司法管辖是没有疑义的；但是，如果一个人在国外犯罪，或者说一个犯罪跨越两个以上国家的领域时，就势必产生哪一个国家的司法机关有权对该犯罪进行管辖的问题。这是刑法的空间效力所要解决的主要问题。

刑法空间效力的问题，是基于国家的领土主权和司法主权而产生的，它关系到维护独立主权国的刑事管辖权、审判权以及国家之间关系、民族关系等重要问题。解决刑法的空间效力范围，一方面必须维护本国的主权和利益，另一方面又必须尊重国际惯例和他国的政治、经济、文化、社会、历史传统。因为各国在政治、经济、历史、文化传统等方面存在差异，所以，各国刑法在解决该问题时，具体的规定就不尽相同。

二、刑法处理空间效力的基本原则

概观各国刑法规定，解决刑法空间效力所采取的一般原则并不相同。

1.属地原则（主义）

也称领土原则。该原则以犯罪地的地域为标准，主张凡是在本国领域内犯罪的，不问是本国人还是外国人（含无国籍人），也不问被侵害的是本国利益还是外国利益，都适用本国刑法。反之，在本国领域外犯罪的，不论本国人还是外国人都不适用本国刑法。属地原则有一个补充性的原则——旗国主义，即在悬挂本国国旗的船舶或者有本国国家归属标志和识别标志的航空器内犯罪的，可以适用本国刑法。[①]

2.属人原则（主义）

也称国籍原则。该原则以犯罪人的国籍为标准，主张凡是本国人犯罪，不问是在本国领域内还是本国领域外，也不问被侵害的是本国国家或者公民利益还是外国国家或者公民利益，都适用本国法。反之，外国人即使在本国领域内犯罪，侵害本国国家或公民利益的，也不适用本国刑法。

3.保护原则（主义）

也称自卫原则。该原则以保护本国利益为标准，主张凡是侵犯本国国家和公民利益的犯罪，不问犯罪人是本国人还是外国人，也不问犯罪地在本国领域内还是本国领域外，都适用本国刑法。

4.世界原则（主义）

也称为普遍管辖原则。该原则以保护国际社会共同利益为标准，凡是发生国际条约所规定的侵害国际社会共同利益的犯罪，不论犯罪人的国籍，不论犯罪地在什么地方，也不论侵犯的是哪一个国家或哪一个国家公民的利益，都适用本国刑法。

在上述各种原则中，属地原则主张本国刑法适用于本国领域内犯罪的所有人，无论行为人是本国人还是外国人，这体现了对国家主权的维护，因此大多数国家刑法采用此原则。但如果只单独采用这一原则，也有不利于维护本国利益的

① 参见齐文远，刘代华.完善我国刑法空间效力立法的思考［J］.法商研究，2005（1）.

一面。具体说，该原则存在以下缺陷：（1）当本国人或者外国人在本国领域外或者在不属于任何国家的领域内，如公海，实施危害本国国家和公民利益的犯罪时，本国刑法没有适用效力；（2）由于各国刑法对犯罪地的标准没有一致规定，因此在确定犯罪地时会发生纠纷，如果没有其他补充规定，则很难确定犯罪地。由于存在上述缺陷，因此很少有国家单独采用该原则。

属人原则隐含着本国不向外国引渡本国国民的法律精神。在理论上，属人原则有主动和被动之分：主动的属人原则，是指一国对在国外实施犯罪的本国公民有权适用本国刑法的原则；被动的属人原则，是指外国人在受害人国籍国领域之外对受害人实施的、根据行为地法律也构成犯罪的行为，可以适用受害人国籍国刑法。①但属人原则通常限定于主动的情形中，即以犯罪人的国籍为标准，因而即使外国人和无国籍人在本国领域内犯罪的，也不能适用本国刑法，这无形中放弃了本国的国家主权。又因为对在国外犯罪的本国人要适用本国刑法，就必然与他国司法管辖权相抵触。因此，世界上也没有单独采用该原则的国家。

保护原则从维护本国国家和公民利益的角度来说，弥补了属人和属地原则的不足，但它不可避免地引起国家间的刑事法律冲突，因此，亦很难彻底采用这个原则。

世界原则产生的理论依据是连带理论，其现实根据是由于跨国境犯罪日益增多，犯罪行为危害国际社会，而国际之间针对犯罪合作开展的斗争不力。基于人类整体利益保护的需要，为促进国际刑法的发展，无论什么国家都被赋予了惩罚犯罪的义务。②第二次世界大战后，纽伦堡国际军事法庭宪章、远东国防军事法庭宪章及其对战犯的审判，开创了适用世界原则的先例。在当前，如灭绝种族罪、种族隔离罪、空中劫持罪、酷刑罪等犯罪，如海盗、劫持航空器，贩毒、制售毒品，贩卖奴隶，贩卖淫秽物品、书刊、影视物等行为都有赖于国际间共同协力加以防止。

可见对上述各项原则，都不能只顾其一，不及其余。现代世界各国，大都采用折中（综合）的原则，即在属地原则的基础上，兼采其他原则：凡是在本国领

---

① 参见齐文远，刘代华．完善我国刑法空间效力立法的思考［J］．法商研究，2005（1）．

② 参见黄俊平等．论普遍管辖原则的确立依据［J］．社会科学战线，2005（3）．

域内犯罪的，不论是本国人还是外国人，都适用本国刑法；本国人或外国人在本国领域外犯罪的，在一定条件下适用本国刑法。我国刑法也是采用的这种折中的原则。

三、我国刑法对空间效力的处理规定

（一）我国刑法的属地管辖权

《刑法》第6条第1款规定："凡在中华人民共和国领域内犯罪的，除法律有特别规定的以外，都适用本法。"该规定说明我国刑法普遍适用于中华人民共和国领域，体现了属地原则。适用本条规定，必须符合以下条件。

1. "在中华人民共和国领域内犯罪"

对此必须注意两点：第一，"中华人民共和国领域内"的空间范围；第二，"犯罪"的事实范围。

（1）"中华人民共和国领域内"的界定

"中华人民共和国领域内"，是指中华人民共和国国境以内的全部区域，也可说是我国国家主权所及的空间区域。具体包括：其一，领陆，即我国国境线以内的陆地，包括地下层。其二，领水包括内水和领海，内水是指内河、内湖、内海以及同外国之间界水的一部分，这一部分通常以河流的中心线为界，如果是可通航的河流，则以主航道中心线为界；关于领海，我国政府于1958年9月4日发表声明，宣布我国的领海宽度为12海里以及其地下层。其三，领空，即领陆、领海的上空。

作为对"中华人民共和国领域内"的补充，我国刑法也采纳了旗国主义，即在《刑法》第6条第2款规定："凡在中华人民共和国船舶或者航空器内犯罪的，也适用本法。"为了解决司法管辖权的问题，根据国际法的有关惯例，悬挂本国国旗航行于公海或停泊在外国港口的船舶、航空器是本国的拟制领土或移动领土。这里所说的船舶或者航空器，既可以是民用的，也可以是军用的；既可以是正在航行中的，也可指处在停泊状态的；既可以处于公海或者公海上空，也可在别国领域内。

此外，根据我国承认的1961年4月18日《维也纳外交关系公约》的规定，各国驻外大使馆、领事馆及其外交人员不受驻在国的司法管辖而受本国司法管辖。因此，凡是在我国驻外大使馆、领事馆内犯罪的，也应当适用我国刑法。

（2）“在中华人民共和国领域内犯罪”的理解

“在中华人民共和国领域内犯罪”也就是要确定何种犯罪能被认为发生在中华人民共和国领域内。一般来说，一个国家的刑法对于发生在本国领域内的犯罪有管辖权。然而，在具体的犯罪活动中，犯罪行为和结果有时不是在同一个地方发生的。在刑法理论上，这种情形被称为隔地犯。至于如何确定隔地犯的犯罪地，理论上主要有三种主张：第一，犯罪行为地说，主张应以犯罪行为的实行地为犯罪地，进而适用行为地国家的刑法；第二，犯罪结果地说，主张应当以犯罪结果发生的地域为犯罪地，进而适用结果地国家的刑法；第三，折中说（遍在说），认为犯罪行为与犯罪结果是不可分的，所以主张犯罪地既可以是实行犯罪的地方，也可以是发生犯罪结果的地方。行为地说和结果地说失于片面，不利于维护国家主权，不利于保护国家和公民的利益，而折中说克服了它们的片面性，故而为大多数国家所采用。

我国刑法也采取折中的理论，并在《刑法》第6条第3款作了明确规定：“犯罪的行为或者结果有一项发生在中华人民共和国领域内的，就认为是在中华人民共和国领域内犯罪。”根据上述规定，以下三种情形可认为是在中华人民共和国领域内犯罪：其一，犯罪行为与犯罪结果都发生在中华人民共和国领域之内；其二，犯罪行为在中华人民共和国领域内实施，而犯罪结果发生在中华人民共和国领域以外；其三，犯罪行为在中华人民共和国领域外实施，而犯罪结果发生在中华人民共和国领域以内。

2.没有其他法律的“特别规定”

根据《刑法》第6条第1款规定，犯罪虽然发生在中华人民共和国领域内，还必须排除“法律有特别规定的”情况，才能“适用本法”。这里所说的“法律有特别规定的”，主要包括以下四种情况：

（1）《刑法》第11条关于“享有外交特权和豁免权的外国人的刑事责任，通过外交途径解决”的规定。所谓外交特权和豁免权，是指一个国家为了保证他国驻在本国的外交代表机构及其工作人员正常执行职务而给予的一种特殊权利和待遇。这种特殊权利和待遇是一种国际惯例，它建立在国家之间相互尊重和对等原则的基础上。但这并不表示放任上述人员在我国领域内自由犯罪，对这类人员的犯罪行为不闻不问，而是要通过外交途径解决。

根据1961年《维也纳外交关系公约》（1975年我国加入该公约）和1986年9月5日全国人大常委会通过的《外交特权与豁免条例》，在我国享有外交特权和豁免权的外国人包括以下几种：第一，外交官及其家属。外交官包括外交代表和外交职员；外交官的家属指外交官的配偶和未成年子女。第二，外国元首、外国政府首脑及其他高级人员。外国元首指前来我国访问的外国国君、总统以及他们的配偶；外国政府首脑及其他高级人员指，前来我国访问的外国政府总理以及进行业务接触、谈判的外交部长及其他具有同等身份的官员。第三，享有在我国过境或者逗留期间内必须豁免的人员，如途经我国的外国驻第三国的外交代表和与其共同生活的配偶及未成年子女。另外，根据1963年《维也纳领事关系公约》（1979年我国加入该公约）和1990年10月30日全国人大常委会通过的《领事特权与豁免条例》的规定，领事官员享有一定的外交特权和豁免权，其司法豁免权限于非重大犯罪和领事官员职务上的行为。

（2）我国香港特别行政区和澳门特别行政区基本法作出的例外规定。我国已经恢复对香港和澳门的主权。香港特别行政区和澳门特别行政区分别于1997年7月1日和1999年12月20日成立。根据特别行政区基本法的规定，这两个特别行政区享有独立的立法权、司法权和终审权，所以全国性的刑法对这两个地区没有适用效力。如果发生刑法空间效力的冲突，应该根据区际司法协议的有关规定和原则加以处理。

（3）《刑法》第90条关于“民族自治地方不能全部适用本法规定的，可以由自治区或者省的人民代表大会根据当地民族的政治、经济、文化的特点和本法规定的基本原则，制定变通或者补充的规定，报请全国人民代表大会常务委员会批准施行”的规定。这主要是考虑到我国是一个多民族国家，各民族之间在政治、经济、文化等方面具有多元化的发展特征。

（4）国家立法机关制定的特别刑法规定。根据社会的发展情况，为了惩治新的危害社会的行为，国家立法机关可能在刑法典之外，制定特别刑法，如1998年12月29日全国人大常委会通过的《全国人民代表大会常务委员会关于惩治骗购外汇、逃汇和非法买卖外汇犯罪的决定》。

（二）我国刑法的属人管辖权

我国刑法也采取了属人管辖权。《刑法》第7条第1款规定：“中华人民共和国公民在中华人民共和国领域外犯本法规定之罪的，适用本法，但是按本法规定的最高刑为三年以下有期徒刑的，可以不予追究。”也就是说，是否追究，需要人民法院根据具体情况来决定。《刑法》第7条第2款规定：“中华人民共和国国家工作人员和军人在中华人民共和国领域外犯本法规定之罪的，适用本法。”

根据上述规定，我国公民在中华人民共和国领域之外犯我国刑法规定之罪的，无论当地法律是否认为是犯罪，也无论其行为侵犯的是我国国家利益或者我国公民利益，还是其他国家的国家利益或者国民利益，一般适用我国刑法。但是在特殊情形下，也可以不追究刑事责任。当然，这里仅仅规定“可以”不追究其刑事责任，而不是“不得”追究，所以不追究的条件是有所保留的。但是需要注意，由于国家工作人员和军人身份特殊，不能适用上述例外规定，而必须一律追究刑事责任。

根据《刑法》第10条的规定，我国公民凡在中华人民共和国领域外犯罪，依照本法应当负刑事责任的，虽然经过外国审判，仍然可以依照本法处理，但是在外国已经受过刑罚处罚的，可以免除或者减轻处罚。这一方面表明我国作为独立主权国家的司法审判权不受外国审判效力的约束，另一方面也照顾实际情况，既然行为人在外国已经接受了部分或全部刑罚，就不应当让他重新接受全部刑罚。这种规定合情合理，体现了原则性和灵活性的结合，定性和定量的统一。

（三）我国刑法的保护管辖权

我国刑法规定了保护原则。《刑法》第8条规定：“外国人在中华人民共和国领域外对中华人民共和国国家或者公民犯罪，而按本法规定的最低刑为三年以上有期徒刑的，可以适用本法，但是按照犯罪地的法律不受处罚的除外。”

这说明，外国人在我国领域之外对我国国家或者公民犯罪，我国刑法也有管辖权。这就可以很好地保护我国的国家利益不受侵犯，保护在国外的我国公民的利益。但是，由于行为人身在国外，而且是外国人，受外国法律保护，如果片面强调我国刑法的适用权，通常是不太实际的，因此，我国刑法的保护原则有一定限制：第一，这种犯罪按照我国刑法规定的最低刑必须是3年以上有期徒刑；第二，我国刑法认为是犯罪的行为在行为地所在国法律中也应被处罚。第二个限制条件充分地考虑到行为实施地国家的国情，一方面有利于协调国家之间的关系，另一方面可以充分保护我国的利益。

（四）我国刑法的普遍管辖权

我国《刑法》第9条规定："对于中华人民共和国缔结或者参加的国际条约所规定的罪行，中华人民共和国在所承担条约义务的范围内行使刑事管辖权的，适用本法。"我国1979年《刑法》并没有规定普遍管辖的内容，但自改革开放以来，我国与国际社会的交往日益密切，先后于1980年10月加入《海牙公约》《蒙特利尔公约》，1987年加入《关于防止和惩处侵害应受国际保护人员包括外交代表的罪行的公约》等国际条约。为进一步协调我国承认的国际法与国内法的关系，1997年《刑法》正式规定了普遍管辖的原则。就是说，我国参加防止具有国际性犯罪的条约之后，根据该条约的规定，我国刑法对条约所规定的犯罪行为，也适用本国刑法处罚。即对于我国所参加的国际条约所确定的罪行，不论犯罪分子是本国公民还是外国人，不论犯罪地是在本国领域之内还是在本国领域之外，不论犯罪行为是否直接侵害了我国国家或者我国公民的利益，只要犯罪分子在我国领域内被发现，我国就要在所承担的条约义务范围内，行使刑事管辖权。

第二节　刑法的时间效力

一、刑法的时间效力概述

刑法的时间效力，是指刑法生效和失效的时间，以及刑法对它生效以前发生的行为是否具有溯及既往的效力。刑法生效即刑法开始发生效力，刑法失效即刑法对新发生的犯罪不再具有效力。

刑法的时间效力涉及新刑法和旧刑法之间的衔接问题，如果新刑法生效，而旧刑法没有失效，那么，新、旧刑法就存在冲突；如果新刑法没有生效，而旧刑法已经失效，那么新、旧刑法之间就存在时间隔离，这就容易引起社会秩序的混乱。另外，一个行为可能发生在旧刑法适用期间，但直到新刑法适用期间才被发现，是适用旧刑法还是新刑法，无疑是一个重要的问题。可见，规定刑法的时间效力至关重要。

二、我国刑法处理时间效力的基本规定

（一）刑法生效和失效的时间

1.刑法的生效时间

根据现行立法例，我国刑法采取两种形式规定刑法生效的时间：（1）刑法自公布之日起生效，如《全国人民代表大会常务委员会关于惩治骗购外汇、逃汇和非法买卖外汇犯罪的决定》第9条规定："本决定自公布之日起施行。"（2）刑法公布之后，再经过一定的期限生效。即刑法公布和刑法施行之间有一定时间间隔。如1997年《刑法》修订后，颁布的时间是1997年3月14日，施行的时间则是1997年10月1日。我国立法机关对于一些重大法律通常采取第二种做法，主要是为了在该法律生效前进行法律宣传教育，让司法工作人员做好实施新法的心理准备、组织准备和业务水平的准备；让广大群众了解新法的内容，知法、懂法。

2.刑法的失效时间

根据以往的成例，刑法的失效时间，一般通过两种方式表现出来：第一，明示失效，即由国家立法机关明确规定或者宣布某一项法律失去效力。如1997年《刑法》第452条第2款规定，列于附件一的一系列由全国人民代表大会常务委员会制定的单行刑法，自1997年10月1日起予以废止。第二，自然失效，即随着新法律、法令的颁布实施，具有同一内容的旧法律、法令失去效力，或者由于法律实施所依存的现实条件已经消失，旧法自动废止。如现行《刑法修正案》通常规定"本修正案自公布之日起施行"，这意味着当修正案施行（即生效）时，由它所修正的相应刑法条文就自行失效。

（二）刑法的溯及力

1.处理刑法溯及力的一般原则

刑法的溯及力，也称为刑法溯及既往的效力，是指刑法对它生效以前发生的

未经审判或者判决尚未确定的行为是否适用的问题。如果适用，就具有溯及力；如果不适用，就没有溯及力。各国立法例和理论上对溯及力有五种意见和主张。

（1）从旧原则，就是按照旧刑法处理，即新刑法对生效前的行为不具有溯及力。

（2）从新原则，就是按照新刑法处理，即新刑法具有溯及既往的效力。

（3）从轻原则，就是按照无论新法或者旧法，哪个刑法处罚轻，就适用哪个刑法。即如果新法轻，就有溯及力；反之，就没有溯及力。

（4）从新兼从轻原则，就是新刑法在原则上具有溯及既往的效力，对生效前未经审判或判决尚未确定的行为一般要适用新法，但是如果旧刑法不认为是犯罪或处刑较轻时，则适用旧刑法。

（5）从旧兼从轻原则，就是新法在原则上不溯及既往，对生效前未经审判或判决尚未确定的行为一般应适用旧法，但是如果新法不认为是犯罪或者处刑较轻时，则适用新刑法。

对于以上原则的取舍，在现代刑法中，要全面体现罪刑法定原则的含义，即不仅要在形式上体现罪刑法定原则的规定，从实质上也要体现罪刑法定原则的要求。从旧原则在形式上符合罪刑法定原则的规定，但是如果旧法认为是犯罪或者处罚较重，而新法不认为是犯罪或者处罚较轻的时候，它就不能揭示罪刑法定原则的宗旨，所以存在一定的不足。从新原则在形式上与罪刑法定原则是相冲突的，所以适用起来问题较多。如果采取从新兼从轻原则，在一定程度上可以弥补新法适用中的缺陷，但从根本上不能克服罪刑法定原则在形式上的要求。相对而言，从旧兼从轻原则较为合理，它在形式上体现了罪刑法定原则的规定性，在实质内容上也体现了罪刑法定原则的价值取向。

2. 我国刑法关于溯及力的规定

我国刑法采取从旧兼从轻的原则。《刑法》第12条第1款规定："中华人民共和国成立以后本法施行以前的行为，如果当时的法律不认为是犯罪的，适用当时的法律；如果当时的法律认为是犯罪的，依照本法总则第四章第八节的规定应当追诉的，按照当时的法律追究刑事责任，但是如果本法不认为是犯罪或者处刑较轻的，适用本法。"第2款规定："本法施行以前，依照当时的法律已经作出的生效判决，继续有效。"

根据刑法采取的从旧兼从轻原则，对从1949年10月1日新中国成立后到1997年10月1日刑法实施前未经审判或者判决尚未确定的行为，应当按下列办法解决：

（1）行为时的法律不认为是犯罪的，即使新刑法规定为犯罪，适用行为时的法律，不认为是犯罪，新刑法没有溯及力。但是，根据1997年最高人民检察院高检发释字4号司法解释，“但行为连续或者继续到1997年10月1日以后的，对于10月1日以后构成犯罪的行为适用修订刑法追究刑事责任”。

（2）行为时的法律认为是犯罪，而新刑法不认为是犯罪的，只要该行为未经审判或者判决尚未确定，就应当适用新刑法，即新刑法具有溯及力。

（3）行为时的法律和现行刑法都认为是犯罪，而且是在现行刑法规定的追诉时效之内的，如果现行刑法的法定刑重于行为时的法律的法定刑，则适用行为时的法律，刑法不具有溯及力；如果现行刑法的法定刑轻于行为当时的法律的法定刑，则适用刑法，现行刑法具有溯及力。在这种情况下，适用旧法或者适用新法，以“处刑较轻”为标准。所谓“处刑较轻”，是指刑法对某种犯罪规定的刑罚即法定刑比修订前的刑法轻。具体比较的方法大体如下：第一，法定刑较轻是指法定最高刑较轻；如果法定最高刑相同，则指法定最低刑较轻。第二，如果刑法规定的某一犯罪只有一个法定刑幅度，法定最高刑或者最低刑是指该法定刑幅度的最高刑或者最低刑；如果刑法规定的某一犯罪有两个以上的法定刑幅度，法定最高刑或者最低刑，是指具体犯罪行为应当适用的法定刑幅度的最高刑或者最低刑。

三、我国刑法立法解释对时间效力的处理规定

刑法立法解释的时间效力，是刑法立法解释何时生效、何时失效及其立法解释的溯及力。

刑法立法解释的生效时间，以其发布或者规定的日期为准，即：第一，如果刑法立法解释明确规定了生效时间，以规定的日期为生效日期；第二，如果刑法立法解释中没有明确生效时间，以其公布的日期为生效时间。在我国，刑法立法解释一般不规定生效时间，因此一般应以其被公布之日为生效时间。

刑法立法解释的失效，主要有以下方式：第一，由于立法的变化而失去效

力。这是由于立法解释具有附属刑法条文的性质，如果刑法条文被修改或者被废止，相关立法解释自然失去效力。第二，与新的刑法规范相冲突而失去效力。因为解释不能超越立法条文规定的范围。第三，与新的立法解释相冲突而失去效力。第四，随着社会发展，自然丧失其效力。

刑法立法解释的溯及力，就是刑法立法解释生效后，对其生效前的案件是否有溯及力。对此也要根据从旧兼从轻的原则处理。对在刑法立法解释生效前已经做出处理的案件，即使不符合后来的立法解释，从维护社会关系稳定和司法判决权威的角度考虑，刑法立法解释对这些案件也不具有溯及力。其他具体情形的溯及力，可参考处理司法解释时间效力的方法。

四、刑法司法解释的时间效力

从理论上讲，刑法司法解释不需要考虑时间效力问题。但由于我国司法解释具有效力，为此，在实践中还是有必要考量时间效力的问题。根据2001年颁布的《最高人民法院、最高人民检察院关于适用刑事司法解释时间效力问题的规定》，处理刑法司法解释的时间效力要遵从如下规则：

第一，司法解释是最高人民法院对审判工作中具体应用法律问题和最高人民检察院对检察工作中具体应用法律问题所作的具有法律效力的解释，自发布或者规定之日起施行，效力适用于法律的施行期间。

第二，对于司法解释实施前发生的行为，行为时没有相关司法解释，司法解释施行后尚未处理或者正在处理的案件，依照司法解释的规定办理。

第三，对于新的司法解释实施前发生的行为，行为时已有相关司法解释，依照行为时的司法解释办理，但适用新的司法解释对犯罪嫌疑人、被告人有利的，适用新的司法解释。如根据我国现行刑法和司法解释，贿罪基本情节和加重情节数额标准被提高了，呈现出犯罪门槛提高的现象。由于受贿犯罪的隐蔽性很强，行为人在以往司法解释有效期受贿1万元的行为到现在才被发现，但根据现在的司法解释，该行为不构成受贿罪，对此就应适用新的司法解释。

第四，对于在司法解释施行前已办结的案件，按照当时的法律和司法解释，认定事实和适用法律没有错误的，不再变动。

第二编

犯罪总论

第五章

犯罪与犯罪构成

第一节　犯罪的基本观念

一、犯罪的概念

一般认为，关于犯罪的概念有三种：第一，形式的犯罪概念，即仅基于法律特征给犯罪下定义；第二，实质的犯罪概念，即从犯罪的本质给犯罪下定义；第三，混合的犯罪概念，即既强调犯罪的实质概念，又注重犯罪的形式概念。从哪种立场界定犯罪，既要凸显刑法理论的科学性，也要表现刑法理论的合法性。其实，很难说有严格的形式犯罪概念。我国学界通常列举的所谓形式犯罪概念是德、日等国刑法中的犯罪概念，因为在德、日等国刑法中，犯罪是符合构成要件的违法且有责的行为。[①]但在德、日刑法理论中，对于何谓违法分为形式违法与实质违法两个层面。形式的违法性是违反刑法实定的法秩序，而实质的违法性则是从实定法的外部寻求违法性的判断根据。现在，以行为具备构成要件符合性指代形式违法性，以不具有正当化事由解释实质的违法性。[②]所以德日的犯罪概念也属于形式与实质相结合的概念。我国《刑法》采取的也是形式与实质结合的犯罪概念。《刑法》第13条规定："一切危害国家主权、领土完整和安全，分裂国家、颠覆人民民主专政的政权和推翻社会主义制度，破坏社会秩序和经济秩序，侵犯国有财产或者劳动群众集体所有的财产，侵犯公民私人所有的财产，侵犯公民的人身权利、民主权利和其他权利，以及其他危害社会的行为，依照法律应当受刑罚处罚的，都是犯罪，但是情节显著轻微危害

① 参见贾宇．刑法学（总论）［M］．北京：高等教育出版社，2019：83.

② 参见童德华．外国刑法学导论［M］．北京：中国法制出版社，2024：212.

不大的，不认为是犯罪。”上述规定既强调了犯罪侵害的客体，也强调了犯罪的刑事违法性，同时对犯罪情节做了要求。

二、犯罪的特征

关于犯罪的特征，在过去存在二特征说、三特征说与四特征说的分歧。在今天，理论上还存在二特征说与三特征说的分歧。

观点一认为，犯罪具有社会危害性、刑事违法性和刑罚可罚性三个特征。①

观点二认为，被刑法类型化的严重的社会危害性（不法）与有责性（责任），是犯罪的两个基本特征。②

观点三认为，犯罪有两个特征：第一，犯罪是应受刑罚处罚、严重危害社会的行为；第二，犯罪是触犯刑罚规范的行为，具有刑事违法性。③

观点四认为，犯罪具有两个基本特征：（严重的）法益侵害性是犯罪的本质特征；刑事违法性是犯罪的法律特征。④

本书认为，首先，特征是一个事物区别于其他事物的特点。不法和责任虽然是确定犯罪的要件，但它们不足以区别犯罪与行政违法或者民事侵权，因为行政违法和大多数民事侵权都要评价行为的不法性和行为人的有责性，因此不宜将评价犯罪的要件直接作为犯罪的基本特征。其次，法益侵害性是否足以评价犯罪的本质特征，在德日刑法理论中还有争议，如有学者赞成法益侵害说，有学者主张规范违反说，说明将法益侵害性作为犯罪的本质特征还缺乏有力论证。最后，应受刑罚处罚可能包含着刑事责任的评价，因此不宜将其作为限制社会危害性的条件。鉴于通说并无明显的缺陷，所以本书认为，犯罪具有三个基本特征。

首先，犯罪具有刑事违法性。刑事违法性表明犯罪是违反刑法规定的行为。依据罪刑法定原则的形式要求，没有刑法就没有犯罪，所以犯罪必须具有形式上的刑事违法性。一个行为之所以被认定是犯罪，首先是因为该行为具有刑事违法

---

① 参见贾宇. 刑法学（总论）[M]. 北京：高等教育出版社，2019：86；黎宏. 刑法学总论[M]. 北京：法律出版社，2016：41.

② 参见张明楷. 刑法学（上）[M]. 北京：法律出版社，2021：86.

③ 参见林亚刚. 刑法学教义（总论）[M]. 北京：北京大学出版社，2017：61-63.

④ 参见付立庆. 刑法总论[M]. 北京：法律出版社，2020：93.

性。具有刑事违法性，不仅表明该行为的性质，而且表明该行为的类型，从而确定行为人的行为触犯了何种罪名。刑事违法性既是决定行为构成犯罪的依据，又是决定行为构成何种犯罪的依据。反之，即便行为具备其他特征，但只要刑法并没有将该行为定义为犯罪，就不能认为该行为构成犯罪。例如，公司管理人员利用职务上的便利，将本公司盈利业务交由自己的亲友进行经营，并使得单位利益遭受重大损失。该行为是否构成犯罪，不仅要考察行为人的行为导致单位利益遭受的重大损失，而且还要考察行为人的身份，因为刑法相关条文只对国有公司、企业、事业单位的工作人员实施的这类行为作为犯罪定罪处罚，而对非国有公司、企业、事业单位的工作人员没有限制。据此，非国有公司的工作人员实施前述行为，就不具备刑事违法性。

其次，犯罪具有严重的社会危害性。刑事违法的行为类型与一般违法的行为类型往往存在竞合关系。①严重的社会危害性是行为对刑法所保护的社会关系造成或者可能造成损害的表现。意大利刑法学家贝卡利亚曾经说过："我们已经看到，什么是衡量犯罪的真正标尺，即犯罪对社会的危害。"②如果行为根本不可能给社会带来危害，刑罚就无必要将其规定为犯罪甚至对其进行处罚。典型的如"迷信犯"。尽管行为具有犯罪的意思，且实施了自认为具有社会影响的行为，但是根据科学理论和一般人的常识，这类行为根本不可能实现行为人主观追求的结果，所以刑法不仅不将此类行为作为犯罪未遂追究其刑事责任，而且认为此类行为不可能产生社会危害性，不属于符合构成要件的行为。《刑法》第13条"但是情节显著轻微危害不大的，不认为是犯罪"，被简称为"但书"规定。但书规定直接表明行为的社会危害性需要达到特定程度才能认为犯罪。从字面来看，但书规定直接表明了《刑法》第13条具有阻却犯罪的功能，但如果从反面解释来看，"但书"除了"出罪功能"之外，还具有"入罪功能"。③当前在司法实践中，存在所谓的民刑交叉问题。民刑交叉问题主要体现为行为方式和行为人主观意思的

---

① 参见李洁．论罪刑法定的实现［M］．北京：清华大学出版社，2006：157.

② 贝卡利亚．论犯罪与刑罚［M］．黄风，译．北京：中国法制出版社，2005：82.

③ 参见彭文华．《刑法》第13条但书与刑事制裁的界限［M］．北京：中国人民大学出版社，2019：21–22.

竞合。对此如果不考虑社会危害的严重性，刑民交叉问题就难以获得有效解决。[①]

最后，犯罪具有刑罚可罚性。有的学者将其称为应受刑罚处罚性，并认为应受刑罚处罚性是指行为具有两方面的意义：第一，对社会危害性特征的限定；第二，说明犯罪是行为人主观有责的行为。[②]这种观点是可取的。社会危害性虽然揭示了犯罪的本质特征，但是在许多场合，严重的社会危害性往往需要根据行为、行为对象或者行为所造成的后果来确定，在一些场合还要根据现实的社会危害性和主观责任能力的大小进行合理评价。我国未成年人刑事政策尤其注意这两点。如2006年《最高人民法院关于审理未成年人刑事案件具体应用法律若干问题的解释》第6条规定："已满十四周岁不满十六周岁的人偶尔与幼女发生性行为，情节轻微、未造成严重后果的，不认为是犯罪。"这一规定主要是通过刑罚可罚性限制未成年人性犯罪的范围。问题在于年满16周岁不满18周岁的未成年人与幼女恋爱，偶尔与幼女发生性行为，且没有严重后果的情况下，是否也可以不认为是犯罪。本书认为，从未成年人双向保护原则出发，在没有造成严重后果的情况中，可以对未成年人都进行宽大处理。其原因在于：第一，未成年人的责任能力不健全；第二，虽然未成年人的犯罪行为具备社会危害性，但是该社会危害性可以通过非刑罚处罚的方式来处理。

第二节　犯罪构成的概念与种类

一、犯罪构成的概念

犯罪构成是刑法规定的、行为人的行为构成犯罪的主观要件和客观要件的有机统一。

犯罪构成和犯罪是既有联系又有区别的概念。犯罪概念确定了犯罪的实质特征、法律特征和责任特征。犯罪构成是以特定的事实表现犯罪的实质特征、法律特征和责任特征。例如，《刑法》第395条规定了巨额财产来源不明罪。该条的规定总体上表现了该罪的法律特征。其中，"国家工作人员的财产、支出明显超

① 参见童德华，赵阳.类型化思维在刑事司法中的适应［J］.法律适用，2018（10）.

② 参见黎宏.刑法学总论［M］.北京：法律出版社，2016：50.

过合法收入，差额巨大”表现了该罪的实质特征，而“不能说明来源”在一定程度上说明了责任特征。

犯罪构成与构成要件也是既有联系又有区别的概念。构成要件是日本刑法学使用的概念。“构成要件”（Tatbestand）来源于中世纪意大利宗教裁判上的拉丁语Corpus delicti。此前，还有一个词叫作“犯罪的确证”（Constarede delicti），这是中世纪纠问程序使用的术语。1581年，意大利法学家法尼拉休斯提出，用Corpus delicti一词表明已经被证明的犯罪事实。此时，它是诉讼法中的概念。而后，该概念被传到德国。但在普通法时代，它一直是诉讼法上使用的术语。1796年，德国学者克莱因最早将Corpus delicti翻译为德语Tatbestand，不过该概念依然是在诉讼法的范畴中被使用。后来，费尔巴哈将Tatbestand定义为对犯罪的描述，使它演变成为实体刑法上的概念。昭和初年，日本学者将Tatbestand翻译为“构成要件”。虽然这一翻译并不是很让人满意，但还是获得了日本刑法学界的普遍认可。我国有学者将之翻译为“行为构成”①。俄罗斯和我国刑法理论一般则使用“犯罪构成”表述德日所谓构成要件的相关理论范畴，不过它们的具体内涵还是有区别的。

值得注意的是，我国刑法学界关于犯罪构成的体例目前存在很大分歧。

观点一：我国刑法学界的通说采用所谓的耦合式犯罪构成论，即认为犯罪构成包括犯罪客体、犯罪客观方面、犯罪主体和主观方面。②也有观点认为，耦合式犯罪构成论总体上没有问题，但需要完善和改良。③

观点二：主张基于耦合式犯罪构成论，将犯罪构成形式上的构成要件要素分为客观要素和主观要素两部分；④还有观点主张将犯罪构成要件分为客观要件和主观要件。⑤其实二者之间本质差别并不大。

---

① 参见克劳斯·罗克辛．德国刑法学总论（第1卷）［M］．王世洲，译．北京：法律出版社，2005：179.

② 贾宇．刑法学（总论）［M］．北京：高等教育出版社，2019：92–93.

③ 参见欧锦雄．中国犯罪构成理论的现代展开［M］．北京：中国人民公安大学出版社，2021：340.

④ 参见林亚刚．刑法学教义（总论）［M］．北京：北京大学出版社，2017：82.

⑤ 参见黎宏．刑法学总论［M］．北京：法律出版社，2016：60；周光权．刑法总论［M］．北京：中国人民大学出版社，2016：85.

观点三：主张采用两阶层的递进式犯罪构成论的体系，其中犯罪构成由不法和责任构成。在具体论述中则依照不法和责任展开讨论。[①]

观点四：认为耦合式犯罪构成论存在诸多不足，因此主张采取三阶层的递进式犯罪构成论体系，即构成要件符合性、违法性和有责性的阶层论犯罪体系。[②]

本书认为，耦合式犯罪构成论固然存在不足，但阶层论体系并非没有问题，而且耦合式与递进式犯罪论体系在知识形态属性上并不存在非此即彼的排斥关系，二者完全可能在共存的基础上形成一种相互拾遗补阙、良性互动的共生关系。[③]

两阶层递进式犯罪论体系在某种程度上就是为了避免三阶层递进式犯罪论体系的不足。对我国传统的犯罪构成进行深入理论探讨，并对之加以完善是必要的、有益的；但认为传统犯罪构成论已经穷途末路，只有彻底颠覆传统，全盘移植大陆法系模式，既缺乏实证基础，也缺乏普遍认同的知识基础。[④]

二、犯罪构成体系的选择

犯罪构成体系的选择需要考虑如下方面的问题。

（一）犯罪构成的体系与犯罪构成的功能

有观点认为，犯罪构成必须从要件的思考转向体系的思考。犯罪构成的体系问题与犯罪论的科学性有关；犯罪构成的功能问题与犯罪论的实用性有关。作为社会科学的分支，刑法对科学性无疑具有更高的要求，刑法科学的体系性是现代刑法成为科学的前提。[⑤]两阶层、三阶层件和耦合式犯罪构成论无不追求刑法的体系性，但是刑法学不能仅仅满足于体系性要求，还应当具有解决现实问题的实用性。毋庸讳言，当前的研究表明，两阶层、三阶层件和耦合式犯罪构成论在体

① 参见张明楷.刑法学（上）［M］.北京：法律出版社，2021：134.

② 参见陈兴良.教义刑法学［M］.北京：中国人民大学出版社，2017：140；付立庆.刑法总论［M］.北京：法律出版社，2020：113.

③ 参见潘星丞.比较视域中的犯罪论体系：由差异至普适［M］.北京：法律出版社，2016：329–334；周详.四要件与三阶层犯罪论体系共生论［J］.中外法学，2012（3）.

④ 参见孙国祥.刑法基本问题［M］.北京：法律出版社，2007：91.

⑤ 参见童德华.外国刑法学导论［M］.北京：中国法制出版社，2024：33.

系性上都有种种不足。三阶层体系没有显示出刑法解决现实问题应有的实用性。如行为人因他人胁迫实施杀人行为的，对于行为人被胁迫的情况，在法律没有明确规定的情况中是否要进行评价，如何进行评价，其实在递进式犯罪构成论或者二阶层中都很难充分体现。在生活中，一个人做了坏事往往面临两种后果：第一，承担相应的责任，接受刑罚的处罚；第二，被原谅。所以，一个人由于情有可原的因素犯了罪，是否可以被原谅进而被免予刑罚的处罚，这绝非刑法学可以忽视的问题。但是，在递进式犯罪构成论体系与耦合式犯罪构成论体系中都没有对此予以必要关注。尽管在递进式犯罪构成论中，日本刑法有期待可能性概念，但是这个概念将犯罪能否构成的问题与犯罪程度的问题完全混同，不利于对被告人进行宽恕。反观在英美法系的抗辩式犯罪论体系中，犯罪成立的心理（主观）要素和行为（客观）要素具备之后，进一步讨论正当化辩护事由和宽恕辩护事由，有利于实现对刑事责任的合理评价。[①]在犯罪构成中，不同的概念具有不同的理论地位和实践功能，当前，关注犯罪构成要件的功能比关注犯罪构成的体系更具有现实意义。

（二）犯罪本质与犯罪构成的关系

犯罪是社会的产物，有法律以来就有犯罪现象，但犯罪构成萌芽于中世纪后期，是人类理性的法律实践的产物。犯罪构成是表现犯罪本质的一种现代方式。人类社会的不同实践范式决定了犯罪构成的基本框架，所以不存在一个全球通行的犯罪构成模式。对犯罪本质的认识，在很大程度上与犯罪构成有关系。换言之，犯罪构成是犯罪基本特征的具体化。我国传统观点认为，犯罪具有严重社会危害性、刑事违法性和刑罚可罚性三个基本特征。而在耦合式犯罪构成论中没有明确表现犯罪三个基本特征的要素，加之社会危害性概念并不明确，且缺乏对危害的具体内容的说明。[②]这个观点有一定道理，但是之所以出现这个问题，与我们对犯罪客体的认识有关。

在通说中，犯罪客体被认为是刑法所保护的而为犯罪行为所侵犯的社会关

① 参见童德华. 全球结构下中国刑法体系的构造［M］. 北京：北京大学出版社，2021：150–152.

② 参见张明楷. 刑法学（上）［M］. 北京：法律出版社，2021：127.

系，它与社会危害性的判断有密切关系。但是，由于对犯罪的社会危害性有程度上的要求，而犯罪客体在表述中往往忽视了社会危害性的程度，因此导致其成为一个可有可无的概念。甚至有学者认为，“主张犯罪客体不是要件，并不会给犯罪定性带来困难”[①]。但是，如果我们从严重社会危害性的评价角度重新解构犯罪客体，就会发现这个概念不仅不能舍弃，而且很重要。它有利于确立《刑法》第13条“但书”的理论地位；有利于区分犯罪与行政违法、民事侵权行为；有利于论证罪与非罪的界限；有利于说明此罪与彼罪区分的合理性。例如，2006年《最高人民法院关于审理未成年人刑事案件具体应用法律若干问题的解释》第7条第1款规定：“已满十四周岁不满十六周岁的人使用轻微暴力或者威胁，强行索要其他未成年人随身携带的生活、学习用品或者钱财数量不大，且未造成被害人轻微伤以上或者不敢正常到校学习、生活等危害后果的，不认为是犯罪。”如果放弃“但书”规定，此类行为则可按照抢劫罪定罪处罚。可见，犯罪客体已然是一个重要的概念，只是需要对其内容进行必要完善。

（三）犯罪构成要件的形式判断与实质判断

对于犯罪构成要件是采取形式判断还是实质判断，也是重要的问题。我国有学者主张形式判断要优先于实质判断。[②]递进式犯罪构成论显示出形式判断优先于实质判断的色彩，如构成要件符合性判断属于典型的形式判断或者说是形式的违法性判断，而违法性属于实质判断，且主要是实质的违法性判断。依照现代刑法的基本要求，形式判断优先于实质判断是原则规定与例外权衡的必要结合，这一点不可忽视，但是它尚不构成否定传统耦合式犯罪构成论体系的充分依据。因为在传统耦合式犯罪构成之外还需要对阻却犯罪的法定事由或者超法规事由进行必要的评价，因此，实质违法性评价的内容并不缺损。如前所述，如果对犯罪客体进行必要的改造，在行为具备主观要素和客观要素之后，确定其有无严重的社会危害性，不仅符合我国刑法规定，也符合我国理论通说的主张。例如，甲15周岁，在小学生明某放学时拦路索要10元现金，并以不交钱就挨揍进行威胁。

① 张明楷. 刑法学（上）[M]. 北京：法律出版社，2021：131.

② 参见陈兴良. 教义刑法学 [M]. 北京：中国人民大学出版社，2017：150.

明某不得不将准备购买晚餐的15元交给甲。在此类案件中，甲的行为也符合抢劫罪的犯罪构成，而且也没有正当性的根据，但倘若就此认定甲的行为构成抢劫罪，未必符合刑罚的目的。有鉴于此，有关司法解释规定，这种情形“不认为是犯罪”。这样的评价就很好地利用了行为的严重社会危害性。再如，甲超速驾驶时，突然发现前方道路施工，甲刹车不及时，导致车辆坠落施工坑道，车上两名乘客因此死亡。交通责任认定甲负事故同等责任。依据2000年《最高人民法院关于审理交通肇事刑事案件具体应用法律若干问题的解释》第2条的规定，在负同等责任的情况下，只有造成3人以上死亡的才构成交通肇事罪。所以在上述情况下，行为人的行为不构成交通肇事罪。那么可否以过失致人死亡罪追究其刑事责任呢？依照《刑法》规定，交通肇事罪的基本法定刑是3年以下有期徒刑或者拘役，过失致人死亡的基本法定刑为3年以上7年以下有期徒刑。本书据此认为，第一，在通常情况下，交通肇事罪的处罚要比过失致人死亡罪轻，如果按照想象竞合犯处理，在造成他人死亡的情况下，就没有交通肇事罪适用的余地。第二，如果按照过失致人死亡罪追究其刑事责任，将导致量刑上的不均衡。即在对事故负同等责任的情况下，如果行为人造成3人死亡，可以构成交通肇事罪，最高可处以3年有期徒刑；但是，如果行为人造成2人死亡，认定其构成过失致人死亡罪，一般情况下，要处以3年以上7年以下有期徒刑，结果反而较前一种情况重。那么是否可以认为立法不合理呢？考量到交通安全事故的因果关系较为复杂，所以交通肇事罪的社会危害性与过失致人死亡罪的社会危害性无法简单进行结果评价。这意味着在有些场合，尽管因为违章驾驶导致他人死亡，在不能构成交通肇事罪的场合，也不能按照过失致人死亡罪定罪处罚。

（四）犯罪构成客观要件和主观要件的优先性

有学者认为，客观要件应优先于主观要件。[①]犯罪是具有严重社会危害性、刑事违法性和刑罚可罚性的行为。虽然行为是判断犯罪的根据，但是犯罪构成是主、客观要件的有机统一。我们要坚持犯罪主客观内容的统一原理，既要反对“客观归罪”，又要反对“主观归罪”，主观要件和客观要件具有同等重要的地

---

① 参见陈兴良.教义刑法学［M］.北京：中国人民大学出版社，2017：141.

位。在判断流程中，是先进行客观要件判断再进行主观要件判断，还是先进行主观要件判断再进行客观要件判断，其实并不重要，关键问题是法定的要件是否齐备。从法律推理的理性角度看，逻辑推理的顺序或许很重要，但是从法律推理的经验看，顺序未必重要。过度强调犯罪构成的顺序性和位阶性，容易牺牲犯罪构成的实用性。如犯罪主体究竟是主观要件还是客观要件，又或是责任要件呢？在耦合式犯罪构成论中，犯罪主体独立论述，而在递进式犯罪构成论中，它将身份和责任能力分别在构成要件符合性和责任论中论述。问题在于，故意或者过失以认识因素和意志因素为主要内容，它们以责任能力为前提，但结果会出现行为有构成要件的故意或者过失，但反过来却没有责任能力的情况。这在逻辑上有自相矛盾之嫌。

当前存在多种犯罪论体系的选择和创新。本书认为，只有在充分关照到耦合式犯罪论体系、递进式犯罪论体系和抗辩式犯罪论体系各自利弊的情况下，我们才能进行谨慎的选择。在没有充分证据显示耦合式犯罪论体系存在重大缺陷，或者没有充分证据证明递进式犯罪论体系存在明显优越性的时候，贸然否弃传统犯罪论体系的做法将得不偿失，不利于真正促进我国刑法理论科学的发展和完善。众所周知，耦合式犯罪论体系在我国历经多年的发展与运用，在实践中并没有过于明显的不足，其中的一些不足也可以在现有框架下得以完善。

综上所述，本书在整体上遵循“罪—责—刑”的结构，提出犯罪论体系、刑事责任论和刑罚论三个依次独立的范畴。其中，犯罪论体系讨论行为主体、行为主观要件、行为客观要件和客体要件。在客体要件中将详细论述犯罪客体的概念、类型，行为对犯罪客体的严重社会危害性，以及表明行为欠缺社会危害性的正当化事由。

三、犯罪构成分类

关于犯罪构成的分类，存在三分法与四分法之区别。总体上看，三分法与四分法的主要区别在于是否有必要承认完结的犯罪构成与开放的犯罪构成的划分，或者是否要承认叙述构成和空白构成。所谓完结的犯罪构成，又称为封闭的犯罪构成，是指刑法分则对具体犯罪的成立条件规定得很完整，没有必要由法官补充的犯罪构成。所谓开放的犯罪构成，又称为待补充的犯罪构成，是指刑法法规只描述了部分的构成要件要素，其他的要素则需要法官在适用时加以补充的情形，如“情节严重”。[①]有观点认为，它主要存在于过失犯和不真正不作为犯的场合，内容涉及过失中的注意义务和不作为犯中的作为义务。[②]本书认为，刑法中的情节涉及犯罪的行为方式、结果和影响，具有特定的内容，不能简单认定为是开放的要件。此外，无论是过失犯中的注意义务，还是不作为犯中的作为义务，其本身并非构成要件的要素，而是判断构成要件要素是否存在必须考虑的因素。刑法判断是事实判断与规范判断的统一，如果将这些因素作为犯罪构成的分类基础，那么刑法中就不存在所谓的完结的构成要件。可见完结的犯罪构成和待补充的犯罪构成，其实涉及的是犯罪构成要件的分类，而不是犯罪构成的分类。

（一）基本的犯罪构成和修正的犯罪构成

基本的犯罪构成，是指刑法分则就某一犯罪的完成形态所规定的构成要件的集合。修正的犯罪构成，是指根据刑法总则规定，以基本的犯罪构成为基础，结合犯罪行为的不同形态对基本的犯罪构成加以修正或者变更形成的构成要件的集合。犯罪构成是认定犯罪的理论基础，基本的犯罪构成是认定犯罪的出发点。刑法所规定的犯罪，立法预设的情景往往是：一个人，实施一个犯罪行为，完成一个犯罪。这就是基本的犯罪构成。但是，在司法实践中情况则较为复杂。如行为人在实行犯罪的过程中，犯罪未能完成；或者二人以上共同实行犯罪，或者有人实施犯罪构成要件的行为，有人实施帮助行为。显然，刑法分则难以对各种情况进行具体规定，因此在刑法总则部分就犯罪未完成的情况及其处理罚则作出规定，或者就二人以上共同参与犯罪的情况及其罚则作出规定就有其意义和必要。这就是所谓未完成犯罪形态和共同犯罪。犯罪未遂、犯罪中止、犯罪预备、共同犯罪是典型的修正的犯罪构成。当然，在立法中也可能例外地规定共同犯罪，如组织、领导、参加黑社会性质组织罪。这种情况属于基本的犯罪构成，但是其立法例并不多，不能据此否定修正犯罪构成的地位和意义。

---

① 参见付立庆. 刑法总论［M］. 北京：法律出版社，2020：122.

② 参见黎宏. 刑法学总论［M］. 北京：法律出版社，2016：59.

（二）简单的犯罪构成和复杂的犯罪构成

简单的犯罪构成是指刑法条文对具体犯罪所规定的要件都是单一的犯罪构成。复杂的犯罪构成是指刑法条文对具体犯罪所规定的要件并非单一的犯罪构成。复杂的犯罪构成可以进一步分为复合的犯罪构成和择一的犯罪构成。复合的犯罪构成是指刑法条文规定的具体犯罪所包含的要件要素本身必须是数个，如数个行为、数个主体、数个对象或者数个客体；择一的犯罪构成是指刑法条文对具体犯罪所包含的要件要素有多个，可以从中选择一个或者数个，如数个行为择一、数个对象择一。例如，一个人故意实施一个杀人行为致一个人死亡的，即可构成故意杀人罪，这是简单的犯罪构成。实施暴力行为，压制受害人反抗，劫取其财物，构成抢劫罪，其中包括两个行为，这属于复合的犯罪构成。走私毒品，构成走私毒品罪，贩卖毒品构成贩卖毒品罪，走私并贩卖毒品，构成走私、贩卖毒品罪，这属于择一的犯罪构成。

（三）普通的犯罪构成、加重的犯罪构成与减轻的犯罪构成

普通的犯罪构成，是指刑法条文对具有通常社会危害程度的行为所规定的犯罪。加重的犯罪构成，是指以普通犯罪构成为基础，由于具有加重的情节而被刑法条文加重法定刑的犯罪构成。减轻的犯罪构成，是指以普通的犯罪构成为基础，由于具有较轻的情节而被刑法条文减轻法定刑的犯罪构成。如《刑法》第114条规定了放火罪等几种犯罪的普通犯罪构成，而第115条第1款则规定了这几种犯罪的加重犯罪构成。《刑法》第232条、第233条分别在前半段规定了故意杀人罪、过失致人死亡罪的普通犯罪构成，后半段则规定了减轻的犯罪构成。

第六章

主体要件

第一节　主体要件概述

主体要件，是刑法规定的、实施犯罪的行为主体本身必须具备的条件。行为主体要件是犯罪构成不可缺少的必要因素。要判断任何一个犯罪是否成立，都必须认定主体要件。了解和研究犯罪主体要件，对于犯罪构成理论及定罪量刑都有重要而直接的意义。值得注意的是，一些学者要么忽视主体要件，要么在责任能力中表述相关内容，[①]这种方法存在缺陷，它无法展示身份犯和单位犯罪的法定地位。

一、行为主体的概念

行为主体也就是传统刑法学中的犯罪主体。我国刑法学界一般认为，犯罪主体，是指实施危害社会的行为、依法应当负刑事责任的自然人和单位。[②]行为主体具有三个特征。

（一）行为主体必须是一定的自然人和单位

自然人，是指有生命存在的独立的个体。现代不同国家的刑法关于行为主体的规定，一般是指自然人，除自然人以外的其他事物不能作为犯罪主体。在古代

① 参见黎宏．刑法学总论［M］．北京：法律出版社，2016：目录部分；周光权．刑法总论［M］．北京：中国人民大学出版社，2016：目录部分．

② 参见贾宇．刑法学（总论）［M］．北京：高等教育出版社，2019：136；苏惠渔．刑法学［M］．北京：中国政法大学出版社，1999：136.

刑法中，曾经存在将自然人以外的动物作为行为主体并科以刑罚处罚的先例。这种做法主要是为了凸显刑罚的威慑作用，而不考量受处罚者是否有接受刑罚改恶从善的受刑能力。随着现代刑法的逐步发展，尤其是主客观相统一、罪责刑相适应等原则的设立以及立法者水平的不断提高，古代刑法中以威慑为目的的行为主体的范围逐渐缩小，行为主体以及承担刑事责任者限于有受刑能力的人。所以，以下情况不存在行为主体：

第一，农民种植的农作物被暴雨淹没，损失巨大。

第二，农民种植的烟叶被大象踩踏，损失较大。

现代刑法中，与自然人主体相对应，还有一类行为主体——法人。在现代市场经济条件下，越来越多的犯罪是以法人犯罪的形式出现的，而且犯罪的收益也归法人。如果仅仅处罚自然人而不处罚法人，就达不到理想的预防犯罪的目的。在现代法律体系中，法人已经在民事活动中作为独立的主体。因此，当其作为独立的主体实施了严重危害社会的行为时，并非不能承担刑事责任。考虑到我国市场主体结构的复杂性，《刑法》第30条、第31条规定了单位负刑事责任的范围和单位犯罪的处罚方式，所以单位也可以是行为主体。

（二）行为主体是具有行为能力和受刑能力的自然人和单位

刑事责任能力，是指行为人或单位构成犯罪和承担刑事责任所必须具备的刑法意义上辨认和控制自己行为的能力，不具备刑事责任能力者即使客观上实施了构成要件的行为，也不能成为行为主体。但是，自然人和单位作为行为主体，并不仅仅因为其具有辨别行为性质并进行行为选择的行为能力，而且因为其还具备受刑能力。从理论上看，如果行为主体具备责任能力，它也就具备行为能力和受刑能力。刑事责任能力受到年龄、身体健康状况等因素的影响，现实中并非所有自然人均具备责任能力。依照通常认识，只有达到法定的刑事责任年龄且不存在影响刑事责任能力疾病的自然人才具有责任能力，并可成为行为主体。

（三）刑法中的行为主体必须是实施了构成要件行为的自然人或单位

任何犯罪都是一定的行为，任何行为都有其实施者，行为主体就是构成要件行为的实行者。具体的犯罪总是与特定行为主体实施的具体的构成要件行为相联系。没有行为主体，就没有犯罪；未实现构成要件的行为者，就不是行为主体；未实现某种具体犯罪的构成要件的行为者，就不可能是该种具体犯罪的行为主体。

二、自然人主体

（一）自然人主体的分类

行为主体分为自然人主体与单位主体。自然人主体可进一步分为一般主体和特殊主体。一般主体是刑法不要求以特殊身份为要件的主体，刑法中大部分犯罪的主体都属于一般主体。特殊主体是相对一般主体而言的，是指对于定罪或者量刑而言具有特殊身份要求的主体。

（二）身份与身份犯

一般认为，身份是指人的出身、地位和资格，是指人在一定的社会关系中的地位；而刑法中的身份是指刑法规定的影响行为人的行为可否构成犯罪及处罚轻重的行为人人身方面特定的资格、地位或状态。从特殊身份的形成原因看，有自然身份和法定身份之分。自然身份是指人因自然因素而形成的身份。例如，基于性别形成的男女之分，基于血缘关系可形成亲属身份等。法定身份是指人因法律关系而形成的身份，如国家工作人员、司法工作人员、军职人员、公司企业人员等。不以特殊身份为构成犯罪或者加重、减轻刑罚的行为主体，称为一般主体；凡以特殊身份为构成犯罪或者加重、减轻刑罚的行为主体，称为特殊主体。以特殊身份作为构成要件的犯罪，为真正的身份犯；以特殊身份作为加重或者减轻刑罚因素的犯罪，为不真正的身份犯。

在刑法中之所以将特殊主体规定为犯罪构成或加重、减轻刑罚的原因，一是因为社会对具有特殊身份的主体的社会期待内容和程度不同，有的期待较高，有的期待较低。如对于不满18周岁的未成年人或者年满75周岁的老年人处罚从宽，是因为社会普遍认为他们的刑事责任能力不能与正常成年人的等量齐观。二是因为只有具有特定身份，才会导致特别法益容易受到侵害或者威胁。如国家机关工作人员具有管理社会事务的职能，当其玩忽职守或者滥用权力时，不仅违反了社会对于国家机关工作人员的期待，而且使得国家职能受到削弱。

作为行为主体的特殊身份，仅仅是针对犯罪的实行犯而言。在共同犯罪中，教唆犯与帮助犯并不受特殊身份的限制。例如，贪污罪的主体必须是国家工作人员，但这并不意味着非国家工作人员就不能伙同国家工作人员构成贪污罪。此外，当实行行为是复合行为时，不具有身份的人也可以实施部分实行行为，而且并不限于仅仅实施帮助行为或者教唆行为。例如，不具有男性身份的妇女可以教唆或者帮助男性实施强奸其他妇女的行为，也可以实施强奸罪中的违背妇女意志的手段行为。

（三）我国刑法中特殊主体的规定

我国刑法中有很多关于特殊主体的规定，而且较为复杂。有的比较明显，有的并不明显。明显属于特殊主体的包括：

（1）国家公职人员。这类主体包括国家工作人员、国家机关工作人员、司法工作人员、邮政工作人员、国有公司、企业、事业单位的负责人和军人等。

（2）从事特殊职业的主体。这类身份很复杂，主要有：特殊行业的工作人员，如涉及安全运输的航空人员、铁路职工；公司、企业或者其他单位的工作人员；银行或者其他金融机构的工作人员，包括证券交易所、期货交易所、证券公司、期货经纪公司的从业人员，以及证券业协会、期货业协会或者证券期货管理部门的工作人员，保险公司的工作人员；特定社会组织的工作人员，如承担资产评估、验资、验证、会计、审计、法律服务等职责的中介组织的人员；从事特殊事务的工作人员，如实验、保藏、携带、运输传染菌种、毒种的人员；医务人员；依法从事生产、运输、管理、使用国家管制的麻醉药品、精神药品的人员；等等。

（3）依法需要履行特定法律义务的主体主要有纳税人、扣缴义务人，对于没有独立生活能力的人负有抚养义务的人，对未成年女性负有照护职责的人，等等。

（4）因为特定法律地位而具有特殊身份的主体，主要有证人，鉴定人，记录人，翻译人，辩护人，诉讼代理人，依法被关押的罪犯、被告人、犯罪嫌疑人，等等。

（5）依法有权持有特定物品的特殊主体，如依法配备公务用枪的人员、依法配置枪支的人员。

（6）患有特定疾病的特殊主体，如严重性病患者。

（7）以居住地和特定组织成员为内容的特殊主体，如境外的黑社会组织的人员。

（8）不具有特定资格的特殊主体，如未取得医生执业资格的人。这种身份在刑法理论上称为消极的身份（前七种均为积极的身份），即欠缺一定的身份。刑法规定消极的身份犯，是为了禁止不具有特定身份的人实施特定行为、从事特定职业，具有特定身份的人则可以实施特定行为、从事特定职业。《刑法》第336条规定的非法行医罪，是为了禁止未取得医生执业资格的人行医，具有医生执业资格的人当然可以行医。但具有医生执业资格的人教唆或者帮助未取得医生执业资格的人非法行医的，仍然可能成立非法行医罪的共犯。

还有一些疑似具有特殊身份但并不是真正的特殊身份的情形。例如，生产者、销售者，公司发起人、股东，广告经营者、广告发布者，投标人，等等。从刑法分则条文的表述来看，生产者、销售者、公司发起人、股东等似乎不同于一般主体，但是，他们与其他具有特殊身份的主体存在区别。以生产、销售伪劣产品罪为例，任何人都可以直接从事生产、销售活动，因而都可以成为《刑法》第140条规定的生产者、销售者。在此意义上说，任何人都可以成为生产、销售伪劣产品罪的行为主体。但其他特殊身份则并非如此。以贪污罪为例，并不是任何人都可以依法从事公务、管理或者经营国有资产，因而并非任何人都可以成为贪污罪的行为主体。此外，强奸罪也是疑似身份犯，而不是真正的身份犯，因为妇女也可以成为强奸罪的正犯（共同正犯与间接正犯）。[①]

行为主体的特殊身份，对于认定犯罪具有重要的实际意义。一是自然人是否具有某种特殊身份，是区分罪与非罪的重要标准。例如，非扶养人不可能构成遗弃罪。二是自然人是否具有某种特殊身份，是区分此罪与彼罪的重要标准。例如，公司、企业中的员工是国家工作人员还是非国家工作人员，有时候决定其行为构成的是贪污罪还是职务侵占罪，挪用公款罪还是挪用资金罪，受贿罪还是非国家

① 参见张明楷．刑法学（上）[M]．北京：法律出版社，2011：137-138.

工作人员受贿罪。三是自然人是否具有某种特殊身份，是区分罪行轻重的重要标准。例如，《刑法》第243条规定国家机关工作人员犯诬告陷害罪的，从重处罚。

第二节　责任能力

一、责任能力的概述

（一）责任能力的概念与地位

责任能力，是指行为主体辨认和控制自己行为的能力，也即辨认自己行为的意义、性质、作用、后果并加以控制的能力。所谓辨认能力，是指行为人在实施危害行为时具备的，对其行为的社会意义的分辨和认识能力。行为人只有具备了这种能力，才能明辨是非善恶，区分合法与非法，判断罪与非罪。所谓控制能力，是指行为人实施危害行为时所具备的，对其行为是否实施的决定和推动能力。行为人只有具备了这种能力，才能自主地支配其行为，才有可能选择是否发动或者坚持实施刑法所禁止的危害行为。可以发现，责任能力是判断行为主体成立故意或者过失心理态度的前提条件。

我国多个学者采用递进式犯罪构成模式，将责任能力作为消极的责任部分或者主观要件进行阐述。[①]也有学者将责任能力作为积极的主观要件。[②]本书认为，从客观要件优于主观要件的角度看，将责任能力作为消极要件自然是妥当的。从责任能力是判断心理态度前提的角度看，将责任能力作为积极的主观要件也有道理。犯罪人的行为凸显了两个要求，即行为主体和行为。长期以来我们秉持客观主义的刑法信念，始终将犯罪的评价重点置于行为之上，对行为主体关注不够，所以容易将责任能力作为消极要件处理。但是这种方式未必符合当代社会的要求。在当代社会，关于刑事责任的本质出现了商谈责任理论，它的前提在于，行为主体是规范的创制者和服从者，有忠诚于法律规范的义务。责任能力是人应当具有的社会属性。人之所以不同于其他动物，就在于人能够认识客观世界和改造

① 参见黎宏. 刑法学总论［M］. 北京：法律出版社，2016：170；付立庆. 刑法总论［M］. 北京：法律出版社，2020：230；张明楷. 刑法学（上）［M］. 北京：法律出版社，2021：396.

② 参见林亚刚. 刑法学教义（总论）［M］. 北京：北京大学出版社，2017：183.

客观世界，并以规范为基础与他人建立社会关系，从而实现共同生活。刑法上的犯罪作为人类社会的一种非法活动，同样是基于对客观世界的认识而实施的影响客观外界的行为，它破坏了社会的规范，危及共同体生活，表现了行为人的一种自主选择。这在某种程度上强化了将责任能力作为积极要件的需要。

自然人主体的责任能力主要受到两个基本因素的制约：第一，行为主体是否达到一定的年龄；第二，行为主体的精神状况是否健全。在完全无刑事责任能力与完全有刑事责任能力之间，还存在一种中间状态，即行为主体的责任能力减少或者只具有部分责任能力，这就是限制责任能力。《刑法》第18条第3款规定："尚未完全丧失辨认或者控制自己行为能力的精神病人犯罪的，应当负刑事责任，但是可以从轻或者减轻处罚。"这里的尚未完全丧失辨认或者控制自己行为能力的精神病人，就是指限制刑事责任能力的精神病人。

（二）刑事责任能力的内容

刑事责任能力的内容是指刑法意义上行为人对自己行为的辨认能力和控制能力。

辨认能力是指行为人具备对自己的行为在刑法上的意义、性质、作用、后果的分辨、认识能力。也就是行为人能不能认识到自己的行为为刑法所禁止、谴责和制裁。例如，一个人在实施杀人行为时，能不能认识到杀人为刑法所禁止，如果有肯定的认识，就具备了认识能力。刑事责任能力中的控制能力，是指行为人具备决定自己是否以行为触犯刑法的能力。例如，能否选择自己实施或不实施杀人行为，有这样的选择自由，就具备了控制能力。

辨认能力和控制能力二者联系紧密，有机结合。辨认能力和控制能力是刑事责任能力的两个重要因素。一个人具备了这两方面的能力，法律才要求他对自己的行为承担责任；否则，就不能要求他对自己的行为承担责任。辨认能力是控制能力的基础。人在智力和社会知识发展正常的情况下，当达到一定的年龄时，就具备了辨认和控制自己行为的能力。故此，达到一定年龄是责任能力的前提。但在有些时候，人虽然达到一定年龄，却未必就具有刑事责任能力。一是因为这种能力可能会受到精神、健康、智力等状态的影响，导致人的辨别能力、控制能力丧失或者减弱。二是辨认能力与控制能力也并不是在任何时候都是相一致的。即是说，一般情况下，人具有辨认能力便会具有控制能力，而刑事责任能力的具备便是以辨认能力与控制能力的同时存在为前提的。但个别情况下，人即便具有辨认能力，却丧失了控制能力，如完全被他人控制而实施了犯罪的行为，就是在有辨认能力的情况下也不具备控制能力。当前理论争议较多的是人工智能是否具有责任能力，有一种观点认为，从刑法上的行为理论来看，应当认为具备足够决策能力的人工智能可以实施刑法意义上的行为，现代罪责理论完全可以容纳人工智能的罪责。在人工智能主体具备足够的理性能力的前提下，对其科处刑罚是有意义的，而且完全符合刑罚目的。[①]本书认为，这种观点有一定的时代意义，但是还需要接受技术发展的检验。

（三）刑事责任能力的划分

一般来说，影响和决定行为人刑事责任能力的因素，主要有两个方面：第一，知识和智力的成熟程度。人的知识和智力的成熟与否，主要受到年龄因素和决定智力程度的重要器官的发育程度的制约。第二，人的大脑发育正常与否。只有知识和智力成熟且精神正常的人才具备完全刑事责任能力。前者是自然人主体的刑事责任年龄的问题，后者是自然人主体是否有精神病的问题。在此，我们采取广义的刑事责任能力的概念，它既包括刑事责任年龄问题，也包括精神病问题。不同的是，刑事责任年龄是刑事责任能力的必备因素，而精神病是刑事责任能力所必须排除的因素。

1.责任年龄

责任年龄在我国是以自然人的实足年龄计算的，即周岁。周岁一律按照公历的年、月、日计算，并且以过了周岁生日那天开始算起。对于刑事责任年龄，应当按照罪刑法定原则严格认定，哪怕只是相差或者超过一天，也要根据有效的户籍记载和刑法规定的刑事责任年龄阶段做出相应的处理。

2.精神状态

一般来说，凡达到刑事责任年龄的人都具有刑事责任能力而可以成为行为主

---

① 参见江溯.人工智能作为刑事责任主体：基于刑法哲学的证立［J］.法制与社会发展，2021，27（3）.

体。然而，事实也不尽然，有时达到刑事责任年龄的自然人也会因为精神病症而不具备辨认和控制自己行为的能力，从而不具备行为主体的资格。

精神病是由人体内部或外部原因引起的严重精神障碍性疾病。精神病有广义和狭义之分。广义的精神病种类繁多，因其病因及临床表现不同，大致可以分为四类：（1）重性精神病；（2）神经官能症；（3）精神发育不全；（4）变态人格。狭义的精神病指重性精神病，也是严格意义上的精神病。在各国刑法中，通常只有狭义的精神病才能成为不负刑事责任的依据。其他情况不能成为不负刑事责任的根据，至多只能成为减轻刑事责任的根据。刑法第18条把精神病作为不负刑事责任的根据。与此相适应，本书所指的精神病是狭义上的精神病，其他情况则属于非精神病性的精神障碍。

精神病既有持续性的，也有间歇性的；既可能导致自然人完全丧失辨认和控制能力，也可能仅导致自然人在一定程度上丧失辨认和控制能力。间歇性精神病，是指具有间歇性发作特点的精神病，包括精神分裂症、狂躁症、抑郁症、癫痫性精神病、周期精神病、分裂情感性精神病、癔症性精神病等。间歇性精神病人在非发病期属于具有辨认和控制自己行为能力的人。根据《刑法》第18条的规定，间歇性的精神病人在精神正常的时候犯罪，应当负刑事责任。间歇性精神病人在精神正常的时候犯罪的，应当视行为人在实施犯罪时的具体年龄认定其属于哪一个刑事责任年龄阶段，以要求其承担相应的刑事责任。

《刑法》第18条第3款还规定，尚未完全丧失辨认或者控制自己行为能力的精神病人犯罪的，应当负刑事责任，但是可以从轻或者减轻处罚。这类精神病人一般包括处于早期或者部分缓解期的精神病患者和某些非精神病性精神障碍人（包括轻度至中度的精神病发育迟滞者、脑部器质性病变和精神病后遗症引起的人格变态者以及神经官能症中少数严重的强迫症和癔症患者等）。

无论在何种情况下，精神病要成为自然人不负刑事责任或者减轻刑事责任的理由，都必须经过严格法定程序的专门鉴定，并且通过司法证明自然人在实施行为的当时因精神病而导致辨认和控制能力的完全丧失或者某种程度的丧失。《刑法》第18条第1款规定，精神病人在不能辨认或者不能控制自己行为的时候造成危害结果，经法定程序鉴定确认的，不负刑事责任，但是应当责令他的家属或者监护人严加看管和医疗；在必要的时候，由政府强制医疗。

3.生理缺陷

《刑法》第19条规定："又聋又哑的人或者盲人犯罪，可以从轻、减轻或者免除处罚。"又聋又哑的人和盲人不属于无刑事责任能力的人，他们具有辨认或者控制自己行为的能力。因此，他们应对其实施的危害行为负刑事责任。另外，由于他们存在生理上的缺陷，他们在接受教育以及参加社会实践活动等方面必然受到一定的局限，其辨认是非的能力比正常人要差，所以，法律规定对他们的犯罪可以从轻、减轻或者免除处罚。

4.醉酒

《刑法》第18条第4款规定："醉酒的人犯罪，应当负刑事责任。"醉酒可以分为生理性醉酒与病理性醉酒。生理性醉酒犯罪中因行为人对自己的行为有辨认和控制能力，自然应为完全刑事责任能力人，而病理性醉酒是行为人由于饮酒引起精神病发作，对自己的行为无辨认和控制能力，这已经超出了醉酒的范围，属于无刑事责任能力。

醉酒的人负刑事责任的根据，理论上采用原因自由行为理论。所谓原因自由行为，是指行为人故意或者过失使自己陷入无责任能力的状态，而实施的构成要件的行为。醉酒属于原因自由行为，此外还包括吸毒、服用迷幻药品等引发的行为。虽然《刑法》只规定了醉酒的刑事责任，但是吸毒后实施构成要件行为的，也要负刑事责任。因为吸食毒品或者服用迷幻药品后，会令人产生短暂的神志异常，其与醉酒后的短暂神志异常是完全相同的。行为人明知自己吸食毒品或者服用迷幻药品后会产生短暂神志异常而仍然自愿吸毒、服用迷幻药品，并使其陷入神志异常状态，进而在此状态下实施犯罪行为，造成严重危害后果的，自然应当对自己的行为承担刑事责任。例如：（1）甲醉酒后驾驶汽车，将马路护栏撞倒浑然不觉。（2）乙食用麻醉性精神药品后失去控制，将妻子杀死。

醉酒包括生理性醉酒和病理性醉酒，其中的问题在于，行为人生理性醉酒之后实施危害行为的，对行为人的主观心理应认定为故意还是过失？实务界和理论界对此没有形成共识，实践中，有些案件被认定为故意，有些则被认定为过失。笔者认为，根据罪责刑相适应原则，对此应结合行为人的实际情况加以认定。理由在于，首先，将此类问题作为犯罪，与其说是因为行为人的行为事实，不如说是刑事政策使然，所以，一般不宜采取过于严厉的处罚。其次，从教义理论看也不宜将行为人的心理认定为故意。要考虑到两个因素：第一，行为人对行为的故意和对结果的故意不同；第二，行为人对抽象危害结果的认识和对具体结果的认识不同。所以，如果行为人对结果行为并无实施故意犯罪的明确动机，如报复社会、报复受害人或者放任第三人死亡之类的情况，一般不应认为其心理态度为故意。

二、未成年人的刑事责任能力

辨认和控制能力不是自然人生来就有的，而是随着心理和生理的成熟逐渐具备的。一定的年龄就是自然人生理发育和心理发展的基本标志。现在各国刑法都为刑事责任年龄规定了负刑事责任的年龄下限。这种要求自然人负刑事责任的年龄标准在刑法理论上被称为刑事责任年龄。

刑事责任年龄，通常就是指刑法规定的、自然人对自己实施的危害行为承担刑事责任必须达到的年龄。一般来说，自然人达到刑事责任年龄，就视为具备了刑事责任能力；没有达到刑事责任年龄，就视为没有具备刑事责任能力，即便没有达到刑事责任年龄的自然人实际具备了辨认和控制能力的，也不能将其视为具备了刑事责任能力的人。各国在规定刑事责任年龄时，都以本国一般人的情况为基准，但是各国规定的刑事责任年龄不尽相同，甚至差异较大，这不仅仅是因为各国自然人的生理发育和心理发展的时间有差异，还和各国对辨认能力和控制能力之含义的认识和法律传统以及刑事政策有关系。关于刑事责任年龄的划分，本书后来的章节有详细论述，在这我们只考虑未成年人中刑事责任能力有无的划分。

自然人的辨认能力和控制能力是随着年龄逐步发展成熟的。其中，在从未成年人到成年人发育的特殊时期，未成年人的心智变化很大，只有区别对待才能取得令人满意的效果。故此，各国刑法对未成年人的责任年龄采取了不同的方法进行划分。具体划分方法包括二分法、三分法和四分法。二分法包括相对无责任年龄（或绝对无责任年龄）和完全责任年龄。三分法则分为绝对无责任年龄、相对无责任年龄和完全责任年龄。四分法分为绝对无责任年龄、相对无责任年龄、减轻责任年龄和完全责任年龄。我国刑法总结了新中国成立以来同犯罪作斗争的实际经验，依据我国公民生理和心理发展的规律特点，并吸收了外国刑事立法的有益做法，对刑事责任年龄做出了具有我国特色的四分法的规定。

（一）完全不负刑事责任年龄阶段

按照《刑法》第17条的规定，不满12周岁是完全不负刑事责任年龄阶段。一般地说，不满12周岁的人无论在心理上还是生理上尚处于发育早期，生理发育和心理发育都不成熟，还不具备辨认和控制自己行为的能力，即不具备责任能力。因此法律规定，对不满12周岁的人所实施的危害社会的行为，一概不追究刑事责任。

对于实施了刑法规定的危害行为，但因未到法定年龄从而不承担刑事责任的涉罪未成年人，并非放任不管，有关机关应当采取有效措施对其进行教育。一方面，可以责令其父母或者其他监护人消除或者减轻违法后果，采取措施严加管教；另一方面，公安机关可以根据具体情况采取适当的矫治教育措施。对涉罪未成年人，当其父母、其他监护人或者所在学校无力管教或者管教无效的，由教育行政部门决定送入专门学校接受专门教育。

（二）相对负刑事责任年龄阶段

依据现行《刑法》规定，未成年人相对负刑事责任有两个年龄段，一是已满12周岁不满14周岁，二是已满14周岁不满16周岁。

我国刑法过去关于未成年人负刑事责任的年龄起点是14周岁，这是1979年刑法确定的结果。但是在1979年刑法之前的立法中有多次调整，从最初的12周岁上调到后来的13周岁，直到调整为14周岁。而且，其承担刑事责任的罪行范围也有多次调整。1979年刑法颁布后，一度也准备将其下调至13周岁，但是这个计划没有实现。2020年的刑法修正案适应社会变化，将其下调至12周岁。

按照《刑法》第17条第3款的规定，已满12周岁不满14周岁的人，犯故意杀人、故意伤害罪，致人死亡或者以特别残忍手段致人重伤造成严重残疾，情节恶劣，经最高人民检察院核准追诉的，应当负刑事责任。这个规定改变了我国长期以来以14周岁作为刑事责任年龄起点的做法。之所以要进行立法修正，主要是因为，近些年未成年人犯罪没有得到有效预防，反而出现低龄化、暴力化的态势。[①]在全国多次发生的年满13周岁的未成年人以极其残暴的方式杀害老师、母亲或者同学的情况，引起了社会的广泛关注。同时也考虑到，将刑事责任年龄降低到12周岁并不违背联合国的要求，与其他国家的规定也大致相同。

立法虽然下调了未成年人相对负责的刑事责任年龄，但是对其司法适用采取了严格的限制。年满12周岁不满14周岁的未成年人负刑事责任有以下几个条件限制：（1）适用罪名限制。只能是其行为触犯了故意杀人罪、故意伤害罪。有观点认为“犯故意杀人、故意伤害罪”应当解释为故意杀人和故意伤害的行为，而不是指具体罪名。[②]其实不然，此处故意杀人、故意伤害不仅指称于犯罪行为，而且还应限定为以这两种罪名定罪处罚。（2）犯罪后果限制。未成年人的杀人行为、伤害行为必须造成受害人死亡的结果或者手段残忍，造成了受害人重伤或者严重残疾。（3）适用情节限制。即杀人行为或者伤害行为的情节恶劣。（4）适用程序限制。即追究其刑事责任必须经最高人民检察院核准追诉。

按照《刑法》第17条第2款的规定，已满14周岁不满16周岁，是相对负刑事责任年龄阶段，也称相对无刑事责任阶段。法律要求他们对自己实施的严重危害社会的行为即“故意杀人、故意伤害致人重伤或者死亡、强奸、抢劫、贩卖毒品、放火、爆炸、投放危险物质”承担刑事责任。达到这个年龄阶段的人，已经具备了一定的辨别大是大非和控制自己重大行为的能力，即对某些严重危害社会的行为具备一定的辨认和控制能力。但处于这个年龄阶段的人不可能犯《刑法》第17条第2款没有规定的盗窃罪、破坏生产经营罪以及与贩卖毒品构成选择关系的同一罪名（走私、贩卖、运输、制造罪）中的走私毒品罪、运输毒品罪或制造毒品罪等。《刑法》第17条第5款规定，因不满16周岁不予刑事处罚的，责令他的父母或者其他监护人加以管教；在必要的时候，依法进行专门矫治教育。这里的“不予刑事处罚”，是指不构成犯罪的情况。

相对刑事责任年龄的人，仅对刑法所规定的特定犯罪承担刑事责任。行为人所犯之罪与其主观上实施的犯罪未必一致，只要其实施的犯罪中包含特定的犯罪

① 参见肖姗姗.建国70年未成年人刑事立法回溯与展望［J］.深圳大学学报（人文社会科学版），2019，36（2）.

② 参见彭文华，傅亮.论《刑法修正案（十一）》关于刑事责任年龄的规定［J］.青少年犯罪问题，2021，37（1）.

行为，该行为符合特定犯罪构成，具备其他条件，就应当以法律规定的特定犯罪的罪名追究其刑事责任。例如，行为人实施绑架犯罪，但是绑架过程中故意杀害被绑架人的，只要符合其他条件，无论其是已满12周岁不满14周岁的未成年人，或者是已满14周岁不满16周岁的未成年人，都应以故意杀人罪的罪名定罪处罚。

（三）完全负刑事责任年龄阶段

按照《刑法》第17条第1款的规定，已满16周岁的人进入完全负刑事责任年龄阶段。由于满16周岁的未成年人的体力和智力已有相当的发展，具有了一定的社会知识，是非观念和法治观念的增长已经达到一定的程度，一般已能够根据国家法律和社会道德规范的要求来约束自己，因而他们已经具备了基本的刑法意义上的辨认和控制自己行为的能力。因此，我国刑法认定已满16周岁的人可以构成刑法中的所有犯罪，要求他们对自己实施的刑法所禁止的一切危害行为负担刑事责任。

（四）限制刑事责任年龄阶段

根据《刑法》第17条的规定，对于实施了危害行为要负刑事责任的已满14周岁不满18周岁的人，应当从轻或者减轻处罚。这是因为，处于这一年龄段的人虽然可以成为行为主体，但毕竟是未成年人，其主观意识并不定型，可塑性较强，故对其应坚持教育为主、惩罚为辅的预防原则。

三、老年人的刑事责任能力

《刑法》第17条之一规定："已满七十五周岁的人故意犯罪的，可以从轻或者减轻处罚；过失犯罪的，应当从轻或者减轻处罚。"

之所以作出上述规定，一是我国有恤老的传统；二是因为人的刑事责任能力不仅会随着年龄的增长而发展起来，还会在一定时期之后，特别是步入老年阶段之后，会随着年龄的增长而逐步降低。根据我国的传统和实际需要，对年满75周岁的人进行从宽处理是极为必要的。

第三节　单位犯罪

一、单位犯罪概述

（一）单位犯罪的概念

《刑法》第30条规定："公司、企业、事业单位、机关、团体实施的危害社会的行为，法律规定为单位犯罪的，应当负刑事责任。"第31条规定："单位犯罪的，对单位判处罚金，并对其直接负责的主管人员和其他直接责任人员判处刑罚。本法分则和其他法律另有规定的，依照规定。"根据有关法律规定，所谓的单位犯罪是法律规定的，在单位意志支配之下由单位成员在其业务范围内所实施的危害社会、应受刑罚处罚的行为。

关于单位犯罪的称谓，理论上曾有单位犯罪与法人犯罪之争，立法机关最终选择了单位犯罪。一般认为，立法机关之所以规定单位犯罪而放弃法人犯罪这一理论上通行的概念，是考虑到单位的外延比法人广，单位犯罪能够容纳法人之外的其他社会组织体所实施的犯罪。不过，一方面，实际上大多数的单位是法人；另一方面，外国的法人犯罪不仅包括法人所实施的犯罪，也包括非法人团体所实施的犯罪。因此，我国的单位犯罪与外国法人犯罪在本质上属于相同性质的犯罪。

但是到现在，还有一些学者对单位犯罪持否定意见。①否定论的观点固守个人行为的归责模式，脱离了立法规定与时代要求。从理论基础上看，判断单位是否有刑事责任能力，不应以刑罚的伦理责任为标准，而应以社会经济秩序和社会经济结构的保护为目的。这种功利主义的刑法思想是法人承担刑事责任的根据。②基于这种考虑，刑法学界往往根据民法中法人等概念解释单位的责任：第一，替代责任论认为，单位被视为给予一定目的而由自然人按照自己的形式拟制存在的实体，单位可以通过其组成的自然人的行为来实现单位的意思。因此，它在法理上具有如同自然人一样的行为能力和意思能力。借用民法中的"替代责任原则"实质上解释了单位作为犯罪主体承担刑事责任的根据，并最终形成刑法上

① 参见贺晓红. 公司犯罪刑事责任理论比较研究［M］. 武汉：湖北人民出版社，2020：15-16.

② 参见孙国祥. 刑法基本问题［M］. 北京：法律出版社，2007：241.

“因他人行为而负刑事责任”的理论。[①]换言之，这种观点认为单位的责任来自对自然人责任的替代。第二，法人实在说，认为法人与个人一样，属于现实的社会实体，法人机构及其代表人以法人名义实施的行为应视同法人的直接行为。因此，法人不仅具有权利能力，而且具有行为能力，从而推导出法人可以成为犯罪主体，可以追究刑事责任。[②]从教义学角度看，在单位自身的不法与责任结构中，单位本身是刑法规范的对象，单位有着自身的意向性行为，并最终以作为或者不作为的实行行为对危害结果承担责任。[③]

（二）单位犯罪的特点

1.单位犯罪的主体性

单位一般是具有法人资格、能独立承担责任的社会组织，具体而言，包括公司、企业、事业单位、机关、团体。其中公司、企业既包括国有的也包括民营的，既包括境内单位也包括境外单位。私营公司、企业也具有单位犯罪的主体性。即便是一人公司，只要是依法成立，具有独立的人格，且具有公司法所要求的法人治理结构，其成立的目的是依法从事经营活动，也属于单位。符合我国法人资格条件的外国公司、企业、事业单位，在我国领域内实施危害社会的行为，依照我国《刑法》构成犯罪的，应当依照我国《刑法》关于单位犯罪的规定追究刑事责任。所以，依法成立的一人公司，只要具有独立的人格、具有公司法所要求的法人治理结构，且成立的目的是依法从事经营活动，就可以成为单位犯罪的主体。

2.单位犯罪的意向性

单位犯罪的意向性体现为单位犯罪受到单位意志的支配。在民法上，原本没有单位这一法律关系的主体，其法律关系主体一般有自然人、法人、个人合伙等不同类型。然而，刑法的上述规定还确立了单位是刑法中除自然人之外的第二个行为主体。关于法人的本质，在理论上存在三种不同的学说：法人否定说、法人虚拟说和法人实在说。刑法规定了单位行为主体，表明我国立法在法

---

① 参见林亚刚. 刑法学教义（总论）[M]. 北京：北京大学出版社，2017：126.

② 参见周光权. 刑法总论［M］. 北京：中国人民大学出版社，2016：98.

③ 参见贺晓红. 公司犯罪刑事责任理论比较研究［M］. 武汉：湖北人民出版社，2020：216.

人的本质上采取的是实在说，即承认单位是一种超越个人的客观社会实在，具有独立于单位成员的单位整体意志和单位整体行为，并具有犯罪能力。相应地，单位犯罪是在单位意志支配之下所实施的犯罪行为。单位对单位犯罪承担刑事责任，是对当今高度法人化的社会现实的反映。今天，法人不仅为社会提供大多数商品，而且也为大多数社会成员提供工作机会，在社会经济和社会生活中扮演着极为重要的角色。与此同时，法人行为对社会造成危险和危害的可能性也相应增大。为保护法益免受单位犯罪行为的侵害，应当对基于单位意志的单位犯罪追究刑事责任。单位的意志表现在于：行为是以单位名义实施，且具有为单位谋取利益的动机。

3. 单位犯罪的行为性

单位犯罪是单位成员具体实施的犯罪。虽然单位犯罪的主体是单位，但是单位犯罪总是要通过其单位成员来具体实施的。单位犯罪是在单位整体支配下的行为。不过，单位作为一个社会组织，不可能脱离单位成员而自动实施行为，其行为包括犯罪行为都是通过其成员来具体实现的。不同的单位成员在单位所处的地位不同，因而单位成员具体实施单位犯罪的形式也有所不同。有的单位成员在单位犯罪中实施决策行为，有的单位成员的行为表现为监督管理不力，而一般的单位成员可能只是具体实施单位犯罪行为。但是，从单位和单位成员的关系角度看，单位对单位成员负有行为规制和约束的必要。在很多场合，单位对于单位成员的行为没有尽到监管责任，是单位成员实施犯罪行为的依据。但是不排除在少数场合，单位自身做出犯罪决策，组织单位成员实施。

4. 单位犯罪的规范性

单位犯罪的成立范围是由《刑法》分则或者分则性的条文所规定的。《刑法》第30条明确规定，单位只有在其实施的危害行为被法律规定为单位犯罪时，才负刑事责任。可见，其一，单位犯罪的成立范围要受法律规定的限制；其二，自然人犯罪是立法通例，单位犯罪是立法特例。法律规定是指《刑法》分则条文或者分则性条文对单位犯罪的成立范围和法定刑的明确提示。如果没有此种规定，就意味着某种犯罪只是自然人犯罪，而不属于单位犯罪的成立范围。对于单位组织实施的犯罪，在未作单位犯罪规定的情况下，不能按照单位犯罪处理；对于参与犯罪的自然人，可以按照共同犯罪的规定处理。

二、单位的刑事责任能力

（一）单位刑事责任能力概述

对于单位的刑事责任能力，观点一认为，其本质为独立承担单位犯罪刑罚的能力。观点二将单位的犯罪能力和刑罚适应能力分别解释为单位的刑事责任能力和承担刑事责任能力，其实质是认为单位的刑事责任能力是单位的犯罪能力。观点三认为，单位的刑事责任能力是单位犯罪能力和受刑能力的结合。观点四认为，单位的刑事责任能力也是单位犯罪能力和刑罚适应能力的有机结合和统一。单位具有独立的意识能力和行为能力，表明单位对自己的行为有辨认和控制能力，此即单位的刑事责任能力。承认单位是独立的行为主体，实际上就是承认单位有独立的犯罪能力。犯罪行为与刑事责任能力同在的刑法基本原理在单位犯罪中也同样适用。如果单位没有犯罪能力，单位的行为也根本不可能成立单位犯罪，也就意味着单位的刑罚适应能力失去了存在的基础和前提，单位的刑罚适应能力也根本无从谈起。

（二）单位刑事责任的延伸

1.单位内设机构的刑事责任

对于单位内设机构是否具有刑事责任能力以及是否应当承担刑事责任的问题，最高人民法院曾经出台过相关的司法解释："以单位的分支机构或者内设机构、部门的名义实施犯罪，违法所得亦归分支机构或者内设机构、部门所有的，应当认定为单位犯罪。不能因为单位分支机构或者内设机构、部门没有可供执行罚金的财产，就不将其认定为单位犯罪，而按照个人犯罪处理。"按照这一解释，单位的分支机构或者内设机构、部门成为单位犯罪的主体有两个条件：第一，以单位的分支机构或者内设机构、部门的名义实施犯罪；第二，违法所得归单位的分支机构或者内设机构、部门所有。至于单位的分支机构或者内设机构、部门成为单位犯罪的主体的范围和单位内设机构是否具有一定的、可由其独立支配的财产和经费，并无限制。

对于上述司法解释，学界众说纷纭。反对的声音和支持的声音皆存在。综合这些观点，本书认为，不论是一概承认还是一概反对，其观点都欠妥当。诚然，一般而言，单位的内设机构由于缺乏相对独立的行为能力，不能以自己的名义对外展开活动，也没有自己可支配的财产，因而不具有刑事责任能力，不能成为单位犯罪的主体。其按照单位决策实施的行为或者根据自己固有的职责实施的行为，应当视为单位行为，其结果也应当属于单位。但是根据我国的实际情况，在现有的单位中，确实存在拥有一定的自有财产的内设机构，这类单位的内设机构具有相对的独立性和一定的行为能力，具有刑事责任能力，应当成为犯罪的主体。此外，承认具有相对独立性的单位行为主体，从一定意义上来说，也可以解决我国刑法单位犯罪理论中规模较大的单位和中小型单位承担刑事责任不平等的缺陷。

2.单位分支机构的刑事责任

对于单位分支机构是否可以成为单位行为主体，刑法学界有观点认为，单位分支机构由于具有相对的独立性和一定的财产，因而可以成为单位犯罪的主体。另外，有学者认为，单位分支机构的独立性明显强于单位的内部机构，如果符合单位行为主体的特征，当然可以成为行为主体。若单位分支机构自己决定，自己实施犯罪，犯罪所得亦归自己占有的，应当认定为单位分支机构犯罪。此时，犯罪与单位无关，根据罪责自负原则，刑事责任亦由单位分支机构承担，不得由单位承担。但是，如果单位的分支机构在单位的指使、授意或者批准之下实施犯罪的，实际上是单位本身的犯罪，应当认定为单位犯罪，并且追究单位自身的刑事责任，对于具体实施单位犯罪的工作人员，应以单位犯罪直接责任人员追究刑事责任。①

3.单位犯罪后发生变更的刑事责任

单位犯罪后发生变更的情况包括单位犯罪后被撤销、注销、吊销营业执照或者宣告破产，或者被合并的情形。对此要区别不同情况追究原来的单位犯罪的刑事责任：第一，犯罪的单位被撤销、注销、吊销营业执照或者宣告破产的，对实施犯罪的直接负责的主管人员和其他直接责任人员追究刑事责任，对该单位不再追诉。第二，单位犯罪后被合并到另外一个新单位的，应追究犯罪单位及其直接负责的主管人员和其他直接责任人员的刑事责任。但在追究单位犯罪时要依据责

① 参见石磊.论单位的刑事责任能力［J］.云南大学学报（法学版），2005，18（4）.

任自负原则。因为原单位和新单位不一致，所以应当被追究的是原单位的犯罪，以及原单位的直接负责的主管人员和其他直接责任人员。如果该直接负责的主管人员在新单位担任和原单位同样的职务，也应注明是原单位犯罪的直接负责的主管人员。在对原犯罪单位判处罚金时，可以在新单位的资金内执行。但如果犯罪单位陷入破产境地被其他单位合并的，因为犯罪利益没有转移，所以对新单位不宜执行罚金；如果犯罪单位没有达到破产境地而被其他单位合并的，因为犯罪利益存在转移的可能性，所以对新单位可以执行罚金，但应以原单位被合并时所有的财产与收益为限。单位变更后无论其是否更名，都只能对犯罪时的单位直接主管人员或者其他责任人员追究责任，而不能对新单位的人员追究刑事责任。

三、单位犯罪的处罚

（一）单位犯罪的处罚原则

单位犯罪的处罚原则是指单位犯罪在单位与单位成员之间如何确定其刑罚负担的原则。一般认为，对单位的处罚原则分为单罚制和两罚制两种不同的类型，而单罚制又可以分为代罚制和转嫁制两种。所谓代罚制是指对单位犯罪只处罚实施犯罪的自然人，而不处罚单位的制度。所谓转嫁制是指对单位犯罪只处罚单位，而不处罚单位成员的制度。两罚制又称双罚制，是指单位犯罪既处罚单位自身，又处罚单位成员的制度。在我国，实行两罚制原则。

两罚制是适应单位犯罪的处罚原则，它不仅能够与责任主义相契合，而且有利于预防单位犯罪，是一种必要和有效的处罚制度：第一，两罚制同时对犯罪的单位和单位中负有责任的成员进行处罚，有利于预防单位犯罪。具体来说，其一，对单位处罚财产刑，可以从经济上削弱单位再犯罪的物质条件。其二，对单位的责任成员进行惩罚，能够威慑具有潜在危险性的单位成员，防止单位成员利用单位危害社会。其三，追究单位的刑事责任有利于促进单位对单位成员的行为进行管理和监督，能够有效地防止单位犯罪的发生。这是因为，单位成员作为单位机构中的人员，与单位之间存在组织上的服从关系和利益上的制约关系，通过单位来管理和监督单位成员的违法行为，比起对单位成员个人进行处罚的效果要好。第二，对单位处罚的同时，处罚单位中的责任人员符合责任主义。单位成员是单位的支配性因素，单位的危害行为是通过单位成员来具体实现的。在实施单位行为的过程中，如果单位成员具有罪过，那么对单位成员的行为追究刑事责任符合责任主义。由单位犯罪的责任人员承担刑事责任是对单位犯罪刑事责任的分担。

依据《刑法》第31条的规定，我国单位犯罪的处罚原则是以两罚制为主体、以单罚制为补充的混合制。我国刑法对绝大部分单位犯罪实行两罚制，只对少量的单位犯罪实行单罚制。

从《刑法》规定看，我国实行单罚制的单位犯罪的罪名并不多，主要有重大劳动安全事故罪，工程重大安全事故罪，妨害清算罪，违规披露、不披露重要信息罪，私分国有资产罪，私分罚没财物罪等。实行单罚制的单位犯罪主要包括四种不同的情况：第一，以单位的名义实施、损害单位自身利益的情形，如私分国有资产罪、私分罚没财物罪；第二，追诉单位犯罪的刑事责任时，单位已经不存在的情形，如妨害清算罪；第三，虽然是单位犯罪，但因处罚单位会损害无辜者的利益，因而不实行双罚制而只处罚直接责任人员的情形，如违规披露、不披露重要信息罪；第四，事故型的单位过失犯罪，如重大劳动安全事故罪、工程重大安全事故罪等。

（二）对犯罪单位的处罚

在两罚制中，对于单位犯罪除了处罚作为单位构成要素的直接责任人员外，还要处罚单位自身。对单位犯罪处以刑罚处罚是单位作为一个行为主体承担刑事责任的具体体现，也是罪刑自负原则的要求。

根据《刑法》的规定，在单位犯罪中，对犯罪单位的处罚具有两个特点：第一，处罚的刑种为罚金，没有其他种类的刑罚方法；第二，对单位犯罪判处的罚金类型主要为无限金额制罚金，只有个别单位犯罪的罚金是比例制罚金，例如逃汇罪。

（三）对直接责任人员的处罚

根据刑法的规定，无论是两罚制还是单罚制，都要处罚犯罪中的直接责任人员。单位犯罪中受处罚的直接责任人员包括直接负责的主管人员和其他直接责任人员两类。

1.直接负责的主管人员

直接负责的主管人员，是在单位实施的犯罪中起决定、批准、授意、纵容、指挥等作用的人员，一般是单位的主管负责人，包括法定代表人。它具有两层含义：（1）对单位事务具有一定管理职权。这些人员都是单位机关的成员，具有相应的管理职权，其表现是多种多样的。有的责任人员对于单位犯罪具有决策的权力，有的责任人员对单位犯罪负有管理或者监督防止单位犯罪的责任。（2）在单位犯罪中起到了决策、组织、指挥的作用或者因为管理监督不力致使单位犯罪的发生。

2.其他直接责任人员

其他直接责任人员，是在单位犯罪中具体实施犯罪并且具有较大作用的人员。其既可以是单位的经营管理人员，也可以是单位的职工，包括聘任、雇用的人员。它具有两层含义：（1）其他直接责任人员是单位内部的一般成员；（2）其他直接责任人员是参与实施单位犯罪行为并且起到较大作用的人员。

值得注意的问题是，在有些单位犯罪中，直接责任人员和直接负责的主管人员的心理态度并不一致，如直接责任人员主观上是故意，主管人员主观上是过失，或者直接责任人员是对行为义务有过失，而主管人员是对监管义务有过失。因此，对二者是否应按照同一罪名和法定刑处罚还值得研究。

第七章

主观要件

第一节　主观要件概述

一、主观要件的概念

主观要件，通常又称犯罪主观方面，是指刑法规定成立犯罪必须具备的、犯罪主体对自己实施的危害行为及其危害结果所持的心理态度。主观要件的内容，在英美刑法理论中称为犯意（Mens Rea），在德日等大陆法系国家刑法理论中称为“罪过”。我国一般也将犯罪故意和犯罪过失统称为罪过。[1]

主观要件具有以下特点：

第一，主观要件体现的是行为人在行为时的心理态度。主观要件包括犯罪的故意、过失、犯罪的动机和目的等，这些因素属于普通心理活动的内容。在理论上，我们可以将心理内容进一步划分为认识因素和意志因素。认识因素是人对事物及其性质的认知；意志因素是人控制和支配自己行为的态度和意向。根据刑法的规定，认定行为构成犯罪，须要求行为人的心理活动内容与犯罪有关联。犯罪的主观要件要体现行为人对危害行为及危害结果所持的认识和意志两方面的心理态度。如果行为不能体现行为人对危害行为或危害结果的认识和意向，如行为人对事实缺乏认识能力，或者对行为无法进行控制，即便行为造成了损害结果，也不能认为行为人有犯罪的主观心理态度，而应当将该事实作为无罪过事件处理。此外，不同的主观要件体现了行为人在行为时的不同心理

① 参见贾宇.刑法学（总论）[M].北京：高等教育出版社，2019：163.

态度。

第二，主观要件体现的是行为人主观恶性。我国刑法坚持主客观相统一原则，既反对客观归罪，也反对主观归罪。只有犯罪思想，而没有在这种思想支配下的危害行为，不构成犯罪；反之，只有行为和结果，而缺乏体现社会危害性的心理态度，也不能构成犯罪。因此，犯罪的主观方面是行为人承担罪责的主观基础。之所以如此，是因为：犯罪的主观方面反映了行为人对刑法规范及其所保护的法益的否定态度，其中，犯罪故意体现了行为人对刑法规范及其所保护的法益持有敌视或蔑视态度，犯罪过失体现了行为人对刑法规范及其所保护的法益持有漠视或忽视态度。因此，主观要件体现了行为人的主观恶性，并与犯罪的客观方面要件共同揭示行为的社会危害性。

第三，主观要件是成立犯罪的法定条件。犯罪的主观方面从一个方面体现行为的社会危害性。现代刑法反对"客观归罪"，不仅要求在认定犯罪时考虑犯罪的心理态度，而且在刑法中明文规定主观方面的犯罪构成要件。《刑法》第16条表明，任何犯罪必须包括故意或者过失的心理态度，这是一个基本性的要求。除此之外，在刑法分则的条文中，有的明确规定某罪由故意构成，有的明确规定某罪由过失构成，如"过失犯前款罪"；有的条文则以"意图""明知""以……为目的"等表述故意，或有的条文以"严重不负责任……致使国家利益遭受重大损失"等表述过失。

行为人不是在罪过心理状态下实施的行为以及所造成的客观损害，不具有刑法意义上的社会危害性，不能构成犯罪。对此，《刑法》第16条所规定的意外事件与不可抗力已明确表明：任何行为要成立犯罪，主观必须具有犯罪的故意或者犯罪的过失。这是主观与客观相统一的必然结论。同时，主观要件与犯罪客观方面存在着有机的联系，共同构成犯罪行为统一体。这种有机联系表现在：一方面，人在客观上危害社会的活动，只有受到主观上犯罪故意或过失的支配、制约时，才是刑法中的犯罪行为；另一方面，这种主观上的心理活动只有表现在刑法所禁止的危害社会的行为和危害结果上时，才是犯罪的主观方面。离开任何一个方面，另一方面也就丧失了刑法评价的基础，也就不存在所谓的犯罪。

二、罪过的内容、因素

(一)罪过的内容

主观要件的内容包括犯罪故意、犯罪过失以及犯罪动机和犯罪目的等因素。犯罪故意或者犯罪过失是任何犯罪都必须具备的一个要件。主观上不是出于故意也不是出于过失就谈不上构成犯罪。因此,犯罪故意和犯罪过失是罪过的两个基本类型,是任何犯罪都必须具备的内容之一,所以也被称为基本(必备)要件。犯罪故意或者犯罪过失由刑法总则的条文加以规定。

从刑法对具体犯罪的规定来看,犯罪目的只是某些故意犯罪必须具备的要件,如《刑法》第218条中的"以营利为目的",因而是特殊要件,或选择性要件,在刑法中由分则的具体条文加以规定。一般认为,单独的犯罪动机在我国刑法中不属于构成要件,但在具体的犯罪构成以"情节严重""情节恶劣"为构成犯罪必要条件时,犯罪动机可以与其他因素一起成为"情节严重""情节恶劣"的具体因素从而影响定罪。

(二)罪过的因素

罪过的因素,即主观要件的认识和意志状态,是指行为人实施危害行为时,认识到或者应当有所认识的事实内容,以及基于该认识体现出的意志状态。

所谓认识到或者应当有所认识的事实内容,就是罪过的认识因素,是指行为人对于犯罪构成所要求的事实的认识和辨别。行为人具有认识的能力是行为人负刑事责任的主观前提。如果不可能有这种认识,罪过就无从谈起。法律条文中的"应当预见""已经预见""明知",就是对主观要件认识因素的法律规定。

但是,仅具有认识因素还不能认定行为人主观上具有犯罪故意或犯罪过失。只有当行为人在此基础上产生了实施某种危害社会行为的意向,并将其思想见诸行动时,才能说行为人在主观上具有犯罪的意志状态,才能判断其具有犯罪故意或犯罪过失。《刑法》第14条和第15条中所规定的"希望""放任""疏忽大意""轻信能够避免"等,就是对犯罪意志因素的法定概括。犯罪的意志因素同样是罪过成立的必要条件之一。

认识因素和意志因素虽然都是罪过成立的必要条件,但二者对于罪过形式的意义不同。认识因素是罪过形式的基础，无认识因素就不可能形成意志因素；意志因素是在认识因素基础上形成的，是认识因素的发展，如果仅有认识而最终没有形成实施危害行为的意志态度，就不能认为具有罪过。

三、主观要件的意义

主观要件对于刑法立法和刑法司法具有重要意义。

在立法层面上，在设计犯罪构成和法定刑时，根据罪责刑相适应的原则，重罪的法定刑重于轻罪。犯罪的主观方面从行为人的心理态度上显示出行为人人身危险性的大小。故意的恶性大于过失，所以在客观事实基本相同时，对于故意犯罪的处罚肯定重于过失犯罪。另外，过失犯罪的人身危险性较小，在成立过失犯罪时，要以一定的结果为其要件；而故意犯罪的人身危险性较大，所以对一些故意犯罪，即便行为人的行为没有产生结果，在立法上也予以刑罚惩罚。

在司法实践中，犯罪的主观方面具有以下三个意义：第一，区别罪与非罪。行为人的行为造成了严重后果，如果是基于故意或者过失的心理态度，则可构成犯罪；如果行为人既无故意也无过失，就要作为无罪过的事件处理。第二，区别此罪与彼罪。如在造成他人死亡的情形下，由于行为人主观心理态度不同，可分别成立故意杀人罪、过失致人死亡罪和故意伤害（致人死亡）罪等。第三，在量刑时，除了法定的作为构成要件的主观方面之外，其他一些主观性事实也可以作为量刑情节，如犯罪动机等因素。

第二节　犯罪故意

一、犯罪故意的概念

《刑法》第14条第1款规定："明知自己的行为会发生危害社会的结果，并且希望或者放任这种结果发生，因而构成犯罪的，是故意犯罪。"据此，所谓犯罪故意，指的是行为人明知自己的行为会发生危害社会的结果，并且希望或者放任这种结果发生的心理态度。

二、犯罪故意的成立条件

（一）行为人明知自己的行为会发生危害社会的结果

“明知自己的行为会发生危害社会的结果”，是成立犯罪故意的主观认识要素，它包括认识的内容和明知的程度两方面的内容。

1.认识的内容

认识的内容，也即“明知”的内容，理论上存在分歧。观点一认为，明知的内容包括行为性质及其内容、行为结果、与行为和结果有联系的其他犯罪构成要件要素，如对象、手段、时间、地点；[①]观点二认为，包括客观事实、排除社会危害性事由、违法性；[②]观点三认为，包括行为本身的内容、行为会发生的危害社会的结果、行为与结果之间的因果关系、行为对象、行为时间、地点、方法、特定主体身份、财产犯罪中的数额、无违法性阻却事由；[③]观点四认为，包括行为的性质及其意义、行为所造成的后果、具体构成要件所要求的特定事实；[④]观点五认为，包括行为内容和结果等一般认识内容和规范的构成要件要素、不存在违法阻却事由。[⑤]还有观点提出，“对于不同构成要件类型的犯罪，其明知的内容是有所不同的”[⑥]。上述观点存在较大的差异，但是由此可以发现其中的一个趋势，即刑法分则中故意犯罪的刑法规定较为复杂，如果简单地认为故意需要认识哪些内容，不需要认识哪些内容，并不能解决具体问题。有些特殊情形是所有故意应当认识的，这是明知中的基本认识内容，有些则是在基本认识内容的基础上需要特别认识的具体事实。综合这些内容，本书提出认识的基本内容及其中要特别认识的要素。

（1）危害行为

虽然刑法规定“明知自己的行为会发生危害社会的结果”，但不能仅仅限于对结果的认识，因为行为是犯罪的核心要件，无行为则无犯罪，故此，行为人首先必

---

① 参见高铭暄，马克昌.刑法学［M］.北京：北京大学出版社，高等教育出版社，2019：104；贾宇.刑法学（总论）［M］.北京：高等教育出版社，2019：165–166.

② 参见黎宏.刑法学总论［M］.北京：法律出版社，2016：187.

③ 参见付立庆.刑法总论［M］.北京：法律出版社，2020：195–197.

④ 参见林亚刚.刑法学教义（总论）［M］.北京：北京大学出版社，2017：183–197.

⑤ 参见张明楷.刑法学（上）［M］.北京：法律出版社，2021：338–342.

⑥ 陈兴良.教义刑法学［M］.北京：中国人民大学出版社，2017：465.

须认识自己的行为。对行为的认识，主要是对自己行为的方式、行为社会性质的认识。在特殊场合还需要认识如下内容：第一，行为的手段。如携带凶器盗窃，行为人必须认识到携带凶器这个事实，而不能以行为人被发现盗窃时身上有凶器就认定为是携带凶器盗窃。第二，行为时间、地点。犯罪都是在一定时空中进行的。在以时间、地点和方法手段为构成要件的犯罪中，如非法捕捞水产品罪（第340条）、非法狩猎罪（第341条），就是以禁渔区、禁猎区为特定的地点要件，以禁渔期、禁猎期为特定的时间要件，以禁用的工具、方法为特定的方法要件，如果行为人对此不能认识，就势必影响对犯罪故意的认定。第三，行为的性质。主要考察的是有无违法阻却事由的认识，如在正当防卫的场合，因为假想防卫，就不能认为行为是故意的；在与妇女发生性关系时，还要认识到该妇女的承诺；等等。

（2）行为结果

行为结果是行为对刑法所保护的社会关系可能或者已经造成的损害。因此，行为结果并非危害结果。要求对行为结果的认识，是因为它能揭示行为人的认识和意志两方面的因素，如果行为人认识某种有危害的行为结果，必然对其社会危害性有认识。当行为人认识到其社会危害性而行为时，根据其行为的形态，很容易反映其主观上的意向。反之，如果行为人没有认识到行为危害社会的结果，其行为的形态则不能反映犯罪故意中的意向，因此，就不能成立故意。特别是在结果犯中，对于特定结果的认识，更是成立故意的必要条件，如故意杀人罪中，行为人必须认识到自己的行为可能导致他人死亡的结果，否则就不能构成故意。但是有些结果也应特别认识。例如，在我国，犯罪数额是犯罪构成的罪量要素，如果行为人没有对犯罪数额的概括认识，就可能扩大犯罪的打击范围，如行为人在餐厅就餐时与餐厅工作人员发生矛盾，在盛怒之下，将手中的玻璃酒杯摔在地上砸碎，事后鉴定该酒杯并非普通玻璃杯，价格极为昂贵。在此情形中，如果不考虑行为人对酒杯价格的认识，行为人就可能承担刑事上的法律后果。可见在特殊场合，数额对于刑法评价有实质影响。

关于结果加重犯的结果认识。一般认为，结果加重犯的结果不是故意的认识内容，适例如故意伤害致人死亡。[①]按照一般观点，结果加重犯的结果有的是过

---

① 参见付立庆. 刑法总论［M］. 北京：法律出版社，2020：197；黎宏. 刑法学总论［M］. 北京：法律出版社，2016：182；张明楷. 刑法学（上）［M］. 北京：法律出版社，2021：342.

失所致，如故意伤害致人死亡的，有的是故意所致，如抢劫致人重伤、死亡的。[①]确实，在抢劫罪中，行为人可能为了夺取他人财物而放任暴力行为导致他人重伤、死亡的结果。但是，有些情形中的受害人重伤或者死亡的结果却并非故意所致，即不宜将抢劫致人重伤、死亡的结果一律认定为故意所致。只有在放任情况下，才能认为该结果在行为人的认识之内。进一步说，对于加重结果属于故意所致的，其并非不在认识的范围之内。

关于因果关系的认识。在故意中，不仅要认识行为，还要认识结果，至于行为和结果之间的联系，是否属于故意的构成要件理论上有必要说（通说）和不必要说之争。笔者认为，如果完全不认识因果关系，就不能判断结果，如迷信犯，所以必须要求因果关系的认识。但要指出，因果关系不是犯罪构成的要件，它本身隐含在行为结果发生的可能性之中。

（3）行为对象

行为对象是行为人的行为导致行为结果的媒介。尽管行为对象不是犯罪的必要要件，但是，对行为对象的认识，决定了行为人对行为结果的认识。如误认人为动物或者误认动物为人而进行射击的场合，就人的死亡这一点上，它反映了行为人对于致人死亡这一社会结果的不同认识，由此进一步反映出行为人的不同意志取向。另外，在以对象为选择要件的犯罪中，如奸淫不满14周岁幼女所构成的强奸罪中，还要求行为人明知对方是不满14周岁的幼女，如果行为人确实不可能知道这一对象性因素，行为人的行为就可能不构成犯罪。再如，非法猎捕、收购、运输、出售陆生野生动物情节严重的，行为人必须认识到行为对象不仅是野生动物，而且是陆生野生动物。还如，在行为对象需要进行规范性评价的时候，也要有此认识。

除了需要认识的因素之外，有些因素并不需要认识。

第一，情节。情节是附随于行为发生的客观情况。这类情况并不取决于行为人的认识，只要具备此类情节，行为人的行为即可以认定为犯罪。

---

① 参见高铭暄，马克昌．刑法学［M］．北京：北京大学出版社，高等教育出版社，2019：185.；贾宇．刑法学（总论）［M］．北京：高等教育出版社，2019：261；黎宏．刑法学总论［M］．北京：法律出版社，2016：320；林亚刚．刑法学教义（总论）［M］．北京：北京大学出版社，2017：549.

第二，违法性认识。在过去，一直根据“不知法不赦”这一格言处理这个问题，即行为人即便不知道行为的违法性，也可以成立故意。但是，现在在外国刑法理论上则有不同看法。受其影响，我国刑法学中也出现了如下分歧。观点一为不必要说，即坚持“不知法不赦”的原则，即便行为人不知道行为的违法性，也不阻却故意的成立。①观点二为必要说，认为犯罪故意的成立，必须具备违法性的认识。②在这两种对立观点之间，还有观点认为，刑法中的社会危害性具备刑事违法性的特征，刑事违法性可以通过社会危害性反映出来，因此，在认定故意时，只需要查明行为人对社会危害性是否有认识即可，而不必另外查明他对刑事违法性是否有认识。③本书认为，社会危害性认识和违法性认识在一般情况下是一致的，但是，社会危害性认识和违法性认识评价的标准和基础很可能不一样。例如，我们可以认识社会危害性是一种实质性的评价，而违法性是一种形式的评价。此外，社会危害性评价不排除主观因素，而违法性可能以客观的法规范为前提，因此，理论上不能认为有社会危害性认识就必然有违法性认识，特别在罪刑法定原则下，更不能因为行为人有社会危害性认识就必然推定其有违法性认识。相反，根据法律的要求，行为人即便没有违法性认识也不阻却故意的情形是客观存在的。因此，根据我国刑法的规定，结合实际的要求，我们还是应当坚持“不知法不赦”的原则。当然，在行为人明显不可能知道法律规定的情况下，应当减轻或者免除其刑事责任。

2.明知的程度

明知的程度，也就是认识的程度。所谓明知，是一种概括的预见，包括确实知道和应当知道。在我国刑法犯罪故意的规定中，就是要求行为人明知自己的行为“会发生”危害社会的结果。具体说，“会发生”包括“必然发生”和“可能发生”两种情况。明知“必然发生”，是指行为人对危害结果的发生持有确定认识；

---

① 参见高铭暄，马克昌．刑法学［M］．北京：北京大学出版社，高等教育出版社，2019：104–105；杨春洗，杨敦先．中国刑法论［M］．北京：北京大学出版社，1998：108；贾宇．刑法学（总论）［M］．北京：高等教育出版社，2019：167；周光权．刑法总论［M］．北京：中国人民大学出版社，2016：154.

② 参见黎宏．刑法学总论［M］．北京：法律出版社，2016：187.

③ 参见马克昌．犯罪通论［M］．武汉：武汉大学出版社，1999：336–337.

明知“可能发生”，是指行为人对危害结果的发生与否持有一种不能完全确定的认识，即结果可能发生，也可能不发生。

（二）行为人“希望或者放任”危害社会的结果发生

行为人不仅要认识到自己的行为会发生危害社会的结果，并且希望或者放任这种结果发生。这是故意的意志因素。根据刑法的规定，故意的意志表现为两种情形。

1.希望结果发生

希望结果发生就是指行为人对结果的发生持有积极追求的心理态度。它表现为行为人以特定的危害结果作为自己行为的直接目的，企图利用各种有利的条件，实施一系列活动以促使该结果的发生。

2.放任结果发生

放任结果发生就是指行为人对特定的危害结果，虽不希望其发生的，但又不阻止这一结果发生，即对该结果的发生采取容忍的心理态度。它表现为听任危害结果的发生，结果发生可以，不发生也可以。总之，它事实上在行为人的意料之中，但行为人对该危害结果的发生不加控制，不采取措施予以阻止，听之任之。

三、犯罪故意的法定种类

根据刑法的规定，犯罪故意可分为直接故意和间接故意。

（一）直接故意

直接故意，是指行为人明知自己的行为会发生危害社会的结果，仍然希望这种结果发生的心理态度。直接故意具有两个特征：第一，在认识因素上，行为人明知自己的行为会发生危害社会的结果；第二，在意志因素上，行为人希望危害社会的结果发生。这两个特征对直接故意的成立缺一不可。

根据犯罪故意中明知程度的不同，直接故意可表现为两种情形：第一，行为人明知自己的行为必然会发生危害社会的结果，并且希望这种结果发生；第二，行为人明知自己的行为可能发生危害社会的结果，并且希望这种结果发生。

（二）间接故意

间接故意，是指行为人明知自己的行为会发生危害社会的结果，并且放任这种结果发生的心理态度。间接故意也具备两个特征：第一，在认识因素上，行为人明知自己的行为会发生危害社会的结果；第二，在意志因素上，行为人放任危害结果的发生。在认定间接故意时，这两个特征必须同时具备。

根据实际情形，间接故意在明知的程度上只能是：行为人明知自己的行为可能发生危害社会的结果。即行为人对危害结果是否发生的认识是不确定的，如果行为人明知危害结果必然发生而采取行为，就很难再认为是放任，或者说此时根本不可能持放任态度，只能说是希望发生危害结果，从而认为行为人的心理态度属于直接故意。在实践中，间接故意主要发生在三种场合。

第一，行为人追求某一犯罪目的，而放任另一危害结果的发生。如行为人将毒物投放于食物中意图杀妻时，意识到妻子可能将食物分给孩子吃，但由于杀妻心切而行为，结果孩子因为分食而死亡。对于妻子的行为，表现了行为人直接故意的心理态度，但是他并不希望自己的孩子死亡，对孩子的死亡，就不能认为是出于直接故意的心理态度。可是，行为人意识到自己的行为可能导致孩子死亡的结果，出于杀妻的目的，他没有采取预防措施，而是听任这一结果的发生，在主观上不是过失的，而是属于间接故意。

第二，行为人追求一个非犯罪目的而放任某种危害结果发生。如行为人为了狩猎，在意识到自己会击中他人的情况下实施射击，结果导致受害人重伤。显然，行为人不希望击中受害人，但是他也不是因为过失击中受害人，就属于间接故意。

第三，在突发性故意犯罪中，行为人动辄行凶，不计后果，用刀、棍等伤人后扬长而去致人伤亡的案件中，很难说行为人希望结果的发生，根据社会规范的必要，也不宜做过失论处。考虑到行为人可能认识到自己的行为会导致伤亡的结果，亦可认为行为人对这种结果是放任的，因此认为是间接故意。

直接故意与间接故意的相同之处在于，明知自己的行为会引起某种危害结果的发生。但是它们的区别还是比较明显的：第一，明知的程度不同，直接故意既可明知这种结果可能发生，也可明知这种结果必然发生；而间接故意只能是明知自己的行为可能引起危害结果的发生，在明知结果必然发生的情况下的行为，只能说明行为人具有希望的态度。第二，对危害结果的态度不同，直接故意是希望危害结果发生，而间接故意只能表现为放任危害结果的发生。正因如此，在刑法条文中以特定目的才能构成犯罪的，都是以直接故意为主观要件。

四、犯罪故意的理论分类

（一）确定故意与不确定故意

根据认识程度与决意程度的不同，犯罪故意可分为确定故意与不确定故意。确定故意，是指行为人对自己的行为会发生某种具体结果具有明确的认识，并希望这种结果发生的心理态度。不确定故意，是指行为人虽然明知自己的行为会发生危害结果，但不明确会发生何种具体结果，而希望或者放任这种结果发生的心理态度。不确定故意可进一步分为：第一，未必故意，即行为可能会发生结果，但是不必然发生结果，而希望或者放任其发生的心理态度；第二，择一故意，指行为会发生一个结果，但在数个对象中究竟何者发生该结果不确定，而希望或者放任其发生的心理态度；第三，概括故意，指行为会发生结果，但是究竟哪些对象会发生该结果不确定，而希望或者放任其发生的心理态度。

（二）预谋故意与一时故意

根据故意形成的时间，犯罪故意可分为预谋故意与一时故意。预谋故意，是指行为人在实行犯罪之前就已经形成了犯罪故意的心理态度。一时故意，或称突发故意，指产生犯罪故意后立即实行该行为的心理态度。

（三）实害故意与危险故意

根据故意的内容对刑法保护利益的后果，犯罪故意可分为实害故意与危险故意。实害故意，是指行为会发生实际的损害，而希望或者放任其发生的心理态度。危险故意，是指行为有发生实际损害的危险，而希望或者放任其发生的心理态度。

（四）事前故意与事中故意

根据行为当时的意思，犯罪故意可分为事前故意和事中故意。事前故意，是误认为已经完成特定的故意犯罪，事实上犯罪事实并没有发生，进一步实施一定的行为时，当初意图的事实才发生的场合。如用刀砍杀他人后，以为受害人死亡，将其掩埋，实际上受害人是在土中窒息而亡的，当初的砍杀故意就是事前故意。事中故意，或者事后故意，是指行为人没有故意实施特定行为，故意在实施行为过程中才产生，而将以后的事态置于自然推移的场合。如医生在做手术的过程中突然产生杀死病人的意思之后，对病人采取不作为处置的，就是事后的故意。

第三节　犯罪过失

一、犯罪过失的概念与理论发展

《刑法》第15条第1款规定："应当预见自己的行为可能发生危害社会的结果，因为疏忽大意而没有预见，或者已经预见而轻信能够避免，以致发生这种结果的，是过失犯罪。"通说据此认为，"所谓犯罪过失，就是指行为人应当预见自己的行为可能发生危害社会的后果，因为疏忽大意而没有预见，或者已经预见而轻信能够避免的一种心理状态"[①]。笔者认为，现代刑法以处罚故意犯罪为原则，处罚过失犯罪为例外，即过失犯罪的成立限于刑法分则条文有明确规定的场合，犯罪过失也应当限于这种场合。然而，通说揭示了犯罪过失的事实特征，但未揭示犯罪过失的法律特征，有失全面。准确而言，犯罪过失是指行为人应当预见自己的行为可能发生危害社会的后果，因为疏忽大意而没有预见，或者已经预见而轻信能够避免，并且刑法给予特别处罚规定的心理状态。

随着社会的发展，一方面过失犯罪的成立范围在刑法中有扩张的趋势，另一方面要求过失犯罪的成立条件具有适应社会的弹性，因此，围绕注意义务这一条件，过失犯罪的学说在国外有很大发展：第一，旧过失论认为，过失的主要内容

---

① 高铭暄，马克昌. 刑法学［M］. 北京：北京大学出版社，高等教育出版社，2007：123.

是对结果的预见可能性或者结果预见义务，即如果行为人具有结果的预见可能性，就可以构成过失并由刑法加以非难。第二，新过失论认为，过失的内容不仅包括结果预见义务，而且包括结果避免义务，特别是在运输和医疗中，如果仅仅依据结果的预见可能性，就会扩大过失犯的范围。在现代社会，为了成立过失，不仅要求行为人有预见可能性，还必须要求行为人尽到了结果避免义务。第三，新新过失论，也称为危惧感说，它由新过失论发展而来，但关于预见可能性的判断，该说认为只要行为人具有危惧感、不安感，即可认为具有预见可能性。①

旧过失论以心理责任论为根据。在我国，个别观点认为，新过失论的基准行为设定不明确，导致处罚扩张，应当在主观结果预见可能性的基础上补充避免结果的可能性。②我国一般观点采取新过失论，认为行为客观上对社会造成了严重的危害，行为人主观上有结果预见可能性这一过失心理态度，就成立过失犯罪。过失犯罪负刑事责任的主观依据在于，行为人本来能够正确地认识到自己的行为与危害结果之间的客观联系，进而正确选择自己的行为，避免危害社会结果的发生，但在行为人的意志支配下，对社会利益和社会大众的安危采取了严重不负责任的态度，从而以自己的行为造成了严重危害社会的结果。③还有观点认为，新旧过失论实质上并不对立，旧过失论是典型的关于过失本身的理论，而新过失论是关于过失犯的理论，强行将二者对立只会让问题毫无意义地复杂化。④这种观点虽然有道理，但是旧过失论强调行为人履行对结果的预见义务，新过失论则在预见义务的基础上进一步强调行为人履行对结果的避免义务，二者的差异还是明显的。

本书认为，在现代社会，旧过失论已经过时，而新过失论和新新过失论比较适应社会的需要。新过失论以规范违反说为核心。对于过失，第一种规范要素是对注意义务（结果预见义务）的违反；第二种规范要素是对意思决定义务的违反，

① 参见童德华.外国刑法学导论［M］.北京：中国法制出版社，2024：175-176.

② 参见付立庆.刑法总论［M］.北京：法律出版社，2020：210-211.

③ 参见高铭暄，马克昌.刑法学［M］.北京：北京大学出版社，高等教育出版社，2019：109-110；黎宏.刑法学总论［M］.北京：法律出版社，2016：193-200；贾宇.刑法学（总论）［M］.北京：高等教育出版社，2019：175-178.

④ 参见张明楷.刑法学（上）［M］.北京：法律出版社，2021：371-374.

即具备注意能力的情况下，不履行回避义务，才应受到非难。[①]只是该理论还有进一步检讨的必要。这两种理论体现了现代社会必须承认的两个事实——被容许的危险与信赖原则。所谓被容许的危险，是指在有危险的业务活动中，诸如驾驶汽车、操纵飞机、工厂生产等危险作业、有风险的医疗手术等，对于发生法益侵害的结果，并不难以预见。但是，这些伴随着潜在危险的行为，因为具有一定的社会机能，且基于行为的危险性和它对社会的有益性的全面衡量，是一般利益衡量的结果，从而作为被容许的具有危险的行为。信赖原则是根据被容许的危险和危险分配的需要发展出来的，是行为人实施某种行为时，在有相当的理由信赖被害人或者第三人时可以实施适当的行为，但由于受害人或者第三人的不恰当行为而发生结果的场合，行为人对此不负责任的原理。运用信赖原则，可以否定结果预见可能性和结果避免义务。在德日刑法理论中，“被容许的危险”和“信赖原则”已经成为刑法学中的两个重要理论，这有必要引起我们的重视。

二、过失的种类

犯罪过失在刑法上可分为过于自信的过失和疏忽大意的过失两种。在理论上，过失可分为一般过失和业务过失两类。一般过失是指行为人在一般（日常）社会生活中，违反一般的注意义务因而造成危害结果的心理态度；业务过失是指行为人在业务活动中，违反业务上的注意义务因而造成危害结果的心理态度。通常，对业务过失犯罪的处罚要比对一般过失犯罪的处罚重。本书仅仅介绍法定的犯罪过失。

（一）疏忽大意的过失

疏忽大意的过失，也称为无认识的过失，是指行为人应当预见自己的行为可能发生危害社会的结果，因为疏忽大意而没有预见，以致发生这种结果的心理态度。

疏忽大意的过失表现为，行为人没有认识到自己的行为可能发生危害社会的

---

① 参见张明楷．刑法学（上）[M]．北京：法律出版社，2021：371；林亚刚．刑法学教义（总论）[M]．北京：北京大学出版社，2017：224；周光权．刑法总论[M]．北京：中国人民大学出版社，2016：162-170.

结果。和其他罪过形态的犯罪不同，在疏忽大意的过失犯罪中，行为人的犯罪意向不明显，没有对危害结果持希望或者放任的态度，这和行为人的认识因素有关。然而，行为人虽然没有认识到危害结果可能发生，并不表明行为人不具备认识这种结果发生的能力。规范有序的社会生活，要求社会成员在各项活动中必须遵守一定的义务，以防止发生危害他人和社会的结果。如果行为人具备认识危害结果发生的能力，但马虎大意，不认真负责履行认识的义务，导致较为严重的社会结果，刑法完全可以根据不同的情形予以制裁，以发挥其预防机能。刑法基于以上理由惩治疏忽大意的过失犯罪。行为人应当预见自己的行为可能发生危害社会的结果，因为疏忽大意而没有预见这种结果的发生，是成立疏忽大意过失的一般条件。它表明认定疏忽大意过失的关键因素，一是对危害社会结果可能发生的预见能力，二是应当预见的危害社会结果的内容。

1.预见能力

预见能力是行为人履行预见义务的前提。应当预见是一种预见义务，但是它并不限于法律有明确规定的场合，日常生活上的规则也是义务的来源。由于法律只能规范有能力者，所以赋予行为人义务，必须要求行为人具备一定的能力。因此，预见义务必须以预见能力为前提。

由于行为人的生活环境、受教育程度和文化知识水平等存在差异，所以每个人对于危害结果的预见能力是不同的，因此在判断行为人是否具备预见能力的问题上，有三种观点：（1）主观说认为应当以行为人本人的能力和水平为标准，判断其是否具有预见能力；（2）客观说认为应当以社会上一般人的能力和水平为标准，判断行为人是否具备预见能力；（3）折中说认为应当以主观说为主、以客观说为辅，当行为人的预见能力高于一般人的预见能力时，以一般人的预见能力为标准，当行为人的预见能力低于一般人的预见能力时，以行为人的预见能力为标准。[①]如果采取主观说，则能力强者过失犯罪的可能性更大，而平庸者过失犯罪的可能性较小，这显然是不利于社会发展的；如果采取客观说，那么，即便能力强者完全可以预见危害结果时，也不认为其具有预见能力，因此不构成过失，这并不合理。相反，如果行为人的预见能力低于一般人，的确不能预见一般人能预

① 参见马克昌.比较刑法原理［M］.武汉：武汉大学出版社，2002：250-252.

见的危害结果，依旧认为行为人具有预见能力，显然也是不合理的。故此，本书采用基于客观标准的折中说，即一般而言，应根据社会生活经验考虑一般人通常具备的预见能力。如果一般人有此经验就推定行为有预见能力；只有在特殊场合，当有充分事实可以证明行为人缺乏相关预见能力，例外采用就低不就高的判断标准。此外，在个别场合，当有充分事实可以证明行为人的预见能力高于一般人的预见能力时，完全根据一般人的能力处理并不可取，应采取就高不就低的判断标准，认为行为人具备预见能力。这种理论同样可适用于判断行为人有无控制能力。

在具体判断行为人有无预见能力或者控制能力的时候，不可能对行为人和一般人的预见能力做个别化的分析和判断。因此，在司法实务中，首先，要进行不同类社会角色的考察，即主要考察行为人所从事的社会工作。比如关于死亡的认识，医生的预见能力应当高于其他社会成员；消防人员对于火灾事故的认识能力高于非消防人员。其次，还要进行同类社会角色的考察，即要根据和行为人社会角色相同或者类似的人的预见能力进行比较性考察。此时，特别要评价行为人本人的知识结构、能力水平等因素。比如在医疗事故中，甲医生和乙医生由于各自工作的医院不同、各自接受的医疗教育不同、实际工作中积累的医疗经验也不同等因素，对于某种疾病致死后果的认识也可能不一样。最后，应当进行环境因素的考察，由于环境的不同，行为人的认识能力也会有变化，比如在紧张的时候和不紧张的时候，行为人的预见能力就会不一样。

2. 预见内容

在过失犯罪中，行为人应当预见的是危害社会的结果，而不是行为本身的违法性。在一些过失犯罪的场合，行为人可能是故意实施行为，但对结果的发生则是过失。比如，交通肇事罪属于过失犯罪，行为人往往故意违反交通法规，但只要他对于危害结果不是持希望或者放任的态度，就属于过失。对于行为人所预见的危害社会的结果，不要求是具体的，而是刑法条文所规定的抽象结果。

（二）过于自信的过失

过于自信的过失，也称为有认识的过失，是指行为人预见到自己的行为可能发生危害社会的结果，但轻信能够避免，以致发生这种结果的心理态度。过于自信的过失在认识因素上具有以下两个特征。

1.行为人预见到自己的行为可能发生危害社会的结果

也就是说，行为人意识到自己的行为与某种危害社会的结果之间具有不太确定的联系。必须注意的是，关于危害社会的结果发生的概率性问题，在过于自信的过失中是“可能发生”，在故意中是“会发生”，这说明行为人对于结果发生可能性大小的认识存在一定区别。

2.行为人对于实际发生的危害结果具有轻信能够避免的心理状态

所谓轻信能够避免，就是行为人在预见到危害结果可能发生的同时，凭借某些不可靠的主客观条件，错误地相信自己能够避免危害结果的发生。轻信发生的主要原因包括：其一，行为人过高地估计了自己处置危害结果的能力；其二，行为人对于导致危害结果的客观条件缺乏正确的认识；其三，行为人轻视了危害结果发生的可能性。轻信能够避免说明行为人并不希望也不放任危害结果的发生。

三、过失的认定

（一）过失与故意的区别

在国外刑法学中，关于过失和故意的区别，有以下这些学说：[①]第一，认识说。该说强调以认识要素区分故意与过失，认为只要行为人认识到构成要件结果发生的可能性，即便其没有达到一定的发生程度，也可以成立故意。第二，希望说。该说强调以意志要素区别故意与过失，认为为了成立故意，必须要求行为人希望结果发生。第三，容认说。该说也强调以意志要素区分故意与过失，认为希望结果发生和容认结果发生都属于故意。如果采取认识说，就没有疏忽大意的过失存在的余地，如果采取希望说，那么间接故意的情形就应作为过失处理，因此这两说都不合理，而容认说克服了这两说的缺点，相对比较合理。

我国刑法学界一般采取容认说区别故意与过失，但是，在区别故意与过失时并不排除认识因素：就认识因素看，犯罪故意表现为行为人明知行为必然或者可能发生危害结果的心理态度，而犯罪过失表现为行为人对危害结果的发生虽然应当预见到但实际上并未预见到，或者只是预见到在他看来并非现实的可能性。就

① 参见马克昌.比较刑法原理［M］.武汉：武汉大学出版社，2002：238-241.

意志因素看，犯罪故意的内容是希望或者放任危害结果发生的心理态度，而过失犯罪则对危害结果的发生是持排斥、反对的心理态度，只是由于在疏忽大意或者过于轻信能够避免结果发生的主观错误的心理支配下，才过失地导致了结果的发生。[①]问题是，在什么情况下可认为行为人对结果的避免是过于自信？

观点一认为，在不清楚一个行为是故意还是过失时，根据存疑时有利于被告人原则，能够认定为过失犯罪。[②]类似观点认为，过失犯对避免危害结果的发生持积极态度，所以具有避免危害结果的客观依据或为避免危害结果的发生采取的一定措施，因此行为人没有为避免结果的发生采取任何措施的，既可能是间接故意，也可能是过于自信的过失，但采取了一定回避措施的，则只可能是过于自信的过失，而不可能是间接故意。[③]

观点二认为，行为人是由于各种主客观因素的存在，使其对结果发生的可能性做出了错误的估计和判断，对于通常情况下可能发生的结果轻信可以避免，所以，最终还是对结果的发生没有预见。[④]

观点三认为，放任是否发生与行为人对结果发生的盖然性高低有关，盖然性高低与行为的风险高低相关，风险又取决于法益大小，应当综合评判这些客观因素。另外，行为人的态度以及必要的行为表现，如行为人在对结果发生有认识的情况下，还需要对结果的发生做出评价，间接故意的行为人抱持无所谓的态度，有认识过失的行为人则持有轻纵的态度；又如是否有表现出真挚努力地避免结果发生的行为。[⑤]

过于自信无疑存在认识错误，但是行为人事后的态度未必能真实反映行为人的主观心理。在存疑的情况下，如果一味按照存疑有利于被告人的原则，进行认定结论也未必合理。实践中，需要根据具体场合，结合行为和结果之间的盖然性大小进行认定。例如，醉酒后驾驶机动车辆致人死亡的，并不能一律认定为交通

---

① 参见高铭暄，马克昌．刑法学［M］．北京：北京大学出版社，高等教育出版社，2019：109–110；林亚刚．刑法学教义（总论）［M］．北京：北京大学出版社，2017：222–223；贾宇．刑法学（总论）［M］．北京：高等教育出版社，2019：178–180.

② 参见张明楷．刑法学（上）［M］．北京：法律出版社，2021：367–368.

③ 参见付立庆．刑法总论［M］．北京：法律出版社，2020：213–218.

④ 参见黎宏．刑法学总论［M］．北京：法律出版社，2016：201–203.

⑤ 参见周光权．刑法总论［M］．北京：中国人民大学出版社，2016：172–174.

肇事罪。如果醉酒后驾驶机动车高速通过人流较密的闹市区致人死亡的，此刻醉酒行为已经提升了风险发生可能性，行为人的注意能力和驾控能力明显下降，通过人流较密的闹市区，导致结果发生的盖然性极大提高，行为人又伴随高速驾驶行为，可以考虑认定其主观上对结果的发生持放任的态度。

（二）过失与无罪过

无罪过事件包括意外事件和不可抗力。无罪过事件与过失的区别要点是，意外事件与疏忽大意的区别、不可抗力与过于自信的过失的区别。

意外事件与疏忽大意的过失有相同之处，表现为客观结果发生了，但行为人没有预见到该结果。它们的区别是：在意外事件的场合，行为人不能够预见结果；而在过失的场合，行为人能够也应当预见到结果，只是因为主观上的疏忽大意而没有预见。

不可抗力与过于自信的过失的相同之处，表现为客观结果发生了，而且行为人已经预见到该结果。它们的区别是：在不可抗力的场合，行为人不可能采取措施避免结果发生，或者虽然采取措施也不可能避免结果发生；而在过失的场合，行为人本可以采取有效措施避免结果发生。

第四节 犯罪目的和动机

一、犯罪目的

犯罪目的，是行为人通过实行犯罪所希望达到的结果。我们可以说犯罪目的的内容是犯罪的结果，但是不能将目的和结果等同起来。

在我国刑法中，犯罪目的表现在以下两方面：第一，直接故意中的意志因素，即行为人对于自己的行为直接造成危害结果的希望，如直接故意杀人，行为人明知自己的行为会造成他人死亡的结果，并且希望他人死亡。希望他人死亡，就是行为人的目的。第二，在直接故意犯罪中，行为人通过实现行为的直接危害结果，而进一步追求的某种非法利益或结果，如刑法分则中所规定的非法占有目的、牟利的目的、营利的目的等。

在故意犯罪中，有些犯罪要求以一定的目的为构成要素，有些犯罪则不要求犯罪目的为构成要素，但一定的犯罪目的可作为量刑时裁量的因素。以犯罪目的为构成要素的犯罪，理论上称为目的犯。目的犯中对于目的的要求，一般通过明示的方式规定下来，但也有一部分并没有明确的规定，而是采取默示的方式加以规定。根据一般的认识，一定的犯罪目的是其中的必要内容。

在刑法中，以明示方式规定犯罪目的主要包括以非法销售为目的、以牟利或传播为目的、以谋取不正当利益为目的、以牟利为目的、以非法占有为目的、以营利为目的、以勒索财物为目的、以出卖为目的、以意图使他人受刑事追究为目的、以意图泄私报复或其他个人目的等。

在现行刑法中，不明文规定目的，但依然强调目的要素的罪名也不少，如取得型侵犯财产罪，包括盗窃罪、抢劫罪、抢夺罪、诈骗罪等均属之。对于法律没有明文规定犯罪目的的目的犯的成立，要根据法律设定的社会背景和时代要求进行把握，尤其在侦查阶段，要对犯罪目的进行取证证明。

二、犯罪动机

犯罪动机，是促使犯罪人实施犯罪行为以达到一定目的的内心冲动或者内心起因。犯罪动机源于一定的生理或者心理的需要。在犯罪活动中，犯罪的动机具有导向性和促进性。导向性表明犯罪动机可以确定行为人达到目的的方式和途径，而促进性表明犯罪动机在不断强化或者弱化犯罪心理态度的活动过程。

在刑法中，犯罪动机通常不是构成犯罪的必要条件，但是在评价行为人的人身危险性时，犯罪动机是一个重要的因素。在犯罪活动中，不同的犯罪动机可以形成相同的犯罪，如故意杀人，有的出于报复的动机，有的出于义愤的动机，有的是图财，有的是为灭口，等等。这些不同的因素可以表现行为人的主观恶性，所以，在量刑时，犯罪动机是重要的因素。

三、犯罪动机与犯罪目的的联系

犯罪动机与犯罪目的的关系密切，二者都是犯罪人在实施犯罪的过程中存在的主观心理活动，它们的形成和作用都能反映行为人的主观恶性程度及行为的社会危害性程度。其中，犯罪目的以犯罪动机为前提和基础，犯罪目的源于犯罪动机，犯罪动机促使犯罪目的的形成。

但是在刑法中，它们也有不一致的地方。首先，在心理活动的层面上，二者产生的时间不同，犯罪动机产生在前，犯罪目的产生在后；二者的内容不同，犯罪动机揭示的是行为人为什么实施犯罪行为，犯罪目的表明的是行为人实施犯罪行为所希望发生的结果是什么。二者并不必然对称，在同一动机下可能形成不同的目的，一个目的也可能形成不同的动机。其次，在刑法中，犯罪目的是评价犯罪成立的一个选择性要素，有些犯罪的成立必须以犯罪目的为条件。而犯罪动机通常不是犯罪成立的要素，只在量刑时发挥作用。

第五节　刑法中的认识错误

一、刑法中的认识错误概述

认识错误，是行为人的认识与实际情况不一致的情形。刑法中的认识错误，是行为人关于自己行为的法律性质和事实情形的认识错误。认识错误影响行为人的意志取向，在刑法中，对于定罪和量刑都具有决定性的意义。

根据错误的不同内容，刑法中的认识错误一般分为：法律认识错误和事实认识错误。另外，在日本刑法中，还将事实错误进一步分为具体的事实错误和抽象的事实错误。笔者认为，将事实错误作具体和抽象之分的意义并不大，法、意、英、美等国的刑法分类也足以反映这一点，根据我国刑法理论的特征，更是如此。

二、法律认识错误

法律认识错误，是指行为人对于自己的行为在法律上是否构成犯罪，构成何种犯罪以及在法律上应当受到什么样的处罚存在不正确的认识。法律认识错误分为三种情况。

（一）假想犯罪

假想犯罪，即行为在法律上并不构成犯罪，但行为人误认为构成犯罪。例如，误认为小偷小摸构成盗窃罪，误认为通奸行为构成重婚罪，误认为致加害人死亡的正当防卫构成故意杀人罪，等等。尽管行为人在主观上有犯罪的意识，但由于其行为不具有构成犯罪的社会危害性，因此不能将行为人的行为定为犯罪。

（二）假想非罪

假想非罪，即行为在法律上构成犯罪，但行为人误认为不构成犯罪。例如，误认为贩卖国家保护的珍贵动物制品是合法的买卖行为，或者误认为父母有权利殴打自己的子女等。根据“不知法不赦”的原则，对于假想非罪的行为一般要根据行为人的行为事实和对行为事实的认识进行处理。但是，如果行为人的确有充分理由表明自己不可能知道其行为构成犯罪，就不宜要求其承担刑事责任。在刑法理论中，假想非罪较为复杂，它主要和行为人的违法性认识及其可能性有关。这个问题将在刑事责任论部分讨论。

（三）此罪（刑）与彼罪（刑）的错误

此罪（刑）与彼罪（刑）的错误，即行为人对行为在法律上应当成立的罪名、判处的刑罚的不正确认识，通常存在以下情形：误认重罪为轻罪，或者误认轻罪为重罪；误认重刑罚为轻刑罚，或者误认轻刑罚为重刑罚。例如，行为构成贪污罪而误认为构成职务侵占罪，或者构成职务侵占罪而误认为构成贪污罪；或者应当判处无期徒刑以下刑罚而认为应判处死刑，或者应当判处死刑但误认为应判处无期徒刑；等等。在这种情形中，由于行为人具有违法性认识，所以，行为人的错误认识不影响定罪量刑。

三、事实认识错误

事实认识错误，是行为人关于自己行为的事实情形的错误认识。事实认识决定行为人的行为是否构成犯罪、构成何种犯罪以及刑事责任的大小。由于行为的事实因素比较复杂，因此，事实认识错误的类型也比较多，以下依次介绍。

（一）客体错误

客体错误，即行为人意图侵犯一种客体，而实际上侵犯的是另一客体。例如，甲见到两个人正在拽住自己的朋友乙，以为三人正在斗殴，于是上前帮忙，将其中一个人打成轻伤，而后甲、乙逃跑。事实上乙当时是为了抗拒两名警察对他的逮捕。在这样的案件中，甲意图侵害他人身体健康，但是实际上妨害了国家机关工作人员执行正常的公务活动。对于这样的认识错误，应当按照行为人意图侵犯的客体定罪。

（二）对象错误

对象错误也称为目标错误，是指行为人对侵害的人或物产生错误认识，以致现实被侵害的不是意图侵害的对象。对象错误根据不同情况可分为四种不同类型。

1. 不同类犯罪对象错误

即误将甲犯罪对象当作乙犯罪对象侵害，而甲、乙对象体现出不同的社会关系。例如，欲捕杀珍贵动物金丝猴，却误将一小孩当作金丝猴而射杀。因行为人意图实施对珍贵动物的犯罪，因此对造成人的死亡没有故意，而是过失。在这个案件中，行为人意图的行为未遂，针对实现的结果，则要考虑是成立过失犯罪还是意外事件，如果是过失犯罪，要根据想象竞合犯处理。

2. 同种类犯罪对象错误

即误将甲对象当作乙对象，而甲、乙体现出相同的社会关系。如行为人误将A当作B而杀害，在这种情况下，行为人的罪过内容并无差别，应以故意犯罪的既遂形态追究刑事责任。

3. 误将犯罪对象当作非犯罪对象而实施了侵害行为

例如，行为人狩猎时，误将他人当作兽射击致重伤。在这种情况下，由于行为人没有杀人的故意，故不能以故意犯罪论处。如其主观上有过失，可构成过失犯罪；如行为人无过失，则应根据意外事件处理。

4. 误将非犯罪对象当作犯罪对象加以侵害，或者犯罪对象不存在而误以为存在而实施犯罪行为

例如，甲意欲杀乙，却误将乙饲养的动物杀死，甲意图侵害的是人，实际侵害的是财产。由于过失造成财产损失并不构成犯罪，因而，只能以甲意图实行的故意犯罪的未遂形态追究其刑事责任。

在实践中，要区分对象错误和打击错误。所谓打击错误，是指行为人故意侵害某一特定对象时，由于受客观条件的限制，行为发生偏离，侵害了另一对象。甲意图伤害乙，抡起铁锹照乙横扫过去，乙躲闪开，铁锹打在旁人丙身上造成重伤。对此如何处理，在理论上有争议。[①]有人认为，关于对象的认识错误不阻却故意，但打击错误阻却故意。[②]据此，甲应当根据想象竞合犯的处断原则，从故意伤害罪（未遂）和过失致人重伤罪中择一重罪论处。有人认为，两者都不阻却故意。据此，甲的行为构成故意伤害既遂。本书认为，打击错误和对象错误的确不同，就受害者而言，打击错误是基于过失，对象错误是基于故意，但就最终后果而言，行为人都存在过失，所以采取具体符合说并不利于实现犯罪预防。不过，当打击错误的对象属于同种类时，不阻却故意；当打击错误的对象属于不同种类时，阻却故意。

（三）工具错误

工具错误是指行为人选择的犯罪工具、手段按照其客观性质或当时的具体情况，无论如何都不能发生危害结果，而行为人误认为能够发生危害结果的情形。如以为白糖是砒霜而投放在他人的食物中，这种情形属于不能犯，应按照犯罪未遂论处。与之相反，行为人的行为手段和方式可能导致结果而行为人没有认识到或者不可能认识到的，要根据犯罪过失或者意外事件处理。另外，如果选择根本没有科学依据的迷信方法实行犯罪行为，由于这种行为完全不具备社会危害性，理论上当作“迷信犯”，不以犯罪论处。

（四）行为性质的认识错误

行为性质的认识错误，是指行为人对自己行为的实际性质发生错误认识。比如，把不存在的不法侵害行为误认为“正在进行的不法侵害”而实行“假想防卫”，把不存在的危险事实误认为“危险正在发生”而实施“假想避险”。在该种情况下，行为人主观上不具有犯罪的故意，如有过失的，要以过失犯罪论处；

---

① 参见童德华.外国刑法学导论［M］.北京：中国法制出版社，2024：191-192.

② 参见谢望原，张宝.论打击错误及其理论选择［J］.现代法学，2015，37（5）.

如果行为人不可能有正确认识的，则作为意外事件论处。行为性质的认识错误和法律认识错误有时候不容易区分。法律认识错误是关于行为规范一般性的理解错误，行为性质的认识错误则是关于本人行为具体性质的错误。例如误认为父母有权殴打自己的子女，是一般的理解，不涉及具体事实，就是法律认识错误；例如，行为人明知父母殴打自己的子女违法，但认为自己在具体场合殴打子女的行为不违法，这属于行为性质的认识错误。

（五）因果关系的错误

因果关系的错误，是指行为人对自己行为与危害结果之间的因果关系的错误认识。因果关系的错误大致有四种情况。

第一，行为人误认为自己的行为已经产生了预期的犯罪结果，事实上并没有发生这种结果。如甲意图杀乙，用棍棒击打乙头部，乙昏倒，甲以为乙死亡而离开，乙后来获救。在这种情况下，甲的行为依旧构成故意杀人罪，但属于犯罪未遂。

第二，行为人所追求的结果事实上是由于其他原因造成的，而行为人误认为是自己的行为造成的。如甲意图杀乙，用棍棒击打乙头部，乙倒地死亡，甲随即离开。鉴定发现，乙是因为心脏病急发死亡的。或者甲意图杀乙，用棍棒击打乙头部，乙昏倒，甲以为乙死亡而离开。后来丙路过，将乙勒死并拿走其财物。由于甲的行为并没有产生死亡结果，因此，他不对死亡结果负责，只承担杀人未遂的责任。

第三，行为人的行为没有按照他预想的方向发展及其预想的目的停止，而是发生了行为人所预见、追求的目标之外的结果。如甲持刀伤害乙，不料刀刺在乙大腿内侧的动脉血管上，乙流血过多而死亡。在这种情况下，由于甲没有杀人的意思，所以其行为不是故意杀人罪，但持刀伤人致死的情况在现实生活中并不少见，所以他对死亡结果有过失，要承担故意伤害致人死亡的责任。

第四，行为人先后实行了两个行为，结果是由后行为造成的，但行为人误认为是前行为造成的。如甲意图杀乙，用棍棒击打乙头部，乙昏倒，甲以为乙死亡，为了避免发现，就将乙推下水库，结果乙溺死。在这种情况下，虽然甲的前行为在犯罪构成上是未遂，后行为属于过失，但是要整体评价行为人的行为，即将行为人先后行为整体作为一个行为，那么甲对乙的死亡要承担既遂的刑事责任。

第六节　无罪过事件与无过错责任

一、无罪过事件

《刑法》第16条规定：“行为在客观上虽然造成了损害结果，但是不是出于故意或者过失，而是由于不能抗拒或者不能预见的原因所引起的，不是犯罪。”这就是我国刑法通说中所谓的意外事件。但根据《刑法》第16条规定，包括两种情形：意外事件和不可抗力。所以，本书认为将其概括为无罪过事件比较妥当。

（一）意外事件

意外事件，是指行为虽然在客观上造成了损害结果，但是在主观上行为人不可能预见到这一结果的情形。确认意外事件必须具备以下三个条件：一是行为人的行为客观上造成了损害结果。如果客观结果不是行为人的行为造成的，就无意外事件可言。二是行为人在主观上既无犯罪故意，也无犯罪过失。三是行为人不可能预见到结果可能发生。如果行为人具有预见结果发生的可能性，就不能认为结果是意外发生的。如在进行外科手术时，病人由于咳嗽导致“血喷”而死亡，其原因是病人及其家属隐瞒了病人感冒的事实。如果通过常规手段也无法检验到感冒，那么就属于不可预见的事件。在意外事件的情况下，由于行为人既无犯罪故意，也没有犯罪过失，所以行为人的行为欠缺犯罪必要的心理态度。根据主客观统一的要求，无论客观损害多么严重，也不构成犯罪。意外事件与疏忽大意的过失很相似，两者都对危害结果的发生没有预见，但它们的区别在于：疏忽大意的过失是行为人对危害结果应当预见，能够预见；而意外事件中行为人未预见是因为根据当时的条件根本不可能预见到结果，从而没有预见。

（二）不可抗力

不可抗力，是指由于客观上存在外在力量的限制，使得行为人在具有危害结果认识可能性的时候，无法采取有效方法避免结果发生的情形。确认不可抗力必须具备三个条件：一是客观上发生了损害结果；二是行为人在主观上不具备犯罪所必要的意志因素；三是行为人无法采取避免结果发生的措施。如司机在山区驾驶的时候，刹车器突然坏了，司机竭力避免车毁人亡，结果车子撞在山沿边，使数名乘客受重伤，二人在送医途中死亡。在这种情况下，虽然司机认识到危害结果的严重性，但是结果的发生难以避免，所以司机不承担刑事责任。

二、无过错责任

在刑法中，应当区别无过错事件和无过错责任的概念。根据主客观相统一原则，行为人的行为构成犯罪，必须具有一定的心理事实。但是，在英美刑法中存在不强调行为人心理事实的无过错责任制度。无过错责任制度包括严格责任和代理责任两种类型。我国刑法学现在比较重视对严格责任的研究，而对代理责任的研究不多。[①]

（一）严格责任

严格责任（strict liability），是指只需要有一个或者多个行为要件而不需要心理事实的刑事犯罪责任。一般认为，刑法上的严格责任是在普林斯案中［R vs.Prince（1875）］创立的。

英美法系的法律渊源有普通法与制定法之分，因此，严格责任可分为普通法上的严格责任和制定法上的严格责任。在普通法中，犯罪行为的成立需要证明有犯罪意图，这是一般原则，但对于公害罪、刑事诽谤罪、蔑视法庭罪等适用严格责任进行处罚。严格责任更多出现于制定法中。自19世纪以来，由于经济发展正值兴盛时期，大工业的发展、先进技术的运用带来了负面的影响，产生了工业灾害、环境污染等社会问题。为解决立法的混乱与执行的困难，法庭在许多案件中取消了对犯罪意图的要求，而制定法本身也不明确要求证明犯罪意图。

理论上对是否应承认严格责任有不同看法：第一，肯定论认为，适用严格责任的行为通常发生在一些具有高度危险的行业，这与公共福祉密切相关。从保护

① 参见童德华．外国刑法原论［M］．北京：北京大学出版社，2005：198–202.

公共利益的角度出发，采用严格责任是预防犯罪的实际需要，而且可以有效地节约司法资源，发挥刑法对犯罪的最大打击力度。同时，严格责任犯罪受到的刑罚主要是罚金，亦有少数短期监禁，所以，保护公共利益的强烈要求与轻缓刑罚相结合，使严格责任的存在具有较大的合理性。第二，否定论认为，严格责任有客观归罪之嫌，适用严格责任很容易超过制止公共福利犯罪的界限，使不具有可责性的无辜者被定罪，削弱刑法本身的人性基础。同时，无证据表明非刑事方法的处理效果不及刑法上的严格责任。第三，折中论认为，现代刑法对严格责任进行了某些限制，比如确定了严格责任中的举证责任倒置，在被告人不能证明自己没有过错的情况下，法律就认为他存在主观可责性。这样一来，严格责任和责任主义并不矛盾。

实践表明，严格责任制度的确有存在价值，否定严格责任制度不符合社会的现实需求，但绝对意义上的严格责任也不符合刑法的基本原则。因此，如果我国借鉴严格责任制度，要在宪法框架下确定其适用的范围以及适用条件。

（二）代理责任

所谓代理责任（vicarious liability），即被告对他人的行为和精神状态，而不是自己的作为或不作为承担责任。

通常而言，一个人对他人的行为负责在民法中是很普遍的现状，即民事代理责任。后来民事代理责任的概念及其某种意义渗透到了刑事法律领域，在刑法中出现了一个人对他人的行为或精神状态承担刑事责任的例外规定。

代理责任与严格责任是两种不同的归罪方式。严格责任出现的场合是：只要能证明被告的行为触犯了制定法的禁令，并且被告难以表明他已在最大限度内履行了注意义务，以防止发生该行为，就可以判定他有罪。而代理责任的场合是：被告的刑事责任是基于他人的行为，通常是雇员的。有时，被告承担责任的范围扩展到实行犯故意不遵守雇主的命令这一场合。

关于是否应当承认刑事代理责任制度，也有不同意见。刑事代理责任远不及民事代理责任制度古老，它在19世纪末仍遭受着法官们的反对，其理由是：除了对于个体的明显不公正外，对不该受责难的人适用该制度，无疑在制造罪犯。但今天更多学者赞成刑事代理责任制度，其理由是：历史上有适用代理制度的传统，在国际法中也存在一种视个人为国家代表的理论，而且团体责任理论较系统地支持了刑事责任理论。从实践效果看，刑事代理责任制度能有效发挥阻止或威慑犯罪的作用，且其处罚对象通常有某些可罚性，其适用范围和方法也受到严格的限制。

可见，无论是严格责任还是代理责任，都并非认为行为人在行为时没有过错，而是基于功利主义的要求，推定行为人在该场合有过错。但为了减少证明的困难，立法时不要求证明行为人有主观过错，而将证明责任转嫁给行为人。笔者认为，刑事代理责任制度值得重视，其一，它对于解决单位犯罪中的连带责任问题有理论价值；其二，它具有发挥刑法的社会防卫功能的效果；其三，它在国际刑法中也是一个得到了认可的制度。所以对于刑事代理责任也有研究的必要。

第八章

客观要件

第一节　客观要件概述

一、客观要件的概念和特征

客观要件，是指刑法所规定的、说明行为对刑法所保护的社会关系造成侵害的客观事实内容。犯罪的客观要件是构成犯罪所必须具备的要件。在刑法中，犯罪的客观要件具有以下特征。

（一）以客观事实为内容

一般来说，人的具体活动是其主观心理活动的外化，即一个人的活动可分为两个层次，一是主观方面的心理活动，即主观上的有意识、有意志的活动。在犯罪活动中，行为人一般首先要产生某种犯罪的念头，进而形成比较明确的犯罪目的，然后设想通过什么样的方式来实现其目的，并做出是否实行犯罪的决定。如甲贪图享受，见乙家里比较富裕，就产生杀乙图财的念头，并决定采用投毒的方式杀害乙。这就是主观的心理活动。二是将主观心理活动外化为危害社会的行为，即表现为特定的犯罪行为或者行为后果。如上例，行为人决意杀人后，购买毒物、投放毒物以及投毒导致被害人死亡等。犯罪侵犯的客体，本来也是犯罪客观方面的一部分，但由于我国犯罪构成理论已经将犯罪客体作为犯罪构成的独立要件，因此，在理论上，犯罪客体就是独立于犯罪客观方面的事实要件。

（二）具有刑法规定性

犯罪行为总是存在于特定的时间和空间场合，而行为的实施方式多种多样，如杀人可以投放毒物，也可以用刀砍，还可以用绳索勒人，等等。对此，刑法不能一一列举，所以刑法分则中的犯罪行为往往是特定类型的行为的抽象，如关于故意杀人罪，刑法很简洁地规定："故意杀人的……"至于具体的时间、场所等因素，则未必是这种犯罪成立的必要要素。可以认为，刑法没有规定的客观因素并不是犯罪客观方面的内容，即犯罪客观方面的内容一般应在刑法分则条文中得到明确体现。

（三）说明犯罪客体遭受侵害的事实特征

就刑法规定犯罪的意义而言，在形式上必须是由刑法分则条文体现的客观事实特征。如何从实质上选择，在每一个具体的犯罪构成中，犯罪客观方面同犯罪客体密切联系，是说明侵犯具体客体的行为的社会危害性质及其程度的诸客观事实。犯罪构成的各要件，是在综合之下说明社会危害性及其程度达到犯罪的程度。因此，犯罪的客观方面就是从犯罪的外在特征上说明在什么条件下，通过什么样的行为使犯罪客体受到侵害，因而表现出犯罪客观方面与犯罪客体的密切联系。如果客观的各事实特征不能说明对犯罪客体的侵害，这样的事实特征也就不属于犯罪构成客观方面的内容。当然，这样的事实特征是具体的，而不是抽象的。这些具体的犯罪要件以是否必须为各种具体犯罪所具备为标准而制定，规定在每一个具体犯罪的构成之中。

（四）其是确认犯罪的必要客观因素

犯罪的构成，以行为人的客观表现为核心要素，具体体现在刑法分则的规定中，正确揭示了犯罪客体所遭受的损害。而行为的表现形式很复杂，从实质上看，只有对揭示犯罪客体所遭受的损害具有显著意义的事实特征，才值得为刑法所确定。所以，犯罪的客观特征又是确认犯罪的必要客观因素。当然，犯罪的客观特征不仅决定了犯罪的成立，也影响量刑。

（五）以危害行为为犯罪构成的核心要素

在犯罪的基本点上，向来有行为与行为人之争。在调整对象上，前者认为刑法侧重行为的客观表现，后者认为刑法侧重行为人的主观危险性。但是为了正确掌握刑法的尺度和适用标准，目前应该采取行为中心说，即以危害行为作为犯罪构成的核心要素。这要求，在构成要件中，正确确定危害行为的地位，以危害行为的现实表现为基础，认识行为的社会危害性，分析行为人的人身危险性。

二、客观要件的分类

犯罪客观要件，也称为犯罪客观方面的要件，它是刑法分则中各种具体犯罪所必须具备的客观事实特征的总和。

在犯罪的客观过程中，首先表现出一定的危害行为，行为要针对一定的对象，反映出一定的特性，表现出犯罪客体遭受损害的程度，而且行为往往发生在一定时间和一定空间范围内。根据刑法分则的具体规定，危害行为是所有犯罪必须具备的客观要件，危害结果是大多数犯罪所要求的客观要件，而特定的时间、特定的地点和特定的方法或手段，是一些犯罪成立所要求具备的客观要件。根据刑法分则对各种客观要件的不同要求，我们可以将犯罪客观要件分为必要的客观要件和选择的客观要件。

（一）必要的客观要件

必要的客观要件，是指每一个具体犯罪都必须具备的客观内容。在刑法中，危害行为是必要的客观要件，这是没有争议的。但危害结果是不是必要的客观要件，理论上由于对结果的认识不同，存在分歧。有的观点认为，每一个犯罪都有结果，所以危害结果是必要的客观要件；但是传统观点认为，并非每一个犯罪的成立都要求结果，如行为犯和举动犯，所以，危害结果是选择的客观要件。本书认为，根据刑法分则的具体规定，有些犯罪不以危害结果为构成要件，因此，传统的观点是正确的，危害结果只是选择的客观要件。

（二）选择的客观要件

选择的客观要件，是指并非为每一个具体犯罪所具备、但为部分具体犯罪所要求的客观要件，如危害结果、特定的手段、特定的时间和特定的地点等。需要指出的是，选择的客观要件不是可有可无的要件，在决定某些具体犯罪是否成立的时候，它是不可少的。

三、客观要件的意义

犯罪的客观要件，是犯罪构成的核心要件，是正确认识犯罪的基础，它具有定罪和量刑两方面的意义。

（一）定罪意义

1. 区分罪与非罪

行为是不是构成犯罪，必须考察行为的客观现实表现和行为人的主观状态。行为的客观现实表现，在很大程度上是由客观构成要件所决定的。如果不具备犯罪客观的特征，就不能认为行为是犯罪。如行为人初次盗窃，数额较小，由于不符合盗窃罪所要求的客观特征，就只能作为盗窃行为，根据治安管理处罚条例处罚。再如行为人实施合法的行为将罪犯枪毙，由于行为不具备危害性，因此不构成犯罪。

2. 区分此罪与彼罪

行为人基于同样的犯罪心理，由于实施行为的客观表现不同，构成的犯罪也不同。如同样以非法占有为目的，秘密窃取财物和公然夺取财物，分别构成盗窃罪和抢夺罪。

3. 区分基本形态的犯罪和修正形态的犯罪

行为人基于特定的犯罪心理实施特定的行为，一般构成特定犯罪。但是，行为人在实施犯罪的时候，由于客观表现程度不同，其犯罪接近完成的阶段有所区别，行为的后果也不一样，此时，给予行为人的评价也不相同，从而在刑法中，有犯罪的基本形态和修正形态之分。

（二）量刑意义

犯罪的客观要件，不仅决定危害行为是否构成犯罪，构成何种犯罪，构成何种形态的犯罪，而且对于量刑也具有决定作用。就不同犯罪而言，由于犯罪反映出不同的社会危害性和人身危险性，所以立法时确定的刑罚种类和刑罚幅度不同；就同种犯罪而言，由于客观方面所表现的程度不同，刑法立法规定不同的量刑情节。此外，司法机关在裁量决定刑罚时，也要参考犯罪的客观表现。

（三）犯罪心理的表征

犯罪的活动，分为心理活动和客观外在活动两部分。其中，犯罪的主观方面支配犯罪的客观方面，但是，犯罪的主观方面只有通过犯罪的客观方面才能表现出来。反过来说，我们可以通过行为的客观表现，揭示行为人的内心活动，正确认识行为人的罪过、犯罪目的和犯罪动机等，从而为全面、正确认识犯罪，提供可靠的客观基础。正因如此，我国司法机关结合了大量实践经验，明确通过一些有共性的客观行为表现，推定行为人有特殊犯罪目的。

第二节　危害行为

一、危害行为概述

犯罪首先是人的一种危害行为，而社会危害性是从行为的客观现实影响中表现出来的。没有危害社会的行为，或者仅有危害社会的思想活动但没有以行为方式表现出来，不可能产生对社会的危害，在现代社会就不能认为是犯罪。因此，危害行为是每一个具体犯罪构成的基础，在犯罪论中居于核心的地位。

（一）行为学说

“无行为则无犯罪亦无刑罚”，这句格言揭示了行为在刑法构造中的基础地位。但是，必须将刑法中的行为和危害行为区别开。刑法中的行为可分为犯罪行为与非犯罪行为（如正当防卫行为），如果把犯罪行为等同于刑法中的行为，就无法对我国刑法中规定的各种行为做出合理的解释。但究竟什么是行为，在理论上有不同的学说，主要包括以下四种。①

① 参见马克昌.比较刑法原理［M］.武汉：武汉大学出版社，2002：164-171.

1. 自然行为论

该理论认为行为是行为人具有某种意欲（有意性），为实现这种意欲而发动其身体的运动，并由于其身体的运动（有体性）而使外界发生变化。由于自然行为说不能解释“不作为”，为了弥补其不足，有学者主张，意思不单是促成运动神经的物理原因，而且是客观的身体举动的原因。所以只要认识并希望身体的动或静，基于这种意思活动而为的身体动静就是行为。

2. 目的行为论

该理论认为行为是行为者基于已知的知识，预见能认识的结果，并以之为目标，选择为了达到该目标所必需的手段，使之向着预定目的的方向进行，从而指导和支配动作样态，以期实现结果。

3. 人格行为论

这种观点认为行为是在人格和环境的相互作用中，根据行为人的主观的态度而形成的，并且必须将主观的人格现实化。身体的动静，须与主体的人格态度相结合，并且必须是行为人的主观现实化时，才能被理解为行为。

4. 社会行为论

这种理论重视行为的社会价值，认为人在社会环境中有不同的举动，但是只有它本身有意义并对社会也有意义，才被法律认为是行为。

以上学说，自然行为的概念无法说明不作为的行为性；目的行为概念既不能合理解释不作为，也不能解释过失行为；人格的行为论虽然在今天有一定影响，但人格具有多重含义，和目的行为之间的区别不明显，而且人格概念不能说明无意识举动的行为性和对精神病患者采取保安处分的理由；社会行为概念虽然有规范评价的效果，却过于抽象。但是，自然行为概念揭示了行为的物理意义，目的行为概念反映了行为中必不可少的意向性因素，人格行为概念有利于体现行为人对规范的态度，社会行为概念有助于说明行为的意义。不过人格是外来词汇，关于人格，我国学者至少发现了50种定义，这说明人格内容的丰富性和复杂性，而且在心理学中还没有一个普遍认同的人格定义。①结合这些因素，本书认为，刑法

① 参见翟中东．刑法中的人格问题研究［M］．北京：中国法制出版社，2003：2；王太宁．人格与犯罪［M］．北京：中国政法大学出版社，2016：4–5.

中的行为是行为人在本人意识支配下实施的身体举动，该身体举动能够对社会造成实际影响，而且能够表明其对法律规范的态度，所以具有社会评价意义。

（二）危害行为的含义

刑法理论通说认为，危害行为是指人在意志的支配下实施的危害社会的身体动静。这一概念反映出危害行为具有以下三个基本特征。

1.有体性

危害行为是人的身体活动表现出的动静。人的身体活动，既可以表现为积极的动作，也可以表现为相对的静止，即它可以通过作为的方式实行，也可以通过不作为的方式实行。人的身体活动，除了躯干和四肢运动之外，还包括头部和头部器官的运动，如摇头晃脑、以目示意、言语伤人，等等。强调危害行为的有体性，是为了坚决贯彻“对思想不得为非”的做法，即反对“思想犯罪”。有观点认为，“言论可以构成犯罪”，这种提法并不严谨。①但在一般语境下，“言论”与发表言论的意思别无二致。发表言论是人的思想的外在表述，本来就和人的四肢动作不同，一般不认为是行为，而且言论自由是我国宪法赋予公民的基本权利之一。但是，公民在行使言论自由权时，不得损害国家的、社会的利益和其他公民的合法权利和自由，否则，应当承担法律责任。因为发表言论有时不仅是思想流露，也是可以伴随人的身体的其他动作外化为行为的一种表现形式，对社会或他人造成一定的损害，如煽动分裂国家，诬告陷害、作伪证、侮辱、诽谤等言论，所以刑法将严重危害社会的言论也作为犯罪行为。发表言论不需要发出声音，如现在有一种“读口术”，运用这种技术，根本不需要用耳朵听讲话的内容，只要注意他人说话时嘴唇的动作，就可以知道其中表达的意思。利用这种技术，行为人也可以实施犯罪行为。

2.意向性

意向性也可以说是有意性，即危害行为是受行为人意识支配的行为。如何理解行为的有意性，在理论上有分歧。有观点认为危害行为在主观上是基于行为人

---

① 参见张明楷. 刑法学（上）[M]. 北京：法律出版社，2021：183-186；林亚刚. 刑法学教义（总论）[M]. 北京：北京大学出版社，2017：100；贾宇. 刑法学（总论）[M]. 北京：高等教育出版社，2019：110.

的意志或者意识支配下的身体动静；[①]有观点认为不应考虑行为的有意性，因为其没有现实意义。[②]本书认为，有意性主要是为了区别人的行为、动物侵害和自然现象，因此有意性应考察的是行为背后的意向性。进一步说，犯罪作为一种危害行为，体现了社会危害性和人身危险性的统一，也应当反映行为人的主观心理态度，只有在人的意志支配下实施的行为，才具有刑法进行调整的价值。一般来说，人的行为都受到自己的有意识或者无意识的支配。为了支配自己的行为，人首先要对客观外部世界有所认识，然后根据自己的认识形成决定行为的意志，进而在意识的支配下选择是否行动以及实施行为的方式、方法。但是有时人的行动不受自己意识的支配，如梦游者对于自己的梦游行为完全不知道，在梦游时可能实施杀人的行为；或者行为人对自己行为的内容有所了解，但是却不能支配身体做出合规举动，如列车扳道工被别人绑住了身体，在应当扳道的时候不能扳道的情形。这些举止在客观上都具有一定的社会危害性，但由于不能反映行为人主观的心理态度，所以不能作为危害行为。人的无意向的行为主要包括四类：（1）人在睡梦中的行为；（2）人在精神错乱下的行为；（3）人在不可抗力影响下的行为；（4）人在身体受到强制时的行为。

3.有害性

人的行为必须给社会造成一定的危害。危害行为也要体现社会危害性与人身危险性的统一。如果行为人具有实施危害社会的行为的意图，但是，它的行为没有产生危害社会的后果，甚至不足以产生危害后果，这一行为就不具有社会危害性，也不能当作危害行为。当然，社会危害性的判断标准很多，如国家的民族文化传统、社会政治、经济现状等，都对认定行为是否具有社会危害性具有决定意义。首先，在不同地方，人们对于行为的社会价值的评价是不同的。在不同的国家是这样，即使在一个国家内部，也可能存在这种现象。如我国《刑法》第90条

---

① 参见高铭暄，马克昌．刑法学［M］．北京：北京大学出版社，高等教育出版社，2019：60；林亚刚．刑法学教义（总论）［M］．北京：北京大学出版社，2017：100-101；贾宇．刑法学（总论）［M］．北京：高等教育出版社，2019：109-111.

② 参见张明楷．刑法学（上）［M］．北京：法律出版社，2021：183，186-187；黎宏．刑法学总论［M］．北京：法律出版社，2016：76-79；周光权．刑法总论［M］．北京：中国人民大学出版社，2016：102-103，105.

对于少数民族自治地方作出变通性的规定，就是充分考虑到我国是由多民族组成的，各民族具有自己的传统习俗，民族观念或者价值取向有所区别，对于特定行为是否具有社会危害性的判断不可能完全一致[①]。其次，一个国家的社会形势总是发展变化的，有些行为在过去不被认为有社会危害性，但现在被认为有社会危害性；有些行为过去被认为有社会危害性，但现在不被认为具有社会危害性。如关于淫秽物品的认识，在很大程度上取决于人们的性观念。当人们的性观念比较保守时，被认为是淫秽物品的范畴就比较大；反之，当人们的性观念比较开放时，被认为是淫秽物品的范畴就比较小。实践中，构成要件的行为通常都具有有害性，但是在少数情况下未必如此，特别是对于人在有意识支配之下实施的有体性行为，要根据构成要件的规范目的判断行为人的行为是否属于具有有害性的构成要件行为。例如，行为人在人行横道处停留，待前方出现绿灯通行信号后随即启动车辆，此时车辆速度接近10公里/小时，在通过人行横道9米的时候，行人突然从马路中间隔离带横穿马路撞到车辆上，造成重伤。在此情况下，应该认为行为人尽到了注意义务和预防义务，不应认为其实施了符合构成要件的交通肇事行为。

二、危害行为的表现形式

危害社会的行为在客观上可以有多种多样的表现形式，我们可以根据行为人实施行为时的主观罪过，将其分为故意行为和过失行为；也可根据危害行为是否属于具体犯罪构成的要件，将其分为实行行为和非实行行为；还可以根据行为违反规范的形式，将其分为作为和不作为。关于故意行为和过失行为、实行行为和非实行行为，本书将另外叙述，这里主要论述作为与不作为。

（一）作为

作为，是指行为人用积极的身体活动实施违反禁止性规范的危害行为。刑法中的作为，是指行为人违反了禁止性的刑法规范，即刑法禁止人们实施一定的行为，而行为人却积极地实行。我国刑法中规定的大多数犯罪，都可以由作为实施，其中

① 《刑法》第90条规定："民族自治地方不能全部适用本法规定的，可以由自治区或者省的人民代表大会根据当地民族的政治、经济、文化的特点和本法规定的基本原则，制定变通或者补充的规定，报请全国人民代表大会常务委员会批准施行。"

许多只能通过作为实施，如强奸罪、抢劫罪、抢夺罪、诬告陷害罪、诽谤罪、诈骗罪等。“作为”除了要具备危害行为的三个特征之外，还必须表现为身体的积极举动，身体静止不可能实施作为犯罪。

作为在实践中往往由一系列举动组成，如为了盗窃他人家里的财物，行为人要了解被害人的一般活动规律、习惯，了解周围环境，选择适当时机接近要盗窃的对象，然后着手实施盗窃，等等。在不同的阶段，行为人可以采取不同的方式。在司法实践中，作为的方式主要有以下几类。

1.利用自己身体的作为

这是最常见的作为方式。自己身体的作为，可以是自己的四肢活动，也可以是自己的五官活动。如对受害人大打出手，伤害其身体；口出秽言，侮辱其人格；涂改有关文件，扰乱国家管理；等等。无论身体任何部位的举动，只要符合上述作为的特点，就是作为的具体实施方式。

2.利用物质性工具的作为

行为人除了通过自己的身体直接向危害对象施加物理力或者精神影响之外，还可以借助物质性的工具产生影响。如用毒药致人死亡、用绳索绑人、用枪杀人等。再如用木棍打击一定物品，也可以使受害人的精神受到压制。随着科学技术的发展，利用网络进行犯罪更是体现了作为方式这种特性。

3.利用自然力的作为

自然力包括水、火、雷电、地震和山崩、海啸等自然现象。人类行为一般难以控制自然现象的发生或者发展，但是人们完全可以利用自然现象达到危害社会、危害他人的目的。如明明知道某地正处于强烈地震影响之中，而让不知情的人前往该地，意图让他人死亡的情形。由于利用自然力时，人们难以支配行为与意图结果之间的因果关系，所以一般不会发生现实的危害结果。但是，应该承认在这种情况下，行为人所追求的结果发生的概率增大，他的行为也并非和结果没有关系，其社会危害性是存在的，在特定条件下，完全可以构成犯罪。

4.利用动物的作为

自然力尚且可以利用，那么利用动物更是可能的，如训练恶犬伤害他人，利用毒蛇致人死亡，等等。

5.利用他人行为的作为

把他人当作工具加以利用也是可能的，如利用没有刑事责任能力的人的行为、利用没有达到刑事责任年龄的未成年人的行为、利用他人的过失行为、利用他人没有意识的行为以及利用被害人自身的行为，甚至还可以利用他人的犯罪行为实现自己的犯罪目的。

（二）不作为

1.不作为的概念

不作为是危害行为中与作为相对的另一种表现形式。所谓不作为，是指行为人具有实施某种行为的特定义务，能够履行而不履行的危害行为。关于作为与不作为的区分标准，有观点认为是危害行为的客观外在特征即身体的动、静状态；①还有观点认为，作为是使法益状态恶化的身体活动，不作为是不阻止，进而使处于危险中的法益状态进一步恶化。②一般认为，不作为和作为的区别不在于行为人的身体是动或是静，而在于行为人违反了什么样的规范：不作为违反的是命令规范；作为违反的是禁止规范。③本书认为，身体的动静状态是自然行为论的主张，不切实际。此外，任何犯罪都对法益具有侵害性，所以从法益状态方面只能从理论上区分作为和不作为。本书认为从行为所违反的规范的属性进行区分较为可行。

不作为也要具备危害行为的三个基本特征，此外，还有三个特殊的构成条件：

（1）行为人负有实施某种作为的特定义务，这是构成不作为的前提条件。构成不作为的特定义务，是行为人在特定的社会生活中基于某种特定的社会关系，而产生的必须积极实施某种行为的义务。行为人只有在负有特定义务的前提下，

---

① 参见贾宇.刑法学（总论）[M].北京：高等教育出版社，2019：112.

② 参见黎宏.刑法学总论[M].北京：法律出版社，2016：91.

③ 参见高铭暄，马克昌.刑法学[M].北京：北京大学出版社，高等教育出版社，2019：63；付立庆.刑法总论[M].北京：法律出版社，2020：131-132；周光权.刑法总论[M].北京：中国人民大学出版社，2016：106-107；林亚刚.刑法学教义（总论）[M].北京：北京大学出版社，2017：105-107.

才具有作为的规范可能性，否则就不是不作为的形式。

（2）行为人具有履行特定义务的能力。一般认为这是不作为成立的重要条件。我们认为，这是要求特定作为义务形成的实质性前提。如果行为人没有选择自己行为的自由，就不应当为后果承担责任，即行为人如果没有一定的能力条件，就不应承担一定的法律义务，其行为就不构成不作为。

（3）行为人没有履行作为的特定义务，这是构成不作为的现实条件。行为人只有在具有作为能力，而且也具有作为的义务却没有实施一定的作为的时候，才成立不作为。

2.作为义务的来源

行为人负有实施某种作为的特定义务，是构成不作为的前提条件。在不作为的犯罪中，一般先要判断行为人是否具有实施作为的特定义务。可以说，对于特定作为义务范围的理解，在很大程度上决定了成立不作为犯罪的范围，这就要求我们对于作为义务的根据，即作为的义务来源，设定明确的界限。但是，由于现实生活的复杂性，人们所承担的义务是十分纷繁复杂的，有些义务在法律上有明确的规定，但是有些没有规定。对于没有法律明确规定的义务，是否可以作为刑法中作为义务的来源呢？如果可以的话，哪些可以构成作为义务来源，哪些不能构成作为义务来源，这个问题在理论上是很不容易划分的。我国刑法理论通说认为，作为的义务来源于以下方面：

（1）法律明文规定的义务。法律中明确的作为的义务来源，主要是法律明文规定的义务。法律明文规定的义务，是指国家立法中被认可的强制性或者命令性的行为规范，它包括刑法规定的义务和其他法律规定的义务。其中，法律规定的义务，可以是刑法本身单独规定的义务，也可以是其他法律中规定的义务。其他法律包括宪法、行政法、民法、诉讼法等狭义法律和行政法规、条例、规章等广义法律。如关于夫妻之间互相扶养的义务，不仅为宪法所规定，还为婚姻法所规定，在刑法中也是作为的义务。需要指出的是，其他法律明文规定的作为义务，如果只是为这些法律所规定，而在刑法中并没有得到规定，则还不能成为刑法中作为的义务来源，即只有它在刑法中得到确定，才能成为刑法中作为的义务来源。如刑法中没有规定家长对子女应当承担九年义务教育的义务，所以在家长不履行该义务的时候，不能认为家长的行为是刑法中的不作为。

（2）职务或者业务所要求的义务。由于职务或者业务活动的范围极为广泛，一般不可能在法律中明文规定对有关人员的要求，但是，这并非意味着有关人员的活动不受刑法约束。在刑法中，根据职务或者业务活动的特殊性，一般对相关人员产生特殊的要求，这些要求同样可能并且应当成为“作为”的义务来源，如值班医生对病重的患者有抢救的义务，消防队员有消除火患的义务等。职务或者业务所要求的义务，也不是没有明文规定。一般来说，在不同行业或者不同单位，对于从事不同职务或者不同业务的人员，都有一些行业性规定或者单位的规章制度，如在医疗卫生系统，对手术有比较具体的操作标准。这些都是司法实践中确定作为义务来源时应当把握的范围。进一步说，无论是职务还是业务所要求的义务，一般应根据具有特定身份的人是否有直接控制的能力，以及其承担的不同义务和刑事责任进行判断，从而合理限定刑事责任的追究范围，避免刑事责任主体的不确定性和扩大化。[①]

（3）法律行为引起的义务。法律行为属于法律明文规定之外、不属于职务或者业务所要求的，但是具有法律约束性的行为，它可以产生权利和义务的关系。因此，负有履行特定义务的义务者不履行该项义务，致使权利人的权利不能得到保护的时候，其行为也就给社会造成了侵害，所以在刑法中不能忽视不履行法律行为引起的义务的行为，即法律行为引起的义务，也应当是作为义务的来源。

一般认为，法律行为引起义务的情况，主要是由合同或者契约所引起的义务。由于合同或者契约是日常生活中一种确定权利和义务关系的重要形式，所以，保证实现合同所规定的义务具有重要的社会意义。但是由于合同或者契约的形式复杂，约束效力不同，所以关于合同或者契约的义务有三个问题存在异议。第一，合同义务是否仅限于书面合同中的义务？根据《民法典》第469条第1款规定，当事人订立合同，可以采用书面形式、口头形式或者其他形式。说明口头形式的合同也具有法律效力，那么口头合同所确定的义务也具有法律的后果，所以，合同义务不能只限定于书面合同，还包括口头形式的合同所确定的义务。第二，合同成立以后，行为人事实上未承担义务而开始工作的，是否产生作为

① 参见涂龙科．网络内容管理义务与网络服务提供者的刑事责任［J］．法学评论，2016，34（3）．

义务？一般认为，合同成立以后，或者合同约定的条件具备以后，行为人就承担作为义务，这一点可以说是客观存在的。至于行为人没有承担的义务，是否构成刑法中不作为犯的义务，以及该“不作为”是否构成犯罪，还必须结合其他情形进行认定。第三，合同一方当事人不履行合同规定的义务，是否都产生作为义务？一般认为，合同一方当事人不履行合同规定的义务，通常产生作为义务，至于说该义务是否必须由刑法调整，还要考虑不作为是否严重危害或者威胁了刑法所保护的社会关系。

先行行为引起的义务。先行行为是相对于行为人的义务行为而言的，它发生在义务行为之前，通常会导致义务行为。先行行为所引起的义务，是指由于行为人的行为使得刑法所保护的法益处于危险状态时，行为人应该实行特定的义务行为，以消除、减轻危害或危险。如果行为人不履行这种义务，就是以不作为的形式实施危害行为。由于先行行为是一种现实生活中的行为，没有明文的形式或者当事人的约定，所以它的表现形式多种多样，难以一一列举。在刑法中常见的包括：

第一，非法先行行为引起的义务。非法先行行为是最主要的、产生作为义务的行为。如司机超速驾驶致使行人受伤。根据规定，司机就有义务对伤者进行抢救，假如司机逃逸，就是没有履行自己的义务。如果因此导致伤者死亡，在理论上可以认为司机故意杀人。[①]由此也可以发现，非法的行为可以是一般的非法行为，也可以是犯罪行为。

第二，意外行为引起的不作为。意外行为应当成为作为的义务来源，是由意外本身的后果和合法行为的性质决定的。关于合法行为可否导致作为的义务，理论上存在分歧。有观点认为，无论是合法行为还是非法行为，既然它可以使某种法益处于受到损害的危险状态，行为人就没有理由拒绝消除他能够消除的危险。先前的合法行为不能保证以后行为的合法性，但也有观点认为，合法行为引起义务是否公正合理还值得推敲。[②]本书认为，如果认为任何合法行为都产生作为的

---

① 实践中采用限制解释，在消极不救助场合不认为构成故意杀人罪，但是作为结果加重犯处理。

② 参见高铭暄，马克昌. 刑法学［M］. 北京：高等教育出版社，北京大学出版社，2000：74.

义务，那么在很多情形下会造成混乱。如医生对病者实施手术，本身是合法的行为，但是如果手术没有成功，是否意味着医生有义务将病者的身体状况复原呢?这显然是不妥当的。而且，既然行为本身是合法的，那么在合法限度之内的结果也是为法律所许可的，因此不可能在法律许可的范围之内重新产生法律的义务。但是，当我们否定合法行为引起的义务时，不能否定在实施合法行为之际，由于意外的原因出现的法律许可范围之外的结果。这种结果由于是行为人导致的，本身不能被认为是违法的，但行为人却应当消除或者减轻危害或者危险状态。如行为人和他人到深山打猎，由于意外，行为人将他人打伤，在这种情形之下，如果认为行为人没有作为的义务，显然是不妥当的。

对于作为义务的来源，在理论上一度围绕在受害人处于危难的场合，在场的不作为人（行为人）是否有救助的道德义务，出现了重大的争议。

观点一认为，作为的特定义务属于法律义务，而不是道德义务。例如，由于我国现行刑法并未规定普通民众有救助义务，因此，普通民众见死不救的行为并不构成犯罪，尽管其可能违反了道德义务。[①]观点二认为，所谓见危不救的场合，正如丈夫见到因病疼折磨而自杀的妻子在生命垂危时却不救助、母亲看着不慎跌入池塘的孩子在水中挣扎却无动于衷的场合一样，是指被害人（多半是由于自己的原因）正面临生命、身体上的危险，另一方即行为人能够救助却不救助，从而发生死亡结果的场合。这种问题常见于夫妻、恋人以及父母子女等具有特定关系的当事人之间。对此，虽然我国的司法实践以不救助的一方具有法定或者道义的救助义务为由，将不提供救助的行为认定为故意杀人，但这种判决值得商榷。[②]观点三认为，依据维护公共秩序和社会公德是否也可以产生特定的作为义务，值得研究。但如果行为人的自愿行为是主动介入的，则可产生特定的义务。[③]观点四认为，对于因公共秩序和社会公德产生的作为义务，应该有所限制，不应将任何情况下的公共秩序和社会公德都视为可以产生作为义务的依据。但在涉及人身安全的重大利益且如果凭借己力能够履行，在行为是基于自愿而介入的时候，介

① 参见贾宇.刑法学（总论）[M].北京：高等教育出版社，2019：113.

② 参见黎宏.刑法学总论［M］.北京：法律出版社，2016：86.

③ 参见林亚刚.刑法学教义（总论）[M].北京：北京大学出版社，2020：110.

入行为已经成为排除其他义务行为的积极因素，因而具有排他性。[①]

本书基本赞同观点四。理由是：法律是道德的底线，也就意味着基于重大公共秩序与社会公德的要求，可以对在场的不作为者产生作为的义务要求。所以，简单否定司法机关的做法或许并没有对其做法的现实合理性做出有效的理解。不过，该义务的产生应当受到严格的限制。第一，在行为人与受害人之间不存在任何规范上的联系时，即行为人不过是正好在场的普通公民，尽管其违反了道德义务，但其也没有作为的特定义务。第二，当行为人与受害人之间基于血缘关系或者法律关系，形成了法律规定的扶养与被扶养的义务时，其救助义务就不再是道德义务，而是法律义务。第三，当行为人与受害人之间不存在因血缘关系或者法律关系所形成的扶养与被扶养义务，但是他们之间具有基于特定事实而形成的密切关系，此时恰恰也是问题的焦点。基于特定的事实而在行为人与受害人之间形成的密切关系，往往会在行为人与受害人之间形成某种特殊的相互期待或者依赖，进而会成为第三人难以提供必要且及时救助的情由。如二人共处一室，如果受害人一方处于危难，他人往往难以知晓或者难以提供救助，此时，救助的道德义务可以基于特定的身份关系而发展成为作为的特定义务。

3.不作为犯的理论分类

危害行为可以分为作为和不作为。根据危害行为实施的不同形式，犯罪可以分为作为犯和不作为犯。不作为犯是指行为人以不作为的形式实施的犯罪。在刑法中，有的犯罪只能以作为的形式实施，有的犯罪只能以不作为的形式实施，有许多犯罪既能以作为的形式实施，也能以不作为的形式实施。根据这种情形，理论上将不作为犯分为真正的不作为犯和不真正的不作为犯。

所谓真正的不作为犯，又称为纯正的不作为犯，是指根据刑法的规定，只能单纯以不作为的行为方式构成的犯罪。例如，刑法规定的遗弃罪、遗弃伤病军人罪就是以纯粹的不作为为行为方式的犯罪。

所谓不真正的不作为犯，又称为不纯正的不作为犯，是指以不作为的行为方式实施刑法中规定的、以作为形式构成的犯罪。例如，刑法规定的故意杀人罪，通常是以积极的作为行为来实施，如枪击、刀砍、斧砸、投毒、绳勒、水淹等，

---

① 参见林亚刚.刑法学教义（总论）[M].北京：北京大学出版社，2020：111.

但如果以消极的行为实施杀人行为，如母亲故意不给婴儿喂奶致婴儿饿死的，也构成故意杀人罪，这就是不真正的不作为犯。

（三）持有的行为属性

《刑法》规定了一些持有型犯罪，如第128条第1款的非法持有、私藏枪支、弹药罪，第130条的非法携带枪支、弹药、管制刀具、危险物品危及公共安全罪，第172条的持有、使用假币罪，第282条第2款的非法持有国家绝密、机密文件、资料、物品罪，第297条的非法携带武器、管制刀具、爆炸物参加集会、游行、示威罪，第348条的非法持有毒品罪，第352条的非法买卖、运输、携带、持有毒品原植物种子、幼苗罪，第395条的巨额财产来源不明罪，等等。

关于持有的行为属性，理论上有以下几种观点：第一，状态说，主张持有是状态，不是行为。传统刑法中的“危害行为”的概念并不能解释持有，说到底它仅仅只是一种现象上的归属状态或关系，而绝非任何意义的行为。第二，状态行为说，认为持有是人与特定物品之间的一种存在关系持续的状态，同时亦是行为，因为持有状态的存在反映了人对物的控制，这种控制本身就是人主体性的表现。[①]第三，行为说，认为持有是指行为人通过保管、藏匿、拥有、携带等方式在事实上支配、控制着特定物品的行为。如果说持有是行为，那么持有是作为还是不作为？对此，有人将其解释为作为，[②]有人将其解释为不作为，[③]还有人将其解释为第三种行为类型。[④]

本书认为，将持有当作状态或者行为状态的观点，不能符合“无行为就无犯罪的”这一传统要求。所以宜将持有从规范的角度解释为行为。如果认为持有可以在现有体系内进行解释，就不必认为持有是第三种行为类型。根据一般观点，作为和不作为的区别主要体现在其违反的规范性质上。前者违反的是禁止性规范，后者违反的是命令性规范。持有违反的是国家禁令，即将不得由个人占有的

① 参见石英．持有型犯罪争点探微［J］．政法论坛（中国政法大学学报），2001（1）；贾宇．刑法学（总论）［M］．北京：高等教育出版社，2019：112.

② 参见韩轶．论持有行为［J］．人民检察，1997（7）．

③ 参见叶良芳，荣俊德．论刑法中持有行为的归属［J］．人民检察，1999（2）．

④ 参见储槐植．三论第三犯罪行为形式“持有”［J］．中外法学，1994（3）．

东西予以非法占有的，其明显违反了禁止性规范。所以，在规范的意义上，持有是一种作为的行为方式。

第三节　危害结果

一、危害结果的概念和特征

关于危害结果的概念，在刑法理论上有许多不同的看法。有人认为，危害结果是犯罪行为已经造成的实际损害结果或者具体的物质性损害结果；有人认为，危害结果是危害行为对刑法所保护的直接客体所造成的实际损害和危险状态；有人认为，危害结果是危害行为给客体即社会关系造成的损害；有人认为危害结果是犯罪行为对刑法所保护的社会关系造成的或者可能造成的一定损害。还有人将危害结果分为广义和狭义两种。广义的危害结果是行为人的危害行为所引起的一切对社会的损害事实，包括危害行为的直接结果和间接结果，属于犯罪构成要件的结果和不属于犯罪构成要件的结果；狭义的危害结果，是作为犯罪构成要件的结果，通常就是对直接客体所造成的损害事实。

以上分歧的关键是，危害结果是不是刑法构成要件的必要要件。这个问题涉及危害结果是危害行为对危害对象还是对直接客体的侵害，危害结果是具体的还是抽象的，危害结果是直接的结果还是间接的结果。确定危害结果的内涵和外延，要体现危害结果本身在刑法中的价值，即它对于确定犯罪和量刑的影响。如果说危害结果对于定罪和量刑没有意义，那就没有必要研究它。

本书认为，危害结果是指犯罪行为对危害对象施加作用之后已经造成的具体人身伤亡或者物质的减少、毁损或者其他合法状态的改变的事实情况及其实在可能状态。危害结果有如下特征：

1.危害结果的客观具体性

结果是一种现象引起的另一种现象，无论何种现象，都是客观的，而不是我们主观臆断的。刑法中的危害结果也具有现实的实在可能性。如果没有结果发生的实在可能性，还不能称其为危害结果。这里，应当把危害结果与行为对犯罪客体的侵害和威胁区别开来。任何犯罪都是具有严重社会危害性的行为，所以任何犯罪的危害行为都不可避免地对刑法所保护的客体造成损害或者威胁。但是，我们不能简单地把这种损害或者威胁等同于犯罪结果。在犯罪构造中，有些犯罪属于行为犯或者举动犯，行为人只要完成一定的行为或者举动就构成犯罪。然而，在具体的犯罪活动中，这种行为并不一定已经现实地引起了合法状态的改变，也可能连导致合法状态改变的现实可能性也不具备。如煽动分裂国家的行为，行为人的行为对国家的统一具有威胁，但是该行为通常并不具备引起国家分裂的现实可能性。有的观点认为危害结果是危害行为对犯罪客体作用的结果，这就将危害结果和犯罪的社会危害性混淆了。犯罪的社会危害性是犯罪行为对犯罪客体的侵害或者危险。由于犯罪客体是一个抽象的社会关系，所以社会危害性的评价是一种比较抽象的判断。尽管我们不能否认它的客观可能性，在有些犯罪中，它是依靠理论推理出来的可能性，其范围比危害结果要宽泛。

2.危害结果的实在性

危害结果不是理论推理的结果，它是实实在在发生的事实或者状态。在有些犯罪中，尽管没有最终发生人身伤亡或者物质的减少、毁损或者其他合法状态的改变，但是发生人身伤亡或者物质的减少、毁损或者其他合法状态的改变的实在可能状态已经出现。如行为人在铁道路轨上放置一块大石头，意图倾覆列车。他的犯罪行为被人发现后，他人将石头搬走，列车并没有发生倾覆。在这类案件中，这是否意味着行为人的行为没有危害结果呢？就本案而言，应当承认行为人的行为没有引起人员伤亡或者物质毁损，但是行为人的行为已经产生了导致列车倾覆的实在危险，如果不是被人发现并采取挽救措施，那么该危险就可能转化为实际损害。这种危险不是我们臆断的，也不是逻辑推理的结果，它具有实在性。只有具有这种实在性，才能说具有危害结果。

3.危害结果的因果性

危害结果的因果性，是指危害结果是相对于危害行为而言的。对社会能产生破坏性结果的原因很多，有人为原因，有生物界原因，还有来自大自然的力量，等等。这些原因中，只有人的危害行为才具有刑法价值，才是我们评价的对象。所以，没有危害行为，就没有危害结果；不是危害行为引起的结果，也就不是刑法评价的危害结果。一方面，这有助于我们确定危害结果的范围；另一方面，也有助于我们在以后分析因果关系时，将行为人的行为后果和其他原因引起的后果区别开来。

4.危害结果的多样性

由于危害行为多种多样，而且危害对象的具体属性也不一样，因此，危害结果的表现具有多样性。它既包括人身的伤亡情况，也包括物质的减少、毁损或者合法状态的改变的情形；它既可以是危害对象直接出现的结果，也可以是由犯罪行为导致的其他结果；等等。

二、危害结果的种类

由于对危害结果的认识不同，所以对它的分类也有许多种。如构成要件的结果和非构成要件的结果、物质性结果和非物质性结果、直接结果与间接结果、实害结果和危险结果、普通结果和加重结果、单一结果和复杂结果等。以上分类，有的对于定罪和量刑有重要意义，有的意义不大。

（一）构成要件的结果和非构成要件的结果

分类标准是危害结果是否属于基本犯罪构成要件。

1.构成要件的结果

也被称为定罪结果，是指根据刑法分则条文规定构成某种基本形态的犯罪必须具备的危害结果，如故意杀人罪中人的死亡、盗窃罪中较大数额的财产被盗等，如果没有发生人的死亡，或者较大数额的财产没有被盗，那么就不能构成故意杀人罪或盗窃罪既遂。我国刑法中的犯罪，可分为故意犯和过失犯，故意犯又可以分为直接故意犯和间接故意犯，其中过失犯和间接故意犯都必须要求出现特定的危害结果才能成立犯罪。如在过失犯中，成立过失致人死亡罪或者过失致人重伤罪，必须要求出现被害人的死亡或者重伤的结果，否则不构成犯罪。在间接故意犯罪中也是这样，如出于激情用刀刺他人的行为，就是根据结果进行评价，如果出现死亡结果，则构成故意杀人罪，如果出现轻伤或者重伤的结果，则构成故意伤害罪；如果没有出现伤亡结果或者仅仅致人轻微伤的，就不构成犯罪。

2.非构成要件的结果

也被称为量刑结果，是指一切危害行为引起的，对于确定基本构成要件没有影响但是影响量刑的危害结果。在犯罪中，危害结果是危害行为对于社会的危害性的直接反映，而且通过危害结果也可以表征行为人在人身方面的危险性。因此，在有的犯罪中，危害结果不仅直接用于确定行为是否构成犯罪，而且更多的是用来作为量刑的参考情节。在未完成形态的犯罪中也存在结果。在直接故意犯罪中，有些犯罪要求以特定的危害结果为犯罪基本构成要件的要素，如果没有出现基本构成要件的结果，则只能构成未完成的犯罪形态，如前述的故意杀人未遂。未完成的犯罪形态的结果，一般并不能说明犯罪的性质，但是在量刑的时候，可以作为比照完成形态的结果的情节，成为量刑的根据。

加重的结果不能视为量刑的结果。在基本的犯罪构成要件中的结果，由于也存在大小的差别，所以也成为量刑时需要参考的情节，如强奸罪中强奸一人和强奸数人，强奸一人导致他人精神错乱的和未出现其他情形的；再如盗窃财物较大和盗窃财物巨大的；还有故意伤害致人轻伤和致人死亡的，这些类似的结果虽然对量刑有决定性影响，但是因为其提高了法定刑，所以是加重犯罪构成中的结果。

（二）实害结果与危险结果

分类标准是危害结果是危害行为对危害对象造成的实际损害还是危险状态。

1.实害结果

实害结果，是指危害行为造成的人身伤亡或者物质减少、毁损或者其他合法状态改变的事实情况。实害结果是一种已经现实发生的、不可避免的危害事实，如故意杀人罪中他人死亡的结果，故意伤害罪中他人的身体机能或者形状的改变，盗窃罪中财物从一个地方转移到另外一个地方，等等。

2.危险结果

危险结果，是指危害行为造成人身伤亡或者物质减少、毁损或者其他合法状态改变的实在可能状态。危险结果中所蕴含的人身伤亡或者物质减少、毁损或者其他合法状态改变的事实情况可能发生，也可能不发生，其没有发生的原因是由于特定的时机不具备。如果时机具备之后，没有外界的其他原因介入，它就会自动发生。可能状态之所以没有转化为客观事实情况，主要是由于外界其他原因介入。所以危险结果和实害结果之间的联系是密切的，如果没有外界原因的介入，危险就必然转化为实害。如破坏交通工具，足以使交通工具发生倾覆、毁坏的危险，一般是由于及时发现交通工具被破坏进而采取防范措施，才阻止了交通工具的倾覆、毁坏。在刑法理论上，对于要求危险要素的犯罪，被称为危险犯。在外国刑法理论中，危险犯分为抽象危险犯和具体危险犯。抽象危险犯，是指行为人只要在特定的条件下或针对特定对象实行某种行为，法律便认为存在危险状态的犯罪。例如，《刑法》第114条规定的放火、决水、爆炸、投毒犯罪，行为人只要在法律规定的特定地点实行放火、决水、爆炸、投毒以及其他危险行为，就具有危害不特定的人或者财物的危险。至于危险对什么人还是对什么物以及危险的程度，法律并无特别限制。具体危险犯，是指构成某种犯罪，法律不仅要求危险状态的具体内容，还要求危险达到一定程度，才认为危险存在的犯罪状态。即行为必须在特定条件下或针对特定对象实行，它能否引起法律所要求的特定危险状态，还应当根据具体案情进行分析判断。例如，《刑法》第116条规定的破坏交通工具罪，破坏行为应"足以使火车、汽车、电车、船只、航空器发生倾覆、毁坏危险"。这里既有对危险状态具体内容的要求，又有对其程度的要求。只有符合要求的，才能被认为存在危险状态。

（三）物质性结果与非物质性结果

分类的标准是危害结果的表现形态。

1.物质性结果

物质性结果，是指以物质性变化为表现形态的危害结果。物质性结果一般是直观具体的，也可以说是有形的，它可以通过人的感官直接感知，或者通过数学、物理、医学等方法进行具体确定。例如，被害人已经死亡或者身体受到伤害的程度，财物被损坏的数量、程度或者其存在位置的改变等。但是非物质性结果也很多，特别是随着技术发展，非物质性结果越来越普遍，如网络信息、计算机数据。

2.非物质性结果

所谓非物质性结果，是指以非物质形态表现出来的危害结果。例如，被害人的名誉、人格受到损害，国家机关的威信受到损害等。这种危害结果也是不以人的意志为转移的客观存在，只是不像物质性结果那样具有直观性。但是，它绝非不能为人们所认知，而是可以做出适当评价的。如侵犯他人的名誉、人格，可以通过被害人自身的外在表现反映出来，通过周围人的言谈、举止表现出来。因此，非物质性结果并不是不可估计的，只是同物质性结果相比，认定方式更为复杂、更为困难罢了。

（四）直接结果与间接结果

分类标准是危害行为与危害结果的联系形式。

1.直接结果

直接结果，是指危害行为作用于危害对象之后，对危害对象直接引起的危害结果。直接结果只能发生于具体的危害对象本身，并且是危害对象自身在危害行为直接作用下出现的变化情况。如行为人用刀刺受害人致受害人死亡；行为人毁坏他人财物致使他人财物减少。直接结果既可以是构成要件的结果，也可以是非构成要件的结果，既可以表现为物质性结果，也可以表现为非物质性结果。

2.间接结果

间接结果，是指危害行为作用于危害对象之后，对危害对象或者相关因素间接导致的危害结果。间接结果可以发生于具体的危害对象本身，也可以发生于与危害对象相关的人或物上，它必须是危害行为间接导致的结果。如行为人盗窃穷人借来治病的钱财，他人因为不能及时获得医疗救助而死亡；行为人奸淫妇女导致该妇女精神崩溃或者家庭不幸；等等。间接结果通常是非构成要件的结果，即对于定罪的意义不重要，但是对于量刑很重要。

需要说明的是，由于一种现象总是必然导致另外一种现象，所以犯罪的行为总是必然产生间接结果。一个直接结果导致另外一个间接结果，这个间接结果还可能诱发另外一个间接结果，如前述强奸案件中，行为人强奸妇女，该妇女有可能因为无法面对这种现实而自杀，妇女的自杀还可能导致她的亲属自杀或者精神错乱。是否应当让行为人对所有的结果承担责任，或者说应该让行为人对哪些间接结果承担责任，是一个需要研究的问题。

三、危害结果的作用

在刑法中，危害结果对于定罪和量刑都有意义。

（一）危害结果对定罪的影响

1. 区分罪与非罪

如前所述，危害结果包括构成要件的结果和非构成要件的结果。有无构成要件的结果，对于是否存在犯罪的行为是有影响的。例如，种植毒品原生植物犯罪，不仅要求所种植的植物属于制造毒品的原生植物，还必须要求这些植物达到一定的数量。再如盗窃罪一般要求盗窃的财物数额较大，犯罪才得以构成；又如故意伤害罪要求伤害的程度属于轻伤或者重伤。

2. 区分此罪与彼罪

我国《刑法》规定，行为人实施某些基本的犯罪行为，但造成犯罪构成之外的结果，则根据故意实施该结果的行为定罪，而不作为基本犯罪处理。如根据《刑法》第247条规定，行为人刑讯逼供，如果没有致人伤残、死亡，构成刑讯逼供罪；如果造成受害人死亡的，则构成故意伤害罪或者故意杀人罪。是否具备特定危害结果，成为区别彼罪和此罪的标准。

3. 区分犯罪的完成形态

以特定的犯罪结果为基本构成要件的犯罪，如果行为人的行为没有发生特定的结果，并非说行为人的行为不构成犯罪，而是说行为人的行为不构成基本形态的犯罪，但可以构成修正形态的犯罪。如故意杀人罪，行为人的行为没有使他人死亡，可以构成杀人罪的未遂，也应承担刑事责任。另外，在杀人的时候，行为人实施杀人行为之后被害人没有死亡之前，尽管行为人中止杀人行为，并且积极防止他人死亡，但受害人最终还是不治而死亡的，行为人的行为也属于完成形态的犯罪。

（二）危害结果对于量刑的影响

危害结果的形态和程度，反映了行为人的行为对于社会的危害和行为人的人身危险性。如在杀人的场合，杀害他人并最终导致他人死亡的情形和仅仅导致他人受到伤害的情形，前者使人的生命权丧失，而后者仅仅使他人的身体健康受到损害。在一般观念看来，人的生命是最宝贵的，所以前种情形的社会危害性大。再如贪污罪，刑法根据不同的数额设置不同档次的法定刑。贪污数额大小的不同，可能对社会产生不一样的反响，从而说明行为人的人身危险性。可以说，危害结果是量刑时参考的一个主要因素。

第四节 犯罪情节

一、情节的概念与分类

情节是刑法中的重要概念。大多数观点认为，我国刑法中的情节，是指刑法规定的，或者基于刑事政策的考虑，对定罪、量刑或者行刑产生影响并反映行为社会危害性和行为人人身危险性及其程度的各种主客观事实。有的将其表述为“各种事实情况”，有的将其表述为“主客观情况”。[①]本书认为，将情节当作“主客观情况”的观点值得研究，理由是：第一，这样的情节可能与犯罪客体、犯罪客观方面、犯罪主体和犯罪主观方面的要件相混淆，不利于我们深入研究情节。第二，从立法规定和司法解释的情况看，情节并不包括主观事实，而是与犯罪评价有特定联系的客观事实。第三，从合理性上看，情节与行为手段和行为后果的评价有关联；从事中评价角度看，情节是行为手段或者行为结果外溢的效应；从事后评价的角度看，情节是表明行为手段或者行为后果的要素。

情节是刑法规定的犯罪共同要件之外，对行为的社会危害性、行为人的人身危险性评价有意义的行为具体事实或者附随于行为的客观事实。

情节可分为定罪情节、量刑情节和行刑情节，如《刑法》第77条第2款规定：“被宣告缓刑的犯罪分子，在缓刑考验期限内，违反法律、行政法规或者国务院有关部门关于缓刑的监督管理规定，或者违反人民法院判决中的禁止令，情节严重的，应当撤销缓刑，执行原判刑罚。”此处的情节就属于行刑情节。本节主要介绍定罪情节。

二、定罪情节

定罪情节是刑法规定的、对犯罪构成具有决定性作用的行为具体事实或者附

---

① 参见李翔．情节犯研究［M］．北京：北京大学出版社，2018：4–6.

随于行为的客观事实。在《刑法》中，情节作为犯罪构成要素的立法例并不少见。有些犯罪以“情节严重”“情节恶劣”为基本构成要素，如《刑法》第120条之六中的“情节严重”、第133条之一中的“情节恶劣”；有些犯罪将“情节严重”“情节恶劣”“恶劣情节”作为加重构成要素，如《刑法》第236条第3款第1项中的“强奸妇女、奸淫幼女情节恶劣的”、第237条第3款第4项中的“猥亵手段恶劣或者有其他恶劣情节的”、第244条中的“情节严重”，等等。但它们都属于犯罪构成要件的情节。

在理论上，情节究竟是单一要素还是综合要素？本书倾向于综合要素说。根据该理论，情节是综合各种具体情节的一种概括性情节，是由多种犯罪要素组成的。单一的构成要素往往只能突出行为的客观危害或者行为人的人身危险性，而无法综合表征行为的社会危害性。情节的优点在于能够弥补单一构成要素造成的评价欠缺问题。例如，在盗窃数额较大或者盗窃次数较多的时候，行为构成犯罪没有问题。然而，盗窃数额接近较大，且行为人之前多次盗窃，但不属于“多次盗窃”的时候，行为的客观社会危害较大，行为人的人身危险性较大，其社会危害性严重，有必要追究行为人的法律责任，就可以综合这些事实根据情节定性处理。

综合我国的司法解释，其中的情节要素如下：

第一，行为方式。行为方式是指在具体犯罪中，行为人采取的手段及其表现的形式。如出售、提供、非法收买等行为内容，不履行特定管理义务的行为或者假冒国家机关名义、使用特定工具、运用特定方法的手段行为。

第二，行为的具体性质。行为的具体性质是指行为本身所具有的特有的法律属性，如“黑广播”的实测发射功率五百瓦以上，或者覆盖范围十公里以上的。

第三，行为的次数。行为发生多次对于社会危害性和人身危险性评价有意义。行为次数包括有行为前科且受过行政处罚，如行为人二年内曾因诽谤受过行政处罚；还包括多次实施某种行为，如多次强拿硬要；或者行为多次造成结果，如多次造成刑事案件证据的灭失。

第四，行为规模。行为规模是指行为的作用和影响范围。如同时使用三个以上“黑广播”“伪基站”。

第五，行为主体。行为主体所具有的某些特定身份及其地位，决定了行为法益侵害的可能性及违反社会期待的程度，如考试工作人员组织考试作弊的。

第六，行为时间。行为时间是指行为发生于特殊时期，往往能产生社会的广泛关注，并且消极影响大。如在普通高等学校招生考试、研究生招生考试、公务员录用考试中组织考试作弊，或者在自然灾害、事故灾难、公共卫生事件、社会安全事件等突发事件期间，从事犯罪活动，等等。

第七，行为发生的地域。行为发生的地域也是评价犯罪的一个重要因素。如组织考生跨省、自治区、直辖市作弊，在自然灾害、事故灾难、公共卫生事件、社会安全事件等突发事件期间，在事件发生地使用“黑广播”“伪基站”，等等。

第八，行为对象。行为对象与犯罪客体有联系，也是情节的要素。如获取支付结算、证券交易、期货交易等网络金融服务的身份认证信息；再如造成危害国家安全犯罪、恐怖活动犯罪、黑社会性质组织犯罪、贪污贿赂犯罪案件的证据灭失的；还如雇用、指使未成年人、残疾人等特定人员使用“伪基站”的；以及强拿硬要或者任意损毁、占用精神病人、残疾人、流浪乞讨人员、老年人、孕妇、未成年人的财物，造成恶劣社会影响的。

第九，行为后果。行为后果既可以单独作为构成要素，也可以作为情节的评价要素。作为情节的后果包括：其一，行为引起的连锁反应，如网络诽谤的同一网络诽谤信息被他人点击、浏览、转发的次数；其二，行为对被害人或者其近亲属造成的直接或者间接后果，如造成被害人或者其近亲属精神失常、自残、自杀；其三，行为涉及的行为对象的数量，如非法获取、出售或者提供住宿信息、通信记录、健康生理信息、交易信息等其他可能影响人身、财产安全的公民个人信息五百条以上的；其四，行为产生的违法所得；其五，行为造成的经济损失；其六，行为造成的社会影响；其七，行为对社会管理造成的负面影响，如在普通高等学校招生考试、研究生招生考试、公务员录用考试中组织考试作弊的，致使刑事诉讼程序受到严重影响的；再如，影响航天器、航空器、铁路机车、船舶专用无线电导航、遇险救助和安全通信等涉及公共安全的无线电频率正常使用的，等等。

第五节　刑法中的因果关系

一、刑法中的因果关系的概念

客观世界的一切运动着的事物，都是普遍联系、相互制约的。其中任何一种现象都会引起、产生另一种现象，也可以说任何现象的产生都是由别的现象所引起的。这种引起产生一定现象的现象叫作原因，被引起、产生的一定现象叫做结果。这种引起和被引起的关系就是因果关系。刑法中的因果关系，也称为刑法中危害行为和危害结果之间的因果关系，是指危害行为与危害结果之间所发生的引起与被引起的关系。

二、我国关于刑法因果关系的基本观点

新中国刑法理论对刑法因果关系的研究，始于20世纪50年代，源于苏联刑法研究，主要方法是运用辩证唯物主义因果关系学说，开展对刑法中危害行为和危害结果的认识。刑法中的因果关系和哲学上的因果关系是个别与普通的关系，在研究刑法中的因果关系时，不能脱离哲学因果关系的指导。然而，犯罪是一个社会现象，刑法中的因果关系具有自己的特殊性。根据这种理解，刑法中的因果关系具有以下特征。

（一）因果关系的客观性

因果关系首先表现出客观的属性。任何事物在运动过程中所发生的因果关系都是客观存在的。作为原因的前一现象与作为后果的后一现象，首先是客观的，不以人们的意志为转移，而且他们之间相互作用、相互联系的方式也是客观存在的。

在考察刑法中的因果关系时，必须坚持客观性的认识，既不能以行为人是否预见为前提，也不能以司法人员的主观想象来确定，即使在一些比较特殊的案件中，也应该坚持客观分析的方法。如患者甲腹部动了手术后尚未痊愈，在休养期间散步时，因故与乙发生争执，双方各不相让而动手扭打。乙在将甲摔倒时，也被其揪住一同带倒，膝盖恰好在甲的腹部伤口上顶了一下，将伤口顶破造成了甲

大出血、感染而死亡。尽管这件事属于意外，但是，并不能否定甲的死亡是乙的行为造成的，两者之间的因果关系是明确的。此时就不能因为乙不知道甲手术后伤口未愈或未预见到会发生如此严重的后果而否认因果关系的存在。

（二）因果关系的相对性

在客观世界中，各种客观现象都是普遍联系和互相制约的。在这个普遍的联系中，某一现象可以是一对因果链中的原因，也可以是另一对因果链中的结果；某一危害结果本身也可以是另一对因果关系中的原因。例如在普通公路上，货车由于超速行驶，撞在前面的小车上，小车被撞向路边，将一个行人撞伤。小车被撞向路边，是货车超速行驶的结果，也是造成行人受伤的直接原因。所以，某一现象对于前一现象来说是结果，而对于后一现象来说可以是原因，即原因和结果在现象的普遍联系中只是相对的，而不是绝对的。为了确定原因和结果，就必须将其中的一对有联系的现象从若干个相互联系的因果链中抽出来，才能显现哪一个是原因，哪一个是结果。

（三）因果关系的时间序列性

因果关系的相对性，决定我们在考察它时要注意它的时间序列性。因果关系的时间序列性，就是从发生的时间上看，原因必须发生在前，结果只能在原因之后发生，其时间顺序不能颠倒。所以，考察因果关系时，只能从危害结果发生以前的危害行为中去找原因。如果查明某人的行为是在危害结果发生之后才实施的，那么就可以肯定两者之间不具有因果关系。例如，甲和丙有仇。甲有次在路上遇到丙，他借机报复，用木棍打在丙的头上后跑了，丙倒在地上。后来乙路过，也想伤害丙，他走上前对丙踢了一脚，刚好也踢在头上。第二天发现丙死亡了。在这样的案件中，尽管丙的死亡被发现的时间是在乙的行为之后，但是不能认为丙的死亡就是发生在乙的行为之后。如果通过法医鉴定发现丙其实是在被甲打击之后、乙打击之前就已经死亡的，那么乙的行为和丙的死亡之间就没有因果关系。

（四）因果关系的复杂性

现实生活中发生的因果关系是复杂的，很少以一因一果的形式表现出来。因果关系的复杂性主要表现在两个方面。

1. 一果多因

即一个结果由多个原因造成。例如，甲由于受到女朋友的奚落和抛弃，到酒吧喝酒，因为心情不好，与食客乙发生争吵，争吵中他将乙打伤。在医院里，医生由于疏忽大意，没有使用消毒器械致使乙感染死亡。在这个案件中，有数个因素是乙死亡的原因。假如甲的女朋友没有抛弃甲，甲也许不会喝酒；甲不喝酒就不会闹事，也不会打乙，甲不打乙，就不用送乙到医院；在医院，如果不是因为医生的疏忽大意，乙不会死亡。在这么多的原因中，要找出主要原因，确定对结果承担主要刑事责任的原因，这是刑法中考察因果关系的意义。

2. 一因多果

即一个原因造成多个结果。例如，甲诽谤乙的妻子，造成乙对妻子的猜忌，最后将妻子杀死，然后烧毁自家房屋，自己也患上精神病。在一因多果的情形下，首先要考察行为引起的主要结果和次要结果，其次还要考察直接结果和间接结果，这对于定罪和量刑都有现实意义。

（五）因果关系不排除偶然性

原因和结果之间的因果关系既是一种必然联系，也是一种偶然联系。但是在刑法中判断因果关系时，它是否包含偶然的性质呢？或者说在社会观念看来是偶然的因果关系是否属于刑法中的因果关系呢？例如，甲将乙打伤，伤势不严重，在私立门诊室就诊过程中，由于丙医生使用了未消毒的器械致使乙感染败血症而死亡。乙的死亡，与丙医生的玩忽职守行为之间具有因果关系，对此应该没有争议。问题在于甲的伤害行为与乙的死亡结果之间是否具有因果关系。

持必然因果关系观点的学者认为，危害行为应该具有使结果发生的实在可能性，也就是指危害行为具有导致结果发生的规律性。如果某种行为不存在使某种危害结果发生的客观根据，那么该行为就不是原因。只有某种行为中包含使某种结果发生的实在可能性，而且这一可能性在具体条件下只有合乎其本身规律导致发生该结果时，才能确定具有因果关系。如果因为其他原因的介入，而切断了这一发展的过程，那么，前行为与结果之间也不具有因果关系。以上例来说，由于甲的行为中不包含致乙死亡的可能性，死亡结果是由于丙医生的疏忽大意造成的，因此，甲的伤害行为与乙死亡结果之间不具有因果关系。退一步讲，假如甲造成乙的致命伤，具有造成乙死亡的实在可能性，却由于丙医生疏忽大意行为的介入，其行为的实在可能性不能转变为现实性，也仍然不具有因果关系。

持偶然因果关系观点的学者认为，除了必然因果关系之外，实践中还存在偶然联系的因果关系。所谓偶然因果关系，是指某种行为本身不包含产生某种危害结果的必然性，但在该因果关系的发展过程中，偶然又有其他作为原因的行为介入，这时，原来的因果关系就偶然地同另一原因的发展过程相交错，由后来介入的作为原因的行为合乎规律地引起该种危害结果。此时，前一因果关系与后一因果关系之间是一种偶然联系。以上例来说，甲打伤乙这两者之间是一种必然因果关系，丙医生使用未消毒器械致乙感染败血症而死亡也是一种必然因果关系，这两个必然因果关系偶然联系在一起，就导致了乙的死亡。所以，这两个必然因果关系，对死亡来说都具有原因力。因为不可否认的是，正是因为甲打伤乙，乙本该去医院，却偶然去了私立门诊室，并碰巧碰上不负责任的丙医生。这就不能说甲的行为与乙的死亡没有任何因果关系，也就不能说甲对乙的死亡不负任何责任。当然，这里负责任并不是说负杀人罪的责任，而是说在处理他的伤害行为时，对乙死亡这一情况也应予考虑。①

本书认为，偶然与必然之间是相互转化的，在一定程度上看来是偶然的联系，其实也是必然的；在一定程度上看来是必然的现象，也有偶然性，所以不能排除偶然因果关系。由此说明，因果关系的研究要尽可能摆脱文字理解的束缚，解决实际问题。②受外国刑法中因果关系论的影响，目前我国司法实践中有采取条件中断说的趋势。

三、外国刑法中因果关系的理论借鉴

刑法中因果关系论的分歧较大，在英美刑法体系和大陆法系刑法之间都是如此。

英美刑法主要从两个层次判断因果关系：第一，事实因果关系（factual

---

① 参见高铭暄，马克昌.刑法学［M］.北京：北京大学出版社，高等教育出版社，2019：73-77；贾宇.刑法学（总论）［M］.北京：高等教育出版社，2019：125-129.

② 参见林亚刚.刑法学教义（总论）［M］.北京：北京大学出版社，2017：157-174.

causation），第二，法律因果关系（legal causation），从而形成了所谓的双层次原因学说。在判断事实原因时，一般适用“but for”法则，即如果没有行为，也会发生结果，那么行为就不是结果的事实原因。法律原因是法律上有价值的原因，也就是事实原因中能够被法律认为应让行为人对所产生的危害结果承担责任的原因。如何选择法律因果关系，在英美刑法理论上存在近因说、政策说和预见说等不同观点。[①]英美刑法中的法律因果关系概念表明，它不仅是一个事实性的概念，而且是一个规范性的概念。这种区分解释了刑法中评价因果关系的意义与方式。

在大陆法系国家的刑法理论中，从19世纪中叶就开始讨论刑法中的因果关系，其中形成了多种学说，主要的有条件说、原因说、相当因果关系说和客观归属论等。

第一，条件说。条件说认为，在理论上可以导致结果发生的条件，都是结果的原因。即只要有“如无前者，就无后者”的条件关系时，就可以肯定行为对于结果具有原因力。所以此说又被称为条件即原因说。由于它将一切条件视为原因，不问其中价值大小的区别而作同等对待，故又被称为同等说或等价说。当条件关系比较复杂时，条件说就难以解决因果关系的问题，而且该说不区分条件而将其全部当作原因，扩大了刑法中因果关系的考察范围，因此受到许多批判。为此，基于条件说出现了一些修正观点，如条件中断说。但因为条件关系过于宽泛，而且中断理由过于绝对，所以该说也存在问题。

第二，原因说。该说也被称为原因条件区别说，认为在若干个条件中只存在一个或部分原因，因而也被称为个别化说。在决定什么样的条件是原因方面，该说存在分歧，有人主张必要条件是原因，有人主张优势条件是原因，有人主张最后条件是原因，有人主张最有力条件是原因，有人提出动力条件是原因，有人将离规条件当作原因，有人认为最先条件是原因，还有人主张决定条件是原因，等等。这些主张也表明原因说很不确定，实际上也难以确定原因。

第三，相当因果关系说。相当因果关系说以条件说为基础，认为刑法上的因果关系是理论上的因果关系，但不是一切理论上的因果关系都是刑法上的因果关系。作为刑法上的因果关系，必须立足于社会经验的法则，考虑具有相当性的理

① 参见童德华.外国刑法学导论［M］.北京：中国法制出版社，2024：135–145.

论上的因果关系。也就是说，对于数个条件，根据一般人的经验、智识加以判断，只有具有发生结果的相当性的，才是刑法上的原因。至于判断“相当性”的标准，却有主观的相当因果关系说、客观的相当因果关系说和折中的相当因果关系说三种分歧。而折中的相当因果关系说相对比较合理。①相当性的评价有规范评价的色彩。

第四，客观归属论。这种理论定型于20世纪70年代，已经成为德国刑法学的通说，在日本、奥地利等国影响颇大。其判断分三个方面：其一，判断有无条件关系；其二，根据危险增加原理判断行为人的行为是否制造了一个特定的危险；其三，根据规范的保护目的理论判断行为人的危险是否在规范保护的范围内实现。当前的相当因果关系说在一定程度上具有转向客观归属论的趋势。②有观点指出，客观归属的危险判断应当遵循“以前提客观事实为基础的一般人预测”的判断模式。具体而言，基于社会上具有正常智力和知识水平的一般理性人的角度，以案件发生时客观存在的所有客观事实为根据，运用一般人掌握的经验法则从行为时出发来预见该行为是否制造了法所不容许的危险。③还有观点认为，在溯及禁止的适用层面，应该以客观归属关联性为判断总基准，考察因果关联性和意志自由关联性两项前提条件，以风险实现关联性为核心标准，以规范目的关联性为补充规则。④可见，在客观归属判断中必须考虑：第一，作为条件的危险行为必须制造了法律所不允许的危险；第二，法律所不允许的危险涉及法律的规范保护目的及范围。

本书认为，尽管实践中一般采用条件说，但是条件说的局限性极其明显，不能成为理论支持该说的理由。反之，客观归属论不仅强调事实判断，而且强调刑法规范保护目的及保护范围的规范分析，有助于实现合理论证。⑤

---

① 参见童德华.外国刑法学导论［M］.北京：中国法制出版社，2024：126–135.

② 参见童德华.外国刑法学导论［M］.北京：中国法制出版社，2024：146–154.

③ 参见陈璇.刑法归责原理的规范化展开［M］.北京：法律出版社，2019：7.

④ 参见莫洪宪，黄鹏.论结果客观归责中的溯责禁止［J］.法律科学（西北政法大学学报），2017，35（06）.

⑤ 参见林亚刚.刑法学教义（总论）［M］.北京：北京大学出版社，2017：157–174；张明楷.刑法学（上）［M］.北京：法律出版社，2021：231–234；周光权.刑法总论［M］.北京：中国人民大学出版社，2016：122–131.

第一，划定规范的保护范围。实践中，可否将受害人的自杀、自伤结果视为“致人重伤”“致人死亡”“致使被害人重伤、死亡或者造成其他严重后果”等规范保护范围之内的结果，是不可忽视的重要的问题。如甲强奸女性李某，李某羞于见人而自杀。从条件关系看，甲的强奸行为显然是李某死亡的条件，但是可否由此认为该条件被认定为刑法中的原因，进而确定该死亡结果的出现可以对甲按照“致使被害人重伤、死亡或者造成其他严重后果的”规定加重处罚，无疑涉及对规范保护范围的理解问题。司法中要注意的问题不仅仅包括该种情形是否在“致使被害人重伤、死亡”或者“造成其他严重后果”的规范保护范围之内，还要对此进一步理解规范的保护目的，应当注意如果将这种情况作为加重处罚的情形，是否具有诱导强奸罪中被害女性为了实现对行为人的加重处罚而有意自杀的可能性。

第二，同时伤害造成的结果是否可归属于行为人的行为。同时伤害是二人以上在没有伤害意思联络的情况下，同时加害同一受害人的情形。在司法实践中，此类场合通常存在因果关系难以证明的问题，即无法确定究竟是哪个行为人的行为造成了受害人的死亡或者伤害。同时伤害不属于共同犯罪，无法适用“部分参与全部负责”的规则。所以如何合理处理加害人就成为问题。本书认为，在同时实施加害行为的场合，各个行为人的行为与结果之间都具有实质的条件关系，加害行为之间存在叠加关系，行为人之间相互利用其他参与人的行为，事实上共同制造了更大的风险，该风险导致的实害一旦实现，不能因为介入了其他人的故意行为就认为其不在规范的保护范围之内。所以对于参与同时伤害者也可以按照“部分参与全部负责”的规则追究行为人的责任。

第六节 其他客观要件

除了危害行为和危害结果之外，犯罪客观要件还包括犯罪时间、地点和方法。

一、犯罪构成的时间、地点和方法与定罪

对于多数犯罪来说，犯罪的时间、地点和方法并不是犯罪构成的要件，即不

是犯罪构成所必需的，不能决定犯罪的性质。但一些犯罪在成立的时候，要求特定的时间、地点或者方法。如果缺乏这些条件，犯罪也不能构成。如《刑法》第340条、第341条规定的非法捕捞水产品罪和非法狩猎罪，就包括“禁渔期”“禁猎期”的限制性时间条件和“禁渔区”“禁猎区”的限制性地点条件或者“使用禁用的工具、方法”等限制性的方法条件。如果不具备这些特别规定的条件，也不得成立这两个犯罪。

二、刑罚处罚的时间、地点和方法

尽管大多数犯罪在成立的时候，并不要求特定的时间、地点和方法条件，但是一定的时间、地点或者方法对于所有的犯罪的量刑都有影响。因为犯罪的各个不同的时间或者不同的地点以及方法的差异，能反映犯罪本身的社会危害性和行为人的人身危险性。例如，在比较偏僻的地方发生的抢劫案件和在繁华地带发生的抢劫案件，或者在深夜发生的抢劫案件和在大白天发生的抢劫案件，各自给社会造成的影响是不一样的。再如，在杀人案件中，使用安眠药让受害人死亡的方法和使用肢解身体让受害人死亡的方法相比，前一行为人的人身危险性比较小，后一行为人的人身危险性通常比较大。在司法审判中，特别要注意根据这些客观的情景性因素衡量行为人刑事责任的大小，从而合理量刑。

第九章

客体要件

第一节　犯罪客体

一、客体的概述

（一）客体的概念

客体要件，是犯罪客体的简称，在理论上又可称为保护客体。早期的观点认为："犯罪客体是指刑法所保护而为犯罪行为所侵害的社会主义社会关系。"[①] 这个定义具有鲜明的政治性，在我国现有政体下容易导致误解，即认为如此犯罪客体维护的仅仅是公有制经济组织、集体制经济组织的利益而不包括私营经济组织的利益。我国现有经济组织按照所有制划分，有国有和民营之分，还有混合制和股份制经济组织之分。它们均属于社会主义经济组织，不能简单将私营经济、混合制经济组织排除在社会主义社会关系之外。考虑到我国现有社会关系都属于社会主义社会关系，为了避免不必要的理论纠葛，所以刑法理论通说的观念相应也发生了变化，认为犯罪客体是指"我国刑法所保护的犯罪行为所侵害的社会关系"。[②] 犯罪客体作为犯罪构成要件之一，同时又是犯罪社会危害性的集中体现。

① 高铭暄.刑法学［M］.北京：法律出版社，1984：106.

② 贾宇.刑法学（总论）［M］.北京：高等教育出版社，2019：99.

（二）犯罪客体的特征

1.犯罪客体的内容是社会关系

社会关系是人们在生活、工作、学习等社会活动、社会实践和社会交往中所结成的人与人之间的关系。社会关系是一种客观的关系，并不以人们的意志为转移。虽然社会关系具有抽象特征，但是其无法被否定。根据社会交往理论，在社会活动、社会实践和社会交往中，人们会形成各种关系，如人与国家、人与社会、人与自然等在客观上所形成的管理、开发、利用、对话等关系，其无不表现为一种人与人之间的关系。以环境犯罪为例，环境犯罪所侵害的不仅是环境本身，而且还是国家保护环境的制度，后者在法律上具有更重要的意义，最终体现为一种代际间的社会关系，是为刑法所保护的犯罪客体。合法的社会关系实际上是一种法律秩序，包括合法利益和义务要求。有时应该保护社会上的合法利益，有时在没有现实的合法利益的情况下则应敦促当事人履行某种义务。

虽然社会关系范围广泛，但作为犯罪客体的社会关系则范围有限。刑法在我国法律体系中具有规制犯罪、保护权益、保护秩序、保障人权的机能，其适用应符合谦抑性的要求，即只有在其他规范均不能有效控制某一危害性行为而需要刑法介入时，才能动用刑罚手段。《刑法》第13条所规定的应受刑法保护的社会关系包括国家主权、领土完整和安全、人民民主专政的政权、社会主义制度、社会秩序和经济秩序、国有财产或者劳动群众集体所有的财产、公民私人所有的财产、公民的人身权利、民主权利和其他权利等各种关系，既包括一些社会主义的社会关系，也包括其他的合法社会关系。只有刑法所保护的合法社会关系，才应成为犯罪客体。

2.犯罪客体是受到刑法保护的社会关系

《刑法》对分则中所有罪名的犯罪客体都有不同形式的规定和保护。有的条文明确规定了犯罪客体的内容，如《刑法》第221条的损害商业信誉、商品声誉罪明确规定其犯罪客体为商业信誉或商品声誉。有些条文虽然在具体条款中没有明确揭示其犯罪客体，但在类罪中进行了一般性的规定，如《刑法》第114条的放火罪、第131条的重大飞行事故罪等有共同犯罪客体即公共安全，集中体现为《刑法》分则第二章“危害公共安全罪”的同类犯罪客体。有些条文通过规定行为对某种法律规范之违反而显示出其犯罪客体，如《刑法》第342条的非法占用农用地罪要求“违反土地管理法规”，而土地管理保护制度是土地管理法规所保护的内容，具体到非法占用农用地罪中就是该罪的犯罪客体。有些条文通过指出犯罪客体的物质表现来说明该犯罪的客体，如《刑法》第161条的违规披露、不披露重要信息罪，其犯罪客体为国家对公司信息披露制度和股东、社会公众的知情权。还有一些条文虽然没有直接表达出明确的犯罪客体，但是我们从行为方式和手段、被害人等客观构成要件中可以推论出犯罪客体的内容，如盗窃罪、寻衅滋事罪、伪证罪等，此类犯罪客体也应该被视为刑法规定的内容。

3.犯罪客体是刑法所保护的社会关系为犯罪行为侵犯的客观样态

侵犯包括实际侵害和威胁两种方式。侵害是指犯罪对合法社会关系现实地造成某种损害结果，如杀死他人、盗窃既遂等均造成了实害的结果；威胁是指行为客观上没有实际地损害合法社会关系，但有造成损害的可能性，即已造成某种现实的危险状态，如犯罪预备、犯罪未遂、危险犯等都需要考虑行为的危险性。

犯罪客体集中体现了犯罪行为对社会的危害，无论行为采取什么方式，只要刑法所保护的某社会关系受到了侵犯，都有可能构成犯罪。如故意杀人罪，无论采取作为还是不作为的方式，均不影响犯罪的成立。在这个意义上，对危害行为的评价必须同时考虑刑法所保护的社会关系受到侵犯的客观样态，才能得出正确的结论。换言之，“无行为则无犯罪”，而无犯罪客体也不存在犯罪。

通过上述对犯罪客体法律特征的论述可以看出，我国刑法理论通说的犯罪客体理论正确地揭示了犯罪客体的含义和理论地位，符合其法律特征，有助于正确认识犯罪的本质特征，也有利于理解刑法规范的目的和规范性内容，能够与犯罪构成理论达到逻辑自洽，还有助于司法实践的定罪量刑。

（三）犯罪客体的刑法意义

一般认为，犯罪客体是我国刑法所保护的、为犯罪行为所侵害的社会关系。犯罪客体是构成犯罪的必备要件之一。[①]有观点认为，犯罪客体（保护法益）反

① 参见高铭暄，马克昌.刑法学［M］.北京：北京大学出版社，高等教育出版社，2019：49–54；贾宇.刑法学（总论）［M］.北京：高等教育出版社，2019：99–106.

映的是犯罪行为的实质，并不是构成的要件。[①]本书认为，后种观点并不可取。犯罪客体不仅对立法具有指导意义，而且在司法实践中也有特殊机能。

1.有助于判断行为的实质的刑事违法性，以正确划分罪与非罪的界限

犯罪的本质特征是行为的严重社会危害性，而确定这种社会危害性首先要确定犯罪行为侵犯了何种犯罪客体。刑法所保护的社会关系不同，犯罪行为的社会危害性也就不同。犯罪客体的性质和受侵犯的程度是认定犯罪社会危害性的关键。刑事立法和司法工作不能忽视对犯罪客体的分析，目的是正确认定犯罪的社会危害性的性质和程度。在立法上，哪些行为应该犯罪化，哪些行为应该非犯罪化，关键看这些行为是否严重侵犯了某种法秩序，是否需要动用刑罚手段予以遏制。在司法实务中，我们不能停留于行为、危害结果等表面现象，而是应该深入分析行为所侵犯的社会关系，分析危害结果所体现的刑法保护价值，看其是否属于刑法保护的范围，从而将一些未侵犯犯罪客体的行为排除在刑事制裁之外。

当前，司法实践中存在民事侵权、行政违法与刑事犯罪难以区分的问题。这种情况在很大程度上与实践中不重视犯罪客体的机能有关。因为严重的社会危害性作为犯罪的本质特征，实现了将罪量作为犯罪成立的充分条件，从而将犯罪与一般违法行为区分开来，准确解释了犯罪的实质特征，避免了从形式上认定犯罪的缺陷，具有相对的合理性与科学性。[②]

2.有利于理解刑法条文中规范保护的目的，区分此罪与彼罪

犯罪行为所侵犯的客体不同，犯罪的性质也就有差别。如盗窃电线行为，在行为、对象、数额等客观要件均符合破坏电力设备罪和盗窃罪之构成要件的情况下，如果该电线是正在使用中的电力设备，则该盗窃行为侵犯了电力设备安全，可构成破坏电力设备罪；如果该电线存放于仓库中，则该盗窃行为没有侵犯电力设备，仅侵犯了财产所有权，只可能构成盗窃罪。在某些犯罪的罪过、行为要件和犯罪对象等都相同或基本相近的时候，犯罪客体可能成为区分此罪与彼罪的主要依据。

---

① 参见张明楷.刑法学（上）[M].北京：法律出版社，2021：212.

② 彭文华.《刑法》第13条但书与刑事制裁的界限[M].北京：中国人民大学出版社，2019：63.

3.有利于准确把握犯罪的具体构成，精准定位量刑幅度

《刑法》第5条规定了罪责刑相适应原则，具体到立法和司法实践中，就要求按照犯罪的社会危害性制定和适用刑法，即以社会危害性来设置犯罪的法定刑，根据社会危害性来裁量刑罚的轻重。因为犯罪客体是社会危害性的重要体现，所以在设置犯罪的法定刑、裁量具体刑罚时，首先应从犯罪客体入手。如危害国家安全罪的法定刑一般相对较高，而破坏社会管理秩序罪的法定刑一般相对较低。对犯罪客体的侵犯程度影响对犯罪的量刑，如故意伤害致人死亡比一般的故意伤害行为适用更重的刑罚。当然，行为性质、犯罪对象、主观罪过等对制定刑罚和量定刑罚也都有一些影响。

二、客体要件内容的分类

犯罪客体在犯罪构成理论中居于首要地位，对整个犯罪论体系而言具有重要的意义，发挥着多种功能。从不同的功能出发，犯罪客体表现为三类形式：从犯罪客体是犯罪社会危害性的集中体现和犯罪构成要件的基础看，犯罪客体表现为一般客体；从犯罪客体是建立刑法分则体系的依据看，犯罪客体表现为同类客体；从犯罪客体是区分具体犯罪类型的标准看，犯罪客体表现为直接客体。

这三类犯罪客体同时又分属于三个不同层次，它们之间是一般与特殊、共性与个性、抽象与具体、整体与部分的关系。

（一）犯罪的一般客体

犯罪的一般客体，是指一切犯罪行为所共同侵犯的社会关系整体。犯罪的一般客体反映犯罪行为的共同本质，是刑法中犯罪客体的最高层次。犯罪的一般客体集中揭示了犯罪的社会危害性，凡是侵犯犯罪一般客体的行为，均具有严重的社会危害性和犯罪的本质属性。犯罪的一般客体也是刑事立法和设定构成要件的基础。

我国刑法的目标是“惩罚犯罪，保护人民”，一般客体与刑法的目的相一致，代表了所有为犯罪所侵犯的合法利益，表明了我国刑法与宪法一致的价值取向。不符合一般客体之要求的刑事立法、不能保护人民利益的刑法规范，是不符合宪法精神，不符合我国社会的公正价值基础的。在司法实践中，一般客体也有重要

的意义，如当两种利益存在冲突时，需要借助于一般客体来进行取舍。例如，不能为了保护富人的面子而牺牲穷人的尊严，因为人格是平等的，刑法应该平等地保护人民的利益。

在这个意义上，犯罪的一般客体并不是纯粹观念的东西，并不是通常所讲的“犯罪客体”，它具有一定的现实功能，具有一定的规范内容，表明了刑法整体的价值取向，指导着刑事立法和司法，诸如各种同类客体的设置、直接客体的认定等都需要依据犯罪的一般客体来确定。

（二）犯罪的同类客体

犯罪的同类客体，是指我国刑法所保护的而为某一类犯罪所共同侵犯的社会关系，或者说是某一类犯罪共同侵犯的社会关系的某一方面或者某一部分。

犯罪的同类客体具有犯罪的分类功能和刑法分则体系的建构功能。不同的犯罪常常也存在一些共性，某些犯罪所侵犯的客体是相同的或者相近的，如盗窃罪与诈骗罪都侵犯了财产所有权，故意杀人罪与故意伤害罪都侵犯了人身权利。为了避免刑法结构上的杂乱无章，我国刑法按照一定的标准将这些犯罪加以排列组合，分门别类，建立一个体系，即刑法分则体系。我国刑法考虑到犯罪客体在实质和规范两方面的意义，以犯罪客体为标准，建立了刑法分则体系，将刑法分则分成十个部分，规定了十大类犯罪。这十大类犯罪分别为：危害国家安全罪，危害公共安全罪，破坏社会主义市场经济秩序罪，侵犯公民人身权利、民主权利罪，侵犯财产罪，妨害社会管理秩序罪，危害国防利益罪，贪污贿赂罪，渎职罪，军人违反职责罪等。每一类犯罪的犯罪客体都具有一定的共同特征，属于同类概念。如生命权、健康权、妇女的性自由和性尊严、人身自由、人格尊严等都属于人身权利、民主权利的范畴，因而人身权利、民主权利就是这些具体社会关系的共性，在刑法上即为犯罪的同类客体。

鉴于刑法分则内容庞杂，为了使体系更加严密，《刑法》分则对这十大类犯罪又进行了细分，将两个内容较多的章分成若干个节，如破坏社会主义市场经济秩序罪中包含着生产、销售伪劣商品罪，走私罪，妨害对公司、企业的管理秩序罪，破坏金融管理秩序罪，金融诈骗罪，危害税收征管罪，侵犯知识产权罪，扰乱市场秩序罪等八个类别。每个类别又都有一个“次级”的同类客体。

如知识产权就是社会主义市场经济秩序之下的一个“次级”同类客体，概括了商标专用权、专利权、著作权等具有一定共性的权利。

犯罪的同类客体还体现了一定的结构功能。不同的同类客体，体现了不同的社会危害性。如危害国家安全罪较之危害公共安全或破坏经济秩序的犯罪更具有全局性和破坏性，社会危害性更大；再如人身权利较财产权利更值得刑法保护，所以故意杀人罪比盗窃罪有更大的社会危害性。鉴于此，在刑法分则体系的设置方面，特别是在各类犯罪先后顺序的设定上，大致是按照社会危害性的大小来设置的。

（三）犯罪的直接客体

犯罪的直接客体，是指我国刑法所保护的而为具体犯罪所直接侵犯的社会关系。例如，交通肇事罪侵犯了交通运输安全，而丢失枪支不报罪侵犯了我国枪支管理制度，交通运输安全和枪支管理制度分别是交通肇事罪和丢失枪支不报罪的直接客体。

直接客体有犯罪性质的确定功能。犯罪的定性不仅应该考虑行为方式、主观方面等要素，而且离不开犯罪的直接客体。例如，盗窃罪的直接客体是财产所有权。如果盗窃行为所侵犯的只是财产使用权或者财产占有状态，则该行为不能构成盗窃罪。犯罪的直接客体是研究犯罪客体的重点，也是司法实践中依据客体而区分罪与非罪、此罪与彼罪的标准。刑法分则中所提到的犯罪客体通常就是指犯罪的直接客体。

根据犯罪所侵犯的社会关系的单复性，可将犯罪的直接客体分为简单客体和复杂客体。

简单客体也称单一客体，是指为某一个具体犯罪所直接侵犯而唯一受刑法保护的社会关系。例如，故意杀人罪的犯罪客体是人的生命权，赌博罪的犯罪客体是社会风尚，强奸罪的犯罪客体是妇女的性自由，诸如此类。我国刑法规定的犯罪的客体多数都是简单客体。

复杂客体，是指为某一个具体犯罪所直接侵犯而共同受刑法保护的多个社会关系。例如，敲诈勒索罪侵犯了他人的财产权利和人身权利，存在两个直接客体；再如生产、销售伪劣产品罪也有两个犯罪直接客体，一个是产品质量管理制度，另一个是消费者的合法权益。区分简单客体和复杂客体有利于正确定罪量刑。

对复杂客体中的各犯罪客体并不能等量齐观，它们在犯罪中的重要程度并不相同，存在主次之分。根据直接客体在犯罪中的受危害程度以及受刑法保护的情况，可以将复杂客体再分为主要客体和次要客体。

主要客体，是指某一具体犯罪所侵犯的多个社会关系中刑法重点予以保护的社会关系。在某一犯罪保护复杂客体的情况下，该具体犯罪在分则体系上面临着归属问题。如抢劫罪同时侵犯了财产权利和人身权利，相应出现的问题是：该犯罪是应该划归到侵犯人身权利罪，还是划归到侵犯财产罪？这种情况通常依据主要客体来确定。如果犯罪的主要客体隶属于该犯罪的同类客体，就将该犯罪划归到该同类客体所在的章节中。就抢劫罪而言，刑法重点保护的社会关系是财产权利，因而抢劫罪在体系上就属于侵犯财产罪。

次要客体，是指某一具体犯罪所侵犯的多个社会关系中刑法附带予以保护的社会关系。如在抢劫罪中，人身权利即为刑法附带保护的社会关系，属于次要客体。次要客体是相应犯罪成立的必备条件，不可避免地受到了犯罪的侵犯，因而也影响着定罪量刑。如某一行为构成抢劫罪，就必然同时侵犯了人身权利和财产权利，仅侵犯了财产权利，则不构成抢劫罪。不仅如此，次要客体受侵害的程度直接决定着量刑，如对于抢劫致人重伤、死亡的，《刑法》第263条明文规定应该加重处罚。

第二节　犯罪对象

一、犯罪对象的定义和特征

犯罪对象，又称为行为客体，是指犯罪行为直接作用的人或物。在语义上，对象与客体别无二致，都是主体的相对概念，是主体的认识和活动所作用的事物。这两个概念在我国法学基础理论和其他部门法学中通常没有区别。如法理学将法律关系客体定义为“权利主体的权利和义务所指向的对象”，包括物、人身、精神产品、行为结果等。[①]德、日刑法理论中也没有区分犯罪对象和犯罪客体，

① 参见张文显.法理学［M］.北京：北京大学出版社，高等教育出版社，1999：116-117.

而是将两者都称为客体，前者为行为客体，后者为犯罪客体。

我国刑法理论中没有采用犯罪客体和行为客体的概念，而以犯罪客体与犯罪对象来表达相应的内容。那么对这两个概念就应该加以区分，以正确理解这两个概念的特定内涵。

（一）犯罪对象是人或物

犯罪对象与犯罪客体一样，也是犯罪主体的行为所作用的事物，与犯罪主体存在一定的关系。犯罪对象是不以人的意志为转移的客观事物，是权利和义务所指向的事物，体现了某种刑法所保护的社会关系。如盗窃罪的对象是财物，体现了财产所有权关系。再如故意损毁文物罪的对象是文物，体现了国家对文物的保护关系。犯罪行为侵犯某一社会关系时，一般会作用于某种体现该社会关系的事物，这就是犯罪对象。即是说，犯罪对象一方面是某种法律保护关系所指向的事物，另一方面又是犯罪行为所作用的事物。

犯罪对象范围非常广泛，既可以是有形的人、尸体、财物，也可以是无形的精神财富、数据、信息；既可以是法律允许流通的商品，也可以是危害社会、禁止流通的物品，如毒品、假药、假币、淫秽物品等。状态、位置或时间不是犯罪的对象，因为这些事物往往只是给行为人提供了一定条件，本身不是行为作用之物。行为也不是犯罪对象，因为在刑法中行为是连接主体与对象的纽带，并不是对象。如在传授犯罪方法罪中，犯罪方法是实施犯罪的技术和手段，本身就是行为的一部分，并不是行为作用的对象。对于信息是不是犯罪对象，理论上存在争议。我们认为，信息本身内容非常广泛，性质也有巨大差异，不宜绝对地将其归于犯罪对象范畴，而应依据刑法规定区别对待。如个人信息、技术信息和经营信息虽然具有一定的经济价值性，但不能被理解为财物，而应被视为一种特殊的物。盗窃、出卖或者非法取得这类信息的行为不能简单地以盗窃罪或诈骗罪论处，只有法律明确规定盗窃、出卖或者非法取得该信息之行为构成犯罪时，才可以将此类信息理解为犯罪对象。数据也是如此，有些数据属于支持计算机或者互联网运行的数据，有些数据则是对图像、声音、文字等经过处理存储的信息，它们的法律属性应根据法律保护目的来确定。

（二）犯罪对象是实行行为直接作用的人或物

非实行行为一般不会直接作用于犯罪对象，所以犯罪对象仅指实行行为所直接作用的事物。当某危害行为直接作用于犯罪对象的时候，犯罪客体即受到了现实的侵犯。此种“作用”并不是一般意义上“对事物产生某种影响的活动”，[①]而是使该对象的位置、状态、性质、数量等发生变化，对某种刑法所保护的社会关系的损害或威胁。如果没有体现犯罪客体受损害、威胁的情况，则该事物不能被视为犯罪对象。如所有权人采取盗窃的方式取回了处于他人保管之下的自有财物，虽然该财物为盗窃行为所作用，但这里的财产所有权没有受到侵犯，所以该财物并不是盗窃罪的犯罪对象。

犯罪对象还应该与犯罪工具、犯罪所得区分开来。犯罪工具是实行犯罪时所使用的物品，包括金钱、交通工具或其他财物。如生产、销售伪劣产品时，犯罪工具是行为人所使用的加工工具、资金等，而伪劣产品则为犯罪对象。犯罪对象必须受到行为主客观方面因素的直接作用，从而损害该事物所体现的合法秩序；犯罪工具则没有体现这种合法社会关系受侵犯的情况。犯罪所得是犯罪人通过犯罪行为所取得的财产或物品，如赌博赢得的财物、贩毒所得的赃款等。犯罪所得体现了犯罪客体受侵害的结果，是一种非法的财物；犯罪对象仅指实行行为所作用的事物，并不局限于非法财物，只表明犯罪客体受到侵犯的具体事物，而不是结果。

二、犯罪对象与犯罪客体的联系与区别

犯罪对象与犯罪客体存在密切的联系。在理论上有人将犯罪客体融入犯罪对象之中，从而将犯罪客体排除在犯罪构成之外。其理由是，任何犯罪对象都代表着国家和人民的利益，对犯罪对象的侵犯是犯罪行为社会危害性的直接体现。由于我国刑法分则许多条文规定，某种行为只有在数额较大、后果严重等情况下才能构成犯罪，因此，有观点认为，这些违法行为只有当被侵害对象在数量、受侵害程度上达到一定标准时，才能被认定为犯罪行为。这是一般违法行为和犯罪行

---

① 中国社会科学院语言研究所词典编辑室.现代汉语词典［M］.北京：商务印书馆，2005：1827.

为区分的重要界限。因此，只有纳入犯罪对象（即将犯罪客体界定为犯罪对象）的犯罪构成，才是完整的犯罪构成。[①]

我们认为，犯罪对象是刑法所保护的某种社会关系的物质表现，是犯罪客体的表现形式。刑法中绝大多数条文都没有明确规定犯罪客体，往往需要借助于其他方式表现犯罪客体。其中，通过犯罪对象来表现犯罪客体的条款占有相当大的比重。如人的生命、健康、人格尊严和行为表明了生命权、健康权、人格权、名誉权以及自由权的存在；不特定多数人的生命和健康，国家机关、社会组织、团体的活动，自然环境和社会环境，少数民族的风俗习惯则表明国家安全、声誉、公共安全、国家和社会正常管理秩序等社会关系的存在；注册商标和注册商标标识、专利、作品分别表明了商标专用权、专利权和著作权的客观存在；商业信誉和商品声誉体现了生产者和经营者名誉权和经济利益关系的存在。这些条款或者直接规定实行行为所作用的物，或者规定作为犯罪对象的人，用以表明犯罪客体的内容。而且，刑法也可以通过实行行为来表现犯罪客体，如传授犯罪方法罪，组织、领导、参加黑社会性质组织罪等就是直接通过实行行为的性质来揭示犯罪客体的。如果将犯罪对象等同于犯罪客体的表现，显然是混淆了概念。

犯罪客体的受侵害程度，主要取决于行为对犯罪对象产生的量变。换言之，犯罪对象的量变直接体现了合法社会关系受侵犯的程度。犯罪对象与犯罪客体还存在以下几个方面的区别。

第一，犯罪对象不能决定犯罪的性质，而犯罪客体可以。同样是损坏他人的汽车，如果损坏的是正在使用中的汽车，则可能会使汽车发生倾覆、毁坏的危险，从而危害公共安全，构成破坏交通工具罪；如果损坏的是未使用的汽车，则不导致危害公共安全，只构成故意毁坏财物罪。由此可见，决定犯罪性质的不是汽车本身，而是体现在汽车背后的合法社会关系，即犯罪客体。

第二，特定的犯罪对象只是某些犯罪的具体构成要件，而犯罪客体是一切犯罪的共同构成要件。一些犯罪并没有犯罪对象，如脱逃罪、妨害传染病防治罪、偷越国（边）境罪等。某一个犯罪是否存在犯罪对象，需要结合该犯罪的具体犯

---

① 参见徐振华.犯罪客体新探［J］.法商研究，2002（2）.

罪构成来判断。犯罪对象是某些犯罪的具体构成要件，并不是所有犯罪都必备的要件。犯罪客体则为所有犯罪的共同构成要件，在刑法中具有一定的价值内容，是定罪的价值依据，是所有犯罪必不可少的要件。

第三，犯罪对象在犯罪中并不一定都受到了损害，而犯罪客体在一切犯罪中都受到了侵害或者威胁。在有些犯罪中，犯罪对象受到损害，如在故意毁坏财物罪中，财物受到了毁坏；在有些犯罪中，犯罪对象则未必受到了损害，如在盗窃罪中，犯罪人为了非法占有该财物常常并不损害该财物本身。相反，犯罪客体则在所有犯罪中都受到了行为的侵害，否则该行为不构成犯罪。

第四，犯罪对象与犯罪客体并不是一一对应的关系。犯罪对象相同，其犯罪客体未必相同，而在犯罪客体相同的情况下，犯罪对象也未必相同。如交通工具在作为盗窃罪的犯罪对象时，刑法保护的社会关系为财产所有权；在作为破坏交通工具罪的犯罪对象时，刑法保护的社会关系则为交通运输安全。相反，有些犯罪的客体相同，而犯罪对象则有明显区别。如破坏交通工具罪和破坏交通设施罪的犯罪客体相同，都为交通运输安全，但犯罪对象不同，破坏交通工具罪的犯罪对象为交通工具，而破坏交通设施罪的犯罪对象则为交通设施。

第三节　严重的社会危害性

（一）社会危害性概述

严重的社会危害性表明了犯罪客体受到侵犯的样态和程度。我国刑法理论关于犯罪本质的通说是社会危害性理论。早期理论认为，“社会危害性是犯罪最本质的属性”[①]。现在则表述为“行为具有严重的社会危害性，是犯罪最本质最基本的特征”。[②]可见，社会危害性理论虽然继续占主导地位，但是其地位受到了挑战。一些学者对于社会危害性理论提出了批评，主张犯罪的本质是对法益的侵

① 高铭暄.中国刑法学［M］.北京：中国人民大学出版社，1989：67.

② 贾宇.刑法学（总论）［M］.北京：高等教育出版社，2019：86.

害。[①]本书认为，社会危害性理论依然有其不可取代的价值，不能轻言放弃。

第一，社会危害性理论可以涵盖所有犯罪的基本客观特征。社会危害性理论可以追溯至贝卡利亚的观念。他认为，“一切犯罪，包括对私人的犯罪都是在侵犯社会，然而它们并非试图直接地毁灭社会”。[②]这种朴素的观念从哲学的角度出发，试图对犯罪的本质做完整的历史阐述。如古代社会也有刑法，也有犯罪，但没有法益概念，因此不能用法益概念解释全部犯罪的本质。对犯罪本质的讨论，并不能忽视犯罪所在政治社会的现实。而且，“在法益侵害中存在对共同关系的损害，此等损害表明将犯罪行为表述为‘危害社会的行为’是正确的”。[③]

第二，社会危害性的评价内容需要完善。社会危害性理论也有不足：其一，任意滋生只保护社会不保护个人的偏见。其二，社会危害性较为抽象，不容易评价。对于社会的理解，存在认识上的歧义，如在启蒙思想初期，理论上也认为犯罪是危害社会的行为，但该“社会”是一种朴素的市民社会的概念；而在苏联的刑法学中，阶级化的社会观念，使得刑法的评价成为政治评价与法律评价的结合。就如A.H.特拉伊宁所说：“把政治评价列入法律规范的这个事实，对于理解‘苏俄刑法典’第128条的意义和精神来说，自然有一定影响。”[④]其三，它不能解释有社会危害性却为法律所明确否定违法性的理由。如紧急避险行为本身就是侵害他人法益的行为。他人的法益从广义上包括社会的法益、国家的法益。也就是说，紧急避险行为具有社会危害性，但是，为何法律明确阻却了它的违法性呢？

另外，社会危害性理论不能解释某些没有直接的社会危害性、但是却被刑罚

① 参见陈兴良.社会危害性理论——一个反思性检讨［J］.法学研究，2000（1）；张明楷.新刑法与法益侵害说［J］.法学研究，2000（1）；刘为波.诠说的底线——对以社会危害性为核心话语的我国犯罪观的批判性考察［A］.陈兴良.刑事法评论（第6卷）［C］.北京：中国政法大学出版社，2000；劳东燕.社会危害性的背后——对刑事领域认识论思维的质疑［A］.陈兴良.刑事法评论（第7卷）［C］.北京：中国政法大学出版社，2000；梁根林，付立庆.刑事领域违法性的冲突及其救济［A］.陈兴良.刑事法评论（第10卷）［C］.北京：中国政法大学出版社，2002；方鹏.纠缠于法益与社会危害性之间［A］.陈兴良.刑事法评论（第10卷）［C］.北京：中国政法大学出版社，2002.

② 贝卡利亚.论犯罪与刑罚［M］.黄风，译.北京：中国大百科全书出版社，1993：71.

③ 汉斯·海因里希·耶塞克等.德国刑法教科书（总论）［M］.徐久生，译.北京：中国法制出版社，2001：288.

④ A.H.特拉伊宁.犯罪构成的一般学说［M］.王作富，等译.北京：中国人民大学出版社，1958：53.

制裁的行为的犯罪理由。比如得到他人的承诺而将他人杀死的行为，很难说这种行为有社会危害性。法律之所以这么规定，就是为了防止有的人逃避法律的义务。所以从长远来说，这种行为也有社会危害性，但是对于安乐死则未必如此。因此，在刑法理论中应重新认识社会危害性的评价内容。

（二）严重社会危害性的内容

在刑法史上，与社会危害性理论地位、功能相似的理论观点包括以下几种：第一，权利侵害说。这是费尔巴哈的观点，他认为犯罪的本质是对法所赋予的权利的侵害。对犯罪设定“权利侵害”的客观范围，确保市民的政治、经济权利，具有强烈的自由主义色彩。但是犯罪中也包含一些难以说是权利侵害的部分，因此，该说为法益侵害说所替代。第二，法益侵害说。这是19世纪初期的观点，其认为犯罪是对国家所保护的财（gut）或利益的侵害或者侵害的危险。法益概念获得了大陆法系刑法理论的普遍认可，法益侵害说也是现在很有影响的学说。第三，义务违反说。这是德国纳粹时期的见解，其认为犯罪的本质不是法益侵害，而是义务的违反。这种观点随着纳粹政权的崩溃而被抛弃。而且，义务的范畴过于宽泛，包括法律义务、道德义务等，但并不是所有违反上述义务的行为都是犯罪，所以这样的犯罪本质说不严谨。第四，规范违反说。该说起源于麦耶的文化规范论，它不仅重视法益侵害的方面，也重视行为违反社会规范的方面。这种学说在日本很有影响。在德国，有学者明确提出，犯罪不是法益侵害，而是规范否认。[①]目前影响最有力的理论是法益侵害说和行为规范违反说。

社会危害性理论在刑法中有一个终极性意义：它不仅能够说明古代社会犯罪的本质，也能够说明现代法治社会中的犯罪本质。但在法治社会中，社会危害性的内容应与时俱进。按照现有理论，我们可以吸收法益侵害说和规范违反说的内容，完善当代社会危害性理论的内容。

1.法益侵害说

法益侵害说源于德国，直到21世纪才被正式移植到我国刑法理论中来。[②]法

---

① 参见格吕恩特·雅科布斯.行为责任刑法［M］.冯军，译.北京：中国政法大学出版社，1997：中文版序言第2页.

② 参见张明楷.法益初论［M］.北京：中国政法大学出版社，2000：339.

益侵害说认为，刑法的任务是保护法益，而犯罪则是对法益的侵害。根据当前的研究，所谓法益是根据宪法的基本原则，由法所保护的、客观上可能受到侵害或者威胁的人的生活利益。关于法益在我国刑法中的地位，有观点认为，其具有替代社会关系的地位，即犯罪客体实质上就是刑法上的法益，即犯罪客体的内容应当是刑法保护的利益，但不宜表述为社会关系。[①]还有观点认为，可将犯罪客体还原为刑法法益，并认为法益概念的优越性包括规范性、实体性、专属性。[②]可见法益侵害说是为了完善社会危害性说而提出来的新理论，法益与社会危害性具有紧密联系。社会危害性是指社会系统的失效，刑法的任务是通过保护法益来维持社会系统的存续。故而法益应当是指社会共同生活的必要外在条件。社会危害性理论有助于实现法益概念的刑事政策机能，但无法替代法益概念对具体犯罪构成解释的机能。[③]

但是，该说也存在一些值得注意的问题：第一，刑法中的法益难以界定。法益概念具有极大的流变性，自法益概念提出来后，德国学者提出了很多法益概念，但都未能如愿，而且法益还出现了精神化现象。第二，法益确定的标准不明确。在不同国家和地区之间，针对同样的行为，宪法或者刑法的规定不一样，说明其法益性质不同；受到保护的程度不一样，说明在法益背后还有其他因素决定了宪法或者刑法立法。其中社会伦理、文化等因素塑造法益的作用不可忽视。性犯罪是法益概念的试金石，不同国家、地区刑法关于性犯罪的规定有很大差异。这种现象只能归因于国家、地区之间性文化、性伦理的差异。如通奸行为过去认为其犯罪，现在一般不认为其犯罪，对此提供决定性影响的显然不是相关法益，而是其他的因素。第三，法益大小难以衡量。法益包括国家法益、社会法益和个人法益。在这三个法益中必然存在优先性问题，不能认为社会法益必然高于个人法益，也不能做出相反评价。基于上述问题，有观点认为，法益侵害与社会危害性只是概念不同，两者并不存在根本的区别。法益并不具有替代社会危害性的优势，如法益侵害难以划分一般违法行为与犯罪行为，无法解释无责任能力者的行

① 参见张明楷.法益初论［M］.北京：中国政法大学出版社，2000：167，181.

② 参见陈兴良.社会危害性理论——一个反思性检讨［J］.法学研究，2000（1）.

③ 参见王钢.法益与社会危害性之关系辩证［J］.浙江社会科学，2020（4）.

为性质。[①]

2.行为规范违反说

行为规范违反说认为，犯罪是对社会生活中行为规范的违反。社会规范可以分为多种。从形成的机制上可分为正式规范与非正式规范；从内容上可分为伦理道德规范、文化规范、行为规范等；从法律属性上可分为刑法规范与前置法规范等。如果仅仅采取行为规范违反说，就无法显示违法行为和违反道德行为的区别，也无法显示犯罪行为与一般违法行为的区别。但从本质上看，犯罪是一种行为，该行为不仅对法益造成或者可能造成侵害，而且该行为扭曲了社会规范的含义，导致社会理性交往中的行为期待落空，所以犯罪是一种违反行为规范的行为。尤其是在风险社会，为了避免风险实害化中不可控的现象和现实危害难以评估的诸多问题，刑法普遍提前介入社会生活，并通过对行为规范的严格要求控制犯罪结果的发生。至此，抽象危险犯立法现象增加，行为规范违反说更有利于解释实质违法性的本质。

本书持综合性观点：第一，在社会危害性的评价内容中，法益侵害与行为规范违反之间是表里关系。法益侵害显示了行为的危害程度，行为规范显示了行为的危害本质，二者缺一不可。法益侵害是违反行为规范的行为构成犯罪的客观表现和限制因素，在刑法评价上起着客观的界限机能。而行为规范的违反，是犯罪最根本的社会本质属性。第二，犯罪所违反的行为规范，必须和重大法益侵害之间存在内在联系，从而在一定程度上显示其社会危害性。第三，社会行为规范的违反除了导致法益侵害的可能性之外，还表明行为人作为规范的创制者未能遵守行为规范。行为人违反规范显示了其主观上对行为规范的敌对意识，表明了行为人的人身危险性，从其他层面说明行为的社会危害性。所以在评价社会危害性时，既以行为规范违反为评价的基础内容，又用法益侵害作为评价的限制内容。例如，甲多次将他人在网络平台点的食物拿走吃掉。如果仅仅从行为规范违反的角度看，甲的行为具有行为规范违反性，似乎可以构成犯罪，但是从法益侵害性的角度看，其是否造成了成立犯罪所必要的结果，也是应当充分考量的因素。行为人即便多次实施盗窃行为，但是如果每次盗窃数额不大，盗窃数额的总和距离

---

① 参见孙国祥.刑法基本问题［M］.北京：法律出版社，2007：70-71.

法定标准较远，则不宜作为犯罪定罪处罚。

（三）社会危害性的评价

有观点认为，对于司法工作者而言，社会危害性不能作为犯罪成立与否的标准，但是其在刑法解释学上，仍然具有限制的、补充的意义。①本书认为，既然社会危害性在刑法解释学中具有意义，那么在司法中也具有意义。社会危害性的评价与无价值有联系，缺乏严重的社会危害性，表明不存在刑法上的无价值性。犯罪构成中包括无价值评价，无价值评价与犯罪构成是手段与目的的关系。②我国刑法的传统，倾向于从客观上把握行为的社会危害性。因为在依法治国的观念下，行为在客观上的社会危害性有可能通过物化构成要件结果的方式来实现。因此，立法者在确定犯罪构成要件的时候较为重视行为后果。如果某一行为产生了十分恶劣的危害结果，通常就会被作为犯罪给予刑罚处罚，并且结果危害越大处罚越重。这造成了司法上的“唯结果导向”，即刑法评价重视结果而不重视造成结果的行为和行为人。这种方法既可能不当扩大刑法适用范围，也可能不当限制刑法适用。如在合同履行的过程中，仅仅因为经营亏损而认为行为人无经营能力，其行为具有诈骗性，并追究行为人的刑罚后果。再如在加害他人的场合，不考虑行为方式和工具，只根据伤情鉴定意见，可能将一些严重犯罪的未遂行为作为无罪处理，或者在必须处理的场合，有时候按照寻衅滋事罪定罪处罚。

在评价社会危害性时，行为结果因为其具有客观性、稳定性，自然应作为结果无价值评价的首选因素。除此之外，人身危险性具有判断行为无价值的作用，所以也应当纳入社会危害性评价范围之内。③人身危险性通常会通过行为样态和相关情节等表现出来。总之，刑法应正视法益保护内涵和外延带来的变化，及时调整刑法的规制范围和力度，实现刑法保护和保障机能的平衡和良性发展。④具

① 参见王政勋．论社会危害性的地位［J］．法律科学，2003（2）．

② 参见王安异．刑法中的行为无价值与结果无价值研究［M］．北京：中国人民公安大学出版社，2005：11-13．

③ 参见叶良芳，卢建平．也论人身危险性在我国刑法中的功能定位——兼与游伟研究员和陆建红审判员商榷［J］．南京大学法律评价，2008（春秋合卷）．

④ 参见孙国祥．新时代刑法发展的基本立场［J］．法学家，2019（6）．

体而言，评价社会危害性应当从整体把握以下因素：行为结果、行为人的主观恶意、行为次数、行为对象、行为方式、违法性的形态和程度等。行为结果危害越大，行为人的主观恶性越大，行为次数越多，说明其社会危害性越严重。其中，主观恶意存在有无与强弱之分，若行为人不存在主观恶意则不可能具有刑法上的非难可能性，可直接通过民事手段来解决问题；若行为人存在主观恶性则要分析其程度大小。

（四）不具有严重社会危害性的情形

《刑法》第13条但书规定了“情节显著轻微危害不大的，不认为是犯罪”。在司法实践中，但书规定可以作为裁判的直接依据。根据司法解释的相关规定，可以根据但书不认为是犯罪的情况包括以下十二种。

（1）已满14周岁不满16周岁的人偶尔与幼女发生性行为，情节轻微、未造成严重后果的，不认为是犯罪。

（2）对于已满14周岁不满16周岁的人，与幼女发生性关系构成犯罪的，依照《刑法》第17条、第236条第2款的规定，以强奸罪定罪处罚；对于与幼女发生性关系，情节轻微、尚未造成严重后果的，不认为是犯罪。

（3）已满14周岁不满16周岁的人使用轻微暴力或者威胁，强行索要其他未成年人随身携带的生活、学习用品或者数量不大的钱财，且未造成被害人轻微伤以上或者不敢正常到校学习、生活等危害后果的，不认为是犯罪；已满16周岁不满18周岁的人具有前款规定情形的，一般也不认为是犯罪。

（4）已满16周岁不满18周岁的人实施盗窃行为未超过三次，盗窃数额虽已达到“数额较大”标准，但案发后能如实供述全部盗窃事实并积极退赃，且具有下列情形之一的，可以认定为“情节显著轻微危害不大”，不认为是犯罪：①系又聋又哑的人或者盲人；②在共同盗窃中起次要或者辅助作用，或者被胁迫的；③具有其他轻微情节的。已满16周岁不满18周岁的人盗窃未遂或者中止的，可不认为是犯罪；已满16周岁不满18周岁的人盗窃自己家庭或者近亲属财物，或者盗窃其他亲属财物但其他亲属要求不予追究的，可不按犯罪处理。

（5）销售少量根据民间传统配方私自加工的药品，或者销售少量未经批准进口的国外、境外药品，没有造成他人伤害后果或者延误诊治，情节显著轻微危害不大的，不认为是犯罪。

（6）行为人明知是不满14周岁的幼女而与其发生性关系，不论幼女是否自愿，均应依照《刑法》第236条第2款的规定，以强奸罪定罪处罚；行为人确实不知对方是不满14周岁的幼女，双方自愿发生性关系，未造成严重后果，情节显著轻微的，不认为是犯罪。

（7）多名家庭成员或者亲友共同参与出卖亲生子女，或者“买人为妻”“买人为子”构成收买被拐卖的妇女、儿童罪的，一般应当在综合考察犯意提起、各行为人在犯罪中所起作用等情节的基础上，依法追究其中罪责较重者的刑事责任。对于其他情节显著轻微危害不大，不认为是犯罪的，依法不追究刑事责任；必要时可以由公安机关予以行政处罚。

（8）偷拿家庭成员或者近亲属的财物，获得谅解的，一般可不认为是犯罪；追究刑事责任的，应当酌情从宽。

（9）敲诈勒索近亲属的财物，获得谅解的，一般不认为是犯罪；认定为犯罪的，应当酌情从宽处理。被害人对敲诈勒索的发生存在过错的，根据被害人过错程度和案件其他情况，可以对行为人酌情从宽处理；情节显著轻微危害不大的，不认为是犯罪。

（10）拒不支付劳动者的劳动报酬，尚未造成严重后果，在刑事立案前支付劳动者的劳动报酬，并依法承担相应赔偿责任的，可以认定为情节显著轻微危害不大，不认为是犯罪。

（11）行为人为自用而掩饰、隐瞒犯罪所得，财物价值刚达到法定标准，认罪、悔罪并退赃、退赔的，一般可不认为是犯罪。

（12）无危险废物经营许可证从事收集、贮存、利用、处置危险废物经营活动，严重污染环境的，按照污染环境罪定罪处罚；同时构成非法经营罪的，依照处罚较重的规定定罪处罚。但不具有超标排放污染物、非法倾倒污染物或者其他违法造成环境污染的情形的，可以认定为非法经营情节显著轻微危害不大，不认为是犯罪。

第十章

正当化事由

第一节 正当化事由概述

一、正当化事由的概念

正当化事由，又称为排除犯罪的事由，是指行为人的行为虽然形式上符合某些犯罪的客观构成要件，但实际上并没有犯罪的社会危害性，依法不成立犯罪的情形。

正当化事由不同于出罪事由。所谓出罪事由，是指根据刑法的规定，对符合构成要件的行为，不认定为犯罪，或者不认定具有违法性或者责任。出罪概念比较直观。根据现有观点，出罪事由主要有：第一，情节显著轻微，不认为是犯罪；第二，具有正当化事由，阻却违法性；第三，具有阻却责任事由，阻却责任。可见正当化事由只是出罪事由的一种。另外，从字面看，出罪与入罪相关，出罪的前提是入罪，入罪之后出罪。问题在于，无论是情节显著轻微，还是因存在正当化事由或者存在责任阻却事由，最终都表明构成要件不能齐备，行为不构成犯罪，显然缺乏入罪的基础和根据。所以，出罪事由仅仅在形式上符合犯罪构成的意义时才成立。但犯罪构成或者构成要件的评价都包含实质的违法性或者责任评价，因此在刑法教义学中使用阻却犯罪事由较为准确。正当化事由应运用社会相当性理论进行评价。因为社会相当性理论对片面强调法益侵害（危险）的结果的法益侵害说与片面强调规范违反的行为规范违反说具有纠偏的作用。该理论在立法论、解释论、违法性评价、责任判断与法定刑配置方面具有相当重要的解释性机能。[①]

① 参见于改之．社会相当性理论的机能［J］．武汉大学学报（哲学社会科学版），2007，60（5）．

二、正当化事由的种类

根据正当化事由是否为刑法所明确规定，可以将正当化事由分为法定的正当化事由与超法规的正当化事由。法定的正当化事由是刑法明文规定的正当化事由。我国刑法明文规定的正当化事由只有正当防卫与紧急避险两种。超法规的正当化事由，是指刑法没有明确规定，但是根据社会生活经验、通行的社会道理和一般社会情形，被认为具有正当化根据的事由。超法规的正当化事由在我国包括下列情形。

第一，履行法定职务的行为。例如，警察追捕逃犯或者制止犯罪行为时，不得已而开枪击毙击伤犯罪人的情况。为了有利于人民警察执行职务，1997年《中华人民共和国刑法（修订草案）》曾经规定："人民警察在依法执行盘问、拘留、逮捕、追捕逃犯或者制止违法犯罪职务的时候，受到暴力侵犯或者人身安全受到威胁，依法使用警械和武器的行为，造成人员伤亡后果的，不属于防卫过当，不负刑事责任。"

第二，正当业务行为。例如，医生在手术台上对伤病患者实施的截肢行为，是正当的业务行为，不是故意伤害。

第三，竞技行为。例如，在拳击台上竞技的两名运动员，在比赛过程中一方因为合理的竞技行为而导致另一方伤亡的，不是故意伤害。

第四，自救行为。例如，自己的自行车被偷走之后，次日在街上发现小偷骑着自己的自行车，来不及报警而自行抢回自己的自行车的，是正当的行为。

第五，经权利人承诺的行为。权利人请求、许可、默认行为人损害其合法权益，行为人根据权利人的承诺损害其合法权益的情况。

基于权利而自愿承诺被损害，但是为法律所禁止的除外。

第六，履行上级命令的行为。例如，《公务员法》第60条规定，"公务员执行公务时，认为上级的决定或者命令有错误的，可以向上级提出改正或者撤销该决定或者命令的意见；上级不改变该决定或者命令，或者要求立即执行的，公务员应当执行该决定或者命令，执行的后果由上级负责，公务员不承担责任；但是，公务员执行明显违法的决定或者命令的，应当依法承担相应的责任"。

除了战时自伤之外，自伤与自杀行为属于法律不评价的行为，既不能认为其属于违法行为，也不能认为其属于正当行为。

第二节　正当防卫

一、正当防卫的概念和成立条件

（一）正当防卫的概念

正当防卫，是指为了使公共利益、本人或者他人的人身和其他权利免受正在进行的不法侵害，而对实施侵害的人所采取的合理的防卫行为。关于正当防卫合法化的根据，理论上存在以下观点。

第一，优越利益保护论，认为就冲突双方本身的利益进行比较，使得具有优越利益的一方的行为阻却违法性，就是顺理成章的。①

第二，紧急行为说，认为正义不必屈从于非正义，个人遭受不法侵害的时候没有甘受痛苦的义务，尤其在急迫之际不可能求得公权力救助之时，准许公民在一定限度内排除危害的行为，符合法律的精神。②

第三，自我保全论，认为防卫权是人生而具有的权利，国家负有保护国民生命、健康、财产安全的义务，但当国民权利遭受现实侵害而缺失公权力及时保护时，国家允许国民行使自卫权。③

本书认为，上述观点从不同角度解释了正当防卫正当化的根据，都有可取之处。但必须看到的是，正当防卫不仅是人的本能，而且从法律文化看是“正对不正”的行为。即便防卫会给不法侵害人造成一定的损害，但是该结果具有价值，即防卫行为实际上属于没有社会危害性的行为，因此属于正当化事由。

① 参见张明楷．刑法学（上）［M］．北京：法律出版社，2021：255-258；黎宏．刑法学总论［M］．北京：法律出版社，2016：127-128；付立庆．刑法总论［M］．北京：法律出版社，2020：154.

② 参见周光权．刑法总论［M］．北京：中国人民大学出版社，2016：198.

③ 参见林亚刚．刑法学教义（总论）［M］．北京：北京大学出版社，2017：265.

（二）正当防卫的成立条件

1.起因条件

正当防卫的前提是有不法侵害行为发生。所谓不法侵害，一般指犯罪行为的侵害，还包括一些侵犯人身、财产，破坏社会秩序的违法行为。如果没有不法侵害，但行为人基于错误认识误以为有不法侵害，并实施了防卫行为的，称为假想防卫。在假想防卫的场合，如果行为人应当预见到对方可能不是不法侵害，那么他在主观上有过失，应当对其假想防卫所造成的损害负过失犯罪的责任；如果行为人在当时情况下不可能、不应当预见到对方不是不法侵害，那么他在主观上无罪过，其假想防卫造成的损害属于意外事件，不负刑事责任。

2.时间条件

正当防卫必须是对正在进行的不法侵害进行防卫。这包括两层含义：第一，不法侵害已经开始。不法侵害已经开始，可以理解为侵害人已经着手直接实行侵害行为。例如，杀人犯持刀向受害人砍去，强奸犯对妇女施以暴力或暴力威胁。第二，不法侵害尚未结束，即不法侵害行为或其导致的危害状态尚在继续中，防卫人可以用防卫手段予以制止或排除。例如，纵火犯正在向房屋泼汽油；又如，抢劫犯打昏物主后，正在翻找财物，尚未离开现场。如果不法侵害尚未开始或者在其已经结束情况下实行“防卫”的，是“防卫的不适时”（事先防卫或事后防卫）。事先防卫，即在不法侵害尚处于预备阶段或犯意表示阶段，对于合法权益的威胁并未达到现实状态时，就对其采取某种损害权益的行为。在事先防卫的情况下，不法侵害人是否真要实施某种侵害还处于或然状态，客观上并不存在采取防卫手段的迫切性。因而事先防卫实际上是一种“先下手为强”的非法侵害。如果事先防卫的社会危害性达到了犯罪程度，应当追究刑事责任。事后防卫，是指在不法侵害已经结束的情况下，对侵害人的某种权益进行打击的行为。在事后防卫的情况下，不法侵害已经结束，侵害行为或其导致的危险状态已经不能通过防卫来制止或排除，已经不存在正当防卫的时机条件。

实践中常常会发生持续的不法侵害，即行为人对他人进行不法侵害结束后不久，又连续多次对他人进行不法侵害。典型的持续不法侵害如习惯性家暴。实践中一般不承认持续的不法侵害。但本书认为，尽管不法侵害中间伴随中断现象，但是持续的不法侵害表明不法侵害的危险并没有消除，其还在进行之中。评价侵害行为是否中断，一要看不法侵害发生的频率；二要看行为人采取预防措施的有效性；三要看有关行政机关介入事件的效果。如果不法侵害反复发生，频率较高，通常可以考虑为持续的不法侵害。但因为在前面的不法侵害结束后，行为有采取其他防卫措施的可能性，所以还应考虑两点：第一，行为人是否采取了必要的防卫措施，且该防卫措施是否有效。通常，行为人寻求行政机关干预就属于必要的措施。第二，应行为人的请求，行政机关的干预是否取得了实际效果。如果行政机关干预后，因干预手段不充分而并没有控制事态的发展，那么可认为不法侵害的危险性依然存在。

3.对象条件

正当防卫的行为必须针对的是不法侵害者本人。正当防卫只能是通过给不法侵害人造成损害的方法来进行，而不能通过给第三者（包括侵害者的家属、子女在内）造成损害的方法来进行。具体到防卫对象，当实施不法侵害的人为无刑事责任能力的未成年人或者精神病人时，受侵害者是否有防卫权？否定的观点认为，所谓不法侵害，除了其行为在客观上危害社会、违反法律外，行为人必须具备责任能力和主观罪过。也就是说，精神病人和未成年人的侵害行为不属于不法侵害，对其一般不能进行正当防卫。肯定的观点认为，不法侵害中的违法不包括行为人主观方面及其责任能力的内容，只要行为人的行为对法律所保护的权益有现实的危害性，就属于不法侵害，防卫人就有权对其进行正当防卫。也就是说精神病人和未成年人的不法侵害，与有责任能力人的不法侵害并无本质区别，对之都可以进行正当防卫。一般所认为的观点如下：第一，从原则上讲，对无责任能力人的侵害行为是可以实行正当防卫的。因为，无责任能力人的侵害行为，客观上也是危害社会的行为，广义上讲属于不法侵害，因此不能完全将其排除在正当防卫的对象之外。第二，对于无责任能力人的侵害行为实行正当防卫，需要加以一定的限制。从刑法的基本精神来看，无责任能力人的侵害行为明显不能等同于有责任能力人的故意侵害；从社会道义的角度来看，应当尽一切努力避免对精神病人、未成年人造成不应有的身体或精神的损害。因此，在遇到无责任能力人的侵害时，如果明知侵害者是无责任能力人并有条件用逃跑等其他方法避免侵害时，则不得实行正当防卫；如果不知道侵害者是无责任能力人，或者不能用逃跑等其他方法避免侵害时，可以实行正当防卫。

4. 主观条件

正当防卫必须是基于保护合法权利免受不法侵害的目的。这就是防卫意识。有观点认为，从刑法预防犯罪的目的出发，防卫意识应当成为正当防卫的成立条件，其内容应该是对客观存在的不法侵害的认识。[①]还有观点认为，正当防卫的本质是个人权利与国家权力的平衡。基于有利于被告人原则，只要行为人认识到紧急的不法侵害行为，且防卫行为在法律允许的范围内便可以成立正当防卫。如果将这个问题转换到防卫动机在正当防卫判断体系中的地位的构建上，那么这种解决路径便是将防卫动机纳入到防卫行为限度的考察中，而不是将其作为独立的正当防卫成立要件。[②]本书认为，防卫目的的正当性既是正当防卫成立的重要条件，也是正当防卫不负刑事责任的重要根据。正当防卫意图包括两个层次：第一层次是制止不法侵害；第二层次是通过制止不法侵害，保护合法权益。司法实践中，某些行为形式上似乎符合正当防卫的客观条件，但是行为人主观上不具备正当的防卫意图，故不能认定为正当防卫。此类情况，主要包括防卫挑拨、相互殴斗行为、为保护非法利益而实施的防卫和偶然防卫。

（1）防卫挑拨。防卫挑拨又称挑拨防卫，是指行为人出于侵害目的，以故意挑衅、引诱等方法促使对方进行不法侵害甚至借口防卫加害对方的行为。严重的侵害结果、故意的罪过形式、预谋的非法意图、挑拨的言行等是挑拨防卫的基本特征。对防卫挑拨不能视为正当防卫，构成犯罪的要追究其刑事责任。从本质上讲，虽然所谓的防卫在形式上可能完全符合正当防卫的客观条件，但由于对方所谓的不法侵害是由挑拨者故意诱发的，挑拨者的主观意图不是防卫行为，而是侵害，因此其所谓的防卫行为实质上是有预谋的不法侵害行为。

（2）相互殴斗。相互殴斗，是指双方都出于侵害对方的非法意图而发生的相互侵害行为。双方都有侵害对方的非法意图，都在积极地追求非法损害对方利益的结果，因此，不存在正当防卫的前提条件。但是如果一方逃跑或者请求停止斗

① 参见王充. 论防卫意识［J］. 当代法学，2011（6）.

② 参见蔡仙. 防卫动机不必要论之提倡［J］. 甘肃政法学院学报，2016（5）.

殴，另一方继续实行加害行为，已经放弃斗殴的一方就具备了进行正当防卫的前提条件，他为制止另一方的进一步加害可采取必要的反击措施。这种情形下的反击可以成立正当防卫。例如，甲乙互相攻击，当甲方无力反击并宣布不再斗殴或认输、求饶、逃跑时，乙方继续攻击，则此时甲方存在正当防卫的前提。

（3）保护非法利益而实施的防卫。典型的情况是“黑吃黑”的场合，例如，因赌博、盗窃赃款遭到抢劫时，以正当防卫为由保护其赌资、赃款的行为。在该场合，防卫者因为明显缺乏防卫意图的正当性，不能成立正当防卫。认定为保护非法利益而实施的“防卫”行为时，对于侵害者和防卫者应当分别处理，“防卫”者不能构成正当防卫。

（4）偶然防卫。所谓偶然防卫，是指不法侵害人正在或即将对被告人或第三人的人身进行不法侵害，被告人虽然主观上没有意识到这一点，但基于非法侵害的目的而对不法侵害人使用了武力，从而在客观上起到了防卫的效果。有观点认为，成立正当防卫不需要主观上有防卫的意图，只要客观上有防卫的效果即可；[①]但也有观点认为，防卫人只要认识到是与正在进行的不法侵害相对抗，就应该视为具有防卫意识。但缺乏防卫意识的行为，不具有正当性，不过由于客观上没有法益侵害，所以应成立犯罪未遂。[②]后一种观点更符合一般预防的要求。

5.限度条件

正当防卫不能明显超过必要限度造成重大损害。正当防卫的必要限度，是指足以制止正在进行的不法侵害所必需的限度。过去在理论上有客观需要说、基本适应说和相当说。今天还有观点主张最低强度的有效防卫说，[③]也有观点主张必需说，[④]前一观点属于客观需要说。主流观点则是相当说，即对于明显没有立即危及人身安全或者国家和人民重大利益的不法侵害，不允许用重伤、杀害的手段防卫；明显能用较缓和的手段制止不法侵害时，不允许采用激烈手段，更不允许为

---

① 参见付立庆．刑法总论［M］．北京：法律出版社，2020：165–169；张明楷．刑法学（上）［M］．北京：法律出版社，2021：266–272.

② 参见林亚刚．刑法学教义（总论）［M］．北京：北京大学出版社，2017：275；黎宏．刑法学总论［M］．北京：法律出版社，2016：133–138.

③ 参见石经海，黄亚瑞．防卫过当司法认定中的困惑、误区与匡正［J］．法律适用，2019（21）.

④ 参见王钢．正当防卫的正当性依据及其限度［J］．中外法学，2018（6）.

保护微小利益而采用激烈的防卫手段，因为这些手段显然不是有效制止不法侵害所必需的。

二、特别防卫

（一）特别防卫的概念

《刑法》第20条第3款规定："对正在进行行凶、杀人、抢劫、强奸、绑架以及其他严重危及人身安全的暴力犯罪，采取防卫行为，造成不法侵害人伤亡的，不属于防卫过当，不负刑事责任。"这项规定表明刑法对杀人、抢劫等危及人身安全的暴力犯罪采取极为严厉的态度。对于遭到这类犯罪侵害的防卫人采取鼓励与保护的态度。

（二）特别防卫的成立条件

特别防卫首先必须具备成立正当防卫的起因、时间、对象、主观这四个基本条件，其次还必须具备特定的对象条件：第一，不法侵害行为是针对人身安全的，即危害公民的生命权、健康权、自由权和性权利。第二，针对人身安全的不法侵害具有暴力性，属于犯罪行为。其中的"行凶"应当是指伤人或杀人的行为，即严重的"行凶"，或者说可能会造成重伤、死亡的行凶。从行凶人的主观上看，有的是明确以伤人为故意的行凶，有的是以明确的杀人为故意的行凶，有的是伤人、杀人故意兼有的行凶；从形式上看，虽然行凶一般是以暴力的方式，但有的采用一定的凶器行凶，有的未采用凶器而是赤手空拳行凶；从后果上看，有的行凶仅造成人身的损害，其程度有的很轻微，有的则很严重，有的行凶造成人的死亡，有的行凶造成人的受伤；等等。本条中的"行凶"，应当是以暴力形式实施的严重危及人的生命、健康安全的行凶。第三，这种不法侵害行为应达到一定的严重程度。只要符合以上条件，则防卫人采取的防卫手段、造成的结果没有法律限制。如果符合特殊防卫的条件，即使造成不法侵害人伤亡的，也不被认为过当。这项规定对于区分特殊情况下的正当防卫与防卫过当非常便捷。但是应当注意，在任何情况下都不允许在时间上的不当。即使是遇到严重危及人身安全的暴力犯罪，也不允许在不法侵害开始前或结束后打击不法侵害人。

三、防卫过当及其法律后果

(一)防卫过当的概念

防卫过当，是指正当防卫明显超过必要限度造成重大损害的行为。

(二)防卫过当的基本特征

“正当防卫不能明显超过必要限度造成重大损害”包含了两个必要条件：一是防卫措施不能明显超过必要限度；二是防卫结果不能造成重大损害。防卫过当的基本特征是防卫措施明显超过必要限度，且客观上造成了不应有的损害，具有严重社会危害性；主观上对造成的过分损害存在过失甚至故意，具有罪过性，属于滥用防卫权对不法侵害人造成过分损害的非法行为，应当负刑事责任。但是，防卫过当具有“防卫”的性质，即具备了针对不法侵害事实防卫的基本条件，只是因为欠缺正当防卫的合理限度条件造成过分损害而构成犯罪承担刑事责任。

(三)防卫过当的法律后果

防卫过当应当负刑事责任，但是应当酌情减轻或者免除处罚。防卫过当的罪过形式一般是过失。因为在一般情况下，防卫人是由于疏忽或者判断失误才造成了不应有的危害结果，并无犯罪故意，但也不排除在个别情况下的犯罪故意。因防卫过当而构成犯罪的，依照刑法分则的有关规定确定罪名和应适用的法定刑。致人重伤、死亡的，依法定过失致人重伤罪或过失致人死亡罪；如有犯罪故意的，依法定故意伤害罪或者故意杀人罪。防卫过当本身不是罪名，不能定防卫过当罪。它实际是法定减轻或免除处罚的情节。

区分防卫过当与“事后防卫”的关键是时间不同。二者在罪过形式、责任上也确有显著的差别。一般认为防卫过当是过失犯罪，事后防卫是故意犯罪；防卫过当是法定(从宽)量刑情节，事后防卫是酌定量刑情节。

第三节 紧急避险

一、紧急避险的概念和成立条件

（一）紧急避险的概念

紧急避险，是指为了使公共利益、本人或者他人的人身和其他权利免受正在发生的危险，不得已而采取的损害另一较小合法利益的行为。

关于紧急避险的正当化根据，在我国理论上有一定争议：第一，阻却违法性论认为，紧急避险阻却违法的根据是法益权衡说。在价值较高的法益遭受紧急危难与危险时，为保全法益，在紧急情形下，可以牺牲其他法益以保全当前的法益。[①]第二，原则上阻却违法的二分说认为，紧急避险的价值是"两害相权取其轻"，在保护法益的价值大于牺牲法益的价值时，属于排除客观的社会危害性事由，阻却违法；在保护法益的价值和牺牲法益的价值相等的场合，紧急避险具有社会危害性，属于违法行为，但由于冲突结果为零，没有出现必须为刑法处罚的法益受到严重损害的危害结果，因此，从是否产生了侵害法益的负面效果的角度出发，可以消极地确认该行为不是值得刑法处罚的有害行为，阻却责任。[②]本书认为，根据社会相当性理论，紧急避险一般被认为属于阻却违法性的事由，但是，如果认为紧急避险是"正对正"的行为，往往难以认为其属于阻却违法的事由；根据严重的社会危害性概念，行为人在两种合法利益发生冲突的紧急情况下，而不得不采取损害其中较小的利益，保全较大利益的行为，不具有严重的社会危害性。

（二）紧急避险的成立条件

1.起因条件

采取紧急避险必须有危险发生，即出现了足以使合法权益遭受严重损害的危险情况。危险主要来自自然灾害、动物侵袭、人的行为、生理或者病理等，从而

---

① 参见周光权．刑法总论［M］．北京：中国人民大学出版社，2016：216.

② 参见黎宏．刑法学总论［M］．北京：法律出版社，2016：144–145；付立庆．刑法总论［M］．北京：法律出版社，2020：177–178.

使合法利益面临紧急的危险。危险的存在是客观现实的，而不是假想的、推测的。对于实际上并不存在的危险，行为人因事实的认识错误误认为危险存在而采取紧急避险的，构成假想避险。假想避险不是紧急避险，司法实践中应根据处理事实认识错误的原则，决定行为人是否应负刑事责任。对于自招危险一般不能实施紧急避险，但是在特殊场合也可以例外允许紧急避险。

2.时间条件

采取紧急避险必须实际存在正在发生的危险。危险正在发生，是指已经发生的危险将会立即造成损害或正在造成损害而尚未结束。如果危险还处于潜在状态，其是否出现还有或然性，公民可以采取某些防范措施，法律不允许其实施紧急避险。危险尚未结束，是指危险出现后即将或者正在造成危害，此时若不实行紧急避险，合法权益也必将遭受损害或遭受进一步的损害。对于危险尚未出现或者已经结束的情况下行为人实施的避险行为，理论上称为避险不适时。避险不适时不是紧急避险，给合法权益造成的损害需要根据法律追究行为人的相应法律责任。

3.对象条件

采取紧急避险行为针对的对象是第三人的合法利益。紧急避险是为了保全一方的较大合法利益而不得不损害另一方较小的合法利益。

4.主观条件

采取紧急避险是为了使合法利益免受正在发生的危险。这是避险目的正当性的条件。法律不认可为保护非法利益而采取避险行为。主观条件包括：（1）避险认识。避险认识，是指对于正在发生的危险的认识，包括认识到正在发生的危险的存在，认识到这种危险只能以紧急避险的方法来排除，认识到损害另一较小的合法权益可以达到避险目的，认识到避险行为的手段、强度、可能造成的后果等。（2）避险目的。避险目的，是指行为人实施避险行为所希望达到的结果。刑法将其限定为出于避免国家、公共利益、本人或他人的人身、财产和其他权利遭受正在发生的危险的正当目的。为了保护某种非法利益而实施所谓的避险不构成紧急避险。

5.限制条件

紧急避险必须在迫不得已的情况下实施。所谓迫不得已，是指采取紧急避险是唯一的途径，别无选择。紧急避险是以牺牲较小利益的方式保全较大利益，只要有其他办法能避免危险，就不必采取牺牲某种利益的方法。

6.限度条件

采取避险行为不能超过必要限度造成不应有的危害。紧急避险的必要限度，应是避险行为造成的损害必须小于所保护的权益，而不能等于或大于所保护的权益。衡量两个合法权益的大小一般采取如下标准：其一，人身权利大于财产权利；其二，人身权利中生命权为最高权利；其三，财产权利的大小可以用财产的价值大小来衡量。

但是，标准不是机械和绝对僵化的，可能存在一些例外。例如，为保护个人生命损害数以亿计的国家和人民的财产，或者使数以百计的人身受重伤，通常认为是超出了避险的必要限度。

7.特别例外限制

关于避免本人危险的规定，不适用于职务上、业务上负有特定责任的人。

二、紧急避险与正当防卫的异同

在我国，紧急避险与正当防卫都属于正当化事由，二者具有明显的相同点：第一，目的相同，都是为了保护公共利益、本人或者他人的人身和其他合法权利；第二，前提相同，都必须是在合法权益正在受到紧迫危险时才能实施；第三，责任相同，在合理限度内给某种利益造成一定的损害，都可以不负刑事责任，如果超出法定限度造成损害结果的，都应当负刑事责任，但应当减轻或免除处罚。

但紧急避险与正当防卫的区别也较为明显：第一，危害的来源不同。紧急避险的危害来源非常广泛，既可以是人的不法侵害，也可以是自然灾害、动物侵袭等，而正当防卫的危害来源只能是人的不法侵害。第二，行为所损害的对象不同。紧急避险损害的对象是第三者的合法权益，正当防卫损害的对象只能是不法侵害者。第三，行为的限制条件不同。紧急避险只能在迫不得已时，即在没有其他方法可以避免危险的情况下才能实行，而正当防卫则无此限制。第四，对损害程度的要求不同。紧急避险损害的合法利益必须小于所保护的合法利益，而正当防卫所造成的损害可以大于不法侵害者可能造成的损害。第五，主体的限定不同。正当防卫是每一个公民的权利，而紧急避险不适用于职务上、业务上负有特定责任的人。第六,二者的法律后果不同。正当防卫的行为人不承担民事赔偿责任，但紧急避险的利益受损人有权要求行为人承担民事赔偿责任。

此外，对正当防卫、紧急避险的区分导致了衡量其是否过当的标准不同。正当防卫涉及合法与不法的冲突，其衡量是否过当的标准明显有利于防卫方。即使防卫人对不法侵害人造成的损害大于不法侵害人可能造成的损害，也可能被认为是必要的。而紧急避险涉及的是两个合法利益在紧迫情况下发生的冲突，即不得已舍弃一个保全另一个，其衡量是否过当的标准是平等的，甚至略微偏向利益受损人一方。即使避险行为损害的利益与保全的利益相等，也可认为避险过当。

三、避险过当及其法律后果

（一）避险过当的概念

避险过当，是指避险行为超过必要限度造成不应有的危害的行为。紧急避险的意义在于在不得已的情况下损害较小的利益保全较大的利益。如果避险行为造成的损害大于或等于所保全的利益，就失去了正当的依据。因此，刑法规定，避险过当应负刑事责任。

（二）避险过当的基本特征

避险过当的基本特征如下：第一，在客观上造成了不应有的损害，即避险行为造成的损害大于或等于所保全利益。第二，主观上对造成的不应有损害存在过失，应受到责备。但是鉴于行为人是在紧急情况下、在具备避险的前提条件下造成的不适当损害，所以只有在造成较为严重的不应有损害时，才有必要认定为避险过当，追究刑事责任。

（三）避险过当的刑事责任

紧急避险超过必要限度造成不应有损害的，应当负刑事责任，但是应当酌情减轻或者免除处罚。避险过当不是独立的罪名。避险过当意味着不能排除行为人造成不应有损害的行为的非法性。在追究刑事责任时应当根据具体情况确定触犯的罪名，依法减轻或免除处罚。

第十一章

犯罪的未完成形态

第一节　犯罪未完成形态概述

一、犯罪未完成形态的概念

犯罪未完成形态，也即故意犯罪的未完成形态，是指故意犯罪行为在其发展的过程中，由于主客观原因而停止下来的各种表现形式。具体而言，就是犯罪预备形态、犯罪未遂形态和犯罪中止形态。

刑法中的绝大多数犯罪都不是一蹴而就的，往往需要一个过程才能最终完成。犯罪的发展过程通常是，行为主体先产生某种犯罪的意念或者动机，并为该意念或者动机而做准备活动，之后在一系列准备活动的基础上付诸实质性的行动，最后实现预期的后果。在这个过程中，犯罪行为都有可能因为主客观原因而无法继续进行，从而出现一种停顿的状态。这种停顿的状态虽然未必使刑法所保护的社会关系受到实际损害，但该行为已表现出现实的危险性和行为主体的主观恶性。其中有严重的社会危害性的行为需要动用刑罚来加以制裁。

故意犯罪的未完成形态与故意犯罪过程、故意犯罪阶段是既有联系又相互区别的概念。所谓故意犯罪的过程，是指故意犯罪发生、发展和完成所要经过的程序、阶段的总和与整体。它是故意犯罪运动、变化的连续性在时间和空间上的表现。故意犯罪阶段，是指故意犯罪发展过程中所经过的，依主客观内容的不同而划分的段落。犯罪阶段是前后衔接、顺序递进的，而且犯罪阶段在不同时期表现出不同的特征。故意犯罪的未完成形态总是存在于一定的犯罪过程中，并与一定的犯罪阶段相联系。但是，故意犯罪的未完成形态是发生在特定阶段上的行为状态，是一种相对静止的形态，它属于相对静止概念的范畴；犯罪过程是对犯罪实施从整体上进行的描述，体现的是犯罪实施在时间上的连续性；犯罪阶段是从犯罪的过程中有选择地截取出来的若干段落，体现的是行为发展的不同顺序。犯罪过程和犯罪阶段都属于相继运动发展的概念。我们认为，故意犯罪的阶段不能脱离故意犯罪的过程，也不等同于故意犯罪的过程，因而犯罪过程之外的犯意表示和犯罪既遂之后的销赃、包庇等都不能单独成为犯罪的阶段。此外，故意犯罪的阶段也不同于故意犯罪的未完成形态。简单地将各个阶段理解为犯罪预备或者犯罪既遂形态并不准确。

犯罪的未完成形态是理论上所说的修正的犯罪构成的表现形式之一。因此，要以刑法分则具体条文规定的基本犯罪构成为基础，结合刑法总则中有关犯罪预备、犯罪未遂、犯罪中止的规定加以认定。①

二、犯罪未完成形态的存在范围

从理论上讲，任何犯罪，无论是故意犯罪还是过失犯罪，在其发展过程的不同阶段都可能出现犯罪的未完成形态。但是，与国外通常将未完成形态的犯罪均在刑法典中明文规定的情形不同，我国只在刑法总则中对犯罪预备、犯罪未遂和犯罪中止的定义和处罚原则进行了规定，而在分则中，并没有具体规定哪些犯罪要处罚未完成形态。从理论上看，刑法总则的规定适用于刑法分则的所有犯罪。根据逻辑推理不难得出，我国刑法分则中的任何犯罪，都要依照总则处罚未遂犯等犯罪状态，但实际情况却并非如此。司法实践都是有选择地处罚部分犯罪的未完成形态。这样，关于故意犯罪未完成形态的存在范围就出现了理论和实践的不符。

从犯罪构成的主观要件来看，直接故意犯罪存在犯罪的未完成形态是没有争议的，关键在于过失犯罪和间接故意犯罪是否能成立犯罪的未完成形态。

（一）过失犯罪不存在犯罪的停止形态

首先，对于过失犯罪，通说认为不成立犯罪未完成形态。由于我国刑事立法

---

① 参见黎宏．刑法学［M］．北京：法律出版社，2012：226.

规定过失行为只有造成了严重危害后果才构成犯罪，这就意味着只要其犯罪过程尚未结束，没有发生严重后果，就不可能构成犯罪，过失犯罪也不能成立犯罪的未完成形态。[①]因而过失犯罪只有成立与否的问题，过失犯罪的成立就意味着过失犯罪的完成，两者合二为一，成为过失犯罪的唯一犯罪形态。但是，既然过失犯罪中也有实行行为和结果的观念，那么理论上也就能具有犯罪未完成形态的观念。"在有实行行为但没有造成严重危害结果的场合，就应看成是过失犯的未完成形态。过失犯只有造成危害结果的才处罚，即不处罚过失犯的未完成形态，因为，即使过失犯罪存在犯罪未完成形态，也是没有太大现实意义的。"[②]本书认为，刑法以处罚故意犯罪为原则，以处罚过失犯罪为例外，在此立法逻辑下，过失犯罪的成立范围应当受到必要限制。在没有出现结果的情况下，处罚没有完成的过失犯罪，显然不合适。

（二）间接故意犯罪不存在犯罪的停止形态

对于间接故意犯罪，通说认为，间接故意犯罪由其主客观特征所决定，不可能存在未完成犯罪的预备、未遂和中止这些犯罪的停止形态。[③]如今，争论的焦点在于间接故意犯罪是否具有犯罪目的进而决定是否成立犯罪未遂。

肯定论认为，行为人实施危害行为所放任的结果，就是间接故意的犯罪目的。如果该目的未能实现，就成立间接故意犯罪的未遂。如有观点认为，在间接故意犯罪中，在行为没有造成严重危害结果的场合，虽然行为人的主观目的不同，但行为所引起的客观危险结果已经造成现实性的威胁，通说认为间接故意犯罪不存在未完成形态的观点有过分强调犯罪主观因素的嫌疑，明显不合理，即间接故意犯罪存在犯罪的未完成形态。[④]

否定论者认为，间接故意犯罪无犯罪目的，因为犯罪目的是希望通过犯罪行为实现预期的危害结果，而间接故意仅仅是放任而非希望危害结果的发生。间接故意对于危害结果的发生与否都持放任、无所谓的态度，所以危害结果没有发生

---

① 参见高铭暄，马克昌．刑法学［M］．北京：高等教育出版社，北京大学出版社，2007：157.

② 黎宏．刑法学［M］．北京：法律出版社，2012：227.

③ 参见高铭暄，马克昌．刑法学［M］．北京：高等教育出版社，北京大学出版社，2007：157.

④ 参见黎宏．刑法学［M］．北京：法律出版社，2012：228.

不能认为是犯罪的未得逞。如有观点认为，犯罪目的是与希望危害结果发生的意志相联系的。在放任危害结果发生的情况下，结果发生与否是行为人所容忍的，因此，如果未发生危害结果，就谈不上犯罪目的的未实现，也就不存在违背其意志构成犯罪未遂的问题。而且危害结果未发生，其行为很难说具有犯罪性。所以，间接故意犯罪只有成立与否的问题，而不存在预备、未遂和中止形态。①

本书认为，犯罪目的不是判断犯罪是否完成的唯一标准。犯罪的完成是指犯罪全部构成要件的实现。因此，只能从政策上把握处罚间接故意犯罪未完成形态的必要性和合理性。考察国外的立法，并非所有的故意犯罪的未完成形态都要被处罚，受到处罚的未完成形态一般限于较为严重的犯罪。相对而言，间接故意犯罪在主观上没有直接故意犯罪严重。间接故意犯罪在没有出现结果的情况下即便不被处罚，也不会对犯罪预防产生消极影响。

最后，故意犯罪并非都存在犯罪的未完成形态。故意犯罪的完成和未完成形态是针对大多数犯罪而言，这并不意味着一切故意犯罪的罪种与具体案件都可以存在未完成形态。其一，从罪种方面来看，有几类故意犯罪并不存在某种或某几种犯罪的未完成形态，如一着手实施即告完成的举动犯，通常不可能存在犯罪未遂。其二，从具体案件方面来看，突发性的直接故意犯罪案件由于一般不存在犯罪的预备阶段而直接着手实施，因往往不可能存在犯罪的预备形态及犯罪预备阶段的中止形态，而只有犯罪未遂、犯罪实行阶段的中止及犯罪既遂形态的存在可能。

三、故意犯罪完成形态的类型

未完成形态是相对于完成形态而言的。故意犯罪的完成形态，即犯罪既遂，它是指犯罪得手、犯罪得逞的意思。

不同犯罪的得逞方式不同。通说认为，犯罪既遂的标准是：行为人故意实施的行为已经具备了刑法分则条文所规定的某一犯罪构成的全部要件。我国刑法分则规定了几种具有不同特点的犯罪，其既遂形态也有很大区别，具体而言是：第一，结果说，认为犯罪既遂是指故意犯罪的实行行为造成了刑法规定的

---

① 参见陈兴良. 刑法学［M］. 上海：复旦大学出版社，2009：161.

犯罪结果，据此，故意犯罪的实行行为没有造成刑法规定的犯罪结果属于犯罪未遂；第二，目的说，认为犯罪既遂是指故意犯罪的实行行为达到了行为人的犯罪目的，据此，故意犯罪的实行行为没有达到行为人的犯罪目的属于犯罪未遂；第三，构成要件说，认为犯罪既遂是指犯罪行为完全具备了基本犯罪构成要件的情况，据此，犯罪行为没有完全具备基本犯罪构成要件的情况属于犯罪未遂。

本书基本赞同构成要件说，理由有如下三点：第一，基本犯罪构成是分析和评价犯罪的一般标准，脱离了基本犯罪构成这一标准，刑法和刑法理论研究就会陷入混乱状态。第二，犯罪是主客观要素的统一。基本犯罪构成要件是这种统一的表现，而结果说或者目的说无法保证这种主客观要素的统一。第三，根据一般理论，犯罪结果分为构成要件的结果和非构成要件的结果，犯罪目的也分为构成要件的目的和非构成要件的目的，它们并不是必要的犯罪构成要件。如果采取结果说或者目的说，将难以确定那些不以犯罪结果或者犯罪目的为要件的故意犯罪是否已经既遂。第四，如果采用结果说或者目的说，将产生更复杂的争议，也不符合司法实践的做法。例如，行为人将别人家的电视偷偷放在某个主人不知道的地方，然后去找一辆车来拖运，然而，在他离开之后，一个拾荒人将电视当作他人废弃物搬走。在此类案件中，行为人的犯罪目的并没有实现，但司法实践中一般将这种情形也认定为犯罪既遂。

但需要注意的是，构成要件一般分为基本构成要件和修正构成要件。就具体犯罪而言，基本构成要件和修正构成要件都属于具体构成要件。而刑法分则中具体条文所规定的并不一定是基本构成要件。例如，日本刑法分则中规定的杀人罪包括普通杀人罪、杀人预备罪、同意杀人罪等，后二者属于修正的构成要件，但也属于具体构成要件。可是我国刑法学中有一种观点认为具体构成要件就是基本构成要件，这不利于对犯罪问题的认定。基于此，本书强调，犯罪既遂的准确标准是基本构成要件（符合）说。

在犯罪构成的四个方面的要件中，客体要件和主体要件不存在是否完成的问题。因此，犯罪既遂的核心问题是犯罪主观方面的要件或者客观方面的要件是否齐备。在此基础上可以肯定的是，在目前的犯罪理论体系中，犯罪目的的意义主要用于区别罪与非罪、此罪与彼罪，它是否实现，对于犯罪是否完成并没有真正的决定作用。例如，在取得型财产犯罪中，行为人犯罪完成的标准是造成了他人财物损失，而不是占有了他人财物，而占有财物和造成财物损失的区别是很明显的。故此，笔者认为，比较准确的犯罪既遂判断标准应当表述为“客观构成要件符合说”。这一标准符合我国通说关于犯罪既遂类型的划分及其对客观标准的掌握与运用。

1.行为犯与结果犯

关于行为犯与结果犯，刑法界有两种不同理解：刑法理论通说认为，不以发生危害结果作为既遂判定标准的犯罪是行为犯；发生了危害结果才成立既遂的犯罪是结果犯。根据这一观点，故意杀人罪是结果犯罪。另一种观点认为，行为犯是指不以发生危害结果为其成立条件的犯罪；结果犯则是必须发生危害结果才成立的犯罪。根据这一观点，故意杀人罪是行为犯。前一种观点，有利于区分犯罪的既遂和未遂；后一种观点有助于把握罪与非罪的界限。

通说认为，行为犯是以危害行为的完成为既遂标准的犯罪，如诬告陷害罪、非法侵入住宅罪等。结果犯是以危害结果的发生为既遂标准的犯罪，如故意杀人罪、抢劫罪等。

2.危险犯与实害犯

根据犯罪结果的表现形式，可以将犯罪分为危险犯和实害犯。

危险犯，是指以法律所规定的某种危险结果作为构成要件的犯罪。危险犯不仅要求行为人实施了某种特定行为，而且还要求该行为引起了法定的危险状态。如果仅有行为，没有引起法定的危险状态，就不构成犯罪。更重要的是，危险状态是犯罪的成立要件，为犯罪成立和犯罪既遂不可或缺的要素。此种以危险结果为构成要件的犯罪，在我国刑法分则中有很多，如放火罪、决水罪、投放危险物质罪、爆炸罪、破坏交通工具罪、破坏交通设施罪等。

危险犯既遂的认定不同于实害犯，不要求出现实际的危害结果；其也不同于行为犯，并不以实行行为的实施终了为条件。危险犯的既遂一般为行为人所实施的危害行为是否达到了足以造成一定危害结果的现实可能性，表现为：一是该行为本身具有现实的、客观的危险性；二是该行为已经实施完毕。如在放火罪中，火已经能够独立燃烧；再如在破坏交通工具罪中，交通工具已经受到了客观上的损害，足以危害公共安全。在行为本身具有客观危险性的情况下，如果该行为已经实施完毕，而危险结果没有出现，或者该行为尚未实施完毕，都只能构成犯罪未遂。理论上有一种观点认为，危险犯只是实害犯的未遂状态，且刑法分则条文上并不应以既遂为模式。[①]这种观点值得进一步商榷。

实害犯是指以法律所规定的某种实际损害结果为构成要件的犯罪。所谓实害结果是指危害行为对犯罪直接客体所造成的现实损害。我国刑法中的实害犯有很多，如故意杀人罪以剥夺他人生命为要件，诈骗罪以给他人造成损失为构成要件。实害犯以客观上出现法律所规定的实害结果为既遂的标准。

3.情节犯

关于情节犯的划分，有观点认为，我国刑法中的情节犯包括刑法有专门规定的特殊情节犯和没有专门规定的基本情节犯。根据《刑法》第13条但书的规定，我国刑法中的故意犯罪基本上都是情节犯。[②]本书不同意这种观点。这种观点变相扩大了情节犯的范围，不利于我们对情节犯的深入认识。情节犯是刑法中以特定情节为犯罪成立要件的犯罪。

关于情节犯的未完成形态，理论上存在不同观点：观点一认为，情节不存在完成形态与未完成形态划分；观点二认为，情节犯有未完成形态；观点三认为，情节犯分特殊情节犯和基本情节犯两种，应分不同情况区别对待。[③]本书不同意基本情节犯概念，而是同意第三种观点。即对情节犯而言，存在三种可能：第一，实行行为已经完成，并且整个行为符合犯罪构成的情节要求，这属于情节犯中的完成形态；第二，实行行为虽然未完成，但行为的情节符合犯罪构成的情节要求，这种情形属于情节犯中的犯罪未遂；第三，实行行为虽然完成，但是整个行为的情节并不符合犯罪构成的情节要求，这种情形理论上也属于犯罪未遂。

4.结果加重犯与情节加重犯

结果加重犯是指实施了基本的犯罪构成要件的行为，发生了基本犯罪构成要件之外的重结果，根据刑法规定应加重处罚的犯罪。对结果加重犯既遂的标准，理论上有争论。主要争论在于，对于加重结果，行为人主观上是否仅限于过失，如绑架他人致其死亡。如果行为人对于加重结果所持的心态仅限于过失，则结果

---

① 参见胡东飞.危险犯应属实害犯的未遂状态［J］.中国刑事法杂志，2001（4）；陈航.对危险犯属于犯罪既遂状态之理论通说的质疑［J］.河北法学，1999（2）.

② 参见刘之雄.犯罪既遂论［M］.北京：中国人民公安大学出版社，2003：140.

③ 参见刘之雄.犯罪既遂论［M］.北京：中国人民公安大学出版社，2003：142.

加重犯中没有区分既遂和未遂的问题；反之，存在未遂问题。有观点支持过失说，认为："结果加重犯一般没有未遂状态，只有成立与否的问题，一出现重结果，即构成结果加重犯，否则，不构成结果加重犯。"①但是也存在故意导致加重结果的情形，例如，在抢劫场合，行为也可能希望受害人死亡，如果死亡结果并未发生，此时就需要关注其未遂问题。因为如果不考虑未遂的结果，那么对行为人的处罚可能过轻，如果按照结果加重完成形态处理，处罚又可能过重。只有在结果加重犯的法定刑幅度内按照未遂犯处理，才可以较好把握处罚的尺度。

情节加重犯是指实施了基本的犯罪构成要件的行为，由于具有严重情节，法律明文规定需要加重处罚的犯罪。加重情节不同于加重结果，前者范围较广，可以表现为恶劣的行为手段、严重的危害后果或者卑鄙的主观动机；后者范围较确定，即法律明确规定的某种犯罪结果。一般而言，情节加重犯中法定情节是决定是否加重处罚的关键，出现加重情节，就应该加重处罚，反之则不然。所以，情节加重犯同样是构成与否的问题，而不存在既遂与未遂的问题，只要加重情节出现，即成立情节加重犯。

第二节 犯罪预备

一、犯罪预备的概念

《刑法》第22条规定："为了犯罪，准备工具、制造条件的，是犯罪预备。"据此，犯罪预备是指，行为人为了实行犯罪，准备工具、创造条件，但由于行为人意志以外的原因而未能着手实行犯罪的形态。

二、犯罪预备的条件

（一）行为人已经开始实施犯罪的预备行为

根据刑法规定，犯罪的预备行为，是指为了实行犯罪，准备犯罪工具和制造犯罪条件的行为。

---

① 齐文远. 刑法学［M］. 北京：北京大学出版社，2011：141.

1.准备犯罪工具

所谓犯罪工具，是行为人在犯罪过程中使用的各种物品。准备犯罪工具的行为包括：（1）准备杀伤受害人的工具；（2）准备破坏和分离一定物的工具；（3）准备犯罪的交通工具；（4）准备接近犯罪对象的工具；（5）准备湮灭罪证和掩护犯罪的工具；等等。

2.制造犯罪条件

制造犯罪条件，是指准备犯罪工具以外的有利于犯罪实行的准备活动，包括：（1）调查犯罪场所；（2）跟踪犯罪对象；（3）确定犯罪时机；（4）准备犯罪手段；（5）排除犯罪障碍，如为盗窃而毒害受害人家的看门狗；（6）追踪受害人、接近受害对象；（7）前往犯罪地点或诱骗受害人前往犯罪地点；（8）守候犯罪对象；（9）邀约共同犯罪人，进行犯罪预谋；等等。

（二）行为人尚未着手实行犯罪

行为人尚未着手实行犯罪，表明犯罪预备行为必须在预备阶段停止下来。假如行为人已经着手实行犯罪，其犯罪过程已经超越了预备阶段，就不再是犯罪预备。尚未着手实行犯罪有两种情况：第一，预备行为未实施完毕，由于特殊原因不能继续进行。例如，行为人为了纵火烧毁他人住宅，购买汽油后准备前往行为对象家，被闻讯赶来的警察抓获。第二，预备行为实施完毕，由于特殊原因未能着手实行。例如，行为人意图毒害妻子，已经买好毒药，伺机在妻子食物中下毒时，被妻子无意发现而喝止。

（三）行为人进行预备活动是为了实行犯罪

犯罪预备在主观上要求行为人是“为了犯罪”。从文义上看，“为了犯罪”包括“为了预备犯罪”和“为了实行犯罪”两种情形，但是具体来说，“为了犯罪”仅指“为了实行犯罪”，它表明：首先，行为人具有犯罪的意思；其次，预备活动是为了顺利实行犯罪。

（四）未能着手实行犯罪是由于行为人意志以外的原因

犯罪预备在预备阶段停止下来，未能着手实行，必须是由于行为人意志以外的原因所导致的，它违背了行为人的意愿。如果行为人在犯罪预备阶段自动放弃犯罪预备行为，或者自动不着手实行犯罪，则属于犯罪中止。可见，犯罪行为在预备阶段停止下来，是基于行为人意志以外的原因，还是基于行为人的自愿，这是在预备阶段区别犯罪预备和犯罪中止的关键所在。

三、犯罪预备与犯意表示的区别

犯意表示，是指行为人以语言或者其他方式将其犯罪意图明确表示出来的活动。犯意表示具有以下几个特征：首先，它表现出了行为人的犯罪意图。其次，它以语言或者其他方式进行表示，一般以语言方式为主，如告诉他人自己想杀死自己的情敌，在日记本内记录自己意图盗窃银行财物，等等。但也不排除通过其他方式进行犯意表示，如向他人做出射杀或者杀头的手势等。最后，犯意表示尚未产生客观社会危害，只是行为人主观意思的单纯表示。

犯罪预备和犯意表示的区别在于：犯罪预备是准备工具、制造条件，为犯罪实行起促进作用的行为，客观上已经产生了社会危害；而犯意表示客观上未能产生社会危害。这说明，犯罪预备和犯意表示的区别关键在于，表示行为人犯罪意图的某种活动是否能产生客观的社会危害。例如，表现出犯罪意图的语言，可能产生客观的社会危害，如邀约犯罪同伙，就属于犯罪预备。在以威胁为客观构成要素的犯罪中，特别要注意区分威胁究竟是属于犯意表示还是属于犯罪行为。

四、预备犯的法律后果

预备犯，就是在一定意思支配下的犯罪行为符合犯罪预备中的主客观特征的行为人。对预备犯，“可以比照既遂犯从轻、减轻处罚或者免除处罚。”这说明预备犯应当负刑事责任。[①]在处罚预备犯时，要注意如下三点。

第一，对于预备犯，一般要比照既遂犯从轻、减轻处罚或者免除处罚；但是，如果行为人准备实行特别严重的犯罪，手段特别恶劣时，可以不予从轻、减轻或者免除处罚。

第二，在选择从轻、减轻或者免除处罚时，要比照在犯罪性质、情节、危害

① 在司法实践中，预备犯受到处罚的情形并不多见，这并不等于预备犯不需要承担刑事责任。

程度等方面与之相同或者非常近似的既遂犯。

第三，在确定是否从轻处罚，减轻处罚，或者免除处罚时，应当考虑本罪的恶性、预备的性质、程度、是否产生重大危害结果，等等。

第三节　犯罪中止

一、犯罪中止的概念

《刑法》第24条第1款规定："在犯罪过程中，自动放弃犯罪或者自动有效地防止犯罪结果发生的，是犯罪中止。"因为犯罪中止而构成犯罪的，称为中止犯。根据刑法规定，犯罪中止可以定义为：在故意犯罪过程中，行为人自动放弃犯罪或者自动有效地防止犯罪结果发生的一种犯罪未完成形态。在外国刑法理论中也被称为中止未遂。

依据上述内容，犯罪中止有两种情况：一是消极中止或未实行终了的中止，即在实行行为还没有实行终了的过程中自动放弃犯罪；二是积极中止或实行终了的中止，即在实行行为实行终了之后结果尚未出现之前，自动有效地防止了结果的发生。[①]

二、犯罪中止的理论根据

尽管中止犯和未遂犯一样，都是没有引起犯罪结果的犯罪，但二者的结局大相径庭。《刑法》第24条第2款规定，对中止犯应当减免处罚，而对于未遂犯，则可以减轻处罚。这背后的理论根据是什么呢？我国学者在国外理论的基础上形成了如下三种见解。

（一）刑事政策说

刑事政策说又称为"黄金桥"理论，其基本观点是将中止犯减免处罚的根据求之于防止犯罪的刑事政策，即对一旦走上犯罪道路的人，只要其在既遂前

---

① 参见黎宏．刑法学［M］．北京：法律出版社，2012：252.

回头，就可以不处罚。该学说是基于刑事政策本于预防犯罪的观点，在刑法中规定对中止犯不予处罚，则能激励那些已着手实行犯罪行为的行为人中止其犯罪行为。亦即，透过刑法对于中止犯罪行为人免刑的承诺，便能鼓励行为人舍弃行为的继续实施，甚至积极地防止犯罪结果发生。[①]在德国，对中止犯是不处罚的，因此，犯罪中止制度可以说是犯罪人悔改的“黄金桥”。在我国，对于中止犯不是不处罚，而仅仅是必须减轻或者免除处罚而已。因此，对于行为人而言，犯罪中止只是犯罪人迷途知返的“银桥或铜桥”而已。[②]

该说从预防犯罪或犯罪进一步发展的角度说明中止犯减免刑罚的根据。其中，又分为一般预防政策说与特殊预防政策说两种。特殊预防政策说与一般预防政策说的原理基本是一致的，即认为对于中止犯减免刑罚的原因是：犯罪一旦着手实行，即可作为未遂犯予以处罚，纵使其后任意中止，对于已成立未遂犯之既成事实，事后无法加以废弃。行为人实施犯罪后，在未完成犯罪前，改变计划而任意中止犯罪，给予特别处遇，以资奖励，效果与防止犯罪之刑事政策目的相一致。因此该说又被称为恩惠说。

（二）责任减免说

该说又称为责任减少、消灭说。基本观点是，由于中止犯在已着手实行犯罪的中途任意中止，故责任应减少或者消灭。即在未遂的场合，是由于行为人意志以外的原因而没有引起犯罪结果的发生；而在中止犯的场合，是由于行为人自动放弃犯罪或有效地阻止犯罪结果的发生。一个是被动地放弃犯罪，另一个是主动地放弃犯罪，因此，中止犯之所以要从宽处理，是由于行为人主观责任的减少。

有观点提出在中止犯的场合，行为人基于自动性而实施中止行为的，其责任确实有所减轻，考虑到责任是和刑罚紧密联系的概念，因为责任减少而减免其刑就是合理的。此外，从刑罚目的角度理解中止犯减免刑罚根据的问题也是必要的。[③]表面上看，责任减少说是合理的。但是，按照责任减少说，所谓“自动”必须是出于“真诚悔悟”或者是其他类似动机，否则就不是责任减少。这样，不

---

① 参见刘雪梅.中止犯减免处罚根据论［J］.求索，2009（7）.

② 参见黎宏.刑法学［M］.北京：法律出版社，2012：252.

③ 参见周光权.刑法总论［M］.北京：中国人民大学出版社，2016：296-298.

是出于真诚悔悟，而是觉得今天时机不好而收手的，就不成立中止犯。在实践中，容易过于限制中止犯的成立范围。[①]

（三）综合说

通说认为，就中止犯从宽处罚的根据而言，既可以从法律（包括违法性和责任）的角度考虑，也可以从刑事政策（包括一般预防与特别预防）的角度考虑；既可以从行为的危险性（包括客观和主观）上考察，也可以从刑罚目的（预防犯罪）上考察，这才能全面揭示对中止犯从宽处理的根据。[②]

过去有观点赞成“以法律说为基础的综合说”：“认为对中止犯减免刑罚的根据来自三个方面：第一，行为人放弃犯罪或者有效地防止犯罪结果发生的行为，使得犯罪结果没有发生（相当于违法性减少说）；第二，行为人自动否定、放弃了原来的犯罪意图，这是没有发生犯罪结果的主观原因，表明行为人的非难可能性减少（相当于责任减少说）；第三，对中止犯减免刑罚，有利于鼓励犯罪人中止犯罪，避免给法益造成实际损害（相当于政策说）。违法性减少说与责任减少说，都直接左右犯罪中止的具体成立条件；政策说或许难以直接左右犯罪中止的具体成立条件，但有利于从宏观上放宽犯罪中止的认定。”[③]换言之，与既遂犯相比，中止犯的违法性与有责性均有减少，仅此便能够减轻处罚。由于中止犯自动回到合法性的立场，导致特殊预防必要性的丧失，所以对中止犯应当免除处罚。在此意义上，张明楷教授采取了违法性减少、责任减少与缺乏特殊预防必要性（量刑目的说）的并合说。[④]

还有观点采取责任减少说和政策说结合起来的综合说，认为未遂犯和中止犯在客观侵害层面是完全一致的，仅仅因为一个是行为人意志以外的原因未得逞，而另一个是由于行为人自动放弃犯罪而未得逞，因而在处罚上大不相同。可见，在认定中止犯上，起关键作用的是主观责任的减少。但是，我国刑法对于中止

---

① 参见黎宏.刑法学［M］.北京：法律出版社，2012：252.

② 参见马克昌.未遂犯比较研究［A］.珞珈法学论坛（第1卷）［C］.武汉：武汉大学出版社，2000：234.

③ 张明楷.刑法学（上）［M］.北京：法律出版社，2007：303.

④ 参见张明楷.刑法学（上）［M］.北京：法律出版社，2021：469.

犯，不仅规定减轻处罚，还规定免除处罚，所以还必须从刑事政策的角度出发加以理解。即对于中止犯，立法者有鼓励罪犯自动放弃犯罪的功利考虑。因此，将责任减少说和政策说结合起来的综合说是比较合理的。①本书认为，从刑法论证的角度看，对于犯罪中止必须从内部和外部对其从宽处罚的合理性进行论证。从外部条件看，不能放弃刑事政策的基础，否则难以对犯罪中止的从宽处罚予以有效的外部论证；从内部论证看，从责任角度论述虽然有利于区别未遂和中止，但是并不利于对积极中止和消极中止的理解。所以从违法较少与责任减少两方面评价都是必要的。

三、犯罪中止的条件

构成犯罪中止，必须具备以下特征。

（一）自动放弃犯罪中止的特征

1.时间性

犯罪中止只能发生在犯罪过程中。具体而言，即行为人已经开始了犯罪预备行为，且没有达到犯罪既遂。只有在这一个时间段内自动、有效地中止了犯罪行为，才构成犯罪中止。在预备行为实施之前自动、有效停止行为的，不构成犯罪；在犯罪既遂之后，犯罪就不可能中止，行为人的行为只能是犯罪之后的悔罪表现。而且，如果在犯罪发展过程中，由于犯罪分子意志以外的因素使犯罪已经停止下来而成立了其他未完成形态的犯罪时，如犯罪预备或者犯罪未遂，则不可能再成立犯罪中止。因为它们之间是相互独立，不能转化的，这是由未完成犯罪形态的停止性特点所决定的。

对于引起法定危险状态后又采取积极行动避免危害结果发生的行为是否属于犯罪中止，在理论上是有争议的。否定论者认为这是犯罪既遂以后的行动，不属于犯罪中止，悔罪的行动只对量刑有影响。肯定论者认为应当以犯罪中止论。

必须注意到，这种犯罪中止是实害犯而非危险犯的犯罪中止。实害犯是相对于危险犯的一种理论概念，从犯罪构成角度看它属于一种加重构成，可以归于结

① 参见黎宏．刑法学［M］．北京：法律出版社，2012：253.

果加重犯的范畴，而结果加重犯是可以存在犯罪未完成形态的。[①]所以从理论上讲，对以发生一定危害结果作为犯罪构成要件的结果犯而言，在危害结果尚未发生之前，行为人都具有放弃犯罪的机会。[②]

2. 自动性

中止犯的成立要求行为人必须是自动停止犯罪，即出于自己的意志而放弃了自认为当时本可以继续实施和完成的犯罪。

对于自动性的理解，理论上围绕行为人的自动性是否受到外界因素影响而出现了不同的观点，有客观说、主观说和限定主观说之争。

（1）客观说认为，认定中止是否自动实施，主要看行为人所意识到的外部事实，在一般经验上，是否对行为人的意思决定具有强制影响。在具有强制影响的场合，是未遂犯；在不具有强制影响的场合，是中止犯。然而，将中止犯的“自动性”完全交由一般人判断，会忽视行为人的真实意思。

（2）主观说认为，中止的自动性，只能从行为人对客观存在的外部事实的认识是否对其中止动机产生影响来区分，产生影响的，是未遂犯；没有影响的是中止犯。主观说在“自动性”的判断上，完全交由行为人本人决定，会导致未遂犯和中止犯的界限难以划清的结局。

（3）限定主观说认为，只有在否定自己行为价值的规范意识的作用下而中止的场合，才是任意中止，并将“同情、怜悯等广义上的后悔”作为自动性的成立条件。这种理解和刑法法条的规定有不相符的地方。

在没有任何外部事实影响的情况下，可以根据“福兰克公式”考虑自动性，即行为人在“能达目的而不欲”，因而放弃犯罪的场合，就是中止犯；行为人在“欲达目的而不能”时放弃犯罪，就是未遂犯。但是，在外部事实障碍和行为人中止行为同时存在的场合，就要以行为人本人的情况为基础，以一般人的立场为标准，判断该种程度的事实障碍是否会导致行为人放弃犯罪。[③]

具体而言，中止犯的自动性有两层含义。

（1）有自动中止的前提。即行为人自认为当时有能力决定犯罪的进程，有

① 参见陈兴良. 刑法学［M］. 上海：复旦大学出版社，2009：173.

② 参见黎宏. 刑法学［M］. 北京：法律出版社，2012：253.

③ 参见黎宏. 刑法学［M］. 北京：法律出版社，2012：253-254.

能力继续实施犯罪并达到犯罪既遂。即使该行为达到既遂的条件客观上并不具备，如行为人误认为被害人家中有财物，而中途放弃实施盗窃行为的，也不影响该前提的成立。如果行为人已经预见到该犯罪难以得逞而放弃实施的，则其停止行为不能视为自动放弃。理论上，该前提主要依据行为人的主观认识来判断。但是，这并不能否定客观条件的意义，单纯的臆想或愚昧无知是不行的。在一般情况下，往往需要借助客观条件来判断前提条件是否存在。如行为人意图强奸被害人，结果认出被害人是小学同学，羞愧下逃离现场。这时，应根据客观条件判断：看行为人是否具备达到犯罪既遂的客观条件，只有存在该条件，才具备自动中止的前提。

（2）出于本人意志而停止犯罪。这是成立犯罪中止自动性的实质条件。基于本人的意愿而放弃犯罪，是指犯罪分子在自认为可以继续犯罪而放弃犯罪的情形下，出于自愿而非被迫，放弃了继续犯罪、完成犯罪的意图。这种自动中止可以是出于行为人的本意，可以是出于悔悟、同情心，也可以是出于一种恐惧心理，还可以是受到了他人的教育，而不是被迫停止犯罪，不是意志以外的障碍阻止了犯罪的继续。在实践中往往存在一些妨碍犯罪顺利进行的因素，它们或多或少地对犯罪人的犯罪产生了影响。如行为人行窃时，突然听到外面有脚步声，误认为主人回家，仓皇逃走，但实际上只是行人路过而已；再如行为人寄恐吓信进行敲诈勒索，已经准备寄出恐吓信件时，因为害怕被害人告发，未寄出恐吓信件。前一个案例中，行为人因错误认识而被迫停止了犯罪，应属犯罪未遂；后一个案例中，行为人则没有受到外部因素的妨碍，只是出于本人的心理障碍而没有继续实施行为，并不是被迫放弃犯罪，应属犯罪中止。所以，判断是否“出于本人意志”应该考虑两个方面：一方面是因为自己的心理影响才决定放弃的，这种心理影响不限于恐惧、怜悯或是羞愧；另一方面即使有外界因素和特殊条件的影响，但行为人主观上仍然能够自由地决意。

3.彻底性

彻底性是指，行为人彻底放弃了原来的犯罪。这一特征意味着，行为人在主观上彻底打消了原来的犯罪意图，在客观上彻底放弃了自认为本可以继续进行的犯罪行为，而且从主客观的统一上来看，行为人也不打算以后再继续实施此项犯罪。彻底性表明了行为人自动停止犯罪的真诚性及决心，它表明犯罪分子自动停止犯罪是坚决的、完全的，而不是暂时的中断。所谓暂时的中断，即行为人停止犯罪是因为准备不充分或者认为时机不成熟、环境条件不利而意图等待条件适宜再继续实施该项犯罪，它不满足中止犯罪彻底性的要求，因而不能认为是犯罪中止。当然，所谓彻底停止犯罪，是相对而言的，而不是绝对的意思。这意味着行为人必须彻底放弃正在进行的某个具体犯罪，而不是表明行为人在以后任何时候都不再犯同种罪行，更不能理解为行为人在以后任何时候都不再犯任何罪。

彻底性，即行为人彻底放弃犯罪意图，停止犯罪行为，有效地防止了犯罪结果的发生。它包括两方面的内容：主观上，行为人彻底打消了犯罪意图，有自动停止犯罪的诚意和决心，而且是完全彻底打消了犯罪意图，不是准备重新犯罪；客观上，行为人必须彻底中止了犯罪行为，没有引起犯罪结果，而且必须是自动放弃一切犯罪，不包括放弃此种犯罪而实施另一种犯罪的情形，或者采取积极措施，使行为将导致的危害结果得到有效制止。

（二）自动有效地防止犯罪结果发生的犯罪中止的特征

所谓自动有效地防止犯罪结果发生的犯罪中止，是指某些犯罪在某些特殊情况下，行为人已经着手实行的犯罪行为可能造成但尚未造成犯罪既遂所要求的犯罪结果，而在这种情况下所成立的犯罪中止。这是一种特殊类型的犯罪中止。

这种犯罪中止的成立同样需要具备时间性、自动性和彻底性三个特征。同时，由于这种特殊类型的犯罪中止所面对的犯罪已经实施到了相当的程度，已实施的行为有可能产生既遂形态的犯罪结果，从犯罪中止的立法目的出发，就不能不对这种特殊犯罪情况下成立的犯罪中止再提出特殊的要求。因而，这种特殊类型的犯罪中止在具备上述三个特征之外，还需要具备“有效性”特征，即行为人还必须有效地防止了他已经实施的犯罪之法定结果的发生，使犯罪未达到既遂状态而停止下来。这个特征也是犯罪中止和犯罪既遂的主要区别。

不同的犯罪阶段和类型对犯罪中止的有效性要求不同。

第一，对于行为犯、处于预备阶段的犯罪及虽已进入实行阶段但尚无导致犯罪结果直接发生可能的犯罪而言，只需要行为人消极地停止犯罪预备行为或放弃实行行为，彻底打消犯罪意图，就能成立中止犯。

第二，对于正在实施的犯罪，行为人不仅要消极地停止犯罪行为，还要消除其实行行为给犯罪客体所带来的现实危险，才成立中止。

第三，对于实行终了的犯罪，只有行为人积极采取措施防止犯罪结果的出现，并最终因自己的行为使犯罪结果得到有效遏制，才构成中止犯。同时注意，如果行为人虽然采取了防止犯罪既遂结果发生的积极措施，但实际上未能阻止既遂结果的发生，或者该犯罪的结果未发生是由于其他原因所致，则不能认定为行为人成立犯罪中止，而应认定为犯罪未遂或者犯罪既遂。对行为人防止犯罪结果发生所做的努力，在量刑时可以作为从宽情节加以考虑。

综上所述，犯罪中止形态的这些特征之间也存在一定的逻辑关系。其中时间性特征是前提条件，把握时间界限，可以把非犯罪行为和既遂犯罪排除在外；自动性特征是实质性条件，它可以帮助划分犯罪中止与犯罪预备、犯罪未遂的界限；彻底性特征是限定性条件，可以排除那些伺机再犯罪的危害行为；有效性特征作为特殊类型犯罪中止的条件，能够清晰地区分犯罪中止和犯罪未遂、犯罪既遂。

四、自动放弃可重复侵害行为的定性问题

自动放弃可重复侵害行为的定性问题是另一个值得关注的刑法理论问题。这种行为是指，如果侵害行为由于行为人意志以外的原因而没有引起犯罪结果，行为人本来有能力继续实施侵害，但他放弃继续侵害，而使犯罪没有达到既遂的，就构成所谓的自动放弃可重复侵害的行为。自动放弃可重复侵害的行为，处于犯罪未遂与犯罪中止之间的边缘地带：行为人已经实施的行为由于意志以外的原因未得逞，具备了犯罪未遂的特征；而其尚未实施的行为则是由于行为人自动放弃才未达到既遂，符合犯罪中止的特征。对于如何处理这种情况，理论上存在争议。

对于这种行为的定性，有未遂犯说、中止犯说和折中说三种观点。

（一）未遂犯说

未遂说认为，犯罪行为已经实行终了，预期的危害结果没有发生，是由于犯罪人意志以外的原因，因此，完全符合未遂犯的特征。实践中，不能忽视前一个未遂的行为，后一个中止的行为不能消除犯罪人已经实施的未遂行为所应负的刑

事责任，而只能作为证明犯罪人社会危害性较小的一个情节，在量刑时应该予以考虑，但不能认为是犯罪中止。[①]也有观点认为，第一个侵害行为构成未遂犯，而后来的放弃行为则构成中止犯，在定性时依据重行为吸收轻行为的原则，应以未遂犯论处。[②]

（二）中止犯说

中止犯说认为，放弃能够重复实施的侵害行为，从时间上看，发生在犯罪未实行终了的过程当中，而不是在犯罪行为已经停止的未遂形态或者既遂形态当中；从主观上看，犯罪分子是自动放弃而不是被迫停止；从客观上看，预期的危害结果还没有发生，因此，完全符合我国刑法中中止犯的成立条件。这是通说观点。[③]

（三）折中说

折中说认为，放弃重复侵害的行为，应当具体情况具体分析，根据案件的实际情况，既可能存在未遂的情况，又可能存在犯罪中止的情况。当已经实施的侵害行为因行为人意志以外的原因未发生预期的危害结果，构成未遂；后来放弃能够重复实施的侵害行为，成立中止。而在同时成立犯罪未遂、犯罪中止时，定性上要按照重行为吸收轻行为的原则，以未遂犯论处。[④]

我国多数学者都认为通说——中止犯说是合理的。主要原因在于，在放弃能够重复实施的侵害的场合，完成整个犯罪的实现行为并没有实行终了，预期的危害结果尚未发生，犯罪人完全有条件继续犯罪。在能够进一步实施侵害的情况下，出于本人意志，自动中止了实行行为，或者在预期的危害结果发生之前，自动有效地避免了预期结果的出现，就完全符合中止犯的要件。[⑤]还有观点认为，对于放弃重复侵害行为的定性，应当坚持以是否存在“意志以外原因+现实危险

---

① 参见杨春洗.刑法总论［M］.北京：北京大学出版社，1981：189.

② 参见张尚鷟.中华人民共和国刑法概论（总则部分）［M］.北京：法律出版社，1983：174.

③ 参见马克昌.犯罪通论［M］.武汉：武汉大学出版社，1999：481.

④ 参见张尚鷟.中华人民共和国刑法概论·总则部分［M］.北京：法律出版社，1983：174；赵廷光、胡学相.对“放弃重复侵害行为”质疑［J］.现代法学，1988（5）.

⑤ 参见黎宏.刑法学［M］.北京：法律出版社，2012：257.

性”来区分犯罪中止与犯罪未遂，并将其作为认定中止犯的补充原则。[①]

本书赞成通说，认为自动放弃可重复侵害的行为应以中止犯处理。理由有四：第一，这种情况应考虑刑事政策的需要，对犯罪中止的认定条件有必要比犯罪未遂宽松。第二，要从行为的整体性进行评价。自动放弃可重复侵害的行为符合犯罪中止的时间性特征。可重复实施的加害行为发生在犯罪实施过程之中，行为人已经实施了一个加害行为，表明实行行为已经开始，该加害行为没有导致犯罪结果，表明犯罪尚未达到既遂。该行为尚可以重复实施，如果行为人不停止行为，它就不构成犯罪的停止形态，但行为实际停留于犯罪的过程之中，即重复加害的行为均存在于一个犯罪过程之中，符合犯罪中止的时间特征。人为地将一个完整的犯罪过程一分为二是不正确的。第三，放弃重复侵害的行为符合犯罪中止的自动性特征。在可重复侵害的犯罪中，行为人具有重复侵害的能力，具有最终引起犯罪结果的可能性，至少行为人主观上有这种信心。行为人在自认为可以继续其侵害行为的情况下，出于本意而放弃其行为，表明行为人有放弃犯罪的自动性。反之，如果行为人因对其继续实施行为能否达到犯罪既遂没有信心而暂时放弃犯罪，伺机再犯，就不能被认定为犯罪中止，而应构成犯罪未遂。第四，放弃重复侵害的行为符合犯罪中止的有效性特征。由于行为人放弃重复侵害，犯罪结果没有出现，犯罪就只能停止在未完成形态，不可能达到既遂，从而行为人有效地放弃了犯罪。

总之，可重复侵害的数行为实质上是一个不可分割的整体，是一个完整的实行行为，部分行为实行完毕，不能视为犯罪实行终了，而应该在整个行为过程中进行判断。

五、犯罪中止的法律后果

世界各国的刑法对犯罪中止都实行从宽处罚原则。其中，有的采取必减免责，如日本、意大利等国；有的采取减免责，如瑞士、波兰等国。之所以减轻处罚，是因为从主观上看，行为人主动放弃犯罪行为或有效防止危害结果的发生，

---

① 参见谢望原．论中止犯减免处罚之根据——以比较刑法为视角［J］．华东政法大学学报，2012（2）．

比不自动放弃犯罪行为的人的主观恶性显然要小；从客观上看，危害结果未发生，与犯罪既遂相比对社会的客观危害也较小。我国采取了必减处罚原则。[①]

《刑法》第24条第2款规定："对于中止犯，没有造成损害的，应当免除处罚；造成损害的，应当减轻处罚。"对于这一条的理解应当注意以下两点。

第一，我国刑法对中止犯的从宽处罚是硬性规定，要求"必须"对中止犯减轻或者免除处罚。对中止犯不允许与既遂犯同样处罚，也不允许比照既遂犯从轻处罚。中止犯不但轻于未遂犯，也轻于预备犯。比照既遂犯不能体现罪责刑相适应的原则，因而对其应当予以更轻的处罚。

第二，对中止犯的处理，应区别不同的犯罪阶段和犯罪危害。在犯罪预备阶段的中止犯，没有造成危害结果，应当免除处罚。在犯罪实行阶段的中止犯，如果没有造成危害结果，应当免除处罚；造成一定危害结果的，应当减轻处罚。在犯罪实行终了阶段的中止犯，造成一定危害结果的，社会危害性相对较大，在处罚时可考虑比照既遂犯减轻处罚；未造成危害结果的，依据法律规定，仍应当免除处罚。

本条的"损害结果"不是指刑法分则规定的犯罪构成要件的结果，而是法定构成要件结果以外的其他危害结果。

第四节　犯罪未遂

一、犯罪未遂的概念

综观近代各国刑法的立法和理论，关于犯罪未遂形态的概念，主要有两种规定和主张。一是认为犯罪未遂是指行为人已经着手实行犯罪，由于其意志以外的原因和障碍，使犯罪者未达到既遂形态的情况。这种观点主张区分犯罪未遂形态和犯罪中止形态。二是主张犯罪未遂是指行为人已经开始实施犯罪而未达成犯罪既遂的情况。我国台湾地区采用这样的立法和理论。这种主张将犯罪中止形态也包括在犯罪未遂形态中，称为中止未遂。

---

① 参见陈兴良. 刑法学［M］. 上海：复旦大学出版社，2009：175-176.

我国刑法采取了第一种规定方式。《刑法》第23条第1款规定："已经着手实行犯罪，由于犯罪分子意志以外的原因而未得逞的，是犯罪未遂。"因犯罪未遂而构成的犯罪，称为未遂犯。由此，我们可以将犯罪未遂理解为：行为人已经着手实行犯罪，由于犯罪分子意志以外的原因而未达成既遂的一种犯罪形态。

二、犯罪未遂的处罚根据

国外理论关于未遂犯的处罚根据有主观的未遂论、客观的未遂论、折中的未遂论等学说。

（一）主观的未遂论

主观的未遂论，是近代学派的主张。这种主张基于主观主义的刑法理论，认为犯罪行为是行为者的意思或性格的表现，犯罪未遂的处罚根据是实现犯罪的行为者的意思或性格的危险性的外部表现。根据这一观点，即使结果没有发生，但只要通过行为表明了行为者的犯意，就可确定其犯意的存在。既然这个犯意已经明了，那就说明行为者的反社会性格已经显露出来。从社会防卫的角度出发，根据这样的犯意，就可以针对行为者的反社会性格的危险性以未遂犯处理。因为是从犯意的存在中寻求未遂犯的处罚根据，所以未遂犯与既遂犯一样受到处罚，所以把未遂犯作为既遂犯的例外处罚的理由就不存在了。因此，只要是行为人出于法敌对意思而去侵害法律的稳定性，即使他对保护法益没有带来任何危险，原则上也应该处罚。如德国学者认为，应将应受处罚的未遂范围扩大到预备行为，并且绝对不能犯未遂也应当受处罚，未遂犯与既遂犯原则上应予以同样的处罚，因为对法律的敌对意识在未遂犯和既遂犯的情况下是同一的。德国以前的判例以纯主观理论为依据，将可罚性扩大至构成要件之前的阶段。未遂犯暴露出行为人的犯罪意图与危险性格，从社会的观点看，与既遂犯同样严重，所以，应予惩处，且应同样严厉惩处。这一理论，过于强调社会伦理价值与社会防卫，必然会得出犯罪的意思是未遂犯处罚根据的结论，容易出现主观归罪的现象。

（二）客观的未遂论

客观的未遂论，是古典学派的主张。这种主张基于客观主义的刑法理论，认为犯罪是行为人的行为对社会的危害或者说对法益的侵害。未遂犯的处罚根据是惹起构成要件结果的客观危险性。客观的未遂论认为，未遂犯的处罚根据仅存在于对构成要件保护的行为客体的危害之中。因为在行为的所有阶段（预备、实行、既遂），故意都是同一的，犯罪预备行为与未遂的界限应当在客观领域去寻找。根据该理论，未遂犯的处罚根据并不存在于行为人的意思之中，而是存在于即将实现构成要件该当的结果的危险之中。因此，未遂因结果不法的发生具有高度盖然性而应受到处罚。该盖然性原则上是从行为开始实施时产生的，且只有在未遂行为情况下才能够被肯定。客观理论限制了与预备行为相对的未遂行为的可罚性，否定了绝对不能犯未遂的可罚性。客观的未遂论主张刑法的谦抑性与客观主义，在强调法益保护的同时重视国民自由的保障。与主观的未遂论相比，客观的未遂论针对未遂与预备的关系，在量的方面限制未遂的可罚性，在质的方面则否定不能犯的处罚，这显然限定了未遂犯的处罚范围。由于这种学说具有一定的局限性，已经过时。

（三）折中的未遂论

折中的未遂论认为，主观的未遂论和客观的未遂论均有不足，未遂犯的处罚根据在于实现犯罪的现实危险性和行为人的主观恶性。折中的未遂论注重从行为主观和客观两方面来认定实行的着手，无疑是正确的。因为犯罪是行为的主观要素与客观要素的统一，所以行为主观和客观任何一方面的要素都不能忽视。折中的未遂论注重主客观标准相结合，能够正确地区别预备和未遂，并主张对不能犯未遂不予处罚和可以减轻处罚。①

在国外理论的基础上，我国学界对犯罪未遂的处罚根据一般支持客观的未遂论，但是具体表述不同：观点一认为，作为未遂犯处罚根据的危险是作为结果的危险，即行为所造成的危险状态。②观点二认为，只有从客观的法益侵害的危险性出发，才能揭示未遂犯的处罚根据。未遂犯是一种危险犯。只有把未遂犯定位为危险犯，并且是具体危险犯，才能为未遂犯提供处罚依据，也才能为未遂犯成

---

① 参见童德华. 外国刑法学导论［M］. 北京：中国法制出版社，2024：321-323.

② 参见张明楷. 刑法学（上）［M］. 北京：法律出版社，2021：436；黎宏. 刑法学总论［M］. 北京：法律出版社，2016：243；周光权. 刑法总论［M］. 北京：中国人民大学出版社，2016：272.

立要件的判断提供法理根据。[①]

从内部论证的要求看，客观未遂论在总体上是合理的。但是，我国刑法的犯罪未遂与德日刑法的犯罪未遂不同，照搬外国刑法理论并不合适。在我国刑法中，犯罪未遂固然表现了犯罪对社会的现实危险，同时也表明了行为人的主观恶性，所以从主客观两方面揭示其犯罪性和可罚性是必要的。此外，从外部论证的角度看，如果不考虑犯罪预防的要求也不实际。因为如果不处罚犯罪未遂，就可能意味着犯罪未完成之前的行为不是犯罪，即便犯罪接近完成，在其没有完成之前，司法机关无法采取必要的防控措施或者手段。例如，行为人在对他人财物进行破坏的过程中，因为财物毁损结果没有出现，即便警察在场也无法采取必要的措施。

三、犯罪未遂的条件

根据《刑法》第23条第1款规定，成立犯罪未遂的条件有以下两点。

（一）行为人已经着手实行犯罪

“着手实行”标志着犯罪实行阶段的开始，是区分犯罪未遂与犯罪预备的主要标志。“着手”具有“开始某种行为”的意思，在刑法中指开始实施刑法分则所规定的具体犯罪构成要件的行为。

对于着手的认定标准，大陆法系国家主要有三种主张：第一，客观说，即主张从客观事实出发来确定着手实行犯罪的含义，认为是否属于着手实行犯罪，不应以行为人的主观意思为标准，而应以客观行为为依据。此说为刑事古典学派所主张，具体又分为形式的客观说与实质的客观说。其中，形式客观说认为，只有行为人实施法定的构成要件行为时，才能认定为着手；实质的客观说认为，开始实行与构成要件行为具有必要关联性的行为，或者开始实施对刑法所保护的法益有直接危险的行为，即可视为犯罪的着手。目前，实质的客观说在日本处于通说地位。第二，主观说，认为应注意行为人的主观方面，以证明行为人具有犯罪意思为依据，来确定着手实行犯罪。此说为近代学派所主张。这种观点站在犯罪是

① 参见陈兴良.教义刑法学［M］.北京：中国人民大学出版社，2017：625-626.

行为人危险性格的表现这个立场上，认为判断着手应从行为人的主观方面入手。该说在德国较为通行。第三，折中说，又称为主观的客观说，认为着手实行犯罪具有主客观方面的意义，两个方面是相互印证的，认定着手犯罪要把两个方面结合起来：客观的着手实行犯罪要能证实主观犯意的确定性和遂行性；主观的犯意要得到客观着手犯罪行为的证实。

在上述理论的基础上，我国刑法学界提出了判断着手的如下标准：第一，危险结果说。危险结果说认为，当行为发生了作为未遂犯的结果危险性（危险结果）时，即侵害法益的危险达到紧迫程度时，才是着手。其中的结果也包括法益侵害的紧迫危险，故也可表述为危险结果说。即只有当行为产生了侵害法益的具体危险状态时，才是着手。至于何种行为具有侵害法益的紧迫危险，则应根据不同犯罪、不同案件的具体情况综合判断。①第二，混合说。混合说主张，只有根据行为人的犯罪计划或想象，行为对法益有直接危险时才是着手。该说主要是考虑到，如果离开行为人的意思，某些行为在刑法上是否有意义，是否属于犯罪的着手，确实不可能得出肯定的结论。②第三，主客观结合说。主客观结合说认为，实行的着手，就是开始实施行为人所追求的、具有引起某种犯罪构成结果的现实危险的行为。首先强调着手是“具有实现犯罪构成结果的现实危险的行为”；其次强调必须考虑行为人的主观意思。③第四，折中说，主张对主观说、客观说根据不同情况加以运用。具体而言，折中说分为不同看法。如个别的客观说认为，着手就是行为人根据其计划，开始直接为构成要件实现的行为。直接、迫切性标准说认为，着手是根据行为人的计划，对符合构成要件的保护客体具有直接、迫切性侵害的具体危险。直接前行为标准说认为，开始实施直接位于构成要件前一位置的行为，是实行行为的着手。所谓直接前行为，是指从其作用看可自动过渡到构成要件行为的行为，或者在时间上接近构成要件的行为。不过，在犯罪类型中具有被害人的情况下，应将直接前行为作为原则介入该领域时作为着手。具体而言，以法律规定的具体犯罪的罪状为依据，根据立法规定的内容来判断。以实

① 参见张明楷．刑法学（上）[M]．北京：法律出版社，2021：439-441.
② 参见周光权．刑法总论[M]．北京：中国人民大学出版社，2016：275.
③ 参见黎宏．刑法学总论[M]．北京：法律出版社，2016：229-230.

行行为的形式与内容为基础。[①]第五，主客观统一说。主客观统一说认为，主观上，行为人实行犯罪的意思已经通过客观实行行为的开始充分表现出来，而不同于在此之前预备实行犯罪的意志；客观上，行为人已开始直接实施具体犯罪构成客观方面的行为，使刑法所保护的法益初步受到危害或者面临实际存在的威胁。在有犯罪对象的场合，这种行为已直接指向犯罪对象。[②]

本书认为，如果采用主观标准说，不仅行为人危险性格或者犯罪意思等主观因素难以把握，而且会扩大刑法的打击范围，甚至有可能将犯意表示当作着手实行，所以该说不妥当。如果采用形式的客观说，则有以问代答之嫌，也不妥当。

从总体上看，我国学者大多倾向于以实质的客观说为基础，来把握着手的认定标准。如果采用实质客观说，也存在一些问题需要进一步说明，特别是行为从什么时候开始产生对法益的侵害性，需要予以澄清。另外，即便承认行为产生对法益的侵害性就属于着手实行，那么犯罪中止和犯罪预备的界限又应当如何界定，这个问题也需要进一步回答。至于折中的标准说，考虑到行为人的犯罪计划，有一定意义，但是对于没有犯罪计划的犯罪，或者犯罪计划难以查证时，就没有意义。问题的关键在于，实质的客观标准究竟应当如何把握？这个问题不解决，其他问题都不好判断。首先，实质的客观标准与形式的客观标准并不矛盾，二者是表里关系，是名和实的关系。实质的客观标准作为判断着手的基础是妥当的。其次，实质客观标准的认定不应以行为人的认识为基准，而应当以一般人的经验加以判断。再次，实质客观标准的内容是行为对刑法所保护的客体可能造成的现实侵害。最后，行为对刑法所保护的客体可能造成的现实侵害与行为和行为对象的关系有密切联系。在缺乏行为对象的场合，则与行为计划存在密切关联。我国的刑事立法和刑法理论认为，所谓已经着手实行犯罪，是指行为人已经开始实施刑法分则规范里具体犯罪构成要件中的犯罪行为。如故意杀人罪中的杀害行为，抢劫罪中侵犯人身的行为和劫取财物的行为等。这是形式的客观说。但是何为杀害行为，何为抢劫行为，还要看行为对受害人的生命、健康和财产是否造成了现实危险。着手实行犯罪固然体现了主客观相统一，但是主观往往由行为客观方面表现出来。即主观的意思往往表现为

① 参见林亚刚．刑法学教义（总论）［M］．北京：北京大学出版社，2017：393，395-396.

② 参见陈兴良．教义刑法学［M］．北京：中国人民大学出版社，2017：631.

行为人已经确立了具体明确的犯罪计划，并在此计划引导下，把犯罪推进到能够完成甚至导致犯罪结果发生的阶段。行为人的犯罪意图必须通过其计划的行为明确地表现出来，如行为人入室盗窃时一般会有计划地物色财物。客观上，行为人开始实施刑法分则所规定的具体犯罪构成客观方面的行为。具体而言，就是行为人的行为已经直接指向犯罪对象（在无犯罪对象的犯罪中，则往往从行为的性质方面来把握，如赌博罪中，行为人已经开始了赌博行为），同时，行为对刑法所保护的权益构成现实的、迫切的威胁。在行为犯中，行为人已经开始实施刑法所规定的行为；在危险犯中，行为人的行为已经具备了一定的客观、具体的危险；在结果犯中，该行为已经具有引起实害结果的可能性。

那么应当如何认定实行的着手呢？这个问题需要从三个层面上进行分析和把握：第一，结合行为人的犯罪计划，明显属于准备犯罪工具、制造犯罪条件的活动，还处在犯罪预备阶段，不能认定为实行行为的着手。第二，对于行为性质不明确的行动，或者难以查证犯罪计划的行动，要考察行为和犯罪构成要件之间的关联程度。如行为人是否接近或接触犯罪对象、行为人是否已经开始使用犯罪工具、利用犯罪条件等，以判断行为是否开始直接对具体法益产生危害性。第三，如果行为对具体法益开始产生了现实危险或者实害，且在一般观念中符合基本犯罪构成要件行为的一部分，就可以认定为实行的着手。

（二）犯罪未得逞

犯罪未得逞是犯罪未遂区别于犯罪既遂的根本特征。如何判断“未得逞”，理论上主要有三种观点。

1.犯罪目的说

该说认为犯罪未得逞是指犯罪人主观上的犯罪目的没有达到，即犯罪人通过实施犯罪行为所追求的结果没有发生。[①]这种观点认为，行为人没有实现其主观上预期的犯罪目的，即为犯罪未遂；如果实现犯罪目的，即为犯罪既遂。

2.犯罪结果说

该说认为犯罪未得逞是指没有发生法律所规定的作为犯罪构成要件的结果，

① 参见高铭暄.新中国刑法学研究综述［M］.郑州：河南人民出版社，1986：326.

并说明，犯罪未遂一般只存在于发生物质性结果的犯罪之中，在发生非物质性结果的犯罪之中，因其损害结果不易测量，所以，不以结果为成立犯罪的要件，也不区分既遂与未遂。这种观点认为，行为人的行为没有导致法定犯罪结果发生的为犯罪未遂，导致法定犯罪结果发生的为犯罪既遂。我国学者一般认为，应从主客观相结合的立场来理解“未得逞”。近年来，犯罪结果说开始流行起来，但是表述不同。有观点认为，对于犯罪是否得逞的判断，采取结果发生说是比较合理的。[①]也有观点认为，犯罪未得逞，是指没有发生作为既遂标志的结果；作为既遂标志的结果，一般是指行为人所希望或者放任的、构成要件行为性质所决定的结果。[②]还有观点认为，所谓犯罪未得逞，就是没有实现行为人所追求的、作为某种犯罪构成要件的结果。[③]

3.犯罪构成要件说

该说认为犯罪未得逞，就是犯罪行为没有齐备具体犯罪构成的全部要件，而犯罪既遂是齐备了犯罪构成的全部要件。因此，犯罪构成是否齐备是区分犯罪既遂与犯罪未遂的标志。[④]犯罪构成要件说是我国刑法理论通说。

将犯罪“未得逞”理解为行为人预期的犯罪目的未实现，不仅意味着犯罪未遂与犯罪既遂的区分完全取决于行为人的自我认识，从而使犯罪未遂的认定标准缺乏确定性，而且也与不少并不需要达到某种犯罪目的即可视为犯罪完成的刑法规定相违背。若将犯罪未遂的标准理解为法定犯罪结果未发生，则诸如举动犯、行为犯、危险犯等许多不需要法定危害结果的发生即可成立的犯罪都将不存在成立犯罪既遂的可能，这显然是不合理的。犯罪目的说和犯罪结果说都存在一定的片面性，而构成要件说具有主客观相统一的特点，能避免上述两种学说以偏概全的缺陷，符合我国的刑法规定和司法实践，比较合理。[⑤]

此外，由于刑法规定不一样，因此要根据立法的具体要求判断行为是否得

---

① 参见周光权. 刑法总论［M］. 北京：中国人民大学出版社，2016：277.

② 参见张明楷. 刑法学（上）［M］. 北京：法律出版社，2021：446.

③ 参见黎宏. 刑法学总论［M］. 北京：法律出版社，2016：234.

④ 参见贾宇. 刑法学（总论）［M］. 北京：高等教育出版社，2019：217；陈兴良. 教义刑法学［M］. 北京：中国人民大学出版社，2017：635；马克昌，高铭暄. 刑法学［M］. 北京：北京大学出版社，高等教育出版社，2011：154.

⑤ 参见陈兴良. 刑法学［M］. 上海：复旦大学出版社，2009：169.

逞。行为犯的犯罪“未得逞”，是指犯罪的实行行为最终没有完成；结果犯的“未得逞”，是指法定危害结果最终没有出现；危险犯的“未得逞”，是指公共危险虽然存在，但没有变成现实的威胁，尚不足以自然发展成为实害结果。①

（三）犯罪未得逞是由于犯罪分子意志以外的原因

犯罪意志以外的原因使得犯罪人没有完成犯罪，是犯罪未遂的重要特征，也是区别犯罪未遂与犯罪中止的关键。所谓意志以外的原因，是指违背犯罪分子犯罪本意的原因。对于那些基于犯罪分子本意而放弃犯罪的情形，则应该排除在外。此外，对犯罪分子意志以外的原因的认定不仅要从质上进行分析，还要从量上进行考察。即使存在一些不利于犯罪的因素，但如果在犯罪分子看来，这种不利因素并不足以阻碍其犯罪意志的完成，即是出于本意而放弃犯罪的，则这种轻微不利因素仍不属于意志以外的因素。

犯罪分子意志以外的原因可以区分为四种类型。

1.客观外界原因

与犯罪人无关的客观原因非常广泛，包括被害人的反抗或逃避、他人的制止或政法机关的拘捕、自然力量的影响及其他物理、时空障碍。如强奸妇女时，被害人大声呼救，使行为人产生恐惧心理，从而放弃犯罪；再如盗窃仓库财物时，发现财物已经变质、失效。

2.行为人自身素质原因

这类原因主要包括：犯罪分子能力低下、作案手段拙劣、犯罪工具简陋等。如平时患有晕血症的行为人实行杀人行为时，见血后立即神志不清、肌肉抽搐，无法继续实施杀人行为；再如，行为人向他人饮品中投放老鼠药，因所投毒药剂量不足，无法致被害人死亡。

3.行为人的认识错误

由于行为人对客观事实认识不足，犯罪实行行为可能无法顺利进行，从而使犯罪无法达到既遂。具体而言，这类原因主要包括：对犯罪对象的认识错误、对

---

① 参见王安异.刑法中的行为无价值与结果无价值研究［M］.北京：中国人民公安大学出版社，2005：213.

犯罪工具的认识错误、对因果关系的认识错误以及对犯罪时周围客观环境的认识错误。

4.其他原因

其他方面的原因包括犯罪工具选择不合适，客观上的处罚情形没有出现等。例如生产、销售伪劣产品数额大，但销售金额不符合法定条件。

四、犯罪未遂的种类与不能犯

（一）犯罪未遂的种类

犯罪未遂有不同类型，它们反映出不同的社会危害性。讨论犯罪未遂的类型，对定罪和量刑具有重要意义。

1.实行终了的未遂与未实行终了的未遂

实行终了的未遂，是指行为人已将其认为达到既遂所必需的全部行为实行终了，但由于意志以外的原因而未得逞；未实行终了的未遂，是指由于意志以外的原因，行为人未能将其认为达到既遂所必需的全部行为实行终了，因而未得逞。

2.能犯未遂与不能犯未遂

能犯未遂，是指犯罪行为在客观上有可能达到既遂，但由于行为人意志以外的原因而未得逞；不能犯未遂，是指犯罪人由于事实上的认识错误，所实施的犯罪行为在客观上不可能既遂因而未得逞。不能犯未遂包括对象不能犯未遂和工具不能犯未遂。

（1）对象不能犯未遂，是指由于行为人的认识错误，使得犯罪行为所指向的对象不在刑法规范的保护范围之内，因而其犯罪行为客观上不可能既遂的形态。

（2）工具不能犯未遂，也称手段不能犯未遂，是指由于行为人的认识错误，其所使用的犯罪工具客观上不能造成危害结果，因而其犯罪行为不可能既遂的形态。

（二）不能犯

1.不能犯的概念

在刑法中还常见不能犯概念。外国有学者把不能犯等同为不能未遂犯，但是不作为犯罪未遂处理。其具有“不可能未遂”的含义。[①]所谓不能犯，是指行为人出于犯罪的意思而实施了行为，但该行为在性质上不可能引起犯罪结果的情形，如念咒杀人、针扎面人等迷信行为就是其典型。“刑法学说认为，不能犯完全没有实现犯罪的可能，不具有犯罪构成要件符合性，所以，不是犯罪，更谈不上成立未遂犯。”[②]

关于大陆法系国家刑法学中的不能犯问题，首先需要明确一点，即不能犯（不能未遂）在大陆法系不同国家的刑法理论中并不是等同的概念，具有不同的意义。如日本刑法理论中的不能犯实际上是指不成立犯罪因而不可罚的行为，它是与未遂犯相对的概念，而不是未遂犯的一种。而且，迷信犯在日本刑法理论中也被认为是不能犯的一种。而在德国刑法理论中，凡行为的实行不可能发生结果的情况都称为不能犯，不能犯属于未遂犯的一种，未遂犯包括能犯未遂与不能犯未遂，不能犯也可能成立犯罪而受到刑罚处罚。[③]但是，迷信犯和常识错误犯则作为例外不予处罚。[④]我国刑法学从苏俄引入的未遂理论中就包含了不能犯理论，基本上是把不能犯未遂与能犯未遂相并列，作为犯罪未遂的一种类型加以研究。因此，我国刑法对不能犯概念没有明确定义，在这一点上与日本刑法相同；但在刑法理论上却将不能犯包含在未遂犯的概念之中予以处罚，在这一点上又与德国刑法相同。我国刑法教科书在犯罪未遂的种类这一标题下论及不能犯未遂，把不能犯未遂分为工具不能犯的未遂与对象不能犯的未遂。

2.不能犯与迷信犯的区别

迷信犯是指行为人由于极端愚昧无知，因而采取没有任何客观依据、在任何情况下都不能产生实际危害结果的手段，意图实现自己所追求的危害结果的情形。迷信犯与不能犯的关系在我国刑法学界是存在争议的。[⑤]

第一种观点认为，迷信犯属于不能犯，它完全符合不能犯的构成要件。

---

① 参见郑军男.不能未遂犯［M］.北京：中国检察出版社，2005：45.

② 黎宏.刑法学［M］.北京：法律出版社，2012：246.

③ 参见张明楷.未遂犯论［M］.北京：中国法律出版社，日本：成文堂，1997：217-219.

④ 参见耶塞克，托马斯·魏根特.德国刑法教科书（总论）［M］.徐久生，译.北京：中国法制出版社，2001：638；冈特·施特拉腾韦特，等.刑法总论Ⅰ—犯罪论［M］.杨萌，译.北京：法律出版社，2006：267.

⑤ 以下观点参见陈兴良.不能犯与未遂犯——一个比较法的分析［J］.清华法学，2011（4）.

第二种观点则认为，迷信犯的行为无危险性，不符合我国刑法规定的犯罪构成，因而不属于不能犯。

本书认为，危害行为是犯罪的前提，迷信犯的行为无论在观念上还是在实质上都缺乏有害性，不具有刑法评价的意义，所以，严格而言，迷信犯并不具备构成要件的行为。而不能犯并非观念上缺乏有害性，只不过缺乏实质上的有害性，所以不能完全认为其不具有刑法评价的意义。

3.不能犯与未遂犯的区别

大陆法系国家刑法理论中关于不能犯的学说可谓异常复杂。从大的方面来说，存在以行为人的主观认识为基础来判断是否具有危险的主观说和以行为自身的性质为基础来判断是否具有危险的客观说的对立。这两者之间，根据对危险的判断基准的理解不同，又主要存在纯粹主观说、抽象危险说、具体危险说、客观危险说等争论。在我国刑法学界，关于未遂犯与不能犯的学说主要有以下七种。

观点一认为，为了实现法益保护目的，同时保障国民的自由，必须贯彻客观的未遂犯论。就不能犯的具体判断而言，则应采取修正的客观危险说，以克服具体危险说和客观危险说的缺陷。①

观点二认为，应支持客观危险说的立场，以行为时所存在的各种事实为基础，以科学的经验法则为标准，经过一定程度的置换和抽象，判断行为有无引起结果的危险。有的话，成立未遂犯；没有的话，就是不能犯。②

观点三认为，根据抽象的危险说，在不能犯中，除迷信犯以外，无论是否具有法益侵害结果发生的客观危险性，都一概作为未遂犯处罚。但根据具体的危险说，在不能犯中，只有那些存在具体危险的情形才能作为未遂犯处罚，没有具体危险的情形则是不能犯，不具有可罚性。这样，就把那些形式上具备未遂犯的特征，但实质上不具有危险性的不能犯从未遂犯中予以排除，将未遂犯看作具体危险犯，从而有利于贯彻客观的未遂论。③

观点四认为，应以行为时为基准，按照一般人的感觉或者行为人的特别认识，结合经验知识或者与此紧密相关的因果法则，判断危险是否存在。如果能够

① 参见张明楷.刑法学（上）[M].北京：法律出版社，2021：459.

② 参见黎宏.刑法学各论[M].北京：法律出版社，2016：243.

③ 参见陈兴良.教义刑法学[M].北京：中国人民大学出版社，2017：655.

得出肯定结论的，是未遂犯；如果结合上述要求，仍然难以确定危险存在的，则只能成立不能犯。①这可谓具体的危险说。

观点五认为，我国理论界对于能犯未遂与不能犯未遂区别的标准其实并不存在大的争议，理论上一般都是根据行为完成犯罪的可能性予以考察，有完成犯罪实际可能的属于能犯未遂，对没有实际可能性的视为不能犯未遂，或者将能犯未遂视为主要因外部障碍而未完成犯罪，将不能犯未遂视为主要是因行为人主观上对事实的认识错误而未完成犯罪。②

观点六认为，如果不能犯行为具有严重的社会危害性，则应该成立犯罪未遂；倘若这种行为不具有严重的社会危害性，则不能成立犯罪。③

观点七认为，未遂犯与不能犯的区别，存在抽象危险说、具体危险说和客观危险说的对立。如果立足于行为无价值论就会采取抽象危险说的观点，但其导致未遂犯的成立范围过宽。如果采取具体危险说，以行为人认识的有无进行判断，将会导致危险有无判断的不确定性。而从客观危险说出发，也会得出所有未遂犯都没有法益侵害危险这样的不合理结论。④

本书认为，我国刑法学界对不能犯和未遂犯的理解与德日学者的理解有很大分歧，究竟孰优孰劣尚难评价。但是可以看到的是：首先，不能犯其实是对未遂犯成立范围的进一步合理限制，这种趋势是值得肯定的。其次，至少在行为人的行为没有法益侵害的危险的场合，并无必要追究行为人的刑事责任，所以将不能犯与未遂犯区分是有意义的。再次，在行为时，行为人认为行为有现实危险性而一般人可能认为行为没有现实危险性，或者相反。二者判断存在很大差别，这种差别必须被有效克服。一般而言，采取一般人的标准有利于实现犯罪预防。最后，行为的危险性存在相对不能与绝对不能之分。如在一般人看来，将白糖当作毒药投放的行为绝对无现实危险，但将过期失效的毒药当作没有过期的有效毒药投放则属于相对无现实危险。在实践中应当考虑到，在一般人普遍认为绝对没有现实危险性的场合，应当作为不能犯不处罚，而不是作为

---

① 参见周光权．刑法总论［M］．北京：中国人民大学出版社，2016：285.
② 参见林亚刚．刑法学教义（总论）［M］．北京：北京大学出版社，2020：407.
③ 参见贾宇．刑法学（总论）［M］．北京：高等教育出版社，2019：221.
④ 参见付立庆．刑法总论［M］．北京：法律出版社，2020：274–275.

不能犯但按照未遂犯处理。

（三）共犯关系的脱离

共犯关系的脱离，是指行为人参与犯罪之后，由于主观原因而自行中途退出共同犯罪，任由其后的犯罪继续发展的情形。对此，有的主张按照犯罪未遂处理，有的主张按照犯罪中止处理。如有观点主张以规范的因果关系中断说作为共犯脱离的判断基准，即以表达了脱离的意思并为其他共犯者所了解作为主观基准条件，以停止了自己的犯罪行为且解除了共犯关系作为客观基准条件，以规范地考察是否遮断了物理与心理因果关系作为效果基准条件。①还有观点认为，共犯脱离成立的判断标准是基于因果共犯论的"因果关系切断说"。脱离者切断了与剩余共犯的行为及其结果之间的因果关系，就当然符合了成立犯罪预备、未遂、中止所要求的"未着手实行"、"未得逞"或者"自动有效地防止犯罪结果发生"的条件，而分别成立犯罪预备、未遂与中止。②也有观点认为，共犯脱离与共犯中止是两个层面的问题，但事实上共犯脱离始终朝着共犯中止的效果努力，故此，一旦成立共犯脱离，即产生犯罪中止的效果，脱离人和所发生的结果之间不再有因果关系，对其所发生的结果也就不能承担既遂犯的责任，而究其脱离前的行为，承担中止犯的刑事责任。③

显然，共犯关系的脱离问题较为复杂，行为人消极地从共同犯罪中脱离出来，在主观上是有积极意义的，但是其并未采取有效措施避免共同犯罪结果发生，这一点和自动放弃可重复侵害的行为并不同。对其究竟是作为犯罪中止还是犯罪未遂处理，还需要进行论证。总体而言，如果主张犯罪中止说，就应采取规范的因果关系中断理论，必须从主观和客观层面中断行为人与其他犯罪参与人的联系；如果采取犯罪未遂论，只需要采取因果共犯论的"因果关系切断说"切断行为与结果的客观联系即可。另外在立法上可否对此现象单独作为一种类型（即脱离犯）处理，也并非不能考虑的事情。

---

① 参见刘艳红．共犯脱离判断基准：规范的因果关系遮断说［J］．中外法学，2013（4）．

② 参见陈洪兵．共犯脱离问题的中国方案［J］．甘肃社会科学，2021（2）．

③ 参见陆凌．脱离共犯关系的行为性质及其效果——基于德、日、美、英相关进路的展开［J］．当代法学，2016（5）．

五、犯罪未遂的法律后果

对于未遂犯的处罚原则，各国刑法存在三种立法例：一是同等原则，即对未遂犯处以与既遂犯相同之刑，如法国；二是必减原则，即对未遂犯比照既遂犯从轻、减轻处罚，如德国；三是得减原则，即对未遂犯可以比照既遂犯从轻、减轻处罚。我国采用的就是这种立法模式。[①]

《刑法》第23条第2款规定："对于未遂犯，可以比照既遂犯从轻或者减轻处罚。"

1.未遂犯的参照标准是既遂犯

首先，要求以既遂犯的法定刑作为对未遂犯适用刑罚的基础；其次，根据案件情况设想如果犯罪既遂会判处何种刑罚，然后考虑是否以及如何比照予以从宽处罚。

2.对于大部分的未遂犯应当比照既遂犯适当从轻或者减轻处罚

这是法律规定的一种倾向态度。未遂犯的社会危害性一般比既遂犯小，刑事责任也相应较轻。犯罪未遂虽然符合了犯罪构成，但没有充足所有的构成要件，或者是没有出现危害结果，或者是行为没有完成，较之完成了实行行为或者有危害结果的犯罪，其社会危害性相对较小。根据罪责刑相适应的原则，未遂犯较既遂犯的刑事责任也相对较小，处罚也相对较轻。

3.适用该弹性条款，应综合考虑各方面的原因

决定裁量轻重的是犯罪的社会危害性。这就要求，在具体裁量某一未遂犯是否从宽处罚、是从轻还是减轻处罚之时，应当综合考虑犯罪的性质、未遂行为距离既遂的远近、行为人的人身危险性和主观恶性等因素。对于性质不太严重、人身危险性较小、刚刚着手实行行为、主观恶性较小的未遂犯，一般考虑减轻处罚；对于一般的未遂犯，可以考虑从轻处罚；对有的未遂犯也可以不从轻或者减轻处罚。因为有的犯罪未遂的性质特别恶劣、手段特别残忍、所造成的后果特别严重，其危害程度与犯罪既遂相差无几，对此处以与既遂犯相同之刑是符合罪责刑相适应原则的。[②]

---

① 参见陈兴良.刑法学[M].上海：复旦大学出版社，2009：171.

② 参见齐文远.刑法学[M].北京：北京大学出版社，2011：147-148.

第十二章

共同犯罪

第一节 共同犯罪概述

一、共同犯罪的概念

《刑法》第25条第1款规定："共同犯罪是指二人以上共同故意犯罪。"和前面一章所述的犯罪的未完成形态一样，共同犯罪也属于修正的犯罪构成。

在刑法总则中规定共同犯罪的原因在于：第一，共同犯罪由两人以上实施，各个行为人的参与增强了其他行为人的犯罪心理，使犯罪更容易完成，所以它比单独犯罪的社会危害性更大；第二，共同犯罪的行为结构复杂，行为人的分工不同，各自在犯罪中的作用大小不一，需要区分共同犯罪人的刑事责任；第三，对于部分参与者，必须根据其他犯罪人的行为和作用才能处罚，在罪刑法定原则的基础上，只有将他们的行为作为共同犯罪，才能达到刑罚目的；第四，刑法分则不可能也没必要对各种具体犯罪的共同犯罪作出单独规定。各国刑法大多在刑法总则中规定共同犯罪。

从比较法的立场来看，有关共同犯罪的立场，大致有两种。

一种是"统一正犯体系"，即"一元制共犯体系"。这种体系对两个以上参与犯罪的人不加区别，一律按正犯即单独犯处理。意大利、奥地利等少数国家的刑法采用这种体例。

另一种是"犯罪参与体系"，即"区分共犯体系"。这种体系对两个以上参与犯罪的人，按照其参与犯罪的形态和程度进行区分。以自己实行犯罪的形态参与且介入程度深的，就是正犯；以帮助、教唆形态参与且介入程度较浅的，就是狭义的共犯。德国、日本等国刑法采用这种体例。

问题在于，我国刑法的共犯体制属于哪一种？对此有三种观点。

观点一认为，我国共犯体制属于一元共犯论，理由如下：一是我国刑法并不强调各个共同犯罪人的参与状态，也不重视各个共同犯罪人的分工，而是按照其在共同犯罪中作用的大小来区分主、从犯。主犯不是按照实行行为来确定，实行犯（或正犯）也可以是从犯。二是对从犯的处罚并不强调要依附于主犯。[①]

观点二认为，我国共犯的体制接近于犯罪参与体系，理由是：一是我国的共犯体制中，大体上还是贯彻了根据分工和参与程度的不同，将参与共同犯罪的人进行区分的宗旨；二是从犯、胁从犯及教唆犯的犯罪性从属于主犯；三是在刑事责任上，从犯、胁从犯及教唆犯的处罚大体上是依附于主犯的。[②]

观点三认为，我国是“中国特色的共犯体制”，与其他采取单一制国家的刑法不同。我国刑法将所有参与共同犯罪的人分为主犯与从犯两大类，分别给予轻重不同的处罚。这既突出了共同犯罪在处罚上不同于单个人犯罪的特点，又弥补了区分制根据参与行为的形式来确定处罚轻重的缺陷。[③]

本书认为，观点一对我国共犯体制的理解是不正确的。它没有看到主犯—从犯背后的划分标准。相对而言，观点二和观点三都把握了主犯和从犯本身的差异。事实上，行为分工对我国共同犯罪人的分类具有重要的决定作用，行为人的作用往往是辅助性的，因此，认为我国的共犯体制是具有中国特色的犯罪参与体系的评价是准确的。

共同犯罪作为特殊犯罪类型，必须具有以下统一特点：其一，主客观统一性。共同犯罪不仅是客观事实的集合，也是行为人在一定的主观心理态度支配下实现行为事实的结合，所以在评价共同犯罪时，要做到主客观相统一。其二，实行行为和非实行行为的统一性。其中，实行行为是核心和基础，共同犯罪的行为存在分工，但在总体上这些行为都是协力完成的，其中不可缺少的是实行行为。因此在确定共同犯罪事实时，不能忽视没有实施实行行为的人，同时也不能将没有协力的行为作为共同行为处理。共同犯罪的统一性特征，为确定共同犯罪的范

---

① 参见林山田．刑事法论丛（二）［M］．台湾大学法律系，1997：351.

② 参见黎宏．刑法学［M］．北京：法律出版社，2012：261.

③ 参见刘明祥．论中国特色的犯罪参与体系［J］．中国法学，2013（06）.

围提供了事实依据。

共同犯罪的统一性只是其一方面的特征，差异性也是共同犯罪中不可忽视的一个特征。它表现为共同犯罪形态的不同属性，也可表现为共同犯罪人的不同属性，这是最终确定犯罪人刑事责任的重要依据。[①]

二、共同犯罪的构成法理

（一）共犯本质的理论争议

共同犯罪的规定是要确定行为人分担共同责任的问题。而共同犯罪行为构成比较复杂，行为人通常有不同的分工，有的人实行实行行为，有的人实行非实行行为，他们是基于什么理由成立共同犯罪关系的呢？在外国刑法理论中存在犯罪共同说、行为共同说和意思主体共同说。我国学者在此基础上提出了自己的观点。当前有影响的观点包括以下三种。

1.完全犯罪共同说

该说认为，不同行为人的行为符合多个构成要件，若构成要件存在重合，多人行为成立重罪的共同正犯。对于实施轻罪的人，只处以轻罪的刑罚。[②]

2.部分犯罪共同说

有观点提出："认为行为共同说与完全犯罪共同说都存在不合理性：行为共同说将两种完全不同的犯罪认定为共同犯罪，这有悖构成要件的原理，过于扩大共同犯罪的成立范围；完全犯罪共同说可能过于缩小共同犯罪的成立范围，导致处理上的不均衡。"[③]还有观点提出，"根据行为共同说，共同犯罪的范围很广泛，甚至能够将过失竞合认为是共同犯罪。这种理论单纯强调客观要素，对主观要素几乎不加限制，既无助于惩治共同犯罪，也不利于保护被告人的合法权益，所以，难以被认同。意思主体共同说虽然弥补了行为共同说忽视主观要素的缺陷，却有忽视客观要素的嫌疑。而采取完全犯罪共同说虽然兼顾主观要素与客观要

---

① 参见齐文远.刑法学［M］.北京：北京大学出版社，2011：156.

② 参见周光权.刑法总论［M］.北京：中国人民大学出版社，2016：316.

③ 张明楷.部分犯罪共同说之提倡［J］.清华大学学报（哲学社会科学版），2001，16（1）.

素，但成立条件过于苛刻，会限制刑法对共同犯罪的惩治作用。相对而言，部分犯罪共同说更为合理，它不仅可以合理界分共同犯罪与非共同犯罪的范围，也能更好地揭示了共同犯罪的本质”。[①]也有观点提出，行为共同说会导致共同犯罪的成立范围过宽，与我国《刑法》第25条无法兼容。而且该说轻视“构成要件”概念，且和错误论场合的法定符合说难以整合，主张对各个人的行为性质独立判断，若论理彻底化，则会主张违法判断的相对性，否认“违法是连带的”，更容易在共犯从属性问题上采纳最小从属性的立场。此外，司法实务难以接受从完全犯罪共同说直接跨越到行为共同说。[②]

3.行为共同说

有观点指出，部分犯罪共同说本质上还是属于犯罪共同说。而犯罪共同说的缺陷在所难免。它的致命缺陷是，忽视了其自身只是一个客观归责原则的事实，在是否成立共同关系的判断中，混入了作为主观责任要素的故意内容，从而将客观归因和主观归责混为一谈。[③]共同犯罪从尽管是数人共同实施同一特定犯罪，但最终受罚的只是单个参与者的现象来看，其不过是行为人利用了和他人一起实施行为的契机，实现自己犯罪目的的一种犯罪类型而已，和单独犯没什么区别。因此，共犯的本质是：应当从数人共同行为，实现各自犯罪的行为共同说的角度来加以理解。[④]有观点认为，共同犯罪是指数人共同实施了刑法上的不法行为，而不是共同实施特定的犯罪。行为共同说没有无视犯罪行为的类型性，主张引起构成要件结果的行为共同才成立共同犯罪，能够合理地全面认定共同犯罪，而且没有扩大处罚范围。该说也不违反我国刑法规定。对《刑法》第25条第1款可以解释为二人以上共同故意犯罪，仅限制了共同犯罪的成立范围，不是否认行为共同说。[⑤]与之相呼应，另外有观点支持行为共同说，认为该说符合近代刑法所坚持的个人责任原则，各负其责互不牵扯，而且与客观主义刑法观不矛盾。共犯相互利用对方的行为，实

① 齐文远. 刑法学［M］. 北京：北京大学出版社，2011：156.
② 参见付立庆. 刑法总论［M］. 北京：法律出版社，2020：293.
③ 参见黎宏. 刑法总论问题思考［M］. 北京：中国人民大学出版社，2007：472.
④ 参见黎宏. 刑法学［M］. 北京：法律出版社，2012：262.
⑤ 参见张明楷. 刑法学（上）［M］. 北京：法律出版社，2021：540–541.

现“各自”的意图，与单独犯罪无异。同时，该说不违反我国刑法规定。两人以上行为共同就可以成立共犯，最终处罚的前提是主观上都持故意或者一个故意和一个过失。[①]

（二）本书的见解

共同犯罪构成的法理学说要解决的问题是为什么要将不同的人实施的犯罪行为集合为一个行为，所以它既要满足现代刑法责任主义原则的要求，又要符合刑法立法的规定与刑法的实际需要。如果采取完全犯罪共同说，将限制共同犯罪的成立范围，在行为人犯罪意思或者犯罪行为并不完全相同的场合，会限制司法机关的决断，甚至无法实现一般预防的政策要求。但如果将个人责任主义原则进行绝对化的理解，就可能最终破除共同犯罪概念。因此，个人责任主义原则并非有利的说理根据。采取行为共同说的初衷在于扩展共同犯罪的成立范围，可是从实际情况看，该说并不完全被采用，仅仅在特殊的共同过失犯的场合才被承认。由此说明行为共同说存在评价范围过大的问题，甚至可能将同时犯纳入共同犯罪的范围。当前，行为共同说主要存在于如下场合：行为人之间均有过失，且存在共同的注意义务。即在行为人之间存在共同义务之下的意思联络的场合，才可以采取行为共同说。本书采用意思共同说，理由是无论在理论上还是实务中，关于共同犯罪的判定，主要考察的内容是行为人有无共同犯意的联系，这说明共同犯罪的处罚在很大程度上是因为行为与犯罪意思的结合导致可以将数个犯罪人一体处罚。

第二节　共同犯罪的成立范围和条件

一、共同犯罪的成立条件

（一）共同犯罪的主体条件

根据《刑法》第25条的规定，共同犯罪必须是“二人以上”，这是基本的主

---

① 参见黎宏．刑法学总论［M］．北京：法律出版社，2016：262–265.

体数量限制，单个人不能构成共同犯罪。

由于刑法的主体不限于自然人，还包括单位，所以共同犯罪就可以表现为自然人与自然人共同犯罪、单位与自然人共同犯罪、单位与单位共同犯罪。然而，在单位犯罪中，单位内部直接负责主管人员及其他直接责任人员，与该单位本身不成立共同犯罪，只能认定一个单位犯罪，并依据单位犯罪的规定处理，追究有关人员的刑事责任。不过对于直接负责的主管人员及其他直接责任人员，则有必要根据共同犯罪进行认定和处理。

关于共同犯罪的主体，需要讨论的问题是共同犯罪的主体是否必须都具备刑事责任能力。

传统观点认为，作为共同犯罪主体的两个以上的人，必须都具备刑事责任能力。如果其中一人有刑事责任能力，而另一人没有的话，则两人不成立共犯。[①]依照这种观点，共同犯罪的自然人主体必须具备刑事责任能力，即有刑事责任能力的自然人（单位）和有刑事责任能力的自然人（单位）成立共同犯罪，而不能和无刑事责任能力的自然人（单位）成立共同犯罪。

但有观点不赞同传统观点。如有学者提出："认为共同犯罪只是实施犯罪的一个方法类型，是为了实现自己的犯罪而利用他人的行为，因而扩大自己行为的因果影响范围的一种形式，完全属于共犯人相互之间的'个别利用关系'，因此，只有共同的行为就够了，至于参与行动的人是不是具有责任能力，对是否具有共同行为没有任何影响。即共同犯罪不一定只在具有刑事责任能力的行为人之间发生。"[②]也有学者指出，不应将必须具备刑事责任能力作为共同犯罪成立的条件，认定"共同犯罪的特殊性仅在于不法层面，应当以不法为重心认定共同犯罪；至于其中的责任判断，则与单个人犯罪的责任判断没有区别"[③]。本书认为，仅仅根据不法类型与责任类型的划分并不能解决此类问题，关键还应考虑基本犯罪构成与修正犯罪构成。如果仅仅关注不法类型，那么难以承认利用无责任能力者的行为构成间接正犯，因为被利用者和利用者之间可以构成共同犯罪，此时只能从共谋共同正犯或者简单共同正犯等层面评价利用者的行

① 参见高铭暄，马克昌．刑法学［M］．北京：中国法制出版社，2007：190.

② 黎宏．刑法学［M］．北京：法律出版社，2012：269-270.

③ 张明楷．共同犯罪的认定方法［J］．法学研究，2014（3）．

为。但如果作为修正构成要件，则由于无责任能力者的行为单独不具备构成要件，所以在共同犯罪中，对于利用者可作为间接正犯。反过来，即便无责任能力者唆使有责任能力者犯罪，且作用较大，也不必担心罪责刑相适应的贯彻问题。在此场合，无责任能力者虽然事实上起到了较大作用，但是不认为其与他人构成共同犯罪，不对其进行处罚，依然符合未成年人的刑事政策要求，可以根据其他法律对其采取管教措施。而实施了犯罪的有责任能力者，并非真正作用较小，根据其犯罪行为及其后果对其单独处罚同样符合罪责刑相适应原则的要求。

（二）共同犯罪的主观条件

根据《刑法》第25条规定，共同犯罪是两人以上“共同故意”犯罪。这不仅要求行为人在心理上具备犯罪的单独故意，而且还要求行为人之间形成犯罪的“合意”。具体而言，共同犯罪故意包括以下三个条件。

1.行为人必须具备犯罪的意思

共同犯罪的产生，首先以单个的行为主体形成犯罪的故意为前提，所以行为人自身必须先具有犯罪故意所必需的认识和意志因素，即行为人明知自己行为的性质、将产生的危害后果，并且对于危害结果持希望或者放任的态度。各个行为人认识因素和意志因素必须相同或者相近。如果行为人认识的内容完全不同，就缺乏达成犯罪合意的主观条件。至于意志方面，既可以是直接故意，也可以是间接故意，还可以是直接故意与间接故意的结合。

2.行为人具备共同犯罪的意思

传统观点认为，构成共同犯罪必须二人以上具有共同的犯罪故意。共同故意包括共同认识和共同决意。即行为人在认识因素上，不仅对自己的行为和结果有所认识，而且也认识到其他人具有和自己相同或者相似的行为意思；在意志因素上，行为人相互之间都形成了与对方协力完成犯罪的意思。

3.行为人之间具有共同犯罪的意思联络

即行为主体不仅认识到自己是和对方一起完成犯罪，而且就共同完成犯罪进行了意思上的联系与沟通。这种沟通方式可以是明示的，也可以是默示的。前者表现为分工和谋划；后者表现为互相默许实施共同犯罪。即共犯之间不要求一定有意思联络，更不要求相互之间的犯罪意思完全相同。只具有单方面意思联络的片面共犯，也成立共同犯罪。

（三）共同犯罪的客观条件

构成共同犯罪必须二人以上具有共同的犯罪行为。所谓共同的犯罪行为，指各个行为人的行为都指向同一犯罪，相互联系，相互配合，形成一个统一的犯罪活动整体。①

共同犯罪行为首先要求行为人必须实施了“犯罪行为”，即每个行为人的行为均属于刑法禁止行为，这些行为不仅有相当的社会危害性，而且具有刑事可罚性；其次各个行为人的行为具有共同性，他们是在共同犯罪意思支配下实行的，相互补充的，围绕同一构成要件行为而展开。在结果犯场合，还要求各个行为和结果之间具有因果关系。

共同犯罪行为的表现形式复杂，根据行为的方式不同，有三种情形：第一，共同作为，即行为主体都以作为的方式实行犯罪，如甲、乙共同抢劫受害人财物；第二，共同不作为，即行为主体均以不作为的方式实行犯罪，如甲、乙共同不赡养自己年迈的父亲，致使被赡养人死亡；第三，作为和不作为，即部分行为人以作为方式，而另一部分行为人以不作为方式合伙实行犯罪，如保管员与人合意后，假装熟睡，任由共犯者进入仓库盗窃。

根据行为人在共同犯罪中的分工，共同犯罪行为可分为四种情形：第一，实行行为（正犯行为），即实行刑法分则中属于基本构成要件的行为，这是共同犯罪行为中最典型的行为。第二，组织行为，即在共同犯罪，尤其是聚众犯罪或者集团犯罪中，组织、领导、策划、指挥他人实行共同犯罪的行为。第三，教唆行为，即故意引起他人产生犯罪意思从而实行犯罪的行为。第四，帮助行为，即帮助他人实行犯罪的行为。帮助行为在共同犯罪中起辅助性作用。帮助行为有两个问题值得思考：其一，帮助行为实行化。在立法上，现在出现了将单纯的帮助行为、教唆行为规定为犯罪并进行独立处罚的情形，这种现象被称为帮助行为正犯化或者共犯行为正犯化。其中的理由主要是，刑事违法性的本

① 参见高铭暄，马克昌．刑法学［M］．北京：中国法制出版社，2007：178.

质是结果无价值和行为无价值，它限制了帮助行为的认定，并对特别严重的帮助行为方式量刑畸轻，从而实现对严重犯罪的积极预防目的。[①]进一步说，某些犯罪帮助行为的社会危害性丝毫不亚于实行行为，帮助行为正犯化有利于贯彻罪责刑相适应原则，是对法律漏洞的补充。特别是在网络信息化时代，网络服务者的帮助行为为某些犯罪的发展提供了空间，扩大了受害者范围、加大了危害结果。[②]其二，中立的帮助行为。中立的帮助行为是否应当受到处罚，理论上有不同看法。如有观点认为，帮助行为人在主观上具有明确的故意，且帮助行为在客观方面对正犯的实行行为起到了实质上的促进作用，并使法律所保护的法益危殆化的，就可以追究其责任。[③]还有观点认为，在对中立的帮助行为的可罚范围进行界定之时，应当从客观方面入手，通过对帮助行为与正犯行为之间的物理、心理因果关系的限定，以限制中立帮助行为的可罚范围。[④]本书认为，“中立”一词本身就具有阻却违法的意思。中立的帮助行为一般限于业务行为，本身具有合法性，通常不能成为被处罚的理由。但是在行为人怀着共同犯罪意思，利用中立行为提供帮助的场合，或者其他法律有明确规定的场合，才能对所谓的中立帮助行为进行处罚。

依故意犯罪的发展过程，共同犯罪行为可以表现为以下两种情形：第一，共同犯罪行为处在预备阶段；第二，共同犯罪行为处在实行阶段。在实行阶段，或者是行为人共同实行犯罪，或者是部分行为人实行犯罪，另一部分人帮助实行犯罪。

最后，要注意的是，共同犯罪行为并不要求全部行为人都要实行本罪行为，它可以表现为部分人实行本罪行为，部分人实行本罪的事后行为。如甲、乙共谋之后，甲实施了盗窃财物的行为，而乙将赃物予以销毁。

---

① 参见陈毅坚，孟莉莉.“共犯正犯化”立法模式正当性评析［J］.中山大学法律评论，2010，8（2）.

② 参见聂立泽，胡洋.帮助信息网络犯罪活动的规范属性及司法适用［J］.上海政法学院学报（法治论丛），2017（1）；皮勇，杜嘉雯.帮助行为正犯化理论与立法探究［J］.齐鲁学刊，2021（1）.

③ 参见付玉明.论刑法中的中立帮助行为［J］.法学杂志，2017（10）.

④ 参见孙万怀，郑梦凌.中立的帮助行为［J］.法学，2016（1）.

二、共同犯罪的成立范围

（一）不成立共同犯罪的情况

1.共同过失犯罪不成立共同犯罪

《刑法》第25条第2款规定："二人以上共同过失犯罪，不以共同犯罪论处；应当负刑事责任的，按照他们所犯的罪分别处罚。"一般观点认为，我国刑法明确反对两人过失犯罪构成共同犯罪的情形。[①]此种情形按照单独犯罪处理。

2.故意犯罪与过失犯罪不成立共同犯罪

立法规定共同犯罪必须是两人以上具有犯罪的故意，如果一个行为主体故意犯罪，而另一个主体过失犯罪，就不能成立共同犯罪。

3.同时犯不成立共同犯罪

所谓同时犯，是指两人以上无意思联络，而同时以各自行为侵害同一对象的情形。如甲、乙各自怀着窃取财物的目的，同时于夜间到一个商店盗窃。由于两人缺乏意思联络，尽管他们意识到自己和他人实行相同的危害行为，但不构成共同犯罪。

4.超出共同故意之外的犯罪

所谓超出共同故意的范围，就是通常所说的"共犯的实行过限"，即个别参与人在共同犯罪过程中，实施了超出共同故意范围的犯罪行为。对于这一问题，有两种分析思路。

第一，部分犯罪共同说。该说认为即使是两种不同的犯罪，但如果两者在犯罪构成上有部分重合，则在重合限度内，成立共同犯罪。[②]

第二，行为共同说。该说认为两个以上的人根据共同行为实现各自的犯罪意思，就成立共同犯罪，不要求是同一"犯罪"而共同实行，也不要求有共同犯罪的意思即共同故意。[③]

此外，存在教唆犯罪实行过限的问题。有观点认为，对此不仅要遵循主客观相一致、具体标准和抽象标准相结合的原则，还要从教唆犯罪的类型、目的、手

---

① 参见齐文远.刑法学［M］.北京：北京大学出版社，2011：158.

② 参见齐文远.刑法学［M］.北京：北京大学出版社，2011：158.

③ 参见黎宏.刑法学［M］.北京：法律出版社，2012：280.

段等具体细节来得出是否属于实行过限的结论。在难以得出认定结论的模糊地带，应秉承有利于被告人的精神，作出有利于被告人的结论。[①]实践中，如果被雇佣人实施的行为未达到犯罪的程度又超出授意的范围，对雇佣人一般也应追究刑事责任。对被雇佣人超出雇佣范围实施的他种罪行，雇佣人不承担刑事责任。

5.事前无通谋的窝藏、包庇及购买、销售赃物的行为与本罪行为不构成共同犯罪

事前无通谋的窝藏、包庇及购买、销售赃物的行为，都具有本罪行为的事后性质。如果行为人进行分工，一部分人实行本罪行为，一部分人实行窝藏、包庇及购买、销售赃物的行为，后一部分人实行的行为应视为本罪行为的事后行为，行为人成立本罪行为的共同犯罪。如果行为人事先没有通谋，他们之间就缺乏实行本罪行为的意思联络，就不构成共同犯罪。对事前无通谋的窝藏、包庇及购买、销售赃物的行为应单独定罪。

6.间接正犯不成立共同犯罪

所谓间接正犯，是指将他人作为工具加以利用，实现自己的犯罪的情形。

按照大陆法系主观主义的共同犯罪理论，只要具有共同犯罪行为，具有刑事责任能力的人与没有刑事责任能力的人或者达到刑事责任年龄的人与没有达到刑事责任年龄的人均可以构成共同犯罪，这就是所谓共犯独立性说。按照此说，间接正犯显系正犯，在理论上毫无承认之必要。而按照客观主义的共同犯罪理论，共犯具有从属性，即教唆犯和帮助犯系从属于正犯的犯罪，又称从属犯。在一般情况下，如果正犯不构成犯罪，就没有处罚教唆犯和帮助犯的理由。但是，具有刑事责任能力的人教唆、帮助没有刑事责任能力的人或者没有达到刑事责任年龄的人实施犯罪行为，无异于利用工具犯罪。在这种情况下，如果仍然坚持以正犯构成犯罪作为教唆犯或者帮助犯承担刑事责任的前提，那么，该教唆犯或者帮助犯就难以依法论处，这显然不合乎情理。在这种情况下，为调和客观主义共同犯罪理论的矛盾，将这种教唆犯和帮助犯称为间接正犯，使之对被利用者的犯罪行为承担完全的罪责，这就是大陆法系国家刑法理论中间接正犯的由来。

（1）间接正犯在主观上具有利用他人犯罪的故意。换言之，行为人明知被利

---

① 参见孙万怀，孙远.教唆犯罪中实行过限认定的本质和标准［J］.东方法学，2014（5）.

用者没有刑事责任能力或者没有特定的犯罪故意而加以利用，希望或者放任通过被利用者的行为从而达到一定的犯罪结果。因此，间接正犯与被利用者之间不存在共同犯罪故意。这种利用他人犯罪的故意不同于直接正犯自身犯罪的故意，因而有别于直接正犯。同时，这种利用他人犯罪的故意也不同于教唆故意与帮助故意。教唆故意是唆使他人犯罪的故意，帮助故意是帮助他人犯罪的故意。这是一种共犯的故意，以明知被教唆人或被帮助人的行为构成犯罪为前提，具有主观上的犯罪联络。而在间接正犯的情况下，行为人明知被利用者的行为不构成犯罪或者与之不存在共犯关系，因而具有单独犯罪的故意，即正犯的故意。

（2）间接正犯在客观上具有利用他人犯罪的行为，即行为人不是亲手犯罪，而是以他人作为犯罪工具。正是利用他人犯罪这一特征将间接正犯与直接正犯加以区别。

关于间接正犯的正犯性有两种表现：第一，其区别于狭义的共犯，第二，其区别于教唆犯。在有的观点看来，间接正犯是在利用他人犯罪故意的支配下将他人作为实现本人犯罪意图的工具，而教唆犯是在教唆他人犯罪故意的支配下以共同犯罪的形式实现本人的犯罪意图。间接正犯与帮助犯的区别在于，由于间接正犯和被利用者的行为之间不产生共同犯罪关系，或者被利用者的行为不认为是犯罪，所以间接正犯从形式上好像是帮助他人犯罪，实质上则对于他人的行为具有支配性，是在利用他人犯罪。正是由于间接正犯与共犯之间形同而实异，因而使之区别于共犯而归入正犯的范畴。[①]另外有观点认为，间接正犯之所以成立正犯，是因为其本身所实施的行为具有正犯的实行行为的性质。其典型特征是，被利用人在利用人所追求的犯罪方面，属于有“规范障碍”的犯罪工具，这也是判断利用人是成立间接正犯还是共犯的关键。所谓“规范障碍”是指行为人不了解犯罪事实，无法形成抑制违法行为的反对动机。

在间接正犯的概念之下，学说中也有承认正犯背后正犯的场合。所谓正犯背后正犯，即被利用者固然是正犯，但利用者应当被评价为正犯，所以形成正犯利用正犯来实现自己犯罪的情形。学说中经常讨论的例子是：甲知道乙计划在周末傍晚时埋伏在自己固定散步的森林中杀害自己，甲于是故意约自己的仇人丙前往

---

① 参见陈兴良. 间接正犯：以中国的立法与司法为视角［J］. 法制与社会发展，2002（5）.

森林，丙不知有诈，欣然前往，结果被乙误认为甲加以杀害。其中甲就是正犯背后的正犯。[①]对此，有观点认为：在这种情况中，甲只能认定为帮助犯，而不能认定为间接正犯。因为，从法定符合说的角度出发，无论是甲还是丙，其生命都在故意杀人罪的范围之内受到同等保护。既然丙的死亡结果是行为人乙基于其自己的意愿而直接引起的，则只能说乙支配着杀人行为，而没有被甲利用为工具，因此，乙是故意杀人罪的正犯，甲只是帮助犯。[②]本书认为，在乙已经独自产生犯罪决意和行为计划，并按照自己的计划实行犯罪的场合，除非甲可以对乙形成有效的支配，否则甲既不能被当作正犯背后的正犯，也不能被当作间接正犯。认为甲成立帮助犯的观点有一定道理，但是其只能限定于否定利用他人作为故意犯罪工具的场合。进一步说，认为间接正犯包括利用他人的故意犯罪的观点值得商榷。

（二）共谋共同犯罪

所谓共谋共同正犯，是指二人以上就共同犯罪的实行进行谋议，部分行为人没有根据谋议实行犯罪，而另一部分人则实行了犯罪行为的场合。例如，甲、乙两人共谋杀丙，由甲一人动手将丙杀死的场合，甲、乙是否可以说是具有共同行为而成立共同犯罪，存在争议。在能否成立"共谋共同犯罪"的问题上，有否定说和肯定说之分。

否定说认为，共谋不是共同犯罪行为。共谋而未实行，就意味着缺乏共同犯罪行为，不能构成共同犯罪。肯定说认为，甲乙共谋杀丙案中，甲乙的行为构成共同犯罪。理由是："共同犯罪行为包括犯罪的预备行为和实行行为。而犯罪的预备和犯罪的实行是两个紧密相连的阶段。共谋不仅仅是共同犯罪意图的单纯流露，而且是共同犯罪预备行为，不能把犯罪的预备同犯罪的实行之间的密切联系割裂开来，而把甲乙共谋杀丙视为与甲单独杀死丙这一犯罪活动的全过程无关的行为。如果认为甲单独构成杀人既遂，乙只对预备行为负责，又否认他们成立共同犯罪，这本身自相矛盾。甲一人杀死丙的行为与乙参与密谋杀人是密不可分的，乙同样应负杀人罪既遂的责任，不过对乙在处罚上可以从宽。"[③]

---

① 参见童德华. 外国刑法学导论［M］. 北京：中国法制出版社，2024：357–358.

② 参见黎宏. 刑法学［M］. 北京：法律出版社，2012：276.

③ 刘艳红. 共谋共同正犯论［J］. 中国法学，2012（6）.

我国刑法理论对于参与共谋，而没有参与实行行为的，过去的理论认为不能将乙的行为当作正犯处理，但现在则倾向于将乙的行为当作正犯处理。①这样，乙对丙的死亡可能承担和甲一样的责任。另外有观点认为，数人共谋犯罪并由其中部分人付诸实现的场合，可以成立共同犯罪。②

对共谋共同正犯的认定应当谨慎，否则，就会使共同正犯的范围过于扩大。根据共同犯罪的一般理论，共谋共同正犯的成立，主要应有以下条件：第一，必须有共谋的事实。所谓共谋的事实是指，就共同犯罪的实行进行了谋议。因此，“共谋”只能是出于直接故意，具有明确的犯罪目的。只要参与谋议者就共同实施犯罪这一内容达成共同故意，就成立共谋。谋议一般应当对实行者实行犯罪的实行行为作出具体、明确的安排。第二，必须是参与共谋而未实施实行行为，至于是在共谋过程中达成不直接参与实行行为，还是因故而没有参与实行行为，都不影响共谋共同正犯的成立。第三，参与共谋而未实行者可以作为集团犯罪的组织、策划、领导的首要分子。聚众犯罪中的组织、指挥、策划、领导的首要分子，也可以是一般共同犯罪中参与共谋而未实施实行行为者。但是，一般而言，未实施实行行为者除了比较特殊的情况外，应当属于对共同犯罪具有影响力之人。第四，必须有具体实施实行行为者，并且实施的实行行为未超出共谋之内容。即共谋共同正犯的成立，有赖于具体实行行为人实施共谋内容的实行行为。该实行者可以是根据共谋的内容而实施犯罪实行行为，也可以在到达犯罪现场后根据现场变化的情况而实施共谋内容的实行行为。而且，实际的实行行为者对共谋而未实行者没有直接参与实行的原因是否有了解，应当不影响未实行者共谋共同正犯的成立。③

（三）其他争议问题

1.关于“片面共犯”

所谓“片面共犯”，是指共同行为人的一方有与他人共同实施犯罪的意思，并协力于他人的犯罪行为，但他人却不知其给予了协力，因此缺乏共同犯罪故意

---

① 参见童德华.规范刑法原理［M］.北京：中国人民公安大学出版社，2005：295–297.

② 参见黎宏.刑法学［M］.北京：法律出版社，2012：276.

③ 参见林亚刚.共谋共同正犯问题研究［J］.法学评论，2001（4）.

的情况。对于不知情的实行者，不构成共同犯罪，仅仅就自己的行为负刑事责任。但对于协力者，如果不成立共同犯罪，就不能追究其刑事责任。为了追究其刑事责任，所以理论上提出了“片面共犯”概念。

但是这一概念是否可取，至今还有很大争议：[①]（1）肯定说认为，共同犯罪的因果关系包括客观行为的共同和心理事实的共同。心理事实往往促进或者强化客观的行为，在这点上，协力者的行为在客观上具有共同的效果。（2）否定说认为，没有行为人之间的共同认识和意志，就会导致客观归罪的后果，而且对协力者可以单独进行定罪处罚。

本书认为：“片面共犯”的情形是客观存在的，如果不加以处罚是不可取的。否定说认为承认片面共犯会导致客观归罪的后果，是不正确的，因为协力者并非没有完成犯罪的意思。另外认为对协力者可以单独定罪处罚，这在协力者实行了行为的场合是可能的，但如果协力者仅仅片面进行了帮助或者教唆，就难以处罚。不过，肯定说的理论也比较牵强。毕竟共同犯罪要求行为人之间有意思联络，没有联络，就不能成立共犯。可见对于这种情形的处罚根据，还有研究的必要。

2.关于共同过失犯罪

所谓共同过失犯罪，是二人以上基于共同的过失心理导致过失犯罪的情形。对此在我国刑法上是不构成共同犯罪的。但是，近来要求承认共同过失犯的理论越来越多。对此有必要了解有关立法例和理论争议。[②]

共同过失犯是否有解释学的余地和各国立法例的规定有关系。在立法上，有的国家的刑法明确反对共同过失犯，如法国刑法和我国刑法；有些国家的刑法规定对于共同过失犯没有表示明确的排斥，如日本刑法和韩国刑法；还有个别国家的刑法承认重罪的共同过失犯罪形态，不承认轻罪的共同过失犯罪形态，如德国刑法和意大利刑法。

在理论上，否定论是过去的通说，其理由主要在于：“过失行为，其主观方

---

① 参见马克昌．犯罪通论［M］．武汉：武汉大学出版社，1999：514–517；张明楷．刑法学（上）［M］．北京：法律出版社，2003：326.

② 参见马克昌．犯罪通论［M］．武汉：武汉大学出版社，1999：517–519；参见陈家林．共同正犯研究［M］．武汉：武汉大学出版社，2004：194–205；童德华．规范刑法原理［M］．北京：中国人民公安大学出版社，2005：302–307.

面从有意识部分和无意识的部分看，无意识占据主要方面，有意识部分不是过失行为本质性的东西。仅以有意识的部分联系而论以过失共同正犯的成立，不能不说是脱离了过失本质的议论。……恐怕应当说现行法对基于过失的共同正犯也持有相同的否定趣旨吧。”①在我国，有学者基于立法的规定，提出根据同时犯来解决共同过失犯的问题。然而近年来，肯定过失犯的共同正犯形态的论者增多了，其理由主要是，“过失重罪中的共同行为，是一种对结果发生具有原因力的过失行为的竞合形式。……对过失或故意轻罪来说，没有理由否认它们存在过失的共同犯罪问题”。②

否定论者立足于传统的犯罪构成理论，以实定法的规定为依托，反对共同过失犯成立，这对于缩小刑罚的制裁范围、限制刑法的扩张具有积极作用。肯定论者则着眼于刑法的社会保护功能，根据社会发展的需要发展共同犯罪理论，具有强烈的现实意义。这也是我们在对共同过失犯进行取舍时应当考虑的。

一般而言，共同过失犯罪双方缺乏意思联络，不可能形成共同犯罪所要求的有机整体性。并且在共同过失犯罪中不存在主犯、从犯、教唆犯的区分，只存在过失责任大小的差别，因而也不需要对他们以共同犯罪论处，而只根据个人的过失犯罪情况分别负刑事责任。③但今天的理论已经有了很大变化：观点一认为，共同犯罪应当有事实上的共同犯罪与法律上的共同犯罪之分。事实上的共同犯罪应当包括共同故意犯罪和共同过失犯罪。④观点二认为，刑法主观主义认为过失的共犯有存在余地。共同犯罪中的共同意思，只是共同为自然行为的意思，而不要求行为人有追求构成要件结果或者规范意义上的结果的意思，所以不要求行为人之间有共同故意。⑤观点三认为，从因果共犯论以及行为共同说的立场来看，可以承认共同过失犯罪。此外，共同犯罪是数人根据共同行为来实现各自所追求的犯罪，是个人实现自己犯罪的一种方法类型，只要数人之间具有共同引起法益

---

① 团藤重光．刑法纲要（总论）[M]．东京：创文社，1987．转引自林亚刚．犯罪过失研究[M]．武汉：武汉大学出版社，2000：257–258．

② 杜里奥·帕多瓦尼．意大利刑法学原理[M]．陈忠林，译．北京：法律出版社，1998：330–331．

③ 参见高铭暄，马克昌．刑法学[M]．北京：北京大学出版社，高等教育出版社，2019：162．

④ 参见贾宇．刑法学（总论）[M]．北京：高等教育出版社，2019：233–234．

⑤ 参见周光权．刑法总论[M]．北京：中国人民大学出版社，2016：331．

侵害结果的行为就足够，不要求数人之间具有共同的犯罪故意，故而故意犯与过失犯之间或者过失犯之间也可以成立共同犯罪。[①]以上现象表明，学界承认共同过失犯罪的观念越来越强烈。但是由于立法上的限制，在实践当中要承认共同过失犯罪则必须从立法上完善规定。

第三节　共同犯罪的形态

一、共同犯罪形态的分类

共同犯罪的形态是指共同犯罪人在共同犯罪意思支配下，成立犯罪共同体的结构方式，及共同犯罪行为的结合方式。准确地对共同犯罪进行分类，能够把握不同类型共同犯罪的特征，澄清不同类型的共同犯罪的成立范围，并对其进行妥当的处罚。通说将共同犯罪分为以下几种类型。

（一）任意的共同犯罪和必要的共同犯罪

这是以共同犯罪是否可以任意形成为标准进行的区分。

1. 任意共同犯罪

所谓任意共同犯罪是指根据刑法分则条文规定，单个人可以实行的犯罪而由两人以上共同实施的情形，如故意杀人罪、抢劫罪、盗窃罪等。如果这些犯罪由单个人实施，则为单独犯；如果由两人以上共同实施，就属于任意共同犯罪。

2. 必要共同犯罪

所谓必要共同犯罪是指刑法分则规定必须由二人以上共同故意实施的犯罪。其包括以下三种形式。

（1）对向性共同犯罪

对向性共同犯罪，即根据刑法条文的规定，依赖于行为人双方相互对向的行为才能完成的犯罪情形，而且双方的行为均可单独构成犯罪。最典型的对向性共同犯罪是重婚罪和贿赂罪。对向性共同犯罪可以细分为以下三种：其一，双方都

---

① 参见黎宏. 刑法学总论［M］. 北京：法律出版社，2016：268.

构成犯罪，且法定刑和罪名完全相同，如《刑法》第258条所规定的重婚罪；其二，双方都构成犯罪，但法定刑和罪名并不相同，如《刑法》第385条规定的受贿罪和第389条规定的行贿罪；其三，法律只规定一方构成犯罪，对另一方则未作规定，如《刑法》第363条第1款规定的贩卖淫秽物品牟利罪，其被称为“片面对向犯”。

（2）聚众性共同犯罪

聚众性共同犯罪，即根据刑法分则条文的规定，以数人实施向着同一目标的行为为要件的犯罪，如《刑法》第104条规定的武装叛乱、暴乱罪；第290条规定的聚众扰乱社会秩序罪等。这种共同犯罪的特点是：一是人数较多；二是参与人的行为所指向的目标相同；三是参与的程度和形态可能不同，有的参与组织、策划或者指挥，有的只是参与实施犯罪活动。

（3）集团性共同犯罪

集团性共同犯罪，即以组织、领导或参加某种犯罪集团为成立要件的犯罪。如《刑法》第120条第1款规定的“组织、领导恐怖活动组织的”；第294条第1款规定的“组织、领导黑社会性质的组织的”等。

（二）事前通谋的共同犯罪和事前无通谋的共同犯罪

这是以共同犯罪故意形成的时间为标准进行的分类。

1.事前通谋的共同犯罪

事前通谋的共同犯罪，指各个共同犯罪人着手实行犯罪行为之前已经形成共同犯罪故意的共同犯罪。所谓“事前”，就是指行为人在实行犯罪之前，或者说是犯罪的实行行为被着手实施之前。所谓“通谋”，就是指两人以上为了实施特定的犯罪，相互之间进行联络，并就实现犯罪的方式进行商议。

2.事前无通谋的共同犯罪

事前无通谋的共同犯罪，指各个共同犯罪人着手实行犯罪行为之前没有通谋，而是在着手实行犯罪之际和实行过程中才形成共同犯罪意思的共同犯罪。“事前无通谋”一词包括事中通谋和事后通谋，而事后通谋不构成共同犯罪，所以事前无通谋实际上仅指事中通谋。

就事中通谋的共同犯罪而言，值得讨论的是所谓承继的共同犯罪的场合。所谓承继的共同犯罪，即某人（先行者）已经着手实施特定犯罪，在实行行为尚未全部终了的时候，其他的人（后行者）参与进来，在与先行者取得意思联络之后，单独或者和先行者共同将剩下的行为实施完毕的情况。问题在于：后行者对其参与之前的先行者的行为（以及行为所引起的结果）要不要承担责任？

承继共犯是事中通谋的共同犯罪的一种主要形式。对承继共犯的处理，日本刑法理论上主要有全部肯定说、全部否定说和部分肯定说三种主张。[①]我国学者由此形成了如下观点。

观点一认为，从因果共犯的角度来看，行为人只能对和自己行为有因果关系的结果承担刑事责任。在承继共犯的场合，后行者的行为无论如何不可能对先行者的行为和结果产生影响，因此，对先行者先前引起的行为和结果，不能追究后行者的刑事责任。[②]

观点二认为，并非所有共同犯罪都不能要求后行者承担先行为的后果，如杀人、抢劫、非法拘禁的场合，后行者应当对先行为的后果负责，所以在抢劫致死伤、强奸杀人等场合，应对后行者追究全部共同犯罪的责任，在其他场合不能作为承继正犯处理。但在特殊类型的犯罪中，则不能要求后行者对先行为的后果负责，如在他人杀害被绑架人之后加入犯罪并实施勒索行为的场合。[③]

观点三认为，应将承继共同正犯区分为单一犯和复合犯分别进行考察。在单一犯中，后行为人虽然是在实施犯罪过程中介入的，但仍应对全部犯罪承担共同正犯的刑事责任。在结合犯、牵连犯等复合犯的情况下，后行为人如果是在所结合之罪或者所牵连之罪实施完毕以后介入的，则只对其所介入之罪承担共同正犯的刑事责任。[④]

观点四认为，承继共同犯罪中后行为者是否承担刑事责任，反映了犯罪共同说和行为共同说之间的差异和分歧。犯罪共同说认为，共同犯罪必须是数人共同实行特定的犯罪，或者说二人以上只能就完全相同的犯罪成立共同犯罪。与此相

---

① 参见刘宪权，张娅娅．共同犯罪的理论与实践——承继共犯的刑事责任探讨［J］．政治与法律，2010（2）．

② 参见黎宏．刑法学［M］．北京：法律出版社，2012：283.

③ 参见马克昌．比较刑法原理［M］．武汉：武汉大学出版社，2002：693.

④ 参见陈兴良．本体刑法学［M］．北京：商务印书馆，2001：536.

反，行为共同说主张在承继共同犯罪的场合，对先行为者的实行行为，后行为者未对其加功，因此，对先行行为没有形成客观上的共同行为，从整个共同犯罪行为来看，共同犯罪也就无从形成。①

观点五认为，有关承继共犯理论的争议主要存在于复合犯领域。在复合犯场合之下，如果有证据证明后行为人与先行为人具备完全一致的故意内容，这种情形实际上已经不属于承继共犯的范畴而成为事中共犯。此时，后行为人当然应当对先行为人的行为及其产生的后果负责。如果没有明确证据证明后行为人与先行为人具备完全一致的故意内容，原则上作为承继共犯来处理，后行为人只对其介入之后的行为及其产生的后果负刑事责任。也就是说，承继共犯只能对与自己的行为具有因果性的结果承担责任。②

本书认为，承继共犯的争议不仅存在于复合行为的场合，在单一行为的场合也会出现争议。如甲非法拘禁了赵某，并且导致赵某受重伤，之后，乙参与进来继续实施关押看管行为。对此简单认为乙应当对赵某的重伤承担责任缺乏理据。在复合行为的场合，由于前后行为性质不同，也不能成为否定后行者承担前行为后果的根据。在实践中，既要考虑一般预防的需要，还要考虑行为与结果在规范上的因果关系，即在规范的保护范围之内，可否将结果归属于后行者的行为。

（三）简单共同犯罪和复杂共同犯罪

这是以共同犯罪人之间有无分工为标准进行的分类。

1.简单共同犯罪

简单共同犯罪，又称为共同正犯或者共同实行犯，即行为人在共同犯罪中都实施了刑法分则规定的基本犯罪构成行为。构成简单共同犯罪的条件如下。

（1）从犯罪的客观方面看，两人以上有共同实行犯罪的事实。共同实行犯罪的事实表明，行为人在共同犯罪中实施了部分的实行行为，它包括三种情形：第一，行为人都实行了相同的实行行为，如在杀人场合，都实施了加害受害人身体的行为；第二，行为人实行了复杂行为中的部分行为，如在抢劫中，甲实行暴力

---

① 参见张明楷. 刑法的基本立场［M］. 北京：中国法制出版社，2002：260.

② 参见刘宪权，张娅娅. 共同犯罪的理论与实践——承继共犯的刑事责任探讨［J］. 政治与法律，2010（2）.

使受害人不能抗拒，乙实行取得财物的行为；第三，在同一犯罪中对不同的对象实行犯罪行为。

（2）从犯罪的主观方面看，两人以上有共同实行犯罪的意思或者故意。所谓共同实行犯罪的意思，是指行为人对所实施的犯罪有共同实行的意思及其联络，并且内容是共同实行犯罪。

在简单共同犯罪中，要贯彻“部分实行，全部责任”的原则。即在行为人都实施了实行行为的情况下，由于行为人的行为都属于实行行为的一部分，在实行犯罪这一点上表现出完整的犯罪意思和主观恶性，并且各个行为彼此协力共同形成完整的实行行为，所以行为人都应当对自己及他人的行为及后果承担责任。

在简单共同犯罪的场合，有争议的是片面共同正犯。

所谓片面共同正犯，是指在参与同一犯罪的实行行为的人当中，一方具有共同实行的意思，而另一方没有共同实行的意思的场合。

承认片面共同正犯的观点认为，共同犯罪是违法形态，共同正犯在“行为”方面不要求共同实施特定的犯罪，只要行为在客观构成要件上具有共同性就可以成立共同犯罪。在“意思联络”方面，也不要求行为人必须具有共同实现犯罪的意思联络，只要就实施行为具有一般意义上的意思联络即可。而且，这种意思联络可能是片面的，亦即存在片面的共同正犯。承认片面共犯，意味着认为共同犯罪的本质在于利用他人的行为来实现自己的犯罪，不仅只有自己利用他人的行为完成犯罪，相反地，他人利用自己的行为完成犯罪的情形也是存在的。[①]但从国内外学者的研究来看，否定片面共同正犯为多数观点。[②]否定说认为，成立共同正犯，共同行为人之间必须存在共同实行的意思。“片面”就意味着单方面，各个参与者之间不具有共同实行的意思联络，这显然不符合共同正犯的成立条件。对于片面共犯而言，关键是其参与犯罪的单方面性，这种单方面性在暗中帮助或者教唆的场合还是较为常见的，但是暗中实施实行行为也并非不可能。如甲明知乙有强奸李某的意图，遂乘二人在一起的时机，在李某的饮料中投放安眠药，导致李某在昏睡时被乙强奸。在此场合，乙可能知道甲实施了下药的行为，也可能

① 参见黎宏．刑法学［M］．北京：法律出版社，2012：286-287.

② 参见尹晓静．论片面共同正犯的成立依据——基于“部分行为全部责任”原则的解读［J］．法学，2012（11）.

不知道，如果不知道，那么甲的行为就属于片面的共同正犯。在抢劫犯罪中，片面实行者也可以通过手段行为导致他人失去抵抗能力，从而帮助劫财者实现抢劫犯罪。

2.复杂共同犯罪

所谓复杂共同犯罪，是指各共同犯罪人之间存在不同分工的共同犯罪。具体表现为：部分行为人实施的是实行行为，其他人实施的是非实行行为，如教唆行为、帮助行为等。所以在复杂共同犯罪中，犯罪人可分为组织犯、实行犯、教唆犯和帮助犯等。

在复杂共同犯罪中，犯罪人由于分工不同，在犯罪中所起的作用大小也有差别，所以对各个犯罪人要按其在共同犯罪中所起的作用大小及社会危害性程度，决定其刑事责任。

（四）一般共同犯罪和特殊共同犯罪

1.一般共同犯罪

一般共同犯罪，是指共同犯罪人之间不存在组织形式的共同犯罪。其特点是：第一，两人即可构成，不要求三人以上；第二，共同犯罪人之间的勾结是暂时的，不具有恒定性，行为人通常是为实施一个或者数个犯罪行为而结伙，犯罪完成后犯罪共同体就解散了；第三，共同犯罪人之间不具有组织性，犯罪共同体比较松散，各个行为人之间不存在领导与被领导的关系，他们是否参与犯罪也没有强制性的要求。

2.特殊共同犯罪

特殊共同犯罪，也称有组织的共同犯罪，是指各个共同犯罪人之间建立起组织形式的共同犯罪。我国刑法将这类组织称为“犯罪集团”。《刑法》第26条第2款规定：“三人以上为共同实施犯罪而组成的较为固定的犯罪组织，是犯罪集团。”犯罪集团人数众多，组织严密，作案后果严重，查处难度大。构成犯罪集团具有下列四个条件：

（1）共同犯罪人在三人以上，至少有三人，且这些人达到刑事责任年龄，具备刑事责任能力。

（2）主观上是为共同实施犯罪而组成共同体。犯罪集团总是以实施某一个或者某一类具有类似特征的犯罪为目的而组成的。所以成立犯罪集团，要求行为人有组成共同体实施犯罪的意图。如果行为人组成共同体不是为了犯罪，而是为了从事其他活动，就不能认为他们有组成犯罪集团的目的。

（3）客观上实行了组成犯罪集团的行为。组成犯罪集团的行为，意味着行为人建立了较为固定的犯罪组织。犯罪组织是具有特定结构的共同体，一般其成员之间有领导与被领导的关系，有的是首要分子，其他为普通成员。他们之间存在犯罪分工，有的负责策划、组织、领导犯罪集团的活动，有的负责实行犯罪，有的负责辅助实施犯罪。

（4）犯罪集团在时间上有持续可能性。一般而言，犯罪集团得以成立，是因为行为人之间具有相当一段时间内连续实施相同或者类似性质的犯罪的可能性，所以犯罪集团在时间上有持续可能性。但这并不意味着犯罪集团要持续一段时间才能成立，只要行为人之间具有持续实行犯罪的意思，即使没有实行犯罪，或者哪怕只实行了一次，都可以成立犯罪集团。

对于犯罪集团，刑法分则有规定的，即属于必要共同犯罪中的集团性共同犯罪，应当按照刑法分则的有关规定处理；刑法分则没有规定的，应当按照刑法总则关于共同犯罪的规定，区别首要分子、首要分子以外的主犯、从犯、胁从犯，然后分别予以相应的处罚。

二、身份与共同犯罪

（一）身份的含义

所谓身份，是指刑法规定的影响行为人刑事责任的行为人人身方面的特定资格、地位或者状态，不限男女性别、本国人与外国人的区别、亲属关系、公务员资格等关系，凡是与一定犯罪行为有关的作为犯罪人的人身关系的地位或者状态，都包括在内。①

在共同犯罪与身份的关系上，主要存在的问题是无身份者与有身份者共同实施犯罪时，该如何确定该犯罪的性质？对此，理论界一直有争议。

---

① 参见黎宏. 刑法学［M］. 北京：法律出版社，2012：301.

1. 主犯决定说

该说认为应当根据主犯犯罪的基本特征来认定。如果主犯有身份，则按身份犯来定罪；如果主犯无身份，则以无身份者所定之罪定罪。司法实践主张这种观点。[①]该说的问题在于：如果有两个主犯，且犯罪特征不同的情况下，究竟按哪一个主犯犯罪的基本特征来决定共同犯罪的基本特征呢？这是难以确定的。

2. 分别定罪说

该说认为有身份者按身份犯定罪，无身份者按普通犯定罪。[②]如在内外勾结的贪污或者盗窃犯罪中，国家工作人员应以贪污罪定罪，而非国家工作人员实际上属于想象竞合犯，即一个行为同时触犯盗窃罪（实行犯）和贪污罪（帮助犯）两个罪名，按照从一重处罚的原则，对非国家工作人员应以盗窃罪论处。

3. 实行行为决定说

该说认为应当根据实行犯的行为决定，不以其他共犯人在犯罪中所起的作用大小为转移。[③]该说的不足在于，有两个以上的实行行为场合，难以适用。

4. 职务利用说

该说认为应该把无身份者是否利用有职务者的职务之便作为标准。如果无身份者是利用了有职务者的职务之便，对两者都应认定为有身份者的犯罪；反之，则应分别定罪。[④]

5. 优先特殊主体说

该说认为对不同身份做出比较，以更为特殊的身份对犯罪进行定罪量刑。但是身份的特殊性难以比较，这是该说的缺陷所在。

6. 核心角色说

该说强调实行行为与非实行行为的相对性，部分学者采用行为支配说的理论，引入核心角色这一概念，主张以核心角色为标准来认定犯罪的性质。[⑤]该说

---

① 参见最高人民法院．关于审理贪污、职务侵占案件如何认定共同犯罪几个问题的解释［A］．2000-06-30.

② 参见杨兴国．贪污贿赂犯罪法律和司法解释应用问题解疑［M］．北京：中国检察出版社，2002：71.

③ 参见马克昌．犯罪通论［M］．武汉：武汉大学出版社，1999：584.

④ 参见李希慧．贪污贿赂犯罪研究［M］．北京：知识产权出版社，2004：66.

⑤ 参见张明楷．刑法的基本立场［M］．北京：中国法制出版社，2002：281.

的缺点在于：当出现两个核心角色时，仍然面临选择的困境。

7.折中说

该说认为无身份者与有身份者共同实施犯罪的场合应当区别而论。对于有的犯罪，如背叛国家罪，没有身份者不能实施实行行为；对于有些存在分工的犯罪，或者犯罪行为比较复杂的犯罪，比如贪污罪，则无身份者可以构成有身份者的共同实行犯。

还有观点主张，从共同犯罪的本质是各个参与人相互利用对方的行为来实现自己的犯罪目的的角度来看，无身份者和有身份者通过相互利用、相互补充，从而实现自己的犯罪，这是完全可能的。只是关于定罪，必须根据两者所实施的具体犯罪的不同，进行区别看待。①

《全国法院审理经济犯罪案件工作座谈会纪要》对此问题作了一定的规定，具体涉及两种情形：（1）国家工作人员与非国家工作人员勾结共同非法占有单位财物行为的认定。对于在公司、企业或者其他单位中，非国家工作人员与国家工作人员勾结，分别利用各自的职务便利，共同将本单位财物非法占有的，应当尽量区分主从犯，按照主犯的犯罪性质定罪。司法实践中，如果根据案件的实际情况，各共同犯罪人在共同犯罪中的地位、作用相当，难以区分主从犯的，可以贪污罪定罪处罚。（2）共同受贿犯罪的认定。非国家工作人员与国家工作人员勾结，伙同受贿的，应当以受贿罪的共犯追究刑事责任。由此可见，我国司法实践中是根据主犯的行为性质确定全案行为性质，而主犯的行为性质在很大程度上取决于主犯的身份。

（二）身份的分类

根据中日两国学者的认识，依据不同标准对身份进行如下分类。

1.法律身份与事实身份

前者是基于法律赋予而形成的身份；后者是基于一定的事实情况或关系而形成的身份。

2.构成要件的身份、影响刑罚轻重的身份、排除行为犯罪性或可罚性的身份

---

① 参见黎宏.刑法学［M］.北京：法律出版社，2012：302.

以身份为某种犯罪构成要件，为构成要件的身份，即纯正身份犯；以某种身份而影响刑罚轻重者，为影响刑罚轻重的身份，即不纯正身份犯；以某种身份使所实施的行为不具有犯罪性或可罚性，为排除行为犯罪性或可罚性的身份。[①]日本学者多数赞同此种分类，依次表述为构成的身份、加减的身份、消极的身份。[②]又有学者进一步细分为：阻却违法的身份、阻却责任的身份、阻却刑罚的身份。[③]

3. 主体身份与对象身份

前者是犯罪主体所具有的特定身份，又分为职务上的身份、职业上的身份、职责上的身份、基于一定的法律关系而产生的身份；后者是犯罪对象所具有的特定身份，又分为基于刑事法律关系而产生的身份、基于其他法律关系而产生的身份、职务上的身份、基于自然关系而产生的身份。

4. 积极身份与消极身份

行为人由于某种身份的存在，而使其行为成为刑法中所规定的犯罪，或者成为从重或者从轻处罚的事由，这是身份对定罪量刑的积极影响；行为人由于某种身份的存在，而使其责任得以免除，这是身份对定罪量刑的消极影响。[④]

（三）构成身份与共同犯罪成立的情形

构成身份是以一定身份为基本犯罪成立的身份。即只有有身份者才能构成某种犯罪，无身份者不能单独构成该犯罪。涉及构成身份的共犯构成时，要依据不同情形分别处理。

1. 无身份者与有身份者共同实施真正身份犯的场合

由于无身份者无法独立实现真正身份犯的犯罪构成，因此，与有身份者一起实施真正身份犯时，只能看作利用有身份者的身份或者职务之便来实现自己的犯罪目的，构成有身份者的犯罪即真正身份犯的共犯。这种意义上，采取了职务利

---

① 参见马克昌. 犯罪通论［M］. 武汉：武汉大学出版社，1999：579-580.

② 参见马克昌. 关于共犯的比较研究［A］. 刑法论丛（第3卷）［C］. 北京：法律出版社，1999：364-370.

③ 参见西原春夫. 刑法总论［M］. 修订版. 东京：成文堂，1995：411以下.

④ 参见陈兴良. 共同犯罪论［M］. 北京：中国社会科学出版社，1992：350-352.

用说。[①]

2. 有身份者教唆、帮助无身份者实施真正身份犯的场合

如监管人员指使被监管人员殴打其他被监管者，由于无身份者单独不构成犯罪，所以一般应当将有身份者当作间接正犯。但是，如果有身份者并不能完全支配无身份者，无身份者和有身份者则可以成立共同犯罪。

3. 不同身份者共同实施真正身份犯的场合

如国有单位委派甲到非国有单位任副经理，甲与非国有单位中的会计乙相互勾结，分别利用职务之便，非法将非国有单位财务归己所有，即存在贪污罪的适用余地，也有职务侵占罪的可能。对此，存在主犯说和分别处罚说的争论。根据分别处罚说，要对甲处以贪污罪，对乙处以职务侵占罪。

根据《最高人民法院关于审理贪污、职务侵占案件如何认定共同犯罪几个问题的解释》规定：第一，行为人与国家工作人员勾结，利用国家工作人员的职务便利，共同侵吞、窃取、骗取或者以其他手段非法占有公共财物的，以贪污罪共犯论处；第二，行为人与公司、企业或者其他单位的人员勾结，利用公司、企业或者其他单位人员的职务便利，共同将该单位财物非法占为己有，数额较大的，以职务侵占罪共犯论处；第三，公司、企业或者其他单位中，不具有国家工作人员身份的人与国家工作人员勾结，分别利用各自的职务便利，共同将本单位财物非法占为己有的，按照主犯的犯罪性质定罪。依照主犯的犯罪性质定罪的关键在于确定主犯的犯罪性质。然而，当主犯难以确定的时候应如何处理呢？有观点认为，如果不同身份者都利用各自的职务便利实施犯罪，其作用难分大小时，构成想象竞合犯。即：一方面，国家工作人员利用非国家工作人员职务上的便利，非法占有公司财产，构成职务侵占罪的共犯；另一方面，非国家工作人员利用了国家工作人员的职务之便，构成贪污罪的共犯。对于想象竞合犯，应按照“从一重处断”原则，选择处罚较重的犯罪即贪污罪定罪量刑。[②]这种观点将不同人的行为作为一个行为解释为想象竞合犯，有一定道理。但是，更合理的解释应当是认为不同行为人实施了各自的实行行为，在共同犯罪的情况下，重行为吸收轻行

---

① 参见黎宏. 刑法学［M］. 北京：法律出版社，2012：302.

② 参见黎宏. 刑法学［M］. 北京：法律出版社，2012：304.

为。

4.无身份者与身份者共同实施不真正身份犯的场合

在这种场合中，虽说二者之间有共同的犯罪行为，但由于各自触犯犯罪的犯罪构成不同，因此，各自成立不同的犯罪。有身份者成立身份犯的共同正犯，而没有身份者成立通常犯罪的共同正犯。这种场合采取分别定罪说的观点。

无身份者与身份者共同实施不真正身份犯的场合，之所以这样考虑，是因为在共同犯罪的场合"违法是连带的，责任是个别的"原理。所谓"违法是连带的"，是指以对法益的侵害为内容的违法性，在共同犯罪人之间是可以连带的，没有身份的人和有身份的人能构成共犯；所谓"责任是个别的"，是指责任的判断受制于每个人不同的具体情况，必须具体个别地判断。[①]

三、犯罪集团

（一）犯罪集团的类型

我国刑法理论一般认为，犯罪集团可以分为一般犯罪集团和特殊犯罪集团。一般犯罪集团是指三人以上为实施一般犯罪而形成的较为固定的犯罪组织；特殊犯罪集团是指刑法分则中特别规定的某种犯罪集团，例如黑社会性质组织、恐怖活动组织等，犯罪集团最为显著的特征是具有较强的组织性。

一般犯罪集团与犯罪团伙不同。犯罪团伙是司法实践中经常使用的概念，它不是严格的刑法术语。犯罪团伙实质上是指共同犯罪，它既包括一般共同犯罪，也包括犯罪集团。《最高人民法院、最高人民检察院、公安部关于当前办理集团犯罪案件中具体应用法律的若干问题的解答》规定，办理团伙犯罪案件时，凡符合刑事犯罪集团基本特征的，应当按照犯罪集团处理；不符合犯罪集团基本特征的，按一般共同犯罪处理。

（二）犯罪集团首要分子

根据《刑法》第26条第1款的规定，共同犯罪中的主犯包括两类：一类是组

---

① 参见黎宏.刑法学［M］.北京：法律出版社，2012：305.

织、领导犯罪集团进行犯罪活动的犯罪分子；另一类是在共同犯罪中起主要作用的犯罪分子。

根据我国刑法的规定，组织、领导犯罪集团进行犯罪活动的犯罪分子就是犯罪集团的首要分子，其具有两个明显的特征：第一，首要分子作为集团的成员依存于犯罪集团，这是该种主犯成立的先决条件；第二，从其在犯罪集团中的作用看，首要分子对整个犯罪集团具有支配力，即起着组织或者领导的作用。所谓组织是指纠集他人组建犯罪集团；领导实际上包括策划和指挥两个方面的内容；策划主要表现为为犯罪集团实施犯罪活动出谋划策，主持制定犯罪集团的活动计划，组织实施犯罪计划等；指挥主要表现为在幕后操纵犯罪集团的犯罪活动，以及根据犯罪集团的犯罪计划在现场指使、调配犯罪集团成员直接实施具体的犯罪活动。

《刑法》第26条第3款规定："对组织、领导犯罪集团的首要分子，按照集团所犯的全部罪行处罚。"我国刑法学界通说认为，这里的"全部罪行"是指集团犯罪故意范围内的全部罪行。如果集团成员超出犯罪故意范围而独自实施了犯罪行为，不属于集团所犯的罪行。据此，首要分子不仅要对自己实施的犯罪负责，也要对集团犯罪故意内的其他成员实施的全部犯罪负责。但该集团的某些或者某一成员超过犯罪集团的犯罪计划，独自实施犯罪行为的，不能归入该犯罪集团的罪行，犯罪集团的首要分子也不对该后果承担刑事责任。

四、聚众犯罪

（一）聚众犯罪的概念

一般认为，聚众犯罪是聚集特定或者不特定的多人实施犯罪，这些众多的人之所以能够聚集在一起实施犯罪，是由于其中的首要分子组织、策划、指挥的结果。①

就刑法规定而言，刑法中的聚众犯罪有如下特点：第一，法定性，即必须由刑法分则条文加以明文规定；第二，行为具有聚众性，所谓聚众即聚合多人；第

① 参见高铭暄. 中国刑法学［M］. 北京：中国人民大学出版社，1989：196.

三，首要分子，在任何聚众犯罪中都不乏首要分子。首要分子是聚众犯罪的核心成员。此外，刑法分则条文还存在将“聚众”规定为某些犯罪的选择性实行行为或加重法定刑情节的情况。据此，本书认为，刑法中的聚众犯罪，是指在首要分子的作用下以聚众的行为方式实施且被刑法分则特别规定的犯罪行为。

（二）聚众犯罪的特征

从刑法有关聚众犯罪的规定来看，聚众犯罪既可以表现为共同犯罪，也可以是只有一个首要分子构成犯罪的单独犯罪。其实行行为是由聚众行为和具体危害行为组成的复合行为。其中，聚众行为只能由首要分子实施，具体危害行为既可以由首要分子自己或假借他人实施，也可以由参与者实施。

1.法定性特征

聚众犯罪是法定的犯罪类型，聚众犯罪侵犯的客体主要是社会管理秩序。在《刑法》中，聚众犯罪包括第289条对聚众“打砸抢”行为的处理规定，第290条聚众扰乱社会秩序罪、聚众冲击国家机关罪，第291条聚众扰乱公共场所秩序、交通秩序罪，第292条聚众斗殴罪，第301条聚众淫乱罪、引诱未成年人聚众淫乱罪，第303条赌博罪、聚众赌博行为，第309条扰乱法庭秩序罪，第317条组织越狱罪、暴动越狱罪、聚众持械劫狱罪，第242条第2款聚众阻碍解救被收买的妇女、儿童罪，第268条聚众哄抢罪，第371条聚众冲击军事禁区罪、聚众扰乱军事管理区秩序罪。绝大多数聚众犯罪侵犯的客体主要是社会管理秩序。这是由聚众行为的性质所决定的。聚众行为是聚集、纠合不特定的多数人实施某种危害社会的行为，所以其行为本身就具有严重的危害社会管理秩序性，或者是利用人数多、秩序混乱的方式来侵害公民人身权利、财产权利和军事利益。所以，聚众犯罪一定是破坏秩序的或利用混乱秩序为手段的犯罪行为。

2.主体特征

聚众犯罪的主体是一般主体。但是这些主体同时受到一定限制，即他们是指刑法分则条文明确规定的“首要分子”“其他积极参加的”“多次参加的”“其他参加的”。应当注意的是，我国刑法中有少数几个条文规定聚众犯罪时并未指明特殊主体，如聚众赌博构成赌博犯罪，聚众哄闹、冲击法庭严重扰乱法庭秩序的犯罪等均未提及“首要分子”。对此，应当将聚众者理解为本罪的主体，其他参与者构成其他犯罪的以相应犯罪论处，否则不构成犯罪。因此，在聚众犯罪中，不能将所有参与人都作为聚众犯罪的主体。

3. 主观特征

聚众犯罪在主观上表现为故意的心理态度，可以是直接故意，也可以是间接故意。行为人对聚众犯罪危害社会的结果持希望或放任的心理态度。

4. 客观特征

聚众行为具有复合性。首先，聚众犯罪行为往往是由两个行为组成的，即由首要分子实施的聚众行为和其他被纠集者直接实施的危害行为。其中聚众行为是指组织、策划、指挥、聚集、纠合不特定的多数人同时同地参加实施某种危害社会活动的行为。其行为对象是众人，即被聚之“众”。该行为在各种不同的聚众犯罪中其行为方式都是一样的，它只能由首要分子实施，聚众行为对刑罚保护的客体并不产生直接的侵害。而其他被纠集者直接实施的危害行为就是直接侵害刑法所保护的客体的行为。这些行为的性质、方式由刑法分则明文规定，并且在各种不同的聚众犯罪中其行为性质、方式各不相同，如聚众赌博中的赌博行为、聚众淫乱中的淫乱行为、聚众哄抢中的哄抢行为。直接危害行为主要是由“积极参加者”“多次参加者”“使用暴力、威胁方法的参与者”等实施的。当然，这些行为也可以由“首要分子”在实施完聚众行为后接着实施。从行为已经开始之后才加入犯罪行为之中的实施直接危害行为者可发展成为积极参加聚众犯罪者。从行为的因果关系看，聚众行为与直接危害行为往往存在前后相继关系，但在直接危害行为开始实行以后，聚众行为仍可继续进行。而且聚众犯罪并不要求每个犯罪人都实行聚众行为和直接危害行为，可能有的犯罪分子是直接危害行为产生的原因，直接危害行为是聚众行为的结果，二者具有因果性的统一体关系。如果只有聚众行为，而被聚之众没有实施直接危害行为，则该聚众行为不具有社会危害性。所以，聚众行为的社会危害性有赖于直接危害行为的实施。当然，在被聚之众已经实施了直接危害行为之后，聚众行为的社会危害性便可以独立于直接危害行为而成为单独可罚性行为。

其次，聚众行为既可以是组织行为，也可以是实行行为。在聚众犯罪行为的两个组成行为中，一般情况下，聚众行为和直接危害行为的社会危害性都达到了犯罪的程度，已构成共同犯罪，因而既处罚“首要分子”，又处罚“积极参加者”。这时的聚众行为是组织行为，而直接危害行为是实行行为。在有些情况下，只有聚众行为达到犯罪的程度，而直接危害行为只有社会危害性而没有达到犯罪的程度，这时的聚众犯罪是单独犯罪或是由两个以上的首要分子构成的共同犯罪，此种情况的聚众行为是实行行为。

（三）聚众犯罪的类型

根据我国刑法的规定，聚众型犯罪有三种：第一，刑法处罚全体参与者的聚众犯罪，如聚众持械劫狱罪；第二，刑法只处罚首要分子和积极参与者的聚众犯罪，一般参与者不构成犯罪，如聚众斗殴罪；第三，刑法只处罚首要分子的聚众犯罪，只有聚众者才构成犯罪，其他参与者不构成犯罪，如聚众扰乱公共场所秩序、交通秩序罪。第一种情况中的首要分子和积极参与者无疑属于主犯；但在第二种情况中，首要分子属于主犯，积极参与者未必是主犯；在第三种情况中，首要分子是否构成主犯要根据具体情况而定。如果聚众犯罪中的聚众者只有一人，这类聚众犯罪并不是严格意义上的共同犯罪，不存在主犯和从犯之分；但如果首要分子为两人以上的，则构成共同犯罪，此时要进一步根据首要分子的作用大小认定主犯，当首要分子都起主要作用时，则皆为主犯；当首要分子在其中的作用有主次之分时，则起主要作用的首要分子为主犯。

（四）聚众犯罪人的种类及其法律后果

不同类型的聚众犯罪，其犯罪参加人各不相同，其刑事处罚也不一样。必要共犯的聚众犯罪即《刑法》第317条第2款规定的聚众持械劫狱罪，其犯罪分子分为三类：第一，首要分子；第二，其他积极参加者；第三，其他参加者。

其他聚众犯罪（除聚众持械劫狱罪外）的犯罪分子分为两类：一是首要分子；二是其他积极参加者，多次参加者，使用暴力、威胁方法的参与者。

1.首要分子

根据《刑法》第97条的规定，首要分子是指犯罪集团或者在聚众犯罪中起组织、策划、指挥作用的犯罪分子。但是，聚众犯罪的首要分子实施的组织、策划、指挥行为与犯罪集团的首要分子实施的组织、策划、指挥行为不同：首先，组织行为不同。前者是拉拢、纠合、裹胁、聚集一些人，组成松散性、临时性、偶然性、一次性的乌合之众同时同地参加犯罪活动；后者则是指建立稳定性、严密性、长期性、纪律组织性的犯罪集团。其次，策划行为不同。前者是指简单地、临时性地决定一次犯罪活动；而后者是指为犯罪集团制订犯罪计划、拟订犯罪方案、确定犯罪对象、选择犯罪方法的一系列活动。最后，指挥行为不同。前者只是在现场进行简单的领头、带动、鼓动行为；而后者却是指对犯罪活动进行严密部署、具体调度、周密安排的行为，可以是现场指挥，也可以是不在现场的指挥。

聚众犯罪首要分子的刑事处罚都是由刑法分则相应条款明确规定的。所以，对该聚众犯罪的首要分子具体科处刑罚时，主要依照刑法分则的条款，同时兼顾总则的处罚原则。

2.积极参加者，多次参加者，使用暴力、威胁方法的参与者

这类聚众犯罪人是积极参加、多次参加或者使用暴力、威胁方法参与实施聚众犯罪的直接危害行为的人。该类犯罪人与其他共同犯罪中的从犯有区别：第一，从犯一般分为次要的实行犯和帮助犯两种；而该类聚众犯罪人一般都是实行犯，不可能是帮助犯。第二，从犯的刑事责任由刑法总则规定；而该类聚众犯罪人的刑事责任由刑法分则的相应条款专门具体规定。该类聚众犯罪人只要构成犯罪，就严格按照刑法分则条款规定处罚。

3.其他参加者

这种聚众犯罪人只存在于必要共犯的聚众犯罪，即聚众持械劫狱罪中。在该罪的参加人中，除了首要分子和积极参加者外，其余的人都是其他参加者。《刑法》第317条第2款专门为其他参加者规定了法定刑。对其具体科处刑罚时，只要依照刑法分则条款即可。

第四节　共同犯罪人及其法律后果

一、主犯及其法律后果

（一）主犯的概念

《刑法》第26条第1款规定："组织、领导犯罪集团进行犯罪活动的或者在共同犯罪中起主要作用的，是主犯。"从刑法法条可以看出，主犯包括两类：一是

组织、领导犯罪集团进行犯罪活动的犯罪分子；二是在共同犯罪中起主要作用的犯罪分子。

对于第一种主犯，即组织、领导犯罪集团进行犯罪活动的犯罪分子，我们在本章的第三节第三部分已经详细概述。下面具体阐述第二种主犯。

在共同犯罪中起主要作用的犯罪分子，具体包括以下三种：第一，犯罪集团中的骨干分子。即在犯罪集团中，不负责组织、领导犯罪活动，但积极参与并从事犯罪活动实行行为的犯罪分子。行为人如果是被胁迫参与犯罪集团的犯罪活动，或者在犯罪活动中不积极，不能认定为主犯。第二，聚众犯罪中的首要分子及起主要作用的犯罪分子。所谓聚众犯罪中的首要分子，是指在聚众犯罪中起组织、指挥作用的犯罪分子。第三，聚众犯罪以外、在一般共同犯罪中起主要作用的犯罪分子，即起主要作用的实行行为人。

（二）主犯与首要分子的关系

1. 首要分子皆为主犯说

该说认为，主犯不都是首要分子，而首要分子一定是主犯。主犯包括以下两种犯罪分子：第一，在犯罪集团中起组织、策划、指挥作用的犯罪分子。这种主犯也就是组织犯。其犯罪活动表现为发起成立犯罪集团，制定犯罪计划，组织纪律，发展集团成员，指挥其他人实施犯罪计划等。第二，在聚众犯罪中起组织、策划、指挥作用的犯罪分子。这种主犯就是聚众犯罪中的首要分子。例如，组织策划武装叛乱罪、组织策划颠覆国家政权罪等，这些聚众犯罪中的首要分子也是组织犯，也是主犯的一种。以上表述表明：不仅犯罪集团的首要分子一定是主犯，而且聚众犯罪的首要分子也都是主犯。主犯的范围比首要分子的范围要大。共同犯罪中的首要分子必然是主犯，主犯与首要分子之间的关系是一种包容与被包容的关系。①

2. 首要分子部分为主犯说

该说认为集团犯罪的首要分子一定是主犯，而聚众犯罪的首要分子部分是主

---

① 参见王俊平. 关于犯罪集团首要分子若干疑难问题探析［J］. 郑州大学学报（哲学社会科学版），2009（1）.

犯。这是目前刑法学界绝大多数专家、学者所持的观点。

依据《刑法》规定，并非所有的首要分子都是主犯。

（三）主犯的认定

《刑法》第26条确定了共同犯罪中主犯的类型及其承担责任的方式与范围，也是对集团犯罪中共同行为参与人予以刑罚处罚的基本依据。本书认为，在主犯规定中最核心的内容是对“起主要作用”的认定，它不仅帮助我们确定主犯，而且还可以用来甄别从犯。但理论上存在分歧。

观点一认为，首要分子之外起主要作用的犯罪分子包括：第一，犯罪集团中的骨干分子，即虽然不起组织、领导作用，但积极参与并从事犯罪实行行为的犯罪分子。第二，聚众型共同犯罪中的首要分子及起主要作用的犯罪分子。第三，在一般共同犯罪中起主要作用的实行行为人。①

观点二认为，起主要作用的主犯包括：第一，在犯罪集团中起主要作用的犯罪分子，具体而言，是指积极参加犯罪集团，在犯罪集团中特别卖力地进行犯罪活动，或者在犯罪集团中直接实行犯罪、罪行重大等；第二，在一般共同犯罪中起主要作用的犯罪分子，具体而言，是指在共同犯罪中直接造成严重危害结果，积极献计献策在完成共同犯罪中起着关键作用，在共同犯罪中罪行重大或者情节特别严重等。②

观点三认为，在共同犯罪中起主要作用的犯罪分子，是指除犯罪集团的首要分子以外的在共同犯罪中对共同犯罪的形成、实施与完成起决定或重要作用的犯罪分子。其中判断犯罪分子是否起主要作用，一方面要分析犯罪分子实施了哪些具体犯罪行为，对结果的发生起什么作用，另一方面要分析犯罪分子对其他共犯人的支配作用。③

观点四认为，起主要作用是指在共同犯罪的实施、完成中起主要作用，主要

---

① 参见齐文远．刑法学［M］．北京：北京大学出版社，2007：176–177；阮齐林，耿佳宁．中国刑法总论［M］．北京：中国政法大学出版社，2019：238.

② 参见高铭暄，马克昌．刑法学［M］．北京：北京大学出版社，高等教育出版社，2000：177–178.

③ 参见张明楷．刑法学（上）［M］．北京：法律出版社，2011：406.

有以下两种情形：第一，积极参加犯罪集团的，在犯罪集团中特别卖力地进行犯罪活动的骨干分子；第二，在一般共同犯罪中起主要的作用，是指主要的实行者。如犯意的发起者、犯罪的纠集者、犯罪的指挥者等。[①]

在当前理论中，有两个可谓是基本一致的：第一，“起主要作用”一般是作为犯罪集团首要分子之外认定主犯的一个实质条件；第二，“起主要作用”的司法认定一般凭借的是经验性描述，缺乏规则指导，因此无法保证实践效果的合理性。例如，在李某某集资诈骗案中，就存在类似问题。[②]本书认为，前述两个近乎共识性的方法都存在问题，以下分别论述。

“起主要作用”是否仅仅为犯罪集团首要分子之外的主犯认定的实质条件？换言之，它可否作为犯罪集团首要分子的认定条件？这涉及《刑法》第26条“组织、领导犯罪集团进行犯罪活动的”与“或者在共同犯罪中起主要作用的”两种情形在立法上的关系，它们是属于并列关系抑或属于后者对前者的补充关系。在我国传统共犯理论中，一般认为二者是并列关系，因此“起主要作用”主要是用于分析其他主犯。但本书认为，“或者在共同犯罪中起主要作用的”是对前半段表述的补充，“起主要作用”既是检验首要分子的标准，也是检验其他主犯的标准，因为犯罪人在共同犯罪中的作用是评价犯罪参与者责任的不可或缺的要素。

必须承认，当前我国有学者对以行为人在共同犯罪中的地位和作用为分类标准划分主犯、从犯和胁从犯的主从犯结构颇有微词，甚至用德日的共犯结构作为主从犯结构的替代性理论。可见，主从犯结构的理论基础是否合理应当予以明确，据此才可能从这个基础上找到评价的依据。为了解决这个问题又不得不将其与德日的共犯结构进行比较。德日共犯结构采取行为方式标准将共同犯罪参与人分为正犯与共犯（帮助犯、教唆犯），正犯是指亲自实施了该当于分则构成要件之全部或部分行为的人；而其他的参与者为共犯（教唆、帮助）[③]。这种共犯结构固然可以客观反映共同犯罪人在共同犯罪中所从事的活动，有利于对共同犯罪人

① 参见林亚刚.刑法学教义（总论）[M].北京：北京大学出版社，2017：509.

② 参见广东省高级人民法院刑事判决书：（2019）粤刑终337号。

③ 参见西田典之.共犯理论的展开[M].江溯，李世阳，译.北京：中国法制出版社，2017：93.

的行为定性，有利于维护法的安定性，但是它最终沦为客观的形式判断，其弊端殊为明显。

第一，无法阐述修正正犯的处罚正当性。众所周知，正犯原本指亲自实现基本构成要件的行为者，但刑事政策的现实需要击碎了理想的纯粹，因此正犯的概念有不断扩大之势。今天我们甚至可以将正犯分为纯正正犯与修正正犯两种形式，前者是指亲自实施刑法分则基本构成要件行为的犯罪人，包括单独正犯、同时正犯和共同正犯；后者则是指基于行为的事实支配，通过他人实行犯罪的犯罪人，包括间接正犯、共谋共同正犯和承继的正犯，甚至包括正犯背后的正犯；等等。[①]在德日刑法中，基于罪刑法定主义之固有要求，理论上本无法将修正正犯作为正犯认定与处罚，但是实践中需要根据现实犯罪的预防需要灵活应对共同犯罪中的特殊问题，因此不得不考虑行为人在共同犯罪中的地位与作用，从而将其在理论上修正性地型构为正犯处罚，以达到加重处罚、实现罪责均衡的要求。因此，西田典之教授指出，“不得不说难以实现根据参与者的作用之重要性来处罚，即难以实现具体的妥当性”。[②]

第二，不考虑行为人在犯罪中的地位和作用，就无法解释行为人在共同犯罪中所起到的作用，不利于合理评价行为人的刑事责任，无法合理实现对犯罪参与人的刑罚处罚。特别是在一些组织性或者集团性的共同犯罪中，由于犯罪组织的阶层化、分工化，如果仅仅以犯罪参与人的实际分工来对其进行处罚，容易导致不合理的结果。如在组织性的贩卖毒品的过程中，运输者和销售者往往是处在组织低端的“马仔”，而组织者与领导者往往处在背后，即便将他们都作为正犯认定，充其量也就造成对“马仔”和对组织者的处罚持平的现象。另外，如果不考虑行为人的地位和作用，也可能出现将其主要作用的无身份者作为从犯处理的情形，如在有身份者和无身份者共同受贿的案件中。这都是在实践中必须正视的问题。

可见，作用对于犯罪人在共同犯罪中的评价不容忽视，因此成为不同法系评价共同犯罪的共同因素。即便在英美刑法中也具有较为相同的意义。因为在英美

① 参见童德华.规范刑法原理［M］.北京：中国人民公安大学出版社，2005：229.

② 西田典之.共犯理论的展开［M］.江溯，李世阳，译.北京：中国法制出版社，2017：94.

刑法中，共犯分为四种，前两个属于主犯（principals），后两个属于从犯。主犯是身处犯罪现场并实行犯罪之人，分两级：第一级主犯是实行了犯罪行为的人，相当于日本刑法中的纯正正犯；第二级主犯是事实上或假定身处犯罪现场，并且帮助或者教唆他人犯罪的人。其从犯也可分为两种：其一是事前从犯（accessory before the fact），就是不在犯罪现场，但是在行为前对实行犯（perpetrator）提供了帮助或者鼓励；其二是事后从犯（accessory after the fact），即虽然不在犯罪现场，但是在犯罪完成之后对实行犯提供了帮助或者鼓励。以上划分仅限于重罪场合，在轻罪场合不存在从犯，行为人只要对轻罪的实行提供了帮助或者鼓励就属于主犯。除了前述两种主犯之外，还有一种所谓的并合主犯，就是事前的共谋者。据此，从犯是犯罪之后的参与者，他们不会与主犯并合。对从犯的处罚明显要比主犯轻。从犯的形式很多，如收受盗窃之物。“由于现在司法将事前共犯与主犯并合，他们的责难性不再依赖于其他参与者做了什么。”[①]

基于上述认识，本书认为，“起主要作用”不仅对于一般主犯具有评价作用，对于犯罪集团首要分子也有评价意义。一般而言，首要分子就是在犯罪集团中起组织、领导作用的人。组织行为是指纠集、串联他人建立犯罪集团，领导行为则是指率领犯罪集团成员进行犯罪活动，为犯罪集团的犯罪活动出谋划策，做出决定、指示，安排、调配犯罪集团成员的分工和活动等。“没有这种主犯，也就没有犯罪集团”，[②]它表明，刑法实践中应根据行为人在共同犯罪中的行为方式和其作用大小决定其是否属于犯罪集团的首要分子。

申言之，“起主要作用”是认定主犯的重要实质性条件，有时候甚至成为进一步决定有身份者和无身份者、此身份者与彼身份者共同犯罪罪名的主要条件。如国家工作人员与非国家工作人员共同占有单位财物的定性，[③]或者国家工作人员

---

① See John M.Burkoff，Russell L.Weaver，Inside Criminal Law，Aspen Publishers，2011，pp.82–83.

② 高铭暄，马克昌．刑法学［M］．北京：北京大学出版社，高等教育出版社，2000：177.

③ 《全国法院审理经济犯罪案件工作座谈会纪要》（2003年11月13日）规定：“对于在公司、企业或者其他单位中，非国家工作人员与国家工作人员勾结，分别利用各自的职务便利，共同将本单位财物非法占有的，应当尽量区分主从犯，按照主犯的犯罪性质定罪。司法实践中，如果根据案件的实际情况，各共同犯罪人在共同犯罪中的地位、作用相当，难以区分主从犯的，可以贪污罪定罪处罚。”

与非国家工作人员共同收受他人财物的定性。[①]

但是，虽然完全根据行为人的作用进行分类，固然有利于反映行为人各自的社会危害程度，有利于解决其刑事责任。但是，却无法反映行为人在共同犯罪活动中的分工，进而导致共同犯罪人定罪的一些问题不好解决。[②]这些具体问题主要表现如下：第一，“起主要作用”作为一个规范性的评价标准，如果缺乏形式标准的辅助，就必然会高度依赖于法官的自我评价，可能会留下司法自由裁量权过大的隐患。在实践中，将贩毒的“马仔”作为主要主犯，将幕后组织者作为次要主犯的情况，就是该弊端的司法表现。第二，片面追求犯罪的作用，忽视行为人的行为定性、目的定性，会导致将行为人行为分别定性的情况，结果导致共同犯罪的罪名不一致的情况。如在前述李某某集资诈骗案中，李某某被认定为集资诈骗罪，其他人被认定为非法吸收公众存款罪。[③]

所以，我国刑法关于共同犯罪参与者的分类标准，不仅存在教唆犯与主犯如何结合问题，[④]也存在主从犯结构和德日共犯结构如何相互借鉴问题。从德日共犯结构的情形看，就是根据“起主要作用”来合理把握正犯的类型；从我国主从犯结构的需要看，则是根据对“起主要作用的”一般规则性认识更好把握主犯的行为类型的形式定型。就此而言，“起主要作用”对于主犯均具有实质的指导意义。我国的分类在目标上是清楚的，有利于实现实质正义，但是也可能因为缺乏相应的行为定型的形式保证，反而偏离了刑法公正的目标。所以我们需要借助德日关于共犯的分类，建构主犯和从犯的认定规则。

---

① 《最高人民法院、最高人民检察院关于办理商业贿赂刑事案件适用法律若干问题的意见》（2008年11月20日）规定：“非国家工作人员与国家工作人员通谋，共同收受他人财物，构成共同犯罪的，根据双方利用职务便利的具体情形分别定罪追究刑事责任：（1）利用国家工作人员的职务便利为他人谋取利益的，以受贿罪追究刑事责任。（2）利用非国家工作人员的职务便利为他人谋取利益的，以非国家工作人员受贿罪追究刑事责任。（3）分别利用各自的职务便利为他人谋取利益的，按照主犯的犯罪性质追究刑事责任，不能分清主从犯的，可以受贿罪追究刑事责任。”

② 参见高铭暄，马克昌．刑法学［M］．北京：北京大学出版社，高等教育出版社，2000：177.

③ 参见广东省高级人民法院刑事判决书：（2019）粤刑终337号。

④ 参见林亚刚．刑法学教义（总论）［M］．北京：北京大学出版社，2017：505.

（四）“起主要作用”的认定规则

毫无疑问，立法为主犯和从犯的划分提供了法定依据，但其因为固有的特性，无法为实践提供完全可能操作的规定，因此还需要理论上为主犯和从犯的合理划分提供更具体的、更有实效的规则。

从法定标准看，主犯有三种情形：第一，犯罪集团的首要分子；第二，聚众犯罪中的首要分子；第三，在共同犯罪中起主要作用的人。我国《刑法》第27条第1款规定：“在共同犯罪中起次要或者辅助作用的，是从犯。”即从犯有两种形式：第一，在共同犯罪中起次要作用的犯罪分子；第二，在共同犯罪中起辅助作用的犯罪分子。后者即帮助犯。可见，实行犯在我国刑法中还需要根据其所起作用大小进一步分类为主犯和从犯。或者说，我国将实行犯分为起主要作用的实行犯和起次要作用的实行犯。

如上文所说，我国学界对于“起主要作用”的分析，还停留在经验描述的层面，没有为实践提供必要的规则。而在经验分析中，就如何判断主犯虽然有一些共识值得肯定，但其中的分歧也是明显的，具体表现在如下四个方面：第一，主犯是否要求直接实行犯罪？如观点一和观点四有分歧。第二，主犯是否要求罪行重大？如观点二与其他观点有所分歧。第三，主犯是否要求直接造成严重后果，如观点二与其他观点不一致。第四，是否要求行为人对其他共犯人形成了支配作用，如观点三和其他观点不一致。

犯罪预防的实践要求是刑法理论发展创新的深层动力，就“起主要作用”的规则建构而言，这不可能通过机械的文理解释方法予以解决，这个任务需要借助目的性的客观解释方法来完成。我们必须充分认识客观解释的社会需要有哪些。

首先，罪行重大不能证明起主要作用。在共同犯罪中起主要作用仅仅要求行为人在犯罪中发挥较大的作用，在这种意义上，起主要作用的行为人罪行肯定比其他人大，但是如何判断其罪行重大？显然这属于循环论证。我们不能用罪行重大支持起主要作用，而是用起主要作用证明罪行重大。

其次，实行行为并不是起主要作用的必要条件。以实行行为为基础的正犯是共同犯罪的纽带。[①]它表明，“起主要作用”的最基本方式是行为人直接实施实行

① 参见童德华.规范刑法原理［M］.北京：中国人民公安大学出版社，2005：285.

行为，却不是必要方式，如前所述，修正正犯都是没有实行行为的，另外依据我国刑法，实行行为也可能仅仅起次要作用。和传统共同犯罪不同，现代共同犯罪与传统犯罪具有更多的时代特色，例如，主观上的营利化、组织形式的公司化、行为手段的技术化。例如，公司化的电信诈骗、网络贷款、吸收公众存款等犯罪活动，这类犯罪人数众多，具有层级化的分工模块，犯罪参与人的行为和心理态度也不必然具有高度的一致性，这种变化导致主犯的认定更为敏感。根据《最高人民法院关于审理非法集资刑事案件具体应用法律若干问题的解释》，非法吸收公众存款的行为多达十余种，其中很多方法需要通过公司化的方式，由不同人员分工完成。在实践中，如下情况增加了主犯认定的难度：一是集资行为往往呈现辐射性质，金字塔顶端的参与人员与中端、底端的参与人员由于各自作用不同，对资金掌握、流向、使用各异；二是集资行为公司化运作，公司负责人、财务和一般业务经理、行政人员的作用如何区分？[①]

再次，行为人的行为也不需要直接造成严重后果，如在公司化的非法集资犯罪中，造成直接后果的往往是处于金字塔底端的一般业务人员、宣传人员或者财务人员。

最后，行为人是否可以形成对其他参与人的行为支配是确定起主要作用的最关键条件。笔者认为，共犯和正犯的区别，首先要运用共犯从属性论，并以实行行为为基本依据确定正犯。但是，为了与社会防卫的目标相一致，还要将某些未实施实行行为、但能支配实行行为的人作为正犯。只有完全具有从属性格的人，才作为共犯处罚。[②]即便在判断共同正犯是否在共同犯罪中起到了主要作用时，也不能仅仅考虑行为人是否实施了实行行为，而应看行为人的行为和实行行为之间是否存在支配关系。

作为支配关系，表现为如下三种行为参与类型：第一，实行行为背后的组织者，犯罪集团的首要分子属之；第二，实行行为背后的操纵者，间接正犯属之；第三，犯罪实行行为的意志挑动者，共谋共同正犯、起主要作用的教唆犯属之。例如，在有身份者和无身份者共同受贿案件中，有身份者并不必然是主犯，无身

① 参见李勤．非法吸收公众存款罪与集资诈骗罪区分之问［J］．东方法学，2017（2）．

② 参见童德华．外国刑法导论［M］．北京：中国法制出版社，2024：351.

份者也并不必然是从犯，如果无身份者能支配有身份者的行为，无身份者也可以作为主犯认定。

（五）主犯的法律后果

由于刑法将主犯分为不同类型，所以其承担刑事责任的范围不一样。

《刑法》第26条第3款规定："对组织、领导犯罪集团的首要分子，按照集团所犯的全部罪行处罚。"犯罪集团首要分子的刑事责任在本章第三节第三部分中已经详细论述。

《刑法》第26条第4款规定："对于第三款规定以外的主犯，应当按照其所参与的或者组织、指挥的全部犯罪处罚。"

犯罪集团首要分子以外的主犯，是指在犯罪集团中起主要作用的主犯、聚众犯罪中的主犯、一般共犯中的主犯，应分两种情况处罚：对于组织、指挥共同犯罪的人（如聚众共同犯罪中的首要分子），应当按照其组织、指挥的全部罪行处罚；对于没有从事组织、指挥活动但在共同犯罪中起主要作用的人，应当按其参与的全部犯罪处罚。一般在划分首要分子的时候，主要看行为人的行为和作用，重点从行为人的行为角度确定首要分子，而忽视了对首要分子主观特征的要求。对此，有学者提出，"首要分子作为一类犯罪人，其客观方面与主观方面相统一是承担刑事责任的前提条件"。[①]这个观点还是有一定道理的。如甲（男）出钱让乙（男）邀约丙（男）、丁（男）外出游玩，其间在宾馆开房休息，又要求乙找个女的来睡觉，乙遂打电话让对自己有好感的戊（女）过来打牌，打牌时他们故意玩脱衣服的游戏，直到所有的人把衣服脱光，之后甲当着其他人的面与戊发生性关系，事后甲唆使乙、丙、丁轮流与戊发生性关系。在本案中，如果不考虑主观因素，很容易因为乙有邀约行为认定其为行为的召集者，进而认定其为聚众淫乱的首要分子。再如甲提供卖淫场所和信息，供卖淫嫖娼者从事卖淫嫖娼活动，自己从中抽取少许费用，如果仅仅由于其涉及3人次以上，不考虑组织行为本身应具有的控制性，就容易将行为人按照组织卖淫罪处理。这些做法是否合理值得研究。因为在整个事件中，行为人既没有组织整个活动的意思，也没有支配

---

① 杨灵芝．群体性事件中犯罪参与者刑事责任研究［M］．北京：法律出版社，2020：132.

整个事件的行为，其主要起到的是中介作用，如果认定其为首要分子，理由并不充分。

另外，本书认为，刑法对必要共同犯罪中犯罪集团的首要分子和其他主犯的处罚作了具体规定。对于这样一些主犯，应直接按照刑法分则有关规定进行处罚。但对于这些犯罪集团实施的关联性犯罪，要根据前述方法处理。[①]

二、从犯及其法律后果

（一）从犯的概念

《刑法》第27条第1款规定："在共同犯罪中起次要或者辅助作用的，是从犯。"据此，从犯包括两种情况：一是在共同犯罪中起次要作用的犯罪分子，即对共同犯罪的形成与共同犯罪行为的实施、完成起次要于主犯作用的犯罪分子；二是在共同犯罪中起辅助作用的犯罪分子，即为共同犯罪提供方便、帮助创造条件的犯罪分子，主要指帮助犯。

（二）从犯的认定

如上所述，从犯包括两种情况：第一，在共同犯罪中起次要作用的犯罪分子；第二，在共同犯罪中起辅助作用的犯罪分子。

1. 在共同犯罪中起次要作用的犯罪分子

所谓在共同犯罪中起次要作用的犯罪分子，是指其虽然直接参与实施了犯罪行为，但相对于主犯来说，其在整个犯罪过程中所起的作用较小。具体表现为：在犯罪集团首要分子的领导下参与犯罪活动，但罪恶不够重大、情节不够严重；在一般共同犯罪中直接参与实行犯罪活动，但所起的作用不大，没有造成严重的危害后果或者情节较轻。因此，对在共同犯罪中起次要作用的犯罪分子的认定，必须考虑以下五个方面的情况。

（1）共同犯罪起意的大小。主要是看共同犯罪的意思是由谁先提出的。一般来说，最先提出共同犯罪起意者，是主犯；跟随附和的，则为从犯。

---

① 参见林亚刚．主犯若干问题的探讨［J］．法制与社会发展，2003（5）．

（2）行为人在共同犯罪中所处的地位。主要是看行为人在共同犯罪中是居于主导、支配地位还是处于从属、被支配地位。如属前者，则为主犯；如属后者，则为从犯。但是，支配地位的认定，不能仅仅依据形式要件认定，还要根据事实上的原因力进行认定。例如，确定单位犯罪中的主从犯时，不能仅仅根据行为人在单位的职务，还要看行为对整个事实的支配力，要注意实际控制人在犯罪中的作用。

（3）行为人在共同犯罪中的实际参与程度。即行为人在共同犯罪中参与了整个犯罪过程且积极主动，还是只参与了一部分犯罪活动且缺乏积极主动精神，行为是依据他们要求实施的。如属前者，为主犯；如属后者，为从犯。

（4）行为人具体罪行的大小。即要看行为人在犯罪的形成、实行到完成的各个环节中，特别对危害结果的发生所起的作用大小。如起的作用大，为主犯；如起的作用小，为从犯。

（5）看事后利益的分配情况。即犯罪所得是如何分配的。一般来说，分配多者是主犯；分配少者是从犯。

2. 在共同犯罪中起辅助作用的犯罪分子

所谓在共同犯罪中起辅助作用的犯罪分子，是指没有直接参加犯罪的实行，而是以其他方式帮助实行犯，帮助其实现犯罪结果的人，实际就是所谓的帮助犯。成立帮助犯，行为人必须有帮助行为和帮助意思，而正犯即被帮助犯必须基于该帮助而实施了实行行为。

与帮助犯故意有关的是片面帮助犯的问题。所谓片面帮助犯，是指帮助人基于帮助的故意而实施了帮助行为，但被帮助人不知道该帮助行为而实施犯罪的场合。关于该问题，有肯定说和否定说。我国刑法的通说不承认片面帮助犯的成立。但有观点认为，既然帮助犯是单纯地协助，帮助就是为已经具有犯罪意思的人，即正犯的犯罪提供方便（物理帮助）或者强化其犯罪意思（心理帮助）。只要正犯的犯罪行为在客观上确实得到了方便，或者其犯意加强，即使其并不知道有人暗中帮助他，就帮助犯而言，还是实现了帮助的效果，具备帮助犯的本质，而不要求帮助者与被帮助者之间有意思联络。①

① 参见黎宏．刑法学［M］．北京：法律出版社，2012：294.

在共同犯罪中，从犯的行为与犯罪意思从属于主犯的行为和意思。在理论上，有观点认为从犯的意思不必从属于正犯意思，这种观点值得商榷。正犯的成立主要是其在犯罪中能对整体行为或者事实予以支配，所以基于行为或者事实支配的理论，就不可避免地需将故意安排为构成要件的内容。只要承认共犯之成立至少需要从属于正犯的符合构成要件的不法，而构成要件中已经包含故意，那么，共犯便应从属于正犯之故意。[①]从犯的意思从属于正犯的意思，并不必然要求其与正犯的意思相同，只要其包含在正犯的意思之内即可。对此，无论是德日刑法的正犯—共犯的共犯体制，还是我国的主犯—从犯的共犯体制，都具有适用性。

（三）从犯的法律后果

《刑法》第27条第2款规定："对于从犯，应当从轻、减轻处罚或者免除处罚。"这表明，对从犯的处罚，不是比照主犯从宽，而是将从犯单独作为一个法定从宽处罚情节。

三、胁从犯及其法律后果

（一）胁从犯的概念

根据《刑法》第28条规定，所谓胁从犯是指被胁迫参加犯罪的人，即受他人胁迫而非完全自愿参加犯罪，并在共同犯罪中起较小作用的人。需要注意的是，如果行为人起先是被胁迫参加犯罪，后来却积极参与犯罪活动的，则要根据其在犯罪中的地位和作用认定为主犯或者从犯。认定胁从犯应当注意以下几点。

（1）胁从犯与受到他人强制、完全丧失意志自由而实施某种行为的行为人的区别。胁从犯之所以被刑法单独规定，一方面，由于行为人受到胁迫，具有特殊的减轻责任的事由；另一方面，由于行为人没有完全丧失意志选择自由，存在实施适法行为的期待可能性。而完全丧失意志自由的人则缺乏期待可能性，因此不承担刑事责任。可以认为，被迫行为应当是一种责任阻却事由而非违法阻却事

① 参见蔡桂生.共犯之成立不必从属于正犯故意吗？——兼论故意在正、共犯不法中的意义［J］.当代法学，2021（6）.

由。[①]

（2）胁从犯不包括被欺骗参加犯罪的情形。在被欺骗参加犯罪的场合，由于行为人对犯罪事实存在认识错误，不能说具有犯罪故意，因此，难以成立犯罪。[②]

（3）胁从犯与紧急避险的区别。紧急避险是在不得已的情况下实施保护自己或者他人合法权益的行为，但胁从犯并不是在不得已的情况下实施某种行为。

（4）胁从犯和从犯的区别。有学者认为，胁从犯在共同犯罪中的作用仅次于从犯。[③]这种观点值得商榷。

从犯和胁从犯各自所起的作用，并不是区别两者的关键。例如，甲被胁迫在共同盗窃罪中实施盗窃行为，而乙主动承担把风任务，此时很难说甲在盗窃罪中的作用比乙小。再如，甲被胁迫杀害了无辜的拾荒者，而乙则为甲实行杀害行为寻找了作案的场所。胁从犯是一种特殊的从犯，除了应具备从犯的成立要件之外，还应具备“被胁迫参加犯罪”这一特有要件，厘清被胁迫的含义、程度及其紧迫性是正确理解“被胁迫参加犯罪”的关键所在。[④]其特殊之处在于，和一般从犯相比，胁从犯受到了他人在心理上或者身体上的胁迫和操纵，其实施合法行为的期待可能性降低，从而具有值得宽恕的可能性。

（二）胁从犯的法律后果

《刑法》第28条规定：“对于被胁迫参加犯罪的，应当按照他的犯罪情节减轻处罚或者免除处罚。”由于胁从犯是被胁迫参加犯罪的，从客观方面看，其在共同犯罪中所起的作用较小，是共同犯罪中社会危害性最小的人；从主观方面看，其不是出于自愿，所以，刑法规定对于被胁迫参加犯罪的，应当按照他的犯罪情节减轻处罚或者免除处罚。

---

① 参见柳忠卫.论被迫行为的刑法规制及其体系性地位的重构［J］.中国法学，2010（2）.

② 参见黎宏.刑法学［M］.北京：法律出版社，2012：297.

③ 参见马克昌.刑法学［M］.北京：高等教育出版社，2003：174；张明楷.刑法学［M］.北京：法律出版社，2012：409.

④ 参见刘明祥.论胁从犯及其被胁迫的要素［J］.当代法学，2020（4）.

四、教唆犯及其法律后果

（一）教唆犯的概念及特征

1.教唆犯的概念

对教唆犯概念的表述，以下几种比较典型：（1）所谓教唆犯，就是以授意、请求、煽动、劝说、收买、怂恿、强迫以及其他方法，使不具有犯罪思想的人具有犯罪的思想，或者使犯罪思想不够坚定的人坚定其犯罪思想的罪犯。①（2）教唆犯是指故意地用劝说、利诱、威逼或者其他方法唆使他人去实施犯罪的人。②（3）教唆犯是教唆他人犯罪的人。③大多数学者赞同第三种概念，我们同样赞同，认为所谓教唆犯是指故意唆使他人实施犯罪的人。

2.教唆犯的特征

（1）客观方面必须有教唆他人犯罪的行为

所谓教唆是指唆使具有刑事责任能力但没有犯罪意思的他人产生犯罪意思。教唆对象必须是具有刑事责任能力的人。教唆行为的具体方式是多种多样的，可以是口头的，也可以是书面的，甚至还可以是使眼神、做手势等。法律一般不规定教唆的具体方式，命令、嘱咐、威胁、胁迫、欺骗、诱导、怂恿、利诱等均可。但教唆行为一般是以作为方式实施的。

关于教唆犯成立的客观方面要件，理论界有以下四种观点：第一，教唆行为说，认为只要行为人实施了教唆他人犯罪的行为就构成教唆犯；第二，足以引起被教唆人犯罪意思说，认为只要行为人实施了足以引起他人犯罪意思的行为就成立教唆犯；第三，被教唆人实施犯罪说，认为要成立教唆犯，必须是被教唆的人实施了所教唆的罪，并且教唆行为与被教唆人犯罪之间有因果联系；第四，分别情形说，认为教唆犯分共犯教唆犯（《刑法》第29条第1款）和单独教唆犯（《刑法》第29条第2款）两种情形，各自的客观方面要件不同。共犯教唆犯的客观方面，表现为行为人实施了教唆他人犯罪的行为，被教唆人犯了所教唆的罪（包括

---

① 参见魏克家.略论教唆犯［J］.中国政法大学学报，1983（2）.

② 参见林文肯，茅彭年.共同犯罪理论与司法实践［M］.北京：中国政法大学出版社，1987：94-95.

③ 参见李希慧.论教唆犯的概念及其成立要件［J］.中南政法学院院报，1986（3）.

预备和实行），并且教唆行为与被教唆人犯罪之间具有因果联系：单独教唆犯的客观方面，表现为行为人实施了教唆他人犯罪的行为，但被教唆人没有犯所教唆的罪。①

本书赞同第四种分别情形说。根据刑法的规定，教唆行为应当包括两种情形：第一，行为人实施了教唆他人犯罪的行为，被教唆人犯了所教唆的罪；第二，行为人实施了教唆他人犯罪的行为，但被教唆人没有犯所教唆的罪。被教唆者没有犯被教唆之罪的情形有四种：其一，被教唆者拒绝接受教唆；其二，被教唆者当时接受教唆，但随后打消犯罪念头，没有实施被教唆之罪；其三，被教唆者接受了实施某种犯罪的教唆，但后来实行的犯罪不是被教唆之罪；其四，被教唆者已经有了犯罪意思，但教唆者不知道而实施教唆行为。

（2）主观方面必须有教唆他人犯罪的故意

教唆故意包括直接故意和间接故意。具体内容可以从认识因素与意志因素两个方面来分析。教唆认识因素的内容包括以下三个：第一，教唆者认识到被教唆人具有刑事责任能力。明知他人不具有刑事责任能力而教唆他人犯罪的，不构成教唆犯，而成立间接正犯。如果行为人将无刑事责任能力者误认为有刑事责任能力者而教唆的，仍成立教唆犯。第二，教唆犯认识到他人没有犯罪意思。认识到他人已经产生犯罪意思，仍旧实施教唆行为的，属于在精神上提供帮助。如果行为人不知道他人有犯罪意思而实施教唆行为的，不影响教唆罪的成立。第三，教唆犯必须认识到自己是在实施教唆他人犯罪的行为，亦即认识到自己的教唆行为将引起被教唆人产生某种犯罪的故意并实施该种犯罪。对被教唆者实行犯罪种类的预见可以是具体的，也可以是概括的。

教唆的意志因素，可以是希望或者放任。学术界对此有分歧，基本上有三种意见：第一种意见认为，教唆犯的故意只能是直接故意（即希望）；第二种意见认为，教唆犯的故意包括直接故意和间接故意（即希望和放任）；第三种意见认为，构成《刑法》第29条第2款规定的教唆犯只能出于直接故意，构成《刑法》第29条第1款规定的教唆犯通常出于直接故意，但也可以出于间接故意。②

① 参见魏智彬．教唆犯的概念与成立要件问题研究［J］．社会科学研究，2000（3）．

② 参见马克昌．论教唆犯［J］．法律学习与研究，1987（5）．

本书赞同第三种观点。教唆犯在意志因素上，是希望或者放任他人产生犯罪意图而实施犯罪行为，通常是直接故意，只有在少数情况下才可能是间接故意。

（3）教唆对象必须特定，但不限于一个人，可以是多数人

一般认为，教唆的对象一般是特定的，但是否限于特定对象？对此有讨论的必要。有观点认为，在张贴悬赏广告，针对不特定的人教唆其故意杀人的场合，结果真的有人实施了故意杀人行为的，悬赏者构成教唆犯。就这种教唆方式而言，在张贴广告的阶段，属于寻找犯罪同伙的犯罪预备行为；在他人将悬赏广告内容即杀人行为付诸实际之后，预备行为就发展成为犯罪实行行为，杀人者和张贴悬赏广告者成立共同犯罪。此处，张贴悬赏广告的行为可以看作对特定人即杀人者的教唆行为。①

（二）教唆犯的法律后果

由于教唆犯的情形特殊，所以在处罚上要区别对待。《刑法》第29条对教唆犯规定了以下三种处罚原则。

1.“教唆他人犯罪的，应当按照他在共同犯罪中所起的作用处罚。”

这是处罚教唆犯的一般原则。如果教唆犯在共同犯罪中起主要作用，就以主犯论处；如果教唆犯在共同犯罪中起次要作用，就以从犯论处；教唆犯在个别情况下，也可能是胁从犯，应以胁从犯论处。

2.“教唆不满十八周岁的人犯罪的，应当从重处罚。”

这是因为未满18周岁属于未成年人，容易受到教唆而走上犯罪道路。因此，对未成年人实施教唆行为，社会危害性较大。需要注意的是，“从重”是建立在确定了教唆犯在共同犯罪中的作用的基础上从重，即先确定教唆人是主犯还是从犯，然后才能确定是主犯从重还是从犯从重。教唆不满18周岁的人犯罪，大致有两种情况：第一，被教唆者未达到刑事责任年龄，教唆者构成间接正犯；第二，被教唆者达到了刑事责任年龄，教唆者构成教唆犯。在此情形中，无论教唆者是构成教唆犯还是构成间接正犯，都应从重处罚。

3.“如果被教唆的人没有犯被教唆的罪，对于教唆犯，可以从轻或者减轻处

① 参见黎宏. 刑法学［M］. 北京：法律出版社，2012：297.

罚。”

这种情况在刑法理论上称为教唆未遂，即被教唆人已经着手实施犯罪，但没有得逞。教唆未遂包括两种情形：第一，被教唆人已经着手实施犯罪，但由于意志以外的原因而没有得逞，构成犯罪未遂的情形；第二，被教唆人着手实施犯罪之后又中止的情形。

第十三章

罪数论

第一节　罪数论概述

一、罪数的概念及其地位

罪数，简单讲，就是犯罪的个数。区分一罪和数罪，是刑法理论和司法实践经常谈论的问题。罪数的字面含义并非针对既定的数个犯罪事实或现状而言，而是依照有关法律规定或基本法理，对行为所触犯的犯罪的“个数”的系统清点和梳理。犯罪行为如果触犯单一罪名的，是一罪；如果触犯数个罪名的，则可称之为数罪。[①]正确区分罪数，有利于正确追究行为人的刑事责任。因为法律对每一种犯罪都规定了独立的刑事责任。行为人犯一罪的，只承担一罪的刑事责任；行为人犯数罪的，需要承担数罪的刑事责任。犯一罪与犯数罪的刑事责任完全不同。一般而言，犯数罪的刑事责任要重于犯一罪的刑事责任。如果行为人犯了数罪，按一罪处理，就可能轻纵犯罪，导致罪刑失衡；同样，如果行为人犯了一罪，按数罪处理，则会导致重判，出现一罪多罚。

众所周知，根据处理不同问题的任务进行划分，刑法的内部体系可以分为两大部分，即犯罪部分与刑罚部分。与此相对应的刑法学也从内部体系上分为犯罪论和刑罚论两大部分。犯罪部分所处理的是认定单一行为与犯罪之间的关系，即是否构成犯罪、构成何种犯罪的问题；刑罚部分所处理的是在刑事责任确定后，选择确定刑罚之种类以及刑罚的程度，以作为最后执行根据的问题。过去倾向于

① 参见马克昌．犯罪通论［M］．武汉：武汉大学出版社，1999：608.

将罪数论作为刑罚论的内容，现在一般将其置于犯罪论中讲述。罪数形态在刑法体系中的定位，实际上涉及犯罪论中犯罪个数的判断与刑罚论中如何处罚的问题。尽管罪数形态的重点或归宿在于解决罪数的处罚问题，但是，在此之前必须先行解决行为事实构成一罪还是数罪，而这涉及罪数的判定问题。①

二、罪数的标准

刑法分则规定的犯罪，绝大多数都是根据一人实施一个犯罪行为而规定的。但在现实中，一个人实施的犯罪行为符合数个罪的现象也比较常见。对这种现象如何确定它的罪数和罪名，以及对数罪如何处罚，这就是刑法理论中罪数论所要解决的问题。

罪数论是关于行为人所犯之罪的单复数问题。恰当确定一个人的罪数，首先必须选择适当的判断罪数的标准。关于罪数标准，在我国主要包括以下四种。

第一，法益标准说。该说认为，由于刑法的目的是保护法益，应当根据行为侵犯的法益数量评价其符合几个犯罪构成或者构成几个犯罪。侵犯一个犯罪的保护法益时，成立一罪；侵犯数个犯罪的保护法益时，成立数罪；行为数次侵犯一个犯罪的保护法益时，成立数罪。付立庆教授采用法益标准说的观点，但该观点也存在相应瑕疵，如可能会导致抢劫罪被认定为数罪。②

第二，构成要件标准说。这是通说的观点，认为基于一个罪过，实施一个行为，符合一个构成要件的，是一罪；基于多个罪过，实施多个行为，符合多个构成要件的，是数罪。构成要件的合理性在于，刑法对于行为的评价是以构成要件为准的，构成要件要素包括实行行为、结果、犯意等。根据构成要件的个数确定犯罪的单复数，具有极大的包容性。构成要件说为数罪的区分提供了基本的思路，但还必须结合刑法分则的各种特殊规定。③

① 参见刘宪权. 罪数形态理论正本清源［J］. 法学研究，2009（4）.

② 参见张明楷. 刑法学（上）［M］. 北京：法律出版社，2021：616–617；付立庆. 刑法总论［M］. 北京：法律出版社，2020：326–327.

③ 参见周光权. 刑法总论［M］. 北京：中国人民大学出版社，2016：371；贾宇. 刑法学（总论）［M］. 北京：高等教育出版社，2019：254–255；高铭暄，马克昌. 刑法学［M］. 北京：北京大学出版社，高等教育出版社，2019：177–179.

第三，以法益侵害为基础的犯罪构成标准说。该说认为，刑法的目的在于保护法益，犯罪的本质在于侵害法益，刑法将侵害法益的行为作为行为处罚的对象，将其类型化为“犯罪构成”。因此，在进行行为符合犯罪构成评价之际，起决定因素的是“结果（法益侵害）”的个数。所以，即便坚持犯罪构成标准说，也必须以法益标准作为实质的判断标准，即“侵害一个法益成立一个罪，侵害数个法益成立数罪”，如放火罪。例外地，也存在有数个法益侵害，但因为只有一个行为和意思，因而被认定一罪的场合，如盗窃罪。因此，评价符合犯罪构成的次数时，还是要以侵害法益的个数为根本，参考行为形态和行为意思，进行综合评价。在评价为一次符合构成要件的场合，是一罪；在评价为数次符合构成要件的场合，是数罪。①

第四，行为标准说。该说认为犯罪是行为，所以应根据行为数量确定犯罪数量。但我国主张该说的学者不多。

本书认为，我国的罪数标准其实是行为，而不是犯罪构成或者法益。犯罪是行为，犯罪的本质是行为人对行为规范的违反。如果认为罪数的标准是法益，那么对于侵害同一法益的行为应做一罪处理，但是实践中未必合理。另外，本书认为，在理解上述理论时有三点需注意。

第一，符合构成要件是指实质上的符合，而不是仅指在客观形式上符合。换言之，每个行为都必须具有相当严重程度的社会危害性，可独立构成犯罪。因此，如果其中有的行为不具有达到被独立评价为构成犯罪的程度时，就失去了符合犯罪构成的基础，而只能作为犯罪中的要素来对待。

第二，符合犯罪构成有两种情况，一是指符合刑法分则所规定的某一具体犯罪的基本犯罪构成；二是指符合刑法总则规定的犯罪未完成形态的修正犯罪构成，如犯罪预备行为与犯罪完成行为之间存在吸收或者牵连关系。

第三，一个行为不是一个自然的行为，也不是一个任意犯罪构成的行为，而是一个犯罪的构成要件的行为。如日本刑法中有强盗罪，该罪包括暴力（胁迫）和夺取财物。其中，暴力（胁迫）可以构成单独的犯罪，夺取财物也可以构成单

---

① 参见黎宏．刑法学总论［M］．北京：法律出版社，2016：311-314；林亚刚．刑法学教义（总论）［M］．北京：北京大学出版社，2017：533-534.

独的犯罪，所以强盗罪包含两个犯罪的行为。而我国刑法中的抢劫罪，尽管也包含两个危害行为，但是它们各自并不构成犯罪，所以只能认为是一个犯罪行为。

三、一罪的种类

罪数的类型分为一罪与数罪。一罪指一个犯罪，数罪指数个犯罪。但是，结合法律的规定和司法传统，罪数类型的划分在理论上是很复杂的。

关于一罪，在理论上可以分为如下四种。

第一，单纯一罪，即行为人出于一个犯意，实施一个简单行为，侵害一个客体。这种犯罪形态不需要进行深入分析，很容易区别它属于一罪。所以在理论上也很少进行探讨。

第二，实质一罪，即行为人实施一个犯罪行为，符合数个犯罪构成，似乎构成数罪，但由于仅仅只有一个犯罪行为，所以在实质上是一罪。它包括继续犯、想象竞合犯和结果加重犯。

第三，法定一罪，即行为人实施了数个犯罪行为，但是根据法律明文规定，数个犯罪符合一个犯罪构成。它包括结合犯和集合犯。

第四，处断一罪，即行为人实施了数个犯罪行为，但是在司法实践中，虽然没有法律的明文规定，也作为一罪处理的情况。它包括连续犯、牵连犯和吸收犯。需要指出的是，处断的一罪的法理基础是值得思考的。

四、数罪的种类

在刑法理论上，数罪可分为同种类的数罪与异种类的数罪。

所谓同种数罪，是指同一罪名的数罪。具体是指：基于两个以上的故意或过失，实施了两个以上的行为，侵犯两个以上的相同客体，触犯一个相同罪名的数罪。例如，某人在两个不同的时间里，先后故意杀死二人。这就属于同种数罪。触犯的罪名都是故意杀人罪。

所谓异种数罪，则是指不同罪名的数罪。具体是指：基于两个以上的故意或过失，实施了两个以上的行为，侵犯了两个以上的不同客体，触犯两个以上不同罪名的数罪。如某人盗窃犯罪被抓捕后为减轻罪责，捏造另一个人与自己共同盗窃的虚假事实。这就既构成盗窃罪，又构成诬告陷害罪。

与数罪相联系的是如何并罚的问题，通说将数罪并罚放在刑罚论中研究。

五、同种罪名数罪的处断方法

关于同种罪名数罪的处断方法，理论存在很大的争议。观点一认为，若法律规定某种数次同种犯罪作为该罪的严重情节时，应当认为是一个该罪的重罪构成。此时不需要实行并罚。①观点二认为，以并罚为原则，不并罚为例外。理由是“一罪一刑”的罪刑关系原理、行为责任论与量刑情节的差异性（精准化）决定了对同种数罪原则上应当实行并罚。②观点三认为，原则上不并罚，考虑在该罪的法定刑或法定刑升格的范围内处罚，特殊情况下并罚。如实施前后罪时间间隔较长或者某罪仅有一个量刑幅度，不并罚不能体现数罪从重处罚的精神时，可以并罚。③观点四认为，大多情况不并罚，按一个犯罪处理，如多次盗窃。若不并罚会造成明显的罪责刑不适应时，可以例外进行并罚。④观点五则认为，判决宣告前的同种数罪一般不并罚，判决宣告后刑罚尚未执行完毕前，发现漏罪或者新罪与判决前的同种罪，则需要并罚。⑤

本书认为，对同种罪名的数罪是否数罪并罚，要根据罪责刑相适应的原则处理。从理论上看，同种罪名的数罪也是数罪，应当并罚。但为了便利起见，也可按照一罪处罚。关键是，按照一罪处罚是否可以体现罪责刑相适应原则的要求。如果可以，则无须按照数罪并罚；但如果按照一罪处理无法体现罪责刑相适应原则的要求，则可以按照数罪并罚处理。一般而言，在数额犯的场合，因为数额往往可以累计，不同数额可能因为数额较大、数额巨大、数额特别巨大分别适用不同法定刑，因此按照一罪处罚并无不可。但是，在行为犯的场合，特别是该罪的法定刑较低的情况下，简单按照一罪处罚往往存在评价不足的问题。例如盗窃尸体的犯罪，当行为人连续实施数起盗窃尸体的犯罪，甚至十多起盗窃尸体的犯罪时，如果按照一罪处理就无法评价其他盗窃尸体的行为，无法实现罪责刑相适应

---

① 参见高铭暄，马克昌．刑法学［M］．北京：北京大学出版社，高等教育出版社，2019：194.

② 参见张明楷．刑法学（上）［M］．北京：法律出版社，2021：655.

③ 参见周光权．刑法总论［M］．北京：中国人民大学出版社，2016：384.

④ 参见付立庆．刑法总论［M］．北京：法律出版社，2020：326.

⑤ 参见林亚刚．刑法学教义（总论）［M］．北京：北京大学出版社，2017：562.

的要求。在此场合，实行数罪并罚则较为妥当。

第二节　实质上的一罪

一、继续犯

（一）继续犯的概念

继续犯也称为持续犯。《刑法》第89条规定："追诉期限从犯罪之日起计算；犯罪行为有连续或者继续状态的，从犯罪行为终了之日起计算。"这是继续犯的法律根据。在我国刑法理论中，关于继续犯的概念存在一些分歧，但是多数论者突出强调了犯罪行为在一定时间内的继续，如认为继续犯"是指犯罪行为在一定时间内处于继续状态的犯罪"，或者"继续犯就是某种犯罪行为从开始实行到由于某种原因而终止以前，一直处在持续状态中"。[①]问题的焦点集中在：继续犯是犯罪行为的继续，还是犯罪状态的继续，或者两者兼而有之呢？

本书认为，如果仅仅强调行为的继续，那么许多犯罪都是继续犯，这显然是不可取的；但是如果仅仅强调犯罪状态的持续，也是很含混的，如什么是犯罪状态以及事后状态是不是犯罪状态，这些都没有给予必要回答。所以继续犯应该包含行为和状态的同时继续。因此，本书认为，所谓继续犯，是指作用于同一对象的一个犯罪行为从着手实行到实行终了，犯罪行为与不法状态在一定时间内同时处于继续状态的犯罪。[②]我国刑法中的非法拘禁罪，窝藏、包庇罪，窝赃罪等属于该种犯罪形态。

（二）继续犯的要件

继续犯必须同时具备如下四个条件。

1.行为人实施了一个故意的犯罪行为

这是继续犯的首要特征。继续犯实行的行为之所以只能是一个行为，是由其

① 吴振兴.继续犯研究［J］.辽宁大学学报，1994（1）.

② 参见高铭暄，马克昌.刑法学［M］.北京：高等教育出版社，北京大学出版社，2000：190.

主观要素和客观要素所决定的。从主观上看，继续的行为在主观上只包含一个犯罪的故意，即支配行为的犯意只是一个，无论该行为持续多长时间，其行为自始至终是受一个犯意的支配；从客观上看，继续的行为具有持续性，从行为开始到结束，它的性质并没有发生改变。如果行为人的主观意思和行为不是一个，而是数个，那么就不是继续犯。如行为人前天偷张三家的钱，昨天偷李四家的电视机，今天偷王五家的耕牛。这时，行为人在主观上的故意内容和行为性质虽然相同，但是其行为不属于继续状态，而是属于连续的犯罪形态，应构成连续犯。

另外，继续犯行为的单一性还体现为犯罪行为的主观意思和行为性质的继续。如果其中发生改变，也可能出现其他犯罪形态。例如，在非法拘禁罪中，根据《刑法》第238条第1款的规定："非法拘禁他人或者以其他方法非法剥夺他人人身自由的，处三年以下有期徒刑、拘役、管制或者剥夺政治权利。具有殴打、侮辱情节的，从重处罚。"该条第2款规定："犯前款罪，致人重伤的，处三年以上十年以下有期徒刑；致人死亡的，处十年以上有期徒刑。使用暴力致人伤残、死亡的，依照本法第二百三十四条、第二百三十二条的规定定罪处罚。"就非法拘禁的行为而言，对于行为人来说，他的主观意思就是通过自己的行为剥夺受害人的人身自由。假如在拘禁的过程中，行为人产生了新的意图，进而使得行为的性质发生改变，那么行为人就是实行了两个或者两个以上的行为。在这种情形下，就应当重新评价行为人的行为。行为人在拘禁的过程中，一般要使用暴力的方法，即在通常情况下，暴力是非法拘禁行为的形式，由此自然会导致受害人受到一定伤害。在这种伤害的程度内，可以作为拘禁的后果进行评价。但是导致受害人重伤或者死亡的行为，并不属于拘禁的内容。如果行为人使用殴打、侮辱的方法致人重伤或者死亡的，则说明行为人在拘禁的时候，还具有伤害或者杀人的意思。在这种意思支配下的行为就不能再作为拘禁行为进行评价，它和拘禁行为分别属于两个意思支配下的两个不同性质的行为。对于重伤或者死亡的结果，就不属于非法拘禁罪的内容。此时在实质上不是发生了一个犯罪，而是两个以上的犯罪。

2.必须是持续地作用于同一个危害对象

行为持续作用于同一个对象，既是确定行为个数的一个标准，也是确定连续犯个数的标准。如行为人将受害人张三非法拘禁起来，时间长达一个月，但是由于只拘禁了张三一个人，所以是一个拘禁行为，构成一个犯罪。但如果行为人把张三拘禁一段时间后，又把李四拘禁起来，并放走张三，之后把王五拘禁起来再放走李四。尽管对行为人来说，其拘禁他人的意思和行为是连续的，但由于侵犯了数个对象的合法权益，所以，构成数个非法拘禁罪。

3.行为人的行为和不法状态必须同时继续

这是构成继续犯的一个很重要的条件。它包含三层含义：第一，犯罪行为必须具有连续性，即行为从着手实行之后到终了之前，必须有一个时间过程。在这个过程中，行为必须处于不间断状态。第二，由行为造成的不法状态必须具有一定时间的持续性。所谓不法状态，是指实行行为引起的客体遭到侵害的状态，该不法状态发生之后，并不是马上消失，它要在一定时间内处于持续状态。第三，犯罪行为和不法状态处于同时持续的状态中，即一般实行行为着手之后就发生了不法状态，由于实行行为继续进行，所以不法状态也保持着，而当不法行为终了之后，状态也随之消失。如行为人将甲拘禁起来，从他实施拘禁行为之后，甲的活动自由就被非法剥夺，只有行为人不实施拘禁的行为，甲的自由才能得以恢复。

4.实行行为和不法状态必须持续一定时间

具有时间上的持续性，是构成继续犯的一个重要外在条件。如果没有行为和不法状态在时间上的持续性，就不构成继续犯。但是时间的伸缩性很大，比如行为人拘禁甲3天是拘禁，但是如果他仅仅将甲拘禁了不到5分钟是否也构成非法拘禁罪呢？对于构成继续犯所需要的持续时间标准，法律并没有作出明文规定，所以理论上的见解也有差别。本书认为，对于具体时间长短的掌握，要结合案件的具体情形。但是有必要指出，有的学者认为，必须在犯罪实行之后持续一段时间；有的认为是犯罪既遂之后持续一段时间。本书认为，如果犯罪已经既遂，那么就应该认为基本犯罪已经构成。既然如此，再谈论继续的问题对于定罪就是多余的。所以，还是应该认为实行行为的着手是持续时间的起点。

（三）继续犯与相关形态的犯罪

1.继续犯与即成犯

所谓即成犯，是指犯罪行为实行终了，犯罪即完成的犯罪形态。它包括两种情况：（1）犯罪行为实行终了，犯罪既遂，没有不法状态存在，例如煽动分裂国家罪；（2）犯罪实行终了之后，发生了不法状态，如盗窃罪。有论者认为，第一种情形是即成犯，第二种情形是状态犯。本书认为，即成犯和状态犯的概念并不是对立的，而且即成犯也不是相对于状态犯而言的，它是用来表明和继续犯的不同犯罪形态的，两者区别的标准在于：犯罪的成立是否要求犯罪行为的持续性。

根据上述观点，继续犯和即成犯有如下区别：第一，继续犯的犯罪行为必须在一定的时间内继续进行，而即成犯并不要求危害行为必须具有一定时间的持续性。第二，继续犯要求一定不法状态处于持续状态，而即成犯并不要求有特定的不法状态的发生。第三，继续犯的不法状态和实行行为的存在是同步的，即两者同时存在，而即成犯如果可能发生不法状态，这种状态往往发生在实行行为完成之后。

2. 继续犯与状态犯

所谓状态犯，是指犯罪既遂之后，由实行行为造成的不法状态处于持续之中的犯罪形态。继续犯和状态犯之间的差别比较明显：第一，继续犯中的不法状态是构成具体犯罪的客观归属条件，而状态犯中的不法状态，不是具体犯罪的构成条件。第二，继续犯的不法状态发生于犯罪行为着手之后，而状态犯的不法状态发生于行为完成或者终了之后。第三，继续犯的不法状态与实行行为同时存在，实行行为终了之后，其引起的不法状态消失，而状态犯的不法状态不因实行行为的消失而消失。

3. 继续犯与接续犯

一般认为，接续犯是指行为人在同一机会以性质相同的数个举动接连不断地完成一个犯罪行为的犯罪形态。其特征包括：第一，在同一机会实施，即在相接近的时间或者场所内侵害同一对象的直接客体；第二，接连不断地实施性质相同的数个举动，即数个举动必须性质相同并且接连不断地实施。如行为人意图杀被害人，每次下少量毒药，经过多次下药致被害人死亡的，就是接续犯。[①]两者的区别在于：第一，接续犯必须具有场所上的接近性，继续犯则没有这种要求，甚

① 参见高铭暄，马克昌. 刑法学［M］. 北京：高等教育出版社，北京大学出版社，2000：191–192.

至在场所上相隔甚远；第二，接续犯必须具有时间上的接近性，继续犯恰恰相反；第三，接续犯是以数个举动衔接而连续进行的，没有不法状态的存在，继续犯必须有不法状态与实行行为的同时存在。[①]

（四）继续犯的处罚原则

在刑法分则中，对于继续犯设置了专门法条，规定了具体罪名，确定了相应法定刑，所以对于继续犯应当依据刑法分则的规定论处，不实行数罪并罚。而犯罪行为和不法状态在时间上持续的长短，则可以在量刑的时候加以考虑。

二、想象竞合犯

（一）想象竞合犯的概念及其性质

想象竞合犯，又称观念的竞合犯、想象的数罪，是指行为人实施一个犯罪行为而触犯两个以上罪名的犯罪形态。比如开一枪，将一人打死，一人打伤，并且使其中一个受害者身上穿的名贵貂皮大衣受到严重毁坏。想象竞合犯虽然在我国刑法中没有明确规定，但是在刑法理论上一直是承认的，而且也受到司法实践的认可。

关于想象竞合犯的性质，有如下三种观点：第一，想象的犯罪竞合说认为，行为人所实施的危害行为虽然造成了数个危害结果，触犯了数个罪名，从而在形式上似乎具备了数个犯罪构成，但是由于行为人仅仅实施了一个危害行为，故其并非真正的数罪，只是想象的数罪。此说主张，法院对于想象竞合犯的各个罪名，应分别宣告其刑，择一重罪处断。如果将来其所处断的罪名的刑罚不存在时，其他的罪名仍然存在，犯人不能免刑，成为处断上的一罪。第二，实质的数罪并合说认为，行为人出于一个主观故意，虽然只实施了一个行为，却造成了数个危害结果，触犯了数个罪名。就其犯罪构成的要件而言，除主观故意和行为仅有一个以外，其余的几个要件都与实质数罪的构成要件相符。因此，想象竞合犯已满足数个犯罪构成，想象竞合犯实质上是数罪，处断上也要根据数罪并罚。第

---

① 参见吴振兴．继续犯研究［J］．辽宁大学学报，1994（1）．

三，法律竞合说认为，一个行为只能构成一个罪。一行为触犯数个罪名不是犯罪的竞合问题，而是法条竞合问题。想象竞合犯与法规竞合一样，也是一个行为但有数个法律条文可以适用，并从这数个罪名中选择适用其中之一而已。所以，想象竞合犯实质上是一罪，处断上也是一罪。①

上述实质的数罪并合说，实际上不是遵循以行为为基础的传统方法，而是以犯罪结果的数目为基础。这一方面在理论上不妥当，另一方面也不符合我国司法的传统，所以，是不正确的。而法律竞合说，将法条竞合和想象竞合等同起来，根据传统的理论，是不可取的。本书认为，想象竞合犯是实质上的一罪，属于想象的犯罪竞合。原因如前所述，即当我们在决定犯罪的罪数时，不能单纯采取行为标准、结果标准或者构成要件的充足性标准，而是要根据我国刑法的犯罪构成标准，在行为单复数的基础上，结合司法中的文化传统决定犯罪的单复数。那么当行为是单数的时候，即使该犯罪具有复数的外在表现，它也只能是单数而不可能是复数。正是在这个意义上，我们才说想象竞合犯在观念上是数罪，但实质上是一罪。

（二）想象竞合犯的要件

想象竞合犯必须同时具备如下两个条件。

1.行为人只实施了一个犯罪行为

这是想象竞合犯的前提条件，也是我们将想象竞合犯视为实质一罪的重要根据。一个行为，是指在社会观念上被评价为一个的行为，而不是一个自然意义上的行为。该行为的要素，既可以是行为本身，也可以包括行为的其他要素，如行为的对象、行为的结果等。行为通常是以作为的形式表现出来的，但也可以通过不作为的形式表现出来。行为中的主观意思可以是一个单一的意思，还可以包含混合的意思，既可以单纯是故意或者过失，也可以同时包含故意和过失。如行为人放火烧毁他人住房以达到杀害他人目的的，其中就包含了杀人的故意和纵火的故意；再如行为人不小心使他人房间着火，使大部分财产被烧毁，并使一个在家

---

① 参见邵志才，顾亚春. 想象竞合犯在司法实践中的适用［J］. 华东政法学院学报，2002（2）.

的病人被烧死，其中包含致人死亡的过失和放火的过失；还如行为人只想烧毁他人家产，结果不仅烧毁他人家产，还不小心导致他人被烧死，其中包含纵火的故意和致人死亡的过失。

2. 一个行为触犯了数个罪名

想象竞合犯只能是一个行为触犯了数个罪名，如果一个行为只触犯了一个罪名，那可能是单纯的一罪；如果是数个行为触犯数个罪名，那么在实质上是数罪，而不是一罪。所谓一个行为触犯数个罪名，就是行为人实施了一个行为，这一个行为根据不同的犯罪结果、主观要素等要件，分别符合数个罪名。即该行为在形式上符合数个罪名的具体犯罪构成。至于数个罪名是同种类的数个罪名还是异种类的数个罪名，在理论上存在争议。问题的焦点是同种类的数个罪名是否也作为想象竞合犯处理？如开一枪打死一人、重伤一人，分别构成故意杀人罪和故意伤害罪，属于异种类的数个罪名，此时应该根据想象竞合犯处理。但是当行为人开一枪打死两人时，是否有必要作为想象竞合犯处理呢？通说认为，以只承认异种类的想象竞合犯为宜。原因在于，同种类的想象竞合犯在确定行为的罪名上没有疑问，将它作为想象竞合犯没有什么实际意义。在实践中，对于一个行为触犯同种类的数个罪名的情形，如行为人杀害一家三口的，只是作为一罪从重处罚。

（三）想象竞合犯的处罚

对于想象竞合犯，一般认为应采用“从一重处断”的原则，即对于想象竞合犯无须实行数罪并罚，而应按照其犯罪行为所触犯的数个罪名中较重的犯罪论处。如《最高人民法院、最高人民检察院关于办理盗窃刑事案件适用法律若干问题的解释》第11条第一项规定：“采用破坏性手段盗窃公私财物，造成其他财物损毁的，以盗窃罪从重处罚;同时构成盗窃罪和其他犯罪的，择一重罪从重处罚”。

所谓“从一重处断”，即以所触犯的数个罪名中较重的罪名定罪，一般应以法定刑为基准进行比较。具体区分方法如下：第一，根据主刑刑种的轻重来决定，即按照管制、拘役、有期徒刑、无期徒刑、死刑的轻重顺序依次排列。第二，同种刑罚的轻重，首先应以法定最高刑的高低为准，即法定刑较高者为重，较低者为轻；若法定最高刑相同，则应以法定最低刑的高低为准，亦即较高者为重，较低者为轻。第三，在比较数行为轻重时，还应根据犯罪行为的具体情节及后果选择一个相应的法定刑，不能简单以几个法定刑中最重的一个作标准。如构成盗窃罪的同时又构成故意毁坏财物罪，两罪情节均一般，以盗窃罪处断；如果盗窃数额较大的财物同时毁坏数额巨大的公私财物的，应以故意毁坏财物罪处断。

三、结果加重犯

（一）结果加重犯的概念

结果加重犯，又称加重结果犯，是指行为人实施了基本犯罪构成要件的行为，发生了基本犯罪构成要件之外的加重结果，刑法因此规定加重刑罚的犯罪形态。

例如，结果加重犯的立法例较多，如《联邦德国刑法典》第309条规定的失火致人死亡的行为、第314条规定的过失溢水致死行为，《奥地利刑法典》第170条规定的失火致人死亡或多数人重伤等。在我国刑法中，结果加重犯的规定也比较普遍，如虐待罪处2年以下有期徒刑、拘役或者管制；致被害人重伤、死亡的，处2年以上7年以下有期徒刑。虐待致人重伤或死亡，就是结果加重犯。

（二）结果加重犯的要件

结果加重犯必须同时具备如下要件。

1.实施了基本犯罪构成要件的行为

基本犯罪构成是结果加重犯成立的前提条件，如果没有基本的犯罪构成，那么加重的结果无从谈起。但是，对于基本的犯罪在认识上有一些分歧。

第一个分歧是基本犯罪是否包括过失犯罪。有的观点认为，基本罪只能是故意犯罪。另有观点认为，基本罪一般是故意犯罪，但并不排除过失犯罪。后一种观点是可取的。从国外立法情况看，德国、奥地利等国包括故意和过失两种情况。其刑法中关于失火致人死亡、过失溢水致死、失火致人死亡或多数人重伤的规定，其基本犯罪明显是过失犯，所以，我们不能否定其客观存在。[①]而且我国

---

① 参见李邦友.结果加重犯基本理论研究［M］.武汉：武汉大学出版社，2001：40-41.

刑法的有关规定，对此也做了肯定回答。例如《刑法》第370条第2款规定：过失提供不合格武器装备、军事设施的，处3年以下有期徒刑或者拘役；造成特别严重后果的，处3年以上7年以下有期徒刑。后者就是过失犯的结果加重犯。此外《刑法》第131条规定的重大飞行事故罪、第132条的铁路运营安全事故罪、第136条的危险物品肇事罪、第138条的教育设施重大安全事故罪、第139条的消防责任事故罪、第338条的污染环境罪、第436条的武器装备肇事罪等都可以视为承认过失犯的结果加重犯的立法例。

第二个分歧是基本犯罪是否包含行为犯。有的观点认为，加重结果是基于基本结果的加重结果，否则就不称其为加重结果，所以基本构成必须以结果为其构成要件，即基本犯罪中不包括行为犯。有的观点认为，加重结果是基于基本犯罪的加重结果，基本犯罪不一定是结果犯，有无结果的基本犯罪均可成立结果加重犯，即认为基本罪包括行为犯。本书认为，加重结果的犯罪形态是相对于基本的犯罪来说的，所以，基本犯罪可以包括行为犯。

2.产生了基本构成要件以外的重结果

加重结果的出现，是结果加重犯的必要条件，而且结果加重犯与基本犯罪之间必须具有一定的因果关系。对于加重结果的理解，也有两个主要分歧。

第一个分歧是加重结果的主观状态是否限制为过失。通说的观点认为，部分结果加重犯中，行为人对加重结果只能出于过失，如故意伤害致人死亡；但部分结果加重犯中，行为人对加重结果也可以出于故意，如抢劫致人重伤、死亡。基于这种观点，有的观点认为，我国刑法规定的结果加重犯有三种类型：（1）故意基本罪+过失重结果；（2）故意基本罪+故意重结果；（3）过失基本罪+过失重结果。[①]有的观点认为，结果加重犯的行为人对加重结果的发生具备罪过的心理，至少要有过失。有些学者也明确指出，行为人对结果加重犯的结果只能出于过失。因为自20世纪以后，随着刑法理念的变化和演进，各国有越来越多的学者主张加重结果过失说。许多国家的立法都明确规定行为人对加重结果只有具备过失或能预见时，方能适用加重结果犯的规定。因此，将加重结果限制为过失的做法已经成为一种发展趋势。针对“抢劫致人重伤、死亡”这种

---

① 参见金泽刚．结果加重犯的结构及其未遂形态问题［J］．上海交通大学学报（社会科学版），2001（2）．

情形来否定加重结果的罪过形式限于过失的观点，有的观点则提出行为人在抢劫过程中又故意使重结果发生，从而构成结果加重犯的见解，显然有悖于结果加重犯属于实质一罪这一基本法理。[①]本书认为，由于立法规定，认为加重结果的罪过仅限于过失并不符合实际情况，还应包括故意。如强奸致人重伤、死亡，抢劫致人重伤、死亡，[②]还有《刑法》第115条第1款的放火罪、投放危险物质罪等危害公共安全罪的结果加重犯。所以不能认为结果加重犯的主观状态仅限于过失。

第二个分歧是基本犯罪和加重结果之间存在何种因果关系。对此，理论的分歧有以下四种：（1）条件说，认为基本犯罪行为与重结果之间存在条件关系即可，不要求行为人对重结果有故意或过失心理。（2）相当因果关系说，认为基本犯罪行为与重结果之间应存在相当的因果关系，但不要求对重结果有主观罪过。（3）能预见说，认为行为人对于重结果以能够预见为限，有的主张主观上能预见，有的主张客观上能预见，还有的主张主客观相结合的预见。（4）过失说，认为只有行为人对于重结果的发生出于主观上的过失心理，才能负此加重结果的责任。第一个观点其实是认为重结果的发生可以不由基本罪的实行行为所致。日本学者原则上是反对这一主张的，他们认为，伤害致死罪必须是由于伤害行为而致被害人死亡。但是关于强盗杀人罪有判例明确解释，死伤的结果只要是在强盗时形成，即使不是上述作为强取财物手段的行为的结果，也构成强盗罪的加重罪。例如，强盗罪的被害人仓促出逃坠落河中致伤的案件，就认为成立强盗致伤罪。[③]笔者认为，由实行行为所导致的间接结果，对于量刑是有意义的，但是在构成结果加重犯的时候，还是应当考虑加重结果是由实行行为直接所导致的为妥，所以认为基本行为和加重结果之间，至少有预见的可能或者最低限度存在过失。

3.刑法规定了比基本犯罪更重的刑罚

这是成立结果加重犯的必要形式条件。各国刑法对结果加重犯刑罚的规定主要有两种方式：第一，规定比照某某罪从重处罚；第二，规定比基本犯罪更重的

---

① 参见熊赞研．刑法理论结果加重犯的构成透析［J］．中国刑事法杂志，2001（6）．

② 参见李邦友．结果加重犯基本理论研究［M］．武汉：武汉大学出版社，2001：46.

③ 参见金泽刚．结果加重犯的结构及其未遂形态问题［J］．上海交通大学学报（社会科学版），2001（2）．

法定刑。

（三）结果加重犯的处罚

由于刑法对结果加重犯规定了比基本罪较重的法定刑，所以对结果加重犯只能依照法律的规定，在较重的法定刑幅度内裁量，而不是实行数罪并罚。

第三节　法定的一罪

一、结合犯

（一）结合犯的概念

所谓结合犯，是指两个以上各自独立成罪的犯罪行为，根据刑法的明文规定，结合成另一个独立的新罪的犯罪形态。如《日本刑法典》第241条规定：犯强盗罪，而又强奸妇女者，即构成强盗强奸罪，应处无期或7年以上之惩役。其中包含了第236条规定的强盗罪和第177条规定的强奸罪。这个犯罪形态被认为是结合犯的典型。

（二）结合犯的要件

结合犯必须具备如下三个要件。

1.结合犯中的犯罪行为，是根据数个可以分别构成其他犯罪的行为结合而来的

即在结合犯中存在数个基本的、独立的犯罪。从形式上看，在结合犯的罪名中包含了数个罪名；从实质上看，结合之犯罪中，行为人基于数个犯罪的主观心理状态，实施了数个犯罪的行为，触犯了数个犯罪客体，这些要素也可以分别构成数个犯罪。如强盗强奸罪，就是行为人在实施强盗行为的场合，又出于奸淫的意图，强奸了女性。从形式上看，强盗强奸罪包含强盗罪和强奸罪两个罪名；从实质上看，行为人在整个犯罪中，具有抢劫和奸淫的主观意图，且实施了抢劫和强奸的行为，所以在当时行为人实施了抢劫犯罪和强奸犯罪。从这个意义上讲，结合的犯罪在实质上是数罪，而不是一罪。所以我们不认为结合犯是实质的一罪。这数个犯罪各自具有单独的犯罪构成要件，并且具有各自独立的罪名。

2.结合犯是数个独立的犯罪结合成为一个新罪

数个独立的犯罪，是指数个各自具有自己罪名的犯罪。新罪是指区别于被结合之罪的、具有自己独立犯罪构成要件的犯罪。数个独立的犯罪如何结合成为一个新罪，理论上有不同观点。三形式说认为结合犯有三种形式，用公式表示则分别为：（1）甲罪+乙罪=甲罪的严重情况；（2）甲罪+乙罪=乙罪的严重情况；（3）甲罪+乙罪=新罪名。二形式说认为结合犯有两种形式，用公式表示就是：（1）甲罪+乙罪=甲乙罪，如日本刑法中的强盗强奸罪；（2）甲罪+乙罪=丙罪，如我国台湾地区刑法中的暴力胁迫与夺取财物结合成为的强盗罪。也有二形式说认为，结合犯的基本形式有两种，用公式表示则分别是：（1）甲罪+乙罪=甲罪（或乙罪）；（2）甲罪+乙罪=丙罪（或甲乙罪）[①]。上述三形式说和第二种二形式说在本质上是一样的。

这两个观点与第一种二形式说的分歧在于：两个罪结合为其中的一个罪的情形，如甲罪+乙罪=甲罪（或乙罪），能不能认为是结合犯。在我国刑法中，这种情形比较普遍，如有的论者将结合犯分为牵连型结合犯和包容型结合犯，并认为在刑法中牵连型结合犯有：第171条第3款的伪造货币罪是伪造货币罪与出售、运输假币罪的结合；第208条第2款的虚开增值税专用发票罪、出售伪造的增值税专用发票罪、非法出售增值税专用发票罪是非法购买增值税专用发票、购买伪造的增值税专用发票罪与虚开增值税专用发票罪、出售伪造的增值税专用发票罪、非法出售增值税专用发票罪的结合；第229条第2款的提供虚假证明文件罪是中介组织人员提供虚假证明文件罪与受贿罪（公司、企业人员受贿罪）的结合；第253条第2款的盗窃罪是邮政工作人员犯私自开拆、隐匿、毁弃邮件、电报罪与盗窃罪的结合。包容型结合犯包括：第239条绑架罪是绑架罪与故意杀人罪的结合；第240条第1款的拐卖妇女、儿童罪有强奸罪、强迫卖淫罪、引诱卖淫罪与拐卖妇女、儿童罪的结合情形；第318条第1款组织他人偷越国（边）境罪有非法拘禁罪、妨害公务罪与组织他人偷越国（边）境罪的结合情形；第321条第2款的运送他人偷越国（边）境罪包含妨害公务罪与运送他人偷越国（边）境罪的结合情形；第347条第2款的走私、贩卖、运输、制造毒品罪包含妨害公务罪与走私、贩卖、运

① 参见刘宪权，桂亚胜.论我国新刑法中的结合犯［J］.法学，2000（8）.

输、制造毒品罪的结合情形；第358条第1款的强迫卖淫罪包含强奸罪与强迫卖淫罪的结合情形。①

将这种情况视为结合犯，肯定与传统的结合犯理论不相符合，在理论上可能会造成一定的混乱。但是，对我国刑法中存在的这类犯罪类型，传统刑法理论并没有给予明确分析，以至于在理论上将其归为什么类型不是十分明确。本书认为，这种情形属于法条竞合，而不能作为结合犯。所以认为，结合犯的两种类型是：（1）甲罪+乙罪=甲乙罪，如日本刑法中的强盗强奸罪；（2）甲罪+乙罪=丙罪，如日本刑法中的暴力胁迫与夺取财物结合成的强盗罪。需要指出的是，在我国，不能认为抢劫罪是结合犯，因为我国刑法中的暴力或者胁迫不能单独构成犯罪。

3.数个独立的犯罪结合成为一个新罪，是根据刑法的明文规定

如果没有刑法的明文规定，即使存在数个犯罪的竞合，也不能认为它们之间属于结合犯的形式。如上述所谓的结合犯类型，主要是由于在法律没有明确规定其独立于被结合之罪的罪名，所以不适宜认为是结合犯。这也是将实质数罪作为法定一罪的根据。在我国刑法中，没有结合犯的立法例。

（三）结合犯的处断原则

由于结合犯是法定的一罪，所以，应当根据法律的规定处理，不实行数罪并罚。

二、集合犯

（一）集合犯的概念

集合犯，是指行为人以实施不定次数的同种犯罪行为为目的，即使实施了数个同种犯罪行为，刑法规定还是作为一罪论处的犯罪形态。②

我国1997年刑法取消了过去刑法中的惯犯概念，以及理论上缺乏对营业犯罪的研究，所以，有学者提出借鉴外国刑法理论，以集合犯的概念取代惯犯等概

---

① 参见刘宪权，桂亚胜. 论我国新刑法中的结合犯［J］. 法学，2000（8）.

② 参见林亚刚. 论集合犯［J］. 法学研究，2001（3）.

念。[①]这种主张是可取的。

（二）集合犯的要件

集合犯一般具有如下三个要件。

1.集合犯是行为人以实施不定次数的同种犯罪行为为目的

所谓以实施不定次数的犯罪行为为目的，即行为人不是意图实施一次犯罪行为，而是预定连续地、不定次数地实施同种犯罪行为。例如，《刑法》第336条规定的非法行医罪，行为人就是意图实施不定次数的非法行医行为。这是集合犯主观方面的特征。因此，集合犯在主观上，表现为对实施的数个相同的犯罪行为具有连续实施的犯意倾向。

2.集合犯通常实施了数个同种的犯罪行为

即刑法要求行为人具有多次实施同种犯罪行为的意图，并且行为人一般也实施了数个同种犯罪行为。所谓“同种犯罪行为”，是指数个行为的法律性质是相同的。如数个生产、销售伪劣商品的行为；数个走私普通货物、物品的行为；数个非法组织卖血的行为；数个非法行医的行为等。集合犯的数个同种的犯罪行为，必须触犯的是同一个罪名。所谓“同一个罪名”，既包括单一罪名，也包括选择性罪名；既包括犯罪未完成形态的修正罪名，也包括属于共犯的修正的罪名。但是，行为人如果仅仅只实施了一次行为，也构成集合犯。

3.集合犯必须是刑法将可能实施的数个同种犯罪行为规定为一罪，即集合犯是法律规定的一罪

这就是说，对于集合犯而言，因为构成要件本身预定同种行为的反复，所以被反复的同种行为无例外地予以包括，被作为一罪评价。正因为刑法是将可能实施的数个同种行为规定为一罪，所以行为人实施了数个同种行为，仍然只能构成一罪。但是，需要注意的是，刑法只是将可能实施的数个同种犯罪行为规定为一罪，即构成要件在性质上，预定有数个同种行为的反复实施。那么，集合犯是否以行为人必须已经实施数个同种犯罪行为为成立条件？有学者对此持肯定的看法，认为“集合犯的客观特征在于行为人具有多次实施犯罪的性质。

---

① 参见林亚刚.论集合犯［J］.法学研究，2001（3）.

犯罪次数的多少并不是集合犯的必要条件，但凡是集合犯，行为人都可能多次实施犯罪。例如营利犯，行为人的一次危害行为构成犯罪的，原则上不是集合犯，即没有集合的必要，如果行为人实施两次以上的危害行为，就是集合犯”。[①]

（三）集合犯的种类

集合犯分为几种，理论上还有不同的认识。但是一般分为如下两种。

1. 常业犯

常业犯指以一定的行为为常业的犯罪。就我国刑法的规定而言，属于常业犯的集合犯是第303条规定的赌博罪。详言之，其构成要件有以下两个：（1）行为人主观上出于营利目的，意图实施多次同种犯罪行为。“营利目的”，是指行为人实施该种行为主观上是为了获取钱财，但构成犯罪不以行为人实际获取钱财为条件，只要出于营利目的即可。这是其主观条件。（2）法律规定以反复实施同种犯罪行为为构成犯罪的必要要件。换言之，对这种犯罪来说，只实施一次行为，犯罪还不能成立，只有反复实施同种犯罪行为，才能构成该罪。这是其客观要件。所以，《刑法》第303条就规定了“……以赌博为业的”要求。如果是偶尔赌博，而不是以赌博为业的，则不构成犯罪；以赌博为业，数十次赌博，也只构成一罪。

2. 营业犯

营业犯指通常以营利为目的，意图以反复实施一定的行为为业的犯罪。其构成要件有以下两点：（1）行为人主观上通常出于营利目的，意图实施多次同种犯罪行为。所谓“通常”是说实践中行为人一般是出于营利的目的而反复实施同种犯罪行为，但是，并不排除在某些情况下，行为人的一次或者数次行为不是出于营利的目的。虽然如此，也不影响集合犯的成立。所谓“营利目的”，是指行为人实施该种行为主观上是为了获取利润，但构成犯罪不以行为人实际获取利润为条件，只要出于营利目的即可。这是其主观条件。（2）行为人反复实施一定的行为并以此为业，但即使只实施一次行为，也可构成犯罪；实施了数个同种行为，仍然只能构成一罪。这里所说的行为，必须是符合构成要件，能够独立构成犯罪

① 林亚刚. 论集合犯［J］. 法学研究，2001（3）.

的行为，如果数次举动（行为）而实现的是一个犯罪构成的，是接续犯而非集合犯中的营业犯。这是其客观条件。

可见营业犯与常业犯的区别在于，对常业犯来说，实施一次某种行为，不构成犯罪，必须反复实施同种行为，才构成犯罪。而对营业犯来说，实施一次某种犯罪行为，可能构成犯罪，反复实施同种犯罪行为，仍然构成该种犯罪的一罪。属于营业犯的集合犯，在我国《刑法》中比较多。大体上刑法中以营利为目的的破坏社会经济秩序的犯罪、危害社会秩序的犯罪以及在罪状中规定“多次”实施同一犯罪行为为从重处罚情节的，均属之。前者如《刑法》第363条第1款规定的“以牟利为目的，制作、复制、出版、贩卖、传播淫秽物品的”，虽然只实施一次制作、复制、出版、贩卖、传播淫秽物品的行为也可能构成犯罪，但即使多次制作、复制、出版、贩卖、传播淫秽物品的，仍只构成一罪。后者如《刑法》第318条第1款第2项组织他人偷越国（边）境罪中“多次组织他人偷越国（边）境”的规定，也属于集合犯。①

（四）集合犯的处断原则

集合犯是法定的一罪，刑法分则条文设有明文规定。对集合犯，不论行为人实施多少次行为，都只能根据刑法的规定以一罪论处，不实行数罪并罚。

第四节　处断的一罪

一、连续犯

（一）连续犯的概念

连续犯，是指基于同一的或者概括的犯罪故意，连续实施性质相同的独立成罪的数个行为，触犯同一罪名的犯罪形态。《刑法》第89条规定：“……犯罪行为有连续或者继续状态的，从犯罪行为终了之日起计算。”这是连续犯概念的刑法根据。连续犯实施了数个独立成罪的犯罪，在本质上是数罪，但因连续实行的

① 参见林亚刚.论集合犯［J］.法学研究，2001（3）.

关系，刑法裁判上以一罪论处，所以是处断的一罪。理论上有观点认为，连续犯的概念应当予以废除，原属于连续犯的情形应按照同种数罪处罚。同种数罪的并罚，不应适用《刑法》第69条“折刑合并”的方式，而应当适用“合罪定刑”的方式。[①]本书认为，连续犯具有不同于同种数罪的构造，同种数罪对于时间或者空间没有要求，但是连续犯由于具备特定犯罪意思，所以行为的时间和场合一般十分紧凑，为了便于司法实践，一般作为一罪处理。

（二）连续犯的要件

连续犯必须具备如下四个要件。

1.行为人连续实施了数个性质相同、独立成罪的犯罪行为

所谓性质相同，是指行为人实施的数个行为的法律性质是相同的。所谓独立成罪，是指分别评价数个行为的主客观要件，它们各自都完全具备犯罪构成的要件，都可以单独构成犯罪。而这种可能独立成罪的行为是连续实施的，即行为之间具有连续性。既非数次一般的违法行为，也不是在法律上无独立意义的事实上的数行为。例如，行为人一气之下，连续杀害被害人一家三口。但要注意，如果行为人以数个举动完成行为的，而数个举动只能被评价为一个行为时，就不是连续犯，而是接续犯。但如果数个性质相同、各自独立的行为为刑法明文规定以一罪论处的话，那么，则属于集合犯，而不是连续犯。

2.数个行为出于同一的或者概括的犯罪故意

连续犯所实行的数个行为的主观内容必须是具有同一性或者概括性。同一的犯罪故意，指行为人预计实施数次犯罪的故意，而且其犯意的主观内容是一样的。如甲对乙怀有仇恨，他决定杀害乙全家人，并将之付诸实现。那么，对甲的每一个杀人的犯意来说，都是明确而且一样的。概括的故意，是犯意的内容在性质上有相似之处，但并不完全一样。如甲和乙吵架，他一时冲动，将乙砍死，将乙的妻子砍伤，乙的儿子也差点被砍伤。在这种情形下，甲对自己行为后果的认识不是很清楚，其结果的发生取决于当时的事态，至于甲是否具有杀人的目的，要杀几个人或者伤害几个人，并不是明确的，但是这些行为有一个概括的犯意，

① 参见庄劲.论连续犯概念之废除——兼论同种数罪的并罚模式[J].求索，2007(1).

就是要报复乙。关于连续的数次过失犯罪行为是否可以构成连续犯，尽管有争议，但由于连续犯的构成，主要取决于行为人主观上的连续性，而过失行为的犯意不可能是连续的，所以不宜认定构成连续犯。

3.数个独立的犯罪行为之间必须具有连续性

连续性一般讲就是同种类行为反复实行之意。那么，如何考察数个性质相同的行为之间是否具有连续性，在刑法理论上有主、客观说之分，在我国影响较大的是主客观相结合说和客观说两种观点。主客观相结合说认为，行为人出于同一的或概括的故意，在相隔较短的时间里实施性质相同的几个犯罪行为，行为即具有连续性；如果相隔时间较长，即使行为的性质相同，也不成立连续犯。因此，连续性首先必须要求主观上是出于同一或概括的犯罪故意，如无这种故意，即使数行为性质、手段相同，侵害同一对象，也不认为具有连续性。其次还要看客观条件，即分析数次行为的性质、对象、方法、环境等条件是否接近或相似，连续性在客观上通常表现为在一定时间内，实施同一性质的行为，每次间隔时间不太长。客观说主张，数行为是否具有连续性应具体案件具体分析，认为连续性就是指行为之间具有连续性，这必须结合犯罪的时间、地点、行为、方法、客体、对象进行具体分析。例如，考察行为的实行，时间通常是有先有后的，即必然有间断，但保持前后紧接，如果行为根本没有间隔，是一个行为具有继续性，则为继续犯而不是连续犯。再如，地点可以有所不同，但彼此接近，就具有连续性；如果是无关的两个地点，也就不是连续犯罪。如果抛弃主观的内容，考察连续犯，并不是科学的。如行为人出于报复将某人杀害之后逃离现场。不久，由于其他原因他又杀害了一个不认识的人。假如后一个杀人行为的主观目的和动机与前一个没有关系，纯属于偶然原因而发生的时候，就不应该认为是连续犯。

4.数行为必须触犯同一罪名。连续犯必须触犯同一罪名，这是它和牵连犯或者吸收犯相区别的一个重要特征。但什么样的时候才是同一罪名呢？中外学者的理解很不一致。有的认为是性质相类似的行为，有的认为是性质完全相同的犯罪，有的认为是行为侵害的法益性质相同，有的认为只要符合同一基本犯罪构成即可。本书认为，如果认为犯罪性质完全相同，或者侵害法益性质完全相同，那么，无异于要求罪名是相同的。比如在激愤的状态下，实施了杀人的行为，也实施了伤害的行为，由于行为的主观内容是间接故意，所以行为人的行为性质并不完全相同。因此，只要性质具有相似性即可。

（三）连续犯的处断原则

连续犯是处断的一罪，不实行数罪并罚。对连续犯的处罚，应根据刑法的有关规定，结合案件的具体情形，分别从重或者加重处罚。

二、牵连犯

（一）牵连犯的概念

牵连犯，是指以实施某一犯罪为目的，其犯罪的方法行为或者结果行为又触犯了其他罪名的犯罪形态。如为了诈骗而伪造公文、证件、印章，该诈骗的目的行为构成诈骗罪，其方法行为构成伪造、变造、买卖国家机关公文、证件、印章罪，是牵连犯。

学界有关牵连犯的存废一直争论不休。该问题不仅是外国刑法学界一直争论的问题，在中国刑法学界，就牵连犯存与废问题也有两种不同的观点。

1.废除论

主张废除论者的理由有以下四个：第一，同样是牵连犯，刑法分则却采取了不同的处理原则。因此，理论上可取消牵连犯概念，将原有的牵连犯所包含的犯罪现象，分别作为想象竞合犯、吸收犯与数罪处理。这样，能较好地消除目前所存在的混乱现状，有利于正确区分一罪与数罪。[①]第二，罪数问题在理论上复杂化的原因之一是牵连犯概念引发的，取消牵连犯的概念，[②]可以避免刑法理论的烦琐化，避免牵连犯与其他犯罪形态的相互关系和区别的不必要争论。第三，我国刑法未明文规定牵连犯这一犯罪形态，意味着不承认这些犯罪形态，所以应取消这些犯罪形态的概念。[③]第四，在刑法立法上规定牵连犯的国家寥若晨星。英美法系国家的刑法根本否认牵连犯的概念，对牵连犯现象，司法判例均科以数罪并罚。

---

① 参见张明楷.刑法学（上）[M].北京：法律出版社，2003：374.

② 参见储槐植.刑事一体化与关系刑法论[M].北京：北京大学出版社，1997：438.

③ 参见姜伟.犯罪形态通论[M].北京：法律出版社，1994：31.

2.保留论

主张保留论者的观点如下：第一，取消牵连犯已成为一种立法趋势是夸大其词。因为明确在刑法上规定牵连犯的，本来就只有个别国家和地区。而这些国家和地区，没有一个从立法上取消牵连犯。至于尚未明确提出牵连犯的国家和地区，不等于就不承认牵连犯的存在。第二，我国刑事立法和司法解释倾向于对牵连犯实行数罪并罚，没有充分的根据。因为，从历史和现状看，刑事立法和司法解释并非倾向于对牵连犯数罪并罚，而是有时从一重处断，有时数罪并罚。第三，牵连犯是想象竞合犯、吸收犯或典型的数罪，是有意混淆不同犯罪形态的界限，毫无根据地否定牵连犯本身的客观性和独立性。因此，牵连犯有其独立存在的价值。主张取消牵连犯的观点，是轻率的和不科学的。①第四，取消牵连犯理论概念、弱化牵连犯理论研究的观点是不可取的。牵连犯的理论概念和相应的理论研究，应当继续作为我国刑法学罪数形态论的有机组成部分而存在，刑法学界应一如既往地对牵连犯理论展开深入研究和不懈探索。②第五，作为实践中客观存在的一种犯罪形态，牵连犯是刑法理论无法回避、无法忽视的一个问题。由于刑法理论研究尚不够深入，使得牵连犯的认定标准含混不清，但这不是取消牵连犯的根据，反之应当成为加强对其研究的理由。③

本书赞同保留牵连犯及其相关制度，主要原因在于，牵连犯在犯罪中十分普遍。我国刑法总则虽然并无明确的罪数形态规定，但分则的规定十分混杂。在理论上保留牵连犯，有助于立法的科学和完善。

（二）牵连犯的构成要件

牵连犯应具备如下四个构成要件。

1.牵连犯以实施一个犯罪为目的

在为实现这一犯罪目的而实施犯罪的过程中，其采取的方法行为或结果行为又触犯了其他罪名，构成另一独立的犯罪。前种犯罪称为本罪，后种犯罪称为他罪。他罪围绕本罪而施行，即行为人实施他罪是为了达到实施本罪的目的。

---

① 参见高铭暄.论牵连犯的几个问题［J］.现代法学，1993（6）.

② 参见高铭暄.刑法专论［M］.北京：高等教育出版社，2002：412.

③ 参见赵俊新，黄洪波.论牵连犯［J］.江汉论坛，2003（1）.

2.行为人必须实施两个以上独立的犯罪行为

即行为人实施了两个以上的行为，如果只实施一个行为，谈不到构成牵连犯的问题；行为人实施的两个以上的行为本身都具备犯罪构成要件，均可单独构成犯罪。因此，当其中一个行为构成犯罪，另外的行为不单独构成犯罪的，不存在构成牵连犯的问题。例如，盗窃后又窝藏所盗窃的赃物。自己窝藏的行为，看上去是结果行为，但根据我国刑法，盗窃后自己窝赃，是盗窃后的不法状态，不独立成罪，因此，不存在牵连犯的问题。两个以上的行为必须属于不同的构成要件。如果数行为属于同一构成要件的行为，也不是牵连犯。例如，以故意伤害他人的方法行为而夺取他人财物的，其致人伤害和夺取财物的这两种行为是抢劫罪构成中所包含的行为要件，因而只是一个抢劫行为，不存在牵连犯的问题。

3.所实施的数个行为之间必须有牵连关系

所谓牵连关系，是指行为人实施的数行为之间具有手段与目的或者原因与结果的关系。关于牵连关系的标准，过去存在如下三种争议：（1）主观说，认为有无牵连关系应以行为人的主观意思为标准，即行为人主观意思上是不是以手段或结果之关系使其与本罪发生牵连。行为人认为其所实施的数个犯罪行为之间具有手段与目的或原因与结果的关系，就是牵连犯。（2）客观说，认为有无牵连关系应以客观事实为标准，当行为人所实施的本罪行为与其方法行为或结果行为在客观上存在目的与方法、原因与结果的关系时，就认为有牵连关系，至于行为人主观上有无使其成为方法行为或结果行为的意思，可以不问。（3）折中说，认为认定本罪行为与方法行为或结果行为的牵连关系，应从主、客观两个方面观察。在持此说者中，由于有人认为本罪行为与方法行为、本罪行为与结果行为应分别用主观说和客观说判断，又可以分为兼顾说和各顾说。兼顾说认为确定牵连关系的有无，除了应在客观上具有通常的方法或结果关系以外，还须行为人主观上有牵连意思。各顾说认为本罪与方法行为的牵连关系，可以牵连意思为准，本罪与结果行为的牵连关系，可以根据客观上的通常情况为标准，不问行为人主观上的意思如何。[①]本书认为，主观说与客观说各置所重，有所偏颇，而折中说相对比较可取。但是，各顾说认为在原因行为与结果行为的场合，可以不考虑主观原因，是不正确的。例如，在盗窃财物的场合，行为人盗窃的却是枪支，于是将枪支私

① 参见马克昌.犯罪通论［M］.武汉：武汉大学出版社，1999：683-684.

藏起来。在上述情形中，后一罪的行为构成犯罪，它是盗窃罪的结果行为，然而它的发生，是由于前一个行为的发生，使得行为人产生了非法私藏的意思。所以，其中的主观原因还是明显的。但是如果行为人本身就是为了盗窃枪支，然后私藏的，在笔者看来，就不宜认为属于牵连犯，而是事后行为。因此，无论在什么场合。牵连关系的认定应当坚持主观与客观相统一的观点。

4.数个犯罪行为必须触犯不同的罪名

即数个行为分别具备不同性质的犯罪构成要件，如果数行为中只有一个行为具备犯罪构成，其他行为不具备，则谈不到牵连犯问题。其中存在两种情况：（1）手段行为与目的行为分别触犯不同罪名，即行为人实施了一个犯罪行为（目的行为）构成犯罪，而在为顺利实施该行为之前，行为人实施了方法行为，且方法行为也构成另外一个不同性质的罪名。如行为人盗窃枪支并用于杀人的，杀人作为目的构成故意杀人罪，其盗窃枪支行为属于杀人行为的方法行为，构成了盗窃枪支罪。（2）原因行为与结果行为分别触犯不同罪名。即行为人实施了一个犯罪行为之后，由犯罪所带来了另外一个行为，该行为也触犯了另外一个罪名。如行为人本来是为了盗窃财物，结果发现盗窃的是手枪，于是将手枪私藏起来。其中，私藏行为是盗窃行为的结果行为，盗窃行为本身构成盗窃罪，而后一种行为另外构成非法私藏枪支罪。

（三）牵连犯的处断原则

对于牵连犯如何处罚，并无刑法的明文依据。通说观点认为，应该根据“从一重重罚”的原则。所谓从一重重罚，是指在所触犯的数个罪名之间，选择最重的罪，并从重予以处罚。

由于立法规定的复杂性，一些犯罪的牵连关系在刑法条文中有特别规定。具体而言，主要有四种情形：第一，规定对牵连犯应实行数罪并罚；第二，规定独立的法定刑；第三，规定从重处罚；第四，规定从一重罪从重处罚。对于这些有法律明文规定的情况，应当根据法律的规定进行处理。

三、吸收犯

（一）吸收犯的概念

吸收犯，是指行为人实施数个犯罪行为，因其所符合的犯罪构成之间具有特定的依附关系，从而导致其中一个不具有独立性的犯罪，被另一个具有独立性的犯罪所吸收，对行为人仅以吸收之罪论处，而对被吸收之罪则置之不论的犯罪形态。

（二）吸收犯的要件

构成吸收犯要具备如下三个要件：

1.吸收犯必须具有数个犯罪行为

这是吸收犯作为处断一罪的根本前提。因为如果没有数个，也就谈不上一个行为吸收其他行为，也就无所谓吸收犯。同时，数个行为各自都具备犯罪构成的要件，独立成罪。

2.数行为必须分别触犯同一罪名

如果数个行为分别触犯不同性质的罪名，应该成立牵连犯。同一罪名要求罪名是一致的。

3.数个行为之间具有吸收关系

即一犯罪行为被另一犯罪行为吸收后，被吸收的行为失去独立存在的意义，不再对其另行论罪，而只以吸收行为定罪量刑。如果数个行为都可以独立评价的话，那么构成的可能是连续犯，而不是吸收犯。

（三）吸收犯的形式

关于吸收犯的形式，理论争议的具体观点体现为以下五种。

第一种观点认为，吸收犯只有一种形式，即吸收关系只有重行为吸收轻行为，或社会危害性大、罪质重、法定刑高的犯罪行为吸收社会危害性小、罪质轻、法定刑低的犯罪行为。

第二种观点认为，吸收犯包括如下三种形式。第一，实行行为吸收预备行为。第二，完成行为吸收未完成行为。第三，主行为吸收从行为。其中具体又有三种情况：中止行为吸收未遂行为、预备行为；主犯行为吸收从犯行为；重行为吸收轻行为，即当吸收的两种行为性质完全同一时，以其每个行为的社会危害程度区别高度行为与低度行为。

第三种观点认为，吸收犯包括三种形式：第一，重罪吸收轻罪；第二，前行为吸收后行为；第三，后行为吸收前行为。

第四种观点认为，吸收犯包括六种形式：第一，既遂犯吸收预备犯或未遂犯；第二，未遂犯吸收预备犯；第三，实行阶段的中止犯吸收预备犯，但须受重罪吸收轻罪原则制约；第四，符合主犯条件的实行犯构成之罪，吸收教唆犯、帮助犯、次要实行犯构成之罪；第五，主犯构成之罪吸收从犯、胁从犯构成之罪；第六，符合加重犯构成之罪吸收符合普通犯罪构成之罪，或者符合普通犯罪构成之罪吸收符合减轻犯罪构成之罪。①

第五种观点认为，吸收犯包括如下三种形式：第一，重行为吸收轻行为；第二，实行行为吸收预备行为；第三，主行为吸收从行为。②

以上分歧还是比较具体的，但是其实质在于是否承认不同罪名之间的吸收。本书认为，如果认为不同罪名之间也存在吸收关系，那么很难把吸收犯和牵连犯区别开。如行为人伪造金融票证，并利用它进行诈骗，前面伪造的行为和后面诈骗的行为之间既是方法行为与目的行为的关系，也是预备行为和实行行为的关系。如果认为不同罪名之间可以成立吸收犯的话，那么既可以认为它是牵连犯的犯罪形态，也可以认为它是吸收犯的犯罪形态。所以单纯上述几种形式，并不能用来准确说明吸收犯和牵连犯的区别。

本书认为，只有在同一罪名的基础上，才有讨论吸收犯的余地。因为行为先后或者轻重不同，只要它们的罪名不同，通常就具有牵连关系。由于不同罪名在有牵连关系的情形中，是根据牵连犯处理的，所以，吸收犯只能在同一罪名中进行把握。所谓同一罪名，是性质相同的罪名，它包括犯罪的基本构成形式和修正构成形式。根据这种理解，上述第一种观点显然是不可取的，因为重行为和轻行为的差别，往往说明它们在性质上的不同，也就是说它们触犯的很可能不是一个罪名。第二种观点认为完成行为可以吸收未完成行为，但是在一个犯罪行为中，可能包括预备和实行两种行为形式，但是不可能出现完成的实行行为和未完成的实行行为同时存在的情况。如杀人的行为，可以包括杀人预备和杀人的实行，但是杀人的实行，它要么完成，要么不完成，因此，不可能出现完成的杀人实行行为吸收未完成的杀人实行行为的情况，所以，第二种观点的理解不妥当。第三种

---

① 参见童伟华.吸收犯学说述评［J］.华侨大学学报（人文社会科学版），2001（2）.

② 参见高铭暄，马克昌.刑法学［M］.北京：高等教育出版社，北京大学出版社，2000：203.

观点认为重罪吸收轻罪，但没有说明它是同一罪名的犯罪还是不同罪名的犯罪。第五种观点的第一种类型也存在这种问题，而且所谓前行为和后行为的相互吸收也不甚明了。第四种观点将实行行为吸收预备行为进一步细分为三种情形，其中既遂犯吸收未遂犯是不可能的，另外几种类型的划分在理论和实践中的意义不显著；此外，它将主犯与从犯的吸收也加以细分，意义不大。

据此，吸收犯只有两种情形。

第一，实行行为吸收预备行为。这种行为可以是完成的实行行为吸收预备行为，也可以是未完成的实行行为吸收预备行为。如在日本刑法中，由于杀人罪、杀人预备罪和杀人未遂罪都是刑法分则中的具体罪名，所以杀人罪可以吸收杀人预备罪，杀人未遂罪也可以吸收杀人预备罪。但是在我国刑法中，由于这种立法形式不明显，所以我国刑法不存在严格意义上的实行行为吸收预备行为的情形。如果可以承认的话，也只能认为是基本的犯罪完成形式吸收了修正的犯罪未完成形式。

第二，主行为吸收从行为。这是在共同犯罪中，根据行为人在犯罪中的分工和作用区分的。在共同犯罪中，根据行为人在犯罪中的作用，可以分为帮助犯、教唆犯和实行犯；根据其作用，可以将它分为主犯、从犯和胁从犯。在实践中，有的人先实行帮助的行为，居于从犯的地位，但是随着犯罪的发展，它可能变为主犯，实施实行行为。由于通常认为实行行为是犯罪的主行为，帮助行为和教唆行为是从行为，因此在定罪过程中，对行为人的主要行为进行评价之后，就没有必要对从行为进行评价，所以认为从行为为主行为所吸收。

（四）吸收犯的处断原则

对于吸收犯，依照吸收行为所构成的犯罪处断，不实行数罪并罚。

第三编

刑事责任

第十四章

刑事责任概述

第一节　关于刑事责任

一、刑事责任的概念

（一）理论分歧

刑事责任是刑法学中的重要概念，但在我国还没有获得共识。在我国刑法学的早期理论中有以下六种学说：第一，义务说，即认为刑事责任“就是犯罪分子因其犯罪行为而负有的承受国家依法给予的刑事处罚的特定义务”。第二，谴责说，认为“刑事责任是指犯罪人因实施刑法禁止的行为而应承担的、代表国家的司法机关依照刑事法律对其犯罪行为及其本人的否定性评价和谴责”。第三，心理状态及法律地位说，认为“刑事责任是犯罪人在犯罪后应受社会谴责和法律制裁的一种心理态度以及与这种心理态度相适应的法律地位”。第四，法律关系说，认为“刑事责任就是因为犯罪行为而产生的国家与犯罪人之间的一种否定性评价和被否定性评价、谴责和被谴责的刑事法律关系”。第五，责任说，认为“所谓刑事责任，是指行为人因其犯罪行为所应承受的、代表国家的司法机关根据刑事法律对该行为所作的否定评价和对行为人进行谴责的责任”。第六，后果说，认为“刑事责任是依照刑事法律规定，行为人实施刑事法律禁止的行为所必须承担的法律后果”。[①]

以上有些观点或许已经没有那么大的影响力了，但是有些观点对刑事责任概

① 冯军.刑事责任论［M］.北京：法律出版社，1996：23-31.

念理论依旧具有消极影响：第一，新后果说，认为刑事责任具有惩罚性特征，如有学者认为，“刑事责任，是指行为人因其犯罪行为所应承受的、代表国家的司法机关根据刑事法律对该行为所做的否定评价和对行为人进行的谴责的责任。刑事责任本身具有实体的惩罚性意义”。[①]第二，新谴责说，认为责任是对行为人的谴责依据，如有学者认为“在刑法理论上，刑事责任作为一种主观谴责，是行为人对所在的客观侵害，主观上必须受到谴责的依据，属于犯罪的成立要件”。[②]第三，最新的主流性观点，认为“刑事责任在我国是指，依据刑事法律规定和实际发生的犯罪事实而产生的，由代表国家的司法机关依法确认的，犯罪人因实施犯罪行为而应当承担的以刑罚处罚、非刑罚处罚或者单纯有罪宣告等否定评价为具体内容的法律责任”。[③]但从文字上看，最新的主流观点将刑罚处罚之外的几种犯罪法律后果囊括在刑事责任的概念之下，虽然在文字上回避了将刑罚混同于刑事责任的问题，但是无法为刑事责任的评价内容提供实质的指引。

（二）本书观点

关于刑事责任的本质，如果认为它是一种应该负担的义务，那么就会与刑事法律的禁止或命令规范相重复，从而没有独立的必要，所以，义务说并不可取。故此，绝大多数学者认为它是一种后果，这一点在谴责说、责任说、法律关系说以及后果说之中均是如此。但是，由于刑罚、非刑罚处理方法都是犯罪的后果，如此而言，就难以划分刑事责任与刑事处罚的界限，也就不能将刑事责任与刑罚分割开来。所以，本书认为，无论将刑事责任视为哪种后果，在结论上都不能显示刑事责任独立地位的必要性。鉴于这一点，结合上述有关刑事责任的地位，本书认为，刑事责任只是对行为人或他的行为所进行的评价，它是刑罚和非刑罚处罚的前提。

概念的分歧明显弱化了对刑事责任机能的研究。上述观点值得注意的还有三点：第一，在当前的理论中，对刑事责任可能达成的唯一共识是，它是一种否定性评价或者谴责；第二，刑事责任究竟是谴责本身还是谴责的依据，尚存

① 张明楷. 刑法学（上）[M]. 北京：法律出版社，2016：446.
② 黎宏. 刑法学总论 [M]. 北京：法律出版社，2016：1.
③ 贾宇. 刑法学（总论）[M]. 北京：高等教育出版社，2019：274.

在分歧；第三，这种观点有可能将责任与刑事责任等同，因为“责任也称为有责性，是指就符合构成要件的违法行为对行为人的非难。简单地说，是指非难可能性”。[①]鉴于理论纷争过大，我们有必要确定界定刑事责任的基本规则：首先，应遵从刑法的规定，这是刑法教义学的规范性要求；其次，要依照刑法结构的功能要求，这是其科学性要求。

根据刑法教义学的特性，界定刑事责任首先要遵循法律规定将其与犯罪的法律后果（刑罚）区别开来。“刑事责任”是我国刑法立法中的一个重要概念，但当前的理论现状在很多场合缺乏对刑法规定的必要重视。我国《刑法》第5条明确规定：“刑罚的轻重，应当与犯罪分子所犯罪行和承担的刑事责任相适应。”据此，可以认为罪行、刑事责任和刑罚是并立的。一切解释都应当遵从这个基本原则的规定，且不能将刑事责任与刑罚等同起来。

但是，这样理解是否会造成刑法基本原则的规定和有关条文无法衔接的问题呢？因为《刑法》第14条第2款规定：“故意犯罪，应当负刑事责任。”与之相似的规定还包括《刑法》第15条、第17条、第18条、第19条、第20条、第30条等诸多条款。有学者提出，刑事责任本质上是探讨“人在实施危害社会或者侵害法益的行为之后，国家为什么能够将该行为作为犯罪而科处刑罚”。[②]这种观点虽然将刑事责任作为犯罪的要素，但是亦将其作为刑罚的前提和基础，不仅化解了基本原则规定与具体条文之间不衔接的问题，而且将责任作为犯罪和刑罚的一个中间连结点，更为明确地阐明了罪责刑相适应原则规定的含义。在此意义上，结合德日刑法学中的一般性观点，即“无罪责即无刑罚”或者“没有责任就没有刑罚”，[③]刑事责任的概念可能与责任或者罪责的含义是一致的，因为在德国或者日本刑法学中，一般认为责任或者罪责就是犯罪的基础。

上述结论显然还比较苍白，因为在刑法教义学中界定刑事责任，必须遵循刑法的结构功能要求，即应确定刑事责任应该在定罪或者量刑中发挥何种功能。对于这个问题，德日学者也存在诸多争论，提出了消极意义的责任概念和积极意义

---

① 张明楷．刑法学（上）［M］．北京：法律出版社，2016：222；林亚刚．刑法学教义（总论）［M］．北京：北京大学出版社，2017：309.

② 黎宏．刑法学总论［M］．北京：法律出版社，2016：165.

③ 山中敬一．刑法总论［M］．东京：成文堂，2015：622.

的责任概念、形式意义的罪责概念和实质意义的罪责概念等。由于前一组概念只决定责任判断的标准，所以暂时不予讨论。对于判断内容而言有意义的是后一组概念。形式意义的罪责是“将某个犯罪归属到某个行为人”之后作为犯罪结果而出现的概念。形式的概念只能表明行为人要为不法的实现在刑法上承担责任。[①]它和我们通常所谓的后果说刑事责任概念不谋而合，都没有且无法表明为什么人们可以期待行为人必须遵守刑法上的规范这个核心问题。

责任还可以从积极层面和消极层面理解。积极的责任意味着追究责任，为不法行为人承担法律后果提供条件；消极的责任则意味着宽恕，它试图切断行为人规范适应中的不适应性。

随着德日刑法理论的影响力越来越大，有学者提出，“我国司法人员和学者都有必要强化罪责实质化评价的理念”。[②]迄今为止，刑事责任基本理论依旧没有得到我国刑法学界应有的重视。虽然说在一段时期内国内一些学者出版了一些专著，发表了一些论文，但是，当前的研究仍有难以令人满意之处：一是刑事责任的含义没有得到统一，要么依循传统概念，将其与犯罪后果等同，无法提供具有现实操作意义的概念和理论体系，要么沿袭德日理论的套路，将其包裹在犯罪论体系之内，难以充分发挥刑事责任评价的应有功能。二是刑事责任的重要性没有受到应有重视。近年来，学者关于行为违法性的研究无论在深度还是广度上都远远超过了刑事责任的研究。例如，我国学者对于防卫过当问题的研究主要集中于过当的界限这个属于违法性领域的问题，而很少对防卫过当是否应该宽恕以及宽恕程度这个属于责任论领域的问题展开讨论。三是在一些刑法教科书中，刑事责任论甚至已经失去了理论地位的独立性。[③]责任研究无论是在四要件之外的刑事责任，还是三阶层之内的责任阶层，责任观念从心理责任论向规范责任论演进是不争的事实。期待可能性

---

① 参见金德霍伊泽尔．刑法总论教科书［M］．蔡桂生，译．北京：北京大学出版社，2015：209.

② 阮齐林，耿佳宁．中国刑法总论［M］．北京：中国政法大学出版社，2019：57.

③ 参见张明楷．刑法学（上）［M］．北京：法律出版社，2021；黎宏．刑法学总论［M］．北京：法律出版社，2016；林亚刚．刑法学教义（总论）［M］．北京：北京大学出版社，2017；阮齐林，耿佳宁．中国刑法总论［M］．北京：中国政法大学出版社，2019.

论、违法性认识作为责任减免事由，有助于揭示当代中国责任理论以及整个刑法知识转型的深层逻辑。①

今天的主流观点考虑到刑法立法的规定，支持“罪—责—刑”体系，这一点值得赞赏。但是，刑事责任理论研究乏力的现象并没有得到太大的改善，具体表现为主流刑法教科书对刑事责任论的论述涉及如下四个方面：第一，刑事责任的概念；第二，刑事责任的根据；第三，刑事责任的发展阶段；第四，刑事责任的解决方式。主流教科书的内容存在如下问题：第一，其基本内容与其基本主张脱节；第二，没有回应刑法规定所赋予的应有机能；第三，内容不具体，无法为司法评价提供理论指导。如我们所知，在犯罪论与刑罚论范畴内，我国刑法理论已经建构了十分现实和丰富的结构，可是，刑事责任缺乏与之匹配的结构和要素，这注定它难以发挥衔接犯罪和刑罚的评价功能。

责任概念试图在行为人与法律规范的联系之间找到较为确定的联系和根据。规范责任理论认为，行为人的可责难性是指违法地实现了构成要件，明确表明了行为人对于法律规范的错误态度。但是规范责任理论具有不确定性而且内容也较为空洞，难以为适法行为的可能性提供现实标准。所以，后来有越来越多的学者开始提倡根据预防的需要确定行为人的责任。如机能的责任理论认为，罪责乃是刑罚的一种机能，这个机能是在积极的一般预防的意义上说的。依照积极的一般预防这一目的设定的标准，若有必要处罚行为人，那么行为人就是有罪责的。实质的罪责就是面对具有合法性的规范时，欠缺对法律的忠诚。在民主社会，法律不再被简单定义为强制性的规范，所以对法律的忠诚是现代刑法必须予以合理说明的问题。但是问题在于人们为什么要遵守法规范？这个问题恰恰是机能责任理论没有回答的问题。

犯罪既是决定的，又是被决定的。它可能是行为人自由选择的产物，也可能是社会或者其他因素决定的产物。当犯罪是被决定的时候，刑法需要对决定犯罪生成的因素进行关注，评价可将哪些犯罪因素归咎于犯罪之人，并对其进行责难。犯罪构成要件符合性和违法性是抽象的类型评价，它只能表明行为的不法及其类型；但是犯罪还需要具体的个别化评价，行为人在具体的客观情境下犯罪，

① 参见车浩. 责任理论的中国蜕变——一个学术史视角的考察［J］. 政法论坛，2018（3）.

还有一些附随于犯罪的具体情况妨碍了行为人对适法行为的选择能力，不能完全表明行为人对刑法规范的不忠诚。据此，不能将其归咎于犯罪之人。例如，无论何人将他人的财物非法秘密占有，均构成盗窃；但是，盗窃的原因或者动机并非没有评价意义。出于吸毒目的的盗窃或者出于紧急医疗救治目的的盗窃，对于犯罪人的评价也很重要，它只有在责任评价中才能拥有一席之地。我国是一个强调集体主义精神的国家，所以刑法评价尤其要注意规范的逻辑性与现实合理性之间的差异。在我国刑法基本原则的立法规定中，将刑事责任独立于犯罪，有助于更好实现刑罚轻重的评价，特别是结合现实问题，有机契合刑事政策的要求，为是否需要判处刑罚以及判处刑罚的轻重提供合理根据。所以，立法科学地表征了刑事责任概念的应有之义，其基本含义与德日刑法责任或者罪责概念并无本质上的区别。

二、刑事责任的理论地位

（一）理论分歧

关于刑事责任在我国刑法理论体系中的地位，主要有四种理论。[①]

1.刑事责任即刑罚说

刑事责任即刑罚说是新中国早期刑法理论的通说。该说将刑法学总论划分为“绪论”、“犯罪总论”和“刑罚总论”。在这种体系中，刑事责任不仅没有独立的地位，而且成为刑罚的代名词，是行为人依法所承担的刑罚处罚。

2.责、罪、刑平行说

责、罪、刑平行说重视刑事责任论，认为它是刑法理论中的一个独立的组成部分。有的学者明确提出，从刑事立法的角度看，由于刑事责任在先，犯罪在后，所以应该按照“责、罪、刑”的逻辑结构建立刑法学体系。

3.罪、责平行说

罪、责平行说认为犯罪是刑事责任的前提，刑事责任是犯罪的结果，刑事责任是刑罚、非刑罚处罚方法以及其他刑事责任实现方式的上位概念，将刑罚论置于刑

① 参见高铭暄，马克昌．刑法学［M］．北京：北京大学出版社，高等教育出版社，2000：211–212.

事责任论中。

4.罪、责、刑平行说

罪、责、刑平行说认为犯罪、刑事责任、刑罚是各自独立又互相联系的三个范畴，刑事责任是介于犯罪与刑罚之间的纽带。犯罪是刑事责任的前提，刑事责任是犯罪的法律后果；刑事责任是刑罚的前提，刑罚是实现刑事责任的基本方式。这种观点得到了大多数学者的赞同。

（二）基本评价

以上不同的意见，大体上有一个明显的特点，就是倾向于将责任同责任意识分离，并以独立的实体，作为责任的范畴。将刑事责任论作为一个独立于犯罪论和刑罚论的范畴，其中原因之一在于，刑事责任理论是全部刑法学理论中的重要组成部分，而确定刑事责任理论在刑法学中的独立实体地位，有助于正确认识犯罪的概念及其特征，有助于正确认识刑法的原则；其原因之二，即法律意义上的原因在于，我国现行《刑法》第5条规定："刑罚的轻重，应当与犯罪分子所犯罪行和承担的刑事责任相适应。"这可理解为，我国刑法上赋予了刑事责任作为独立于犯罪、刑罚的实体地位。刑事责任的独立性地位，也就应当在刑法理论中表现出来。

因此，认为刑事责任即刑罚的观点，肯定是错误的，对此毋须赘言。而主张以刑事责任论替代刑罚论，在逻辑上是正确的，但是，"从刑法立法来看，这种体系明显与刑法体系不符……在刑法理论中刑罚理论内容丰富，占有很大篇幅，非刑罚处理方法内容单薄，所占篇幅很小，使两者处于同等地位，未必合理"[①]。

而责、罪、刑平行说，其结论无非是将刑事责任置于犯罪论和刑罚论之前。从实质上看，这种观点无可非议，它侧重于立法思路，和我国刑法结构理论中"行为发生论"如出一辙。其理由是，刑事责任并不是国家刑法立法之后才存在和发展的，而在国家刑事立法过程中就存在。[②]但是，本书以为，刑法理论的

① 高铭暄，马克昌.刑法学［M］.北京：北京大学出版社，高等教育出版社，2000：212.

② 参见李文燕.中国刑法学［M］.北京：中国人民公安大学出版社，1998：233.

主要目的，应该是方便刑事司法审查案件、处理案件的需要，即应该沿着监察机关、司法机关发现案件、侦查案件、确定性质、确定后果的逻辑。在刑事实践中，我们最初面对的往往是犯罪的结果，然后才沿着结果分析行为表现，进而锁定行为人，再进而对行为人的主观责任进行全面的衡量，最后才能确定行为人是否实施了犯罪的行为、是否应当承担刑事责任、需要承担什么样的刑事责任。刑事责任的认定，是以犯罪的确定为前提的。而且，“将刑事责任看作凌驾于犯罪和刑罚的最上位概念，它的内容包括犯罪论，刑罚论和刑法各论，就无异于将刑事责任等同于刑法，这样扩大刑事责任的内容，既不符合我国刑法关于刑事责任的规定，在理论上也难于在刑法学体系上给刑事责任以应有的地位”①。所以，本书赞同多数学者的意见，即认为在犯罪论之后、刑罚论之前，单独地论述刑事责任，无论在理论体系的协调方面，还是在实际运用中，都比较理想。另外，用这种模式处置刑事责任，并不影响刑事责任对于刑法立法的指导作用。②

采用罪、责、刑的理论结构，不仅使我国刑法关于犯罪的分析从平面趋向立体，而且相对于英美刑法和德日刑法的理论构造而言，还有值得称道之处。

在英美法系模式中，一般认为，英美刑法中的刑事责任，是以犯罪行为和犯罪心态为本体要件，即它们是刑事责任的基础，但是，这是从广义上进行的理解。③还有一种并不少见的主张，就是在犯罪的心理态度中研究责任。这时，责任是一种主观的责任，它包括一般心理要件，也包括严格责任和代理责任，后两者通常被统称为无过错责任。此外，还有学者在犯罪行为、犯罪心态和因果关系之后研究责任（Responsibility）。它主要讨论精神病、自卫等责任阻却或减免的抗辩事由。④

而在德、日模式中，主要包括犯罪论和刑罚论，有的还包括保安处分论，而责任是作为犯罪成立的第三要件被评价的，即通过构成要件的符合性—违法性—

① 高铭暄，马克昌. 刑法学［M］. 北京：北京大学出版社，高等教育出版社，2000：212.

② 参见高铭暄，马克昌. 刑法学［M］. 北京：北京大学出版社，高等教育出版社，2000：213.

③ 参见储槐植. 美国刑法［M］. 北京：北京大学出版社，1996：51.

④ See StevenL.Emanuel，Criminal Law（3dEdition），Emanuel Publishing Corp，1992.

有责性，依次排除非阻却犯罪的因素。其中，责任与违法性相对应，违法性是对行为客观的、具体的判断，而责任是对行为主观的、具体的判断。但它究竟是积极的判断还是消极的判断，尚有争议。[①]一般来说，责任论用于说明故意、过失、责任能力、期待可能性等问题。但是，有的学者在违法性中说明故意、过失，而在责任论中所讨论的实体问题只有责任能力、违法性意识及禁止错误，以及防卫过当、免责的紧急避险等免责事由。[②]

就英美法系模式而言，其理论由于缺乏大陆法系所讲求的逻辑严密、结构合理，在我国难以被认同。但是，我们必须注意，他们一般将刑事责任论和犯罪构成论分开，前者仅仅是从责任担当与否及其大小的角度进行考虑的。这种做法同法国学者以及耶塞克教授的主张极为相似。不过英美法系理论中不包含阻却犯罪的要素，而大陆法系理论中都包含了阻却犯罪的事由，这是大陆法系刑法理论的固有特点。在德、日等国刑法理论中，责任一般是判断行为是否有阻却犯罪的主观因素的要件，但是，由于责任不仅涉及存在与否的问题，还关乎大小轻重问题，所以，只好在有责性阶段，一并包含责任的全部内容。这样，必然将犯罪的定性与量刑的判断混淆起来，从而在理论上就不彻底。可以说，许多大陆法系学者和我国台湾学者在责任论中论述责任阻却事由和责任减免事由，势必会限制对责任判断机能的全面认识。

如果在我国刑法体系中将刑事责任与犯罪分开，则与英美法系有一致之处，但并不等于说两者没有差别，毕竟我国司法中定罪的模式与英美法系国家不同，在犯罪论构造上就有明显分歧。在思维习惯方面，我国理论比他们更强调逻辑结构的严密性和完美性。从微观上看，我国刑法理论关于犯罪的认知模式虽然是平面的，但是它并不妨碍对于犯罪的发现和认定。只不过由于完全从静态上判断，定罪处罚的范围就比较大。比如说，在以生命对生命的同等价值的紧急避险的场合，依据我国刑法的规定，行为人的行为构成犯罪，而在德、日国家，则可以根据责任阻却的理论而阻却犯罪。所以在结果上，我国的犯罪论模式显得过于刻板和不近人情。但是，由于在犯罪成立之后，还不能进入刑罚裁量阶

---

① 参见张明楷.外国刑法纲要[M].北京：清华大学出版社，1999：189.

② 参见汉斯·海因里希·耶塞克等.德国刑法教科书·(总论)[M].徐久生，译.北京：中国法制出版社，2001.

段，此前必须评价行为人的责任，所以在这个阶段，可以阻却责任，即有犯罪不等于有责任，行为人就不会受到实质性的处罚。这样就使得问题基本上被化解了。而且，由于这个阶段的存在，使得责任大小的认定有比较大的空间，也更有利于发挥期待可能性在衡量责任大小方面的机能，而德、日等国的模式中存在忽视责任程度判定的可能性，在这一点上，我国的模式反而比德、日显得合理。由此可见，对于我国刑法理论中的不足，完全可以在无须全盘移植国外模式的情形下，得到比较稳妥的矫正和处理，并更充分地表现出刑法的实际运作过程。

三、刑事责任的要素

刑事责任包含哪些要素，要从刑事责任的概念入手。而以上见解，简单地可以概括为：如果从消极方面理解，则刑事责任是一种后果；如果从积极方面理解，则刑事责任是一种应当为或不应当为的义务。但是，它们和刑事责任的刑法地位都不尽相符。

关于刑事责任的含义，认为它是一种应该负担的义务，这与刑事法律的禁止或命令规范相重复，就没有独立的必要，所以，义务说并不可取；相反，绝大多数学者认为它是一种后果，这一点在谴责说、责任说、法律关系说以及后果说均是如此。但是，由于刑罚、非刑罚处理方法都是犯罪的后果，如此而言，就难以划分刑事评价与刑事处罚的界限，也就不能将刑事责任与刑罚分割开来。所以，本书认为，无论将刑事责任视为哪种后果，在结论上都不能显示刑事责任的独立地位的必要性。鉴于这一点，结合上述有关刑事责任的地位，本书认为，刑事责任，作为独立于罪行、刑罚的实体内容，只是对行为人的评价。由于刑罚是犯罪的后果，不必要加以评价，所以，犯罪评价的内容主要是罪行和刑事责任。即如果要确定刑事责任的要素，就要划分罪行和刑事责任的界限。问题最终成为责任要素是主观的还是客观的。

关于刑事责任的内容，狭义上理解为主观责任；但广义的刑事责任是主、客观统一的责任。我国学者由于认为刑事责任是犯罪的必然后果、刑事处分的当然前提，所以，多自广义上加以理解；而类似心理状态说，将它视为单纯主观要素的理论并不多见。但依雅科布斯教授介绍，根据现代德国刑法学的理解，责任不是心理事实，而是基于行为对行为人做出的评判的内容。[①]德国学者耶塞克认为，所谓责任，“就是意志形成的非难可能性”，它意味着对行为人在意志形成过程中施加影响的标准进行否定评价。[②]由此可见，在德国刑法理论中，将刑事责任理解为一种区别于心理事实的主观评价。

依笔者之见，德国学者的见解是恰当的，我国的刑事责任论也要与之采取相同的立场，理由在于以下三点。

第一，有关责任本质的学说表明，在责任中，主观责任占有越来越重的比重。刑法史上，责任的本质经历了从客观责任到主观责任的过程。在古代社会，行为人承担责任的条件，一般是发生了危害社会的结果，通常并不追问行为人在主观方面的原因，但是，现代社会，行为人承担一定法律后果必须具有相应的主观原因，英美法系中的严格责任和代理责任也不例外。现代法律的实际价值，业已发生了变换，“犯罪不是法益侵害（Rechtgutsverletzung），而是规范否认（Normdesavouierung）”[③]，即它从对于特定法益的保护，转为对于规范的确认和维护。这表明，让行为人承担特定的法律后果，是透过客观事实所表现的行为人的主观状态，客观事实的作用降低为责任归属的限制性前提。

第二，刑法的构成模式表明，责任论中没有探究客观责任的必要。犯罪有不同类型，这些类型也成为相关犯罪的一般或抽象的标准。在这个标准中，犯罪的客观性因素，如行为、结果都为法律所类型化，这些因素造成的社会危害也是客观的，所以在规范分析时，只需要进行抽象性符合的判断就可以。而法律所规定的故意过失，也只是一般层面上的构成要素，至于行为人产生犯罪的主观内因，还没有完全暴露出来，因而尚不足以确定行为人的责任，所以在一般判断之后的具体判断，是围绕主观内容展开的，即刑事责任的内容是主观的。而且，“因为不可能追溯到动机赋予上的行为缺陷可以用其他的方式来消除”，“责任概念只具

① 参见格吕恩特·雅科布斯著.行为、责任、刑法：机能性描述［M］.冯军，译.北京：中国政法大学出版社，1997：1.

② 参见汉斯·海因里希·耶塞克等.德国刑法教科书（总论）［M］.徐久生，译.北京：中国法制出版社，2001：490.

③ 格吕恩特·雅科布斯著.行为、责任、刑法：机能性描述［M］.冯军，译.北京：中国政法大学出版社，1997：2.

有归属于主体的最低内容，它表明不是只需要对因果关系进行调查”，“只有目的，才给责任概念提供了内容”。[①]当然，在个别犯罪中，目的是犯罪的构成要素，如非法占有目的，但目的并不能完全反映动机赋予的缺陷，如有的行为人出于挥霍的动机，有的行为人出于治病救人的动机。所以，将目的作为责任唯一主观内容的说法，也不可信。

第三，不应将心理事实一概当作责任要素。故意过失是刑事责任的意思，也是一般的心理事实。由于该事实在法规范中已经抽象化，成为一般的类型要素，所以只要进行符合性的判断即可，没有具体分析的必要，而且它们也不能完全反映主观责任的内在归属能力。如故意杀人，只能说明行为人具有杀人的意图并放任了杀人的行为，至于行为人为何杀人、可不可以不杀人，就不能被反映出来，所以在责任论中，实际上已经没有继续讨论责任意思的余地。

因此，责任论中的要素，是除了故意、过失以及构成要件目的之外的其他一切主观性因素。当然，责任的判断，由于是以行为具有违法性为基础的、对行为人的分析，简单地说，就是行为人可不可以不实施违法性行为及其可能性的大小。在现代刑法框架下，行为人可否不实施违法的行为，首要的条件就是，该行为人在具体场合有没有遵守法律规范的能力，即有无适法行为的期待可能性，如果行为人有期待可能性，还必须判断期待可能性的大小。当然，行为人的行为，在一定程度上决定于他对事情的认识以及对自己行为性质的意识，所以，认识的可能性也是责任论的内容。由于刑法规范中包括责任能力，而责任能力就是行为人辨认事物及控制自己行为的能力，它是责任的传统要素，所以，在我国刑法中，刑事责任的要素包括：违法性认识可能性和期待可能性。尽管各国刑法理论的结构不全然相同，但在这一点上却没有分歧。

---

① 格吕恩特·雅科布斯著.行为、责任、刑法：机能性描述［M］.冯军，译.北京：中国政法大学出版社，1997：14.

第二节　期待可能性论

一、期待可能性的概念

期待可能性是20世纪初德国刑法学的产物，它是规范责任论的核心概念。期待可能性，是指在实施行为当时的具体情况下，能期待行为人做出合法行为的可能性。在行为人实施行为时，如果能期待行为人选择实施合法行为，行为人违反此期待而实施了违法行为，行为人就应对自己的行为负责任，并将受到惩罚。反之，如果行为人实施行为时没有选择合法行为的可能性，则无期待可能性。换言之，无期待可能性是指在实施行为当时的具体情况下，不可能期待行为人做出合法行为。如果行为人在行为时无适法行为的期待可能性，就无责任，其行为或者不能构成犯罪，或者不能被处罚。

关于期待可能性论，过去并不承认这种观点，如有学者认为，中国不具备操作期待性的制度基础，也不具备引入期待可能性的观念基础。①但是，今天期待可能性理论已经得到了马克思主义理论研究和建设工程重点教材《刑法学》的承认。②

二、期待可能性论的地位

我国学者关于期待可能性论的地位，过去在理论上有如下七种观点。

（一）责任能力要素论

该说主张，期待可能性是刑事责任能力的一个构成要素，而不是与责任能力、故意和过失并列的第三要素。其中的原因，首先在于，刑事责任能力是行为人认识自己行为的性质、意义、作用和后果并能选择自己行为方向从而对自己的行为承担责任的能力。它包括辨认能力和控制能力，其中关键的是控制能力，其本质是一种意志能力。其次在于，意志自由，即刑事责任能力中控制能力的本质体现，不仅取决于人本身的因素，如智力、精神状态等，也取决于客观外部环境

① 参见张旭.关于“期待可能性理论”的期待可能性追问［J］.中国刑事法杂志，2013（05）.

② 参见贾宇.刑法学（总论）［M］.北京：高等教育出版社，2019：181.

是否允许人作出自由的选择。期待可能性主要指行为人可以选择采取适法行为，也可以选择采取非法行为。如果采取适法行为，行为人自身的原则利益就要遭受重大损害。此时，行为人的意志既是自由的，也是不自由的，因为趋利避害是人的天性，一般人不会牺牲自己以保全社会或他人利益，法律不能过分期待人们如此行动。如果自己的利益与社会或他人的利益发生冲突，行为人的意志自由便受到削弱，其期待可能性减弱；如果两者悬殊，选择保全社会和他人利益会使行为人的根本利益丧失，行为人的意志自由便完全丧失，其期待可能性丧失。这就导致刑事责任能力相应地减弱或丧失。①

论者基于以上看法，进一步提出，"既然期待可能性是刑事责任能力的一个构成要素，就有必要对我国目前的犯罪构成理论进行必要的修正"②。其基本主张是：犯罪主体所要解决的唯一问题，就是刑事责任能力。刑事责任年龄和达到法定年龄之后心神与智力的健全，都是刑事责任能力的要素。一般只要认为行为人达到法定的年龄，没有出现异常的心神与智力问题，就可以推定其具备刑事责任能力，所以两者属于积极的责任能力要素。而期待可能性属于刑事责任能力例外的、消极的要素。从而，自然人犯罪主体的层次结构是：犯罪主体—刑事责任能力—刑事责任年龄、精神无障碍（积极的、原则的要素）+期待可能性（消极的、例外的要素）③。

但是，以上论者的观点却是值得推敲的。究其原因，有以下三点：第一，如论者所言，由于期待可能性是以意志自由为实质依据的，那么，当意志自由丧失时，期待可能性也就随之丧失，"这就导致刑事责任能力相应减弱或丧失"。因此，期待可能性就应当是责任能力内部的、不可缺少的因素，既然如此，就不能认为期待可能性是例外的责任能力因素。第二，如前文所述，作者认为期待可能性是以人的意志自由为哲学依据的，那么，意志自由，"即刑事责任能力中控制能力的本质体现"，其存在与否，直接影响责任能力的有无及其大小。有意志

---

① 参见游伟，肖晚祥."期待可能性"与我国刑法理论的借鉴［J］.政治与法律，1999（05）.

② 游伟，肖晚祥.期待可能性理论研究［A］.陈兴良.刑事法评论［C］.北京：中国政法大学出版社，2001.

③ 参见游伟，肖晚祥.期待可能性理论研究［A］.陈兴良.刑事法评论（第8卷）［C］.北京：中国政法大学出版社，2001.

自由，就有责任能力，没有意志自由，就没有责任能力。换言之，存在期待可能性时，有责任能力，不存在期待可能性时，就没有责任能力。按照这种理解，期待可能性是责任能力的前提条件，也就不能认为期待可能性是责任能力的消极因素。第三，当责任年龄与精神状态符合法定标准时，一般就可以认为存在责任能力，这在刑法中是有明确规定的。所以，责任能力的内涵，只包括责任年龄与精神状态，而不包括其他要素。例如，当甲年满18周岁，依据精神医学或者生理医学的标准，他的精神状态是正常的，而不是愚钝、白痴或者疯癫之人，那么，在司法实践中，只要甲实施了刑法分则的行为，无论该行为最后是否被认定为是犯罪行为，甲具有责任能力这一结论都是不可否定的。在实践当中，绝对不会在诸如紧急避险的场合，以无责任能力作为阻却犯罪性或者责任的理由。

这说明，论者对责任能力与期待可能性之间关系的认识是错误的。我们可以利用期待可能性解释责任能力，但是，将期待可能性置于责任能力之中，是明显不妥当的。哪怕退而求其次，将期待可能性置于犯罪主体的范畴中也不科学，因为犯罪主体所要解决的问题就是确定行为主体的责任能力，它并不能解决动态过程中的具体问题。

（二）罪过要素论

该说主张将期待可能性置于故意或过失的要素之中，即“针对我国刑法理论的特点，我们应当把期待可能性置于故意和过失之中，让它成为故意和过失的内容之一”[①]。论者认为，将期待可能性作为故意和过失的内容，理由有二：第一，与我国的刑法理论相适应。在大陆法系刑法理论中，违法与承担刑事责任不是统一的，期待可能性属于有责性的范畴。一个行为即使违法，如果无期待可能性，也不应当负刑事责任。所以，把期待可能性与故意和过失并列，或者把它置于故意和过失之中，都不影响它在免除罪责方面的作用。然而，在我国刑法理论中，违法与责任是统一的，违法必究是我国社会主义法制的一项基本原则。只有将期待可能性置于故意、过失之中，才能在无期待可能性的时候，排除故意、过

① 龙立豪，马六生．论期待可能性理论在我国刑法中的适用［J］．湖南省政法管理干部学院学报，2000（02）．

失的成立，从而认为无罪过，不应承担刑事责任。反之，如果将期待可能性置于故意、过失之外，那么，即使无期待可能性，也不能排除行为人犯罪的故意或过失。如果要认定行为无责任，就要将期待可能性作为构成要件之外的排除责任的事由，就出现了“行为符合犯罪构成但不负刑事责任的现象”，这与我国刑法理论是不相符的。第二，可以更好地解释刑法理论中的一些具体问题。如以期待可能性作为超法规的责任阻却事由，往往受到批判，但是将其置于故意、过失之中，以罪过不能成立作为理由说明没有刑事责任，从而使“无期待可能性不负刑事责任便有法律依据，而不是超法规的事由了”等。①

的确，在大陆法系刑法理论中，由于其体系构造的特点，不便将期待可能性置于故意、过失之中，而在我国刑法理论体系中，也不可以将期待可能性作为故意、过失的要素。在笔者看来，论者所持的基本理由是难以立足的。第一，该说没有正确领悟大陆法系学者的主张。如上所述，在大陆法系学者看来，在刑法理论中对期待可能性进行不同的定位，其结果或其作用是不一样的，特别是把期待可能性作为独立要素与作为第三要素时，其区别更为明显。另外，如果承认德、日学者的新做法，将故意、过失作为违法性要素，那么，认为期待可能性是故意、过失要素的观点，无疑承认期待可能性也是违法性阻却事由，则无论在该体系之下，还是在我国刑法体系之中，期待可能性的意义并没有太大差别。对此，论者没有加以深刻认识，从而其主张不力是在所难免。第二，该说没有全面认识我国刑法中犯罪与刑事责任的关系。在我国刑法通说中，刑事责任是以犯罪为前提的，所以，犯罪性的行为完全有可能不负刑事责任。论者所谓行为符合犯罪构成但不负刑事责任的现象与我国刑法理论不符的观点，显然与这种观点是矛盾的。第三，该说可能导致法律依据方面的争议。在我国刑法中，故意、过失的内容为法律所明确规定，其中并不包含期待可能性因素。以故意为例，《刑法》第14条第1款规定：“明知自己的行为会发生危害社会的结果，并且希望或者放任这种结果发生，因而构成犯罪的，是故意犯罪。”可见在刑法规定中，只强调对危害结果的认识和犯罪的主观愿望，这都是心理的责任要素，其与是否有适法行

① 龙立豪，马六生.论期待可能性理论在我国刑法中的适用［J］.湖南省政法管理干部学院学报，2000（02）.

为的期待可能性的规范因素没有关系，也就不能说明期待可能性是故意的法定要素。假如勉强而为，就不免会受到将期待可能性作为超法规的犯罪阻却事由的批判。

将期待可能性置于故意与过失之中，其效果与将其置于责任能力之中一样，的确不会破坏我国现有的刑法理论体系。但是，如果现有理论体系的确存在不足时，就要加以完善。假若其不足不能通过一般性的修补得以完善时，当然就要提出一种新的结构。论者的主张固然迎合了现有刑法理论，却不能阐述犯罪与责任的一致性同确定期待可能性地位之间的内在逻辑关系，存在牺牲期待可能性概念本身的独特性质之虞，仍然陷入心理责任论的泥潭，而不能给予规范责任论以积极态度。因此，在我国刑法理论中，将期待可能性放在犯罪的主观方面进行讨论的主张并不可取。

（三）修正的罪过要素论

论者基本上赞同德、日刑法理论中的责任阻却要素论，从而将期待可能性视为罪过的要素。论者将有关罪过的构成要素分为两类：第一，基本要素：故意、过失。第二，评价因素、前提要素和消极因素：期待可能性。其理由包括：第一，只有将基本要素与评价因素结合起来，才能决定行为人主观恶性的有无及大小。第二，期待可能性因素作为罪过的评价因素和前提要素，“是由于行为人在行为当时，如果没有实施合法行为的可能性即期待可能性，即使行为人是出于故意或过失，前提因素不存在，行为人主观罪过被阻却，从而评价行为人的行为不是犯罪”。第三，期待可能性因素是责任中消极或例外的因素，因为一般只要行为人具有故意、过失，通常就可以确认其能够实施合法行为，但如果能够积极地证明无期待可能性时，则为阻却主观罪过的事由。只有期待可能性才是以行为作为非难的评价标准。[①]论者还提出，“若将期待可能性理论引进我国的犯罪构成理论后，原犯罪主体、犯罪主观方面的内涵与外延都会相应发生变化。新的犯罪主体是指实施危害社会行为的人。犯罪的主观方面是指行为人的罪过，包括，第一，基本

---

① 参见丁银舟，郑鹤瑜.期待可能性理论与我国犯罪构成理论的完善［J］.法商研究（中南政法学院学报），1997（04）.

要素：故意、过失；第二，评价因素、前提要素和消极因素：期待可能性”①。

这种主张以一种新的罪过理论为基础，并不是罪过要素论的简单翻版，即依照这种观点，期待可能性是新罪过而不是故意、过失的要素。但是该主张存在三个方面的问题：第一，把期待可能性当作罪过评价的例外的、消极的因素，与期待可能性的实质不相称。如论者所说：“期待可能性实际是对人的意志的相对自由的反映、或者说是对客观条件限制人的意志自由的作用的承认。有期待可能性时意味着行为人具有意志自由，才能产生罪过。……当行为人根本无意志自由，即无法采取合法行为即无期待可能性，也就阻却了主观罪过，在这种情况下所实施的危害社会的行为就不是犯罪，当然也不受刑事追究。”②这比较深刻地揭示了期待可能性在论者所谓的罪过中的不可缺乏性，因此，不应将其当作例外因素。第二，它使刑法中的罪过含义不明朗。因为传统观点认为，“所谓罪过，是指行为人对自己的行为将引起的危害社会的结果所持的一种故意或过失的心理态度”③。所以，罪过是以故意和过失为内容的。现在，论者在罪过中加入评价性因素，从而使得罪过的含义发生了变化。那么与其改变传统的罪过观念，还不如以一个新的概念来涵盖期待可能性与罪过。第三，这种观点将导致现有刑法体系的彻底瓦解。论者对我国刑法理论中的犯罪主体进行了批判。他认为，在我国刑法中使用“责任年龄”和“责任能力”概念，不能反映我国刑法理论对无责任能力者和没有达到责任年龄者不负刑事责任的合理根据，也不足以说明无责任能力者的行为不是犯罪的原因。所以主张分别用“主观罪过年龄和能力”来替代前述两个概念。这表露出论者有将犯罪主体与犯罪的主观方面合而为一的意图，可惜最终还是停留于现有理论的构造上。事实上，这种修正的罪过观点和意大利刑法中的罪过概念大体上是一致的，在本质上相当于大陆法系犯罪论中的责任。如此一来，该说无非就是试图用大陆法系的刑法理论体系，替代我国现有的刑法理论体系。而正如前文所说，大陆法系的刑法理论不可能圆满地解决期待可能性的地位

① 丁银舟，郑鹤瑜.期待可能性理论与我国犯罪构成理论的完善［J］.法商研究（中南政法学院学报），1997（04）.

② 丁银舟，郑鹤瑜.期待可能性理论与我国犯罪构成理论的完善［J］.法商研究（中南政法学院学报），1997（04）.

③ 马克昌.犯罪通论［M］.武汉：武汉大学出版社，1999：314.

问题。鉴于这种观点并不可能真正解决问题，所以也不太可取。

（四）第三要素说

该说对日本刑法学中的独立要素说表示赞同，认为“期待可能性虽然是指向行为人的主观的，是对行为人主观选择的期待，但是，与故意、过失不同，它不是行为人的主观的、心理的内容本身，而是从法规范的角度对处于具体状况下的行为人的主观选择的评价，可以说故意、过失是主观性的归责要素，而期待可能性是客观性的归责要素，期待可能性是独立于故意、过失之外的归责要素”。①

该说解释了故意、过失与期待可能性的差异，但是，由于责任的要素中除了有故意与过失之外，还有其他要素，所以，即使否定期待可能性属于故意、过失的要素，还是不能充分说明它在责任论中的地位，仍然有进一步讨论的必要。另外，该说明显是以大陆法系的刑法理论为构造的基础，没有注意到我国刑法理论现状的必然需要，因而缺乏说服力。

（五）更新地位说

该说认为，传统的观点“都将期待可能性仅作为一个心理要素来理解，这是错误的，因此我们不能盲目地将这三种观点移植过来以解释所谓期待可能性在犯罪体系中的地位”。“期待可能性是能期待行为人选择不做违法行为的综合条件（综合状态），而这种综合条件由行为时行为人的责任能力、心理和各种客观状态组成，因此，期待可能性不能作为犯罪主观要件的构成要素，也不能作为犯罪主体的责任能力的构成要素。它是专门用于综合评价意志自由有无的法哲学领域。”依据论者的理解，第一，期待可能性是用来评价意志自由的概念。他认为在损害社会的行为发生后，需要评判行为人在行为时是否具有意志自由以及意志自由的大小，以解决行为人负担刑事责任的最基本的主观基础问题。行为人有意志自由说明其具有一定的主观恶性，反之，就没有主观恶性。而意志自由并非主观恶性的全部。当行为人在行为时具有期待可能性时，如果行为人选择了违法行为，就说明他有意志自由，具备责任，反之，就不具备责任。第二，期待可能性在犯罪

① 冯军.刑事责任论［M］.北京：法律出版社，1996：252.

构成中主要用来阐述犯罪主观要件的罪过的存在，因为期待可能性与罪过具有密切关系，“有期待可能性，肯定有罪过；有罪过肯定有期待可能性。无期待可能性，肯定无罪过；无罪过，肯定无期待可能性”。第三，期待可能性理论也可以用于解释犯罪主体责任能力问题。因为在犯罪构成理论中，犯罪主体的责任能力问题也涉及意志自由、主观恶性问题，所以没有达到法定责任年龄者、无责任能力者、相对责任能力者都可以用期待可能性来加以说明。①

上述观点明确批判将期待可能性视为心理要素的做法，这是值得肯定的，也揭露了前几种观点的一个共同缺点。但是，论者的观点不乏欠缺和错误：第一，在期待可能性论方面，认为“它是专门用于综合评价意志自由有无的法哲学领域”的命题，与刑法和法哲学的关系不相称。虽然我们不能否定法哲学中同样存在期待可能性，但是刑法中的期待可能性是下位的概念，它的目的是解决刑法实践的需要。如果用下位的概念说明上位的问题，就不免以偏概全，而且也非问题的目的所在。第二，意志自由并不是刑法中需要评价的问题。尽管期待可能性揭示了意志自由的存在或其受到的制约，但是，它作为规范意义上的意志自由形式，是用来说明行为人是否有选择的能力，进而表明行为人是否应当对自己的行为承担责任。所以，认为期待可能性的价值在于说明或揭示意志自由，则反客为主，从根本上背离了期待可能性的实践目标。特别需要指出，论者一时说期待可能性是专门用来说明意志自由的，一时又说它主要是用来说明罪过的，到底期待可能性有什么作用，看来论者自己也没有弄清楚。第三，既然期待可能性与罪过有“唇亡齿寒”的关系，那么它们之间有什么联系呢，论者没有交代清楚，而且，依据一般的理论，并不能因为否定期待可能性就否定故意或过失。即论者的推论无法立足。假如承认论者的主张，就不必在刑法中讨论责任能力，这与论者关于主体责任能力的讨论又发生了矛盾。故此，更新地位说是不能被采用的。

（六）无罪过事件说

该说认为无期待可能性论属于同意外事件与不可抗力并立的一种无罪过事

---

① 参见欧锦雄.期待可能性理论的继承与批判［J］.法律科学.西北政法学院学报，2000（05）.

件。[①]该说的问题在于，一般而言，期待可能性论是对违法行为的进一步个性化的评价。如果将其作为无罪过事件，就不存在违法性评价与否的问题，这其实是对期待可能性论概念的宽泛理解，并不利于发挥其司法实效。

（七）责任范畴论

该说认为应在责任中确定期待可能性的地位，即从两个方面考虑期待可能性：第一，在确认责任阶段，缺乏期待可能性，阻却责任，即否定犯罪构成的成立。在这个阶段，主要考虑是否存在法律规定的不负刑事责任的各种情况。例如，刑事责任年龄、刑事责任能力、紧急避险等。第二，在确认责任程度阶段，缺乏期待可能性，阻却责任程度，以及否定完全责任的成立。在此主要考虑，是否存在"超法规阻却责任事由"的各种情况，如被强制、被胁迫等。其理由是：责任理论虽然与犯罪构成有着不可分割的关系，但是相对独立、自成体系的理论。而期待可能性理论，既是责任理论的重要组成部分，也是犯罪构成主观要件理论的重要组成部分。尽管德、日刑法理论中犯罪成立条件的体系与我国不同，但是在确认是否具备犯罪构成要件而具有刑事责任及责任程度的阶段上，我国与德、日刑法的要求，在本质上并没有区别。[②]

与以上几种学说不同，责任范畴论跳出了传统观念的限制，将期待可能性从两个层次上考虑，将有关期待可能性的法定情形类型与超法规的期待可能性情形区别开来，并把前者作为阻却犯罪的事由（相当于大陆法系刑法中的违法性阻却事由与责任阻却事由），后者作为阻却责任的事由（相当于大陆法系刑法中的责任加减事由），从而摆脱了长期以来关于期待可能性与故意、过失和责任能力之间的争讼，同时最大限度地发挥了我国刑法理论体系的作用。对此，笔者深表赞同。但是，本书认为，由于在我国刑法理论中，关于刑事责任的争议很大，刑事责任究竟具有哪些要素还没有取得初步的一致性意见。假如将期待可能性置于责任论的范畴，必须回答的问题很多，首先应当就刑事责任的应有之义，以及它在刑法中的地位进行重新说明，之后才能分析期待可能性在该范畴中的地位。所

① 参见贾宇.刑法学（总论）[M].北京：高等教育出版社，2019：181.
② 参见林亚刚.犯罪过失研究［M］.武汉：武汉大学出版社，2000：212–213.

以，责任范畴论的理由还不是十分充分。

三、期待可能性论的相关事由

我国刑法在总体上属于大陆法系，但是在具体制度上则有独特特点。就犯罪阻却事由而言，立法上包括意外事件、正当防卫、紧急避险以及无责任能力，所以，在具体评价犯罪时，还是以心理责任论为理论指导，缺乏对规范问题的评价。刑事判决不能充分实现罪责刑相适应的要求，所以很有必要引用期待可能性理论。而大陆法系期待可能性理论也存在类别化问题，因此，在司法实践中借鉴英美法系的刑事辩护事由，尤其是宽恕事由，对于把握期待可能性论问题具有明显的现实指导意义。

1. 自卫

自卫是为了保护自己或者他人或者财产，对他人或者他人财产施加合法强制力的情形。自卫有四个构成条件：（1）对被告人或者某人的不法威胁；（2）为了避免威胁，有必要使用强制力；（3）被告人使用的强制力是适当的；（4）被告人是为了保护自己或者他人，而不是因为其他原因。一般认为，自卫属于正当化事由，但是正如前文所述，也有个别学者认为自卫属于阻却犯罪构成的行为事由。

2. 无意识

无意识是指一个不受思维控制的身体举动，包括反射运动、睡眠状态下的举动等。如A将拿在B手上的刀子刺在他人的背上。这类物理强制的案例比较容易确认。不过当行为人因内在原因致其失去身体控制时，如梦游或者癫痫发作，也可以同样适用。值得注意的是，部分学者认为无意识属于宽恕事由，部分学者认为无意识属于阻却犯罪构成的行为事由。

3. 事实错误

如果证明行为人对事实有认识错误，就意味着控方没有提出犯罪所必要的心理事实。例如，在A（男）违背B（女）的意思，与之发生性关系的时候，误认为B是C，对此错误，不影响A的心理事实；但是，如果A同B发生性行为时，对于B是否同意存在错误认识，则可以否定指控的心理事实。错误只在与行为人的心理状态有关联时，才对刑事责任产生影响。法律错误一般不影响刑事责任，除非刑法条文有特别规定，或者该错误可能导致心理事实的缺失。事实错误一般属于阻却犯罪构成的罪过的事由。

4. 醉酒

如果将犯罪分为“具体意图”（specific intent）的犯罪和“基本意图”（basic intent）的犯罪，那么，“基本意图”（对称于鲁莽）的被告人不能以有幻觉为由否定必要的心理态度。而“具体意图”（对称于故意）的被告人可以有幻觉为由否定必要的心理态度。如果被告人是故意使自己陷入幻觉状态的话，虽不能否定他的鲁莽，但是可以表明他没有必要的意图。如果被告人不是故意使自己陷入幻觉状态的话，就可以否定他在主观上存在基本意图或鲁莽，且未能预见到其行为的后果。幻觉一般也属于阻却犯罪构成的罪过的事由。

5. 挑衅

挑衅只能作为谋杀的宽恕事由。有关刑法草案曾规定，“在所有的情形（包括影响行为严重性的任何个人性格）中，挑衅对于失去自控提供了充分理由”。但是，理论上关于挑衅的性质有争议。一种观点认为挑衅是特殊的正当化事由。其理由之一是，挑衅人通过挑衅行为自招侵害。当受害人是哭泣的婴儿时，该理由就不能接受了。其理由之二是，当面对严重侵犯时，展示正义的威严是正确的。但是，如果某人告诉一个孩子的母亲，他伤害了她的孩子，孩子的父母亲却没有显示必要的震惊和愤怒，这在某种意义上是不道德的，而杀害挑衅者则不恰当地展示了正义的愤怒，这也正是其为特殊正当化事由的道理之所在。另一种观点认为挑衅是宽恕事由。理由是，被告人失去自控意味着杀人不是其真实的选择。如果一个人不尽合理地失去自控，显然不能等同于合理地失去自控，可见这种解释不充分。

6. 减轻责任（diminished responsibility）

根据《德国刑法典》第211条，谋杀是指故意且恶意地剥夺他人生命，通常包括预谋、冷血的动机和特殊情形（如为掩盖其他犯罪等）。根据《德国刑法典》第212条，杀害是指在没有特殊加重情形下故意剥夺他人生命的行为，通常包括一时冲动下的杀人行为。减轻责任能将谋杀减化为杀害。减轻责任通常要求三个方面的要件：（1）在事件发生时，行为人的心理状态不正常；（2）行为人心理状态不正常是因为精神发育不健全或者为疾病、伤害所致的其他内在原因；（3）行为人不正常的心理状态客观上削弱了被告人对自己行为的责任。减轻责任不构成免除责任的事由。免除责任的事由主要是未成年和精神病。

7.自杀关联

自杀关联的适用受到了严格限制。被告人杀害了他人时，即便得到了他人的请求，也将受到处罚，因此故意的安乐死构成谋杀或者杀害。但是，如果他人执意自杀，被告人对其自杀予以协助的，被告人可以请求将其犯罪由谋杀减化为杀害。

8.杀婴

杀婴作为宽恕事由，具体需要如下四个条件：（1）母亲杀害了自己的婴儿；（2）该婴儿出生不到12个月；（3）被告人没有更小的孩子；（4）被告人因为产后心理压抑，且未能完全康复。过去，杀婴曾被认为是正当化事由，但今天一般认为杀婴只能减少责任。

9.承诺

承诺究竟是阻却犯罪构成的要素还是辩护事由，在理论上还有争议。一种观点认为，辩护事由是心理态度的一部分，对他人使用暴力一般是非法的，但是基于被害人的承诺，在某种情形下能被正当化；另一种观点认为，缺少承诺是行为事实的一部分，如果行为人得到了被害人承诺，就应认为没有发生不法事实，除非法律有特别原因认为其为不法。这两种观点将导致不同的举证责任。以下五种行为一般认为是被许可：（1）体育竞技、身体游戏和危险表演；（2）文身、男性割礼仪式、穿耳以及身体装饰；（3）宗教禁忌；（4）高难度的马戏表演；（5）具有资格的人实施的外科手术；等等。

10.受到他人的胁迫

作为辩护事由，受到他人的胁迫指的是，被告人不得不实行犯罪，因为一旦他不遵照他人的命令实行犯罪的行为，本人或者他人就将死亡或者遭到严重伤害。和自卫一样，受到他人的威胁是一个完全的辩护事由，一旦辩护成功，被告人将被宣判无罪。但是，它究竟是正当化事由还是宽恕事实，尚无明确界定。

11.受到环境的束缚

受到环境的束缚源自于对受到他人的胁迫的分析，它被意识到是一种辩护事由的时间并不长。受到环境的束缚明显不同于受到他人的胁迫。后者受到的是他人的威胁，而前者受到的威胁一般来自环境，而不是人。受到环境的束缚不适用于谋杀或谋杀预备。被告人可以运用它表明，自己实行犯罪是必要的，如酒后为了躲避死亡或者严重伤害的危险，必须驾驶。

12.强制

强制是一种特殊形式的胁迫，其适用场合是，妻子受到丈夫的威胁，不得不实行犯罪。在这类情形中，妻子不必证明威胁的内容是死亡或者严重伤害，任何可以迫令她实行犯罪的威胁都可以构成强制。故此，强制作为辩护事由只适用于结婚的配偶，而不是长期不结婚的伴侣。

13.必要（紧急避险）

必要有时候指称受到环境的束缚，但是，有时候指称完全合法的辩护事由，而不是受到环境的束缚，它适用于被告人的行为方式产生的危害是最小的场合。在普通法中，有三种情形可适用必要：（1）未获他人同意，实行了保护他人的生命或者利益的行为；（2）为了保护财产而损毁其他财产；（3）为了避免伤害他人而损毁财产。后两种在制定法上也构成必要。

14.上级命令

在警察机关或者武装部队里，一个级别较低的人接受上级的命令实行犯罪的话，可以否定他有必要的心理事实，或者运用胁迫进行辩解。[①]

第三节　违法性认识

一、违法性认识在犯罪构成中的地位

（一）问题所在

违法性的认识，是认识到自己的行为为法所不容许，或者实质上是违法的。围绕违法性认识的问题主要有两个：第一是它是否为犯罪构成的必要因素；第二是违法性认识的错误如何处理。为了解决后一个问题，必须先解决第一个问题。所以，违法性认识的首要问题是它在犯罪构成中的地位。在德日刑法学中，围绕

① Jonathan Herring & Marise Cremona.Criminal Law［M］.Macmill and Press Ltd，1998：269–299.

违法性认识是不是作为犯罪要件的责任故意的评价对象，存在违法性认识必要说、违法性认识可能性必要说和违法性认识不要说三种学说。但刑事责任在我国刑法通说中是独立于犯罪的范畴，那么，能不能认为违法性认识是我国犯罪故意的评价对象呢？

对此，有学者辨析了国内外的理论分歧，提出违法性认识是犯罪故意的要素的观点。①在我国当前的刑法理论中，这个观点很有代表性。其基本逻辑顺序和理由主要包括：第一，国外立法例表明，“不知法律不免责”在刑法中的影响弱化了，违法性认识有从不要到要的趋势；第二，违法性必要说比不要说更为合理，通过规范责任论和折中说可以反映其中的问题；第三，违法性认识作为犯罪故意的要素，具有较为充分的法律根据，因为违法性认识的内容就是刑事违法性，它和社会危害性认识是一致的。

以上论述的确有一定说服力，可是，如果我们从刑法的一些基本观念出发，就不由会形成这样一些疑问：第一，立法确定了有关违法性认识问题的处理办法，这是否意味着“不知法不赦免”的法律格言丧失意义？假定答案是肯定的，现代刑法立法究竟又为违法性认识确定了什么样的地位？第二，在必要说的理论基础中，是否隐喻着必要说难以超脱的困境，以致它无法消解理论和实践上的难题呢？第三，如果对社会危害性和刑事违法性做一致性解释，这样的必要说（本文称第二种必要说）是否背离了必要说本来的主张并倒向了不要说？

在这个问题上，笔者倾向于违法性认识不是犯罪论的要素的观点（不要说），但主张它是刑事责任论的要素。

（二）必要说的理论缺陷

在犯罪论中探求必要说的合理性，其语境可归结为德日刑法中“构成要件的符合性—违法性—有责性”这样的犯罪构造。在这个问题上，不仅“研究”无形中是以这个理论体系为出发点的，我国许多学者也都无意地因循了德日刑法理论体系思维定向。笔者认为，这是一个潜在的陷阱，它是以承认德日刑法理论构造比我国刑法理论构造完善为前提而展开的。踏入此陷阱之后，我们就被局限在犯

① 参见陈兴良.违法性认识研究［J］.中国法学，2005（04）.

罪论的范畴中讨论违法性认识的问题。可是，这种做法是否可行呢？

众所周知，德日刑法理论构造中，犯罪构成要件包括犯罪构成要件的符合性、违法性和有责性。只有当这三个要件都得到确定，一个人的行为才能被认定为犯罪。即为了成立犯罪，一个符合构成要件的行为不仅必须是违法的，而且必须是可以非难的，[①]所以还要考察责任。在责任论部分，通常要讨论责任故意和过失、责任能力和期待可能性。而所谓必要说是针对故意和过失展开的讨论。必要说认为违法性认识是故意的要素，有违法性认识才能确证犯罪的故意，进而确定故意犯罪的成立；如果没有故意，就不能构成犯罪。但是，也有学者将违法性认识当作独立于故意之外的责任条件，[②]依此理论，没有违法性认识虽不阻却故意，但是因为责任要素不充足，行为人就欠缺责任，其行为就不是犯罪。可见，即使不主张必要说，违法性认识在刑法中还有两种“命运”：一是作为责任要素阻却犯罪，二是不作为责任要素而为现代刑法所抛弃，这点是由“犯罪—刑罚”的刑法理论构造所决定的。

考虑到我国刑法理论构造的特点，在我国犯罪论中，犯罪成立的积极要件体现在“四个方面”。其中，似乎只有故意才为违法性认识提供了讨论的“土壤”，所以，我国学者主要在故意犯中论述该问题。可见我国持必要说的学者也是在“犯罪—刑罚”的体系中考量违法性认识，而没有充分挖掘“犯罪—刑事责任—刑罚”理论体系的优点。在笔者看来，德日体系存在混淆责任大小评价和犯罪定型评价的缺陷，它不能显示行为人的特性。如果在犯罪之后进行刑事责任评价，特别是考虑期待可能性和违法性认识的可能，有助于依据具体情形确定责任大小。[③]这样，违法性认识问题即使在犯罪论中不被考虑，但它在犯罪之后的刑事责任评价中找到了自己的归宿。这种思路，跳出德日理论的思维束缚，克服了必要说或者违法性认识可能性必要说中难以避免的问题，不失为一种解决违法性认识问题的办法。

过去的学者认为，违法性认识必要说与违法性认识不要说的对立实际上是道义责任论与社会责任论之争的表现。的确，必要说是以规范责任论为依据的，这

---

① 参见西原春夫.刑法总论（下卷）[M].东京：成文堂，1994：435.

② 参见西原春夫.刑法总论（下卷）[M].东京：成文堂，1994：465.

③ 参见童德华.规范刑法原理[M].北京：中国人民公安大学出版社，2005：27.

点在其内部的严格故意说和准故意说中都是一致的。如严格故意说认为，仅仅认识犯罪事实还不够，行为即使违法，但由于超出了规范的抵抗力而实施行为之时，就不可以作为故意犯加以非难。即故意责任的本质，是对法规范的有意识的抗拒，而犯罪事实的认识本身并没有意义。在此基础上，准故意说认为，行为人如果有违法性的现实认识，在其内心就可以形成不为该行为的反对动机，尽管如此他还是实行了该行为，就产生故意责任。如果行为人没有违法性的认识，但有违法性认识的过失时，成立过失犯。①如果采取规范责任论，就可以确认违法性认识在责任要素中的地位。理论上还有区分自然法与法定犯的做法，出发点在于认为“自然犯中不需要违法性认识”。

但是，随着理论的发展，作为理论根据的规范责任论不再是必要说的专利，不必要说一样可以以规范责任论为依据来完成自己的理论使命。对此，我们应澄清以下观点：第一，不要说与必要说之争，不是通过道义责任论与社会责任论反映出来的。道义责任论与社会责任论各自的基础是人的意志是否自由。在道义责任论看来，凡达到一定年龄、精神正常的人原则上均有依理性而行动的自由意思，而具有自由意思的人，因其自由意思决定而为一定的行为，并发生一定的犯罪结果，就应对该行为进行道义观念上的否定评判，并让行为人负担一定的刑事后果。②因此，违法性认识被假定在理性之中，在决定对具有健全理性的人的责任非难时，违法性认识是无须考察的因素。可是，依据社会责任论的观点，人犯罪是被决定的，其中包含社会、自然和素质等方面的因素，所以对于犯罪人采取不同措施时，就必须考虑包含违法性认识的能力因素。如根据木村龟二博士的观点，“社会的责任论，……盖人就自己之行为负担责任，乃系由于彼营社会生活，本应依从社会生活规范之要求（即法规范之要求）而为意思决定，然竟未依从此要求而为意思决定。若认为在此有社会的非难之责任时，则刑事责任之本质，即应解为系如此的意义之社会的责任”，③这就难从社会责任论否定违法性认识的内容。第二，社会责任论与规范责任论并不对立。规范责任论是相对于心理责任论而言的。“作为历史的产物，它首先是道义责任论为了回应社会责任论所做的反

① 参见松原久利.违法性的意识可能性［M］.东京：成文堂，1992：11–13.
② 参见马克昌.刑法学全书［M］.上海：上海科学技术文献出版社，1993：631.
③ 转引自洪福增.刑事责任之理论［M］.台湾刑事法杂志社，1988：16.

省与发展，……其次，它是社会责任论自觉演绎的结论”。[①]因此，即便退而认为不要说是以社会责任说为根据，也不能就此认为不要说和规范责任论是矛盾的。相反，我们也可以运用不要说来处理好规范的责任问题。因此，在规范责任论中也可能存在必要说和不要说之争，关键问题是刑法体系如何处理根据规范责任论的一般理论安排犯罪的评价机制。

如果运用必要说，在实践当中将面临一些难以克服的问题。当单纯将违法性认识当作故意的要素时（严格故意说），至少存在两个问题不能解决：第一，刑法中的行政犯大多并不是作为过失犯加以处罚的，如果根据严格故意说，欠缺违法性认识，就不能处罚，这就不能达到行政取缔的目的，从而导致处罚的分裂。第二，如果将违法性认识作为故意的要素，必然要求起诉者对违法性认识进行举证，这不仅增加了有关机关、人员的司法负担，降低了诉讼效率，而且在经验上很难确证违法性认识的存在。

正是因为以上原因，准故意说提出了当行为人存在违法性认识的过失时就成立过失的主张。但是，将违法性的过失和没有认识事实的本来的过失同样处理，这在概念上是不明确的。而且，如果有违法性的过失，认为构成过失犯，则当没有过失犯的明确处罚规定时，就是不可罚的，这样的结论也有缺陷。[②]

综上所述，必要说不仅理论的前提和基础都不充分，而且在具体问题的处理方面存在不可克服的矛盾。

（三）违法性认识的立法例

那么，必要说在理论上的不足是否通过立法得到了弥补，且取得了立法上的依据呢？对此，“研究”结合意大利、德国、日本、法国以及俄罗斯的立法例做了分析，提出“从立法史的角度来看，违法性认识存在一个从不要到要的缓慢而又有力的演进过程”的看法。这足以强化违法性必要说的论据。鉴于“在俄罗斯刑法中，违法性认识也是一个没有得到科学解决的问题”的原因，在下面我们仅仅就意大利、德国、日本、法国等国刑法立法进行评判。

---

① 童德华.刑法中的期待可能性论［M］.北京：中国政法大学出版社，2004：78.

② 参见曾根威彦.刑法的重要问题［M］.东京：成文堂，1996：192–193.

《意大利刑法典》第5条规定："不得因不知法律而免除刑事责任。"这个规定可以说严格遵循了"不知法不赦免"确立的原则。与意大利的规定相比较，法国、德国刑法的规定则完全是另一番景象。1994年《法国刑法典》第122–3条规定："能证明自己系由于其无力避免的对法律的某种误解，以为可以合法完成其行为的人，不负刑事责任。"《德国刑法典》第17条规定："行为人行为时没有认识其违法性，如该错误认识不可避免，则对其行为不负责任。如该错误认识可以避免，则依第49条第1款减轻处罚。"另外第35条第1款、第2款中也有关于错误认识的规定。可见法国、德国刑法的规定似乎在一定程度上抛弃了"不知法不赦免"的传统。而日本刑法在这方面比较谨慎，《日本刑法典》第38条第3项规定："即使不知法律，也不能据此认为没有犯罪的故意，但可以根据情节减轻处罚。"

本书认为，就法德刑法规定而言，其中有两点值得注意：第一，法国刑法中的举证责任倒置于被告人；第二，关于"不可避免"或者"无力避免"的评价标准。关于举证问题，如上所述，是违法性认识中的一个实践问题，如果将违法性认识作为犯罪的基本要素确定下来，那么举证能不能倒置便成为问题。而关于可否避免的评价标准，如果采取德国理论中的所谓"普通人的认识"标准，①那么立法的意义将大打折扣。因为立法本身就是针对一般人，且以通常人可能并且应当知晓法律为前提。在理论上考察违法性认识问题，不是针对一般人的违法性认识程度，而是针对具体情形下行为人究竟是否能认识到自己的行为具有违法性。这是例外性的讨论。在有责性领域，其实也是根据立法的规定实施的类型化判断，虽然要联系案情进行具体分析，但它的确是以一般人为标准进行操作的，因此，它更多地体现为抽象性的、形式上的考察。所以，以"普通人的认识"为标准，是犯罪论上必须采取的标准，其结果是，如果一般人可能知晓某规定，行为人就应当知晓该规定。这样的立法实际上没有突破"不知法不赦免"的传统。

当然，所谓的法定犯时代，由于依据行政性刑法和临时性预防的需要而规定的犯罪情形越来越多，许多规定的确不为行为人所知道，所以司法机关不得不采

---

① 参见汉斯·海因里希·耶塞克等.德国刑法教科书（总论）[M].徐久生，译.北京：中国法制出版社，2001：540.

取和缓的措施，消解上述法谚的不合理。如在意大利，司法实践中作出了一些妥协性解释。[①]对此，帕多瓦尼教授指出，“严格地说，这种解释肯定不符合原刑法典第五条规定的精神，因为根据该条规定，对法律的认识错误并没有可原谅与不可原谅的区别”。[②]然而，在1988年第364号判决中，意大利宪法法院认为，刑法典第5条部分违宪，违宪部分是该条“不承认对刑法不可避免的认识错误有可原谅性”。理由是：“不知法不赦免”的法谚，不符合宪法确定的罪过原则。如果根据主体和法律之间的关系，以及由此决定的主体和行为的联系，不可能发现可从法律的角度视为无价值的事实，行为人与行为之间的心理联系就不能作为决定主体刑事责任的根据。从宪法中的罪过原则出发，主体不了解法律不是出于过失时，因为行为人不是故意践踏法律所维护的价值，就没有必要用刑罚进行再社会化。此外，在宪法框架内，仅当公民有认识刑法规定的可能性，从而能自由选择行为，才能发挥罪刑法定保护公民自由的作用。所以，刑法典第5条的实际内容应该是：“除不可避免的情况外，不知道刑法不是辩护的理由。”[③]意大利宪法法院的判决，曾经获得了帕多瓦尼教授的高度评价，他说：“宪法法院的上述决定，使我们的刑法制度得以跻身于当代最先进的、承认对法律认识的错误也可成为辩护理由的刑法制度之列。”[④]

可是，为什么对这个现实矛盾一定要通过阻却犯罪来实现呢？难道我们不能通过在认定犯罪成立的前提之下免予现实刑罚的方式对这个现象进行救济吗？本书认为，在这里，我们应当检讨“不知法不赦免”的含义。这个法谚来自“ignorantia legis non excusat”，其最宽泛的含义是不免除对行为人的处罚。但是，随着社会的进步，刑法文明化的趋势在不断增加，人类要求刑法的宽容和谦抑。在这样的社会背景下，再继续持守不知法也不免除处罚的传统的确不合时宜。不

---

① 意大利司法机关将后述三种情形作对行为人有利的处理：其一，行为得到了有关主管机关的许可；其二，对同一主体以前实施的同一性质的行为，法院曾以“行为未被法律规定为犯罪”为由，宣判无罪；其三，有关主管机关对行为长期容忍，不加干涉。参见杜里奥·帕多瓦尼.意大利刑法学原理[M].陈忠林，译.北京：法律出版社，1998：258.

② 杜里奥·帕多瓦尼.意大利刑法学原理[M].陈忠林，译.北京：法律出版社，1998：258-259.其中意大利原刑法典第5条的规定是，“任何人都不得以不知道刑法作为自己辩护的理由”。

③ 杜里奥·帕多瓦尼.意大利刑法学原理[M].陈忠林，译.北京：法律出版社，1998：259.

④ 杜里奥·帕多瓦尼.意大利刑法学原理[M].陈忠林，译.北京：法律出版社，1998：260.

过，一般人都知道违法的行为，行为人因为不知道违法而实施的，如果认为其行为不构成犯罪，这无助于强化公民履行知法、守法的义务。[①]有鉴于此，我们可以通过不赦免行为人的犯罪但免除对他的处罚的方式来解决这个矛盾。这样，在现代社会，“不知法不赦免”的含义就是不知法不赦免行为人的罪行。进而我们就没有必要在犯罪构成的范畴中讨论违法性认识。这种方法不仅满足了关于违法性认识的个别化要求，而且对应于我国在刑法中尚无明确“违法性认识”规定的现实，不违背罪刑法定的原则，对于强化公民履行知法、守法的义务，合理处理违法性认识的错误问题，也提供了一个能为社会接受的途径和幅度。

（四）第二种必要说的归结及其困顿

认为违法性认识是故意的规范要素，其中一个根据是，违法性认识和社会危害性认识是一致的，即“社会危害性认识……其法理上的含义应当是违法性认识”。[②]“认识到社会危害性却没有认识到违法性，或者认识到违法性却没有认识到社会危害性，这只是一种逻辑上的分析，在现实生活中其实并不存在”[③]。这样的结果是，“在一般情况下，行为人只要对行为的社会危害性，即对构成犯罪的事实有了认识，也就意味着对其行为的违法性有了认识。所以，在认定行为人主观上有无故意时，通常只需要查明他对行为的社会危害性具有认识，就足以说明他对行为的违法性有认识，而不需要另外特别去查明他对行为的违法性是否有认识”[④]。在我国，不宜将违法性认识作为故意的要素，理由如下：第一，在依法治国的社会背景下，将故意安排为构成要件要素，使得不知法者只能在不可避免地缺乏违法性认识的条件下排除责任，而不能排除故意，从而在刑事政策上保障崇法、守法者的合理信赖，营造尊重法律的社会风气。第二，在法治国家中，知法推定并不是对于公民的苛求和不教而诛，也不是片面强调国家权威从而轻视个人的价值，因为只有正当理由导致对法律的不知悉，才能成为被原谅和免除责任的根据。第三，只有针对法益损害的认识错误，才能排除不法之故意；若对法益损

---

① 参见张明楷.刑法学（上）[M].北京：法律出版社，2003：228.

② 陈兴良.违法性认识研究［J］.中国法学，2005（04）.

③ 陈兴良.违法性认识研究［J］.中国法学，2005（04）.

④ 马克昌.犯罪通论［M］.武汉：武汉大学出版社，1999：336-337.

害有认识，只是误认为自己在刑法上有权实施该法益侵害，则是禁止错误，其排除的是责任。[①]

本书认为，这样的违法性认识必要说并不是本来的违法性认识必要说，而是违法性认识不要说的主张。因为违法性认识不要说认为，有犯罪事实的认识，就可以认为故意责任成立。其理论根据也在于，对成为犯罪的事实，“只要有认识，就具有形成通常抑制感情或者反对动机的期待可能性，所以认为有法律责任，对该犯人要加以非难和处罚”[②]。具体来说，就是在一般情形下，只要行为人认识到犯罪的事实，就有违法性认识。一些国家的判例认为，只要行为人认识到犯罪的事实，就可以期待他避免违法行为，因此，没有违法性的意识也可以确认故意。[③]因而，大陆法系刑法学中所谓的违法性认识不要说，并不是在犯罪的要件中完全抛弃违法性认识，而是不把违法性认识当作独立的评价要素，并从事实认识中得出有违法性认识的结论。可见，“研究”所主张的“必要说”与大陆法系的不要说别无二致。

如果采用“犯罪—刑罚”的体系，在犯罪论中采取不要说，存在两难问题。一方面，在违法性认识的归责中就会形成心理责任论的结论。此时，不要说是真正的不要说。可是，责任的本质是规范的责任论，现在基本上没有异议。因此，为了成立故意责任，仅仅认识犯罪事实是不够的。因为违法性认识可能性也可能例外地不存在，即由于没有认识到违法性，行为人不能做出适法行为的决意，那么在该场合，不要说和规范责任论是不相容的。此外，上述理论的根据是：有法的判断能力的责任能力者，也就具有认识违法性的能力，因而无须讨论违法性意识可能性。然而，违法性认识的问题，并不能等同为完全的责任能力问题。一般人毕竟不是法律专家，他们即使有责任能力，在具体的场合也可能不能认识到行为的违法性，责任能力的存在和违法性的认识可能性并不能完全重合。而且，即使在不能认识违法性的场合，“违法是否完全不能判断的精神状态，和没有违法

---

① 参见蔡桂生.违法性认识不宜作为故意的要素——兼对“故意是责任要素说”反思［J］.政治与法律，2020（06）.

② 陈兴良.违法性认识研究［J］.中国法学，2005（04）.

③ 参见松原久利.违法性的意识可能性［M］.东京：成文堂，1992：8-9.

的判断的精神状态之间是不同的”[①]。将两者等同视之是不当的。特别是对没有违法性的认识有相当的理由时，即没有违法性认识可能性的场合，如果也成立故意犯，就可能违反了责任主义，[②]如“大义灭亲”。在现实生活中，杀人犯法与大义灭亲不能完全被一体评价。比如在某地就出现了父母将在外作恶的儿子杀死的案例。父母被公安机关逮捕后，当地很多群众写联名信，认为这是大义灭亲，不是犯罪。这说明不能将违法性认识和事实认识绝对一致化。另一方面，在犯罪论中，无论是将违法性认识作为责任构造中要考虑的一个要素，或者是故意的前提，或者是单独的责任阻却事由评价要素，这都不影响犯罪的成立。但问题的关键是，如何对没有违法性认识的情况进行处理。这个问题并没有得到明确的解决。而且这也显示出德日理论的烦琐。

不过需要指出的是以下两点：第一，在所谓法定犯的场合考虑违法性认识与违法性不要说是不矛盾的。有观点认为，自然犯的成立不需要考虑违法性的意识，而法定犯的成立则应当考虑违法性意识。其依据是，自然犯和法定犯关于犯罪事实的认识意义是不同的，有必要在和违法性的联系中考虑作为故意要件的犯罪事实的认识意义，从而，“在行政犯中，即使仅仅认识到外在的犯罪事实，也不能形成反对动机，因此，非常需要违法性认识加以沟通”[③]。但是，法定犯和自然犯的界限在理论上不仅难以完全明确区分，也欠缺具体条文的区别根据。如通常认为经济刑法中很少包括自然犯，可是金融诈骗既是经济刑法的对象，也是诈骗的特殊类型，因此很难说它是自然犯还是法定犯。此外，所谓法定犯并非和伦理、道德观念没有关系。法定犯最终将强化人们的社会伦理观念感。随着时间的变化，法定犯和自然犯的界限将变得越来越模糊，因此，真正意义上的法定犯相当少。所以，本书认为，就犯罪成立而言，所谓法定犯的场合也无须考虑违法性认识。第二，在因为不知道法律的存在而不能认识行为的危害性和由于误解法律的内容而不能认识行为危害性的场合阻却犯罪。[④]这种观点很有见地，但是理论依据还是不足，也不能得到严格的贯彻。比如与不满14周岁的幼女发生性行为的时候，不是每个人都知道只要与不满14周岁的幼女发生性关系就是犯罪，但是法律只要行为

① 陈兴良.违法性认识研究［J］.中国法学，2005（04）.

② 参见曾根威彦.刑法的重要问题［M］.东京：成文堂，1996：189-190.

③ 松原久利.违法性的意识可能性［M］.东京：成文堂，1992：9.

④ 参见张明楷.刑法学（上）［M］.北京：法律出版社，2003：228.

人在事实上和不满14周岁的幼女发生性关系，且有事实性认识，就应当处罚。再如在一些封闭的地方有买卖妇女的情形，买方没有人口不得作为商品进行买卖的法律意识，倒认为自己掏钱了就合法。对此，法律没有因为行为人确实不知道这样的规定而认为这样的行为合法，只是在处理的时候尽量从轻罢了。所以以违法性认识为犯罪的构成要件，哪怕作为特例，也存在反论的可能。因此，在个别场合以违法性认识的欠缺阻却犯罪，还缺乏统一的标准。

基于上述分析，虽然“德国已无学者持不要说，日本现在也只有个别学者持此见解，表明了这一观点的没落”，[①]但是违法性认识有考察的必要，在犯罪论中处理违法性问题要克服相当多的困难，所以，这也预示着违法性认识在犯罪构成中难以获得恰当而合理的定位，但不等于违法性认识从刑法学中被“流放”了。

二、违法性认识问题在刑事责任中的破解

在犯罪论中不便于考察违法性认识的结果是，违法性认识要么不能得到评价，要么只能在犯罪论之外的理论范畴中寻求自己的归宿。而在德日刑法学中，违法性认识除了犯罪论就无立足之地，因此，它就真正被刑法学遗弃了。然而，如果将刑事责任论作为独立于犯罪论的范畴，就可以考虑在刑事责任论中评价和处理违法性认识问题。这样一来，所谓违法性认识不要说只是犯罪论中的不要说，而在刑法理论中还有评价的余地。在这个意义上，不要说反而成为本书所提倡的新不要说。

将违法性认识问题在刑事责任论中解决，取决于两个前提：第一是刑事责任论是独立于犯罪论的范畴；第二是违法性认识属于责任论考察的内容。就第一个前提而言，众所周知，在我国刑法理论中，关于刑事责任论与犯罪论和刑罚论的关系，存在刑事责任即刑罚说、责罪刑平行说、罪责平行说、罪责刑平行说等诸多主张。[②]其中有一个明显的特点，就是倾向于将责任同责任意思分离，并以独立的实体作为责任的范畴。就第二个前提而言，认识可能性和刑事责任也有关系，这种联系主要是通过作为期待可能性的认知前提实现的。[③]将期待可能性和

① 马克昌.比较刑法原理［M］.武汉：武汉大学出版社，2002：484–485.

② 参见高铭暄，马克昌.刑法学［M］.北京：北京大学出版社，高等教育出版社，2019：211–212.

③ 参见童德华.刑法中的期待可能性论［M］.北京：中国政法大学出版社，2004：158.

违法性认识定位于我国刑法的刑事责任论部分，有助于弥补刑事责任评价要素空虚的不足，发挥刑事责任的机能。在实际应用中，它不违背罪刑法定原则，能对违法性认识不足做出合理的处置。如此一来，违法性认识不要说虽然在犯罪论中没落了，但在我国的刑事责任论中获得了新生。

第四编

刑罚总论

第十五章

刑罚概述

第一节　刑罚的概念和目的

一、刑罚的概念和特征

刑罚，是刑法中明文规定的由国家审判机关依法对犯罪人所适用的限制或剥夺其某种权益的最严厉的法律制裁方法。

刑罚具有如下特征。

第一，刑罚是以限制或剥夺犯罪人权益为内容的最严厉的法律制裁方法。行政处罚一般表现为警告、罚款，最重的是拘留，而刑罚在限制人身自由方面更重、经济处罚数额较高，严重的情况下，刑罚可以剥夺受刑人的生命，没收其全部财产。

第二，刑罚的适用对象，即受刑人只能是被法院依法宣判的犯罪人。没有实施犯罪行为的人或者虽然实施涉罪行为但不具有刑事责任能力的人，因为其行为不构成犯罪，所以对其不能判处刑罚。例如，社区矫正在我国是一种刑罚执行方法，只能对犯罪分子适用，即便行为人实施了杀人行为，但只要其在刑法上不构成犯罪，也不能对其进行社区矫正。

第三，适用主体只能是国家审判机关。如同对犯罪分子的定罪一样，判处犯罪分子的主体只能是审判机关。近些年来，我国司法机关推行认罪认罚从宽制度，其中有许多案件由检察机关做出相对不起诉决定。这并不违法，这是《刑事诉讼法》赋予检察机关的权力，这种制度能便利司法工作，提高司法效率，而且不起诉决定一般有利于犯罪嫌疑人，通常也不会留下犯罪记录。

第四，量刑种类及量刑幅度受刑法规定的限制。根据罪刑法定原则的要求，犯罪和刑罚都应事前有法律的明确规定。立法必须彻底消除绝对不确定刑的现象，但也不宜对一种犯罪情形规定绝对确定的刑罚，例如，在《刑法》中一度对绑架中致被绑架人死亡或者故意杀害被绑架人的情况规定统一适用死刑，这样一来就限制了自由裁量权，使裁判者无法根据实际情况做出合理处理。考虑到立法者无法对每一个具体犯罪行为确定对应的刑罚，所以刑罚种类和内容往往只能是相对确定的。晚近以来，我国司法机关为了实现量刑公正，提倡量刑规范化或者量刑精准化，主要目标是实现在刑法规定的量刑范围内的公正。但是如果在实践中将其简单理解为“同案同判”，就背离了改革的初衷。量刑的公正只能理解为相对公正，而不可能绝对公正。

第五，刑罚有效性取决于国家强制力和社会民众的认同。刑罚是犯罪的主要后果。根据传统的观点，法律和道德的一个明显区别在于，道德立足于内心的确信，法律依赖于外部的强制，所以通常认为刑罚以国家强制力为保障。但是，如果刑罚适用过度寄希望于国家强制力的外部压制，而忽视了公众对刑罚合理性的认同，那么在民主社会，它将失去社会回应性，失去其应有的一般预防功能。

二、刑罚与其他法律制裁方法的区别

法律制裁体系，通常由民事处分、行政处罚与行政处分、政务处分、经济处罚、司法强制措施以及刑罚等多种制裁措施方法构成。可见，刑罚仅是整个法律制裁体系中的一种制裁方法。

刑罚与其他法律制裁方法的区别，主要表现在以下五个方面。

第一，适用对象不同。刑罚仅适用于犯罪人，即行为触犯刑法构成犯罪的人；而其他法律制裁方法适用于一般违法的行为人，即行为违反了非刑事法律且尚未构成犯罪的人。

第二，严厉程度不同。刑罚是最严厉的法律制裁方法，它的内容包括剥夺犯罪人的生命、人身自由、财产和资格；而其他法律制裁方法绝对不允许剥夺违法者的生命，一般也不能剥夺违法者的人身自由，即使需要剥夺违法者的人身自由，其期限也是短暂的，其性质和法律后果更有别于刑罚。

第三，适用机关不同。刑罚只能由国家审判机关的刑事审判部门适用；而民事处分和司法强制措施，可由国家审判机关适用；行政处罚与行政处分、政务处分，则由国家行政机关、监察机关依法适用；经济处罚既可由行政机关适用，也可以由司法机关适用。

第四，适用根据和适用程度不同。对犯罪人适用刑罚，必须以刑法为根据并依照刑事诉讼法规定的刑事诉讼程序进行；①而对触犯非刑事法律的违法者适用民事处分、经济处罚、行政处罚与行政处分、司法强制措施、政务处分的，分别以民法、经济法、行政法、监察法等实体法为根据，并依照民事诉讼法、行政诉讼法和行政程序、公职人员政务处分法律规范所规定的程序进行。

第五，法律后果不同。被适用刑罚的犯罪人如果重新犯罪，就有可能构成累犯，受到与初犯相比较为严厉的刑事处罚；而仅被适用其他法律制裁方法的违法者如果二次实施违法行为并被认定为犯罪，并不构成累犯。

三、刑罚的目的

（一）刑罚目的的概念

刑罚的目的是国家制定刑罚及对犯罪分子适用、执行刑罚所期望达到的结果。它集中体现着统治阶级制定刑罚、运用刑罚、执行刑罚的方针、政策和指导思想，决定着刑罚种类和体系的确立，是整个刑罚制度赖以建立的出发点和最终归宿。

（二）刑罚目的的理论

1.报应主义的刑罚论

报应主义的刑罚论认为，刑罚是对犯罪人的犯罪行为进行报应的理论。报应本是与宗教或者道德有关联的概念，如“恶有恶报、善有善报”和“因果报应”等。在法律意义上，最初体现为报复，如原始社会的同态复仇、血亲复仇等，但后来报应从报复中分化出来，并出现了神意报应论、道义报应论、法律报应论等理论。有学者提出“报应的本质依然是报复，现代的报应不过是报复披上了正义

① 值得注意的是，对于公职人员职务犯罪的监察调查，根据《监察法实施条例》进行。

的外衣，仅此而已"[①]。本书认为，报应的本质和报复不同。报复是非正式的行为，而报应是正式的行为；报复是个人行为，取决于行为者的个人意思，报应是共同体的行为，受到共同体理性的限制。

报应主义刑罚思想建立在如下基础上：第一，人有意志自由，指导是非善恶，在能选择善行的情况下却选择为非作歹，所以其实施的犯罪行为应受报应；第二，刑罚的报应就是让犯罪的行为人感知由犯罪所带来的痛苦，只有包含痛苦成分的刑罚，才能实现对社会的有效控制；第三，刑罚的报应，就是为了确证刑法的权威性和实在性。

2.预防主义的刑罚论

预防主义的刑罚论又称为预防理论，认为对犯罪人施加刑罚，并不是因其犯罪行为受到的报应，而是为了预防犯罪人再次犯罪或者预防其他人今后犯同样的罪。预防主义刑罚论还可称为功利主义刑罚论。有观点认为，"预防主义与刑罚功利论的概念基本相同"。[②]预防主义刑罚论分为一般预防论、特殊预防论、教育刑论以及综合预防论。我国有学者主张积极的一般预防论，认为积极的一般预防论可以克服结果无价值论刑罚观的不足，使得犯罪论和刑罚论"前后照应"且与刑法客观主义立场相一致。[③]也有观点认为，刑罚有消极的一般预防与积极的一般预防两种目的，前者是通过对犯罪规定和适用刑罚向一般人宣告，谁实施犯罪行为谁就受到刑罚处罚，从而威慑一般人，使其不敢犯罪；后者则是唤醒和强化国民对法的忠诚、对法秩序的存在力与贯彻力的信赖，从而预防犯罪。[④]有观点认为，刑罚的目的是指人民法院代表国家对犯罪分子适用刑罚所要达到的目标或效果，它就是预防犯罪。刑罚目的所预防的"犯罪"包括已然之罪与未然之罪，由于预防的对象有所不同，故将刑罚的目的划分为特殊预防与一般预防两个方面。[⑤]

---

① 金翼翔.刑罚原理纲要［M］.北京：中国政法大学出版社，2019：24.

② 金翼翔.刑罚原理纲要［M］.北京：中国政法大学出版社，2019：97.

③ 参见周光权.刑法总论［M］.北京：中国人民大学出版社，2016：399–401.

④ 参见张明楷.刑法学（上）［M］.北京：法律出版社，2021：674–679.

⑤ 参见高铭暄，马克昌.刑法学［M］.北京：北京大学出版社，高等教育出版社，2019：219–220.

目的刑的思想建立在如下三个基础之上：第一，人并无意志自由，其之所以犯罪，是因为受到特殊的生理原因、自然原因或者社会原因的影响或者束缚。第二，预防的基础不是行为人的犯罪行为，而是行为人犯罪的人身危险性。第三，刑罚应当根据产生犯罪的原因，有针对性地采取措施，预防犯罪的发生。

3.综合主义的刑罚目的理论

综合主义的刑罚目的理论，对刑罚本质的评价出现了并合主义以及分配主义的论点。理论上还有观点主张要区分刑罚的本质和目的，认为刑罚的本质是报应，刑罚的目的是一般预防和特殊预防。还有观点认为刑罚在实践中分为制定、裁量和执行三个阶段，与之相呼应，报应的思想渐次减少，教育的思想渐次加强。[①]

综合主义刑罚理论试图吸取报应主义和预防主义理论各自的优点，具有合理性和妥当性。本书认为，应当区分刑罚的目的与实现刑法目的的手段。刑罚的目的就是预防犯罪，在刑罚中可以根据实际情况和需要采取监禁、没收、罚金等消极的报应性手段，还可以采取教育与矫正等积极的改造性手段。

综合主义在我国刑法学界有不同表述。有观点认为，刑罚正当化的根据在于保护法益，而不是惩罚犯罪。刑罚的任务不在于报应，而在于保护人民。刑罚的轻重必须受到报应观念即罪刑均衡的限制。目的刑论与报应论之间存在互补关系。[②]或者说，刑罚的目的和意义应以公正报应为主，辅之以一般预防与特殊预防。[③]如果说报应是实现预防的一种手段，那么刑罚的目的只有一个，即预防犯罪，至于教育、威慑等不过是实现犯罪预防目的的手段。犯罪的预防包括三个层次：第一，预防犯罪人再次犯罪；第二，预防社会上的不稳定分子犯罪；第三，为其他公民的行为提供行为规范，避免犯罪。

（三）犯罪预防

犯罪预防大体上可以分为特殊预防和一般预防。

1.特殊预防

所谓特殊预防，就是通过刑罚适用，预防犯罪人重新犯罪。预防犯罪人重新

---

① 参见马克昌.比较刑法原理［M］.武汉：武汉大学出版社，2002：824–825.

② 参见黎宏.刑法学总论［M］.北京：法律出版社，2016：334–337.

③ 参见林亚刚.刑法学教义（总论）［M］.北京：北京大学出版社，2017：573.

犯罪，主要是通过刑罚的适用与执行，把绝大多数犯罪人改造成为守法的公民。我国刑法规定的各个刑种，除了死刑是剥夺犯罪人的生命以外，其他大多数刑罚的执行都采取强制劳动改造的方法。可见，教育改造犯罪人成为守法公民，才是我国刑罚特殊预防的主要内容。为了实现特殊预防，刑事政策上要重视犯罪分子的再社会化，要充分考虑犯罪分子的基本权利，对其受刑后的就业和生活进行妥善安排，为其顺利回归社会提供良好的社会条件和社会环境，尤其要谨慎制定不利于犯罪人回归的社会制度，在决定职业禁止的时候，要严格限制职业禁止的范围和时间，采取职业禁止的必要性以及职业禁止与犯罪的因果关系。①

2. 一般预防

所谓一般预防，就是通过对犯罪人适用刑罚，预防尚未犯罪的人实施犯罪。预防尚未犯罪的人实施犯罪的途径有三：第一是国家通过颁布刑法、适用刑罚，不仅直接惩罚了犯罪人，预防其重新犯罪，而且对社会上不稳定分子也起到了警戒和抑制作用，使其不敢轻举妄动、以身试法。第二是对犯罪分子适用刑罚，使其受到刑罚处罚，对其财产或者自由权益予以必要的处罚，对犯罪受害人的亲属及时进行安抚，避免其铤而走险，私下报复。第三是通过刑法立法以及对犯罪分子裁量适用刑罚，恢复一般民众对刑法规范效力的确信，遵守法律规范，避免违法犯罪。

不同种类的刑罚具有不同的局限性。死刑使生产力中最活跃的因素受到了人为灭失，使国家和死刑犯的亲属、亲密朋友之间的关系变得紧张等；自由刑使服刑者丧失了已有的工作和生活基础，使其以后的生活变得困难，使犯罪人的人格形成扭曲等；财产刑影响受刑者个人的经济收入，罚金刑很容易造成适用后果的不平等。②所以要尽可能运用多重方式克服不同刑种的弊端。特殊预防和一般预防紧密结合、相辅相成。对任何一个犯罪人适用刑罚，都包含着特殊预防和一般预防两种具体目的。审判机关在对犯罪分子判处刑罚时，既要考虑特殊预防的需要，又要考虑一般预防的需要，使判决符合这两方面的要求，不能强调一方面而忽视另一方面，尤其是不能仅仅为了追求一般预防的目的而刻意加重对犯罪人的

① 参见刘志伟，宋久华. 论刑法中的职禁止制度［J］. 江西社会科学，2016，36（01）.

② 参见张绍谦. 试论刑罚功能的局限性［J］. 社会科学，2005（01）.

刑罚。

第二节　刑罚的种类和体系

一、刑罚种类概述

（一）学理分类

以刑罚所剥夺或者限制犯罪分子的权利和利益的性质为标准，可将刑罚方法分为生命刑、自由刑、财产刑、资格刑四类。生命刑即死刑，就是剥夺犯罪分子生命的刑罚。自由刑，就是剥夺或者限制犯罪分子人身自由的刑罚，包括无期徒刑、有期徒刑、拘役和管制。财产刑，就是剥夺犯罪分子财产利益的刑罚，包括罚金和没收财产。没收和追缴是否属于财产刑在理论上有争议。本书认为，严格上讲，财产刑是对犯罪分子个人所有的财物的处罚，而没收和追缴是对犯罪分子犯罪所得或者犯罪工具做出的处置。二者并不相同。资格刑，就是剥夺犯罪分子特定资格的刑罚。

（二）法定分类

以某种刑罚方法只能单独适用还是可以附加适用为标准，可将刑罚分为主刑与附加刑两类。根据《刑法》第32条至第34条的规定，刑罚分为主刑和附加刑两大类。

主刑是指只能独立适用而不能附加适用的刑罚方法。主刑的特点在于适用上的独立性，即对一个犯罪只能适用一个主刑而不能适用两个或两个以上的主刑。主刑依次有管制、拘役、有期徒刑、无期徒刑、死刑五种。

附加刑是指既可以附加适用，也可以独立适用的刑罚方法。附加刑在适用上具有双重性，既可以作为某种主刑的附加刑适用，也可以作为一种刑罚方法独立适用，几种附加刑还可以同时并用。附加刑依次为罚金、剥夺政治权利、没收财产三种。《刑法》第35条还规定，对于犯罪的外国人，可以独立适用或者附加适用驱逐出境。据此，驱逐出境也是一种附加刑。

二、管制

（一）管制的概念和特征

管制是对罪犯不予关押，但限制其一定的人身自由、依法实行社区矫正的刑罚方法。管制是我国主刑中最轻的一种刑罚方法，属于限制自由刑。

根据《刑法》第38条至第41条的规定，管制具有以下四个特征：

第一，管制的执行方式是对犯罪分子不予关押，即不将其羁押于一定的设施或者场所内。

第二，管制的执行内容是限制犯罪分子一定的自由，即罪犯必须遵守《刑法》第39条的各项规定，人民法院在判处管制时，可以根据犯罪情况，同时禁止犯罪分子在执行期间从事特定活动，进入特定区域、场所，接触特定的人。

第三，管制的期限为3个月以上2年以下，数罪并罚时，最高不能超过3年。

第四，被管制犯罪分子的权利。被判处管制的犯罪分子享有除被限制之外的各项权利，未附加剥夺政治权利的仍然享有政治权利，在劳动中同工同酬等权利。

（二）管制的执行

1.社区矫正

根据刑法的最新规定，对被判处管制的犯罪分子，依法实行社区矫正。被判处管制的犯罪分子，在执行期间，应当遵守以下规定：（1）遵守法律、法规，服从监督；（2）未经执行机关批准，不得行使言论、出版、集会、结社、游行、示威的权利；（3）按照执行机关规定报告自己的活动情况；（4）遵守执行机关关于会客的规定；（5）离开所居住的市、县或者迁居，应当报经执行机关批准；（6）遵守人民法院的禁止犯罪分子在执行期间从事特定活动，进入特定区域、场所，接触特定的人的禁止令。

2.禁止令

禁止令是人民法院对犯罪分子宣判管制、宣告缓刑的同时，判令禁止其从事特定活动，进入特定区域、场所，接触特定的人的命令。人民法院宣告禁止令，应当根据犯罪分子的犯罪原因、犯罪性质、犯罪手段、犯罪后的悔罪表现、个人一贯表现等情况，充分考虑与犯罪分子所犯罪行的关联程度，有针对性地禁止其在管制执行期间、缓刑考验期限内“从事特定活动，进入特定区域、场所，接触特定的人”的一项或者几项内容。例如，对不同的网络犯罪分子就应当根据不同的犯罪活动使用禁止的内容。[①]

禁止判处管制、宣告缓刑的犯罪分子在管制执行期间、缓刑考验期限内从事的活动包括：（1）个人为进行违法犯罪活动而设立公司、企业、事业单位或者在设立公司、企业、事业单位后以实施犯罪为主要活动的，禁止设立公司、企业、事业单位；（2）实施证券犯罪、贷款犯罪、票据犯罪、信用卡犯罪等金融犯罪的，禁止从事证券交易、申领贷款、使用票据或者申领、使用信用卡等金融活动；（3）利用从事特定生产经营活动实施犯罪的，禁止从事相关生产经营活动；（4）附带民事赔偿义务未履行完毕，违法所得未追缴、退赔到位，或者罚金尚未足额缴纳的，禁止从事高消费活动；（5）其他确有必要禁止从事的活动。

禁止判处管制、宣告缓刑的犯罪分子在管制执行期间、缓刑考验期限内进入的区域、场所有：（1）禁止进入夜总会、酒吧、迪厅、网吧等娱乐场所；（2）未经执行机关批准，禁止进入举办大型群众性活动的场所；（3）禁止进入中小学校区、幼儿园园区及周边地区，确因本人就学、居住等原因，经执行机关批准的除外；（4）其他确有必要禁止进入的区域、场所。

禁止判处管制、宣告缓刑的犯罪分子在管制执行期间、缓刑考验期限内接触的人员有：（1）未经对方同意，禁止接触被害人及其法定代理人、近亲属；（2）未经对方同意，禁止接触证人及其法定代理人、近亲属；（3）未经对方同意，禁止接触控告人、批评人、举报人及其法定代理人、近亲属；（4）禁止接触同案犯；（5）禁止接触其他可能遭受其侵害、滋扰的人或者可能诱发其再次危害社会的人。

禁止令的期限，既可以与管制执行、缓刑考验的期限相同，也可以短于管制执行、缓刑考验的期限，但判处管制的，禁止令的期限不得少于3个月，宣告缓刑的，禁止令的期限不得少于2个月。判处管制的犯罪分子在判决执行以前先行羁押以致管制执行的期限少于3个月的，禁止令的期限不受上述规定的最短期限

① 参见李立丰，项艳.禁止令在工具型网络犯罪中的适用意义、困境及出路［J］.湖北社会科学，2020（05）.

的限制。禁止令由司法行政机关指导管理的社区矫正机构负责执行。

三、拘役

（一）拘役的概念和特点

拘役是短期剥夺犯罪分子的自由，就近执行并实行劳动改造的刑罚方法。它属于短期自由刑，是主刑中介于管制与有期徒刑之间的一种轻刑。

根据《刑法》第42条至第44条的规定，拘役具有以下三个特征。

第一，拘役的内容是剥夺罪犯的自由，即将罪犯羁押于特定的设施或者场所之中，剥夺其人身自由。

第二，拘役的期限较短，为1个月以上6个月以下，数罪并罚时，拘役刑期最高不能超过1年。

第三，被判处拘役的犯罪分子，在执行期间，具有某些优于有期徒刑的待遇。

（二）拘役的执行

被判处拘役的犯罪分子，由公安机关就近执行。在执行期间，被判处拘役的犯罪分子每月可以回家1天至2天；参加劳动的，可以酌量发给报酬。

四、有期徒刑

（一）有期徒刑的概念和特征

有期徒刑是剥夺犯罪分子一定期限的人身自由，强制其进行劳动并接受教育改造的刑罚方法。

根据《刑法》第45条至第47条的规定，有期徒刑具有以下四个特征。

第一，有期徒刑的内容是剥夺犯罪分子的自由，即将犯罪分子羁押于特定的设施或者场所之中。

第二，有期徒刑的法定期限为6个月以上15年以下，数罪并罚时，有期徒刑最高不能超过25年。

第三，有期徒刑的执行机关为监狱或其他执行场所。

第四，被判处有期徒刑的犯罪分子，必须接受教育和改造。

（二）有期徒刑的执行

被判处有期徒刑的罪犯关押于监狱或其他执行场所，进行教育改造。对有劳动能力的，强制参加劳动。

五、无期徒刑

（一）无期徒刑的概念和特征

无期徒刑是剥夺犯罪分子的终身自由，强制其参加劳动并接受教育改造的刑罚方法。它是仅次于死刑的一种严厉的刑罚。

无期徒刑具有以下三个特征。

第一，无期徒刑没有刑期限制，在理论上罪犯终身被剥夺自由。

第二，被判处无期徒刑的罪犯被减刑的，其在判决执行以前的羁押时间、减刑前的执行期间，不能用来折抵刑期。

第三，对被判处无期徒刑的犯罪分子，必须剥夺政治权利终身。

（二）无期徒刑与终身监禁

《刑法》第383条第4款规定，“犯第一款罪，有第三项规定情形被判处死刑缓期执行的，人民法院根据犯罪情节等情况可以同时决定在其死刑缓期执行二年期满依法减为无期徒刑后，终身监禁，不得减刑、假释”。可见，终身监禁是无期徒刑的一种执行方式，其特点在于：第一，其对象只适用于被判处贪污、受贿的犯罪分子；第二，其适用的前提是贪污贿赂的犯罪分子被判处死刑缓期执行后，依法被减为无期徒刑；第三，适用终身监禁的犯罪分子，不得减刑、假释，实际上被终身监禁。终身监禁有利于完善腐败治理机制，有效缓解了反腐机制完善的困局，具有现实的、多元化的腐败治理功能。[①]在当前，适用终身监禁要避免两个极

---

① 参见刘艳红.终身监禁的价值、功能与适用——从“白恩培案”谈起[J].人民法院报，2016（02）.

端，一个是将本应判决死刑的贪贿犯罪分子判处适用终身监禁。另外一个是忽视对被适用终身监禁的犯罪分子教育矫正的人权保障。有观点认为，被同时宣告终身监禁的死缓犯在死缓考验期内可以适用重大立功的规定减为25年有期徒刑，终身监禁中“不得减刑”是《刑法》第78条的例外规定。[①]从教育刑的思想看，这种观点有其道理。此外，终身监禁的对象是否限于贪污贿赂犯罪分子，也值得研究。如有学者提出，以恐怖活动犯罪防控为视角，综合其客观上的主害、次害结构，主观特质以及感染性质，可以发现终身监禁兼具报应和预防的双重价值，以刑事立法方式增设可以假释的终身监禁制度具有必要性。[②]这种观点具有启发意义。终身监禁本质上是一种刑罚的执行方式。将终身监禁作为贪污贿赂案件中的死刑替代措施，主要是根据当前经济、法律与社会条件做出的一种选择。需看到，终身监禁比死刑更符合人道主义的要求，所以，终身监禁的扩大适用不仅不应止步于经济性非暴力犯罪，还可以扩大适用于贪污贿赂犯罪以外的其他犯罪，总体上看，应逐步扩大至所有死刑罪名，尤其是常见多发的死刑罪名。[③]

（三）无期徒刑的执行

被判处无期徒刑的罪犯，除了无劳动能力的以外，都要在监狱或其他执行场所中参加劳动，接受教育和改造。

六、死刑

（一）死刑的概念和特征

死刑，也称生命刑，即剥夺犯罪分子生命的刑罚方法。它是对犯罪分子的肉体予以剥夺而不是对犯罪分子的自由予以剥夺，是最严厉的刑罚方法，因此也称为极刑。

正因为死刑是剥夺生命的刑罚，一旦死刑判决不当，将会发生不可逆转的错

---

① 参见石经海，刘桂源.“终身监禁”的困境释读与司法改善——以刑事政策和刑法的体系化适用为视角［J］.中国应用法学，2019（03）.

② 参见舒洪水.论终身监禁的必要性和体系化构建——以恐怖主义、极端主义犯罪防控为视角［J］.法律科学（西北政法大学学报），2018（03）.

③ 参见周振杰.刑事政策视野中的终身监禁［J］.中国应用法学，2019（03）.

误。所以，自从意大利学者贝卡利亚提倡废除死刑以来，在刑法学界就出现了废除死刑和保留死刑的争议。为了稳妥起见，我国刑法立法保留了死刑，但是采取了明显措施，废除了一些犯罪的死刑立法，并且在司法实践中严格限制死刑的适用。

（二）死刑的适用条件

我国目前虽没有废除死刑，但对于死刑的适用，我国历来采取少杀、慎杀的政策，通过刑法总则规定与刑法分则规定相结合的方式来控制死刑数量，限制死刑适用。死刑只适用于罪行极其严重的犯罪分子。所谓“罪行极其严重”，是指犯罪行为对国家和人民的利益危害特别严重，社会危害性极为巨大。可以从如下三个方面评价“罪行极其严重”。

（1）适用死刑的罪名是具有极为严重的社会危害性的犯罪，主要是导致他人死亡或者造成他人身体严重残疾的暴力犯罪，或者对不特定人的重大财产造成重大损失的财产犯罪。

（2）行为人行为性质极其恶劣，情节特别严重，且造成了特别严重的社会危害后果。

（3）行为人的主观恶性和人身危险性极大。

另外，还应当考虑犯罪行为造成的社会影响极其恶劣，民愤极大。尽管民愤不能左右司法，但是在决定适用死刑时，从限制死刑的角度考虑，评价民愤有其积极的意义。如果行为的民愤并不大，就没有必要判处死刑。例如，甲为了照顾因早产而脑瘫的两个儿子，不得不辞职在家，寻医问药为儿治病。10余年后，两个儿子没有丝毫好转的迹象，家庭也因此经济困难，甲在精神上也倍感煎熬和失望，便设计溺毙了两个儿子，之后自杀未遂。对于甲的行为，如果仅仅从涉及的罪名和行为方式看，无疑是极其严重的，但是，本案被告人值得同情，没有引起太大的民愤，没有必要适用死刑。

（三）死刑的限制适用

刑法总则关于适用死刑的限制性规定主要表现在以下四个方面。

1.规定死刑适用的基本条件

即死刑只适用于罪行极其严重的犯罪分子。“罪行极其严重”包含三个方面的内容：第一，被告人的行为触犯了《刑法》规定的可以判处死刑的罪名，且行为性质极其恶劣；第二，被告人所犯罪行的情节特别严重，且造成了特别严重的社会危害后果；第三，被告人的主观恶性和人身危险性极大。

2.限制死刑适用的对象

犯罪的时候不满18周岁的人和审判的时候怀孕的妇女，不适用死刑。对怀孕女性因涉嫌案犯罪在羁押期间自然流产或者人工流产的，均应视为审判时怀孕的妇女。另外，审判的时候已满75周岁的人，除非以特别残忍手段致人死亡的，一般不适用死刑。

在具体案件中，对“特别残忍手段”可以综合以下三个方面理解和认定：第一，杀人手段残暴，如使用焚烧、冷冻、动物撕咬、分解肢体、剥皮、挖人眼睛、毁人容貌等狠毒的方法杀害被害人；第二，行为过程较长，如行为持续时间长、次数频繁，故意以痛苦的方法折磨被害人等；第三，行为情节恶劣，如以其他让社会民众普遍难以接受的手段和方式杀害被害人的。

3.严格死刑适用的程序

判处死刑立即执行的，除依法由最高人民法院判决的以外，都应当报请最高人民法院核准。

4.采取死刑缓期执行制度限制死刑立即执行

即对于应当判处死刑的犯罪分子，如果不是必须立即执行的，可以判处死刑同时宣告缓期2年执行。

（四）死刑的执行方法

根据刑法和刑事诉讼法的规定，死刑的执行方法包括死刑立即执行和死刑缓期2年执行。判处死刑立即执行的，采用枪决或者注射等方法执行。判处死刑缓期2年执行的，在死刑缓期执行期间，如果没有故意犯罪，2年期满以后，减为无期徒刑；如果确有重大立功表现，2年期满以后，减为25年有期徒刑；如果故意犯罪，查证属实的，由最高人民法院核准，执行死刑。

七、罚金

罚金是人民法院判处犯罪分子或者犯罪的单位向国家缴纳一定金钱的刑罚方

法。罚金属于财产刑。

我国刑法分则规定罚金的适用方式有四种:(1)选处罚金;(2)单处罚金;(3)并处罚金;(4)并处或者单处罚金。

罚金数额应当根据犯罪情节决定。一般来说,非法获利的数额大、情节严重的,罚金数额应当多些;反之,则应当少些。总之,不让犯罪分子在经济上占到便宜。当然,也要考虑犯罪分子的实际经济负担能力。过去主要采取比例罚金制、限额罚金制,但最近立法开始采取不限额罚金制。不限额罚金制本质上与绝对不定期自由刑无异,与罪刑法定原则相悖。[①]倍比罚金制是更优的立法选择。

罚金的执行主要有以下五种方式:(1)一次缴纳;(2)分期缴纳;(3)强制缴纳;(4)随时追缴;(5)减免缴纳。

由于罚金刑的特殊性质,所以在司法实践中,要注意的问题有三点:(1)罚金刑与民事赔偿的优先性问题。如果犯罪分子对被害人承担民事赔偿责任,同时被判处罚金,但是,其财产不足以全部支付民事赔偿金和罚金的,应当先承担对被害人的民事赔偿责任,后执行罚金。(2)未成年罪犯的罚金问题。未成年人一般没有收入来源。当未成年罪犯实施犯罪,依照刑法规定,应当并处罚金的,也应当依法判处相应的罚金;未成年罪犯实施犯罪,依照刑法规定,可以并处罚金的,则一般不判处罚金。(3)在对未成年罪犯判处罚金刑时,应当依法从轻或者减轻判处,并根据犯罪情节,综合考虑其缴纳罚金的能力,确定罚金数额,但罚金的最低数额不得少于500元人民币。对被判处罚金刑的未成年罪犯,其监护人或者其他人自愿代为垫付罚金的,人民法院应当允许。

八、剥夺政治权利

剥夺政治权利,是指剥夺犯罪分子参加国家管理与政治活动权利的刑罚方法,属于资格刑。

剥夺政治权利作为一种附加刑,既可以附加适用,也可以独立适用。当它附加适用时,是作为一种严厉的刑罚方法适用于重罪;剥夺政治权利独立适用时,

---

① 参见刘宪权.《刑法修正案(十一)》中法定刑的调整与适用[J].比较法研究,2021(02).

作为一种不剥夺人身自由的轻刑而适用于较轻的犯罪。根据《刑法》第56条第2款的规定，剥夺政治权利的独立适用由刑法分则加以规定；刑法分则条文中没有规定独立适用剥夺政治权利的，不得独立适用剥夺政治权利。

剥夺政治权利，是指剥夺下列权利：（1）选举权和被选举权；（2）言论、出版、集会、结社、游行、示威自由的权利；（3）担任国家机关职务的权利；（4）担任国有公司、企业、事业单位和人民团体领导职务的权利。

剥夺政治权利的适用范围与适用对象有三种：（1）对于危害国家安全的犯罪分子，应当附加剥夺政治权利；（2）对于故意杀人、强奸、放火、爆炸、投毒、抢劫等严重破坏社会秩序的犯罪分子，可以附加剥夺政治权利；（3）对于被判处死刑、无期徒刑的犯罪分子，应当附加剥夺政治权利终身。

剥夺政治权利的期限有以下四种情况：（1）独立适用剥夺政治权利或者主刑是有期徒刑、拘役附加剥夺政治权利的，期限为1年以上5年以下；（2）判处管制附加剥夺政治权利的，期限与管制的期限相等；（3）判处死刑、无期徒刑的，应当剥夺政治权利终身；（4）死刑缓期执行减为有期徒刑或者无期徒刑减为有期徒刑的，应当把附加剥夺政治权利的期限相应的改为3年以上10年以下。

剥夺政治权利刑期的计算，随主刑的不同而有以下几种情况：（1）判处管制附加剥夺政治权利的，剥夺政治权利的刑期与管制的刑期相等，同时起算。（2）判处拘役附加剥夺政治权利的，剥夺政治权利的刑期从拘役执行完毕之日起计算。在拘役执行期间，当然不享有政治权利。（3）判处有期徒刑附加剥夺政治权利的，剥夺政治权利的刑期从有期徒刑执行完毕之日或者从假释之日起计算。在有期徒刑执行期间，当然不享有政治权利。（4）死刑缓期执行减为有期徒刑或者无期徒刑减为有期徒刑时，附加的剥夺政治权利终身减为3年以上10年以下。该剥夺政治权利的刑期，应从减刑以后的有期徒刑执行完毕之日或者从假释之日起计算。在主刑执行期间，当然不享有政治权利。

剥夺政治权利由公安机关执行。被剥夺政治权利的犯罪分子，在执行期间，应当遵守法律、行政法规和国务院公安部门有关监督管理的规定，服从监督，并且不得行使《刑法》第54条规定的各项权利。

九、没收财产

没收财产，是指将犯罪分子个人所有财产的部分或全部强制无偿收归国有的刑罚方法。它是我国附加刑中较重的一种。

刑法分则中规定的没收财产的适用方式有以下三种：(1) 并处没收财产，即应当附加适用没收财产；(2) 可以并处没收财产，即量刑时既可以附加没收财产，也可以不附加没收财产，审判人员应按实际情况作出选择；(3) 并处罚金或者没收财产，即没收财产和罚金可以择一判处，而无论选择罚金还是没收财产，都只能附加适用，并且必须适用。

没收财产是没收犯罪分子个人所有财产的部分或者全部。没收全部财产的，应当为犯罪分子个人及其扶养的家属保留必需的生活费用。在判处没收财产的时候，不得没收属于犯罪分子家属所有或者应有的财产。没收财产的判决，无论是附加适用还是独立适用，均由人民法院执行；在必要的时候，可以会同公安机关执行。没收财产以前犯罪分子所负的正当债务，需要以没收的财产偿还的，经债权人请求，应当偿还。

和罚金执行一样，对于没收财产，在实践中也存在一些特殊问题需要注意：(1) 承担民事赔偿责任的犯罪分子，同时被判处没收财产的，应当先承担对被害人的民事赔偿责任。(2) 未成年罪犯实施犯罪，依据刑法规定，应当没收财产的，依法判处相应的财产刑；未成年罪犯实施犯罪，依据刑法规定，可以并处没收财产的，一般不判处财产刑。

十、驱逐出境

驱逐出境，是指强迫犯罪的外国人离开中国国（边）境的刑罚方法，它是一种专门适用于犯罪的外国人的特殊的附加刑，既可独立适用，又可附加适用。驱逐出境的适用对象是特定的，即犯罪的外国人。

根据《刑法》第35条的规定，对于犯罪的外国人，是可以独立适用或者附加适用驱逐出境，而不是必须适用驱逐出境。单独判处驱逐出境的，从判决生效之日起执行；附加判处驱逐出境的，从主刑执行完毕之日起执行。

第十六章

量刑

第一节　量刑和量刑情节

一、量刑的概念

量刑，又称刑罚裁量，是指人民法院依据刑事法律，在认定行为人构成犯罪的基础上，确定对犯罪人是否判处刑罚、判处何种刑罚以及判处多重的刑罚，并决定所判刑罚是否立即执行的刑事司法活动。

量刑作为一种刑事司法活动，不仅决定是否对犯罪人判处刑罚，决定对犯罪人判处何种刑罚和多重的刑罚，而且决定对犯罪人所判处的刑罚是否立即执行，因而是使法定的罪刑关系变成实在的罪刑关系的必要条件，在整个刑事诉讼过程中具有承先启后的重要作用。

量刑具有以下三个特征。

第一，量刑以量刑权为基础。量刑是一种刑事司法活动。具体而言，量刑是一种司法活动，量刑权是人民法院独有的权力，具有排他性。

第二，量刑主体是人民法院。其他任何机关、团体、单位和个人都不能对犯罪分子自行量刑。

第三，量刑的内容是对犯罪人确定刑罚。即人民法院根据犯罪人的犯罪事实，结合量刑情节，依法确定其应当受到的刑罚。

在我国司法实践中，检察机关具有量刑建议权，但是量刑权和量刑建议权有本质区别。通常量刑权和量刑建议权是一致的，但是在特殊时候也可能产生冲突，此刻，量刑权无疑优先于量刑建议权。即检察机关的建议是否有效有待于审判机关的接受和确认。如果人民法院认为检察机关的量刑建议缺乏事实或者法律根据，也可以根据案件事实和法律规定自行确定最后的刑罚，并不必然受到量刑建议的限制。

在实践中还应当关注境外追赃追逃中的量刑承诺。量刑承诺是我国司法机关为了顺利实现追赃追逃，而对域外司法机关做出的承诺。[①]

二、量刑情节

（一）量刑情节的概念和特征

量刑情节，又称刑罚裁量情节，是指人民法院对犯罪分子裁量刑罚时应当考虑的、据以决定量刑轻重或者免除刑罚处罚的各种情况。

量刑情节具有如下四个特征。

第一，量刑情节与定罪情节有区别，即它与认定行为人的行为是否构成犯罪并无关系。例如《刑法》第120条之六规定："明知是宣扬恐怖主义、极端主义的图书、音频视频资料或者其他物品而非法持有，情节严重的，处三年以下有期徒刑、拘役或者管制，并处或者单处罚金。"本条文中的情节属于定罪情节；再如第128条第1款规定："违反枪支管理规定，非法持有、私藏枪支、弹药的，处三年以下有期徒刑、拘役或者管制；情节严重的，处三年以上七年以下有期徒刑。"本条中的情节也不是量刑情节，而是加重犯罪构成中的情节。量刑情节是对于基本犯罪构成或者加重、减轻犯罪构成没有影响，但是对行为的社会危害性、行为人的人身危险性具有现实评价意义的情况。

第二，量刑情节通过辅助性手段，不仅表征犯罪行为的社会危害性，还可以表征犯罪人的人身危险性。如犯罪人因为犯罪接受刑罚教育改造，但是刑罚执行完又再次故意犯罪的，说明其犯罪恶习没有消除，人身危险性较大；再如，犯罪人连续故意杀人并肢解受害人尸体，不仅表明其人身危险性大，而且其行为的社会危害性大。

第三，量刑情节对于犯罪人具有从宽或者从重的功能。不同量刑情节对刑罚

① 参见张磊.境外追逃中的量刑承诺制度研究［J］.中国法学，2017（01）.

裁量的结果包括从轻处罚、从重处罚、减轻处罚或者免除刑罚处罚，所以功能不同。

第四，量刑情节的表现形式不同。根据不同的标准，可以对量刑情节作不同层次的分类。一般以刑法是否就量刑情节及其功能作出明确规定为标准，可以将量刑情节分为法定量刑情节和酌定量刑情节。

（二）法定量刑情节

1.法定量刑情节的概念与分类

法定量刑情节，简称法定情节，是指刑法明文规定的在量刑时应当予以考虑的情节。

法定量刑情节可以采用不同标准进行分类：（1）以规定法定情节的刑法规范的性质和法定情节的适用范围为标准，法定情节可分为总则性量刑情节和分则性量刑情节。总则性情节，是依照总则性刑法规范的规定对各种犯罪共同适用的情节；分则性情节，是依照分则性刑法规范的规定对特定犯罪适用的情节。（2）以法定量刑情节对犯罪人的功能为标准，法定情节有从重、从轻、减轻和免除处罚的情节。（3）根据犯罪人量刑时具有的不同情节的功能，可以分为单一功能的情节与多功能情节。如行为人仅具有自首一个从宽情节或者行为人具有自首、坦白、立功数个从宽情节，或者行为人具有自首从宽情节和累犯从重情节。（4）根据适用的强制性，法定情节可分为应当适用型情节与可以适用型情节。在实践中，要严格根据刑法规定适用法定量刑情节。

2.法定量刑情节的适用

（1）从轻处罚情节和从重处罚情节的适用

《刑法》第62条规定："犯罪分子具有本法规定的从重处罚、从轻处罚情节的，应当在法定刑的限度以内判处刑罚。"此为关于从轻处罚情节和从重处罚情节适用规则的规定。

从轻处罚，是指在法定刑幅度内选择判处比没有该情节的类似犯罪相对较轻的刑种或刑期。

从重处罚，是指在法定刑幅度内选择判处比没有该情节的类似犯罪相对较重的刑种或刑期。

适用从重或者从轻情节要注意以下三点：第一，必须摒弃以中间线为基准刑，认为刑罚低于中间线属于从轻处罚，高于中间线则属于从重处罚的思想。这种做法过于简单教条，不利于全面评价行为人的人身危险性及其社会危害性。第二，法定刑幅度，是指与具体犯罪相适应的法定刑限度之内具体的量刑幅度。如《刑法》第326条第1款规定："以牟利为目的，倒卖国家禁止经营的文物，情节严重的，处五年以下有期徒刑或者拘役，并处罚金；情节特别严重的，处五年以上十年以下有期徒刑，并处罚金。"如果行为人倒卖文物的行为情节严重，其法定刑幅度不是在拘役和10年以下有期徒刑之间，而是在拘役和5年以下有期徒刑之间。第三，从轻处罚，不允许在法定最低刑之下判处刑罚；从重处罚，不允许在法定最高刑之上判处刑罚，二者区别于减轻处罚或者加重处罚。

（2）减轻处罚情节的适用

减刑处罚，是指判处低于法定最低刑的刑罚。我国刑法中的减轻处罚分为法定减轻处罚（也称一般减轻处罚）和酌定减轻处罚（也称特殊减轻处罚）。

《刑法》第63条第1款规定："犯罪分子具有本法规定的减轻处罚情节的，应当在法定刑以下判处刑罚；本法规定有数个量刑幅度的，应当在法定量刑幅度的下一个量刑幅度内判处刑罚。"此为一般减轻处罚的规定。该条第2款规定："犯罪分子虽然不具有本法规定的减轻处罚情节，但是根据案件的特殊情况，经最高人民法院核准，也可以在法定刑以下判处刑罚。"此为酌定减轻处罚的规定。

适用减轻处罚情节的基本适用规则，必须注意以下问题：第一，法定最低刑，并非笼统地指特定犯罪的法定刑的最低刑，而是指与行为人所实施的特定具体犯罪相适应的量刑幅度中的最低刑。以《刑法》第326条为例，如果行为人犯罪情节特别严重，那么减轻处罚的法定最低刑为5年有期徒刑。第二，减轻处罚既包括刑种的减轻，也包括刑期的减轻。如行为人倒卖文物犯罪情节严重，减轻处罚就意味着选择轻于拘役的刑罚种类。第三，减轻处罚不能判处法定最低刑，只能在法定最低刑之下判处刑罚，否则将同从轻处罚相混淆；减轻处罚也不能减轻到免除处罚的程度，否则将同免除处罚相混淆。

除遵守减轻处罚情节的基本适用规则以外，对犯罪分子适用酌定减轻处罚，还必须符合下列条件：第一，犯罪分子不具有法定减轻处罚情节。如果犯罪分子具有法定减轻处罚情节，则不能适用《刑法》第63条第2款的规定。第二，案件具有特殊情况。至于何为特殊情况，有待必要的司法解释予以明确。第三，经最高人民法院核准。各级法院适用《刑法》第63条第2款规定所作的酌定减轻处罚的判决，只有逐级报最高人民法院核准后，才能发生法律效力。

（3）免除处罚情节的适用

根据《刑法》第37条的规定，免除处罚，是对犯罪分子作有罪宣告，但免除其刑罚处罚。适用免除处罚的情节，除应当明确各种总则性和分则性免除处罚情节的具体内容外，必须把握三个基本条件：第一，行为人的行为已经构成犯罪；第二，行为人所构成的犯罪情节轻微；第三，因犯罪情节轻微而不需要判处刑罚。只有符合这三项条件者，才能对其免除处罚，否则，不能适用免除处罚。

（三）酌定量刑情节

1.酌定量刑情节的概念

酌定量刑情节，简称酌定情节，是指人民法院从审判经验中总结出来的，在刑罚裁量过程中灵活掌握、酌情适用的情节。酌定情节虽然不是刑法明文规定的，却是根据刑事立法精神和有关刑事政策，从刑事审判实践经验中总结出来的，因而对于刑罚裁量也具有重要意义。

酌定情节在刑罚裁量中的作用主要表现为：其一，酌定情节对于法定情节的最终适用结果起着重要的调节、修正和辅助判断的作用；其二，当特定案件中不具有法定情节时，适用酌定情节，有助于在相对确定的法定刑中确定最终应当判处的刑罚。

2.酌定情节的种类

刑法司法实践中常见的酌定情节，存在于犯罪行为实施之前、犯罪行为实施过程之中，以及犯罪行为结束之后，主要有以下七种。

（1）犯罪的动机。例如，同是盗窃犯罪，有的是为了窃取财物购买毒品吸食，有的是为了解决家庭经济困难或者治病救人，前者的主观恶性相对大于后者。

（2）犯罪的手段。例如，使用骗奸方法实施的强奸犯罪，与采用野蛮暴力手段完成的强奸犯罪相比，前者的情节明显轻于后者。

（3）犯罪的时间、地点。例如，发生于自然灾难或者重大紧急事件之时的盗窃、抢劫等犯罪，比平时所发生的相同犯罪具有更大的社会危害性。

（4）犯罪侵害的对象。例如，侵犯未成年人、残疾人、老年人、怀孕妇女、精神病患者的犯罪，比侵犯其他对象的相同犯罪具有更大的社会危害性。

（5）犯罪造成的损害结果。例如，同是侵犯财产利益的犯罪，犯罪人所造成的实际的财产损害程度，就是在量刑时应予以考虑的因素。

（6）犯罪分子的一贯表现。例如，平时遵纪守法者犯罪，与平时一贯违法乱纪甚至多次受过行政处罚者犯罪相比，后者就应受到相对较重的处罚。

（7）犯罪后的态度。例如，真诚悔过、坦白罪行、主动退赃、主动赔偿损失、取得受害人谅解、采取积极措施消除或减轻危害结果等表现，较之于拒不认罪、毁灭罪证、意图逃避罪责、串供等表现，前者应当受到相对较轻的处罚。

3.酌定情节的意义

法定量刑情节具有抽象性和立法建构性，无法全面客观公正衡量犯罪的社会危害性和犯罪人的人身危险性。酌定量刑情节则充分发挥司法经验的优势，将社会常识、社会常理和社会常情有机融入司法规则之中，对抽象化、类型化的犯罪评价进行情境化、具体化的验证和修正，使得量刑不仅具备合法性，而且具有合理性。

第二节　量刑制度

一、累犯

（一）累犯的概念与种类

累犯，是指因犯罪而受过一定的刑罚处罚，在刑罚执行完毕或者赦免以后，于法定期限内又犯一定之罪的犯罪分子。

有观点认为报应优先、兼顾功利是我国累犯制度的理论根据。[①]这种观点有其内在含义。但是，累犯制度针对的人更合理的解释应当是对人身危险性较大的人采取的功利性预防措施。在我国，受过刑罚处罚的大多数犯罪分子，能够改恶从善，重新做人，重返社会后成为守法公民。但是，也有少数受过刑罚处罚的犯

① 参见苏彩霞.累犯制度比较研究［M］.北京：中国人民公安大学出版社，2002：65.

罪分子，即便经历过教育改造，却不思悔改，怙恶不悛，在刑罚执行完毕或者赦免以后的一定时间内再次实施犯罪。这类犯罪分子较之于初犯、偶犯或者其他犯罪分子，其所实施的犯罪行为本身具有更为严重的社会危害性，从而表明犯罪人具有更深的主观恶性和更大的人身危险性。故刑法对此类犯罪分子定性为累犯，并对其刑罚专门作出规定。

根据《刑法》之规定，累犯分为一般累犯和特别累犯两种。

（二）一般累犯

《刑法》第65条第1款规定“被判处有期徒刑以上刑罚的犯罪分子，刑罚执行完毕或者赦免以后，在五年以内再犯应当判处有期徒刑以上刑罚之罪的，是累犯，应当从重处罚，但是过失犯罪和不满十八周岁的人犯罪的除外”。此为一般累犯的刑法根据。

一般累犯，是指被判处有期徒刑以上刑罚并在刑罚执行完毕或者赦免以后，在5年内再犯应当判处有期徒刑以上刑罚之罪的犯罪分子。一般累犯的成立条件如下。

1. 主体条件

成立累犯的主体身份的犯罪分子，必须是犯罪发生时已满18周岁的成年人。依据《刑法》第65条第1款后半段的规定，即“但是过失犯罪和不满十八周岁的人犯罪的除外”，可见构成累犯者应当是前罪和后罪发生时犯罪人均已满18周岁。如果犯罪人前罪发生时不满18周岁，后罪发生时已满18周岁的，也不宜认定为累犯。

2. 主观条件

成立累犯要求行为人刑罚执行之前实施的前罪与刑罚执行完毕或者赦免之后实施的后罪都是故意犯罪，这是构成累犯的主观条件。换言之，如果行为人实施的前罪与后罪均为过失犯罪，或者前罪为故意犯罪后罪为过失犯罪，又或者前罪为过失犯罪后罪为故意犯罪的，都不能成立累犯。

3. 刑种条件

成立累犯还有刑种限制，即前罪被判处有期徒刑以上刑罚，后罪也应当被判处有期徒刑以上刑罚。这是构成累犯的刑种条件。也就是说，构成累犯的前罪被判处的刑罚和后罪应当判处的刑罚均须为有期徒刑以上的刑罚。如果前罪所判处的刑罚和后罪应当判处的刑罚均低于有期徒刑，或者其中之一低于有期徒刑，就不成立累犯。

4.时间条件

行为人实施前罪和后罪之间的时间间隔的长短，是判断行为人是否能够改恶从善、是否具有较大人身危险性的重要时间条件。依照规定，后罪发生在前罪的刑罚执行完毕或者赦免以后5年之内。所谓刑罚执行完毕，是指主刑执行完毕，不包括附加刑在内。主刑执行完毕后5年内又犯罪，即使附加刑未执行完毕，仍构成累犯。所谓赦免，主要是指特赦。后罪发生在前罪的刑罚执行期间，则不构成累犯，而应适用数罪并罚；若后罪发生在前罪的刑罚执行完毕或者赦免5年以后，也不构成累犯。

（三）特别累犯

《刑法》第66条规定："危害国家安全犯罪、恐怖活动犯罪、黑社会性质的组织犯罪的犯罪分子，在刑罚执行完毕或者赦免以后，在任何时候再犯上述任一类罪的，都以累犯论处。"此为特别累犯的刑法根据。

特别累犯，是指因犯危害国家安全犯罪、恐怖活动犯罪、黑社会性质的组织犯罪的犯罪分子受过刑罚处罚，刑罚执行完毕或者赦免以后，在任何时候再犯上述任一类罪的犯罪分子。特别累犯的成立条件如下。

1.罪质条件

成立特别累犯，要求行为人实施的前罪与后罪为危害国家安全犯罪、恐怖活动犯罪、黑社会性质的组织犯罪的任一类犯罪。如果行为人实施的前后两罪都不是危害国家安全犯罪、恐怖活动犯罪、黑社会性质的组织犯罪的任一类犯罪；或者前罪是危害国家安全犯罪、恐怖活动犯罪、黑社会性质的组织犯罪中的一类犯罪，但后罪不是危害国家安全犯罪、恐怖活动犯罪、黑社会性质的组织犯罪的某一类犯罪，又或者前罪不是危害国家安全犯罪、恐怖活动犯罪、黑社会性质的组织犯罪中的一类犯罪，即便后罪是危害国家安全犯罪、恐怖活动犯罪、黑社会性质的组织犯罪的某一类犯罪的，就不能成立特别累犯。但是并不要求前罪与后罪的性质完全一致，如前罪（或者后罪）是危害国家安全罪的某种犯罪，后罪（或者前罪）是恐怖活动犯罪或者黑社会性质的组织犯罪中的某种犯罪，也成立特别累犯。

2.刑罚条件

考虑到特别累犯的犯罪性质极为严重，所以立法降低了对特别累犯刑法条件的要求。前罪被判处的刑罚和后罪应判处的刑罚的种类及其轻重不受限制。即使前后两罪或者其中之一被判处或者应当判处管制、拘役或者单处某种附加刑，也不影响特别累犯的成立。

3.时间条件

基于上述原因，因危害国家安全犯罪、恐怖活动犯罪、黑社会性质的组织犯罪的任一类犯罪被判处刑罚，在刑罚执行完毕或者赦免以后的任何时候，再犯危害国家安全罪、恐怖活动犯罪、黑社会性质的组织犯罪的任一类犯罪，就构成特别累犯，即特别累犯不受前后两罪间隔时间长短的限制。

（四）累犯和再犯的区别

一般意义上的再犯，是指再次犯罪的人，即两次或者两次以上实施犯罪的人。再犯可能性不仅可以衡量行为人的人身危险性，对于决定刑罚执行方式也有重要影响。

成立再犯条件很宽松，并不考虑前后之罪的性质和主观条件，也不考虑前后之罪的时间间隔。后犯之罪实施的时间，既可以在前罪刑罚执行期间，也可以在刑罚执行完毕或者赦免之后任何时期。可以认为，累犯属于特别的再犯。累犯与再犯的区别主要体现在：第一，累犯前后实施的犯罪必须是特定的犯罪；而再犯前后实施的犯罪并无此方面的限制。第二，累犯一般必须以前后两罪被判处或者应判处一定刑罚为构成要件；而构成再犯，并不要求前后两罪必须被判处一定刑罚。第三，累犯所犯后罪，一般必须是在前罪刑罚执行完毕或者赦免以后的法定期限之内实施的；而构成再犯，对前后两罪之间并无时间方面的限制。

（五）累犯的法律后果

和初犯、偶犯或其他犯罪人相比，累犯往往具有更深的主观恶性和更大的人身危险性，所以，依据罪责刑相适应原则和刑罚个别化原则，对于累犯应当从严惩处。

《刑法》第65条规定了对累犯应当从重处罚的原则。它包括以下三方面的内容：第一，无论行为人成立何种累犯，都必须对其从重处罚。即无论符合一般累犯的成立条件者，还是符合特别累犯的成立条件者，都必须对其在法定刑的限度以内，判处相对较重的刑罚，即适用较重的刑种或较长的刑期。第二，对于累犯的处罚不能无原则拔高。即对于累犯应从重处罚，并不是无原则的、无限制的。从重处罚应以不构成累犯的初犯或其他犯罪人为从重处罚的参照标准。第三，对于累犯从重处罚，必须根据其所实施的犯罪行为的性质、情节和社会危害程度，确定具体应判处的刑罚，不能对累犯一律判处法定最高刑。

二、自首

（一）自首的概念与种类

自首，是指犯罪分子犯罪以后自动投案，如实供述自己罪行的行为，或者被采取强制措施的犯罪嫌疑人、被告人和正在服刑的罪犯，如实供述监察机关、司法机关还未掌握的本人其他罪行的行为。

各国刑法普遍设立了自首制度，并确定了对自首犯从宽处罚的原则。规定自首及对自首者从宽处罚的意义在于以下三点：第一，它对于分化瓦解犯罪势力，感召犯罪分子主动投案，激励犯罪分子悔过自新，减少因犯罪而造成的社会不安定因素，起着积极的作用。第二，它有利于迅速侦破刑事案件，及时惩治犯罪，提高刑事法律在打击和预防犯罪中的作用。第三，它有利于兼顾惩罚犯罪和教育改造罪犯的刑罚重要功能，使刑罚目的的实现过程在一定程度上，因犯罪人的自动归案而拓展到犯罪行为实施之后、定罪量刑之前的阶段，促使罪犯更早开始自我改造。

根据《刑法》的规定，自首分为一般自首和特别自首两种。

（二）一般自首

《刑法》第67条第1款规定："犯罪以后自动投案，如实供述自己的罪行的，是自首。对于自首的犯罪分子，可以从轻或者减轻处罚。其中，犯罪较轻的，可以免除处罚。”这是一般自首的刑法根据。

一般自首，是指犯罪分子犯罪以后自动投案，如实供述自己罪行的行为。一般自首的成立条件包括自动投案和如实供述自己的罪行。

1. 自动投案

自动投案是指在犯罪事实或者犯罪嫌疑人未被监察机关、司法机关发觉，或者虽被发觉，但犯罪嫌疑人尚未受到讯问、未被采取强制措施时，主动、直接向监察机关、公安机关、人民检察院或者人民法院投案。由于自首具有特殊功能，所以在司法实践中对于自首的认定不宜过于严格，以下七种情形也应视为自动投案：

（1）犯罪嫌疑人向其所在单位、城乡基层组织或者其他有关负责人员投案的，应视为自动投案；

（2）犯罪嫌疑人因病、伤或者为了减轻犯罪后果，委托他人先代为投案，或者先以信电投案的；

（3）犯罪嫌疑人的罪行尚未被监察机关、司法机关发觉，仅因形迹可疑，被有关组织或者监察机关、司法机关盘问、教育后，主动交代自己的罪行的；

（4）犯罪后逃跑，在被通缉、追捕过程中，主动投案的；

（5）经查实确已准备去投案，或者正在投案途中，被公安机关捕获的，应当视为自动投案；

（6）并非出于犯罪嫌疑人主动，而是经亲友规劝、陪同投案的；

（7）监察机关、公安机关通知犯罪嫌疑人的亲友，或者亲友主动报案后，将犯罪嫌疑人送去投案的，也应当视为自动投案。

此外，犯罪嫌疑人具有以下六种情形之一的，也应当视为自动投案：

（1）犯罪后主动报案，虽未表明自己是作案人，但没有逃离现场，在司法机关询问时交代自己罪行的；

（2）明知他人报案而在现场等待，抓捕时无拒捕行为，供认犯罪事实的；

（3）在监察机关、司法机关未确定犯罪嫌疑人，尚在一般性排查询问时主动交代自己罪行的；

（4）因特定违法行为被采取留置措施、劳动教养、行政拘留、司法拘留、强制隔离戒毒等行政、司法强制措施期间，主动向执行机关交代尚未被掌握的犯罪行为的；

（5）交通肇事后保护现场、抢救伤者，并向公安机关报告的；

（6）其他符合立法本意，应当视为自动投案的情形。

但是，如果犯罪嫌疑人投案时具有以下三种情形，就不能认定为自动投案：

（1）罪行未被有关部门、监察机关、司法机关发觉，仅因形迹可疑被盘问、教育时，有关部门、司法机关在其身上、随身携带的物品、驾乘的交通工具等处发现与犯罪有关的物品的。例如，行为人持有毒品被查处后供述贩卖毒品的事实，不能认定为自动投案，对其供述行为可按照坦白处理。①

（2）犯罪嫌疑人被亲友采用捆绑等手段送到监察机关、司法机关，或者在亲友带领侦查人员前来抓捕时无拒捕行为的。

（3）犯罪嫌疑人自动投案后又逃跑的。

2. 如实供述自己的罪行

如实供述自己的罪行，是指犯罪嫌疑人自动投案后，如实交代自己的主要犯罪事实。如实供述与认定自首间需考虑多种情况：

（1）如实供述自己的罪行，即供述自己的主要犯罪事实。“主要犯罪事实”是指，对认定行为人行为性质有决定意义的事实、情节以及对量刑有重大影响的事实、情节。此外，还应包括姓名、年龄、职业、住址、前科等情况。犯罪嫌疑人供述的身份等情况与真实情况虽有差别，但不影响定罪量刑的，应认定为如实供述自己的罪行。犯罪嫌疑人自动投案后隐瞒自己的真实身份等情况，影响对其定罪量刑的，不能认定为如实供述自己的罪行。

（2）犯罪嫌疑人多次实施同种罪行的，应当综合考虑已交代的犯罪事实与未交代的犯罪事实的危害程度，决定是否认定为如实供述主要犯罪事实。虽然投案后没有交代全部犯罪事实，但如实交代的犯罪情节重于未交代的犯罪情节，或者如实交代的犯罪数额多于未交代的犯罪数额，一般应认定为如实供述自己的主要犯罪事实。无法区分已交代的与未交代的犯罪情节的严重程度，或者已交代的犯罪数额与未交代的犯罪数额相当，一般不认定为如实供述自己的主要犯罪事实。

（3）犯罪嫌疑人实施多个不同性质的犯罪。如果仅如实供述所犯数罪中部分

---

① 参见赵慧．持有毒品被查处后供述贩卖事实能否认定自首［J］．人民检察，2014（11）．

犯罪的，只对如实供述部分犯罪的行为，认定为自首。

（4）犯罪嫌疑人自动投案时虽然没有交代自己的主要犯罪事实，但在监察机关、司法机关掌握其主要犯罪事实之前主动交代的，应认定为如实供述自己的罪行。

（5）投案人所供述的犯罪，既可以是投案人单独实施的，也可以是与他人共同实施的。共同犯罪案件中的犯罪嫌疑人，除如实供述自己的罪行，还应当供述所知的同案犯，主犯则应当供述所知其他同案犯的共同犯罪事实，才能认定为自首。如果犯罪人在供述犯罪的过程中推诿罪责，保全自己，意图逃避制裁；大包大揽，庇护同伙，意图包揽罪责；歪曲罪质，隐瞒情节，企图蒙混过关；掩盖真相，避重就轻，试图减轻罪责；等等，均属不如实供述自己的犯罪事实，不能成立自首。

（6）犯罪嫌疑人如实供述犯罪事实，虽然对行为性质有不同认识，存在辩解，也应视为如实供述，不影响自首的成立。

犯罪嫌疑人自动投案并如实供述自己的罪行后又翻供的，不能认定为自首，但在一审判决前又能如实供述的，应当认定为自首。贪污贿赂、渎职等职务犯罪的犯罪分子，如果没有自动投案，在办案机关调查谈话、讯问、采取调查措施或者强制措施期间，如实交代办案机关掌握的线索所针对的事实的，不能认定为自首。

（三）特别自首

《刑法》第67条第2款规定："被采取强制措施的犯罪嫌疑人、被告人和正在服刑的罪犯，如实供述司法机关还未掌握的本人其他罪行的，以自首论。"这就是特别自首的规定。

特别自首，亦称准自首，是指被采取强制措施的犯罪嫌疑人、被告人和正在服刑的罪犯，如实供述监察机关、司法机关还未掌握的本人其他罪行的行为。

特别自首的成立条件有如下两个。

1.成立特别自首的主体必须是被采取强制措施的犯罪嫌疑人、被告人和正在服刑的罪犯。其中，所谓强制措施，是指我国刑事诉讼法规定的拘传、拘留、取保候审、监视居住和逮捕或者监察法规定的强制措施。所谓正在服刑的罪犯，是指已经由人民法院判决、正在执行所判刑罚的罪犯。上述法律规定的三种人以外的犯罪分子，不能成立特别自首。

2.必须如实供述监察机关、司法机关还未掌握的本人其他罪行。这是成立特别自首的关键性条件。具体而言有以下三点：

（1）被采取强制措施的犯罪嫌疑人、被告人和已宣判的罪犯，如实供述司法机关尚未掌握的罪行，与司法机关已掌握的或者判决确定的罪行属不同罪行的，以自首论；如实供述司法机关尚未掌握的罪行，与司法机关已掌握的或者判决确定的罪行属同种罪行的，可以酌情从轻处罚；如实供述的同种罪行较重的，一般应当从轻处罚。

（2）犯罪嫌疑人、被告人在被采取强制措施期间，向监察机关、司法机关主动如实供述本人的其他罪行，该罪行能否认定为监察机关、司法机关已掌握，应根据不同情形区别对待。如果该罪行已被通缉，一般应以该监察机关、司法机关是否在通缉令发布范围内作出判断，不在通缉令发布范围内的，应认定为还未掌握，在通缉令发布范围内的，应视为已掌握；如果该罪行已录入全国公安信息网络在逃人员信息数据库，应视为已掌握。如果该罪行未被通缉、也未录入全国公安信息网络在逃人员信息数据库，应以该监察机关、司法机关是否已实际掌握该罪行为为标准。

（3）犯罪嫌疑人、被告人在被采取强制措施期间如实供述本人其他罪行，该罪行与监察机关、司法机关已掌握的罪行属同种罪行还是不同种罪行，一般应以罪名区分。虽然如实供述的其他罪行的罪名与监察机关、司法机关已掌握犯罪的罪名不同，但如实供述的其他犯罪与司法机关已掌握的犯罪属选择性罪名或者在法律、事实上密切关联，如因受贿被采取强制措施后，又交代因受贿为他人谋取利益行为，构成滥用职权罪的，应认定为同种罪行。

但是上述人员虽然没有自动投案，但具有以下情形之一的，应认定为自首：第一，犯罪分子如实交代办案机关未掌握的罪行，与办案机关已掌握的罪行属不同种罪行的；第二，办案机关所掌握线索针对的犯罪事实不成立，在此范围外犯罪分子交代同种罪行的。

（四）共同犯罪自首的认定

正确认定共同犯罪人的自首，关键在于准确把握共同犯罪人各自的罪行的范围。根据我国刑法的规定，各种共同犯罪人自首时所要供述的自己的罪行的范围，与其在共同犯罪中所起的作用和具体分工是相适应的。就主犯而言，当其为首要分子的时候，必须供述的罪行，包括其组织、策划、指挥作用所及或支配下的全部罪行；当其为其他主犯的时候，必须供述的罪行，包括其在首要分子的组织、策划、指挥作用的支配下单独实施的共同犯罪行为，以及与其他共同犯罪人共同实施的犯罪行为。就从犯而言，当其为次要的实行犯的时候，所应供述的罪行，包括犯罪分子自己实施的犯罪，以及与自己共同实施犯罪的主犯和胁从犯的犯罪行为；当其为帮助犯的时候，所应供述的罪行，包括自己实施的犯罪帮助行为，以及自己所帮助的实行犯的行为。就胁从犯而言，所应供述的罪行的范围，包括自己在被胁迫情况下实施的犯罪，以及所知道的胁迫自己犯罪的胁迫人所实施的犯罪行为。就教唆犯而言，所应供述的罪行的范围，包括自己的教唆行为，以及所了解的被教唆人产生犯罪意图之后实施的犯罪行为。

（五）数罪自首的认定

正确认定数罪的自首，关键在于判断犯罪人是否如实地供述了所犯数罪并分不同情况予以处理。就一般自首而言，对于犯罪人自动投案后如实供述所犯全部数罪的，应认定为全案均成立自首。对于犯罪人自动投案后仅如实供述所犯全部数罪的一部分，而未供述另一部分犯罪的，应分别予以处理：若行为人所犯数罪为异种数罪的，其所供述的犯罪成立自首，其未交代的犯罪不成立自首，即自首的效力仅及于如实供述之罪。若行为人所犯数罪为同种数罪，则应根据犯罪人供述犯罪的程度，决定自首成立的范围。其中，犯罪人所供述的犯罪与未供述的犯罪在性质、情节、社会危害程度等方面大致相当的，只应认定所供述之罪成立自首，未供述之罪不成立自首，即自首的效力仅及于如实供述之罪。犯罪人确实由于主客观方面的原因，只如实供述了所犯数罪中的主要或基本罪行，应认定为全案成立自首，即自首的效力及于所犯全部罪行。就特别自首而言，被监察机关、司法机关依法采取强制措施的犯罪嫌疑人、被告人和正在服刑的罪犯，如实供述监察机关、司法机关还未掌握的本人非同种罪行的，以自首论。如实供述监察机关、司法机关还未掌握的本人同种罪行的，分别不同情况，可以酌情或者一般应当从轻处罚。

（六）过失犯罪自首的认定

过失犯罪的自首问题，关键涉及过失犯罪能否成立自首。在刑法学界，有人以过失犯罪的犯罪事实和犯罪人容易被发现为主要理由，主张刑法所规定的自首从宽制度不适用于过失犯罪，自首对于过失犯罪没有实际意义。但是，《刑法》第67条并未对可以成立自首的犯罪予以任何限制，也就是说，刑法分则规定的所有犯罪均未被排除在可以成立自首的犯罪之外。行为人在实施过失犯罪之后，只要其行为符合自首成立条件的，就应认定为自首。

（七）单位犯罪的自首

单位犯罪案件中，单位集体决定或者单位负责人决定而自动投案，如实交代单位犯罪事实的，或者单位直接负责的主管人员自动投案，如实交代单位犯罪事实的，应当认定为单位自首。单位自首的，直接负责的主管人员和直接责任人员未自动投案，但如实交代自己知道的犯罪事实的，可以视为自首；拒不交代自己知道的犯罪事实或者逃避法律追究的，不应当认定为自首。单位没有自首，直接责任人员自动投案并如实交代自己知道的犯罪事实的，对该直接责任人员应当认定为自首。

（八）自首的罚则

《刑法》第67条第1款规定："对于自首的犯罪分子，可以从轻或者减轻处罚。其中，犯罪较轻的，可以免除处罚。"根据有关司法解释，对于自首犯适用该规定，具体确定从轻、减轻还是免除处罚，应当根据犯罪轻重，并考虑自首的具体情节。据此，对于自首犯应分别根据不同情况予以从宽处罚：对于自首的犯罪分子，无论罪行轻重，均可以从轻处罚或者减轻处罚。但对于极少数罪行极其严重的犯罪分子，也可以不从轻或者减轻处罚。对于罪行较轻的自首的犯罪分子，不仅可以从轻处罚或者减轻处罚，而且可以免除处罚。至于罪行的轻重，应当根据犯罪的事实、性质、情节和对于社会的危害程度予以综合评判。而自首的具体情节，则应综合考虑投案时间、投案动机、投案的客观条件、交代罪行的程度等多种因素，得出判定结论。

三、坦白

《刑法》第67条第3款规定:“犯罪嫌疑人虽不具有前两款规定的自首情节,但是如实供述自己罪行的,可以从轻处罚;因其如实供述自己罪行,避免特别严重后果发生的,可以减轻处罚。”此为坦白的立法根据。

所谓坦白,是指犯罪分子被动归案之后,如实供述自己罪行,并接受国家监察机关、司法机关审查和裁判的行为。

自首与坦白的相同之处为,均以自己实施了犯罪行为为前提,都是在犯罪人归案之后如实交代自己的犯罪事实,两者的犯罪人都有接受国家监察机关、司法机关审查和裁判的行为,两者都是从宽处罚的情节。但是,自首与坦白也存在明显的区别:第一,自首是犯罪人自动投案,主动如实供述自己犯罪事实的行为,或者被动归案以后,如实供述监察机关、司法机关还未掌握的本人其他罪行的行为;而坦白则是犯罪人被动归案之后,如实交代自己被指控的犯罪事实的行为。第二,自首与坦白所反映的犯罪人人身危险性的程度不同,自首者的人身危险性相对较轻,坦白犯的人身危险性相对较重。在一般情况下,自首比坦白的从宽处罚幅度要大。

四、立功

(一)立功的概念和意义

《刑法》第68条规定:“犯罪分子有揭发他人犯罪行为,查证属实的,或者提供重要线索,从而得以侦破其他案件等立功表现的,可以从轻或者减轻处罚;有重大立功表现的,可以减轻或者免除处罚。”本条规定了立功及其罚则。

所谓立功,是指犯罪分子揭发他人犯罪行为,查证属实,或者提供重要线索,从而得以侦破其他案件等行为。

我国刑法设置的立功制度及其所确立的对立功犯从宽处罚的原则,具有重要的意义:第一,它有利于犯罪分子以积极的态度协助监察机关、司法机关工作,提高监察机关、司法机关办理刑事案件的效率,其结果具有应予肯定的价值,有利于国家、有利于社会。第二,它对于瓦解犯罪势力,促使其他犯罪分子主动归案,减少犯罪造成的社会不安定因素,起着积极的作用。第三,它通过对犯罪分子立功从宽的处罚结果，有助于激励犯罪分子悔过自新、改过从善，进而较好地协调、发挥刑罚惩罚犯罪和教育改造罪犯的重要功能。

我国刑法中的立功分为一般立功和重大立功两种。一般立功与重大立功的区别在于两者依法受到的从宽处罚程度不同。

（二）一般立功

所谓一般立功，是指犯罪分子检举、揭发他人的犯罪行为，查证属实的，或者犯罪分子提供重要线索，从而得以侦破其他案件的行为。包括共同犯罪案件中的犯罪分子揭发同案犯共同犯罪以外的其他犯罪，经查证属实的；提供侦破其他案件的重要线索，经查证属实的；阻止他人犯罪活动的；协助监察机关、司法机关抓捕其他犯罪嫌疑人（包括同案犯）的；具有其他有利于国家和社会的突出表现的行为。此外，共同犯罪案件中的犯罪分子归案后，揭发同案犯共同犯罪事实的，可以酌情予以从轻处罚。

在实践当中，必须结合实际情况认定立功，特别要防止假立功现象。一般立功条件包括：

第一，立功必须是犯罪分子本人实施的行为。为使犯罪分子得到从轻处理，犯罪分子的亲友直接向有关机关揭发他人犯罪行为，提供侦破其他案件的重要线索，或者协助监察机关、司法机关抓捕其他犯罪嫌疑人的，不应当认定为犯罪分子的立功表现。

第二，据以立功的线索、材料来源合法有效。有下列情形之一的，不能认定为立功：其一，本人通过非法手段或者非法途径获取的；其二，本人因原担任的查禁犯罪等职务获取的；其三，他人违反监管规定向犯罪分子提供的；其四，负有查禁犯罪活动职责的国家机关工作人员或者其他国家工作人员利用职务便利提供的。故此，犯罪分子通过贿买、暴力、胁迫等非法手段，或者被羁押后与律师、亲友会见过程中违反监管规定，获取他人犯罪线索并“检举揭发”的，或者犯罪分子将本人以往查办犯罪职务活动中掌握的，或者从负有查办犯罪、监管职责的国家工作人员处获取的他人犯罪线索予以检举揭发的，不能认定为有立功表现。

第三，据以立功的他人罪行材料应当指明具体犯罪事实；据以立功的线索或者协助行为对于侦破案件或者抓捕犯罪嫌疑人要有实际作用。故此，犯罪分子揭发他人犯罪行为时没有指明具体犯罪事实的；揭发的犯罪事实与查实的犯罪事实不具有关联性的；提供的线索或者协助行为对于其他案件的侦破或者其他犯罪嫌疑人的抓捕不具有实际作用的，不能认定为立功表现。

第四，犯罪分子揭发他人犯罪行为，提供侦破其他案件重要线索的，必须经查证属实，才能认定为立功。

以下四种情形可以认定为“协助司法机关抓捕其他犯罪嫌疑人”：（1）按照监察机关、司法机关的安排，以打电话、发信息等方式将其他犯罪嫌疑人（包括同案犯）约至指定地点的；（2）按照监察机关、司法机关的安排，当场指认、辨认其他犯罪嫌疑人（包括同案犯）的；（3）带领侦查人员抓获其他犯罪嫌疑人（包括同案犯）的；（4）提供监察机关、司法机关尚未掌握的其他案件犯罪嫌疑人的联络方式、藏匿地址的等。犯罪分子提供同案犯姓名、住址、体貌特征等基本情况，或者提供犯罪前、犯罪中掌握、使用的同案犯联络方式、藏匿地址，监察机关、司法机关据此抓捕同案犯的，不能认定为协助司法机关抓捕同案犯。

（三）重大立功

犯罪分子检举、揭发的他人犯罪，提供侦破其他案件的重要线索，阻止他人的重大犯罪活动，或者协助监察机关、司法机关抓捕的其他犯罪嫌疑人，犯罪嫌疑人、被告人依法可能被判处无期徒刑以上刑罚的，应当认定为有重大立功表现。其中，可能被判处无期徒刑以上刑罚，是指根据犯罪行为的事实、情节可能判处无期徒刑以上刑罚。案件已经判决的，以实际判处的刑罚为准。但是，根据犯罪行为的事实、情节应当判处无期徒刑以上刑罚，因被判刑人有法定情节经依法从轻、减轻处罚后判处有期徒刑的，应当认定为重大立功。

（四）立功的罚则

根据《刑法》第68条的规定，对于立功犯应分别依照以下不同情况予以从宽处罚：犯罪分子有一般立功表现的，可以从轻或者减轻处罚；犯罪分子有重大立功表现的，可以减轻或者免除处罚。

五、数罪并罚

（一）数罪并罚的概念

数罪并罚，是指对一行为人所犯数罪合并处罚的制度。我国刑法中的数罪并罚，是指人民法院对一行为人在法定时间界限内所犯数罪分别定罪量刑后，按照法定的并罚原则及刑期计算方法决定其应执行的刑罚的制度。这种制度的实质在于，依一定准则，解决或协调行为人所犯数罪的各个宣告刑（包括同一判决中的数个宣告刑或两个以上不同判决中的数个宣告刑）与执行刑之间的关系。

根据我国《刑法》的规定，数罪并罚具有如下三个特点：第一，必须是一行为人犯有数罪。此为适用数罪并罚的事实前提。所谓数罪，是指实质上的数罪或独立的数罪，其必须均系一行为人所为。亦即一行为人犯有一罪或非实质数罪，或者非共犯数行为人犯有数罪（各个行为人分别犯有一罪），均不在并罚之列。第二,一行为人所犯的数罪必须发生于法定的时间界限之内。我国刑法以刑罚执行完毕以前所犯数罪作为适用并罚的最后时间界限。对于在不同的刑事法律关系发展阶段内实施或发现的数罪，采用的并罚方法也不尽一致。第三，必须在对数罪分别定罪量刑的基础上，依照法定的并罚原则、并罚范围和并罚方法（刑期计算方式），决定执行的刑罚。这是适用数罪并罚的程序规则和实际操作准则。倘若违反，轻者会给刑事诉讼造成困难，或者发生执行刑的计算错误等；重者会致使罪责刑相适应等刑法基本原则遭受破坏，或者数罪并罚制度形同虚设。①

我国《刑法》中数罪并罚制度的意义主要表现在：便于审判人员科学地对犯罪分子判处适当的刑罚，有利于保证适用法律的准确性，有利于保障被告人的合法权益，有利于刑罚执行机关对犯罪分子执行刑罚和适用减刑或假释。

（二）数罪并罚的处断原则

所谓数罪并罚的处断原则，是指对一人所犯数罪合并处罚应依据的规则。其功能在于确定对于数罪如何实行并罚。数罪并罚的处断原则，是数罪并罚制度的核心和灵魂。它一方面体现着一国刑法所奉行的刑事政策的性质和特征，另一方

---

① 参见刘志伟.数罪并罚若干争议问题研讨［J］.法学杂志，2009，30（04）.

面从根本上制约着该国数罪并罚制度的具体内容及其适用效果。综观古今中外的刑事立法例，各国所采用的数罪并罚的处断原则，主要可归纳为如下四种。

1.并科原则

并科原则，亦称相加原则，是指将一人所犯数罪分别宣告的各罪刑罚绝对相加、合并执行的合并处罚规则。并科原则作为单纯适用的数罪并罚原则，实际上既难以执行，且无必要，亦过于严酷，有悖于当代刑罚制度的基本原则和精神，故目前单纯采用并科原则的国家较少。

2.吸收原则

吸收原则，是指对一人所犯数罪采用重罪吸收轻罪或者重罪刑吸收轻罪刑的合并处罚规则。换言之，它是由一人所犯数罪中法定刑最重的罪吸收其他较轻的罪，或者由最重的宣告刑吸收其他较轻的宣告刑，仅以最重罪的宣告刑或者以宣告的最重刑罚作为执行刑罚的合并处罚规则。吸收原则虽然对于死刑、无期徒刑等刑种的并罚较为适宜，且适用颇为便利，但若适用于其他刑种（如有期自由刑、财产刑等），则弊端明显。此原则不便于普遍适用，所以，目前单纯采用吸收原则的国家较少。

3.限制加重原则

限制加重原则，亦称限制并科原则，是指以一人所犯数罪中法定刑（应当判处）或已判处的最重刑罚为基础，在一定限度之内对其予以加重作为执行刑罚的合并处罚规则。限制加重原则克服了并科原则和吸收原则或失之于严酷且不便具体适用，或失之于宽纵而不足以惩罚犯罪的弊端，既使得数罪并罚制度贯彻了有罪必罚和罪责刑相适应的原则，又采取了较为灵活、合乎情理的合并处罚方式，故其确为数罪并罚原则的一大进步。但该原则并非完美无缺，仍具有一定局限性。它虽然可有效地适用于有期自由刑等刑种的合并处罚，却对于死刑、无期徒刑根本无法采用，因而当然不能作为普遍适用于各种刑罚的并罚原则，否则，便会产生以偏概全之弊。

4.折中原则

折中原则，亦称混合原则，是指对一人所犯数罪的合并处罚不单纯采用并科原则、吸收原则或限制加重原则，而是根据法定的刑罚性质及特点兼采并科原则、吸收原则或限制加重原则，以分别适用于不同刑种和宣告刑结构的合并处罚规则。换言之，它是指以上述一种原则为主、他种原则为辅，将其分别适用于不同刑种或刑罚结构的数罪合并处罚方法。

鉴于前三种原则各有得失、难以概全，目前除极少数国家单纯采用某一种原则外，世界上绝大多数国家均采用折中的原则。这种综合兼采用多种原则的做法，能够使上述各原则得以合理取舍、扬长避短、趋利除弊、互为补充、便于适用，综合发挥统一的最优化功能。

（三）我国刑法中数罪并罚的罚则

根据《刑法》第69条的规定，我国刑法采用折中原则处理数罪并罚问题。折中原则包含吸收原则、限制加重原则和并科原则的具体适用范围及基本适用规则。

吸收原则的适用情形如下：第一，判决宣告的数个主刑中有数个死刑或最重刑为死刑的，采用吸收原则，仅应决定执行一个死刑，而不得决定执行两个以上的死刑或其他主刑。第二，判决宣告的数个主刑中有数个无期徒刑或最重刑为无期徒刑的，采用吸收原则，只应决定执行一个无期徒刑，而不得决定执行两个以上的无期徒刑，或者将两个以上的无期徒刑合并升格执行死刑，或者决定执行其他主刑。第三，数罪中有判处有期徒刑和拘役的，执行有期徒刑，拘役不再执行。

并科原则的适用情形如下：第一，数罪中有判处有期徒刑和管制，或者拘役和管制的，有期徒刑、拘役执行完毕后，管制仍须执行。第二，数罪中有判处附加刑的，附加刑仍须执行，其中附加刑种类相同的，合并执行，种类不同的，分别执行。

限制加重原则的适用情形如下：第一，判决宣告的数个主刑均为有期徒刑的，应当在总和刑期以下，数刑中最高刑期以上，酌情决定执行的刑期；有期徒刑总和刑期不满35年的，最高不能超过20年，总和刑期在35年以上的，最高不能超过25年。第二，判决宣告的数个主刑均为拘役的，应当在总和刑期以下，数刑中最高刑期以上，酌情决定执行的刑期，但是最高不能超过1年。第三，判决宣告的数个主刑均为管制的，应当在总和刑期以下，数刑中最高刑期以上，酌情决定执行的刑期，但是最高不能超过3年。

（四）适用数罪并罚原则的三种情况

根据《刑法》的有关规定，不同法律条件下适用数罪并罚原则的具体规则分为以下三种情形：

第一，判决宣告以前一人犯数罪的情形。其具体适用规则与前述数罪并罚原则的基本适用规则完全一致，不再赘述。

第二，刑罚执行期间发现漏罪的情形。判决宣告以后，刑罚执行完毕以前，发现被判刑的犯罪分子在判决宣告以前还有其他罪没有判决的，应当对新发现的罪作出判决，把前后两个判决所判处的刑罚，依照《刑法》第69条的规定，根据“先并后减”的规则，对于漏罪，则应先与前罪的刑罚合并，再减去已经执行的刑期决定执行的刑罚。已经执行的刑期，应当计算在新判决决定的刑期以内。

第三，刑罚执行期间又犯新罪的情形。判决宣告以后，刑罚执行完毕以前，被判刑的犯罪分子又犯罪的，应当对新犯的罪作出判决，把前罪没有执行的刑罚和后罪所判处的刑罚，依照《刑法》第69条的规定，根据“先减后并”的规则，对于新罪，应当先减去已经执行的刑期，再与新罪的刑期合并决定应执行的刑罚。

六、缓刑

（一）缓刑的概念

缓刑，又称刑罚暂缓执行，即对原判刑罚附条件地不执行的一种刑罚制度。《刑法》第72条至第77条规定了一般意义上缓刑，通常称为一般缓刑。我国《刑法》中的缓刑，是指人民法院对于被判处拘役、3年以下有期徒刑的犯罪分子，根据其犯罪情节和悔罪表现，认为暂缓执行原判刑罚，没有再犯罪的危险，且宣告缓刑不会对所居住社区产生重大的不良影响的，规定一定的考验期，暂缓其刑罚的执行，若犯罪分子在考验期内没有发生法定撤销缓刑的情形，原判刑罚就不再执行的制度。另外，《刑法》第449条规定：“在战时，对被判处三年以下有期徒刑没有现实危险宣告缓刑的犯罪军人，允许其戴罪立功，确有立功表现时，可以撤销原判刑罚，不以犯罪论处。”这是战时缓刑的规定。

我国《刑法》中的缓刑制度，是宽严相济刑事政策的重要表现，也是政法机关专门工作与群众工作相结合，同犯罪作斗争的方针在刑罚具体运用中的体现。对犯罪人适用缓刑的重要意义在于以下三点：第一，有助于避免短期自由刑的弊端。不同种类的刑罚存在不同的消极影响，短期自由刑难以实现教育矫治的目的，而且可能导致受刑人在服刑期受到其他犯罪分子的不良影响，感染犯罪恶习。第二，有助于更好地实现刑罚的目的。刑罚的目的是预防犯罪，将犯罪分子关押改造固然可以实现该目的，但是监禁并非实现犯罪预防的唯一方式，非监禁的手段同样可以实现预防犯罪的目的。第三，是贯彻刑罚社会化、轻缓化、非监禁化的政策理念的重要制度。司法经验表明，严厉的刑罚并不是唯一的选择，刑罚执行还要注重纳入社会力量，对犯罪分子要分类教育矫治，能不关押的就不要关押。缓刑采用附条件的非监禁方式对罪行不严重、人身危险性不大的犯罪分子执行刑罚，有利于实现教育矫治。

（二）缓刑的适用条件

根据《刑法》的规定，适用缓刑还必须具备如下三个必要的条件。

1.主体条件

缓刑附条件不执行原判刑罚的特点，决定了缓刑的适用对象只能是罪行较轻的犯罪分子。可适用缓刑的对象，必须是被判处拘役或者3年以下有期徒刑刑罚的犯罪分子。

2.实质条件

除了主体条件之外，对犯罪分子决定适用缓刑的实质条件在于：（1）犯罪分子的犯罪情节较轻；（2）有悔罪表现；（3）没有再犯罪的危险；（4）宣告缓刑不会对所居住社区产生重大的不良影响。适用缓刑的四个实质条件必须同时具备，缺一不可。

3.限制条件

犯罪分子不是累犯或者犯罪集团的首要分子。累犯或者犯罪集团的首要分子人身危险性大，明显缺乏适用缓刑的条件，不得适用缓刑。累犯屡教不改、主观恶性较深，有再犯之虞，适用缓刑难以防止其再犯新罪；犯罪集团的首要分子社会危害性较大，适用缓刑会产生不良社会影响。累犯和犯罪集团的首要分子被判处拘役或3年以下有期徒刑，也不能适用缓刑。

犯罪人具有上述条件，可以宣告缓刑；不满18周岁的人、怀孕的妇女或者已满75周岁的人，如果具有上述条件，则应当宣告缓刑。

（三）缓刑的考验期限

缓刑的考验期限，是指对被宣告缓刑的犯罪分子进行考察的一定期间。拘役的缓刑考验期限为原判刑期以上1年以下，但是不能少于2个月；有期徒刑的缓刑考验期限为原判刑期以上5年以下，但是不能少于1年。

缓刑的考验期限，从判决确定之日起计算。所谓判决确定之日，即判决发生法律效力之日。判决以前先行羁押的日期，不能折抵缓刑考验期。

（四）缓刑的考察与执行

缓刑的考察内容主要是：（1）遵守法律、行政法规，服从监督；（2）按照考察机关的规定报告自己的活动情况；（3）遵守考察机关关于会客的规定；（4）离开所居住的市、县或者迁居，应当报经考察机关批准。

根据《刑法》第76条的规定，被宣告缓刑的犯罪分子，在缓刑考验期限内依法实行社区矫正。可见，缓刑的执行方式和管制的执行方式是大体一致的。

（五）缓刑的法律后果

缓刑的法律后果一般有以下三种：（1）被宣告缓刑的犯罪分子，在缓刑考验期限内，没有《刑法》第77条规定的情形，缓刑考验期满，原判的刑罚就不再执行，并公开予以宣告；（2）被宣告缓刑的犯罪分子，在缓刑考验期限内犯新罪或者发现判决宣告以前还有其他罪没有判决的，应当撤销缓刑，对新犯的罪或者新发现的罪作出判决，把前罪和后罪所判处的刑罚，依照《刑法》第69条的规定，决定执行的刑罚；（3）被宣告缓刑的犯罪分子，在缓刑考验期限内，违反法律、行政法规及国务院有关部门关于缓刑的监督管理规定，违反人民法院的禁止令，情节严重的，应当撤销缓刑，执行原判刑罚。此外，缓刑的效力不及于附加刑，即被宣告缓刑的犯罪分子，如果被判处附加刑的，附加刑仍须执行。因此，无论缓刑是否撤销，所判处的附加刑均须执行。

（六）战时缓刑

战时缓刑，是指在战时对军人适用的一种特殊缓刑制度。

1.战时缓刑的适用条件

适用战时缓刑应当遵守以下三个条件：（1）适用的时间必须是在战时。所谓战时，是指国家宣布进入战争状态、部队受领作战任务或者遭敌突然袭击时。部队执行戒严任务或者处置突发性暴力事件时，以战时论。（2）适用的对象只能是被判处3年以下有期徒刑的犯罪军人。根据立法精神，拘役、管制当然也可以适用缓刑。不是犯罪的军人，或者虽是犯罪的军人，但被判处的刑罚为3年以上有期徒刑，均不能适用战时缓刑。（3）适用战时缓刑的实质条件，是在战争条件下宣告缓刑没有现实危险。即使是被判处3年以下有期徒刑的犯罪军人，若适用缓刑具有现实危险，也不能宣告缓刑。

2.战时缓刑的法律后果

被宣告缓刑的犯罪军人，允许其戴罪立功，确有立功表现时，可以撤销原判刑罚，不以犯罪论处，如有《刑法》第77条规定的应予撤销缓刑的情形，则撤销缓刑并做出相应的处理。

第十七章

刑罚执行制度

第一节　减刑

一、减刑概述

我国《刑法》第78条至第80条规定了减刑。我国《刑法》中的减刑，是指对被判处管制、拘役、有期徒刑或者无期徒刑的犯罪分子，因其在刑罚执行期间认真遵守监规，接受教育改造，确有悔改或者立功表现，而适当减轻其原判刑罚的制度。所谓减轻原判刑罚，既可以是将较重的刑种减为较轻的刑种，也可以是将较长的刑期减为较短的刑期。

减刑是在我国长期改造罪犯的实践中建立并逐步完善的一种刑罚执行制度。将减刑作为一种刑罚执行制度规定于刑法之中，是我国刑事立法的创举。减刑制度充分体现了宽严相济的刑事政策，对于鼓励犯罪分子加速自我改造，化消极因素为积极因素，实现刑罚的目的，具有积极的促进作用。

减刑与减轻处罚不同。减轻处罚是人民法院根据犯罪分子所具有的法定或者酌定减轻处罚的情节，依法在法定刑以下判处刑罚。它属于刑罚裁量情节及其适用规则问题，其适用对象为判决确定前的未决犯。减刑则是在判决确定以后的刑罚执行期间，对正在服刑的犯罪分子，依法将原判刑罚予以适当减轻。它是一种刑罚执行制度，其适用对象为判决确定以后的已决犯。

二、减刑的条件

（一）对象条件

减刑的对象，是被判处管制、拘役、有期徒刑、无期徒刑的犯罪分子。它表明，减刑的范围仅受刑罚种类的限制，而不受刑期长短和犯罪性质的限制。只要是被判处上述四种刑罚之一的犯罪分子，无论其犯罪行为是故意犯罪还是过失犯罪，是重罪还是轻罪，是国事犯罪还是其他普通犯罪，只要具备法律所规定的情形或者实质条件，就可以减刑。被判处死刑立即执行的犯罪分子不能适用减刑。死刑缓期执行的减刑，随主刑刑种的性质改变而引起的附加刑的相应改变，以及罚金刑的酌情减少或者免除，均不属于《刑法》第78条规定的减刑制度的范围。

（二）实质条件

减刑的实质条件，因减刑的方式（可以减刑、必须减刑）不同而有所区别。

可以减刑的实质条件，即犯罪分子在刑罚执行期间认真遵守监规，接受教育改造，确有悔改表现，或者有立功表现。

确有悔改表现的评价内容是：（1）认罪服法；（2）认真遵守监规，接受教育改造；（3）积极参加政治、文化、技术学习；（4）积极参加劳动，完成生产任务。这些内容必须同时具备，缺一不可。犯罪分子在服刑期有申诉的，应当具体情况具体分析，不应当一概认为是不认罪服法。

有立功表现主要体现为如下五种情形：（1）检举、揭发监狱内外犯罪活动，或者提供重要的破案线索，经查证属实的；（2）阻止他人犯罪活动的；（3）在生产、科研中进行技术革新，成绩突出的；（4）在抢险救灾或者排除重大事故中表现积极的；（5）有其他有利于国家和社会的突出事迹的。

应当减刑的实质条件，即犯罪分子在刑罚执行期间有重大立功表现的，应当减刑。

重大立功表现包括如下六种情形：（1）阻止他人重大犯罪活动的；（2）检举监狱内外重大犯罪活动，经查证属实的；（3）有发明创造或者重大技术革新的；（4）在日常生产、生活中舍己救人的；（5）在抗御自然灾害或者排除重大事故中，有突出表现的；（6）对国家和社会有其他重大贡献的。

（三）限度条件

减刑的限度，是指犯罪分子经过减刑以后，应当实际执行的最低刑期。根据《刑法》第78条和有关司法解释的规定，减刑的限度为：减刑以后实际执行的刑期，判处管制、拘役、有期徒刑的，不能少于原判刑期的1/2；判处无期徒刑的，不能少于13年；对于死刑缓期2年执行的罪犯，缓期执行期满后依法减为无期徒刑的，不能少于25年，缓期执行期满后依法减为25年有期徒刑的，不能少于20年。所谓实际执行的刑期，是指判决执行后犯罪分子实际服刑的时间。如果判决前先行羁押的，羁押期应当计入实际执行的刑期之内。

三、减刑后的刑期计算

减刑后刑期的计算方法，因原判刑罚的种类不同而有所区别。对于原判管制、拘役、有期徒刑的，减刑后的刑期自原判决执行之日起算；原判刑期已经执行的部分，应计入减刑以后的刑期之内。对于原判无期徒刑减为有期徒刑的，刑期自裁定减刑之日起算；已经执行的刑期，不计入减为有期徒刑以后的刑期之内。对于无期徒刑减为有期徒刑之后，再次减刑的，其刑期的计算，则应按照有期徒刑的减刑方法计算，即应当从前次裁定减为有期徒刑之日起算。对于曾被依法适用减刑，后因原判决有错误，经再审后改判为较轻刑罚的，原来的减刑仍然有效，所减刑期，应从改判的刑期中扣除。

四、减刑的程序

根据《刑法》第79条的规定，对于犯罪分子的减刑，由执行机关向中级以上人民法院提出减刑建议书。人民法院应当组成合议庭进行审理，对确有悔改或者立功事实的，裁定予以减刑。非经法定程序不得减刑。

第二节　假释

一、假释的概述

《刑法》第81条至第86条规定了假释。我国刑法中的假释，是对被判处有期徒刑、无期徒刑的犯罪分子，在执行一定刑期之后，因其认真遵守监规，接受教育改造，确有悔改表现，没有再犯罪的危险，而附条件地将其予以提前释放的制度。

假释制度体现了惩罚与教育相结合的刑罚目标，对于实现我国刑法的任务和目的，促进犯罪分子改过自新，具有积极的作用。

二、假释的条件

（一）对象条件

假释是对犯罪分子附条件地提前释放，并在一定时期内保持继续执行未执行部分刑罚的可能性。这一基本特点，决定了假释只能适用于判处有期徒刑、无期徒刑的犯罪分子。其他种类的刑罚，或因性质决定而不存在假释可能，如死刑立即执行；或因执行方式决定而不能直接适用假释，如死刑缓期执行；或因刑期较短而不具有适用假释的实际意义，如拘役；或因仅在监外执行、限制部分自由而没有必要适用假释，如管制。但是，对死缓犯减为无期徒刑或者有期徒刑后，符合假释条件的，可以适用假释。

（二）实质条件

假释的实质条件，是指适用假释的犯罪分子，必须认真遵守监规，接受教育改造，确有悔改表现，没有再犯罪的危险。犯罪分子只有在符合前述对象条件和限制条件的基础上，同时符合实质条件，才可以适用假释。所谓确有悔改表现，是指同时具备以下四个情形：（1）认罪服法；（2）认真遵守监规，接受教育改造；（3）积极参加政治、文化、技术学习；（4）积极参加劳动，完成生产任务。所谓没有再犯罪的危险，是指罪犯在刑罚执行期间一贯表现好，确有悔改表现，不致违法、重新犯罪，或是年老、身体有残疾（不含自伤致残），并丧失犯罪能力。

（三）时间条件

只有执行了一定的刑罚，才能比较准确地考察、判断犯罪分子是否认真遵守监规，接受教育改造，确有悔改表现，没有再犯罪的危险，以保证假释的效果；而且只有如此，才能保持判决的稳定性和法律的严肃性。根据《刑法》第81条和有关司法解释的规定，被判处有期徒刑的犯罪分子，执行原判刑期1/2以上，被判处无期徒刑的犯罪分子，实际执行13年以上，才可以适用假释。对死缓犯减刑后假释，要依据相关规定。罪犯减刑后又假释的间隔时间，一般为1年；对一次减刑2年或3年刑期后又适用假释的，其间隔时间不能少于2年。对判处有期徒刑的罪犯假释，执行原判刑期1/2以上的起始时间，应当从判决执行之日起计算，判决执行以前先行羁押的，羁押1日折抵刑期1日。

（四）限制条件

《刑法》第81条第2款和第3款规定了限制假释的情形：（1）对累犯以及因故意杀人、强奸、抢劫、绑架、放火、爆炸、投放危险物质或者有组织的暴力性犯罪被判处10年以上有期徒刑、无期徒刑的犯罪分子，不得假释；（2）对犯罪分子决定假释时，应当考虑其假释后对所居住社区的影响。

为了使假释的适用有必要的灵活性，《刑法》第81条规定："如果有特殊情况，经最高人民法院核准，可以不受上述执行刑期的限制。"所谓特殊情况是指有国家政治、国防、外交等方面特殊需要的情况。

三、假释与其他刑罚制度的区别

（一）假释与释放的区别

假释，又称假释放，其与释放虽然都是在形式上解除监禁，恢复受刑人的人身自由，但在性质上是有区别的。假释是有条件的提前释放，还存在收监执行余刑的可能；而释放，无论是宣告无罪释放、刑罚执行完毕释放，还是赦免释放，都是无条件释放，不存在再执行的问题。

（二）假释与减刑的区别

两者虽然都是刑罚执行制度，且适用前提有相同之处，但仍在许多方面有所不同：（1）适用范围不同。假释只适用于被判处无期徒刑和有期徒刑的犯罪分子；

减刑适用于被判处管制、拘役、有期徒刑、无期徒刑的犯罪分子。(2)适用次数不同。假释只能宣告一次；而减刑不受次数的限制，可以减刑一次，也可以减刑数次。(3)法律后果不同。假释附有考验期，如果发生法定情形，就撤销假释；减刑没有考验期，即使犯罪分子再犯新罪，已减的刑期也不恢复。(4)适用方法不同。对被假释人当即解除监禁，予以附条件释放；对被减刑人则要视其减刑后是否有余刑，才能决定是否释放，有未执行完的刑期的，仍需在监狱继续执行。

(三)假释与缓刑的区别

假释与缓刑虽然有许多相同点，都是有条件地不执行原判刑罚，都有一定的考验期，都以发生法定情形为撤销条件，但仍有许多明显的区别：(1)适用范围不同。假释适用于被判处无期徒刑和有期徒刑的犯罪分子；缓刑只适用于被判处拘役和3年以下有期徒刑的犯罪分子。(2)适用时间不同。假释是在刑罚执行过程中，根据犯罪分子的表现，以裁定作出的；缓刑则是在判决的同时宣告的。(3)适用根据不同。适用假释的根据，是犯罪分子在刑罚执行中的表现以及假释后不致再危害社会的可能性；适用缓刑的根据，是犯罪分子的犯罪情节和悔罪表现以及适用缓刑确实不致再危害社会的可能性。(4)不执行的刑期不同。假释必须先执行原判刑期的一部分，而对尚未执行完的刑期，附条件不执行；缓刑是对原判决的全部刑期有条件地不执行。

(四)假释与监外执行的区别

假释与监外执行有以下四点不同：(1)适用对象不同。假释只适用于被判处无期徒刑和有期徒刑的罪犯；监外执行则适用于被判处有期徒刑和拘役的罪犯。(2)适用条件不同。假释适用于执行了一定刑期，认真遵守监规，接受教育改造，确有悔改表现，已不致再危害社会的犯罪分子；监外执行适用于因法定特殊情况不宜在监内执行的犯罪分子。(3)收监条件不同。假释只有在假释考验期内发生法定情形，才能撤销；监外执行则在监外执行的法定条件消失，且刑期未满的情况下收监执行。(4)期间计算不同。假释犯若被撤销假释，其假释的期间，不能计入原判执行的刑期之内；监外执行的期间，无论是否收监执行，均计入原判执行的刑期之内。

四、假释的考察

假释是附条件的提前释放，需要设立一定的考验制度和期限，以便对假释罪犯继续进行监督改造。有期徒刑的假释考验期限，为没有执行完毕的刑期；无期徒刑的假释考验期限为10年。假释考验期限，从假释之日起计算。

对假释的犯罪分子，在假释考验期限内，依法实行社区矫正。

被宣告假释的犯罪分子，应当遵守下列四项规定：（1）遵守法律、行政法规，服从监督；（2）按照监督机关的规定报告自己的活动情况；（3）遵守监督机关关于会客的规定；（4）离开所居住的市、县或者迁居，应当报经监督机关批准。

五、假释的罚则

根据《刑法》第85条、第86条的规定，假释罚则如下：（1）被假释的犯罪分子，在假释考验期限内没有《刑法》第86条规定的情形，即没有再犯新罪或者发现漏罪，或者违反法律、行政法规及国务院有关部门关于假释的监督管理规定，假释考验期满，就认为原判刑罚已经执行完毕，并公开予以宣告；（2）被假释的犯罪分子，在假释考验期限内再犯新罪，应当撤销假释，依照《刑法》第71条的规定实行数罪并罚；（3）在假释考验期限内，发现被假释的犯罪分子在判决宣告以前还有其他罪没有判决的，应当撤销假释，依照《刑法》第70条的规定实行数罪并罚；（4）被假释的犯罪分子，在假释考验期限内，有违反法律、行政法规或者国务院有关部门关于假释的监督管理规定的行为，尚未构成新的犯罪的，应当依照法定程序撤销假释，收监执行未执行完毕的刑罚。

犯罪分子被假释后，原判有附加刑的，附加刑仍须继续执行。原判有附加剥夺政治权利的，附加剥夺政治权利的刑期从假释之日起计算。

六、假释的程序

根据《刑事诉讼法》的有关规定，对于犯罪分子的假释，由执行机关向中级以上人民法院提出假释建议书。人民法院应当组成合议庭进行审理，对符合法定假释条件的，裁定予以假释。非经法定程序不得假释。

第十八章

刑罚消灭制度

第一节　刑罚消灭概述

一、刑罚消灭的概念

刑罚消灭，是指针对特定犯罪人的刑罚权因法定事由而归于消灭。刑罚消灭以成立犯罪为前提，无犯罪即无刑罚，无刑罚即刑罚消灭。刑罚权是国家对犯罪人适用刑罚，以惩罚犯罪人的权力，它包括制刑权、求刑权、量刑权和行刑权四个方面。刑罚消灭，是指求刑权、量刑权和行刑权的消灭，至于刑罚权中的制刑权，作为立法权的组成部分，对特定的犯罪人而言，在任何情况下都是不可能消灭的。

二、刑罚消灭的法定原因

刑罚消灭，必须以一定的法定事由为前提。就各国刑事立法例而言，导致刑罚消灭的法定原因大致有以下几种情况：刑罚执行完毕，缓刑考验期满，假释考验期满，犯罪人死亡，超过时效期限，赦免。

我国的刑罚消灭制度，是指法律所规定的各种因不同事由而导致刑罚消灭的制度。它的具体内容较为分散。其中，因刑罚执行完毕而导致的刑罚消灭，主要属于监狱学研究的问题；因犯罪人死亡而导致的刑罚消灭，一般属于刑事诉讼法研究的范围；至于因缓刑和假释考验期满而导致的刑罚消灭，尽管属于刑法学研究的范围，但因为分别与缓刑制度和假释制度联系紧密，故而通常为缓刑制度和假释制度所包容。所以，本章刑罚消灭所涉及的内容，只是我国刑罚消灭制度中的一部分，即时效和赦免制度。

第二节　时效

一、时效的概念与分类

时效，是指经过一定的期限，对犯罪不得追诉或者对所判刑罚不得执行的一项制度。

时效分为追诉时效和行刑时效两种：第一，追诉时效，是指依法对犯罪分子追究刑事责任的有效期限。在法定的期限内，监察机关、司法机关有权追究犯罪分子的刑事责任；超过这个期限，除法定最高刑为无期徒刑、死刑的，经最高人民检察院特别核准必须追诉的以外，都不得再追究犯罪分子的刑事责任；已经追究的，应当撤销案件，或者不起诉，或者终止审理。第二，行刑时效，是指法律规定对被判处刑罚的犯罪分子执行刑罚的有效期限。判处刑罚而未执行，超过法定执行期限，刑罚就不得再执行。我国刑法没有规定行刑时效制度。

二、刑法规定时效的意义

我国《刑法》设立时效（即追诉时效）制度，主要具有以下三个意义。

1.有利于实现刑罚的目的

对犯罪分子适用刑罚的目的在于预防犯罪。如果犯罪分子在犯罪后经过一定时期没有受到追诉并没有再犯罪，就说明他已经改恶从善，成为无害于社会的人了。若这时再对他进行追诉，从特殊预防的角度来看，已无必要。从一般预防的角度来看，对犯罪惩办越快，警戒社会上不稳定分子的作用越大。如果在犯罪行为对社会的危害性已经消失的情况下，再对犯罪分子进行追诉，就很难收到适用刑罚的效果。

2.有利于监察机关、司法机关集中打击现行犯罪

打击现行犯罪，历来是监察机关、司法机关头等重要的任务。而历史上的案件随着时间的推移和环境的变迁，各种证据可能散失，给侦查、起诉和审判工作带来很大困难。刑法规定时效制度，就可以使监察机关、司法机关摆脱难以查清而现实意义又不大的陈年老案的拖累，集中力量办理现行案件。

3.有利于社会安定团结

在刑事案件中，有一部分是人民群众之间发生的轻微犯罪案件。这类案件社会危害性较轻，而且经过相当长时间没有提起诉讼，有的因经过调解，有的因时过境迁，被害人和犯罪人之间的宿怨已经消释，重归于好。规定时效制度可以稳定这种社会关系。否则，就可能使人民内部已经稳定的和睦关系再度陷于紧张，将不利于人民内部的安定团结和社会和谐。

三、追诉期限

我国《刑法》第87条至第89条规定了追诉时效。根据《刑法》的有关规定，犯罪经过下列期限不再追诉：

（1）法定最高刑为不满5年有期徒刑的，经过5年；

（2）法定最高刑为5年以上不满10年有期徒刑的，经过10年；

（3）法定最高刑为10年以上有期徒刑的，经过15年；

（4）法定最高刑为无期徒刑、死刑的，经过20年。如果20年以后认为必须追诉的，须报请最高人民检察院核准。

四、追诉期限的起算规定

根据《刑法》第89条第1款规定，追诉期限从犯罪之日起计算；犯罪行为有连续或者继续状态的，从犯罪行为终了之日起计算。

所谓犯罪之日，应理解为犯罪成立之日。具体而言，对行为犯，应从犯罪行为完成之日起计算；对举动犯，应从犯罪行为实施之日起计算；对结果犯，应从犯罪结果发生之日起计算；对结果加重犯，应从加重结果发生之日起计算；对预备犯、未遂犯、中止犯，应分别从犯罪预备、犯罪未遂、犯罪中止成立之日起计算。

所谓犯罪行为有连续或者继续状态的，是指连续犯和继续犯，其追诉期限从犯罪行为终了之日起计算。为了防止犯罪分子利用时效制度逃避法律制裁，我国刑法规定了时效中断和时效延长。

五、时效中断

所谓时效中断，是指在追诉期限内，因发生法定事由而使已经过了的时效期间归于无效，法定事由消失后重新计算追诉期限的制度。关于时效中断，《刑法》第89条第2款规定："在追诉期限以内又犯罪的，前罪追诉的期限从犯后罪之日起计算。"即只要犯罪分子在追诉期限内又犯罪，不论新罪的性质和刑罚轻重如何，前罪所经过的时效期间均归于无效，前罪的追诉期限从犯新罪之日起重新计算。

在追诉期内犯罪应该事前评价还是事后评价呢，如甲犯盗窃罪后，在该罪的追诉期内又实施了盗窃行为，但该行为仅仅被作为违法行为处罚，是否可以按照后一个盗窃行为追诉。本书认为，犯罪一般是事后由人民法院确认和宣判，所以，对于追诉期内发生的行为，要按照法律规定的基本要件确认行为是否达到犯罪成立的条件，而不是根据当时的处罚方式。如果甲的行为符合犯罪的成立条件，虽然仅仅被行政处罚，不影响按照后一个盗窃重新计算前一个盗窃的追溯时效。

六、时效延长

所谓时效延长，是指在追诉期限内，因发生法定事由而使追究犯罪人的刑事责任不受追诉期限限制的制度。

关于时效延长后犯罪的追诉期间，刑法第88条第1款规定："在人民检察院、公安机关、国家安全机关立案侦查或者在人民法院受理案件以后，逃避侦查或者审判的，不受追诉期限的限制。"第2款规定："被害人在追诉期限内提出控告，人民法院、人民检察院、公安机关应当立案而不予立案的，不受追诉期限的限制。"也就是说，在监察机关、司法机关立案侦查或者受理案件以后，犯罪分子逃避侦查或者审判的，或者被害人在追诉期限内提出控告，监察机关、司法机关应当立案而不予立案的，不受追诉期限的限制。无论逃避状态持续多久，也无论应当立案而不予立案的状态持续多久，都可以对犯罪分子进行追诉。

本书认为，《刑法》第88条第2款的主要立法目的在于防止司法工作人员玩忽职守或者滥用职权，对被害人的权益不及时采取保护措施。所以，本条中的

“被害人”不限于被害人本人，还包括被害人近亲属，如死者的配偶、子女。另外，本条中的“控告”，有观点认为，控告必须有明确的指控对象，本书认为，这种观点不妥当，因为在大多数刑事案件中，在侦查阶段受害人可能不知道犯罪人线索，要求公民有明确的对象，无异于让公民走私力救济的道路，否则司法机关就可以推卸责任，受害人的权益也就得不到有效保障，因此本条中的控告不限于被控告的对象是否明确，它包括公民的举报、申诉等，只要公民就明确的事实提出了诉求，就应认为属于控告，例如死者的子女甲在案发后向公安机关报案，公安机关受理后迟迟没有破案且无立案记录，为此甲多次要求公安机关加快破案，其诉讼时效应当延长。

第三节　赦免

一、赦免的概念

赦免，是指国家对于犯罪分子宣告免予追诉或者免除执行刑罚的全部或者部分的法律制度。赦免分为大赦与特赦。

大赦，是指国家对不特定的犯罪分子的赦免。其效力及于罪与刑两个方面，即对宣布大赦的犯罪，不再认为是犯罪，对实施此类犯罪行为者，不再认为是犯罪分子，也不再追究其刑事责任。犯罪行为及其性质和刑罚已经被宣告的，宣告归于无效；已受追诉但犯罪行为及其性质以及刑罚尚未宣告的，追诉归于无效。

特赦，是指国家对特定的犯罪分子的赦免，即对于受罪刑宣告的特定犯罪分子免除其刑罚的全部或部分的执行。这种赦免只赦其刑，不赦其罪。

大赦与特赦的主要区别在于以下四点：第一，大赦是赦免一定种类或不特定种类的犯罪，其对象是不特定的犯罪人；特赦是赦免特定的犯罪人。第二，大赦既可实行于法院判决之后，也可实行于法院判决之前；特赦只能实行于法院判决之后。第三，大赦既可赦其罪，又可赦其刑；特赦只能赦其刑，不能赦其罪。第四，大赦后再犯罪不构成累犯；特赦后再犯罪的，如果符合累犯条件，则构成累犯。

大赦、特赦通常由国家元首或最高权力机关以命令的形式发布。这种命令称为大赦令、特赦令。大赦、特赦完毕，命令便自然失效。

二、我国的特赦制度

我国1954年《宪法》规定了大赦和特赦，但在实践中并没有使用过大赦。1978年《宪法》和1982年《宪法》都只规定特赦，没有规定大赦。因此，《刑法》第65条、第66条所说的赦免，都是指特赦。

根据现行《宪法》第67条第18项、第80条的规定，特赦由全国人民代表大会常务委员会决定，由国家主席发布特赦令。

自1959年至1975年，我国先后实行了7次特赦。从这7次实行特赦的情况来看，我国的特赦具有以下特点：第一，特赦是以一类或几类犯罪分子为对象，而不是适用于个别的犯罪分子。除1959年第一次特赦是对战争罪犯、反革命罪犯和普通刑事罪犯实行外，其余6次都是对战争罪犯实行。第二，特赦是对经过一定时期的关押改造，确已改恶从善的犯罪分子实行。第三，特赦是根据犯罪分子的罪行轻重和悔改表现，区别对待，或者免除其刑罚尚未执行的部分，予以释放，或者减轻其原判的刑罚，而不是免除其全部刑罚。第四，特赦是由全国人大常委会决定，由中华人民共和国主席发布特赦令，再由最高人民法院和高级人民法院予以执行，而不是由犯罪分子本人及其家属或者其他公民提出申请而实行。

2015年8月29日，我国为纪念中国人民抗日战争暨世界反法西斯战争胜利70周年，体现依法治国理念和人道主义精神，特赦了如下4类服刑中的犯罪分子：第一，参加过中国人民抗日战争、中国人民解放战争的；第二，中华人民共和国成立以后，参加过保卫国家主权、安全和领土完整对外作战的，但犯贪污受贿犯罪，故意杀人、强奸、抢劫、绑架、放火、爆炸、投放危险物质或者有组织的暴力性犯罪，黑社会性质的组织犯罪，危害国家安全犯罪，恐怖活动犯罪，有组织犯罪的主犯以及累犯除外；第三，年满75周岁、身体严重残疾且生活不能自理的；第四，犯罪的时候不满18周岁，被判处3年以下有期徒刑或者剩余刑期在1年以下的，但犯故意杀人、强奸等严重暴力性犯罪，恐怖活动犯罪，贩卖毒品犯罪的除外。

第五编

刑法分论

第十九章

刑法分论概述

第一节　刑法分论、分则与体系

一、刑法分论及其研究对象

刑法分论，也称刑法各论、罪刑各论或者罪刑分论。该部分研究的内容是各种具体的犯罪及各种具体犯罪的刑事责任。刑法各论是整个刑法学的一个重要的有机组成部分。

刑法各论的研究对象是规定各种具体犯罪及其刑事责任的法律规范。这些法律规范主要由三部分构成，即刑法的分则部分、单行刑法以及附属刑法关于犯罪及其刑事责任的规定。但在我国《刑法》中，主要是《刑法》的分则部分和全国人民代表大会常务委员会颁布的《关于惩治骗购外汇、逃汇和非法买卖外汇犯罪的决定》。

在研究刑法各论时，必须依据国家立法机关对各种具体犯罪所作的法律规定、对各种具体犯罪所作的立法解释以及最高司法机关对刑法规定的各种具体犯罪所作的司法解释。研究刑法各论的意义在于：有助于合理区分罪与非罪的关系，有助于合理区分此罪与彼罪的关系，有助于对具体案件的犯罪人正确适用刑罚，有助于深化理解刑法总论的一般原理和原则，有助于刑事立法的修改与完善。

二、刑法分则与刑法总则的关系

刑法总则规定的是犯罪和刑罚的一般原理、原则，包括刑法的任务、基本原则、适用范围、构成犯罪的一般要件、刑事责任、共同犯罪、刑罚的种类及刑罚的具体运用制度等内容，是定罪与量刑过程中的一些共性的问题。

刑法分则规定的是各种具体犯罪的犯罪构成条件及刑罚，包括罪状、罪名及刑罚种类、量刑幅度等内容。

刑法总则和分则的内容之间具有密切的联系，属于犯罪与刑罚的抽象规定与具体规定之间的关系。刑法总则指导分则的运用与研究，分则使总则的规定具体化。一方面，刑法总则规定的一般原理、原则，对于刑法分则的具体运用具有指导作用，在理解和适用刑法分则规定的同时，必须考虑到刑法总则的原理与原则。另一方面，刑法分则是总则的具体化，是刑法总则原理和原则的具体运用。在认定和处罚犯罪过程中，既要考虑刑法总则的一般规定，也要考虑刑法分则的具体规定。

三、刑法分论的体系

（一）立法体系

各国刑法中因犯罪分类的标准不同而形成不同的刑法分则体系。《刑法》分则采取大类制方式，将犯罪划分为十大类，即危害国家安全罪，危害公共安全罪，破坏社会主义市场经济秩序罪，侵犯公民人身权利、民主权利罪，侵犯财产罪，妨害社会管理秩序罪，危害国防利益罪，贪污贿赂罪，渎职罪和军人违反职责罪。《刑法》分则将犯罪划分为十大类的主要依据是犯罪的同类客体。对十大类犯罪进行排列的依据主要是以各类犯罪的危害程度为序，由重至轻依次排列；各类犯罪中具体犯罪的排列依据是以具体犯罪的社会危害程度由重至轻为主，兼顾罪与罪之间的内在联系。

需要注意的是，“对十大类犯罪进行排列的依据主要是以各类犯罪的危害程度为序，由重至轻依次排列”是从总体上就各种类犯罪的比较来说的，并不表明排在第八类的贪污贿赂罪就比排在前几类的某一具体犯罪的社会危害程度小；同样，“各类犯罪中具体犯罪的排列依据是以具体犯罪的社会危害程度由重至轻为主”也不表明排在故意伤害罪之后的强奸罪就比前者对个人损害轻。对刑法各论体系的理解和把握，需要立足于立法的精神。

刑法分论是刑法学的重要组成部分，刑法分论的体系是依据刑法分则的体系构建而成的。刑法分则将各种具体犯罪划分为十大类，与此相适应地，刑法分论也在十大类犯罪的基础上形成自己的体系。

（二）理论体系

在理论上，一般遵照立法规定构建分论的体系，主要按照犯罪的分类排列来分章节阐释不同罪名。

首先，以同类客体为标准对犯罪进行分类。犯罪的客体，是刑法所保护而为犯罪行为所侵犯的社会关系。犯罪的同类客体，是某一类犯罪所共同侵犯的社会关系。《刑法》分则规定的每一章、每一节犯罪，就是根据犯罪客体的性质进行的不同层次的归类。

其次，以社会危害程度为标准对犯罪进行排列。《刑法》在各章各节采取的是依照社会危害程度大小加以排列的方式。对此我们必须加以注意，因为当存在罪数形态问题时，例如想象竞合犯、牵连犯、吸收犯等，都涉及重罪的选择问题。而重罪的选择，是从宏观上和微观上分别进行的。从微观上是比较具体条文规定的处罚轻重，而从宏观上则是看行为符合的罪名在刑法体系中的地位。各种罪的地位分别表现为：第一，各种类罪是根据危害性的大小排列的。就如我们在前面所讲，在我国国家利益、集体利益和个人利益之间有等次的区别，国家利益受到优先保护，集体利益次之，而个人利益也受到保护，所以分则每一章都体现出了这种等次。第二，各类罪中的具体犯罪也体现出了这种价值衡量方法。

（三）本书体系

作为教科书，必须基于以下现实：刑法分则罪名众多，任何一本教科书都无法对每一种犯罪进行充分的教义解释，所以代表性罪名的选择往往很重要。而犯罪作为一种行为，具有其内在的逻辑关联。对代表性罪名的阐释能够对关联性罪名的理解产生积极影响。

根据个人、社会和国家三种法益之间彼此依存的关系，本书首先从常见的、侵犯个体法益的犯罪着手进行阐述。任何犯罪，都必然针对特定的对象或者法益，但是有些犯罪对法益的影响具有扩展性，即针对某一个具体法益的行为却对不特定人或者多数人的法益造成了侵害或者威胁，从而形成了对社会法益、国家法益的侵害。对常见的、侵犯个体法益的犯罪有基本的理解，才能更好地理解对社会法益和国家法益的犯罪。所以，本书基于理解的需要来安排个体法益、社会法益和国家法益的逻辑顺序，而与它们的重要性无关。

第二节　罪名、罪状、法定刑

一、刑法分则条文的基本结构

刑法分则的条文有两种形式。一种是有罪状、罪名和法定刑的条文，即被称为有罪刑内容的条文。这是刑法分则条文的主要和基本形式。绝大多数刑法分则条文是以这种形式出现的。另一种是没有规定罪状和法定刑的条文，即被称为没有罪刑内容的条文。如《刑法》第156条规定，“与走私罪犯通谋，为其提供贷款、资金、帐号、发票、证明，或者为其提供运输、保管、邮寄或者其他方便的，以走私罪的共犯论处”。这样的条文在刑法分则条文中所占的比例很小。本书所阐述的刑法分则条文的基本结构，是指刑法分则中有罪刑内容的条文的基本结构，包括罪名、罪状和法定刑。

二、罪名

（一）罪名的概念

罪名即犯罪的名称，其体现的是对犯罪本质特征的科学概括。罪名是罪状的表现形式，罪状是罪名的内容。[①]

在确定刑法分则条文的罪名时，除了要体现刑法的权威性、严肃性和有效性这几个要求之外，[②]还应当具备如下三项要求：第一，罪名应具备合法性。罪名要对应刑法分则的具体规范，要符合分则条文的规定，能包容罪状的基本内容，且能与关联犯罪相区别。第二，罪名应具有准确性。罪名是罪行的名称，故此，罪

① 参见刘艳红.罪名研究［M］.北京：中国方正出版社，2000：43.

② 参见刘艳红.罪名研究［M］.北京：中国方正出版社，2000：61-62.

名应以罪行为中心，准确概括罪行的一般属性。然而，罪名的准确性并不需要如刑法条文的规定一样对罪行加以准确的描述，而且罪名中应尽可能避免对行为主体或者行为对象的赘述。第三，罪名应具有简明性，应遵循社会观念的通俗性。罪名要反映该种犯罪的一般属性，尽可能使普通国民从罪名上就能够大体把握某个犯罪的法律意义，唤起其法律规范的意识。总之，确定罪名应采取慎重的态度。

刑法立法一般仅仅规定类罪名而不规定具体罪名，仅在个别条文中规定具体罪名，如《刑法》第157条第2款规定："以暴力、威胁方法抗拒缉私的，以走私罪和本法第二百七十七条规定的阻碍国家机关工作人员依法执行职务罪，依照数罪并罚的规定处罚。"该条款将《刑法》第277条的罪名明确规定为阻碍国家机关工作人员依法执行职务罪（司法罪名为妨害公务罪）。

罪名主要由司法机关在判决书中予以确定。因此，罪名适用一度存在不统一、不严肃的现象。随着法治的发展，罪名的规范性越来越受到重视，罪名甚至成为刑法研究的课题。最高人民法院、最高人民检察院为了规范罪名，联合发布文件，对刑法的罪名予以统一规范。总之，罪名使用应当规范，一定要援引最高人民法院和最高人民检察院公布的关于罪名规定中的名称。在确定罪名的时候，应当遵循合法、准确、简明、以罪状为基础的原则。

（二）单一罪名和选择罪名

单一罪名是指所包含的犯罪构成的具体内容单一，只能反映一个犯罪行为，不能分解、拆开使用的罪名。例如，故意杀人罪、抢劫罪等，它们所表现的是一个具体犯罪行为，不可能对它们进行分解。行为触犯一个单一罪名，毫无疑义构成一罪。

选择罪名是指同一刑法分则条款规定的某种具体犯罪的罪状中包含多种行为方式或行为对象的结合形式，而这些结合形式都可以独立为单独罪名的情况。例如，《刑法》第125条第1款规定的"非法制造、买卖、运输、邮寄、储存枪支、弹药、爆炸物"这一罪状中，任何一种行为方式或同时实施的多种行为方式与任何一种犯罪对象的结合都可以是一个单独的罪名，如非法制造枪支罪、非法制造爆炸物罪、非法买卖枪支罪、非法买卖爆炸物罪，等等。这种罪名可以根据行为方式与对象的结合而确定具体的罪名。在适用选择罪名时应当注意的是，行为人同时实施的任何方式与对象的结合都只是一个单独的犯罪。即使行为人同时针对多个对象实施了多种行为方式，也仍然只构成一罪，不能实行数罪并罚。

三、罪状

（一）罪状的概念

罪状是指刑法分则条文对某种具体犯罪特征的描述。罪状只存在于刑法分则条文中，但并非每个刑法分则条文都有罪状。罪状的主要作用是说明什么样的行为构成什么罪。需要注意的是，要掌握每种罪的全部构成要件，必须把罪状的规定与刑法总则以及其他法律、法规的规定结合起来考虑。

（二）罪状的种类

根据刑法分则条文对罪状描述方式的不同，可以把罪状分为简单罪状、叙明罪状、空白罪状、引证罪状。

1.简单罪状

简单罪状，即在刑法分则条文中只简单描述具体犯罪的基本特征而不作更多的解释。这是因为，这类罪状都为人们所熟知，如《刑法》第232条规定的“故意杀人的”、第264条规定的“盗窃公私财物，数额较大的”等，一看罪状就知道该种行为是哪一种犯罪。简单罪状在刑法分则条文中所占的比例较小。

2.叙明罪状

叙明罪状，即在刑法分则条文中详尽描述了具体犯罪的基本特征。如果不详细加以描述，有可能难以区分罪与非罪以及此罪与彼罪的关系，必须对其犯罪构成要件详细说明。如《刑法》第311条规定，“明知他人有间谍犯罪或者恐怖主义、极端主义犯罪行为，在司法机关向其调查有关情况、收集有关证据时，拒绝提供，情节严重的”，对构成拒绝提供间谍犯罪、恐怖主义犯罪、极端主义犯罪证据罪的几个条件作了详细的说明，以便于在实践中准确认定这种犯罪。叙明罪状是《刑法》分则条文的主要描述形式。

3.空白罪状

空白罪状，即在刑法分则条文中不直接叙明犯罪的特征，而只是指出该犯罪行为所违反的其他法律、法规。如《刑法》第133条规定的“违反交通运输管理法规”、第285条规定的“违反国家规定”、第332条规定的“违反国境卫生检疫规定”，等等。违反其他的法律、法规是构成某种犯罪的前提，没有这个前提，该犯罪也就不能成立。

4.引证罪状

引证罪状，即引用刑法分则的其他条款来说明某种犯罪的特征。引证罪状的条文本身并不描述犯罪的特征，而是引用其他条款已经描述过的某种犯罪的特征来认定该种犯罪。如《刑法》第287条规定的“利用计算机实施金融诈骗、盗窃、贪污、挪用公款、窃取国家秘密或者其他犯罪的，依照本法有关规定定罪处罚”。采用引证罪状是为了避免刑法分则条款之间不必要的重复。

在立法规定中，罪状的描述方式未必完全是上述罪状中的某一种，还可能是多重罪状并存。如空白罪状与叙明罪状并存的罪状，就是以空白罪状与叙明罪状同时存在的形式描述某种具体犯罪。如《刑法》第230条规定的“违反进出口商品检验法的规定，逃避商品检验，将必须经商检机构检验的进口商品未报经检验而擅自销售、使用，或者将必须经商检机构检验的出口商品未报经检验合格而擅自出口”。该条文中既有空白罪状形式，又有叙明罪状形式，从而有利于正确认定这种犯罪。

四、法定刑

（一）法定刑的概念

法定刑是刑法分则条文对具体犯罪所规定的量刑标准，包括刑罚种类（即刑种）和刑罚幅度（即刑度）。

法定刑与宣告刑不是同一个概念。宣告刑是指国家审判机关对具体犯罪人依法判处并宣告应当实际执行的刑罚。法定刑是宣告刑的基本依据，宣告刑是法定刑的实际运用。如果说法定刑是针对某种特定的犯罪而作的规定，带有一定的普遍性的话，那么宣告刑则是针对某一具体犯罪案件所做的判决，带有一定的特殊性。从这个意义上说，法定刑与宣告刑是刑罚的普遍性规定和具体运用的关系。

（二）法定刑的种类

根据法定刑中的刑种和刑罚幅度的确定程度，可以把法定刑分为绝对确定的法定刑、绝对不确定的法定刑和相对确定的法定刑三种类型。

1.绝对确定的法定刑

绝对确定的法定刑是指在刑法分则条文中对某种犯罪规定单一的刑种与固定的刑罚幅度的法定刑。《刑法》中只有极少数犯罪在其加重罪状中规定有绝对确定的法定刑：（1）《刑法》第121条规定："以暴力、胁迫或者其他方法劫持航空器的，处十年以上有期徒刑或者无期徒刑；致人重伤、死亡或者使航空器遭受严重破坏的，处死刑。"（2）《刑法》第240条规定："拐卖妇女、儿童的，处五年以上十年以下有期徒刑，并处罚金；有下列情形之一的，处十年以上有期徒刑或者无期徒刑，并处罚金或者没收财产；情节特别严重的，处死刑，并处没收财产……"（3）《刑法》第317条第2款规定："暴动越狱或者聚众持械劫狱的首要分子和积极参加的，处十年以上有期徒刑或者无期徒刑；情节特别严重的，处死刑；其他参加的，处三年以上十年以下有期徒刑。"

2.绝对不确定的法定刑

绝对不确定的法定刑是指在法律条文中只笼统地规定对某种犯罪应予惩处，却不规定具体的刑种和刑罚幅度。当前《刑法》分则中，对主刑没有适用绝对不确定的法定刑，但既不规定罚金数额，也不规定罚金额度，还不规定罚金比例的绝对不确定罚金则较为常见。

3.相对确定的法定刑

相对确定的法定刑是指在刑法分则条文中对某种犯罪规定一定的刑种和刑罚幅度的法定刑。《刑法》分则条文所规定的法定刑基本属于相对确定的法定刑，这种法定刑的好处是法官可以根据案件的具体情况，裁量轻重适当的刑罚，有利于实现刑罚的统一和刑罚的个别化。

（三）相对确定的法定刑的具体规定方式

《刑法》分则条文中相对确定的法定刑的具体规定方式包括：第一，明确规定法定刑的最高限度，其最低限度依照《刑法》总则对该种法定刑的规定。第二，明确规定法定刑的最低限度，其最高限度依照《刑法》总则对该种法定刑的规定。第三，明确规定一种刑罚的最低限度和最高限度。第四，只规定刑种，不规定刑罚的最低限度和最高限度，但总则对此有规定。如危险驾驶罪的主刑为拘役，《刑法》总则对拘役的时间上限和下限都作了明确规定。第五，明确规定两种以上的法定刑，包括两种以上的主刑和两种以上的附加刑，同时还规定主刑和附加刑的量刑幅度，这种法定刑的规定方式称为选择法定刑。此外，还有一种援引法定刑，即刑法分则条文对其所规定的犯罪援引其他条文或同条另一款的法定刑处罚。如《刑法》第386条规定，对犯受贿罪的，根据受贿所得数额及情节，依照《刑法》第383条对贪污罪的法定刑进行处罚。

第二十章

侵犯公民个人法益的犯罪

第一节　侵犯公民人身权利的犯罪

一、故意杀人罪

故意杀人罪是古老的自然犯，在中外古典文献中都有故意杀人罪的记载。故意杀人罪，是指故意非法剥夺他人生命的行为。

（一）故意杀人罪的构成要件

1.主体要件

本罪主体为一般主体，即年满12周岁、具备刑事责任能力的自然人。

2.主观要件

本案要求行为人具有非法剥夺他人生命的故意，包括直接故意和间接故意。即明知自己的行为会剥夺他人生命，希望或者放任这种行为发生的心理态度。

3.客观要件

第一，本罪的行为对象是自然人。人的生命始于出生，终于死亡，所以准确地说，本罪的行为对象只能是有生命的自然人。

首先，人的生命从什么时候开始，不仅在理论上有不同看法，在各国刑法实践中也有不同标准，包括：阵痛说、一部露出说、全部露出说、断带说、发声说、独立呼吸说等。我国通说采取独立呼吸说，即认为胎儿脱离母体后，开始独立呼吸，为人生命的开始。如果行为人故意造成未独立呼吸的胎儿死亡的，对此应当如何处理有研究的必要。

其次，关于人生命的终结，有呼吸停止标准、心脏停止跳动标准、脉搏停止跳动标准和脑死亡标准等。我国以心脏停止跳动和呼吸停止为生命终结的标准。但是近几年来，越来越多的人主张“脑死亡”标准，即以包括大脑、小脑和脑干在内的脑的全部功能不可逆转地完全消失为死亡标志。如果行为人实施杀人行为，但是杀人对象在其行为之前就已经死亡的，应当以故意杀人（未遂）论处。

第二，本罪表现为非法剥夺他人生命的行为。首先，杀人行为必须是非法的，如果致人死亡的行为属于犯罪阻却事由，那么就不是非法行为，也就不可能构成故意杀人罪。其次，杀人行为可以以作为方式实施，如用刀杀害仇人，也可以以不作为方式实施，如母亲故意不对自己的孩子哺乳，令其饿死。最后，死亡结果可以归属于行为人的行为，或者说行为与结果之间存在刑法上的因果联系。如果行为人实施了杀人行为，且发生了受害人死亡结果，但被害人实际是由于其他原因而死亡的，一般认为行为人的行为构成故意杀人的犯罪未遂。如果行为人实施了杀人行为，且发生了受害人死亡结果，但被害人死亡的原因不能完全查明的，如有数个行为人不约而同实施了加害行为，不能查明是哪个人的行为造成了受害人死亡，对此，理论上有争议。本书认为，应当认定该死亡结果是行为人的行为造成的。

（二）故意杀人罪与自杀

自杀是受害人本人了结自己生命的行为。在现代社会，不能认为自杀是违法行为，但也不能认为自杀是合法行为，自杀属于法律上放任的行为。依据《刑法》规定，自杀行为不构成犯罪，但这并不意味着自杀关联行为不构成犯罪。具体而言，如果行为人基于意外原因、过失或者故意实施的原因行为导致他人自杀的，虽然行为人没有直接实行杀人行为，但对这些行为应该如何评价，就成为刑法中必须解决的难题。日本刑法分则专门规定了对自杀关联行为的处理方法，而我国《刑法》对此并没有加以规定，因此，有必要探讨如何处理与自杀相关的行为。一般认为，应根据不同情况对相关问题分别加以解决。

1.致人自杀的行为

致人自杀行为需要分三种情形处理。

（1）合法行为导致他人自杀。如在履行职责过程中对他人进行批评、处分，他人因为不能接受行为人的行为方式、态度或者处理意见等而自杀的情形。在此情形中，死亡结果并非故意或者过失行为所致，因此行为人的行为不构成犯罪。

（2）犯罪行为导致他人自杀，但是行为人并没有杀人故意。在此情形中，死亡结果并非故意造成，而系过失所致，行为人的行为构成过失致人死亡罪。不过值得注意的是，死亡结果通常是由某一具体犯罪的基本行为造成的，结合《刑法》第233条的规定，即“本法另有规定的，依照规定”，一般并不以过失致人死亡罪与本罪实行数罪并罚，而是采取两种方式处理：第一，作为相关犯罪的加重处罚情节，如强奸罪中致人死亡，得按强奸罪最高一档法定刑处罚；第二，作为相关犯罪成立的基本要素，如侮辱、诽谤他人，致他人自杀，根据立法规定，他人自杀的结果成为侮辱罪、诽谤罪成立的一个要素。具体规定请参见下文过失致人死亡罪的部分。

（3）行为人具有致他人自杀的故意，并凭借权势、暴力、胁迫、诱骗等手段，促使他人自杀。例如，将受害人的家人绑架，威胁受害人如不自杀，就将其家人杀害的情形。这种情形一般属于借刀杀人，由于行为人主观上有杀人故意，死亡结果在现实生活中也能归属于借刀杀人的行为，因此应以故意杀人罪论处。

2.帮助自杀的行为

帮助自杀行为需要分两种情形处理。

（1）精神性帮助自杀，即他人已经具有自杀的意图，行为人非但不予以阻止，反而在精神上对其进行鼓励，坚定他人自杀意图，使得他人自杀的情形。通说认为，由于行为人对于自杀的原因力小，危害不大，可以不追究故意杀人的刑事责任。按照通说，似乎行为人的行为构成故意杀人罪，只是对哪些情况需要追究、哪些情况不需要追究故意杀人的刑事责任没有予以具体说明。本书认为，所谓精神性帮助自杀，必须是基于故意所实施的。在现实中，有些人在自杀者要跳楼自杀的时候起哄，客观上起到了精神鼓励的效果，如叫喊“是爷们儿就往下跳”等。其中，部分人漠视他人生命，怀着好奇和放任的心理态度，部分人则对自杀者的意图不明确，对后果判断有错误，甚至有部分人纯粹是为了用“激将法”迫使他人放弃自杀意图。对此，需要将基于过失或者意外予以一定情绪鼓动的行为排除在精神性帮助自杀之外。对于故意进行精神性帮助自杀的，如果自杀者的自杀意图原本很不坚定，行为人的精神性帮助对其最终决意起到了决定性影响，应当追究行为人的刑事责任。

（2）物理性帮助自杀，即他人已有自杀意图，但是由于客观原因，无法单独完成自杀时，如身体行动不便，不能取到用于自杀的药品或者器具，行为人予以物理性帮助，使得他人自杀成功的情形。对此，通说认为，原则上应认定为故意杀人罪，但由于自杀是基于自杀者的本意，因此可对行为人从轻或者减轻处罚。但是如果应要求帮助他人自杀，却直接动手将自杀者杀死的，应当认定为故意杀人罪，但处罚时可以考虑从轻处理。

3.教唆自杀的行为

教唆自杀是指使没有自杀意图的他人产生自杀意图并且自杀的情形。教唆自杀行为需要分两种情形处理。

（1）教唆有责任能力者。被教唆者具有辨别和控制能力，是否决意和实行自杀取决于自杀者。但是，在刑法上，并非不能将自杀归责于教唆行为，所以教唆者的行为构成故意杀人罪。不过，综合行为的社会危害性，应当按照情节较轻的故意杀人从轻、减轻或者免除处罚。

（2）教唆无责任能力者。由于被教唆者不具有辨别和控制能力，对于教唆者应当按照间接实行犯，依法追究故意杀人者的刑事责任。

4.相约自杀的行为

相约自杀行为需要分四种情况处理。

（1）双方相约共同自杀，但彼此之间没有教唆、帮助或者诱惑的情形。由于相约者彼此之间没有对对方予以决定性的精神影响，且没有实施教唆、帮助或者诱惑行为，因此彼此不需要对对方的自杀承担责任，不能认定为故意杀人罪。

（2）双方相约共同自杀，一方应要求先杀死对方，但自己自杀未遂或者放弃自杀。由于行为方实施了杀人行为，因此构成故意杀人罪。

（3）双方相约共同自杀，一方为另一方提供物质条件，自杀者利用此条件自杀成功，而提供条件者自杀未遂。对此，可比照帮助自杀处理。

（4）一方诱骗另一方相约自杀，诱骗者根本没有自杀的意图，但被诱骗者自杀。对诱骗者应以故意杀人罪追究刑事责任。

5.受嘱托杀人或者得承诺杀人

受嘱托杀人，指的是行为人在他人已有自杀意图但不敢或者不能实行自杀的情况下，应请求将其杀死。得承诺杀人，指的是行为人在得到他人同意的情况下将其杀死。两者最终以获得受害人同意为条件，因此，一般认为受嘱托杀人就是得承诺杀人。但本书认为，严格而言，两者有所不同，前者主要指消极接受他人请求的情形，后者指行为人主动提议杀害他人的情形。由于生命权具有专属性且不能发生转移，所以，无论是受嘱托杀人还是得承诺杀人，都构成故意杀人罪。不过由于这种情况比较特殊，所以在处罚时有必要考虑是否应当从轻或者减轻处罚。

在受嘱托杀人中引起高度重视的是"安乐死"问题。"安乐死"是指应身患绝症，精神、肉体处于极度痛苦的病人的请求，运用迅速且无痛苦的方法，实施促使其提前死亡的行为。一般认为，在立法没有明确规定的情况下，对于安乐死的实行者应当以故意杀人罪定罪，但在处罚时可根据实际情况减轻或者免除处罚。

与安乐死相关联的还有"尊严死"问题。"尊严死"指应精神、肉体处于长期极度痛苦的病人的请求，为免除其在疾病发作时做出不体面的举动，运用迅速且无痛苦的方法，实施促使其提前死亡的行为。目前尊严死没有受到必要重视。本书认为，无论是尊严死还是安乐死，均涉及人类社会生活中的基本伦理观念（包括医疗伦理观念）和生死观念，刑法在实际运用中要对此加以深切考虑，而不能片面从传统的伦理观念和经济、技术等因素进行考虑。在当前，如果安乐死或者尊严死的实行方式较为妥当，行为人主观上的确是为了维护死者的尊严和其他利益，而且行为得到了死者真实有效的嘱托，同时也获得了死者近亲属的一致同意和认可，则应当采取从宽方式加以处理。

（三）故意杀人罪与过失致人死亡罪

过失致人死亡罪，是指因过失而致人死亡的行为。

过失致人死亡罪的构成要件如下：第一，主体要件，是一般主体，凡年满16周岁、具备刑事责任能力的自然人，均能构成本罪，而已满14周岁不满16周岁的自然人不能成为本罪主体。第二，主观要件，表现为过失，即行为人对其行为的结果具有过失的心理状态，包括疏忽大意的过失致人死亡和过于自信的过失致人死亡。前者是指，应当预见自己的行为可能造成他人死亡的结果，因为疏忽大意并未预见，以致发生他人死亡的结果；后者是指，已经预见自己的行为可能造成被害人死亡的结果，且轻信能够避免这种结果的发生，但行为人事实上未能避免结果发生。第三，客观要件，表现为因过失致使他人死亡的行为。首先，行为人基于过失实施了某种行为；其次，发生了他人死亡的结果；最后，该死亡结果应当归属于行为人的行为，即行为人的行为和死亡结果之间有刑法上的因果关系。

过失致人死亡必须出现死亡结果。依据《刑法》第233条关于过失致人死亡罪的规定，“本法另有规定的，依照规定。”在《刑法》中，致人死亡或者过失造成死亡结果在以下情形中不按过失致人死亡罪定罪处罚，而是按照其他犯罪论处：

（1）致人“死亡”的结果是某个犯罪的基本构成要件。如危害公共安全罪中的失火罪、过失决水罪、过失爆炸罪、过失投放危险物质罪、过失以危险方法危害公共安全罪、重大飞行事故罪、交通肇事罪、重大责任事故罪。

（2）“致人死亡”是犯罪的基本构成要件。如组织、利用会道门、邪教组织、利用迷信致人重伤、死亡罪。

（3）“致人死亡”是本罪结果加重犯的根据，如危害公共安全罪中的劫持船只、汽车罪，劫持航空器罪；以及生产、销售伪劣商品罪中的生产、销售、提供假药罪，生产、销售有毒、有害食品罪。

（4）过失造成被害人死亡是本罪结果加重犯的根据，如强奸罪，非法拘禁罪，绑架罪，拐卖妇女、儿童罪，暴力干涉婚姻自由罪，虐待罪，抢劫罪，组织他人偷越国（边）境罪，运送他人偷越国（边）境罪，组织卖淫罪，强迫卖淫罪等。

（5）“造成就诊人死亡”是犯罪的基本构成要件，如医疗事故罪。

（6）“造成就诊人死亡”是本罪结果加重犯的根据，如非法行医罪、非法进行节育手术罪。

（7）“人身伤亡”是犯罪的基本构成要件，其中当然包含致人死亡的结果，如环境监管失职罪。

（8）“重大伤亡事故”是犯罪的基本构成要件，其中当然包含死亡结果。如危害公共安全罪中的重大责任事故罪、强令、组织他人违章冒险作业罪、重大劳动安全事故罪、大型群众性活动重大安全事故罪、教育设施重大安全事故罪等。

（9）“严重后果”是犯罪的基本构成要件，其中包含致人死亡的情形。如危害公共安全罪中的过失损坏交通工具、交通设施、电力设备、易燃易爆设备罪，铁路运营安全事故罪；以及不解救被拐卖、绑架妇女、儿童罪。

（10）“后果特别严重”或者造成“特别严重后果”是本罪结果加重犯的根据，其中包含致人死亡的情形，如生产、销售、提供劣药、不符合安全标准的食品、不符合标准的医用器材、不符合安全标准的产品等犯罪；妨害传染病防治罪，传染病菌种、毒种扩散罪，非法采集、供应血液、制作、供应血液制品罪等；非法处置进口的固体废物罪、擅自进口固体废物罪。

（11）“情节严重”是犯罪的基本构成要件，其中包含增加事故死亡人数，如不报、谎报安全事故罪；或者包含致人死亡的情形，如传染病防治失职罪、放纵制售伪劣商品犯罪行为罪。

（12）“重大损失”是犯罪的基本构成要件，其中应当包含致人死亡的情形。如滥用职权罪、玩忽职守罪、动植物检疫失职罪。

（13）在徇私枉法罪，民事、行政枉法裁判罪，执行判决、裁定失职罪，执行判决、裁定滥用职权罪中，致使当事人或者其近亲属自杀的，是犯罪的基本构成要件。

故意杀人罪与过失致人死亡罪的主要区别在于以下两点。第一，故意杀人罪的主体是年满12周岁、具有刑事责任能力的自然人；过失致人死亡罪的主体是年满16周岁、具有刑事责任能力的自然人。第二，故意杀人罪在主观上表现为明知行为必然发生或者可能发生死亡结果，但希望或者放任该结果发生的心理态度；过失致人死亡罪在主观上表现为应当预见自己的行为可能导致他人死亡，由于疏忽大意而没有预见，或者已经预见但轻信能够避免，以致死亡结果发生的心理态度。可见两罪在主观上的相同之处是：在间接故意和过于自信的过失的场合，行为人都造成了死亡结果，且都认识到自己的行为可能导致他人死亡的结果，并且都不希望该结果发生。其关键的区别是行为人对于他人死亡的结果是基于放任还是过于自信的心理态度。在实践中，行为人过于自信往往以一定的主、客观条件为根据，依据一般的客观环境和本人的能力、经验等，存在控制结果发生的可能性，而且行为人在客观上也会做出一些积极避免结果发生的行为。而在放任的状态下，行为人一方面没有避免结果发生的有效理由或者依据，另一方面既无意避免结果的发生，也没有采取避免结果发生的行为。

（四）故意杀人罪的竞合形态

1.非法拘禁罪与故意杀人罪的竞合

《刑法》第238条第2款规定："使用暴力致人伤残、死亡的，依照本法第二百三十四条、第二百三十二条的规定定罪处罚。"据此规定，对非法拘禁中故意使用暴力致人死亡的，按照故意杀人罪定罪处罚。

2.刑讯逼供罪、暴力取证罪与故意杀人罪的竞合

《刑法》第247条规定："司法工作人员对犯罪嫌疑人、被告人实行刑讯逼供或者使用暴力逼取证人证言……致人伤残、死亡的，依照本法第二百三十四条、第二百三十二条的规定定罪从重处罚。"据此，行为人刑讯逼供或者暴力取证故意致人死亡的，以故意杀人罪论处。

3.虐待被监管人罪与故意杀人罪的竞合

《刑法》第248条第1款规定："监狱、拘留所、看守所等监管机构的监管人员对被监管人进行殴打或者体罚虐待……致人伤残、死亡的，依照本法第二百三十四条、第二百三十二条的规定定罪从重处罚。"据此，行为人故意殴打、体罚虐待被监管人致人死亡的，以故意杀人罪论处。

4.聚众斗殴罪与故意杀人的竞合

《刑法》第292条第2款规定："聚众斗殴，致人重伤、死亡的，依照本法第二百三十四条、第二百三十二条的规定定罪处罚。"据此，聚众斗殴的行为人故意致人死亡的，以故意杀人罪论处。

需要指出的是，有学者认为上述情形属于转化犯。本书不同意这种观点，理由是按照我国经典的转化犯（转化型抢劫）的概念及其转化理由，转化犯是行为人在犯罪过程中先后实施了两个有联系的犯罪行为，使得犯罪性质发生转化的情形。但是在上述情形中，行为人一般只实施了一个基本犯罪的行为，但是产生了不属于该犯罪法定结果的重结果，使得该行为同时触犯了其他罪名，因此，上述情形属于想象竞合犯。上述几种情形的特别之处仅仅在于，刑法对这几种情形的处罚作出了明确规定。

另外需要注意的是，聚众打、砸、抢过程中致人死亡的，以故意杀人罪论

处，这种情形不属于想象竞合犯，因为在《刑法》中没有规定聚众打、砸、抢罪。同样的道理，聚众打、砸、抢致人伤残的，或者毁坏、抢走他人财物的行为，分别以故意伤害罪或者抢劫罪论处。

（五）故意杀人的牵连关系

在刑法实践中，故意杀人往往和其他一些犯罪具有牵连关系，且故意杀人通常是手段行为，对此，应当依据牵连犯的处断原则处理。其中有的按照数罪并罚，有的按照目的行为构成的犯罪从重处罚或者加重处罚，有的则按照故意杀人罪定罪处罚。

1.依照数罪并罚的情形

（1）犯组织、领导、参加恐怖组织罪，并实施其他犯罪行为（如杀人、爆炸、绑架）的，依照数罪并罚的规定处罚。

（2）投保人、受益人故意造成被保险人死亡、伤残或者疾病，骗取保险金的，同时构成其他犯罪的，依照数罪并罚的规定处罚。

（3）行为人实施抢劫后，为灭口而故意杀人的，以抢劫罪和故意杀人罪定罪，实行数罪并罚。

（4）犯故意杀人罪之后，临时起意拿走他人财物的，以故意杀人罪与盗窃罪实行数罪并罚。

（5）犯组织、领导、参加黑社会性质组织罪，并实施其他犯罪行为（如杀人）的，依照数罪并罚的规定处罚。

（6）犯赌博罪的同时，设置圈套诱骗他人参赌获取钱财，当参赌人员识破骗局要求退还所输钱财，设赌者又使用暴力致参赌者伤残或者死亡的，按照赌博罪和故意伤害罪（或者故意杀人罪）实行数罪并罚。

（7）犯组织他人偷越国（边）境罪，对被组织人实施犯罪行为（如杀害、伤害、强奸、拐卖等）的，或者对检查人员实行杀害、伤残等犯罪行为的，依照数罪并罚的规定处罚。

（8）犯运送他人偷越国（边）境罪，对被运送人实施犯罪行为（如杀害、伤害、强奸、拐卖等）的，或者对检查人员实行杀害、伤害等犯罪行为的，依照数罪并罚的规定处罚。

（9）对被拐卖的妇女、儿童进行故意杀害、伤害的，以故意杀人罪（或者故意伤害罪）与拐卖妇女、儿童罪实行数罪并罚。

2.按照目的行为之罪处罚的情形

（1）在强奸过程中实施暴力造成被害妇女死亡、重伤的，以强奸罪从重论处。

（2）在绑架过程中杀害被绑架者的，以绑架罪定罪，处死刑，并处没收财产。

（3）在抢劫过程中实施暴力造成被害人死亡、重伤的，以抢劫罪从重论处，如行为人为劫取财物而预谋故意杀人，或者在劫取财物过程中，为制服被害人反抗而故意杀人的。

（4）强迫他人卖淫，造成被强迫卖淫者死亡的，以强迫卖淫罪从重论处。

3.以故意杀人罪（或者故意伤害罪）定罪处罚的情形

（1）组织和利用邪教组织制造、散布迷信邪说，指使、胁迫其成员或者其他人实施自杀、自伤行为的，以故意杀人罪或者故意伤害罪定罪处罚。

（2）行为人在交通肇事后为逃避法律追究，将被害人带离事故现场后隐藏或者遗弃，致使被害人无法得到救助而死亡或者严重残疾的，以故意杀人罪或者故意伤害罪定罪处罚。

（3）暴力抗拒人民法院执行判决、裁定，伤害、杀害执行人员的，以故意伤害罪、故意杀人罪定罪处罚。

二、故意伤害罪

故意伤害罪，是指故意非法损害他人身体健康的行为。

（一）故意伤害罪的构成要件

1.主体要件

本罪的主体为一般主体。凡达到刑事责任年龄并具备刑事责任能力的自然人均能构成本罪。故意伤害致人重伤造成严重残疾或者死亡的，犯罪主体是已满12周岁、具有刑事责任能力的自然人；致人轻伤的，犯罪主体是已满16周岁、具有刑事责任能力的自然人。

2. 主观要件

本罪在主观方面表现为故意。即行为人明知自己的行为会造成损害他人身体健康的结果，而希望或放任这种结果的发生。值得注意的是，行为人希望或者放任的结果是特定的、实质性的身体机能损害后果，而不是希望或者放任造成被害人暂时的肉体疼痛或者精神刺激。

3. 客观要件

本罪在客观方面表现为非法损害他人身体健康的行为，其基本要素包括以下三个。

（1）行为人实行了损害他人身体健康的行为。首先，损害他人身体健康的行为方式，可以是作为，也可以是不作为，前者如拳打脚踢、刀砍枪击、棒打石砸、火烧水烫等，后者则如负有保护幼儿责任的保姆不负责任，见被看护的幼儿拿刀往身上乱戳仍然不管，结果幼儿将自己眼睛刺瞎的行为；既可以由行为人本人实施，也可以利用他人，如未成年人、精神病人实施，还可以利用驯养的动物如毒蛇、狼犬等实施。其次，故意伤害的对象是他人的身体，而不是自己的身体。伤害自己的身体，一般不认为是犯罪；只有当自我伤害行为损害到国家利益，才有可能构成犯罪，例如，军人战时自伤身体以逃避履行军事义务的，依法构成战时自伤罪。

（2）损害他人身体健康的行为必须是非法行为。合法实施的伤害他人身体的行为，如正当防卫过程中打伤不法侵害者的，不构成犯罪，又如医生基于治疗的需要对患者实施外科手术等。

（3）损害他人身体健康的行为必须造成了他人人身一定程度的伤害。即伤害结果可以归责于加害行为，或者说两者之间存在刑法上的因果关系。实践中应区分故意伤害罪与一般殴打的界限。一般殴打只是对他人造成了暂时性的疼痛或者神经刺激，而没有损害他人的身体完整性和身体的正常机能。其中涉及伤害的具体等级，可参考有关部门的伤情鉴定标准。伤害依据其表现形式，分为内伤、外伤、肉体伤害和精神伤害；伤害依据其程度分为四等——轻微伤、轻伤、重伤和伤害致死。构成故意伤害的损害包括轻伤、重伤和伤害致死。所谓轻伤，是指由于物理、化学及生物等各种外界因素作用于人体，造成组织、器官结构一定程度的损害或部分功能障碍，尚未构成重伤又不属于轻微伤害的损伤。所谓重伤，是指使人肢体残废或者容貌毁伤，丧失听、视觉或者其他器官功能以及其他对于人身健康有重大损害的损伤。所谓伤害致死是指基于伤害故意实行的加害行为过失导致受害人死亡的情形。

4.客体

本罪的客体是他人的身体健康权。但关于“身体健康权”的内涵存在理论争议：一种观点认为，身体健康权是指人保持自己的肢体、器官、组织的完整和正常机能的权利；[①]另一种观点认为，身体健康权是指生理机能的健全。[②]毫无疑问，正常生理机能是身体健康的重要组成部分，对此并无争议。上述观点的分歧点是：如何判断毛发、指甲这类属于人体皮肤组织、体现身体外部完整性的部分。在后者看来，基于“我国公民的容忍态度”和控制刑法处罚范围的目的，不适宜将以暴力去除他人毛发的行为认定为伤害罪，情节严重时可以侮辱罪论处，去除他人指甲的行为，不以犯罪论处。后一观点对相关问题作了更为细致和深入的分析，值得肯定。

（二）故意伤害罪中的特殊情形

1.伤害胎儿

故意伤害的对象是他人的身体，但问题是：胎儿是否属于“他人”，故意伤害胎儿的行为是否构成故意伤害罪？在一般意义上，“胎儿”不是人，因此，将故意伤害胎儿的行为认定为故意伤害罪是存有疑义的。但是，刑法如果不对胎儿加以必要保护，于情于理于法都说不过去。所以，这个问题最近几年引起了我国学者的关注。

至今中外理论对该问题存在如下分歧观点：第一，无罪论，认为将伤害胎儿的行为定为伤害罪，属于不利于被告人的类推，不符合罪刑法定原则。进而，有人提出在刑法上应增设“残害胎儿罪”。[③]第二，有罪论。有罪论包括两种：其一，认为伤害胎儿的行为属于对母体的伤害；其二，认为伤害胎儿的行为可以理

① 参见马克昌.刑法学［M］.北京：高等教育出版社，2003：481.

② 参见张明楷.刑法学（上）［M］.北京：法律出版社，2003：680-681.

③ 参见刘明祥.伤害胎儿行为之定性研究［J］.法商研究，2006（5）.

解为对行为后出生之人的伤害。[①]显然，持否定意见者和持肯定意见者都认为有必要对胎儿予以刑法保护。他们的分歧是，现行刑法可否对伤害胎儿的行为进行处罚？

本书认为，由于在胎儿的法律属性、胎儿与怀孕者的关系以及伤害行为的认定时间上存在不同看法，所以导致了肯定和否定两种完全不一致的结论。可见，澄清以下争议有助于该问题的解答。

第一，胎儿体现的是何种法律属性？

胎儿体现出何种法律属性，这是刑法有效解释的前提问题。在我国，有一种观点认为伤害胎儿侵害了“夫妻生育权”。[②]

本书认为，这个结论是不可取的，理由如下：其一，这种观点无异于将胎儿视为父母的所有物和从属品，在法律推论上，它也可认为对出生后的独生子女的伤害同样侵犯了夫妻的这一权利。这将泛化刑法的评价对象。其二，从外国刑法规定堕胎罪以保护胎儿这一点看，胎儿具有独立的“人格体”这一法律属性，至少不应当被视为夫妻婚姻关系的一个条件。其三，在我国，胎儿也应当且可能作为特殊法律“人格体”。尽管我国计划生育政策对于胎儿的法律地位作了有别于外国的修正，但是，在政策合理允许的范围之内，法律要保护人的独立、健康和自由发展，也有必要在人出生之前就为其发展提供一些保证。我国继承法为胎儿预留必要遗产份额的规定，保证了胎儿成为“人”之后所必要的物质基础。那么，刑法对人健康发展的保护就需要从保护胎儿的健康开始，因此，刑法应当将胎儿作为法律上的特殊“人格体”予以关注和保护。

第二，能否将伤害胎儿的案件解释为对母体的伤害？

有一种很有影响的观点，包括日本最高裁判所的判例，认为胎儿应作为母体的一部分来看待。使胎儿发生病变，不外乎使作为母体一部分的人发生病变，因此，伤害胎儿可以解释为对怀孕者的伤害。

但在现实生活中，胎儿受伤害可分为两种状况：第一种是对母体伤害，导致胎儿和怀孕者都受到伤害；第二种是胎儿受伤害，但怀孕者无伤害。第一种情形

① 参见张明楷.刑法学（上）[M].北京：法律出版社，2003：681-682；周详.胎儿“生命权”的确认与刑法保护[J].法学，2012（8）.

② 参见刘明祥.伤害胎儿行为之定性研究[J].法商研究，2006（5）.

被认定为伤害罪，不应有异议。关键是第二种情形，它并不少见，如使怀孕者服用某种药物，对怀孕者的身体健康并无明显影响，但能导致胎儿死亡或畸形。此时，如果将对胎儿的伤害理解为没有伤害受伤害的怀孕者，这既不符合事实，也会产生一个更为复杂的问题：这种理解无异于认为胎儿是受孕者身体的组成部分，那么，就可以将受孕者堕胎的行为作为自伤对待，因而受孕者堕胎在一般情形下不应被当作犯罪行为。但在法律上，尽管自伤行为基本上被容许，但是胎儿和怀孕者一般被当作不同的“人格体”，所以一些国家的刑法规定了堕胎罪，禁止受孕者随意堕胎。即便在我国，虽然没有类似的法律明文规定，但在现实的道德体系中，我们一般也不接受将胎儿作为母体的人体组成部分的论点。因此，将伤害胎儿解释为对怀孕者的伤害，其理由很不充分。

第三，可否根据隔离犯理论将伤害胎儿解释为伤害胎儿出生后之人？

基于胎儿的特殊性和刑法保护的必要性，有学者主张，可以根据隔离犯理论论证：行为人在实施伤害胎儿的自然行为时，还只是伤害的预备行为，当胎儿出生为人时，先前的伤害行为现实化为伤害的实行行为。①

有学者认为，上述观点在处理“症状恶化型”的伤害胎儿案时有一定道理，但是在“症状固定型”的场合，由于行为早已终了，结果已然固定，在胎儿出生之后认定行为人对出生者施行了伤害行为，这个理由比较牵强，难以令人信服。②应当说后一种观点对前一种观点的指责还是比较有根据的。故此，用隔离犯理论也难以对这个问题有效解答。

基于以上分析，根据当前的《刑法》规定，将伤害胎儿的行为解释为对人的伤害，在道义上和法律实证分析中都将遇到挑战，甚至触发新的争端。例如有学者指出，如果根据现行刑法对伤害胎儿的行为进行处罚，就可能导致这样的尴尬局面：怀孕者基于堕胎的故意服用堕胎药，致胎儿死亡或出生后伤残的，前者因为堕胎成功不构成犯罪，后者却因堕胎不成而构成过失致人重伤罪。③

上述顾虑值得商讨，但是由此提供的论述路径值得考虑。首先，由于自行堕胎在我国具有阻却违法的社会基础，自行堕胎行为本身不违法，由此造成的后果

① 参见张明楷.刑法学（上）[M].北京：法律出版社，2003：681–682.

② 参见刘明祥.伤害胎儿行为之定性研究［J］.法商研究，2006（5）.

③ 参见刘明祥.伤害胎儿行为之定性研究［J］.法商研究，2006（5）.

不应当认为是危害行为导致的危害结果，自行堕胎而致胎儿出生后伤残的应当被当作意外事件。其次，顾虑的情形并不具有普遍性意义，因为行为人一旦决意堕胎，势必就堕胎的时间、地点和方式作出充分的选择，并且很少有人自行操作，其一般会求助于医生，所以，堕胎不成而致胎儿伤残或畸形的情况极为罕见。但是，假定第三人故意对受孕者实施某种行为，致使胎儿胎死腹中或流产死亡，是否按照杀人罪论处呢？无疑，在理论上和实践中，这种情形不被认为是故意杀人，因为故意杀人罪的对象是出生之后的自然人，而不包含胎儿。进而，如果以故意伤害罪追究伤害胎儿的法律责任，那么的确会出现致胎儿死亡不构成犯罪，致胎儿伤害构成犯罪的情形。可见，以故意伤害罪论处伤害胎儿的行为也不妥当。

综上所述，本书认为，对于胎儿的保护，不仅是一个法律问题，更是一个社会道德问题，所以，如何对胎儿予以刑法保护，不仅是一个法律推理问题，更是一个道德论证问题。对于该问题的解决，不能单纯运用法律推理，而是应当从立法上解决。由于“胎儿”是基于特殊的道德共识而形成的特殊“人格体”，因此，胎儿应当被人格化为特殊类型的对象受到刑法的特殊保护，这意味着刑法有必要新设“残害胎儿罪”以破解上述困局。

2.不法伤害

在故意伤害罪中，损害他人身体健康的行为必须是非法行为。在现实中，基于被害人承诺的伤害与体育竞技中的伤害的不法性质，还有进一步讨论的必要。

（1）基于他人承诺的伤害行为

他人的承诺一般是阻却违法性的事由。问题是，基于他人承诺而实施的伤害行为，是否属于阻却违法性的合法事由呢？对此，中外立法例和理论观点不一致。例如，《德国刑法典》第228条规定：“被害人同意之伤害行为不处罚，但以行为不违背良好之风俗为限。”可见，被害人同意在德国原则上阻却伤害行为的违法性，只有在“违背良好之风俗”时才例外地不阻却违法性。

但在日本和我国，立法对此没有规定，所以在理论和实践中出现了不同的观点：第一，无罪说，认为只要有被害人的同意，伤害行为就不构成犯罪。因为刑法只规定同意杀人罪，而未规定同意伤害罪，根据罪刑法定原则，自然也就不构成犯罪。至于不构成犯罪的理由，大多认为是因为被害人承诺而阻却了违法性。

第二，有罪说，认为同意伤害构成伤害罪。刑法既然只规定同意杀人为杀人罪的减轻犯，而没有规定同意伤害为伤害罪的减轻犯，这就表明对同意伤害行为不能特别看待，而应当按一般伤害罪处理。第三，重大伤害说，认为除了危及生命的重大伤害外，只要有被害人同意就可以阻却伤害行为的违法性。反过来，如果造成了重大伤害，则仍然构成伤害罪。第四，社会相当性说，认为并非只根据有无“同意”来判断行为是否正当，还要看其是否属于具有社会相当性的行为。只有不违背善良风俗，又有被害人承诺的行为，才是正当的。否则，不具有社会相当性的伤害行为，即便有被害人同意，也不阻却违法性。①

以上观点之所以发生分歧，是因为论者持不同的法学方法论与犯罪本质观。无罪说和有罪说如出一辙，就是将被害人承诺这一形式标准作为阻却违法事由，而没有对被害人承诺的正当性和有效性进一步加以论证，这是运用逻辑进行法律分析的典型实证方式。不过，由于各自的视角不一样，所以结论也有所不同。重大伤害说和社会相当性说具有对应性，前者试图根据法益侵害的犯罪本质观，从法益大小的衡量上进行考虑；后者立足于伦理规范违反的犯罪本质观，考虑社会相当性的道德界面。

上述四种学说都比较片面。根据现代法理，法律评价要综合运用自然法和实证分析的方法。就被害人承诺而言，需要从三个层面上进行考虑：第一，在自然法上要立足于“人是目的而不是手段”这一命题，正确理解和认识人作为社会主体在社会生活中所享有的权利。由于“人是目的”，所以一个人不能被当作他人实现自己目的的手段，换言之，一个人不得以种种借口将他人作为自己行动目的的手段，除非完全为了他人的利益和诉求。在德国刑法中虽然一般不处罚得承诺的伤害，但是用“良好之风俗”作为限制条件，就排除了行为人的自私性动机和自利性追求，保证了行为动机的纯洁性和社会相当性，这符合以人为目的的理念。第二，有必要注意到承诺内容在法律上的不同性质和意义。有学者认为，“在强调尊重个人权利的现代社会，由于公民允许他人对自己造成轻伤，即放弃这部分健康权益，不会给社会或他人带来危害，因此，国家应当尊重个人的这种自我

① 参见刘明祥.伤害罪若干问题探究［J］.江海学刊，2007（3）.

决定权”[1]。这是将公民的财产权或非财产权的性质不加区别的做法。要注意的是，财产权和非财产权具有不一样的性质和限制。非财产权中的人格权（包括生命、健康、隐私、身体等）和财产权有一个很明显的区别，即它具有专属性，只能为权利人所享有，不能转让和继承，而财产权基本上属于非专属权，可以转让和继承。[2]所以，行为人不得对自己人格权的内容随意进行处理，承诺他人杀害或者伤害自己的行为应当受到严格禁止或者限制。其中，限制的场合仅仅限于为了保全自己的生命、健康或者特别重大的社会公共利益，并且必须体现出“良好之风俗”中内含的社会基本伦理规范。除此之外，一切得到受害人承诺的杀害行为都是违法的。第三，还必须考虑我国刑事法律的规定。依据有关法律的规定，轻伤害可以进行自诉属于自诉案件，重伤害或者伤害致人死亡则属于公诉案件。换言之，得到承诺的轻伤害可视为受害人放弃诉讼，不构成犯罪，而得到承诺的重伤害或者伤害致人死亡在不具有社会相当性的场合，应当认定为犯罪。

所以，基于他人承诺的伤害行为，在缺乏社会相当性时，实质上是违法行为，但在引起轻伤害时不构成犯罪，在造成重伤害或伤害致人死亡时，构成犯罪。

（2）体育竞技中的伤害

一般而言，体育竞技属于合法化事由，因此在体育竞技中发生的伤害行为不具备非法性。但是，这并非说在体育竞技中发生的任何伤害行为都不是非法行为。随着我国体育竞技化和职业化发展，在体育竞技中发生的伤害必将成为一个司法实践需要解决的问题。众所周知，发生在体育竞技中的非意外伤害包括这样一些情形：第一，如拳击比赛，本身就是通过有效地对对手的身体部位进行合规则的打击来决出胜负（在语言上可以转换为“伤害”）；第二，在比赛中因为恶意违反规则而伤害对手；第三，在比赛中因为疏忽而伤害对手；第四，双方队员在比赛中因对裁判或者对手行为不满而厮打，进而造成伤害。显然，上述行为有的可以阻却违法性，如第一类情形；有的行为的违法性质却有待进一步论证。那么，如何排除体育竞技中伤害的违法性呢？

---

① 刘明祥.伤害罪若干问题探究［J］.江海学刊，2007（3）.

② 参见王立明，杨立新，姚辉.人格权法［M］.北京：法律出版社，1997：13.

在我国理论界，目前对此主要有两种观点：观点一认为，体育运动项目中“规则所允许的伤害”不具有非法性。①观点二认为，在社会所容许的范围内的竞技伤害行为，属于正当业务行为，获得了被害人同意，可以阻却违法性；但是，行为人在比赛中恶意违反规则伤害他人，或者由于严重过失或者间接故意而严重伤害他人身体健康的，属于非法行为，可以构成犯罪。②

就前种观点而言，如何理解“规则所允许的伤害”尚不明确。它仅仅是指包含在第一类情形中的伤害，还是也指包括在另外三类情形中的伤害？例如，在有些对抗性项目中，某些动作是规则不允许的，如足球比赛中的铲人、蹬踏动作，篮球比赛中的带球撞人等，由这些动作导致的伤害往往也是规则所极力避免的。如果认为由这些举动所导致的伤害具有违法性，进而追究行为人的刑事责任，势必会降低比赛的对抗性和可观赏性。所以，在实践中一般不对铲人、蹬踏或者带球撞人之类的伤害行为加以刑罚处罚，甚至对于选手在竞技场上发生的斗殴行为，也往往由体育部门内部处理。

就后种观点而言，它明显综合了几种传统理论观点的优点，为解决体育竞技中伤害的刑法性质问题提供了很好的路径。例如，拳击比赛同时兼容了被容许的危险理论、正当业务与受害人同意理论，这三个理论缺少任何一个，拳击的合法性就会面临危机。但是，需要注意的是，体育竞技通常是高强度的对抗，所以要对选手的注意力、体能以及竞技项目的特征做出综合评估，尽可能从客观上缩小构成不法伤害的范围，保证或不使社会容许的危险范围受到限制，不然将导致大量的实践问题，最终也会使体育竞技失去观赏性，不符合社会要求。基于这样的考量，将由于严重过失或者间接故意而严重伤害他人身体健康的行为视为非法，可能不大可取。

由此可见，在判断体育竞技中伤害行为的性质时，伤害后果并不是重要的评价要素，伤害是不是由竞技规则允许的动作导致的也不是重要的要素。根据体育竞技在社会生活中的辅助地位，重要的评价要素是：如何确保体育竞技的可观赏性，同时在观众的道德感受中能够允许伤害的发生。假如我们对于比赛规则限制

① 参见张明楷.刑法学（上）[M].北京：法律出版社，2003：682.

② 参见林亚刚，赵慧.竞技体育中伤害行为的刑法评价[J].政治与法律，2005（2）.

过多，比赛的可观赏性就会大打折扣；相反，如果我们对比赛毫不约束，最终比赛将演变成“肉搏”，这不仅会影响比赛的可观赏性，而且也可能令观众不能从比赛中获得其所需要的愉悦，反而遭受内心的道德谴责，因此，必要的规则和限制就成为确保体育竞技健康发展的一种外在尺度。而且随着社会文明的发展和观众道德感的进步，界定体育竞技中伤害行为的刑法性质的标准必然存在弹性，就如现代社会不接受古罗马式的角斗、现代文明对于西班牙斗牛运动的谴责一样。故此，体育竞技中的伤害行为是否违法，需要结合实际情况和实际需要加以考察。

结合当今社会的实际情况和需要，本书对于体育竞技中伤害的刑法性质提出以下看法：第一，伤害是由规则所允许的动作引起的，属于被容许的危险，该行为不违法。第二，行为人使用了规则所“禁止”的行为，过失造成伤害的，也属于被容许的危险，该行为不违法。第三，行为人恶意使用规则明令禁止的行为伤害他人，如果伤害不严重，且属于比赛项目常见伤害，结果应当被视为在被容许的危险范围内，行为人的行为违法，但可不处罚。第四，行为人恶意使用规则明令禁止的行为伤害他人，如果伤害严重，属于比赛项目罕见的伤害，结果超出了被容许的危险范围，行为人的行为违法，可构成伤害罪。第五，行为人使用了比赛规则之外的动作伤害他人，结果明显超出了被容许的危险范围，行为人的行为不具有社会相当性，构成不法伤害。例如在拳击中，肘击是明令禁止的，但是咬耳朵一般不在规则考虑范围内，如果拳击选手在比赛中肘击对手导致其失去听觉，这和咬掉对方耳朵的性质还是不一样的，前者可不处罚，但后者构成伤害。第六，双方队员在比赛对裁判或者对手行为不满而厮打，进而造成伤害，要综合考虑比赛所必要的团队意识、竞技者的精神紧张状态、此类冲突在比赛中是否容易爆发等因素，较为妥当的方法是将由此引起的一般伤害考虑到被容许的危险范围之内，只有结果极为严重时，才考虑超过了被容许的危险范围，并追究行为人的刑事责任。

3.同时伤害

同时伤害是指二人以上没有意思联络而同时伤害他人的情形。“同时伤害”概念是基于这个问题提出来的：二人以上同时伤害了他人，但在不能认定行为人各自实行的行为所伤害的身体部位和造成的伤害程度时，对于同时实行者如何处罚？

有些国家的刑法对此情形作了明文规定。如《日本刑法典》第207条规定："二人以上实施暴行伤害他人的，在不能辨别各人暴行所造成的伤害的轻重或者不能辨认何人造成了伤害时，即使不是共同实行的，也依照共犯的规定处断。"根据上述规定，司法机关就可根据共同正犯的相关刑法处罚规定处理同时伤害的问题。

根据共同犯罪的基本法理，同时犯和共犯是有重要差别的，因此无论在立法上还是在司法认定中，似乎都不宜依据共犯处罚同时犯。那么，上述日本刑法规定的根据是什么？它是否可以支持司法机关在无法律明文规定的情况下做类似处罚呢？虽然日本有学者认为上述立法违背了"疑问有利于被告人"原则，①但多数学者认为，考虑到在该场合难以证明行为和结果之间的因果关系，所以该项立法未尝不可，其理论理由有二：第一，举证责任转换说，认为由于检察官举证困难，因此要求被告人证明自己的行为和结果之间没有因果关系；第二，法律推定说，认为这是在法律上推定行为人之间具有意思联络。②

本书认为，日本立法例实际上兼容了责任转换和法律推定两种做法。这种做法的理由是基于传统刑法因果关系理论的羁绊，而不得已根据共同犯罪的规定作出妥协性的措施。它虽然能解决现实问题，但是其根据不是很充分。类似问题在我国遇到的挑战是：在法无明文规定的情况下，对同时加害者能不能也根据共同正犯中的"部分实行全部负责"原则进行处理呢？

对此，我国有学者作出了否定回答，并提出如下处理同时伤害的意见：第一，同时伤害行为没有造成伤害结果的，都不承担刑事责任。第二，同时伤害行为造成了轻伤结果，但证据表明该轻伤由一人行为所致，在不可能辨认该轻伤为何人造成时，也不能追究任何人的刑事责任。第三，同时伤害行为造成了重伤结果，但证据表明该重伤由一人行为所致，在不可能辨认该重伤为何人造成时，可以对各行为人追究故意伤害未遂的刑事责任。第四，同时伤害行为造成了轻伤或者重伤，且能认定谁的行为造成了何种伤害的，应当分别追究刑事责任。③

---

① 参见林干人.刑法各论［M］.东京：东京大学出版会，1999：61.

② 参见河田信太郎.刑法各论45讲［M］.东京：法学书院，1970：27-28.

③ 参见张明楷.故意伤害罪探疑［J］.中国法学，2001（3）.

可见，在无法查证受害人的伤害是由哪一个行为人的具体行为造成的情况下，假定采取上述观点，必将形成这种结论：当甲对受害人进行加害时，乙也乘机踢打受害人，受害人因甲、乙的伤害行为而死亡，结果，因不能明确死亡或重伤是甲或乙的行为所致，就认定甲、乙行为构成犯罪未遂。这无异于认为，在法律评价中不存在伤害结果。可是伤害结果在客观上的确已经存在，它在法律上不存在的根据是什么呢？对此，上述观点将很难回答。而且，依据这种观点做出的司法判决不可能是一个“好的”判决，因为它将起到一种坏的引导，即一旦客观真实的结果可能被法律解释为“虚无的”结果时，那么数个行为人就可能通过特殊的谋划制造类似“同时伤害”的假象，最终可能逃脱法律的制裁，或者至少不会受到应有的刑罚处罚。它也很可能为行为人乘乱伤害他人增强心理“动机”。这显然不是刑法所能容许的一种状况。

对同时伤害问题，由于行为人实行了危害行为，所以应当从维护社会秩序的角度去考虑对行为人的处罚。依据同时伤害问题产生的原因，运用因果关系学说无疑是一个积极的思路，但上述我国学者的观点显然是以因果关系学说中的条件中断说为根据，而该说存在很大的局限性，并不能很好解决这个问题。为此，本书主张运用客观归属理论，[①]从三个层次判断并解决这个问题。首先看行为人的行为和结果之间是否存在条件关系，其次看行为人的行为是否制造了不被容许的危险，最后看该危险是否在规范的保护范围之内实现为结果。具体论证程式和结果如下：第一，行为人都有加害意思，且都实施了加害行为，与危害结果之间具有现实的条件关系；第二，各个行为人实行了暴力行为，必然增加最终发生结果的危险，且行为超越了被容许的危险范围；第三，基于行为人的加害而形成的可能结果，可以视为某一个行为人在实行犯罪行为过程中，介入了他人的故意行为，“如果故意行为和前行为一起制造并实现了危险，那么，当各自的行为都在规范的保护范围之内时，两者承担客观的责任……只要它们在相同的时机制造了结果，该结果就要归责于竞合的行为共同体”[②]。违法

---

① 参见童德华.刑法中的客观归属——关于因果关联的新视角［J］.暨南学报（哲学社会科学版），2008，30（6）.

② 童德华.刑法中的客观归属——关于因果关联的新视角［J］.暨南学报（哲学社会科学版），2008，30（6）.

伤害无疑包含在故意伤害罪的规范保护目的范围之内，因此，可将最终结果归属于各个行为人，而不必根据共同犯罪论处。在同时伤害时，无论伤害的程度如何，原则上都可构成故意伤害罪。不过在轻伤害场合，要根据受害人的意思，若受害人对于全部行为人提起自诉，则全体构成伤害罪，若受害人对部分行为人提起自诉，则这部分行为人构成伤害罪，另一部分行为人不构成伤害罪。至于没有发生伤害结果时，也不排除以故意伤害罪（未遂）追究行为人的罪责。

（三）故意伤害罪的罪数形态

在故意伤害罪中，所涉及的罪数问题比较复杂。常见的问题包括连续问题、牵连问题、竞合问题等。

1.连续伤害问题

对此如何处理，在理论上有两种观点：第一，连续犯说，认为按照连续犯作为一罪处理；第二，同种数罪说，认为触犯同种罪名的数个犯罪，并应依照数罪并罚处理。[①]争论涉及的问题是：如何理解连续犯和如何合理处理裁判的一罪问题?

就连续犯而言，一般是指基于同一的或者概括的故意，连续实施性质相同的数个行为，触犯同一罪名的犯罪。但是行为人触犯“同一罪名”是指触犯同一对象还是同一性质的客体呢？如果认为是后者的话，可以依据连续犯论处。可是，这样一来，就会导致处罚失去均衡性，如连续伤害三个人，结果按照一个犯罪论处，其刑罚很可能过低。因此，同一罪名的数个行为触犯的是同一对象。此外，因为数个行为触犯同一罪名，如果按照一罪论处，也不免发生连续犯处罚畸轻的问题，因此有必要按照数罪并罚处理。

2.法定伤害的竞合问题

（1）法定伤害的情形

法定伤害，是指行为人实施了某种非故意伤害罪的基本行为，发生了重伤害或者伤残结果，刑法明文规定以伤害罪论处，而不再认定为构成条文所规定的犯罪。这些情形包括：《刑法》第238条（非法拘禁罪），第247条（刑讯逼供

① 参见张明楷.故意伤害罪探疑［J］.中国法学，2001（3）.

罪、暴力取证罪)，第248条(虐待被监管人罪)，第292条(聚众斗殴罪)，第333条(非法组织卖血罪、强迫卖血罪)。

对于上述规定，在理解上有两个问题值得关注：第一，如何理解这些犯罪的形态；第二，无伤害故意是否可能构成故意伤害罪。

(2)法定伤害的犯罪形态

刑法将上述情形作为故意伤害罪论处，理论上普遍是根据转化犯加以解释的。[①]但是，这类情形可否构成转化犯，有必要从刑法最广泛的转化情形和最典型的转化犯中找到答案。

从最广泛的角度看，刑法中的转化有如下四种：第一，基于形式的转化，即由于行为充足构成要件的不同阶段，形式上从一种性质的犯罪向另一种性质的犯罪的转化，如在盗窃时被人发现，而对他人使用暴力，其前面的非法占有他人财物的行为和后面的暴力结合在一起，使行为性质从盗窃转化为抢劫。第二，基于行为的转化，即由于行为所表现的不同性质而发生的转化，如收买被拐卖的妇女又将她出卖的，行为人的行为从收买被拐卖妇女罪转化为拐卖妇女罪。第三，基于犯罪结果而发生的转化，即由于发生特别的犯罪结果，使得一种犯罪转化为另一种犯罪，如刑讯逼供致人死亡，从刑讯逼供罪转化为故意杀人罪。第四，基于行为人的主观原因，如犯罪目的的转化，即行为人在实施特定的犯罪行为时，可能导致犯罪的转化。在这四种情形中，如果行为人只实行了一个基本犯罪行为，且导致了死亡结果，那么行为人在故意的情况下，触犯了基本犯罪行为所属的犯罪和故意杀人罪两个罪名，根据法律规定，这种情形似乎属于想象竞合罪。

从最典型的转化犯(即转化型抢劫)看，本书认为，立法中之所以将这类情形规定为抢劫罪，是基于对客观犯罪过程认识的法理要求。抢劫罪是复合的犯罪行为，它的前行为往往是暴力性行为，后行为是占有财物；而转化型抢劫相反，其前行为是占有财物，后行为是暴力性行为。这就是转化型抢劫与一般抢劫存在的区别。进一步看，这种情形的犯罪是符合抢劫罪的构成特征的。后行为基于窝藏赃物、抗拒抓捕或者毁灭罪证而当场实施，可以说明，行为人还没有真正对财物加以必要控制，行为人的前行为并未有效完成。如果行为人在出现意志以外原

---

① 参见孙国祥，魏昌东.试析聚众斗殴罪中的转化犯[J].法学，2002(11).

因的情形下，采取其他行为促使犯罪完成，则行为人采取的其他行为和先行为的性质不一样。此时，有必要将数个行为“结合”为一个犯罪行为。由此就形成了所谓的转化犯概念。

可见，行为人实行两个以上的犯罪行为是转化犯罪的基本条件。①反过来看，在类似上述依照故意伤害罪处理的犯罪行为中，如刑讯逼供、非法拘禁、虐待、斗殴等，都具有暴力性，可以说，暴力行为是这些犯罪的一种基本行为。行为人实行基本行为导致重结果，触犯了其他罪名，如果不依据基本行为触犯的罪名加重处罚，而是依据重的罪名处罚，这完全符合想象竞合犯的特征。

（3）对伤害结果的主观态度

行为人实施刑讯逼供等行为，因造成重伤、伤残结果而认定为故意伤害罪，其中是否需要伤害的故意？有学者认为，上述规定均属于特别规定。因为上述条文规定之罪（即刑讯逼供等罪）不仅具有多发性，而且具有严重性，而刑法对这些犯罪规定的法定刑却较轻（如刑讯逼供罪、暴力取证罪的最高刑为3年有期徒刑）。为了有效地保护公民的人身权利，避免对侵犯人身权利的犯罪处罚过轻，对行为人实施刑讯逼供等行为造成他人伤残的，即使没有伤害的故意也应认定为故意伤害罪。②本书认为这种理解值得商榷。

首先，需要注意的是刑法具体规定之间的差别。在《刑法》第238条、第247条、第248条规定造成“伤残”时按照故意伤害罪论处，第292条、第333条规定造成“重伤”时按照故意伤害罪论处。显然，“伤残”和“重伤”还是有区别的，在一般观念中，前者是一种更为明显的重伤。而且《刑法》第238条第2款还明确规定，“致人重伤”的属于非法拘禁罪的加重结果。可见，行为人有无故意对于这些基本犯罪能否作为故意犯罪论处，还是有决定意义的。如果认为在非故意的情况下也可构成故意伤害罪，将无法解释第238条第2款的规定。

其次，从行为主体和行为结果之间的客观关联性方面，可以推定行为人在类似情形中所持的是故意的态度。虽然《刑法》没有明确规定主观要素，但是，在实施非法拘禁、刑讯逼供、暴力取证、虐待被监管人时，行为主体可能对于重伤

---

① 参见许成磊等.刑讯逼供罪中“致人伤残、死亡”的理解与认定［J］.河南政法管理干部学院学报，2004（2）.

② 参见张明楷.故意伤害罪探疑［J］.中国法学，2001（3）.

害结果缺乏明确认识，不排除主观上的过失可能，但就伤残后果而言，造成伤残的行为方式必然有别于其他的重伤行为，而行为主体具有特定身份，他们对于伤残在客观上有防范义务，在主观上能够预见，因此，伤残结果对他们而言属于可控结果。那么，一旦发生伤残结果，就只能表明行为人对它持放任态度。在聚众斗殴时，因为斗殴具有人数、行为方式和后果等方面的不确定性，行为人对于斗殴结果普遍持放任态度，这应当没有争议。至于非法使他人卖血的行为，从规范上看属于对身体健康有伤害可能的行为，一般人也都具有这样的认识能力，否则没有必要对于非法卖血行为加以规制，所以，对由此造成的重伤害结果，在规范上不能排除间接故意的态度。

最后，对于上述情形之所以要从客观要素着手认定为故意，还在于刑法规范目的的社会需要。如果将过失纳入这些范畴中来，不符合法理和立法规定；如果不能认定为故意，又势必增加行为人实行违法行为的侥幸心理，违背社会对其职务活动的期待，从而削弱刑法的社会保护机能。

3.故意伤害中的牵连问题

故意伤害的牵连行为包括两方面：第一，为了实行其他犯罪（目的行为）而实施伤害行为（手段行为）；第二，实行完其他犯罪后（原因行为）基于特定目的而实施伤害行为（结果行为）。对此的处罚方法，可参见故意杀人罪一节的“故意杀人的牵连行为”部分。

（四）故意伤害罪的关联犯罪

1.故意杀人罪

从理论上看，故意伤害罪与故意杀人罪的区别在于以下四点：第一，主体要件不同。故意伤害罪在轻伤害的时候，犯罪主体是年满16周岁、具有刑事责任能力的自然人；而故意杀人罪的主体是年满12周岁、具有刑事责任能力的自然人。第二，主观要件不同。故意伤害罪是明知自己的行为会损害他人身体健康，而希望或者放任这种结果发生；故意杀人罪是明知自己的行为会致他人死亡，而希望或者放任这种结果发生。在司法实践中，要根据行为手段和加害部位综合推理行为人的主观意思，不能简单根据结果确定犯罪的性质。第三，客观要件不同。故意伤害罪表现为故意非法损害他人身体健康的行为；而故意杀人罪表现为故意非法剥夺他人生命的行为。第四，客体不同。故意伤害罪侵犯的是他人的身体健康权，而故意杀人罪侵犯的是他人的生命权。

问题是：在现实中，故意杀人未遂可能只造成他人重伤害或者轻伤害的结果，或者没有造成实际危害结果；而在故意伤害时，可能造成他人死亡的结果，也可能没有造成实际危害结果。这两个犯罪的关键区别是行为人主观故意的内容。在实践中，对于主观故意应当结合多种要素综合分析：行为工具，行为方式和作用部位，打击强度，行为过程，行为时间、地点和环境，行为后行为人的态度，行为有无预谋，行为人和受害人的关系，等等。

2. 过失致人重伤罪

过失致人重伤罪，是指由于过失，致他人重伤的行为。本罪的主体是年满16周岁、具有刑事责任能力的自然人。本罪的主观要件是行为人应当预见自己的行为可能会造成他人重伤的结果，因为疏忽大意没有预见，或者已经预见但轻信能够避免，以致造成重伤结果。本罪的客观要件是行为人的过失行为造成了他人重伤害，且过失行为和重伤害结果之间存在刑法因果关系。本罪的客体是他人的身体健康权。

过失伤害他人致人重伤的，处3年以下有期徒刑或者拘役。但是“本法另有规定的，依照规定”。对此，可参照故意杀人罪一节“过失致人死亡的特别规定”部分所涉及的罪名及其规定。

从理论上看，故意伤害罪与过失致人重伤罪的区别体现在主体和主观要件上。在实践中，可参照故意杀人罪和过失致人死亡罪的判断区别故意伤害罪与过失致人重伤罪。

3. 过失致人死亡罪

从理论上看，故意伤害罪与过失致人死亡罪的区别全面体现在犯罪客体、犯罪客观要件、犯罪主体和犯罪主观要件上。但在实践中，如何区分故意伤害致人死亡和过失致人死亡罪，则需要根据这四个不同点，参照行为人实施犯罪行为的工具、行为方式和作用部位、打击强度、行为过程、行为时间以及行为后行为人的态度等因素加以具体把握。

4. 传播性病罪

传播性病罪，是指明知自己患有梅毒、淋病等严重性病而卖淫或者嫖娼的行为。

传播性病罪的主体是患有梅毒、淋病等严重性病，已满16周岁具有刑事责任能力的自然人。本罪在主观方面是故意。故意内容表现为行为人明知自己患有梅毒、淋病等严重性病而卖淫嫖娼，对自己所患性病可能通过性行为传播给他人的危害社会的结果持放任态度。所以，行为人在主观上明知自己患有严重性病。如果行为人并不知道自己患有严重性病，那么即使是实施了卖淫、嫖娼行为，同样也不成立犯罪。以下情况属于“明知”：第一，有证据证明曾经到医院就医，被诊断为患有严重性病的；第二，根据本人的知识和经验，能够知道自己患有严重性病的；第三，通过其他方法能够证明被告人是明知的。

传播性病罪客观方面表现为：行为人在自己患有梅毒、淋病等严重性病的情况下，实施卖淫、嫖娼的行为。第一，行为人必须患有梅毒、淋病等严重性病。性病，俗称“花柳病”，包括梅毒、淋病、软性下疳、性病性淋巴肉芽肿、腹股沟肉芽肿等，是由特定的病原体微生物所引起的，以性的接触为主要传播途径的一类传染病。梅毒，俗称“杨梅疮”，主要是由梅毒螺旋菌引起的急性或者慢性皮肤、黏膜和人体其他器官特异性炎症的疾病，也可以由孕妇传染给胎儿引起先天性梅毒。所谓淋病，是由淋病双球菌引起的急性或者慢性尿道黏膜化脓性炎症的性病，主要发生于尿道或生殖系统，男性急性淋病主要症状有排尿疼痛、尿道流脓等，女性可以引起盆腔炎。慢性淋病一般无明显的症状，但仍有传染的可能，在某种刺激条件下可以转化为急性，也可以形成尿道狭窄。“严重性病”就是对人体健康危害较大，或传染性较强或发病率较高的性病。[①]第二，行为人必须实施了卖淫嫖娼的行为。卖淫与嫖娼是一种对合行为，必须且只能表现为在异性之间以金钱物质为媒介发生不正当性交关系。法律明确规定了卖淫嫖娼作为构成该罪的实行行为，故如果行为人虽患有严重性病，但只是与人通奸，或是强奸的，或者行为人明知自己患有严重性病，通过猥亵或其他方式，将性病传播给他人，均不成立此罪。从犯罪形态上来看，该罪属于行为犯。只要行为人明知自己患有严重性病，又实施了卖淫嫖娼行为就可以成立犯罪。至于实际上是否将性病传播给他人，对于成立本罪没有影响，但可以影响该罪的量刑。

---

① 参见李振权，王彦.性病患者卖淫、嫖娼的几个法律问题［J］.法学评论，2000（2）.

成立传播性病罪仅要求行为人在主观上具有间接故意，并不要求行为人在主观意志上希望和追求传播性病危害结果的发生。当然，如果行为人明知自己患有严重性病而又实施了卖淫嫖娼行为，并且希望把严重性病传播给他人，这种情况因为行为人具有特定伤害他人的犯罪目的，故应按照传播性病罪和故意伤害罪的想象竞合处理。

例如，公安机关在一次扫黄行动中，将正在从事性交易的甲抓获。经查，甲患有艾滋病。甲交代，因为自己没有劳动技能，遂萌生通过卖淫牟利的想法。其后多次在漳州等地卖淫，获利3万余元。法院认为，甲明知自己患有性病，依然从事卖淫活动，其行为构成传播性病罪。本案中，甲客观上患有性病，且实施了卖淫行为。但是，据此尚不能认为甲的行为构成传播性病罪，关键是甲是否明知自己患有性病，如果甲明知自己患有性病，按照一般经验，可以认定甲主观上具有间接故意。

三、强奸罪

强奸和故意杀人一样，是典型的、古老的自然犯罪行为。强奸罪，是指以暴力、胁迫或者其他手段，违背妇女意志，强行与妇女性交，或者故意与不满14周岁的幼女发生性关系的行为。

（一）强奸罪的构成要件

1.主体要件

本罪主体是年满14周岁、具备刑事责任能力的自然人。关于本罪的主体值得注意的问题如下。

第一，女性可否构成强奸罪？对此，过去有否定说和肯定说之分。现在的问题则是女性在强奸罪中可否单独构成犯罪主体？理论上有如下分歧。

观点一认为，强奸罪的行为主体一般是男子，其中单独的直接正犯只能是男子。[①]妇女可以成为强奸罪的教唆犯、帮助犯，也可以成为强奸罪的间接正犯与

① 如果不将“强奸”限定为狭义的性交行为，妇女也可以成为单独的直接正犯。

共同正犯。所以，强奸罪既不是亲手犯，也不是身份犯。[①]观点二认为，男性成为强奸罪主体是没有争议的，女性可成立帮助犯、教唆犯、间接正犯和共同正犯。[②]观点三认为，女性不能成为本罪的直接实行犯，但可构成本罪的教唆犯和帮助犯、间接正犯。[③]观点四认为，妇女通常只能成为强奸罪的共犯，即教唆犯或帮助犯。[④]

本书认为，强奸罪是复合行为，女性可以实施其中的手段行为，因此女性可以构成强奸罪的主体。

第二，女性可否构成强奸罪中的实行犯？在共同犯罪中，女性可以成为强奸罪的教唆犯、帮助犯和共同实行犯。妇女构成强奸罪的实行犯，有以下情形（强制行为以暴力为例）：其一，女性对被害女性实施暴力，由有刑事责任能力的男子实施奸淫行为；其二，女性对被害女性实施暴力，由无刑事责任能力的男子实施奸淫行为；其三，女性与他人共同唆使无刑事责任能力的男子对被害女性实施奸淫行为；其四，妇女单独唆使无刑事责任能力的男子对被害女性实施奸淫行为。如女性教唆和利用没有刑事责任能力的未成年人或者精神病人强奸妇女或者奸淫不满14周岁的幼女，女性可认定为强奸罪的间接实行犯。

2. 主观要件

本罪主观方面为明知性交行为违背女性的意愿，而决意强行奸淫。奸淫幼女时是否要求行为人明知对方为不满14周岁的幼女？对此，2023年5月24日《最高人民法院、最高人民检察院、公安部、司法部关于办理性侵害未成年人刑事案件的意见》明确规定：知道或者应当知道对方是不满十四周岁的幼女，而实施奸淫等性侵害行为的，应当认定行为人“明知”对方是幼女。对不满十二周岁的被害人实施奸淫等性侵害行为的，应当认定行为人“明知”对方是幼女。对已满十二周岁不满十四周岁的被害人，从其身体发育状况、言谈举止、衣着特征、生活作息规律等观察可能是幼女，而实施奸淫等性侵害行为的，应当认定行为人

---

① 参见张明楷.刑法学（下）［M］.北京：法律出版社，2021：1133.

② 参见林亚刚.刑法学教义（分论）［M］.北京：北京大学出版社，2020：26；黎宏.刑法学各论［M］.北京：法律出版社，2016：230.

③ 参见马克昌.百罪通论（上）［M］.北京：北京大学出版社，2014：537.

④ 参见贾宇.刑法学（各论）［M］.北京：高等教育出版社，2019：124.

"明知"对方是幼女。

3.客观要件

本罪客观方面表现为以暴力、胁迫或者其他手段违背妇女意志，强行与之性交，或者与不满14周岁的幼女发生性关系的行为。

本罪对象是女性，包括妇女和不满14周岁的幼女。其中"妇女"指的是14周岁以上的女性。

强奸罪的手段行为包括以下四种：（1）暴力。强奸罪中的"暴力"是指，对被害女性施加有形的物理方法，如用殴打、卡脖子、捆绑、按倒、强拉硬拽等危及人身安全或者人身自由的方法对他人实行强制手段，使之不敢反抗或者不能反抗。这种暴力不包括杀害，如果行为人杀害妇女后奸尸的，不应以强奸罪论处。（2）胁迫。强奸罪中的"胁迫"是指，对被害女性或者第三人施加有形的物理方法或者施加无形的精神力量，如以杀害、伤害、职权、地位、揭发隐私等相威胁，使被害女性不敢反抗。需要注意的是，利用教养关系、从属关系、职务权利等与女性发生性交的，不能一律定为强奸，关键要看行为人是否进行了胁迫，而且胁迫可能使女性不敢反抗。（3）其他手段。强奸罪中的"其他手段"是指以暴力、胁迫之外的手段，使被害女性陷入不知反抗或者不能反抗的状态。司法中常见的其他手段包括：注射麻醉药或使女性醉酒，陷入无力或者无法抗拒状态进行奸淫；利用妇女熟睡不知抗拒之机进行奸淫；利用女性认知错误，冒充其丈夫或者情夫进行奸淫；利用女性患重病无力抗拒之机进行奸淫；造成妇女陷入孤立无援的状态进行奸淫；利用妇女知识贫乏或者治疗疾病的迫切心理，假冒治病进行奸淫；组织和利用会道门、邪教组织或者利用迷信奸淫女性；等等。（4）在被害人为幼女时，除了使用前述三种手段之外，还包括使用这三种手段之外的其他一切手段，如引诱、欺骗等。总之，明知行为对象为不满14周岁的幼女，而与之发生性行为的，无论使用何种手段，都构成强奸罪。

强奸罪的目的行为表现为违背妇女的意志与之性交。从广义上讲，违背妇女意志与之性交包括：第一，明显不符合妇女发生性交的意愿而与之性交；第二，与缺乏辨认能力、控制能力的无行为能力的精神病患者性交；第三，与不满14周岁的幼女性交。由于无行为能力的精神病患者缺乏正常的辨认能力或者控制能力，因此法律上认为其言语或者行动不足以反映其真实意图。与之同理，不满14

周岁的幼女在法律上被拟定为没有辨认能力或者控制能力的人，所以其语言和行动也不认为具有真实有效性。为了保护幼女身心健康发展，刑法对她们予以特别保护是必要的。

（二）不构成强奸罪的情形

基于强奸罪犯罪的特征，在司法认定中有必要区分它和自愿性交的区别，常见的问题涉及通奸、恋情中的性关系、利用职权的性关系以及幼女自愿性交，等等。

1.通奸

即男女双方有配偶或者一方有配偶，自愿发生性关系。从理论上看，通奸并不违背妇女意愿，所以与强奸的界限是很明显的。不过在实践中，有些妇女在奸情败露之后，或者在双方关系破裂之后，为了推卸责任，嫁祸于人，有时候会把通奸说成强奸，因此不能将妇女的“告发”作为定罪的唯一依据。对此，有必要根据下述四种情况综合处理：（1）男子求奸，一般有挑逗、拥抱、猥亵以及拉扯衣裤等手段，如果女性表示拒绝，男子随即停止自己的行为，并没有使用暴力、威胁或者其他手段，自然不能认定男子实行了强奸行为。（2）男子第一次使用相当程度的暴力手段或者其他手段，奸淫了女性，但是女方并未告发，之后自愿与该男子多次性交，对该男子一般也不以强奸罪论处。（3）男子第一次违背女性意愿与之性交，之后对女性进行胁迫，使女性之后不得不屈从男子性交的，应以强奸罪论处。（4）男女双方先前是通奸，但后来女性反悔，不愿意继续通奸，而男性不断以暴力、胁迫等手段进行纠缠，强行与妇女性交的，也应以强奸罪论处。

2.恋情中的性关系

男女具有恋爱关系或者情感关系，在此过程中发生性关系，男性采取不明显的强制手段与女性性交的，不能认定为强奸罪。如果女方“半推半就”，即女性在男性采取一定程度的强制行为要求性交时，一方面做出了反抗的举动，另一方面反抗不坚决，表现犹豫，流露出同意或者接受的态度，并最终和男性发生性关系的，在这种情况下，如果女性并没有失去抗拒能力，且性交行为并不完全违背其意志，就不宜认定男子构成强奸罪。如果男性采取让女性吸食毒品、醉酒等其他手段使女性无法抗拒或者不知抗拒，将其奸淫，而女方事后并不表示反对，也不宜以强奸罪论处。需要指出的是，在认定通奸或者恋情中的性关系时，不能片面看男子是否使用了暴力，因为有个别女性受外国电影电视的影响，或者有受虐癖，要求男子在性交过程中使用暴力刺激自己，所以不能简单根据暴力认定行为人违背了妇女意愿。

3.利用职权的性关系

男子利用自己的职权，使女性不得不屈从自己进行性交的，构成强奸罪。但是男女双方互相利用，各有所图，女方以与男子性交为谋取私利的条件，从而发生性交的行为，不能按强奸罪论处。

4.幼女自愿性交

一般情况下，行为人无论使用了何种手段奸淫不满14周岁的幼女，均要以强奸罪论处。但是在以下情形中，不宜认定为构成强奸罪：（1）幼女早熟，一般难以判断其为未成年人，且幼女谎报年龄，使男子误认为其已经年满14周岁，双方自愿发生性关系。在这种情况下，男子缺乏奸淫幼女的故意。（2）幼女染有淫乱习性，主动与多名男子性交的。在这种情况下，应当认为多名男子的行为符合《刑法》第13条“但书”所规定的“情节显著轻微危害不大的”。（3）已满14周岁不满16周岁的人偶尔与幼女发生性行为，情节轻微、未造成严重后果的，不认为是犯罪。

（三）强奸罪的停止形态

1.强奸罪的实行

强奸罪是复合行为，其实行行为包含手段行为（暴力、胁迫或者其他手段）和目的行为（性交）。依据刑法理论通说，只要行为人开始实行手段行为或者直接实行目的行为，就属于强奸的实行着手。基于上述理由，妇女虽然不能实施目的行为，但是可以实施暴力、胁迫或者其他手段行为，因此妇女可以构成强奸罪的共同实行犯。

2.强奸罪的既遂标准

关于强奸罪的既遂标准，理论上存在争论。观点一认为，普通强奸时，只有双方生殖器结合（插入）时，方为既遂（结合说或插入说），对奸淫幼女也应采取结合说。[①]观点二认为，根据我国刑法理论通说，就强奸妇女来说，行为人是否完成了性交，是认定该罪既遂与否的标准，当男性性器官插入女性性器官，即认为性交完成而成立强奸罪的既遂犯；对于奸淫幼女而言，为了体现对幼女身心健康的特殊保护，仅仅要求行为人的生殖器与幼女的生殖器实际接触，即认为奸淫幼女型强奸罪的既遂成立。[②]

司法实践和理论通说一般采取插入（结合）说，认为只要行为人阴茎的一部分插入妇女阴道即为既遂，但对于奸淫幼女则以接触说为强奸既遂的标准，认为只要行为人的生殖器官与幼女的生殖器官发生接触就构成强奸既遂。从幼女的生理结构以及严格保护未成年女性的要求出发，对奸淫幼女采取接触说并非不妥，而且对于认定强奸罪和猥亵儿童罪并不构成实质障碍，因此不宜盲目否定司法实践和理论通说的做法和观点。

（四）强奸罪的关联犯罪

1.负有照护职责人员性侵罪

负有照护职责人员性侵罪，是指对已满14周岁不满16周岁的未成年女性负有监护、收养、看护、教育、医疗等特殊职责的人员，与该未成年女性发生性关系的行为。本罪的主体是负有监护、收养、看护、教育、医疗等特殊职责的人员。本罪行为对象是处于行为人监护、收养、看护、教育、医疗之下的已满14周岁不满16周岁的未成年女性。本罪不要求违背性交者的意思。

强奸罪与负有照护职责人员性侵罪的主要区别在于行为对象与行为意思。本罪的行为对象是处于负有照护职责的人员照护之下的已满14周岁不满16周岁的未成年女性。强奸罪的行为对象没有限定。有观点认为，性侵害应当转向“性的优劣地位”。“特殊职责”应当落脚于行为人对未成年人的“责任”，如果没有利

---

① 参见张明楷.刑法学（下）[M].北京：法律出版社，2021：1142；黎宏.刑法学各论[M].北京：法律出版社，2016：235.

② 参见贾宇.刑法学（各论）[M].北京：高等教育出版社，2019：127；马克昌.百罪通论（上）[M].北京：北京大学出版社，2014：546；林亚刚.刑法学教义（分论）[M].北京：北京大学出版社，2020：34.

用优势地位形成的影响力与未成年人发生性关系的，也可以不构成犯罪。[①]本书认为，这种观点虽然体现了刑法的谦抑性精神，但是将导致立法目的的搁置。鉴于行为人与受害人之间的特殊地位与关系，如果行为人确实利用了优势地位，按照本罪处理则可能将一些完全违背受害人意思的行为降格为本罪处理，难以表明刑法保护未成年女性的立法目的和社会现实需要。所以，行为人与被照护的未成年女性发生了性关系的，即便得到了被照护未成年女性的承诺，甚至后者是主动的，根据未成年人的利益考量，负有照护职责的人本该制止14至16周岁的未成年人与人发生性关系，但其非但不予制止，反而接受未成年女性的承诺或者引诱与之发生性关系，违背照护职责，也构成本罪。反之，如果行为人的行为违背了被照护未成年女性的意愿，则构成强奸罪。

2.强制猥亵、侮辱罪

强制猥亵、侮辱罪，是以暴力、胁迫或者其他手段，违背妇女意志，强制猥亵、侮辱妇女的行为。本罪的基本构成要件如下：（1）主体要件，是一般主体，即年满16周岁、具有刑事责任能力的自然人，包括妇女。（2）本罪主观方面，是直接故意，即明知自己的行为违背了妇女的意愿，但决意对其强行猥亵、侮辱。（3）客观要件，表现为以暴力、胁迫或者其他手段，违背妇女意志，强制猥亵、侮辱妇女的行为。犯罪行为对象是年满14周岁的女性，如果猥亵不满14周岁的女性，构成猥亵儿童罪。本罪中的暴力、胁迫或者其他手段，与强奸罪中的暴力、胁迫或者其他手段的内涵一致。猥亵，是指奸淫以外的，能够满足性欲和性刺激的有伤风化、有碍身心健康的性侵犯行为；侮辱，是指实施具有挑衅性且有损女性人格的行为。本罪的行为方式包括：其一，行为人亲自对受害人实施猥亵、侮辱行为；其二，迫使受害人容忍第三人对其实施猥亵、侮辱行为；其三，迫使受害人对行为人本人或者第三人实施猥亵行为；其四，强迫受害人自行实施猥亵行为；其五，强迫受害人观看他人的猥亵行为。（4）客体要件，是妇女的人格尊严和人身自由权利。如果行为人杀害妇女之后侮辱、猥亵尸体的，不构成本罪，应以故意杀人罪和侮辱尸体罪数罪并罚。

---

① 参见陈家林，吕静.负有照护职责人员性侵罪的解释视角与规制边界［J］.中南大学学报（社会科学版），2021，27（5）.

强奸罪与强制猥亵、侮辱罪都实行了内容和程度相同的暴力、胁迫或者其他手段，使受害人不能反抗、不敢反抗或者不知反抗。它们的区别在于以下三点：（1）客观表现不同。强奸罪是与妇女强行性交；强制猥亵、侮辱罪是对妇女强行实施性交之外的猥亵、侮辱行为。（2）目的行为的主体不同。强奸罪的直接实行者只能是男性；强制猥亵、侮辱罪的直接实行者包括男性和妇女。（3）主观故意的内容不同。强奸罪以性交为目的；强制猥亵、侮辱罪不以性交为目的。

综上可见，性交或者猥亵、侮辱之间的区别是判断这两种犯罪的关键。值得注意的是，随着人类社会性观念、社会性风尚的变化，各个国家、地区之间关于哪些行为属于性交、哪些行为属于猥亵、侮辱，存在很不一致的认知，因此各国刑法立法中关于性交方式的规定也不相同。刑法立法和刑法司法有必要依据社会的发展丰富这两类行为的规定。

3.故意杀人罪、故意伤害罪

在以暴力或者其他手段触犯强奸罪时，不乏被害人遭受伤害甚至死亡的结果。这涉及强奸罪与故意杀人罪、故意伤害罪的关系以及相关罪数形态问题。如果行为人以强奸为目的奸淫妇女，造成被害人性器官严重损伤，或者造成其他严重伤害，甚至当场死亡或者经治疗无效死亡的，应以强奸罪定罪处罚，造成受害人重伤或死亡的结果是强奸罪的法定加重处罚根据。如果行为人在实施强奸之后出于报复、灭口等动机，杀死或者伤害被害人的，应分别认定为强奸罪、故意杀人罪或者故意伤害罪，进行数罪并罚惩处。

4.强迫卖淫罪

强迫卖淫罪是指，以暴力、胁迫或者其他手段，迫使他人卖淫的行为。本罪的基本构成要件如下：（1）主体要件，是一般主体，即年满16周岁、具有刑事责任能力的自然人。不论男女，不论亲属与否，都可以构成犯罪主体。（2）主观要件，是直接故意，且具有通过强迫他人卖淫获取利益的目的。（3）客观要件，表现为用强迫手段迫使他人出卖肉体，与人发生性行为的行为。（4）客体要件，强迫卖淫罪不仅严重侵犯他人人身权利，而且破坏社会公共秩序，败坏社会风气。

强迫卖淫罪与强奸罪的区别有三：（1）通常，强奸罪是直接强迫妇女与自己发生性行为；强迫卖淫罪则是强迫妇女与他人发生性行为。（2）强奸罪在主观上是出于奸淫目的；强迫卖淫罪的目的是营利。(3)强奸罪的行为主体是男子；强迫卖淫罪的主体则为一般主体，包括男女。

(五)强奸罪的罪数形态

在司法实践中，强奸罪常常会遇到一些特殊的罪数形态问题，对此应当按照罪数形态有关理论进行处断。但是对于有些强奸犯罪所涉及的罪数形态问题如何处理，则应当根据立法规定和司法解释。这些特别规定包括：

(1)组织他人偷越国(边)境，对被组织人有强奸等犯罪行为(如杀害、伤害、拐卖)，依照数罪并罚的规定处罚；

(2)运送他人偷越国(边)境，对被运送人有强奸等犯罪行为(杀害、伤害、拐卖)，依照数罪并罚的规定处罚；

(3)组织他人卖淫或者强迫他人卖淫，强奸后迫使卖淫的，以组织卖淫罪或者强迫卖淫罪加重处罚；

(4)组织和利用邪教组织，以迷信邪说引诱、胁迫、欺骗或者其他手段，奸淫妇女、幼女的，以强奸罪定罪处罚；

(5)拐卖妇女、儿童，奸淫被拐卖的妇女的，以拐卖妇女、儿童罪加重处罚；

(6)利用职权、从属关系，以胁迫手段奸淫现役军人的妻子的，以强奸罪定罪处罚；

(7)收买被拐卖的妇女，强行与其发生性关系的，以强奸罪定罪处罚。

(六)强奸罪的处罚

(1)强奸罪一般处3年以上10年以下有期徒刑。

(2)奸淫不满14周岁的幼女的，依据上述规定从重处罚。

(3)强奸妇女、奸淫幼女，有下列情形之一的，处10年以上有期徒刑、无期徒刑或者死刑：

①强奸妇女、奸淫幼女情节恶劣的。所谓“情节恶劣的”指以下三种情况：第一，强奸妇女手段残酷的；第二，明知被害人是孕妇或患有严重疾病而强行奸淫，导致被害人流产或疾病加重的；第三，强奸妇女在社会上造成重大影响，危

害极大的。

②强奸妇女、奸淫幼女多人的。多人是指三人以上。根据2021年6月16日《最高人民法院、最高人民检察院印发关于常见犯罪的量刑指导意见（试行）》的规定，强奸妇女、奸淫幼女三人的，应当在十年至十三年有期徒刑幅度内确定量刑起点。

③在公共场所当众强奸妇女、奸淫幼女的。“公共场所”是指公众聚集、活动、集会、娱乐等场所，包括商场、影剧院、广场、街道、学校、工厂、机关、浴室、厕所等。在公众场所当众强奸妇女的不包括这种情形：公共场所中没有其他人，只有行为人和被害人两个人。在这种情况下，虽然其行为发生地点是在公众场所，但行为发生时没有其他人，不具有当众性。

④二人以上轮奸的。轮奸是指两个以上有犯罪合意的男子在同一地点，先后连续、轮流对同一妇女强行实施奸淫行为。轮奸除了具备强奸妇女罪的其他主要特征外，还具有以下特征：第一，实行奸淫的主体必须为两个以上的男子；第二，侵犯对象必须为同一妇女；第三，强奸行为必须是在同一地点，且先后不间断地强行奸淫同一妇女。

⑤奸淫不满十周岁的幼女或者造成幼女伤害的。“造成幼女伤害的”，是指因奸淫幼女行为给幼女造成身体、精神伤害结果的。“奸淫不满十周岁的幼女”与“造成幼女伤害的”是并列的两种情形，行为人有奸淫幼女的行为，符合上述条件之一的，即应当处十年以上有期徒刑、无期徒刑或者死刑。

⑥致使被害人重伤、死亡或者造成其他严重后果的。所谓强奸“致使被害人重伤、死亡”是指因强奸妇女导致被害人性器官严重损伤或其他严重伤害，甚至当场死亡或经治疗无效死亡的。所谓“其他严重后果”，一般是指因强奸而引起被害人自杀、精神失常等。在这种情形中，行为人对待结果的主观态度既可以是故意，也可以是过失。

第二节　侵犯公民自由法益的犯罪

一、绑架罪

绑架罪是指以勒索财物为目的绑架他人，或者绑架他人作为人质的行为。

（一）绑架罪的构成要件

1.主体要件

绑架罪的主体为一般主体，即年满16周岁，具有刑事责任能力的自然人，都可以成为本罪的主体。《刑法》第17条第1款和第2款规定："已满十六周岁的人犯罪，应当负刑事责任。已满十四周岁不满十六周岁的人，犯故意杀人、故意伤害致人重伤或者死亡、强奸、抢劫、贩卖毒品、放火、爆炸、投放危险物质罪的，应当负刑事责任。"那么，已满14周岁不满16周岁的未成年人绑架并杀害被绑架人的，应当如何负刑事责任呢?

本书认为，首先，对这种情形应当追究刑事责任，理由如下:《刑法》第17条第2款对未成年人负刑事责任的范围作出专门规定，是考虑未成年人虽然社会认识能力不足，但是对于一些重大社会活动的性质还是有认知条件和能力的，他们对绑架杀人的反社会性也应当具备充分的认识。而在《刑法》第17条第2款所列八种犯罪中，故意杀人罪位居其中之首，很显然它较其他七种犯罪严重。但故意杀人罪与绑架罪两者相比孰重孰轻，则难分上下。此外，《刑法》第20条第3款规定了"对正在进行行凶、杀人、抢劫、强奸、绑架以及其他严重危及人身安全的暴力犯罪"，第81条第2款规定了"对累犯以及因故意杀人、强奸、抢劫、绑架、放火、爆炸、投放危险物质或者有组织的暴力性犯罪被判处十年以上有期徒刑、无期徒刑的犯罪分子，不得假释"。在这两条中，均将绑架与杀人、抢劫、强奸等罪相并列，这也从立法上表明绑架行为是一种与杀人等罪属于同样性质的严重暴力犯罪，均为重罪应罚之列。因此，《全国人民代表大会常务委员会法制工作委员会关于已满十四周岁不满十六周岁的人承担刑事责任范围问题的答复意见》规定，《刑法》第17条第2款规定的八种犯罪，是指具体犯罪行为而不是具体罪名。对于《刑法》第17条中规定的"犯故意杀人、故意伤害致人重伤或者死亡"，是指只要故意实施了杀人、伤害行为并且造成了致人重伤、死亡后果的，都应负刑事责任。而不是指只有犯故意杀人罪、故意伤害罪的，才负刑事责任，绑架撕票的，不负刑事责任。对司法实践中出现的已满14周岁不满16周岁的人绑架人质后杀害被绑架人、拐卖妇女、儿童而故意造成被拐卖妇女、儿童重伤或死亡的行为，依据刑法应当追究刑事责任。

其次，应当依照《刑法》第17条第2款的规定确定罪名。对于达到相对刑事责任年龄的未成年人在绑架中杀害被绑架人的应当按照何种罪名定罪，理论上有争议，司法机关的规定也不统一。根据最高人民检察院《关于相对刑事责任年龄的人承担刑事责任范围有关问题的答复》的规定："对于绑架后杀害被绑架人的，其罪名应认定为绑架罪。"但根据《最高人民法院关于审理未成年人刑事案件具体应用法律若干问题的解释》第5条的规定："已满十四周岁不满十六周岁的人实施刑法第十七条第二款规定以外的行为，如果同时触犯了刑法第十七条第二款规定的，应当依照刑法第十七条第二款的规定确定罪名，定罪处罚。"应当说最高人民法院司法解释的规定比较合理，理由是：假定按照绑架罪定罪处罚，则一般要对未成年人适用死刑；可是《刑法》第49条第1款规定"犯罪的时候不满十八周岁的人和审判的时候怀孕的妇女，不适用死刑"。如此一来，就发生规则冲突，进而不得不启动特别减刑程序。对此，不如按照杀人罪便于处理。

2. 主观要件

本罪的主观要件是故意，并且具有某种目的。在司法实践中，该目的有两个：第一，勒索财物的目的；第二，勒索财物或者出卖之外的其他目的，包括经济目的、政治目的以及其他目的。

3. 客观要件

本罪客观上表现为绑架他人的行为和偷盗婴幼儿的行为。

绑架他人，是违背被害人或者其法定监护人的意志，使用强制性手段将被害人置于行为人控制下，并剥夺或者限制其人身自由的行为。绑架行为一般是指以暴力、胁迫、麻醉或者其他使人不能反抗、不知反抗的方法，将他人置于自己的实力控制之下的行为。

（1）暴力，是指行为人对被绑架者的身体实行直接打击或者强制的方法，如殴打、禁闭、捆绑等。暴力是用以排除被绑架人反抗的手段。

（2）胁迫，是指对被绑架者或他人以当场实施暴力相威胁，实施精神强制，使被绑架者不敢反抗的方法。胁迫的对象是被绑架者的亲属朋友或者他人。胁迫的内容是对被绑架者实施暴力，即以剥夺生命健康为内容，如果胁迫的实施者以揭发隐私、散布丑闻、损其名誉相威胁，这不能成为胁迫的内容。因为此种胁迫根本起不到人身强制的作用，被胁迫人完全有自由的意志。胁迫的方式，可以是语言，也可以是动作进行直接威胁，而且是在当场使用，胁迫后如遇反抗，会立即将胁迫的内容予以实现。

（3）麻醉，是指行为人以服用、注射麻醉药，以酒灌醉或其他方法麻痹被绑架者，使其丧失反抗能力，处于不能反抗的状态。麻醉的方法十分多样，无论是对被绑架者注射麻醉药物、以酒灌醉，还是其他手段，只要达到一定的程度，违背了被绑架者的意志，造成有利于行为人的条件，从而完成绑架的，均应视为麻醉方法。

（4）其他方法是指暴力、胁迫、麻醉行为以外的人身强制方法。在实践中，利用被绑架者熟睡、昏迷而实施绑架的大有人在。除此之外，其他方法应包括诱骗方法。以勒索财物为目的，利用未成年人不能辨别是非，进行诱骗或对成年人编造虚假内容进行欺骗，从而达到绑架目的的，都应以绑架罪论处。

偷盗婴幼儿是绑架罪的特殊方式，可视为特殊的绑架方法，因为婴幼儿事实上没有生理的行动能力，无须暴力和胁迫就可成为被挟持的对象。

关于绑架罪是否要将人质劫离原地，有不同观点：有人认为将人质劫持离开原地，是区分绑架罪和抢劫罪的关键；[①]有人认为，绑架行为并不以将人质劫持离开原地为必要条件，理由是实践中也存在使未成年人的父母离开生活场所而将未成年人控制在行为人的实力范围内的情况，故绑架不要求使被害人离开原来的生活场所。[②]由于绑架动机的多样性，在实行绑架的过程中，绑架者不一定要将人质劫持离开原地，可见，后一种观点并非没有道理。但是，在勒索财物的绑架中，必须要求被劫持者和目的的遂行对象分离。

4.客体要件

本罪是复杂客体，包括他人的人身自由、健康、生命权利以及公私财产的所有权利。当然，由于目的的不同，具体犯罪中侵害的客体会有所区别。

---

① 参见马克昌.刑法学［M］.北京：高等教育出版社，2003：491-492.

② 参见肖中华.绑架罪略论［J］.山东法学，1999（5）.

（二）绑架罪与非法拘禁罪

1.非法拘禁罪构成要件

非法拘禁罪是指非法拘禁他人或者以其他方法非法剥夺他人人身自由的行为。本罪的基本构成要件是：（1）主体要件，是年满16周岁、具有刑事责任能力的人。（2）主观要件，是故意，并且具有非法剥夺他人人身自由的目的。（3）客观要件，表现为非法拘禁他人或者以其他方法非法剥夺他人人身自由的行为，所谓拘禁，是以强制性手段使他人在一定时间内失去行动的自由。本罪属于继续犯。（4）客体要件，是他人的人身自由，即他人根据自己的意愿自由支配身体活动的权利。

2.绑架罪和非法拘禁罪的主要区别

绑架罪和非法拘禁罪在理论上的主要区别如下：第一，客体不同。前者侵害的是双重客体；后者侵害的主要是他人的人身自由权利。第二，客观方面不同。前者实施的是绑架行为；后者是拘禁行为。第三，主观方面不同。前者是目的犯；后者的动机是多种多样的，其中有以逼取债务为目的，以扣押“人质”为讨还债务手段的。

但是，绑架在行为方式上包含拘禁他人的方式，在主观上包含索取财物的目的，因此，在行为人为索取财物而拘禁他人的时候，如何定性就成为问题。

根据法律和司法解释的规定，两者区别的关键在于绑架者和被绑架者之间是否具有债务关系。如果不存在债务关系，应认定为绑架罪；如果存在债务关系，无论债务关系合法与否，均认定为非法拘禁罪。《刑法》第238条第3款规定：为索取债务非法扣押、拘禁他人，未使用暴力致人伤残或者死亡的，按照非法拘禁罪的规定定罪处罚。如果使用暴力致人伤残或死亡的，依照故意伤害罪、故意杀人罪的规定定罪处罚。2000年7月13日《最高人民法院关于对为索取法律不予保护的债务非法拘禁他人行为如何定罪问题的解释》明确规定：“行为人为索取高利贷、赌债等法律不予保护的债务，非法扣押、拘禁他人的，依照刑法第二百三十八条的规定定罪处罚。”

但在现实中还有一种情形是：行为人索取超过合法债权数额的“债务”。对此，理论上有人主张，如果行为人为索取超过合法债权数额的“债务”而实施绑架、拘禁他人的行为，应具体分析行为人索取的数额与合法债权数额之间的差价，分别根据不同情况以绑架罪或非法拘禁罪定罪量刑。[①]这种主张是有道理的。

（三）绑架罪的未完成形态

1.绑架罪的实行着手

绑架罪的基本形态是单一行为，故此，只要行为人开始实施暴力、胁迫、麻醉或者其他手段以绑架他人的，或者开始实行盗窃婴幼儿行为的，就属于着手实行绑架。

2.绑架罪的既遂标准

区分该罪既遂与否是以被害人是否被绑架，从而丧失行动自由处于犯罪分子的实际支配之下为标志。行为人只要将被绑架人移置于其实际支配之下，即完成绑架人质的行为就构成既遂。至于勒索行为是否来得及实施，以及虽实施了勒索行为，但由于行为人意志以外的原因而未达到勒索财物的目的，并不影响本罪既遂的成立，仅作为量刑时是否从重处罚的情节予以考虑。

（四）绑架罪的罪数问题

1.绑架后又劫走被绑架人财物的行为定性

关于绑架后又劫走被绑架人财物的定性问题主要争论的观点包括以下几种。

甲（绑架罪）说，认为对于行为人在控制被绑架人后实施抢劫行为的，应定绑架罪并从重处罚，理由如下：第一，行为人在犯罪之前具有绑架勒索的故意，在绑架被害人之后，发现被害人身上带有财物而将其取走的，此时考虑到，绑架勒索本身就是以获取被绑架人或其亲友财物为目的，在绑架后掳走受害人随身携带的财物是自然之举。第二，如果将这种情况认定为抢劫罪和绑架罪并罚，是将一个暴力劫持或拘禁行为既用作绑架罪的构成要件，又用作抢劫罪的构成要件，有违“禁止重复评价”的刑法原理。第三，对此情形定绑架罪，把掳财行为作为量刑情节考虑，并不会轻纵犯罪人。

乙（数罪并罚）说，认为对于行为人在控制被绑架人后实施抢劫行为的，应

---

① 参见刘宪权，钱晓峰.关于绑架拘禁索债型犯罪定性若干问题研究［J］.法学，2001（9）.

以绑架罪和抢劫罪并罚，理由如下。第一，行为人在绑架过程中实施的劫财行为，由于是以暴力或胁迫，或是在暴力、胁迫持续过程中当场劫取财物的行为，符合抢劫罪的构成要件。第二，刑法未明确规定绑架行为中的抢劫行为可以被绑架罪吸收，应根据两个行为的不同性质分别定罪处罚。第三，数罪并罚可以解决以下实践问题：一是对已满14周岁不满16周岁的人以勒索财物为目的绑架并劫取被绑架人财物的，虽不能以绑架罪追究未成年人刑事责任，但可以抢劫罪追究刑事责任。二是行为人在绑架中实施的劫财行为符合《刑法》第263条第1项至第8项规定的加重情节，可以直至判处死刑，若只定绑架罪从重处罚，在没有杀害被绑架人或致其死亡时，最多判处无期徒刑。数罪并罚有利于加大打击力度。[①]

丙（折中）说，认为司法实践中应区分绑架与抢劫伴随发生的情形，并分别处理，其中应定绑架罪和抢劫罪并罚的情形包括：第一，行为人绑架人质后，将人质释放，人质走出被关押地不远时，行为人发现了其携带的财物，而将其强行取走；第二，行为人实施抢劫后，又产生以被害人为人质向他人勒索财物或实现其他不法要求的目的（并客观化）。以下情形则要依据想象竞合犯、牵连犯认定为一罪或数罪：第一，行为人预谋绑架人质勒索他人财物或实现其他不法要求的目的，绑架中发现人质携带的财物而取走；第二，行为人控制被害人后，临时产生以被害人为人质勒索他人财物或实现其他不法要求的目的，同时发现被害人携带的财物而取走；第三，行为人事先出于抢劫的目的，在控制被害人的过程中又产生绑架勒索财物或实现其他不法要求的目的，同时发现被害人携带的财物而取走；第四，行为人事先出于不明确的主观目的（或勒索或抢劫），控制被害人后既实施了勒索他人财物的行为，又将被害人随身携带的财物取走。[②]

本书认为，从理论上看，在绑架过程中实施的暴力行为和劫取财物行为之间存在牵连关系，另外绑架的目的和抢劫的目的也可能竞合，如果将这种情形当作数罪加以并罚，不可避免地存在对一个行为做出两次评价、对一个目的也做出两

① 参见刘树德.绑架罪罪数认定研究［J］.中国刑事法杂志，2003（3）；钱叶六.绑架罪司法认定中的几个疑难问题探究——从陈某绑架、抢劫案开始谈起［J］.云南大学学报（法学版），2007（3）.

② 参见刘树德.绑架罪罪数认定研究［J］.中国刑事法杂志，2003（3）.

次评价的问题，有重复之嫌。因此，应当按照绑架罪论处。从实践效果上看，由于绑架罪处罚较为严厉，因此即便按照绑架罪论处也符合罪责刑相适应原则。但如果行为人在绑架结束之后对刚刚离开现场的人质实施抢劫，或者先行抢劫之后进行绑架的，则需要按照绑架罪和抢劫罪数罪并罚。上述甲说和丙说并无实质区别，均可取。

2.杀害被绑架人后又取走财物的行为定性

《最高人民法院关于抢劫过程中故意杀人案件如何定罪问题的批复》（简称《批复》）规定，“行为人为劫取财物而预谋故意杀人，或者在劫取财物过程中，为制服被害人反抗而故意杀人的，以抢劫罪定罪处罚。行为人实施抢劫后，为灭口而故意杀人的，以抢劫罪和故意杀人罪定罪，实行数罪并罚”。该《批复》的出台部分（并非全部）解决了司法实践中对抢劫过程中故意杀人行为的定性不统一的问题。例如，先前司法实践对抢劫过程中故意杀人行为的定性存在以下做法：第一，定抢劫罪；第二，定故意杀人罪；第三，定抢劫罪和故意杀人罪，实行数罪并罚。

与此类似的问题同样存在于绑架案件中，例如在绑架过程中杀害被绑架人后，又发现被绑架人携带的财物，进而非法占为己有的。如前所述，在绑架过程中劫取被绑架人携带财物，一般应当按照绑架罪论处，这主要是针对被绑架人没有被杀害而言的，如果行为人杀害被绑架人，则应当认为绑架罪已经结束，如果行为人取走被害人所携带财物数额较大，符合盗窃罪的构成要件的，应将行为人的行为分别定为绑架罪和盗窃罪，实行数罪并罚。

3.绑架过程中故意造成被绑架人重伤的行为定性

绑架罪的加重处罚包括两种情形：第一，在绑架过程中致被绑架人死亡；第二，在绑架过程中杀害被绑架人。立法对造成被绑架人死亡或者杀害被绑架人的情况作出了加重处罚的明确规定（处绝对的死刑），却未对绑架过程中故意造成被绑架人重伤的情况作出明文规定。本书认为，绑架过程中造成受害人重伤应当分不同情况处理：第一，行为人主观上具有伤害的故意，客观上致被绑架人重伤，但未达到严重残疾的程度，其故意伤害罪的法定刑低于绑架罪的法定刑，应当按照绑架罪定罪处罚。第二，行为人主观上具有伤害的故意，客观上致被绑架人重伤造成严重残疾且手段残忍的，因故意伤害罪的法定刑高于绑架罪的法定刑，应当按照故意伤害罪定罪处罚。

4.绑架与故意杀人罪的罪数问题

（1）在绑架过程中杀害被绑架人。基于绑架的目的，实施绑架行为，因被绑架人反抗或者其他原因而杀害被绑架人的，应视为在绑架过程中杀害被绑架人，按照绑架罪的加重处罚规定处理。

（2）在绑架过程中致使被绑架人死亡。"致使被绑架人死亡"的主观心理态度是过失，依法应当按照绑架罪的加重处罚规定处理。

（3）杀害他人之后，谎称其仍活着，向死者的近亲属勒索财物，或提出不法要求。有人认为，可以故意杀人罪和绑架罪实行数罪并罚。[①]本书认为，这种见解值得进一步推敲：如果杀人行为是绑架的预备行为，无疑应当将杀人行为认定为在绑架过程中杀害受害人的，按照绑架罪定罪处罚；如果行为人不是基于绑架的目的杀害被绑架人，而是在杀人之后意图以死者为"人质"勒索财物，由于绑架罪的对象并不存在，因此应当将勒索财物的行为定性为诈骗，据此，应以故意杀人罪和诈骗罪实行数罪并罚。

（4）在绑架实行之后杀害被绑架人。包括两种情形：第一，因勒索不成或者不法要求不能实现而杀害被绑架人，俗称撕票，这无疑属于绑架过程中杀害被绑架人，应以绑架罪论处。第二，在勒索财物或不法要求实现之后，为了逃避法律追究或基于其他目的杀害被绑架人。有观点认为这属于绑架罪之外的杀人行为，应以故意杀人罪和绑架罪实行数罪并罚。本书认为，这种观点值得推敲。在绑架罪中，绑架行为是基本实行行为，即便行为人勒索财物成功，或者不法要求得以满足，但是只要人质在绑架者掌握之中，就应当认为绑架行为没有结束，即便行为人为了逃避法律追究或者基于其他目的杀害被绑架人，也应当视为在绑架过程中杀害被绑架人。如果按照故意杀人罪和绑架罪数罪并罚，就达不到法律威慑的效果，不符合《刑法》第239条第2款规定的立法精神。

（5）行为人主观上具有杀害的故意，并实施杀害行为，但因某种原因没有达到杀死被绑架人的目的，造成被绑架人重伤。对此，可以按照绑架过程中的故意伤害处理。

① 参见肖中华.绑架罪略论［J］.山东法学，1999（5）.

二、收买被拐卖的妇女、儿童罪

收买被拐卖的妇女、儿童罪，是指不以出卖为目的而收买被拐卖的妇女、儿童的行为。收买被拐卖的妇女、儿童罪为对象选择性罪名，可分解为收买被拐卖的妇女罪和收买被拐卖的儿童罪两个罪。

（一）收买被拐卖的妇女、儿童罪的构成要件

1. 主体要件

本罪是一般主体，即凡年满16周岁、具有刑事责任能力且实施了收买被拐卖的妇女、儿童的行为的自然人，均可成为本罪的主体。

2. 主观要件

表现为行为人出于直接故意，明知要收买的是被他人拐卖的妇女、儿童仍决意予以收买。至于收买人收买的动机是买来做妻子、儿媳、养子女等，对构成本罪没有什么影响。但是，如果收买人以出卖为目的，则以拐卖妇女、儿童罪论处。

3. 客观要件

表现为行为人实施收买被拐卖妇女、儿童的行为。

本罪的对象是妇女和儿童。所谓"妇女"，包括成年妇女和年满14周岁的少女；所谓"儿童"，是指不满14周岁的男女。

所谓"收买"，是指行为人以金钱或其他财物作为媒介换取被拐卖的妇女、儿童。实践中的收买方式很多，或者直接从拐卖妇女、儿童的犯罪分子手中收买，或是由他人介绍后从犯罪分子手中收买，无论行为人采取什么方式，也无论是否违背被收买人的意志，都不影响本罪的成立。

4. 客体要件

是被收买的妇女、儿童的人格、自由和身心健康。在我国，宪法和法律对于保护妇女儿童有较为严格的规定。我国《宪法》第37条第1款规定："中华人民共和国公民的人身自由不受侵犯。"《妇女权益保障法》第22条规定："禁止收买被拐卖、绑架的妇女"。《民法典》第1044条第2款规定："禁止借收养名义买卖未成年人。"在司法实践中，要评价行为的社会危害性及其程度。在下列两种情

况下，对收买被拐卖的妇女、儿童的行为人可以不追究刑事责任：

（1）收买已满14周岁的妇女，行为人尊重其意愿，不阻碍其返回原居住地的。所谓“不阻碍其返回原居住地”指在妇女要求返回原居住地，或者政府出面解救，或者妇女亲属来接其返家等情况下，不设置障碍、不阻碍解救，任由被拐卖妇女返回原居住地。如果收买者主动帮助被害人返回原居住地，如送被害人回到故乡、提供路费或交通工具等，则不宜认定其行为构成收买被拐卖的妇女、儿童罪。如果被拐卖妇女处于举目无亲，身无分文的境地，收买者表示不阻碍其返回原居住地，但不提供必要的帮助（如提供路费）的，也应当认定为“不阻碍其返回原居住地”，可以不追究刑事责任。另外，被收买人与收买人已成婚，并愿意留在当地共同生活的，对收买人可以视为“按照被买妇女的意愿，不阻碍其返回原居住地”，不追究刑事责任。

（2）收买不满14周岁的男女儿童，对被买儿童没有虐待行为，也不阻碍对其进行解救的。“对被买儿童没有虐待行为”是指收买人没有对被买儿童实施打骂、冻饿、禁闭等精神上和肉体上的摧残行为。基于保护儿童的需要，行为人必须既未虐待儿童又不阻碍对其解救，才可以不追究其刑事责任。

另外，要将收买被拐卖的妇女罪与买卖婚姻区别开来。买卖婚姻是指妇女的父母或者其他近亲属以索取大量财物为目的，令自己子女与其他异性结婚。收买被拐卖的妇女罪与买卖婚姻的相似之处是：男方都支付了数目较大的钱财，同时可能违背妇女意愿。但两者不仅性质不同，构成特征也不一样：第一，收买被拐卖的妇女是一种犯罪行为，它侵害了妇女的人身自由权利，而买卖婚姻属一般违法行为，在没有暴力的情况下，它仅仅是干涉了妇女的婚姻自由权利；第二，收买妇女成婚的财物受益者是拐卖妇女者，买卖婚姻的受益者是妇女的父母或其他近亲属。

（二）收买被拐卖的妇女、儿童罪与拐卖妇女、儿童罪

1.拐卖妇女、儿童罪的构成要件

拐卖妇女、儿童罪，是指以出卖为目的，拐骗、绑架、收买、贩卖、接送、中转妇女、儿童的行为。

拐卖妇女、儿童罪的构成要件如下：（1）主体要件，是一般主体，即年满

16周岁、具有刑事责任能力的自然人。问题是父母可否构成本罪主体？有观点认为，享有监护权的父母有抚养能力，共同出卖不满14周岁的亲生子女给他人收养的，应当以遗弃罪从重处罚。享有监护权的父母一方未经对方的同意，或者没有监护权的父母未经监护人的同意，以出卖为目的，出卖不满14周岁的亲生子女的，应当以拐卖儿童罪论处。[①]这种观点是可取的。（2）主观要件，是故意，并且具有出卖的目的。如果行为人与妇女、儿童谋议，以被拐卖者名义将妇女、儿童介绍给他人，获取钱财之后，行为人和妇女、儿童伺机逃走，由于行为人并无出卖的目的，制造骗局骗取他人财物，因此，不构成拐卖妇女、儿童罪，可以诈骗罪论处。（3）客观要件，表现为实施拐骗、绑架、收买、贩卖、接送、中转妇女、儿童的行为。此外还包括偷盗婴儿的行为。（4）客体要件，是他人的人身权利和人格权利，犯罪对象是妇女和儿童。妇女是年满14周岁的未成年女性和成年妇女，包括中国妇女、外国妇女和无国籍妇女；儿童指不满14周岁的婴儿、幼儿和儿童。

2.收买被拐卖的妇女、儿童罪和拐卖妇女、儿童罪的关系

从理论上讲，收买被拐卖的妇女、儿童罪和拐卖妇女、儿童罪是对向犯，两罪在客观上和主观上的区别比较明显：（1）客观要件不同。前罪是收买被拐卖的妇女、儿童，后罪是出卖妇女、儿童；前罪的主体要支付钱财，后罪主体则收受钱财。（2）主观要件不同。前罪主观上是为了收养、成婚、奴役等，后罪主观上是为了出卖获取不法之财。

两罪定性的难点主要出现在如下场合：行为人收买被拐卖的妇女、儿童，最初不是为了出卖，但后来因各种原因又产生出卖的意图，进而将所收买的妇女、儿童出卖。由于该场合中的买卖行为之间存在牵连关系，所以不一定要实行数罪并罚，对此，刑法明确规定应以拐卖妇女、儿童罪论处。

（三）收买被拐卖的妇女、儿童罪的罪数问题

收买被拐卖的妇女、儿童的行为人，往往对妇女、儿童实行其他犯罪行为。如果行为人对收买来的妇女、儿童实施奴役、奸淫或猥亵，或对妇女、儿童实行

---

① 参见王良顺.关于出卖亲生子女的行为性质的理性思考［J］.政法论丛，2014（4）.

非法拘禁、伤害、侮辱、虐待等，构成强奸罪、非法拘禁罪、故意伤害罪、侮辱罪等，应当将这些罪与收买被拐卖的妇女、儿童罪实行数罪并罚。

三、诬告陷害罪

诬告陷害罪，是指捏造他人犯罪事实并予以告发，意图使他人受刑事追究，情节严重的行为。

（一）诬告陷害罪的构成要件

1.主体要件

本罪是一般主体，即年满16周岁，具备刑事责任能力的自然人。

2.主观要件

表现为故意，并且具备使他人受到刑事追究的目的。即行为人明知自己告发的是虚假的犯罪事实，用该事实诬陷他人会使他人受到刑事追究，希望或者放任这种结果发生。如果行为人不能确定所告发的是虚假的犯罪事实还是真实的犯罪事实，或者误认为是虚假的犯罪事实进行告发，但偶然符合客观事实的，不成立本罪。

3.客观要件

本罪在客观上表现为捏造他人犯罪的事实，向有关国家机关或者单位告发，情节严重的行为。行为必须具备如下条件。

第一，行为人捏造了他人“犯罪事实”。所谓捏造，是指无中生有、凭空制造虚假的事实。所捏造的“犯罪事实”在客观上要符合《刑法》所规定的具体犯罪，它可以是全部犯罪事实，也可以是部分犯罪事实。另外，行为人捏造的是他人的犯罪事实。“他人”是特定的、实在的人，可以是具有刑事责任能力的自然人，也可以是单位和不具有刑事责任能力的人；行为所指的可以是一个人，也可以是特定的几个人；行为人可以指名道姓，也可以不指名道姓，但从捏造的事实中能够明显看出行为所指的是谁。据此，以下情形不能构成诬告陷害罪：其一，行为人虚告自己犯罪的；其二，行为人虚告某种犯罪事实，但所指对象不明确；其三，经他人同意或者请求而虚告其犯罪的。

第二，行为人实施了告发行为。告发是告知有关国家机关或者单位，或者采取其他足以引起司法机关追究刑事责任的手段。告发方式包括口头的、书面的、署名的、匿名的、直接的、间接的等。如果只捏造了他人的犯罪事实，但没有告发的，就不能构成诬告陷害罪。

要注意告发的途径，即行为人向谁告发，是诬告陷害罪中争议较大的问题之一，对此存在的分歧观点有：司法机关及所在单位说、国家机关及有关人员说、所有单位及有关人员说、足以引起刑事追究说。[①]本书认为，行为人诬告他人犯罪事实向公安机关、人民检察院或者人民法院告发，这是最直接、最典型的告发途径。但是，告发的途径不能仅仅局限于这三个机关。例如，向监察机关或者有关单位的监察部门告发也可以引起司法机关追究刑事责任。因此，告发途径并不是一个重要问题，只要行为人的告发具有引起刑事司法追究活动的可能性，即可构成诬告陷害。

第三，诬告陷害行为必须情节严重。

4.客体要件

诬告陷害罪侵犯的是复杂客体，其主要客体是公民的人身权利、民主权利，次要客体是司法机关的正常活动。

（二）诬告陷害罪的认定问题

1.诬告陷害罪的对象是否包括单位

关于诬告陷害罪的对象是否包括单位的问题，存在以下两种不同观点。

（1）甲（肯定）说，认为诬告陷害罪的对象包括单位。有观点认为，诬告的行为如果与单位的业务活动紧密相关，行为人虽然没有明确指明有关责任人，但由于单位的主管人员与直接责任人是相对确定的，诬告单位犯罪，实际上也就同时诬告了这些自然人，因此，行为人可以构成犯罪。诬告单位犯罪，即使责任人不明确，但单位的名誉遭到损害，也应追究其相应责任。[②]也有观点认为，形式上诬告单位犯罪，但所捏造的事实导致可能对自然人进行刑事追诉的，也成立本罪。[③]或者认为，单位成为本罪的对象仅限于刑法的明确规定，如只有国有单位

① 参见谢彤.诬告陷害罪探析［J］.中国人民大学学报，2001（3）.

② 参见谢彤.诬告陷害罪探析［J］.中国人民大学学报，2001（3）.

③ 参见张明楷.刑法学（下）［M］.北京：法律出版社，2021：1175–1176.

才能成为私分国有资产罪的主体，相应地就只有国有单位才能成为该罪的诬告陷害的对象，非国有单位则不能成为该罪的诬告陷害的对象。①还有观点认为，在当前实践中，存在发生经济纠纷时，以诬告方法借助公权力挤压有纠纷的对方当事人以及单位的情形。既然刑法规定有单位犯罪，诬告单位犯罪也完全符合本罪的构成要件。②

（2）乙（否定）说，认为诬告陷害罪的对象不包括单位，理由在于：根据《刑法》传统的观点，犯罪对象是指犯罪行为直接施加影响的具体的人或物，作为犯罪对象的人只能是自然人。国家、国家机关、企业、组织等都是一种虚拟的人，其作为社会关系的主体存在和活动，都体现为一定具体的人或者具体的物，离开了具体的人或物，其存在实际上是虚无缥缈的。犯罪只有直接影响具体的人或物，才能侵犯上述主体参与的社会关系。故此，诬告陷害罪的对象显然不可能是单位，诬告单位不构成犯罪。③

本书认为，否定说尽管有一定道理，但是并不符合司法实际需要，其理论根据也有待商榷。尽管犯罪的对象是具体的人或者物，但是如果将具体的人仅仅理解为自然人，就过于狭隘，且不符合单位犯罪的法律规定。事实上，单位也可以成为犯罪的对象。但是，甲说中的前一种观点似乎没有区别犯罪单位和犯罪单位中的相关责任人员，混淆了诬告陷害自然人和诬告陷害单位的问题。甲说中的后一种观点认为必须结合刑法的具体规定，如果刑法规定了单位犯罪，就构成诬告陷害罪，如诬告单位走私的，由于刑法规定了单位走私，所以，该诬告对单位具有法律意义。相比之下，后者说理切中要害，合乎刑法基本理论，符合刑法规定，能适用司法实践的要求，比较可取。

2.不具备刑事责任能力者可否是诬告陷害罪的对象

关于不具备刑事责任能力者可否是诬告陷害罪的对象，对此理论上也有如下争议。

（1）甲（否定）说，认为诬告陷害行为的目的，是意图使被诬陷人受刑事追究。未达到刑事责任年龄，不具有刑事责任能力的人不可能负刑事责任，行为人

① 参见李希慧.诬告陷害罪若干问题研析［J］.法学评论，2001（6）.

② 参见林亚刚.刑法学教义（分论）［M］.北京：北京大学出版社，2020：34.

③ 参见谢彤.诬告陷害罪探析［J］.中国人民大学学报，2001（3）.

诬陷他们，自己的目的无法达到，因此，这些人不可能成为诬告陷害罪的对象。

（2）乙（肯定）说，认为被诬陷者没有刑事责任能力并不等于他不具备人身权利，诬告不具有刑事责任能力的人同样也侵犯了其名誉权。而且，被诬陷者是否达到了法定的刑事责任年龄、是否具有刑事责任能力，往往需要经过司法确认，这意味着这些人可能被错抓、错捕甚至错判，所以，诬告无刑事责任能力者犯罪可以构成诬告陷害罪。①

（3）丙（限制肯定）说，认为对这个问题不应绝对地做出肯定或者否定的回答。该说认为诬告陷害罪的显著特点之一就是诬陷行为不能直接造成对象的某种损害，而是通过捏造犯罪事实，假司法机关之责，使无罪的人受到刑事追究和刑事处分。当行为人故意将未达到刑事责任年龄的人说成已达到刑事责任年龄，或者误认为未达到刑事责任年龄的人已达到刑事责任年龄，并捏造犯罪事实对其进行诬告，可能引起司法机关对其追究刑事责任的，未达到刑事责任年龄的人才能成为本罪的对象。②

本书同意丙说的观点，认为由于诬告陷害所涉及的情形较为复杂，不能决然判定不具备刑事责任能力者不是本罪的对象。据此，哪些人应当或者可能被追究刑事责任，则要根据被诬告者的年龄和诬告者的主观认识区别对待：第一，捏造犯罪事实诬告不满14周岁的人，且本人和当地司法机关工作人员都明知被诬告者不满14周岁的，由于不满14周岁的人完全没有刑事责任能力，因此，不满14周岁的人不能成为本罪的对象。第二，捏造《刑法》第17条第2款规定的故意杀人、故意伤害致人重伤或者死亡、强奸、抢劫、贩卖毒品、放火、爆炸、投毒八种犯罪事实，诬告已满14周岁不满16周岁的人，且本人和当地司法机关工作人员都明知被诬告者已满14周岁不满16周岁的，由于已满14周岁不满16周岁的人要对这八种犯罪负刑事责任，因此，已满14周岁不满16周岁的人能成为本罪的犯罪对象；如果捏造上述八种犯罪以外的犯罪事实，则已满14周岁不满16周岁的人不能成为本罪的对象。第三，当行为人误认为未达到刑事责任年龄的人已达到刑事责任年龄，并捏造犯罪事实对其进行诬告，司法机关也开始对其追究刑事

---

① 参见谢彤.诬告陷害罪探析［J］.中国人民大学学报，2001（3）；张明楷.刑法学（下）［M］.北京：法律出版社，2021：1175-1176.

② 参见李希慧.诬告陷害罪若干问题研析［J］.法学评论，2001（6）.

责任，在这种情况下，不具有刑事责任能力的人是本罪的犯罪对象。

（三）诬告陷害罪的既遂

1.理论分歧

（1）甲（行为完成）说，这是通说，认为诬告陷害罪是行为犯，以行为的实施完毕作为诬告陷害罪的既遂，即只要行为人捏造了某种犯罪事实，并予以告发，不论司法机关是否对被诬陷人进行了刑事追究，都构成既遂。

（2）乙（修正的行为完成）说，认为诬告陷害行为并非以行为的完成作为既遂，必须达到一定程度才能构成既遂，即有关机关接到、听到、知道行为人捏造的犯罪事实才构成既遂。

（3）丙（抽象危险）说，认为诬告陷害罪不是行为犯，而属于抽象的危险犯，其既遂标准是发生抽象的危险结果，即引起有关机关追究其责任的危险结果。

（4）丁（结果）说，认为本罪既遂的标准，应该以诬告陷害行为是否使被诬陷者的人格权和名誉权受到了实际损害为根据。受到实际损害的，构成犯罪既遂；否则，构成犯罪未遂。据此，本罪既遂的标准应该是诬告陷害行为已经导致司法机关开始对被诬陷者采取一定的行动，这种行动可以是对被诬陷者进行讯问，也可以是予以立案侦查。只有司法机关开始对被诬陷者采取行动，被诬陷者的人格权和名誉权才受到实际的侵害。如果行为人实施了捏造犯罪事实并予以告发的行为，但司法机关并没有采信行为人的诬陷不实之词，没有对被诬陷者采取行动，那就意味着被诬陷者的人格权和名誉权并没有受到实际的损害，而只是受到了直接的威胁，因此，只能是犯罪未遂。①

（5）戊（情节犯）说，认为诬告陷害罪以“情节严重”为构成要件，属于情节犯，它是与行为犯、结果犯并列的一种犯罪形态。情节是否严重，是情节犯犯罪构成的必要要件，情节犯不存在犯罪未遂的情形，对情节犯的成立形态，应将行为人的主观恶性、行为方式与客观后果等诸方面综合起来考察。②

本书认为，依据刑法规定，行为人仅仅捏造了他人犯罪事实并予以告发，尚

① 参见李希慧.诬告陷害罪若干问题研析［J］.法学评论，2001（6）.

② 参见谢彤.诬告陷害罪探析［J］.中国人民大学学报，2001（3）.

不能完全构成诬告陷害罪，还必须“情节严重”。据此，甲说和乙说不符合刑法规定。戊说将本罪当作情节犯，有一定道理，但是认为情节犯不存在犯罪未遂形态，这与一般法理和刑法规定不符，并不可取。丙说和丁说似乎有区别，但是没有本质差异。本罪“情节严重”，应当以诬告陷害足以引起司法机关的法律追究为判准，但是行为在什么时候足以引起司法机关的法律追究呢？如果我们将司法机关对被诬陷者定罪处罚理解为法律追究的话，那么依据丙说，显然不能认为只要实施了该行为，即产生了抽象的危险，而应当是这种行为导致了司法机关开始启动司法调查程序，如立案侦查。如果司法机关收到告发后，并未开始启动调查程序，此时，被诬告者的权利并不会受到实际损害，应当认为行为没有达到情节严重的程度。在此意义上，本书赞同丁说的内容。

（四）诬告陷害罪的罪数形态问题

1.将自己实施的犯罪行为栽赃给他人并予以告发的情形

关于将自己实施的犯罪行为栽赃给他人并予以告发的情形，应当按一罪处理还是按数罪并罚，理论上有不同的意见。

（1）甲说，认为栽赃行为和陷害行为之间存在目的和手段的关系，因此，在处理时，应当按牵连犯原则从一重论处。

（2）乙说，认为栽赃是陷害的准备行为，因此，应按其实行行为即陷害行为定诬告陷害罪。

（3）丙说，认为对于栽赃陷害案件的处理不能一概而论。如果出于单纯的陷害目的而对别人进行栽赃陷害，就只以诬告陷害罪论处；如果行为人主观上既有陷害的故意，也有实施其他犯罪的目的或故意，应按数罪并罚；如果行为人在实施其他犯罪后，为逃避自己的罪责而栽赃陷害他人，也应实行数罪并罚。

（4）丁说，认为应根据不同情况做不同处理：如果行为人出于陷害他人的目的，先实施某种犯罪后进行告发的，应按牵连犯从一重处罚；如果行为人开始没有诬告陷害的目的，但在实施某种犯罪后为逃避罪责栽赃于他人的，那就应按数罪实行并罚。[①]

---

① 参见李希慧.诬告陷害罪若干问题研析［J］.法学评论，2001（6）.

本书认为，上述前三种观点都值得进一步研究。甲说认为所有的栽赃与陷害之间都存在牵连关系，与客观实际情况不符。在司法实践中，大多数栽赃陷害案的行为人并非在犯罪实行前就有陷害他人的目的，而是在施行犯罪之后，为了逃脱罪责而栽赃于他人。在这种情况下，前犯罪行为与栽赃陷害之间不存在手段与目的的关系，如果将类似情况一概按照牵连犯论处，不仅不符合法理和实际情况，还可能削弱刑法保护社会的基本机能。认为“本人实施犯罪与栽赃陷害他人之间存在着手段与目的的关系”存在片面性。因此，对先实施犯罪后栽赃于他人的案件不能一概以牵连犯论处。乙说认为栽赃是陷害的准备行为，和甲说一样，不完全符合实际情况，只按诬告陷害罪定罪处罚，将放纵犯罪分子，使罪责刑相适应原则无法实现。丁说主张对栽赃陷害的案件具体情况具体分析，分别按一罪和数罪处理，这是正确的。但如果将行为人出于单纯的陷害目的而栽赃陷害他人的行为以诬告陷害罪一罪论处，就很不妥当，因为假定行为人先行行为构成的犯罪重于诬告陷害罪，以诬告陷害罪一罪论处显然失当。因此本书赞同丁说。

2.行为人捏造他人犯罪事实进行告发后，在司法机关追究被诬陷者的刑事责任的诉讼活动中，又作伪证的情形

当行为人捏造他人犯罪事实进行告发后，在司法机关追究被诬陷者的刑事责任的诉讼活动中，又作伪证时，应当按一罪处理还是按数罪并罚？有观点认为不宜分别定罪，要按诬告陷害罪论处，因为诬告陷害罪不仅社会危害性大，而且还可以吸收并包容伪证行为。另有观点主张对这种情况分别处理。

本书认为，对这种情况应按一罪定罪处罚，因为行为人在刑事诉讼活动中作伪证证明自己捏造的犯罪事实成立，使其先行诬告（原因行为）和后行伪证（结果）之间产生牵连关系，对此《刑法》没有明文处罚规定，因此一般要按照牵连犯的处断原则从一重论处。

但是，究竟是按照诬告陷害罪论处还是按照伪证罪论处，则需要具体分析。根据现行《刑法》，诬告陷害罪的第一档法定刑是3年以下有期徒刑、拘役或者管制；造成严重后果的法定刑是3年以上10年以下有期徒刑。而伪证罪的第一档法定刑是3年以下有期徒刑或者拘役；情节严重的法定刑是3年以上7年以下有期徒刑。两相比较，诬告陷害罪没有造成严重后果的法定刑低于伪证罪的第一档法定刑，因此，如果诬告陷害造成了严重后果，那么，按诬告陷害罪定罪处罚；

如果诬告陷害没有造成严重后果，则应按伪证罪定罪处罚。[①]

（五）诬告陷害罪的关联行为

1.检举失实

《刑法》第243条第3款规定，不是有意诬陷，而是错告，或者检举失实的，不构成本罪。本罪与错告或检举失实的主要区别是行为人主观故意的内容。前者具有诬告和陷害的故意，而后者则没有诬告和陷害的故意。判断行为人是否具有诬告和陷害故意的关键是，行为人是否明知所告发的犯罪事实是虚假的，明知是虚假事实而告发的，可以认定为主观上具有诬告陷害的故意，其行为构成诬告陷害罪；反之，误认为是真实事实而告发，这是一种认识错误，属于错告或者检举失实，其行为不构成犯罪。

2.侮辱罪

侮辱罪，是指使用暴力或者以其他方法，公然贬损他人人格，破坏他人名誉，情节严重的行为。

侮辱罪的基本构成要件如下：（1）主体要件，是一般主体，凡年满16周岁，具有刑事责任能力的自然人均能构成本罪。（2）主观要件，表现为直接故意，并且具有贬损他人人格，破坏他人名誉的目的。（3）客观要件，表现为以暴力或其他方法公然贬损他人人格、破坏他人名誉，情节严重的行为。其具体条件有以下几个：第一，客观上实施了侮辱他人的行为。侮辱行为可分为三种方式：一是暴力侮辱；二是言词侮辱，即用特定内容的语言对被害人进行嘲笑、辱骂，使其当众出丑等；三是文字侮辱，即书写、张贴、传阅有损他人名誉的大字报、小字报、图画、漫画、信件、书刊等。第二，必须是公然进行侮辱。所谓“公然”进行侮辱，是指采用可使不特定人或多数人知悉的方式，对他人进行侮辱。公然并不要求被害人在场。如果在没有第三人在场的情况下当面对被害人进行侮辱，则不构成侮辱罪。第三，侮辱对象必须是特定的人。特定的人既可以是一人，也可以是数人，但必须是具体和可确认的。如果在大庭广众之下对不特定的对象进行谩骂，不构成侮辱罪。死者不能成为本罪的侮辱对象，但如果行为人以侮辱死者

① 参见李希慧.诬告陷害罪若干问题研析［J］.法学评论，2001（6）.

的方式对死者家属进行实质性的侮辱，则应认定为侮辱罪。第四，公然侮辱他人的行为必须达到情节严重的程度。公然侮辱他人的行为如果不属于情节严重，则是一般的民事侵权行为。所谓情节严重，主要是指手段恶劣，后果严重等情形，如强令被害人当众爬过自己的胯下；当众撕光被害人衣服；给被害人抹黑脸、挂破鞋、戴绿帽强拉游街示众；当众胁迫被害人吞食或向其身上泼洒粪便等污秽之物；当众胁迫被害人与尸体进行接吻、手淫等猥亵行为；因公然侮辱他人致其精神失常或者自杀身亡；多次侮辱他人，使其人格、名誉受到极大损害；对执行公务的人员、妇女甚至外宾进行侮辱，造成恶劣的影响；等等。（4）客体要件，是他人的人格尊严和名誉权。人格尊严权和名誉权是公民的基本人身权利。所谓人格尊严，是指公民基于自己所处的社会环境、地位、声望、工作环境、家庭关系等各种客观条件而对自己或他人的人格价值和社会价值的认识和尊重。所谓名誉，是指公民在社会生活中所获得的名望声誉，是一个公民的品德、才干、信誉等在社会生活中所获得的社会评价。本罪的犯罪对象，只能是自然人，而不包括单位。在公众场合以焚烧、毁损、涂画、玷污、践踏等方式侮辱中华人民共和国国旗、国徽或者以其他方式侮辱国歌的，构成侮辱国旗、国徽、国歌罪。

3.诽谤罪

根据《刑法》第246条的规定，诽谤罪是指捏造事实并加以散布，损坏他人人格，破坏他人名誉，情节严重的行为。

诽谤罪的基本构成条件是：（1）主体是一般主体。（2）主观要件是故意，即行为人明知自己散布虚构的事实足以损害他人名誉，而希望或者放任这种结果发生。如果行为人散布真实事实的，或者误认为是真实事实而进行散布，或者虽然故意散布了虚假事实但该事实无损他人名誉的，都不构成诽谤罪。（3）客观要件包括：第一，捏造的是有损对他人社会评价的、具有某种程度具体内容的事实；第二，在社会上公然散布这些虚假的事实。（4）客体是他人的人格权、名誉权。而且行为情节严重。

诬告陷害罪与诽谤罪的相同之处在于：二者都侵犯了公民的人格权和名誉权；二者都有捏造事实的行为；主体均为一般主体；主观方面的罪过形式都是故意。

诬告陷害罪与诽谤罪的主要区别在于以下四点：（1）行为对象不尽相同。诽谤罪的对象是人，包括有刑事责任能力的人和无刑事责任能力的自然人；无刑事责任能力的人一般只能是自然人，但是，有时候也包括单位。（2）捏造的事实内容不同。诬告陷害罪捏造的是犯罪事实；诽谤罪捏造的通常是犯罪事实之外的、有损于他人人格和名誉的事实。（3）行为途径不同，诬告陷害罪是将捏造的犯罪事实向有关机关、单位告发；诽谤罪则是将捏造的事实公然在社会上予以扩散。（4）主观内容不同。诬告陷害罪是明知自己捏造的是犯罪事实而告发，目的是使他人受到刑事追究；而诽谤罪是明知自己捏造的是有损他人人格和名誉的非犯罪事实而进行散布，目的是使他人的人格和名誉受到损害。

4. 报复陷害罪

根据《刑法》第254条的规定，报复陷害罪是指国家机关工作人员滥用职权、假公济私，对控告人、申诉人、批评人、举报人实行报复陷害的行为。

报复陷害罪的基本构成要件是：（1）主体是国家机关工作人员；（2）主观要件是故意；（3）客观要件是滥用职权、假公济私，对控告人、申诉人、批评人、举报人实行报复陷害的行为；（4）客体是公民的控告权、申诉权、批评权等政治民主权利。

诬告陷害罪与报复陷害罪都是故意陷害他人的犯罪行为，它们之间的主要区别体现为以下三点：（1）主体不同。报复陷害罪的主体是国家机关工作人员；诬告陷害罪的主体既可以是国家机关工作人员，也可以是一般公民。（2）行为对象不同。报复陷害罪的对象只能是控告人、申诉人、批评人、举报人；诬告陷害罪的对象可以是任何公民。（3）行为手段不同。报复陷害罪是滥用职权、假公济私，使他人受到非刑事的政治、经济、人身等迫害；诬告陷害罪的手段是捏造犯罪事实向有关机关或组织告发。如果国家机关工作人员为了报复陷害，利用职权，捏造控告人、申诉人、批评人、举报人的犯罪事实并予以告发的，应以诬告陷害罪论处；如果捏造了控告人、申诉人、批评人、举报人的犯罪事实，但未作告发，而是利用职权予以报复的，应定报复陷害罪。

第三节　其他侵犯公民人身权利、民主权利罪

一、侵犯公民个人信息罪

侵犯公民个人信息罪，是指违反国家有关规定，向他人出售或者提供公民个

人信息，或者将在履行职责或者提供服务过程中获得的公民个人信息，出售或者提供给他人的，或者窃取或者以其他方法非法获取公民个人信息，情节严重的行为。

（一）侵犯公民个人信息罪的构成要件

本罪的行为首先违反了国家有关规定。违反国家有关规定是指，违反法律、行政法规、部门规章有关公民个人信息保护的规定。公民个人信息是指，以电子或者其他方式记录的能够单独或者与其他信息结合识别特定自然人身份或者反映特定自然人活动情况的各种信息，包括姓名、身份证件号码、通信通讯联系方式、住址、账号密码、财产状况、行踪轨迹等。

本罪的具体行为方式包括以下三种：第一，向他人出售或者提供公民个人信息。提供公民个人信息的行为包括，向特定人提供公民个人信息，通过信息网络或者其他途径发布公民个人信息，以及未经被收集者同意，将合法收集的公民个人信息向他人提供的。如果公民个人信息经过处理无法识别特定个人且不能复原的，不属于提供公民个人信息。第二，将在履行职责或者提供服务过程中获得的公民个人信息，出售或者提供给他人。第三，窃取或者以其他方法非法获取公民个人信息。“以其他方法非法获取公民个人信息”，是指违反国家有关规定，通过购买、收受、交换等方式获取公民个人信息，或者在履行职责、提供服务过程中收集公民个人信息。

有观点认为，行为人出售或提供公民个人信息给其他人犯罪的，即使行为人明知，亦不能作为共犯处理，而应直接按照侵犯公民个人信息罪定罪处罚。[①]本书认为，这个观点较为正确，但是如果行为人的行为可以与他人构成共同犯罪，且以共犯处罚能贯彻罪责刑相适应原则，则应按照共同犯罪论处。

以下情形属于情节严重：第一，出售或者提供行踪轨迹信息，被他人用于犯罪的；第二，知道或者应当知道他人利用公民个人信息实施犯罪，向其出售或者提供的；第三，非法获取、出售或者提供行踪轨迹信息、通信内容、征信信息、财产信息五十条以上的；第四，非法获取、出售或者提供住宿信息、通信记录、健康生理信息、交易信息等其他可能影响人身、财产安全的公民个人信息五百条以上的；第五，非法获取、出售或者提供第三项、第四项规定以外的公民个人信

① 参见罗世龙，张成东.侵犯公民个人信息罪相关行为的认定［J］.法治论坛，2018（1）.

息五千条以上的；第六，数量未达到第三项至第五项规定标准，但是按相应比例合计达到有关数量标准的；第七，违法所得5000元以上的；第八，将在履行职责或者提供服务过程中获得的公民个人信息出售或者提供给他人，数量或者数额达到第三项至第七项规定标准一半以上的；第九，曾因侵犯公民个人信息受过刑事处罚或者二年内受过行政处罚，又非法获取、出售或者提供公民个人信息的；第十，其他情节严重的情形。

（二）侵犯公民个人信息罪的关联犯罪

1.私自开拆、隐匿、毁弃邮件、电报罪

私自开拆、隐匿、毁弃邮件、电报罪，是指邮政工作人员利用职务上的便利，私自开拆、隐匿、毁弃邮件、电报的行为。本罪的主体是特殊主体，即仅限于邮政工作人员，行为人必须利用其职务上的便利实施上述行为。本罪的客观方面表现为利用从事邮政业务工作的便利，非法开拆、隐匿、毁弃邮件、电报的行为。本罪的行为具有选择性，即行为人实施了开拆、隐匿、毁弃三种行为之一的，即构成本罪。本罪的客体是公民的通信自由权利和邮电部门正常的管理秩序。

2.伪造、变造、买卖身份证件罪

伪造、变造、买卖身份证件罪，是指伪造、变造、买卖居民身份证、护照、社会保障卡、驾驶证等依法可以用于证明身份的证件的行为。

3.使用虚假身份证件、盗用身份证件罪

使用虚假身份证件、盗用身份证件罪，是指在依照国家规定应当提供身份证明的活动中，使用伪造、变造的或者盗用他人的居民身份证、护照、社会保障卡、驾驶证等依法可以用于证明身份的证件，情节严重的行为。

4.冒名顶替罪

冒名顶替罪，是指盗用、冒用他人身份，顶替他人取得的高等学历教育入学资格、公务员录用资格、就业安置待遇的行为。

5.非法侵入计算机信息系统罪

非法侵入计算机信息系统罪，是指违反国家规定，侵入国家事务、国防建设、尖端科学技术领域的计算机信息系统的行为。

二、重婚罪

重婚罪是指有配偶而与他人结婚或者明知他人有配偶而与之结婚的行为。

（一）重婚罪的构成要件

本罪的基本构成要件是：第一，主体要件，一般主体。由于重婚罪属于对向犯，因此其主体包括两类人，一是重婚者，即已经有配偶且未解除婚姻关系，又与他人结婚的人；二是相婚者，即无配偶，但与有配偶的人结婚的人。第二，主观要件，是故意，即明知自己有配偶而故意与他人结婚，或者明知他人有配偶而故意与他人结婚。如果有配偶的人误认为自己的配偶已经死亡，而与他人结婚的，或者确实不知道他人已经结婚，而与之结婚的，不构成重婚罪。第三，客观要件，表现为两种情形：一是有配偶而与他人结婚，二是明知他人有配偶而与之结婚。第四，客体要件，是一夫一妻的婚姻制度。

（二）罪与非罪的关系

基于一般人不具备适法行为的期待可能性，所以以下行为不应当作为重婚罪处理：

（1）因为灾害流浪谋生而重婚的；

（2）配偶外出，长期不还，且下落不明的；

（3）被拐卖后被迫再婚的；

（4）不满包办婚姻或者婚后受到虐待外逃而与他人结婚的。

此外，非法同居属于道德评价范畴，不具有重婚罪的构成要件行为的定性性。

三、遗弃罪

遗弃罪，是指对因年老、年幼、患病或其他没有独立生活能力的人，负有扶养义务而拒绝扶养，情节恶劣的行为。这相当于日本刑法中的单纯遗弃罪。本罪的基本构成要件如下：

（1）主体要件，是特殊主体，即负有法律上的扶养义务，具备扶养能力者。

（2）主观要件，是直接故意。

（3）客观要件，表现为对因年老、年幼、患病或其他没有独立生活能力的人，负有扶养义务而拒绝扶养的行为。在日本刑法理论中，关于遗弃的概念有多种解释，但是根据通说，遗弃包含转移和抛弃两种含义。狭义的转移是以作为的方式将被遗弃者转移到危险的场所；抛弃是指以不作为的方式将被遗弃者遗留在危险的场所。[①]

（4）客体要件，我国理论通说认为是"被害人受扶养的权利"。但该权利究竟指什么并不明确。在日本刑法中认为，遗弃罪的法益是需要扶助者的生命、身体安全。相对而言，日本刑法理论中遗弃罪的客体比较明确。犯罪对象为年老、年幼、患病等没有独立生活能力的家庭成员，其中主要包括：第一，因年老、伤残、疾病而丧失劳动能力，因而没有生活来源者；第二，虽有生活来源（如退休金等），但因年老、伤残、疾病而生活不能自理者；第三，因年幼尚无独立生活能力者。

四、刑讯逼供罪

刑讯逼供罪，是指司法工作人员对犯罪嫌疑人、被告人使用肉刑或者变相肉刑，逼取口供的行为。

（一）刑讯逼供罪的构成要件

（1）主体要件，是特殊主体，即司法工作人员。刑讯逼供是行为人在刑事诉讼过程中，利用职权进行的一种犯罪活动，构成这种犯罪的主体只能是有权办理刑事案件的司法人员。

（2）主观要件，只能是故意，并且具有逼取口供的目的。至于行为人是否得到供述，犯罪嫌疑人、被告人的供述是否符合事实，均不影响本罪成立。如果行为人对犯罪嫌疑人、被告人使用肉刑或者变相肉刑不是为了逼取口供，而是出于其他目的，则不构成本罪。

（3）客观要件，表现为对犯罪嫌疑人、被告人使用肉刑或者变相肉刑，逼取

① 参见山中敬一.刑法各论［M］.东京：成文堂，2004：88.

口供的行为。第一，刑讯的对象是侦查过程中的犯罪嫌疑人和起诉、审判过程中的刑事被告人。犯罪嫌疑人、被告人的行为实际上是否构成犯罪，对本罪的成立没有影响。第二，刑讯方法必须是使用肉刑或者变相肉刑。所谓肉刑，是指对被害人的肉体施行暴力，如吊打、捆绑、殴打以及其他折磨人的肉体的方法。所谓变相肉刑，是指对被害人使用非暴力的摧残和折磨，如冻、饿、烤、晒等。无论是使用肉刑还是变相肉刑，均可成立本罪。第三，必须有逼供行为，即逼迫犯罪嫌疑人、被告人作出行为人所期待的口供。诱供、指供是错误的审讯方法，但不是刑讯逼供。

（4）客体要件，是复杂客体，即公民的人身权利和国家司法机关的正常活动。本罪侵害的对象是犯罪嫌疑人和被告人。所谓犯罪嫌疑人，是指根据一定证据被怀疑可能是实施犯罪行为的人。所谓被告人，是指依法被控诉有罪，并由司法机关追究刑事责任的人。证人不能成为本罪侵害的对象，如果对他们刑讯逼供构成犯罪的，按暴力取证罪论处。

（二）刑讯逼供罪的关联犯罪

1.暴力取证罪

暴力取证罪，是指司法工作人员使用暴力逼取证人证言的行为。

本罪的基本构成要件如下：第一，主体要件，为特殊主体，即司法工作人员，与刑讯逼供罪相同。第二，主观要件，表现为直接故意，且具有逼取证言的目的。第三，客观要件，表现为司法工作人员使用暴力逼取证人证言的行为。所谓证人，是指司法工作人员和案件当事人以外的了解案件情况的人。所谓暴力，既包括捆绑悬吊、鞭抽棒打、电击水灌、火烧水烫等直接伤害证人人身使其遭受痛苦而被迫作证的肉刑，亦包括采取长时间罚站、不准睡觉、冻饿、曝晒等折磨证人身体、限制证人人身自由而迫其作证的变相肉刑。逼取证人证言，致人伤残、死亡的，依《刑法》第234条关于故意伤害罪、第232条关于故意杀人罪的规定，从重处罚。第四，客体要件，是公民的人身权利和国家司法机关的正常活动。犯罪对象为证人。

本罪与刑讯逼供罪规定在同一条文中，两罪的主要区别在于犯罪对象不同。刑讯逼供罪的犯罪对象是犯罪嫌疑人或被告人，而本罪的犯罪对象是证人。

2.虐待被监管人罪

虐待被监管人罪，是指监狱、拘留所、看守所等监管机构的监管人员，对被监管人进行殴打或者体罚虐待，情节严重的行为。

虐待被监管人员罪的基本构成要件如下。

第一，主体要件，是特殊主体，即监狱、拘留所、看守所等监管机构的监管人员。所谓监狱，是指刑罚的执行机关。所谓拘留所，即关押被处以司法拘留、行政拘留的人的场所。所谓看守所，即羁押依法被逮捕、刑事拘留的犯罪嫌疑人、被告人的场所。在司法实践中，并不以直接对被监管人实施体罚虐待者为限，有的司法工作人员未直接动手实施体罚虐待，而是在执行管教过程中，违反监管法规，指使、授意、纵容或者暗示某个或某些被监管人对其他被监管人实施体罚虐待，情节严重的，依《刑法》第248条第2款之规定，亦可构成虐待被监管人罪的主体。在这种情况下，实施体罚虐待的被监管人并非监管人员，其固然不能单独成为虐待被监管人罪的主体，但他们是体罚虐待行为的直接实施者，仍可构成虐待被监管人罪的共犯。但由于被监管人有可能是在胁迫或诱骗之下参与的，所以应视其所起的作用和地位，按照共同犯罪的有关规定，在量刑上予以酌情考虑。

第二，主观要件，主观方面表现为故意，过失不能构成虐待被监管人罪，即监管人员对其实施的体罚虐待及违反监管法规的行为是故意。犯罪目的一般是压服被监管人。犯罪动机各种各样，有的是泄愤报复，有的是逞威逞能等。不管出于何种动机，都不影响犯罪成立。

第三，客观要件，在客观方面表现为违反监管法规，对被监管人进行殴打或者体罚虐待，情节严重的行为。具体包括以下三种：其一，行为违反了《监狱法》以及其他法律、条例中有关监管的规定。其二，行为人实施了殴打或者体罚虐待行为。所谓殴打，是指造成被监管人肉体上暂时痛苦的行为。所谓体罚虐待，是指以殴打以外的，能够对被监管人肉体或精神进行摧残或折磨的一切方法，如罚趴、罚跑、罚晒、罚冻、罚饿、辱骂，强迫超体力劳动，不让睡觉，不给水喝等手段。行为人可以直接实施殴打、体罚虐待行为，也可以指使、教唆或者纵容其他被监管人对受害人进行殴打、体罚虐待。其三，行为情节严重。所谓情节严重，一般是指使用酷刑摧残，手段恶劣；一贯殴打、体罚虐待被监管人，屡教不改；殴打、体罚虐待多人多次，影响很坏；等等。监管人员实施殴打、体罚虐待的行为，致使被监管人伤残、死亡的，依《刑法》第234条关于故意伤害罪、第232条关于故意杀人罪的规定定罪从重处罚。

第四，客体要件，是复杂客体，即被监管人的人身权利和监管机关的正常活动。犯罪对象是依法被限制人身自由的人，包括已决的犯罪人或未决的在押犯罪嫌疑人和被告人，及其他被依法拘留、监管的人，包括在监狱、劳动改造管教队、少年犯管教所中服刑的犯罪人，在看守所、拘留所关押的犯罪嫌疑人和被告人，以及因违反《治安管理处罚法》等被拘留或者其他依法被监管的人。

刑讯逼供罪与虐待被监管人罪在主体、主观方面、客观方面以及侵害的对象上都有相近或相同之处。它们的主要区别在于以下四点：第一，犯罪对象不同。刑讯逼供罪的犯罪对象是犯罪嫌疑人或者被告人；而虐待被监管人罪的犯罪对象除了上述两类人之外，还包括犯罪人、被行政拘留人员。第二，犯罪目的不同。刑讯逼供罪是以逼取口供为目的；虐待被监管人罪是以压服被监管人或泄愤报复等为目的。第三，主体不同。两罪主体都是司法工作人员，但刑讯逼供罪的主体主要是有审讯犯罪嫌疑人、被告人职权的司法工作人员，即侦查人员、检察人员；而虐待被监管人罪的主体主要是有监管职权机关的工作人员。第四，犯罪构成要求不同。构成刑讯逼供罪不要求“情节严重”；但是构成虐待被监管人罪要求情节严重。

3.非法拘禁罪

刑讯逼供罪与非法拘禁罪的主要区别如下：第一，犯罪对象不同。前者的对象为犯罪嫌疑人、被告人；后者的对象不受特别限制。第二，客观要件不同。前者表现为使用肉刑或者变相肉刑逼取他人口供的行为；后者则表现为非法剥夺他人人身自由的行为。第三，主体不同。前者的主体为司法工作人员；后者主体则为一般主体。应当注意的是，司法工作人员为刑讯逼供而非法剥夺犯罪嫌疑人、被告人人身自由的，应以刑讯逼供罪一罪对行为人定罪从重处罚，而不能对之实行数罪并罚。对于非司法工作人员将他人人身自由剥夺并采用肉刑或者变相肉刑逼取口供的，应视具体情况来认定行为人的犯罪性质。如果行为人在非法拘禁中未使用暴力致人伤残、死亡，以非法拘禁罪对其定罪处罚；如果使用暴力致人伤残、死亡的，应以故意伤害罪、故意杀人罪对行为人定罪处罚。第四，犯罪目的不同。前者以逼取口供为目的；后者则不要求以逼取口供为目的。

（三）刑讯逼供罪的罪数形态

刑讯逼供行为往往给被害人的身体造成某种损害，严重的还可能致人伤残甚至死亡。依据刑法规定，刑讯逼供，致人伤残、死亡的，依《刑法》第234条关于故意伤害罪、第232条关于故意杀人罪的规定，从重处罚。

第四节　侵犯财产罪概述

一、侵犯财产罪概述

（一）侵犯财产罪的概念与构成要件

侵犯财产罪，是指以非法占有为目的，攫取公私财物以及挪用、毁坏公私财物或者破坏生产经营的行为。

侵犯财产罪的构成要件如下。

1. 主体要件

本罪大多数是一般主体，即年满16周岁、具有刑事责任能力的自然人。已满14周岁不满16周岁的人犯抢劫罪的，应当负刑事责任。职务侵占罪、挪用资金罪的主体是特殊主体，即只能是公司、企业或者其他单位的工作人员。

2. 主观要件

本罪是故意犯罪。侵犯财产罪中不存在过失犯罪，并且大多数侵犯财产罪要求具有特定的犯罪目的，这些目的可分为三类，即非法占有的目的、挪用的目的和毁坏的目的。

3. 客观要件

表现为以暴力或者非暴力手段，以公开或者秘密的方式，攫取公私财物、挪用或者毁坏公私财物以及破坏生产经营的行为。其行为方式主要是作为，但是并不排除不作为方式。构成侵犯财产罪一般还要求所涉及的财物数额较大，但这并非唯一的定罪标准，在特殊情况下，具备特定情节的行为也可以构成侵犯财产罪。

4. 客体要件

侵犯财产罪侵犯的是公私财产所有权。依据民法规定，财产所有权是所有人对财物的占有、使用、收益和处分的权利。财产犯罪保护的是法秩序认可的物或利益。司法解释强调财产犯罪保护的是具有经济价值的物或利益，故我国刑法对于财产犯罪的保护法益采取的是法律—经济财产说。[①]这表明财产必须具有法律属性和经济属性。

本罪的对象是公私财物，也即公私财产，包括公共财产和私人财产。财物可做多种分类：从财物可否移动上分为动产和不动产；从物理属性上分为有形财物和无形财物；从法律属性上分为合法所得财物和非法所得财物（包括违禁品）。现在的问题在于虚拟财产是否属于财物？理论上对此理解不同，如有观点认为虚拟财产是虚拟世界中的财产，故虚拟财产不属于刑法中的财物。[②]本书认为，人在虚拟空间的生活是现实生活的复写，虚拟空间存在的东西都可以还原为现实生活中的东西，虚拟财产的属性和现实财产的属性一样，所以虚拟财产也可以是财物。

（二）侵犯财产罪的种类

根据侵犯财产罪的目的和客观表现的不同特点，侵犯财产罪可分为以下几类。

（1）暴力、胁迫取得财产的犯罪，包括抢劫罪、抢夺罪、敲诈勒索罪、聚众哄抢罪。

（2）窃取、骗取财产的犯罪，包括盗窃罪、诈骗罪。

（3）侵占、挪用财产的犯罪，包括侵占罪、职务侵占罪、挪用资金罪、挪用特定款物罪。

（4）毁坏、破坏财产的犯罪，包括故意毁坏财物罪、破坏生产经营罪。

（三）侵犯财产罪中的几个基本问题

1.侵犯财产罪的客体限定

侵犯财产罪侵犯的是公私财产所有权，但哪些财产需要由刑法加以保护呢？中外理论对此存有如下争议。

---

① 参见江溯.财产犯罪的保护法益：法律—经济财产说之提倡［J］.法学评论，2016，34（6）.

② 参见欧阳本祺.论虚拟财产的刑法保护［J］.政治与法律，2019（9）.

（1）法律财产说，认为在社会经济生活中，基于各种经济利益而形成的财产关系受民法调整，因而侵犯财产罪的本质是侵害民法权利，侵犯财产罪的保护范围要依据民法设定。据此，不法原因的给付（如嫖客给妓女的预付款、赌博的赌资、贿赂犯罪中的贿赂物等）、无效债权、通过犯罪手段获得的财物等，由于不受民法保护，因此不能成为侵犯财产罪的保护对象。第三人盗取、诈骗、侵占这类钱物也就不构成侵犯财产罪。

（2）经济财产说，认为凡是具有经济价值的利益都是财产，都可以成为侵犯财产罪的保护客体。反之，没有经济价值的东西，即便属于民法保护范围，也不能作为侵犯财产罪的保护对象。至于财产是合法所得或者系非法所得的，对于本罪的成立没有影响。例如嫖客预付的嫖资，由于它事实上具有经济价值，应认为是经济价值的利益，属于财物，非法骗取嫖资者构成诈骗罪。

（3）法律—经济财产说，此说被认为是上述两说的折中理论，认为除违法的利益之外，由法秩序保护的、有经济价值的利益是财产，侵犯财产罪保护的客体既有民法上的因素，也有经济利益的因素。上述两说只强调其中一种，有失片面。由于刑法的目的是通过保护法益来维护社会秩序，所以，只有法秩序承认的利益才能成为侵犯财产罪的保护客体。①

本书认为，法律—经济财产说是妥当的。我国宪法与刑法强调，财产犯罪保护的是法秩序认可的物或利益；司法解释强调财产犯罪保护的是具有经济价值的物或利益，故我国刑法对于财产犯罪的保护法益采取的是法律—经济财产说。②法律所保护之财产首先必须具备经济价值，其次民法保护平等主体的财产关系，并不意味着公共财产不受民法保护，因此不法原因的给付、赌资等是否完全不受民法保护是值得推敲的。假定赌资完全不受法律保护，那么为了追回赌债绑架他人的行为就应定绑架罪，而不是非法拘禁罪。如以拐卖妇女为幌子诈骗钱财的，在我国一般也认为可构成诈骗罪。

2.财物的含义

侵犯财产罪的对象是财物，关于财物的含义，涉及如下问题。

---

① 参见刘明祥.财产罪比较研究［M］.北京：中国政法大学出版社，2001：9–10.

② 参见江溯.财产犯罪的保护法益：法律—经济财产说之提倡［J］.法学评论，2016，34（6）.

（1）财物是否包含财产性利益

在《刑法》理论中，有观点将财物和财产性利益进行区分。从文字和外国刑法规定考虑，这种做法是有依据的。但是，本书认为，财物是否包含财产性利益，要视各国刑法的明文规定并结合实际需要而定。在我国，有必要将财产性利益解释为财物，理由如下：第一，有些国家的刑法明确将财物和财产性利益区别开来，例如日本刑法专门规定了利益强盗罪、利益诈骗罪和利益恐吓罪，但是我国《刑法》分则第五章规定的犯罪对象为“财物”，因此，如果将我国《刑法》中的财物和日本刑法中的财物作同义解释的话，《刑法》侵犯财产罪的保护范围明显小于日本刑法，这就意味着我国刑法立法在保护财产的规定中存在明显漏洞。第二，财产性利益和财物的区分仅仅在理论上重要，在实践中则缺乏可操作性，而且实际意义也不大。例如，日本刑法理论一般认为财产性利益是财物之外的经济利益，但是，究竟何为财物、何为财产性利益，除了个别物比较容易区分之外，如情报信息，大部分难以区分。而所谓的财产性利益在法律中受到和财物同等的保护，因此，与其说刑法中财物和财产性利益的界限是一个事实问题，倒不如说是一个解释问题更合适。

（2）财物是否限于有体物

关于财物是否限于有体物，理论上有两种观点：第一，有体性说，认为财物是有体物，包括气体、液体和固体，但不包括电力能源和热、声音、光之类的物质；第二，管理可能说，认为具有管理可能性的东西就是财物，据此，电力能源、电信码号等也是财物。[①]无疑，有体性说比管理可能说明确，但是随着社会发展，该说难以适应保护新型财产的需要，因此，在管理可能说的基础上进一步明确财物的含义是必要的。

（3）财物是否限于动产

在司法实践中，侵犯财产罪的对象多是动产，有些犯罪的对象只能是动产，例如抢夺罪、聚众哄抢罪、挪用资金罪等。但问题是，不动产能否成为抢劫罪、盗窃罪等罪的犯罪对象？这在理论上有争议。过去的观点认为，不动产不能成为

① 参见山中敬一．刑法各论［M］．东京：成文堂，2004：226.

抢劫的对象；现在有的理论认为，不宜将不动产一概排除在抢劫罪的对象之外。[①]在日本刑法理论中，过去也否认不动产是抢劫的对象，但现在的一般观点是，以夺取不动产的意思使用暴力、胁迫之时，不动产也要当作抢劫罪的财物。[②]本书认为，如果将不动产排除在抢劫罪的保护范围之外，一旦在司法实践中发生以暴力排除所有人对自己不动产的占有的情形，刑法对此将难以发挥有效的作用，不能很好保护公私财物。在《刑法》并没有明确规定不动产不能构成抢劫的对象的前提下，没有必要将不动产排除在抢劫的对象之外。

（4）如何理解他人所有的财物

侵犯财产罪中的财物要求是不属于自己所有的公私财物。以下财物不属于公私财物，因此不是侵犯财产罪的保护对象。第一，没有任何人所有的财物，如天上飞的大雁、江河中游的鱼虾、森林中栖息的野兽等。第二，为所有者抛弃的抛弃物或者其他无主物。但是，有些财物的所有者不明确，因此是否构成本罪的对象尚待进一步讨论，它们为以下四种财物。

一是违禁品。违禁品是依据法律、法规规定禁止私人所有、占有的物品，例如毒品、淫秽物品、枪支弹药等。由于违禁品禁止为私人所有或者占有，将违禁品作为财产犯罪的保护对象似乎具有保护违法行为的意义，因此，讨论违禁品的刑法保护性是必要的。在我国，《刑法》没有限定侵犯财产罪的财物性质，而且依据有关司法解释，抢劫毒品、假币、淫秽物品等违禁品的，应以抢劫罪定罪；抢劫的违禁品数量作为量刑情节予以考虑。抢劫违禁品后又以违禁品实施其他犯罪的，应以抢劫罪与具体实施的其他犯罪实行数罪并罚。可见违禁品受到《刑法》的保护。本书认为，持有违禁品虽然具有违法的意味，但是违禁品具有经济价值，且事实上为他人所支配，即便持有违禁品的行为具有违法性，也可视违禁品为国家所有，故此，违禁品应受侵犯财产罪的保护。

二是赌资或者犯罪所得的赃款赃物。理由同上，抢劫赌资、犯罪所得的赃款赃物的，应以抢劫罪定罪。但行为人仅以其所输赌资或所赢赌债为抢劫对象，一般不以抢劫罪定罪处罚，构成其他犯罪的，依照刑法的相关规定处罚。即赌资或

---

① 参见高铭暄，马克昌主编．刑法学［M］．北京：北京大学出版社，高等教育出版社，2000：507.

② 参见大谷实．刑法讲义各论［M］．东京：成文堂，1999：214.

者犯罪所得的赃款赃物也可成为侵犯财产罪的对象。

三是祭葬品。此处所讨论的祭葬品是指有主的、不属于珍贵历史和具有考古价值的古墓葬内的物品。它们通常是在宗教上或者感情上作为祭葬、祭拜对象的物，广义上包括尸体、遗骨、遗发等对象物和其他祭奠品、陪葬品、供奉物等。尸体仅在作为特殊用途时才是侵犯财产罪的对象，如作为医学教学标本的尸体属于财物，但在一般情况下，尸体并不属于侵犯财产罪的对象，盗窃尸体构成盗窃尸体罪，属于妨害社会管理秩序的犯罪。这里要讨论的祭葬品，是尸体、遗骨之外的其他祭葬品。它们可否成为侵犯财产罪的犯罪对象，在理论上存在如下争议。[①]

甲说，认为尸体、遗骨之外的祭葬品也是财物，可以成为侵犯财产罪的对象。过去，刑法理论通说认为，埋葬在坟墓中的物品可以成为盗窃罪的对象。有关司法解释也曾规定，如果窃取古墓葬之外的其他墓葬品，数额较大或者情节严重的，以盗窃罪论处。日本也曾有刑法判例认为，火葬后的金齿等，不是尸体、遗骨的一部分，在未纳入棺材内埋葬时是财物，属于死者继承人或者火葬场所有。

乙说，认为财物的所有权是以权利人对财物的占有、使用、收益、处分为内容的，放在棺材内的祭葬品，一般是祭奠之用，不会作为财物来占有、使用、收益、处分，因此，应当被认为是放弃了所有权的物，从而不能成为侵犯财产罪的犯罪对象。

本书认为，否定祭葬品为财物的观点，忽视了这些物品在宗教上和情感上的特殊社会效用，不利于维护社会伦理秩序。祭葬品不仅具有经济价值，同时也是人们用来表达敬畏、哀思和怀念的物件，它不再用于交换，但这并不意味着就丧失了使用价值。作为祭奠或者祭拜的物品，其本身就属于人们对它的特殊使用方式，认为祭葬品丧失了所有权的观点很难在社会上获得认可，因此，祭葬品也可成为侵犯财产罪的对象。

四是人的身体。在一般情况下，人的生命及健康权属于特殊的人格权，因此人以及胎儿的身体都不是财产权的内容。但是，随着科学技术的发展，人的身体

① 参见刘明祥.财产罪比较研究［M］.北京：中国政法大学出版社，2001：33-34.

不能成为侵犯财产罪对象的观点开始出现了动摇。其中以下两点值得注意。①

其一，受精卵。由于体外受精技术成熟，试管婴儿诞生了，受精卵的保护也成为刑法学要研究的问题，窃取或者破坏受精卵的行为是否应当受到刑法规制已经引起了刑法学界的重视。有观点认为受精卵是财物；也有观点认为，如果这样理解的话，就可能导致将胎儿甚至人也作为财物的结论，加之受精卵的价值难以确定，因此不宜将受精卵当作财物。与本问题相关的是，精子、卵子等是否能成为财物也是具有争议的。本书认为，只要这些东西具有交换价值，且实际成为交换物品的话，在不能按照人格权进行保护的前提下，将它们作为财物也并不是不可能。

其二，人身体的某一部分。一般而言，人的身体器官作为完整的人体有机组成部分时，不可能成为侵犯财产罪的对象。但是，随着器官移植技术的发展，对于那些已经和身体分离的人的肢体、脏器（如心脏、肝脏、脾脏等）以及其他组织、器官（如皮肤、毛发、眼球等），是否可被当作财物？有观点认为，人身体的某一部分即便和身体分离，甚至进行了加工，也依然同保存在体内一样，不能认为是财物。但是有学者认为，与身体已经分离的脏器、组织是财物，其所有权属于本人，而且本人可以将其转送他人，因此，用非法手段取得已经与身体分离的人的器官、组织的，或者恶意毁损的，构成侵犯财产罪。在当前条件下，相对而言，否定说比较稳妥，但肯定说比较符合社会发展的未来需要。

与上述争论相关，还包括人工制作的器官代用品是否属于财物，如心脏起搏器、假牙、假肢等。本书认为，如果这些物品成为身体的有机组成部分，如心脏起搏器，就不能视为财物；如果这些物品尚未成为身体的有机组成部分，可以随时装卸，如假牙，假肢等，则属于财产罪的犯罪对象。

3. “所有”的认定

侵犯财产罪的对象是公私财物，包括公共财物和私人财物。如前所述，财物中包含所谓的财产性利益，因此，在认定公私财物时可依据《刑法》第91条、第92条的规定。其中公共财物包括：（1）国有财产；（2）劳动群众集体所有的财产；（3）用于扶贫和其他公益事业的社会捐助或者专项基金的财产；（4）在国

① 参见刘明祥.财产罪比较研究［M］.北京：中国政法大学出版社，2001：35-37.

家机关、国有公司、企业、集体企业和人民团体管理、使用或者运输中的私人财产，应视为公共财物。私人财物包括：（1）公民的合法收入、储蓄、房屋和其他生活资料；（2）依法归个人、家庭所有的生产资料；（3）个体户和私营企业的合法财产；（4）依法归个人所有的股份、股票、债券和其他财产。但在实际认定过程中，还有以下三个问题有待研究。

（1）“所有”的成立条件

关于“所有”的成立条件，刑法学界主要结合民法规定，认为所有权是指所有人依法对自己的财产享有占有、使用、收益和处分并排除他人干涉的权利。至于如何判断财物为他人所有，则尚需进一步研究。这个问题在日本刑法学界受到了应有的重视。日本刑法学区分了刑法中的占有和民法中的占有。刑法中的占有就是对财物事实上的支配。有时候也使用管理、持有来替代占有，以避免法律术语的混乱。对财物事实上的支配包括两个要素：一是客观要素，即占有的事实，或者事实上对财物进行支配；二是主观要素，即具有支配财物的意思。[①]

以下情形被认为具有占有或者所有事实：一是实际上掌握、管理着财物，如在海洋的小岛上养的狐狸；二是财物被自己支配下的机械、器具所确保，如在湖泊、水库或者河流中网养的鱼、贝壳，在山林中圈养的禽兽等；三是财物在自己概括支配的场所内，如自己家中的财物；四是根据财物的自然属性可以预料到它会返回自己支配的场所内的，如农村不予圈养的鸡、猪、鸭、狗或者信鸽等；五是从财物的性质、放置位置能推定所有者的，如临时放置在离家不远的道路上的自行车等；六是本人知道财物的所在而外人难以知晓的，如自己悄悄埋藏在野外的物品；七是从财物的性质判断不属于被遗弃物的，如不属于任何人所有的庙宇中的神像、祭品等；八是财物短时间与所有人分离，但距离所有人很近的；九是由于特殊原因使占有状态发生变化的，如因战争、灾难、所有人逃离而遗留下来处于无因管理状态下的物品。

（2）所有关系

由于所有权与占有权、使用权等可能发生分离，因此，所有关系涉及所有者、占有者以及第三人对财物的权利和义务关系。例如，甲雇用乙为自己保管财

① 参见山中敬一．刑法各论［M］．东京：成文堂，2004：239–240.

物或者经销商品，乙事实上支配了该财物或者待售商品，该财物或者商品究竟属于甲占有还是乙占有？或者属于甲、乙共同占有呢？一般认为，如果该财物为甲占有，乙暗中拿走财物，构成盗窃罪；如果属于乙占有，甲私自拿走，可构成侵占罪；如果属于甲、乙共同占有，乙避开甲拿走，究竟构成盗窃罪还是侵占罪，理论上存在不同看法。可见，区分所有关系，对于侵犯财产罪的认定十分重要。刑法学界对于该问题还不是十分重视，有必要借鉴外国刑法学相关理论对其进行思考。这个问题涉及三种情形。①

第一，上下、主从者之间的占有。即财物事实上由数人管理支配，且数人之间存在上下、主从关系。在这种情形下，财物究竟为何人占有呢？日本刑法理论中有三种观点。一是共同占有说，主张应当把占有的事实性（下位占有）与社会性（上位占有）综合起来考虑，肯定共同占有成立，并认为下位占有者取得财物的行为是从内部对占有关系的侵害，它和从外部对无关系者的占有侵害有重要区别，其实质是侵害上位者对下位者的信赖，所以构成侵占罪。二是上位者占有说，认为上位者和下位者之间不存在共同占有关系，财物的占有归属于上位者，因此处于下位者私自拿走财物的行为构成盗窃罪。三是折中说，认为要对作为辅助占有者的场合、共同占有者的场合和作为独立占有者的场合三种不同情形分别处理。本书认为，上位者直接监视下位者管理财产是否属于具有上下、主从占有关系，这是值得商榷的，因此不能将辅助占有作为特殊情形。一般而言，下位者取得上位者信任占有该财物，其方式可能不同，但是至少具有支配该财物的事实和必要权利，因此，这种场合的占有与没有上下关系的外部占有不同，下位者私自拿走财物的，不仅侵犯了上位者的财产所有权，而且侵害了信任关系，应当作为侵占之罪。

第二，对等关系的占有。即对等关系者共同支配财物。如甲、乙共同占有财物，甲背着乙将该财物拿走。日本刑法理论的通说和我国一些学者认为，对于共有财物的使用、处分，应取得全体共有人的同意，未经其他共有人的同意而擅自窃取、盗卖共有财物的，等同于盗窃他人财物。但是，少数学者认为，这种场合应成立侵占罪，理由是一方支配财物者占有财物，或者取得了其他财物占有者的

① 参见刘明祥. 财产罪比较研究［M］. 北京：中国政法大学出版社，2001：45-54.

委托，或者基于法律事实上合法先占了该财物，因此侵吞财物的行为构成侵占罪，而不宜认定为盗窃罪。

第三，被包装物的占有。受委托保管、运输的财物被装在容器中，并且盖有封印或者锁住，容器内的财物的占有属于委托者还是被委托者？理论上有委托者占有说、受委托者占有说和区别说。本书认为，委托者占有说和区别说片面强调包装物的特殊性，将包装体和被包装物人为分开考虑，忽视了该物品实际上由被委托人支配的事实，从而引发了不必要的理论争议。相对而言，受委托者占有说比较可取。因此，受委托者非法侵占该财物的行为不构成盗窃罪，应定为侵占罪。

（3）死者的所有问题

与死者相关的所有问题涉及三个场合。[①]

第一，出于夺取财物的意图，将受害人杀死后取得财物。对此，大陆法系理论和判例的通说认为构成抢劫罪。问题是，抢劫罪和盗窃罪一样，以侵犯为他人占有之财物为特征，那么，应当怎样解释上述行为侵害了他人对财物的占有呢？有观点认为，被害人死亡的同时，财产的占有就转移给了继承人，夺取被害人生前占有的财物，实际上就构成对继承人占有的侵害。这种观点显然不妥当：其一，当死者没有继承人的时候，或者行为人是继承人的时候，就意味着这种情形不能认为是抢劫罪；其二，就事实而言，继承人尚未实际占有该财物，不能认为该财物为继承人占有；其三，如果将其理解为继承人占有，问题是行为人没有对继承人实施抢劫行为，又如何能以抢劫罪处断呢？

第二，杀害被害人之后临时起意取得财物。对此应当如何处理，有如下不同观点。甲说，认为行为人的杀人行为造成了被害人不能抗拒，继而利用这种状态获得财物，构成抢劫罪；乙说，认为杀人行为和取得财物的行为之间没有牵连关系，取得财物的行为侵犯了死者或者死者继承人的占有，因此，行为人拿走财物的行为单独构成盗窃罪；丙说，认为一旦受害人死亡，其生前占有的财物在死后就成为脱离占有物，因此行为人取得财物的行为属于脱离占有物侵占罪。也有学者试图根据不同场合区分盗窃罪和侵占罪。一般而言，杀人行为和取得财物的行

① 参见刘明祥．财产罪比较研究［M］．北京：中国政法大学出版社，2001：54–63.

为之间的确没有必然的牵连关系，因此以抢劫罪论处的理由不充分，所以前行为应定故意杀人罪，后行为则应单独定性。对此，我国有学者主张按照杀人地点予以区分，如果杀人地点在死者家中或者旅馆，则构成盗窃罪；如果杀人地点在野外，或者杀人后将死者转移到野外，然后取走财物的，则属于脱离占有物侵占罪。考虑到《刑法》没有规定该罪名，因此只能将该行为作为杀人罪的量刑情节。[①]按照这种观点，如果行为人在受害人家中将其杀死，发现其身上携带价值很大的财物，于是拿走的，构成故意杀人罪和盗窃罪。假如行为人将尸体转移到野外，不仅有助于逃避侦查，而且取得财物的行为也无需单独承担刑事责任，这种结论是否妥当呢？本书认为，区分杀人地点的做法有无实际意义尚待进一步研究。在我国，按照一般观点将这种情形定性为盗窃，并无不可。

第三，无关系的第三人取得死者生前所携带的财物。即行为人将受害人杀死之后，第三人发现死者携带有财物，进而拿走该财物。对此，理论上有：盗窃罪说，认为该行为侵犯了死者占有，成立盗窃罪；脱离占有物侵占罪说，认为死者不能占有该财物，因此该财物实际成为脱离占有物，第三人拿走该财物的行为属于脱离占有物侵占罪；两分说，认为应根据死亡时间和第三人取得财物时间之间的间隔来认定，如果第三人取得财物的时间发生在受害人死后不久，则成立盗窃罪，如果时间很久，且尸体腐败，难以辨认，则构成脱离占有物侵占罪。本书认为，当死者处于能辨认身份的状态时，应当按照盗窃罪处理；如果死者处于不能辨认身份的状态，行为人的行为属于不当得利，不构成犯罪。

4.非法占有的目的

大多数侵犯财产罪在主观上要以非法占有为构成要件的目的，如抢劫罪、诈骗罪、盗窃罪、抢夺罪、侵占罪等。不同的是，有的国家的刑法对非法占有目的作了明确规定，有的国家的刑法没有作明确规定，但理论通说和司法实践将非法占有的目的作为必要主观要件。

非法占有的目的包括为自己占有和为他人占有。但是，何谓非法占有的目的呢？刑法理论和实务中有三种观点：（1）排除权利人意思说；（2）利用·处分意思说，即具有将他人之物当作自己的财物进行利用或者处分的意思；（3）同时要

① 参见刘明祥.财产罪比较研究［M］.北京：中国政法大学出版社，2001：61.

求排除权利人意思和利用·处分意思说。[①]本书认为，在客观实践中，排除权利人权利与利用·处分是一个问题的两个方面，只有在特殊情况下，排除权利人权利与利用·处分才会出现分离。对此，要根据财产法益保护的目的，以排除权利人权利作为犯罪构造的基本类型，所以排除权利人意思说较为妥当。

二、抢劫罪

抢劫罪是指以非法占有为目的，以暴力、胁迫或其他致使被害人不能抗拒的手段，当场强行劫取公私财物的行为。

（一）抢劫罪的概念和基本构成要件

1. 主体要件

本罪是一般主体，根据《刑法》第17条的规定，已满14周岁不满16周岁的人犯抢劫罪，应当承担刑事责任。

2. 主观要件

本罪是故意犯罪，并且只有直接故意和具有非法占有公私财物的目的，才能构成本罪。即行为人不仅要认识到行为对象是属于他人的财物，而且要认识到自己采用具有暴力或者具有暴力倾向的行为或者采取使他人丧失抵抗能力的行为，另外行为人希望自己的行为能够不法占有他人的财物。但是，如果行为人为个人使用，以暴力、胁迫等手段取得家庭成员或近亲属财产的，一般不以抢劫罪定罪处罚，构成其他犯罪的，依照《刑法》的相关规定处理。当然，教唆或者伙同他人采取暴力、胁迫等手段劫取家庭成员或近亲属财产的，可以抢劫罪定罪处罚。

3. 客观要件

本罪的客观要件表现为以暴力、胁迫或者其他使受害人不能反抗的方法，当场强行劫取公私财物的行为。

抢劫的行为对象是他人的财产。有观点认为，抢劫罪的对象不包括不动产，对于实践中发生的采取暴力赶走房主、强行霸占房产的行为，可以定故意杀人罪、故意伤害罪或者故意毁坏公私财物罪，否则只能按照行政法进行处理。本书

---

① 参见山中敬一.刑法各论［M］.东京：成文堂，2004：250-251.

认为，假定行为人霸占房产的行为并不构成故意杀人罪、故意伤害罪或者故意毁坏公私财物罪时，如果仅仅依照行政法处理，是否存在纵容犯罪之嫌呢？在法律没有明确排除不动产的前提下以抢劫罪处理，是否违背了罪刑法定原则，是否不符合罪责刑相适应原则呢？基于这些考虑，本书认为抢劫罪的对象包含不动产。

抢劫是由目的行为和方法行为构成的复合行为，方法行为是排除被害人反抗的行为；目的行为是强行劫取公私财物的行为，两者紧密结合，不可或缺。抢劫罪与其他取得型的财产犯罪的区别，主要体现为客观方面的方法行为。抢劫罪的手段行为包括以下几种。

（1）暴力行为。暴力是对人身或者财物所施加的物理性强制力量。在《刑法》中，暴力行为可划分为三类：第一，广义的暴力，即非法实施物理性强制力量的所有类型（包括威胁使用暴力）。暴力的对象既可以是人，也可以是物；既可以针对被害人本人，也可以针对在场的其他人。暴力的内容包括一般的殴打、轻微伤害到最严重的故意杀人、故意伤害。如武装叛乱、暴乱罪，抗税罪，妨害公务罪，妨害作证罪等犯罪中的暴力就属于广义的暴力。广义的暴力不要求能达到抑制被害人反抗的程度。第二，狭义的暴力，即对人身施加有形物理性强制力量，而不包括对物品实施有形物理力，如强制猥亵、侮辱罪，绑架罪，拐卖妇女、儿童罪之第1款第5项绑架妇女、儿童等条文中的暴力等均属之。狭义的暴力应具有比较强的人身强制性，而且不排除造成伤害、死亡的可能性。但是，是否具有足以抑制被害人反抗的程度，并不影响对这种暴力的认定。第三，最狭义的暴力，即对人身施加的有形物理性强制力量，不包括对物品实施有形物理力。但暴力的程度有别于狭义的暴力，通常要求达到足以抑制被害人反抗的程度，但实际是否抑制被害人的反抗，则不影响犯罪的成立，如强奸罪、抢劫罪的暴力等。①

一般认为，抢劫罪的暴力是对人身实施的打击和强制，其对象一般是财物的所有人或者保管人，但是也不排除对第三人实施暴力而劫取财物的情形。如甲、乙知道受害人身上有现金，于是上前对受害人的孩子拳打脚踢，受害人怕孩子受伤，又感到自己无法抵抗两人，被迫交出现金。至于要求行为人使用的暴力达到什么样的程度，在日本刑法中没有规定，但理论上将暴行方法分为最广义的、广

① 参见林亚刚.暴力犯罪的内涵与外延［J］.现代法学，2001（6）.

义的、狭义的、最狭义的四种。判例认为，抢劫罪要求最狭义的暴行，即在客观上必须达到足以压制被害人反抗的程度。[①]俄罗斯等国刑法规定限于“足以危害他人的健康、生命的暴力”，我国台湾地区刑法规定为“足以使被害人不能反抗的程度”。本书认为，只要行为人为了非法占有财物而对被害人使用了暴力，一般就应该以抢劫罪论处，但如果根据案件发生的具体情形，符合《刑法》第13条“但书”的规定，如轻微暴力索取少量钱财，就不宜以犯罪论处。

暴力的方法包括殴打、捆绑、强行禁闭、扭抱、伤害。至于是否包括杀害行为，则存在争议。其中的关键问题是如何理解《刑法》第263条中加重情节的“抢劫致人重伤、死亡”。有的观点认为，抢劫致人死亡是指因为抢劫过失造成被害人死亡，而不包括故意杀人。如果为了占有他人财物，而使用暴力故意致人死亡，应以故意杀人罪和抢劫罪实行并罚。有的观点认为，抢劫致人死亡可以包括过失和间接故意致人死亡，但如果行为人直接故意致人死亡，应以故意杀人罪和抢劫罪实行并罚。一般观点则认为，抢劫致人死亡，既包括过失致人死亡，也包括故意致人死亡。据此，即便行为人为了占有他人财物故意将受害人当场杀害的，也应定抢劫罪一罪。本书认为，将抢劫过程中故意杀害受害人的情形作为抢劫罪的加重处罚事由并无不妥，理由是：第一，杀人行为和劫取财物的行为分别属于方法行为和目的行为，两者密不可分，如果将杀人行为和占有财物的行为作为一个犯罪的行为，这和刑法理论关于罪数的标准还是相一致的，因此可以把这种情形作为一罪处理。第二，由于方法行为和目的行为之间具有牵连关系，根据“从一重处断”原则，并不至于放纵类似犯罪情形，依旧能够符合罪责刑相适应原则的要求，因为在这种情形之下，故意杀人罪和抢劫罪的上限与下限是一样的，但作为抢劫罪的加重处罚情形，刑法规定并处财产刑，故此，以抢劫罪处罚比杀人罪处罚要重。可见，适用抢劫罪在法理上是妥当的。基于此，司法实践中一般将这种情形定为抢劫罪。如2001年5月23日《最高人民法院关于抢劫过程中故意杀人案件如何定罪问题的批复》规定：“行为人为劫取财物而预谋故意杀人，或者在劫取财物过程中，为制服被害人反抗而故意杀人的，以抢劫罪定罪处罚。”

---

① 参见大谷实.刑法讲义各论［M］.东京：成文堂，1999：214.

（2）胁迫方法。胁迫是威胁和强迫的简称。在抢劫罪中，胁迫是指为了使被害人不敢反抗，以实施暴力相威胁。胁迫的内容是暴力，胁迫的方式可以是语言的，也可以是某种动作，但是，一般来说，胁迫能够让当时的受害人感到暴力的现实性和紧迫性。认定抢劫罪的胁迫，必须注意如下两点：第一，行为人不仅实施了以暴力为内容的威胁，而且必须具有当场实施暴力的意思。即通过行为人的语言或者行动，可以表明受害人如果不满足行为人的要求，就会马上受到人身打击。第二，行为人胁迫的目的，不仅是要当场施加于被害人的人身，而且还必须具有在实施胁迫内容后当场取得财物的意思。如果行为人使用了胁迫，但不是让受害人当场交付财物，而是约定日后交付的，就不能认为构成抢劫罪，而是敲诈勒索罪。

（3）其他方法。抢劫罪的其他方法是指为了当场占有财物，而采取的暴力、胁迫之外的方法，使受害人不能抗拒或者陷入无法抗拒的状态，如用酒灌醉或者使用药物麻醉等。这种行为和前面两种行为的共同之处是使受害人处于无法抵抗的状态，不同之处是，前两种行为具有直接而明显的人身危害内容，而其他方法对人身的危害并不明显。所以国外有刑法理论将这种情形的强盗罪称为昏醉强盗罪。需要说明的是，受害人处于醉酒或者麻醉等丧失抵抗能力的状态，必须和行为人的行为具有直接的因果关系。如果受害人基于自己或者其他第三人的原因而陷入不能抵抗的状态，行为人乘机取得财物的，只能构成其他罪，而不能构成抢劫罪。

4.客体要件

本罪侵犯的是复杂客体，即公私财产所有权和他人的人身权。所谓他人的人身权，仅指其他自然人的人身权。这是由本罪的行为特征所决定的。抢劫行为主要是通过对他人的身体或者精神进行控制，进而劫取财物，所以该罪的社会危害性很大，通过其行为也反映出行为人的人身危险性比较大，所以抢劫罪历来是打击的重点。抢劫罪的犯罪对象是公私财物，但是，刑法作了特殊规定的物品，不构成（普通的）抢劫罪的对象。这些物品主要是枪支、弹药、爆炸物，或者毒害性、放射性、传染病病原体等可能危害公共安全的物品。

（二）准抢劫罪

在《刑法》中，规定了两种准抢劫罪：一是第267条第2款规定“携带凶器抢夺的，依照本法第二百六十三条的规定定罪处罚”；二是第269条规定“犯盗窃、诈骗、抢夺罪，为窝藏赃物、抗拒抓捕或者毁灭罪证而当场使用暴力或者以暴力相威胁的，依照本法第二百六十三条的规定定罪处罚”，即所谓转化型抢劫。

1.携带凶器抢夺

“携带凶器抢夺”，是指行为人随身携带枪支、爆炸物、管制刀具等国家禁止个人携带的器械进行抢夺或者为了实施犯罪而携带其他器械进行抢夺的行为。可见，该情形构成抢劫包括两个客观方面的要件：（1）行为人实施了抢夺的行为。（2）行为人在抢夺的时候携带了凶器。一般而言，行为人将随身携带凶器有意显示、能为被害人察觉到的，可以直接适用《刑法》第263条的规定定罪处罚；行为人携带凶器抢夺后，在逃跑过程中为窝藏赃物、抗拒抓捕或者毁灭罪证而当场使用暴力或者以暴力相威胁的，则应适用《刑法》第267条第2款的规定定罪处罚。不过，行为人随身携带国家禁止个人携带的器械以外的其他器械抢夺，但有证据证明该器械确实不是为实施犯罪准备的，不以抢劫罪定罪。

2.转化型抢劫

根据《刑法》的规定，转化型抢劫罪包含三个条件。

（1）前提条件，是行为人实施了盗窃、诈骗、抢夺的犯罪行为。根据《最高人民法院关于审理抢劫、抢夺刑事案件适用法律若干问题的意见》（简称《两抢意见》）的规定，行为人实施盗窃、诈骗、抢夺行为，未达到“数额较大”，为窝藏赃物、抗拒抓捕或者毁灭罪证当场使用暴力或者以暴力相威胁，情节较轻、危害不大的，一般不以犯罪论处；但具有下列情节之一的，可依照《刑法》第269条的规定，以抢劫罪定罪处罚：第一，盗窃、诈骗、抢夺接近“数额较大”标准的；第二，入户或在公共交通工具上盗窃、诈骗、抢夺后在户外或交通工具外实施上述行为的；第三，使用暴力致人轻微伤以上后果的；第四，使用凶器或以凶器相威胁的；第五，具有其他严重情节的。同时，根据2016年1月6日《最高人民法院关于审理抢劫刑事案件适用法律若干问题的指导意见》的规定，“犯盗窃、诈骗、抢夺罪”，主要是指行为人已经着手实施盗窃、诈骗、抢夺行为，一般不考察盗窃、诈骗、抢夺行为是否既遂。但是所涉财物数额明显低于“数额较大”的标准，又不具有《两抢意见》第5条所列五种情节之一的，不构成抢劫罪。

（2）客观条件，是行为人必须当场实施暴力或者以暴力相威胁。这里的“当场”，既包括行为人实施盗窃、诈骗、抢夺的现场，也包括行为人在逃离作案现场被人发现后的整个被追捕过程的现场。如果行为人作案时或者在逃离现场时没有被及时发现，而在事后、在其他地点被发现时对他人使用暴力或者以暴力相威胁的，则不存在转化为抢劫罪的问题。这里的“使用暴力或者以暴力相威胁”，是指行为人对受害人或者其他抓捕人的人身故意实施暴力行为或者以立即实施暴力行为相威胁。

（3）主观条件，是行为人实施暴力或者以暴力相威胁的目的是窝藏赃物、抗拒抓捕或者毁灭罪证。所谓窝藏赃物，是指转移、隐匿盗窃、诈骗、抢夺所得的财物，保证已经取得的赃物不被追回；所谓抗拒抓捕，是指抗拒公安机关依法对其进行的拘留、逮捕以及一般公民对其进行的扭送；所谓毁灭罪证，是指为逃避罪责，湮灭作案现场遗留的痕迹、物品以及销毁可以证明其罪行的各种证据。

（三）抢劫罪的既遂与未遂

抢劫罪是一种危及人身和财产安全的犯罪，具有严重的社会危害性，该罪也说明行为人具有严重的人身危险性，所以，《刑法》对于成立抢劫罪没有规定特定的数额。这说明，行为人只要基于故意非法占有公私财物的目的，实施了抢劫的行为，就可以构成抢劫罪。但是，这并不表明数额在确定抢劫罪成立时没有意义。一般来说，未成年人以轻微的暴力或者胁迫的方法，劫取少量财物的，可以根据《刑法》第13条的“但书”规定不以犯罪论处。此外，如果行为人基于经济纠纷，使用抢劫的方法夺取对方的财物，以抵偿债务的，由于没有不法占有他人财物的故意和目的，也不宜以抢劫罪论处。

由于抢劫罪不以特定的数额为要求，而且它是复合的行为，所以关于区分抢劫罪的既遂与未遂，在理论上有不同主张。有的学者认为，由于抢劫罪是侵犯财产的犯罪，其主要客体是财产所有权，所以界定抢劫罪既遂与未遂应以行为人是否占有财物为标准。有的学者认为，抢劫罪不仅侵犯财产权，而且侵犯人身权，人身权比财产权更为重要，所以即使行为人没有抢到财物但造成受害人伤害的，也应认为是抢劫既遂。只有既未抢到财物又未造成人身伤害的，才可以认为是抢劫未遂。有的学者认为，《刑法》第263条规定的是抢劫罪的基本构成要件，应当以行为人是否占有财物为标准。但是该条规定的八种情节，属于结果加重犯或者情节加重犯，只要抢劫行为具有其中任何一种情节，无论财物是否抢劫到手，都视为抢劫既遂。

依据有关司法解释，由于抢劫罪侵犯的是复杂客体，既侵犯了他人的财产权利又侵犯了他人的人身权利，具备劫取财物或者造成他人轻伤以上后果两者之一的，均属抢劫既遂；既未劫取财物，又未造成他人人身伤害后果的，属抢劫未遂。据此，《刑法》第263条规定的八种处罚情节中除“抢劫致人重伤、死亡的”这一结果加重情节之外，其余七种处罚情节同样存在既遂、未遂问题。其中，属于抢劫未遂的，应当根据《刑法》关于加重情节法定刑的规定，结合未遂犯的处理原则量刑。本书认同这种规定。

（四）抢劫罪的关联犯罪

1.抢夺罪

抢夺罪，是指以非法占有为目的，不使用暴力、胁迫等强制方法，公然夺取公私财物，数额较大或者多次公然夺取公私财物的行为。

本罪的基本构成要件如下：（1）主体要件，是年满16周岁、具有刑事责任能力的自然人。（2）主观要件，本罪具有抢夺的直接故意和非法占有的目的。如果行为人具有夺取他人财物的故意和行为，但没有非法占有的目的，就不能构成抢夺罪。如行为人将他人头上戴的很贵重的帽子抢过来，自己戴上，炫耀一下之后还给他人的，就不具备非法占有的目的。（3）客观要件，必须具有公然夺取财物的行为，并且夺取财物的数额必须较大，或者多次公然夺取公私财物。公然夺取的行为具备以下特征：第一，具有公开性。公开是指财物的所有人或者保管人在场，在他们有知觉的情形下实施行为，实施行为时，财物的所有人可以有防备，也可以没有事先防备，在行为人实施行为的时候有知觉即可。第二，非暴力性，行为人在实施行为时，没有对财物所有人或者保管人的人身使用暴力或者以暴力进行胁迫。如果有关当事人由于追赶或者在抢夺时摔倒，因为行为人没有伤害故意，不构成抢劫罪。行为人实施抢夺公私财物行为，构成抢夺罪，同时造成被害人重伤、死亡等后果，构成过失致人重伤罪、过失致人死亡罪等犯罪的，属于想象竞合犯，依照处罚较重的规定定罪处罚。（4）客体要件，是公私财产所有权，犯罪对象是动产，而且是有形物。

抢劫罪与抢夺罪的主要区别如下：（1）主体不同。前罪主体为14周岁以上行为人；后罪为16周岁以上行为人。（2）客观方面不同。前罪使用了暴力、胁迫或者其他方法的行为劫取他人财物；后罪主要是公然乘人不备夺取他人财物。（3）客体不同。前罪是复杂客体；后罪是单一客体。

2. 聚众哄抢罪

聚众哄抢罪，是指以非法占有为目的，聚集多人，哄抢滋扰，公然夺取公私财物，数额较大或情节严重的行为。

本罪的构成特征如下：（1）主体要件，是年满16周岁，具有刑事责任能力的自然人。由于本罪是聚众型犯罪，人数较多，所以只追究首要分子和积极参加者的刑事责任。首要分子就是指在聚众哄抢过程中起组织、领导、策划、指挥作用的犯罪分子。积极参加者是指在聚众哄抢过程中除首要分子外，起主要作用的犯罪分子。（2）主观要件，只能是直接故意，并且具有非法占有公私财物的目的。（3）客观要件，表现为聚众公然哄抢公私财物，数额较大或情节严重的行为。聚众是指聚集多人，少则数人，多则数十人，甚至成百上千人。哄抢是指公开在众人面前一哄而上，将财物夺走。在哄抢过程中，一般不对财物的所有人或者保管人使用暴力或者胁迫，否则就构成抢劫罪。聚众哄抢罪的构成，还必须要求被哄抢的公私财物数额较大，或者哄抢情节严重。（4）客体要件，是复杂客体，即公私财物所有权和正常的社会管理秩序。它主要侵犯的是财产所有权，但由于是聚众进行哄抢，行为人具有明显的公开性，而且行为多发生在火车货运站、铁路沿线、船运码头、厂矿、建筑工地、农贸市场等场所，参与人数较多，社会影响恶劣，因此在一定程度上侵害了社会管理秩序。本罪的犯罪对象是动产，主要是处于保管、运输、使用中的财物。

根据《刑法》第268条规定，犯聚众哄抢罪，数额较大或者有其他严重情节的，对首要分子和积极参加的，处3年以下有期徒刑、拘役或者管制，并处罚金；数额巨大或者有其他特别严重情节的，处3年以上10年以下有期徒刑，并处罚金。

由于司法机关没有对聚众哄抢的数额和情节作出规定，所以，有的观点认为应该借鉴《最高人民法院、最高人民检察院关于办理盗窃刑事案件适用法律若干问题的解释》的规定，认定数额较大；有的认为如果根据该解释认定数额，则犯罪数额标准偏低。本书认为，由于聚众哄抢的行为属于抢夺的一种特殊类型，所以，在刑法适用上，完全可以参照《最高人民法院、最高人民检察院关于办理抢夺刑事案件适用法律若干问题的解释》。对于聚众者，应当对所组织、策划、指挥的行为承担刑事责任，即对被哄抢的全部财物承担责任，同时以抢夺罪的“数额较大”“数额巨大”标准，作为衡量聚众者的刑事责任的情节，并不偏低；对于积极参加者，应该根据他哄抢的财物数额认定。至于“严重情节”“特别严重情节”，也可以参照该司法解释。

抢劫罪与聚众哄抢罪主要区别如下：（1）主体不同。前罪主体为14周岁以上行为人；后罪为16周岁以上行为人。（2）客观方面不同。前罪使用了暴力、胁迫或者其他方法的行为劫取他人财物；后罪主要是聚众哄抢他人财物。

3.敲诈勒索罪

敲诈勒索罪，是指以非法占有为目的，以胁迫或者要挟的方法，强索公私财物，数额较大或者多次强索公私财物的行为。

本罪的基本构成要件如下：（1）主体要件，本罪的主体是一般主体，即年满16周岁、具有刑事责任能力的人。（2）主观要件。本罪在主观方面是直接故意，且以非法占有为目的。如果不是为了非法占有，如债权人威胁债务人，要求其归还债务的，就不宜认为是敲诈勒索。（3）客观要件。本罪在客观方面表现为以威胁或者要挟的方法，向公私财物的所有人或者占有人强索财物的行为。所谓威胁，通常是向他人发出如果不满足某种要求就加害他人或者相关人的身体的信息。所谓要挟，通常是向他人发出如果不满足某种要求就披露他人的某些不愿为人所知的事情。威胁或者要挟，都是能够导致他人在精神上产生恐惧，在一定程度上压制他人的心理。至于受害人是否交付财物，并不影响本罪的成立。敲诈勒索通常表现为三种情形：其一，行为人要求被害人在指定时间或者指定地点交付财物，否则就要将威胁或者要挟的内容加以实现；其二，行为人要求受害人当场答应于日后在一定时间或者地点交付财物，否则当场实施威胁或者要挟内容；其三，行为人以日后将实施威胁或者要挟，要求受害人当场交付财物。（4）客体要件，本罪侵犯的是复杂客体，主要客体是公私财物所有权，次要客体是他人的人身权利或者其他利益。这是由本罪的特定犯罪方法所决定的。犯罪对象是公私财物，包括动产和不动产，实践中主要是敲诈钱财。以胁迫或者要挟的方法要求他人无偿提供劳务的，一般也属于敲诈勒索，只是有的观点认为这种情况属于敲诈"财产性利益"，有的观点认为这种情况不属于财产性利益，但它和具有经济价值的财物在本质上没有差别。①

敲诈勒索罪和抢劫罪都侵犯了他人的财产所有权和他人的人身权利，而且其内容都涉及暴力或者精神压制。但在暴力威胁的情形下，两者的区别比较困难。本书认为，它们的主要区别是暴力威胁及其实现的行为与财物取得的时间和场所是否同步，或者说是否在同一场所。具体而言，它们具有如下区别：第一，行为人与受害人所处的空间位置不同。抢劫罪的行为和受害人处在同一空间位置，即抢劫行为必须当着受害人的面发生；而敲诈勒索罪既可以当场发生，也可以在其他场合发生。第二，取得财物的时间不同。抢劫罪是当场取得财物，而敲诈勒索罪取得财物可以在当场，也可以在日后。

4.绑架罪

绑架罪是侵害他人人身自由权利的犯罪，抢劫罪与绑架罪的区别如下。

（1）主观方面不同。抢劫罪中，行为人一般出于非法占有他人财物的故意实施抢劫行为；绑架罪中，行为人既可能为勒索他人财物而实施绑架行为，也可能出于其他非经济目的实施绑架行为。

（2）行为手段不同。抢劫罪表现为行为人劫取财物一般应在同一时间、同一地点，具有"当场性"；绑架罪表现为行为人以杀害、伤害等方式向被绑架人的亲属或其他人或单位发出威胁，索取赎金或提出其他非法要求，劫取财物一般不具有"当场性"。

5.寻衅滋事罪

寻衅滋事罪，是指在公共场所无事生非、起哄闹事、殴打伤害无辜、肆意挑衅、随意骚扰，破坏公共秩序，情节严重的行为。

本罪的基本构成要件如下：（1）主体要件，为一般主体，即年满16周岁且具备刑事责任能力的自然人。（2）主观要件，只能由故意构成。犯寻衅滋事罪，一般处5年以下有期徒刑、拘役或者管制。（3）客观要件，表现为行为人实施了如下四种行为：一是随意殴打他人，情节恶劣；二是追逐、拦截、辱骂他人，情节

---

① 参见高铭暄，马克昌.刑法学［M］.北京：北京大学出版社，高等教育出版社，2000：527.

恶劣的；三是强拿硬要或者任意损毁、占用公私财物，情节严重的；四是在公共场所起哄闹事，造成公共场所秩序严重混乱。（4）客体要件，主要是公共秩序，公共秩序包括公共场所秩序和社会公众生活秩序，即生活中人们应当遵守的共同准则。另外，本罪还侵犯其他公民的人身权利或公私财产权利。尤其是随着互联网技术的发展，出现了网络寻衅滋事现象。网络寻衅滋事，并非规范的罪名，而是指寻衅滋事罪在网络领域的表现形式，换言之，仅仅是寻衅滋事罪的一个方面，是社会现实中的寻衅滋事行为在网络领域的延伸，其缘由是网络秩序属于公共秩序，破坏网络秩序的言行也可能对现实生活造成严重影响。①

寻衅滋事罪是严重扰乱社会秩序的犯罪，行为人实施寻衅滋事的行为时，客观上也可能表现出强拿硬要公私财物的特征。这种强拿硬要的行为与抢劫罪的区别在于以下两方面：（1）主观方面，前者行为人还具有逞强好胜和通过强拿硬要来填补其精神空虚等目的；后者行为人一般只具有非法占有他人财物的目的。（2）客观方面，前者行为人一般不以严重侵犯他人人身权利的方法强拿硬要财物；而后者行为人则以暴力、胁迫等方式作为劫取他人财物的手段。司法实践中，对于未成年人使用或威胁使用轻微暴力强抢少量财物的行为，一般不宜以抢劫罪定罪处罚。其行为符合寻衅滋事罪特征的，可以寻衅滋事罪定罪处罚。

（五）抢劫罪的罪数形态

关于抢劫罪的罪数形态，值得注意以下九点。

第一，抢劫与故意杀人，包括三种情形：（1）为劫取财物而预谋故意杀人的；（2）在劫取财物过程中，为制服被害人反抗而故意杀人；（3）实施抢劫后，为灭口而故意杀人的。前两种情形是典型的牵连犯，应从一重罪处罚，但由于立法明确将该情形作为抢劫罪的加重结果，因此应以抢劫罪定罪处罚。第三种情形不能认定为具有牵连关系，应以抢劫罪和故意杀人罪定罪，实行数罪并罚。

第二，抢劫与其他犯罪，要分不同情形处理：（1）为抢劫其他财物，劫取机动车辆当作犯罪工具或者逃跑工具使用的，被劫取机动车辆的价值计入抢劫数额；（2）为实施抢劫以外的其他犯罪劫取机动车辆的，以抢劫罪和实施的其他犯

① 参见曾粤兴.网络寻衅滋事的理解与适用［J］.河南财经政法大学学报，2014，29（2）.

罪实行数罪并罚。

第三，实施伤害、强奸等犯罪行为，在被害人未失去知觉，利用被害人不能反抗、不敢反抗的处境，临时起意劫取他人财物的，应以此前所实施的具体犯罪与抢劫罪实行数罪并罚；但是，在被害人失去知觉或者没有发觉的情形下，以及实施故意杀人犯罪行为之后，临时起意拿走他人财物的，应以此前所实施的具体犯罪与盗窃罪实行数罪并罚。

第四，冒充正在执行公务的人民警察、联防人员，以抓卖淫嫖娼、赌博等违法行为为名非法占有财物的：（1）行为人冒充正在执行公务的人民警察"抓赌"、"抓嫖"、没收赌资或者罚款的行为，构成犯罪的，以招摇撞骗罪从重处罚；但是，在实施上述行为中使用暴力或者以暴力威胁的，以抢劫罪定罪处罚。（2）行为人冒充治安联防队员"抓赌"、"抓嫖"、没收赌资或者罚款的行为，构成犯罪的，以敲诈勒索罪定罪处罚；在实施上述行为中使用暴力或者以暴力威胁的，以抢劫罪定罪处罚。

第五，以暴力、胁迫手段索取超出正常交易价钱、费用的钱财的，要考虑超出合理价钱、费用的绝对数额，还要考虑超出合理价钱、费用的比例，加以综合判断，具体从以下两个方面处罚：（1）从事正常商品买卖、交易或者劳动服务的人，以暴力、胁迫手段迫使他人交出与合理价钱、费用相差不大的钱物，情节严重的，以强迫交易罪定罪处罚；（2）以非法占有为目的，以买卖、交易、服务为幌子采用暴力、胁迫手段迫使他人交出与合理价钱、费用相差较大的钱物的，以抢劫罪定罪处刑。

第六，绑架过程中又当场劫取被害人随身携带的财物，同时触犯绑架罪和抢劫罪两罪名，应择一重罪定罪处罚。

第七，为索取债务，使用暴力、以暴力威胁等手段的，一般不以抢劫罪定罪处罚。构成故意伤害等其他犯罪的，依照《刑法》第234条等规定处罚。

第八，驾驶车辆（含机动车和非机动车）夺取他人财物的，一般以抢夺罪从重处罚。但具有下列情形之一，应当以抢劫罪定罪处罚：（1）驾驶车辆，逼挤、撞击或强行逼倒他人以排除他人反抗，乘机夺取财物的；（2）驾驶车辆强抢财物时，因被害人不放手而采取强拉硬拽方法劫取财物的；（3）行为人明知其驾驶车辆强行夺取他人财物的手段会造成他人伤亡的后果，仍然强行夺取并放任造成财物持有人轻伤以上后果的。

第九，在预防、控制突发传染病疫情等灾害期间，聚众“打砸抢”，致人伤残、死亡的，以故意伤害罪或者故意杀人罪定罪，依法从重处罚。对毁坏或者抢走公私财物的首要分子，以抢劫罪定罪，依法从重处罚。

（六）抢劫罪的处罚

根据《刑法》第263条的规定，犯抢劫罪的，处3年以上10年以下有期徒刑，并处罚金；具有加重情形的，处10年以上有期徒刑、无期徒刑或者死刑，并处罚金或者没收财产，包括以下八种情形。

1.入户抢劫的

“入户抢劫”是指，为实施抢劫行为而进入他人生活的与外界相对隔离的住所，包括封闭的院落、牧民的帐篷、渔民作为家庭生活场所的渔船、为生活租用的房屋等。认定“入户抢劫”时，应当注意以下三个问题：第一，“户”的范围。“户”在这里是指住所，其特征表现为供他人家庭生活和与外界相对隔离两个方面，前者为功能特征，后者为场所特征。一般情况下，集体宿舍、旅店宾馆、临时搭建工棚等不应认定为“户”，但在特定情况下，如果确实具有上述两个特征的，也可以认定为“户”。第二，“入户”目的的非法性。进入他人住所须以实施抢劫等犯罪为目的。抢劫行为虽然发生在户内，但行为人不以实施抢劫等犯罪为目的进入他人住所，而是在户内临时起意实施抢劫的，不属于“入户抢劫”。第三，暴力或者暴力胁迫行为必须发生在户内。入户实施盗窃被发现，行为人为窝藏赃物、抗拒抓捕或者毁灭罪证而当场使用暴力或者以暴力相威胁的，如果暴力或者暴力胁迫行为发生在户内，可以认定为“入户抢劫”；如果发生在户外，不能认定为“入户抢劫”。

2.在公共交通工具上抢劫的

“在公共交通工具上抢劫”主要是指，在从事旅客运输的各种公共汽车、大、中型出租车、火车、船只、飞机等正在运营中的机动公共交通工具上对旅客、司售、乘务人员实施的抢劫。在未运营中的大、中型公共交通工具上针对司售、乘务人员抢劫的，或者在小型出租车上抢劫的，不属于“在公共交通工具上抢劫”。

3.抢劫银行或者其他金融机构的

“抢劫银行或者其他金融机构”是指，抢劫银行或者其他金融机构的经营资金、有价证券和客户的资金等。“银行”是指人民银行和商业银行，包括外资商业银行、中外合资商业银行、外国商业银行在我国境内设立的分行、民营银行等。“其他金融机构”是指银行以外的依法从事货币资金的融通和信用的机构，如证券公司、保险公司、信托投资公司、融资租赁公司、企业集团财务公司、城市信用合作社、农村信用合作社、办理邮政储蓄与汇款业务的邮政企业等。抢劫正在使用中的银行或者其他金融机构的运钞车的，视为“抢劫银行或者其他金融机构”。

4.多次抢劫或者抢劫数额巨大的

“多次抢劫”是指抢劫三次以上。对于“多次”的认定，应以行为人实施的每一次抢劫行为均已构成犯罪为前提，综合考虑犯罪故意的产生，犯罪行为实施的时间、地点等因素，客观分析、认定。对于行为人基于一个犯意实施犯罪的情况，如在同一地点同时对在场的多人实施抢劫；或基于同一犯意在同一地点实施连续抢劫犯罪，如在同一地点连续地对途经此地的多人进行抢劫；或在一次犯罪中对一栋居民楼房中的几户居民连续实施入户抢劫，一般应认定为一次犯罪。“数额巨大”是指，行为人实际抢得的财物数额巨大。对于行为人以数额巨大的财物为抢劫目标但所抢数额客观上未达巨大标准或因意志以外的原因未能抢得财物的，应按其实际取得的财物数额从重量刑或按抢劫数额巨大的未遂犯处罚。“数额巨大”的具体标准，应按司法解释规定的标准认定。

5.抢劫致人重伤、死亡的

“抢劫致人重伤、死亡的”包括两种情况：第一，抢劫致人重伤，既包括过失致人重伤，也包括故意致人重伤，包括对身体强制、捆绑、殴打、伤害直至杀害的一系列表现形式。第二，抢劫致人死亡，包括因抢劫而过失致人死亡和因采用暴力手段排除被害人的反抗而故意杀害被害人的情形。但是，被害人在抢劫之后自杀的是否包含在此范围内值得研究。以下情况不能认为属于抢劫致人死亡：（1）行为人为谋取被害人的钱财而先将被害人杀死的，应定故意杀人罪。这种图财杀人与抢劫中的杀人有两点区别：第一，图财杀人是为了事后取得被害人财物，而抢劫杀人是在杀人当场取得财物；第二，图财杀人既可图谋动产，也可图谋不动产，而抢劫杀人一般只能侵犯动产。（2）如果行为人在抢得财物后，出于灭口、报复或者其他动机将被害人杀死的，应定杀人罪，与抢劫罪实行数罪并罚。（3）出于贪财以外的其他动机故意杀人之后，又起意占有死者的财物，应以故意杀人罪和盗窃罪实行数罪并罚。

6.冒充军警人员抢劫的

军警人员是军人和警察的总称，不包括其他执法人员或者司法人员。军人是指中国人民解放军（含中国人民武装警察部队）的现役军官、文职干部、士兵及具有军籍的学员。警察是指我国具有武装性质的国家治安行政力量，包括公安机关、国家安全机关、监狱、劳动教养管理机关的人民警察和人民法院、人民检察院的司法警察。冒充的方法包括着装、出示假证件或者口头宣称的行为向他人表明军警人员身份。冒充军警人员，既包括根本不具有军警人员身份的人冒充军警人员，也包括具有军人身份的人冒充警察、具有警察身份的人冒充军人或者具有此种军警人员身份的人冒充彼种军警人员。

7.持枪抢劫的

“持枪抢劫”是指，行为人使用枪支或者向被害人显示持有、佩带的枪支进行抢劫的行为。“枪支”的概念和范围，适用《枪支管理法》的规定。

8.抢劫军用物资或者抢险、救灾、救济物资的

“军用物资”是指除枪支、爆炸物以外的一切军用物品，如军用汽车、军用通信设备、军用医疗用品、军服、军被等。抢劫枪支、弹药、爆炸物品，应当认定构成抢劫枪支、弹药、爆炸物罪。由于《刑法》已明确规定抢劫的对象是军用物资，因而不能把警用物品也包括在内。“抢险、救灾、救济物资”是指准备用于或者即将用于或者正在用于抢险、救灾、救济的物资，包括处于保管、运输或者使用当中的物资。

三、盗窃罪

盗窃罪是指以非法占有为目的，秘密窃取公私财物，数额较大，或者多次盗窃、入户盗窃、携带凶器盗窃、扒窃的行为。

（一）盗窃罪的构成要件

1.主体要件

本罪是一般主体，即年满16周岁、具有刑事责任能力的自然人。值得注意的

是，在实践中，有些单位的成员为谋取单位利益，组织实施盗窃行为，情节严重，由于《刑法》没有单位盗窃罪的规定，因此只能依照盗窃罪的规定追究直接责任人员的刑事责任。

2. 主观要件

本罪在主观方面表现为直接故意，即明知是他人的财物或者单位所有或者保管的财物，出于非法占有的目的，实施窃取的行为。如果行为人出于错误，误认为他人的财物是自己的而取走的，由于没有非法占有的目的，所以不构成盗窃罪。

3. 客观要件

盗窃罪在客观方面表现为以秘密窃取的方法占有他人财产。盗窃罪的行为对象必须具备可支配性。除狭义的财物外，只有可支配的财产性利益才是盗窃罪的行为对象。[①]盗窃罪中的“秘密”，并非客观上的秘密状态，而是针对特定对象的主观感受而言的。所谓秘密并不是对任何人的秘密，而仅仅是针对窃取当时行为人的认识而言，即行为人自以为财产控制人或者第三人不知道或没发觉其窃取财物，即便行为人窃取财物时，财物控制人以及第三人发觉的，也不影响本罪的性质。实践中一般有以下四种情况：第一，行为人在取走财物时自认为他人没有发现其不法占有行为，而事实上他人的确没有发现，此类行为是最典型的秘密窃取行为。第二，行为人在取走财物时自以为他人没有发现其不法占有行为，而事实上他人已经发现了行为人的行为。第三，行为人在取走财物时自认为他人已经发现了其不法占有行为，而事实上他人并没有发现其不法行为。此类行为尽管他人没有发现，但已不再是秘密窃取，如果行为人没有使用暴力或以暴力相威胁，这种行为是抢夺行为，应认定抢夺罪。第四，行为人在取走财物时自认为他人发现了其不法占有行为，他人的确也发现了其不法行为。此类行为当然不是秘密窃取，如果行为人没有使用暴力或以暴力相威胁，此行为是较典型的抢夺行为，应认定抢夺罪。[②]

构成盗窃罪的客观情形包括以下五种。

---

① 参见莫洪宪，尚勇.作为盗窃罪行为对象的财产性利益分析——可支配标准的提倡［J］.法治论坛，2019（1）.

② 参见董玉庭.盗窃罪客观方面再探［J］.吉林大学社会科学学报，2001（3）.

（1）秘密窃取公私财物，数额较大。所谓秘密窃取，是指在自以为不为他人所知道的时机，或者使用不为他人所察觉的方法秘密地将财物取走。其中的他人，指的是财物的所有人或者保管人，而不包括其他与财产权利没有关联的人。据此，如果行为人实行盗窃之时，财物所有人或者保管人没有发觉，但被周围的人发觉了，也构成盗窃罪。另外，当所有人或者保管人已经发觉被盗，但是出于某种原因而没有作出反应，行为人自以为被害人没有发觉而窃取财物的，也构成盗窃罪；但是，如果行为人发觉被害人已经发觉而继续转移财物的，就要根据当时的具体情形，以抢夺罪或者抢劫罪论处。

（2）多次盗窃。“多次盗窃”一般指2年内盗窃3次以上。

（3）入户盗窃。“入户盗窃”主要是指非法进入供他人家庭生活，与外界相对隔离的住所盗窃。

（4）携带凶器盗窃。“携带凶器盗窃”是指携带枪支、爆炸物、管制刀具等国家禁止个人携带的器械盗窃，或者为了实施违法犯罪携带其他足以危害他人人身安全的器械盗窃。

（5）扒窃。“扒窃”是指在公共场所或者公共交通工具上盗窃他人随身携带的财物。

首先，盗窃罪的行为对象是他人的财物。财物是一个比较抽象的概念，在现实生活中的财物有种种表现。从历史的角度看，盗窃罪中的“财物”是一个发展的概念，它所包括的内容要随着社会的发展和人们的认识水平而变化。就其外延来看，本书认为，盗窃罪的对象不仅指动产，还包括不动产。刑法理论中对不动产能否成为盗窃罪的对象，存在两种截然不同的观点：甲（肯定）说认为，刑法上没有将公私财物限定为动产，所以不动产也可以成为盗窃的对象；[①]乙（否定）说认为，盗窃的方法决定盗窃的对象不可能是不动产，因为窃取是将他人控制的财物秘密转到行为人手中，而不动产不能移动，所以不能成为盗窃的对象。[②]但各国刑法立法规定并不一致，有些国家的刑法明文规定盗窃对象是动产，如瑞士、奥地利、意大利等国刑法；有的仅规定是他人的财物，如西班牙、日本等国

① 参见马克昌．百罪通论（下）［M］．北京：北京大学出版社，2014：734.

② 参见贾宇．刑法学（各论）［M］．北京：高等教育出版社，2019：157–158.

刑法。我国《刑法》也没有明确限定盗窃对象是动产，或包括不动产。尽管盗窃罪的犯罪对象通常是动产，但是不将不动产限制在财物之外的解释更有助于保护公私财物的所有权，如日本刑法专门有保护不动产的规定，而我国《刑法》中没有类似规定，所以盗窃罪的犯罪对象可以包含不动产。盗窃自己的财物不构成盗窃罪，但是，窃取本人已被依法扣押的财物，或者偷回本人已交付他人合法持有或保管的财物，以致他人因负赔偿责任而遭受财产损失的，应以盗窃罪论处。[①]

其次，盗窃罪的对象，不仅包括有形财物，还包括无形财物以及财产性利益。在过去，盗窃有形物很常见，但是，随着科学技术的进步和社会的发展，一些无形物，如电力、煤气、天然气等具有经济价值的物质，也可以为他人非法使用，从而给权利人的财产造成损失。比如盗打他人电话，使他人承担高额电话费用。针对这种情形，1992年12月11日最高人民法院、最高人民检察院曾作出司法解释，认为盗窃电信码号资源可以构成盗窃罪。在刑法修正时，在第265条中明确规定："以牟利为目的，盗接他人通信线路、复制他人电信码号或者明知是盗接、复制的电信设备、设施而使用的，依照本法第二百六十四条的规定定罪处罚。"此后对相关情形多次做出司法解释，如根据《最高人民法院、最高人民检察院关于办理盗窃刑事案件适用法律若干问题的解释》的相关规定，盗窃电力、燃气、自来水等财物，盗窃数量能够查实的，按照查实的数量计算盗窃数额；盗窃数量无法查实的，以盗窃前六个月月均正常用量减去盗窃后计量仪表显示的月均用量推算盗窃数额；盗窃前正常使用不足六个月的，按照正常使用期间的月均用量减去盗窃后计量仪表显示的月均用量推算盗窃数额。《最高人民法院关于审理扰乱电信市场管理秩序案件具体应用法律若干问题的解释》第7条规定："将电信卡非法充值后使用，造成电信资费损失数额较大的，依照刑法第二百六十四条的规定，以盗窃罪定罪处罚。"第8条规定："盗用他人公共信息网络上网账号、密码上网，造成他人电信资费损失数额较大的，依照刑法第二百六十四条的规定，以盗窃罪定罪处罚。"这说明，盗窃无形物的范围在扩大。所以有观点主张，将具备现实交易价值的虚拟财产纳入财

---

① 参见贾宇.刑法学（各论）[M].北京：高等教育出版社，2019：157–158.

产犯罪对象的研究视野。因为这种虚拟财产具有不可否认的经济价值性。[①]

再次，要区分盗窃亲属财物和非亲属财物的区别。亲属关系不同于一般的社会关系，因此，亲属之间的盗窃（或称亲属相盗）也和社会上的一般盗窃性质有差别。日本、瑞士、法国等国和我国台湾地区的刑法对于亲属相盗都作了特别规定，如现行1994年《法国刑法典》第311–12条规定："进行盗窃属于下列情形的，不得引起刑事追究：1.盗窃尊、卑直系亲属之财物；2.盗窃配偶之财物，但夫妻已分居或者允许分别居住之情况除外。"《日本刑法典》第244条第1项、第2项规定稍微不同的是："配偶、直系血亲或者同居的亲属之间的犯第235条之罪、第235条之二之罪[②]或者这些罪的未遂罪的，免除处罚。""前项规定的亲属以外的亲属之间，犯前项规定之罪的，告诉的才能提起公诉。"而《瑞士联邦刑法典》第139条第4项规定："盗窃亲属或者家庭成员财物的，告诉乃论。"这些外国立法例值得我们借鉴。虽然《刑法》对于亲属相盗没有予以特殊规定，但在司法实践中一般采取了区别对待的办法。

《最高人民法院、最高人民检察院关于办理盗窃刑事案件适用法律若干问题的解释》第8条规定："偷拿家庭成员或者近亲属的财物，获得谅解的，一般可不认为是犯罪；追究刑事责任的，应当酌情从宽。"这个司法解释是值得肯定的。关于"近亲属"的范围，本书认为，应当限定在不和自己生活在一起的三代以内的直系尊血亲或者卑血亲之内。"自己家的财物"是指和自己生活在一起的配偶、亲属的个人财物或者共有财物。自己的财物不能成为自己盗窃的对象，但是盗窃自己已经被依法扣押或者托人合法保管或者占有的财物，以致他人因此遭受财产损失的，应以盗窃罪论处。

最后，诸如技术成果等商业秘密等，由于刑法作了特殊规定，因此不属于盗窃罪的对象。

盗窃的行为对象具有不同的特点，因此窃取财物的表现不一样。一是对有形物，主要是将它秘密转移，或者使之脱离所有人或者保管人的控制。二是对无形物，主要是消耗和使用。消耗一般是耗费无形能源，如电力、煤气、天然气。如

---

① 参见马克昌.百罪通论（下）[M].北京：北京大学出版社，2014：741–742.

② 这两个罪名分别是盗窃罪和侵夺不动产罪。

使用可利用的电信资源，其具体情形包括：（1）偷接他人电话线，利用他人电话号码，偷打电话；（2）盗用他人移动电话号码，进行非法并机；（3）明知自己使用的电话盗接他人电话线路，或者移动电话是非法并机的伪机，而继续使用；（4）将电信卡非法充值后使用。

4. 客体要件

构成盗窃罪，不仅要求行为人实施了盗窃的行为，还必须要求特定的结果或者情节。在刑法修正之前，构成盗窃罪必须达到“数额较大”的程度，否则行为人的行为不构成盗窃。对于多次盗窃、携带凶器盗窃、入户盗窃或者扒窃等情形，虽然立法规定没有数额要求，但是实践中还是应以行为人盗窃了一定数额的财物为妥当。

（二）盗窃罪的关联犯罪

（1）盗窃、抢夺枪支、弹药、爆炸物、危险物质罪。本罪是指以非法占有为目的秘密窃取或者公然夺取枪支、弹药、爆炸物或者毒害性、放射性、传染病病原体等物质，危害公共安全的行为。

（2）盗窃、抢夺、毁灭国家机关公文、证件、印章罪。本罪是指盗窃、抢夺、毁灭国家机关公文、证件、印章的行为。

（3）盗窃、侮辱尸体罪。本罪是指窃取他人尸体或者对尸体进行侮辱的行为。

（4）盗掘古文化遗址、古墓葬罪。本罪是指违反国家文物管理法规，未经国家有关部门的批准，盗掘具有历史、艺术、科学价值的古文化遗址、古墓葬的行为。

（5）盗掘古人类化石、古脊椎动物化石罪。本罪是指未经国家批准，私自挖掘国家保护的具有科学价值的古人类化石、古脊椎动物化石的行为。

（6）盗伐林木罪。本罪是指盗伐森林或者其他林木，数量较大的行为。

（7）盗窃、抢夺武器装备、军用物资罪。本罪是指以非法占有为目的，盗窃或者抢夺武器装备、军用物资的行为。

盗窃罪与上述犯罪的主要区别是行为对象。盗窃罪是一般财物，而上述犯罪的行为对象是特殊物品。因此，判断社会危害性严重程度的要求也不相同。

（三）盗窃罪的既遂

关于盗窃罪的既遂标准，存在以下理论分歧。

观点一认为，只要行为人取得或者控制了财物，就是盗窃既遂；或者说行为人事实上占有了财物，建立了新的支配关系或新的占有。[①]

观点二认为，盗窃罪，从其内部构成来看，是由破坏他人占有之后建立新的占有而成立。仅仅令他人对财物失控即破坏他人占有，还不能成立盗窃罪；只有在控制他人的财物并建立了新的占有之后，才能说构成盗窃罪既遂。因此，认定盗窃罪既遂的标准只能是控制说而不是失控说。[②]

观点三认为，对于特定物品盗窃的既遂，有必要以造成实际损失时为既遂标准，即采取“失控+损失”标准为宜。[③]

观点四认为，对于一般财物的盗窃，以失控加控制说为标准，但对于以复印、摄录等方式窃取他人技术成果的，则以控制说为标准；对于盗窃记名的、即时可以兑现的有价凭证，应采用失控加损失说为标准；对于盗窃无形能源、电信服务的，应以损失说为标准。[④]

观点五认为，盗窃罪是结果犯，应以给公私财产所有权造成直接损害结果为构成要件齐备的标志。所有权的损害结果表现为所有人或持有人控制之下的财物因被盗窃而脱离了其实际控制，一般而言，也意味着被盗财物已被行为人控制，二者是一致的。因此，从对客体的损害着眼，以财物的所有人或持有人失去对被盗财物的控制作为既遂标准，符合盗窃罪既遂的本质特征。[⑤]

本书认为，控制说是目的说的翻版，它们均以行为人非法占有目的的实现作为犯罪既遂的标准。但犯罪既遂一般以犯罪构成要件齐备为条件，所以控制说并不妥当。盗窃罪虽然是一种取得型的财产犯罪，行为人实施盗窃的目的在于非法占有他人的财物，但是，立法规定制裁盗窃行为，主要是盗窃行为能够破坏他人对公私财物的权利，所以，盗窃应当以财物所有权或者占有权遭到实质性损害为

① 参见张明楷.刑法学（下）[M].北京：法律出版社，2021：1256.
② 参见黎宏.刑法学各论[M].北京：法律出版社，2016：324.
③ 参见林亚刚.刑法学教义（分论）[M].北京：北京大学出版社，2020：124.
④ 参见马克昌.百罪通论（下）[M].北京：北京大学出版社，2014：767-768.
⑤ 参见贾宇.刑法学（各论）[M].北京：高等教育出版社，2019：161.

标准。控制说、失控说或者失控加损失说，一般是一致的，即行为人控制了财物，就意味着被害人失去了对财物的控制。但是，在特殊情形下，受害人失去对财物的控制并不表明行为人已经控制了财物，如行为人将受害人的财物窃取之后，为了避免被人发现追踪，慌慌张张逃跑，在过河的时候，赃物掉进河里被水冲走了，此时，行为人就没有控制财物，但是受害人的财物遭到实际的损失。所以，以失控说为标准比较合理。在司法实践中一般也采取失控说，如根据有关司法解释，盗窃油气，数额巨大但尚未运离现场的，以盗窃未遂定罪处罚。另外，他人失去对财物的控制也意味着损失的发生，如窃电行为，就是在使用的过程中使他人遭受经济损失，从而意味着他人对自己财物的失控。在实践中，采用失控说，可以避免对入户盗窃、扒窃单纯依据行为方式和目的定罪的问题。

（四）盗窃罪的罪数形态

《刑法》中以秘密窃取方法实施的犯罪很多，这些犯罪和盗窃罪之间主要是特别法条和一般法条的关系，可以根据法条竞合处理。但是行为人以盗窃为目的，实施盗窃的行为，并因此触犯其他罪名的情形很多，此时，应该根据具体情形处理。

第一，行为人盗窃广播电视设施、公用电信设施价值数额不大，但是构成危害公共安全犯罪的，以破坏广播电视设施、公用电信设施罪定罪处罚。如果行为人盗窃广播电视设施、公用电信设施同时构成盗窃罪和破坏广播电视设施、公用电信设施罪的，或者盗窃使用中的电力设备，同时构成盗窃罪和破坏电力设备罪的，属于想象竞合犯的犯罪形态，应择一重罪处罚。

第二，偷开他人机动车的，按照下列规定处理：（1）偷开机动车，导致车辆丢失的，以盗窃罪定罪处罚；（2）为盗窃其他财物，偷开机动车作为犯罪工具使用后非法占有车辆，或者将车辆遗弃导致丢失的，被盗车辆的价值计入盗窃数额；（3）为实施其他犯罪，偷开机动车作为犯罪工具使用后非法占有车辆，或者将车辆遗弃导致丢失的，以盗窃罪和其他犯罪数罪并罚；将车辆送回未造成丢失的，按照其所实施的其他犯罪从重处罚。

第三，盗窃公私财物并造成财物损毁的，按照下列规定处理：（1）采用破坏性手段盗窃公私财物，造成其他财物损毁的，以盗窃罪从重处罚；同时构成盗窃罪和其他犯罪的，择一重罪从重处罚，例如，在实施盗窃油气等行为过程中，以采用切割、打孔、撬砸、拆卸手段的，或者采用开、关等手段破坏正在使用的油气设备，足以引发火灾、爆炸等危险的，行为危害到公共安全，应认定为破坏易燃易爆设备罪。（2）实施盗窃犯罪后，为掩盖罪行或者报复等，故意毁坏其他财物构成犯罪的，以盗窃罪和构成的其他犯罪数罪并罚。（3）盗窃行为未构成犯罪，但损毁财物构成其他犯罪的，以其他犯罪定罪处罚。

第四，盗窃技术成果等商业秘密的，按照侵犯商业秘密罪定罪处罚。

第五，盗窃油气或者正在使用的油气设备，构成犯罪，但未危害公共安全的，以盗窃罪定罪处罚；同时构成盗窃罪和破坏易燃易爆设备罪的，依照《刑法》处罚较重的规定定罪处罚。

（五）盗窃罪的刑事责任

第一，犯盗窃罪的处3年以下有期徒刑、拘役或者管制，并处或者单处罚金。

第二，数额巨大或者有其他严重情节的，处3年以上10年以下有期徒刑，并处罚金。判断严重情节的因素包括：（1）曾因盗窃受过刑事处罚的；（2）一年内曾因盗窃受过行政处罚的；（3）组织、控制未成年人盗窃的；（4）自然灾害、事故灾害、社会安全事件等突发事件期间，在事件发生地盗窃的；（5）盗窃残疾人、孤寡老人、丧失劳动能力人的财物的；（6）在医院盗窃病人或者其亲友财物的；（7）盗窃救灾、抢险、防汛、优抚、扶贫、移民、救济款物的；（8）因盗窃造成严重后果的。

第三，数额特别巨大或者有其他特别严重情节的，处10年以上有期徒刑、无期徒刑，并处罚金或者没收财产。

（六）被盗物品的数额计算

行为人盗窃数额的大小，是确定其行为构成犯罪与否及其处罚轻重的一个重要参考根据，因此，确定财物的数额大小，对于在司法实践中能否正确定罪与合理量刑具有十分关键的作用。财物的品类繁多，等次不一，新旧有别，这说明要合理确定财物的价值，必须有比较科学合理的方法和标准。前述2013年司法解释为科学认定财物的价值提供了详细的规定。

（1）被盗财物有有效价格证明的，根据有效价格证明认定；无有效价格证明，或者根据价格证明认定盗窃数额明显不合理的，应当按照有关规定委托估价机构估价。

（2）盗窃外币的，按照盗窃时中国外汇交易中心或者中国人民银行授权机构公布的人民币对该货币的中间价折合成人民币计算；中国外汇交易中心或者中国人民银行授权机构未公布汇率中间价的外币，按照盗窃时境内银行人民币对该货币的中间价折算成人民币，或者该货币在境内银行、国际外汇市场对美元汇率，与人民币对美元汇率中间价进行套算。

（3）盗窃电力、燃气、自来水等财物，盗窃数量能够查实的，按照查实的数量计算盗窃数额；盗窃数量无法查实的，以盗窃前六个月月均正常用量减去盗窃后计量仪表显示的月均用量推算盗窃数额；盗窃前正常使用不足六个月的，按照正常使用期间的月均用量减去盗窃后计量仪表显示的月均用量推算盗窃数额。

（4）明知是盗接他人通信线路、复制他人电信码号的电信设备、设施而使用的，按照合法用户为其支付的费用认定盗窃数额；无法直接确认的，以合法用户的电信设备、设施被盗接、复制后的月缴费额减去被盗接、复制前六个月的月均电话费推算盗窃数额；合法用户使用电信设备、设施不足六个月的，按照实际使用的月均电话费推算盗窃数额。

（5）盗接他人通信线路、复制他人电信码号出售的，按照销赃数额认定盗窃数额。

盗窃行为给失主造成的损失大于盗窃数额的，损失数额可以作为量刑情节考虑。

（6）盗窃有价支付凭证、有价证券、有价票证的，按照下列方法认定盗窃数额：①盗窃不记名、不挂失的有价支付凭证、有价证券、有价票证的，应当按票面数额和盗窃时应得的孳息、奖金或者奖品等可得收益一并计算盗窃数额；②盗窃记名的有价支付凭证、有价证券、有价票证，已经兑现的，按照兑现部分的财物价值计算盗窃数额；没有兑现，但失主无法通过挂失、补领、补办手续等方式避免损失的，按照给失主造成的实际损失计算盗窃数额。

四、诈骗罪

诈骗罪是指以非法占有为目的，用虚构事实或者隐瞒真相的方法，骗取公私财物，数额较大的行为。

（一）诈骗罪的构成要件

1. 主体要件

本罪是一般主体，即年满16周岁、具有刑事责任能力的自然人。

2. 主观要件

本罪在主观方面是行为人的直接故意，并具有非法占有的目的。即行为人明知自己要取得的财物为他人所有，同时他认识到自己的行为可能骗取对方的同意，但是希望通过自己的行为使得对方自动将财物交付或者放弃，从而加以非法占有。

非法占有的主体可以是行为人，也可以是第三人，对此并无争议。但关于非法占有的目的理解，理论上有争议：观点一认为，非法占有目的，是指排除权利人，将他人的财物作为自己的财物进行支配，并遵从财物的用途进行利用、处分的意思。①观点二认为，非法占有的目的，是明知自己通过实施诈术，使得相对人陷入错误认识处分财产，占有他人财产，并追求这一目的实现。②观点三认为，非法占有目的是排除他人对财物的占有，转归自己或第三者永久性占有和使用。③观点四认为，非法占有目的应从“永远占有他人财物的意思”加以理解，没有必要赋予其“排除权利人，将他人的物作为自己所有的物，按照其经济用途进行利用或者处分的意思”之类的额外内容。④观点五认为，非法占有为目的，是指将公私财物非法转为自己或者第三者不法所有为目的。⑤

本书认为，非法占有目的在刑法学中是指非法所有，即非法排除所有权人、合法占有人对财物的支配和使用。至于是否要遵从财物的用途进行利用，似乎无此必要。以文物为例，如果说其用途在于进行历史考证的话，那么骗取财物进行售卖就可能被认为不具有诈骗的目的。

---

① 参见张明楷.刑法学（下）[M].北京：法律出版社，2021：1248.

② 参见林亚刚.刑法学教义（分论）[M].北京：北京大学出版社，2020：129.

③ 参见马克昌.百罪通论（下）[M].北京：北京大学出版社，2014：762.

④ 参见黎宏.刑法学各论[M].北京：法律出版社，2016：293.

⑤ 参见贾宇.刑法学（各论）[M].北京：高等教育出版社，2019：150.

3. 客观要件

诈骗罪在客观方面必须具备两个要素：诈骗行为和诈骗数额较大的公私财物。诈骗行为的突出特点是骗取受害人的信任，使受害人主动将财物交付行为人或者放弃，从而加以占有。诈骗的对象可以是各类财物，包括动产和不动产。公私财产是一个包容广泛的概念，它可以表现为实物，还可以表现为货币、金银，也可以表现为财产凭证。诈骗的方法一般有两种：（1）虚构事实。所谓虚构事实是编造并非真实的事项或者故意夸大或者缩小事实真相，从而骗取财物，如编造主体身份、编造不真实的活动能力、编造某种未曾发生的事情等，如将保健品当作药品进行宣传，吸引人们购买的。（2）隐瞒真相。所谓隐瞒真相就是对已经存在的客观事实进行隐瞒，不让受害人知道，或者不让受害人完全知道，从而获得财物，如甲的父亲因为退休后回老家，由甲代领退休金，后来甲的父亲病故，但甲没有告诉单位这一事实，继续领取退休金。在司法实践中，虚构事实或者隐瞒真相的方法，一般能够使受害人陷入错误。如果行为人编造的事实明显夸张或者不合常理，根本不可能让人相信，当事人是不可能将财物交付行为人的，可以按照诈骗未遂处理。

4. 客体要件

本罪的客体是公私财产所有权。构成诈骗罪，还必须骗取数额较大的财物。但是应注意，《刑法》立法规定的诈骗犯罪十分具体，存在为数不少的特殊诈骗法条，如保险诈骗、票据诈骗、合同诈骗、信用卡诈骗、集资诈骗等。当行为人以非法占有为目的实施的诈骗行为既可以构成普通的诈骗罪，也可以构成特别类型的诈骗罪时，应当根据法条竞合的原则处理。

（二）诈骗罪的关联行为

1. 借贷行为

区别诈骗罪与非罪的关系，一是要区别诈骗罪与一般诈骗行为的区别，二是要区别诈骗罪与借贷纠纷的界限。诈骗罪与一般诈骗的主要区别是行为人骗取数额是否较大。在司法实践中，诈骗罪与借贷纠纷的界限往往不明显，有时诈骗罪具有借贷的形式；有时合法借贷具有诈骗的客观特征。其中最容易引起误解的是行为人借贷之后不归还。为了正确区分借贷和诈骗罪的关系，一般来说，首先要注意行为人的真实目的。如果行为人借贷的目的在于生活或者生产经营之用，但是由于客观原因，不能及时归还借贷，一般可考虑为不具有非法占有的目的；如果行为人为了非法占有他人财产，以借贷为名，行诈骗之实，则是诈骗。

其次要注意行为人借贷时的实际能力。根据主客观统一的原理，行为人在实行诈骗之后，即使被发现，他也不会承认自己具有诈骗的目的，这时，可以通过客观的情形揭示他的主观态度。我们应当注意以下客观事实：第一，行为人借贷时的实际归还能力。如果行为人在借贷时有还贷的可能性，即综合行为人借贷的数额、借贷时的经济状况和借贷时的计划等进行考虑，但是由于客观原因，如情况发生变化，导致借贷计划不能顺利实现等，就不宜认为是诈骗；如果行为人在借贷时，其实际经济能力和还贷能力差别明显，而且借贷计划不明确或者在当时不是很现实，那么可以考虑行为人具有诈骗的可能性。第二，行为人借贷后的实际表现。如果行为人在借贷后，将借贷资金用于借贷时的计划事宜中，一般也不宜认为是诈骗，但是，如果行为人没有将借贷资金用于借贷计划中，而是作为其他不法活动的资金，如赌博、吸毒等，则说明行为人有诈骗的可能。第三，行为人借贷时的表现。行为人借贷之际，可能也存在夸大或者缩小事实的地方，但是只要被夸大或者被缩小的事实并不是重要的事实，或者并不明显，就不宜认为是诈骗；只有被夸大的和被缩小的事实十分明显，才能认为是诈骗。第四，行为人与借贷人之间的关系。如果借贷人和行为人之间很熟悉，只要行为人没有特别明显的虚构事实或者隐瞒真相的行为，就可以认为是借贷关系；反之如果行为人虚构事实或者隐瞒真相事实明显，而借贷人并不了解，也属于诈骗。另外，如果行为人和借贷人之间并不熟悉，而行为人编造了身份，使得借贷人以为行为人和自己具有某种比较亲密的关系，这通常属于诈骗行为。第五，行为人对于不能归还财物的态度。如果行为人对不能归还的部分，采取积极的措施，争取归还，尚不宜认为是诈骗；但是如果行为人并没有归还的诚意，也没有履行归还义务的时候，可以考虑具有诈骗的意思。以上五点应当综合考虑。

2.诈骗罪与盗窃罪

在实践中，一些犯罪兼具盗窃和诈骗两种性质。司法实践中一般根据诈骗与秘密窃取作用力的大小区别。

但是在新型支付工具出现后，出现了通过偷换二维码的方式侵占他人财物的行为方式。对此，一般观点认为应作为盗窃罪定罪处罚，理由是，此类行为符合盗窃罪行为的构造，即货款被商家占有支配，偷换二维码的方式破坏了商家对货款的占有支配，货款进入被偷换的二维码账号，形成了犯罪人对货款的新的占有支配关系，整个取财过程对于货款的占有支配人（商家）而言处于秘密状态。[①]一般认为，盗窃罪和诈骗罪在手段上的不同，还体现在是否介入了被害人的中间行为，即被害人进行的财产处分，它是认定诈骗罪的关键要素。但有观点认为，盗窃罪和诈骗罪在手段上的不同，表现为被告人和被害人之间沟通交往形态上的不同。处分意识并非诈骗罪的必要要素，即便被告人没有处分财产的意识，也能认定诈骗罪。以不真实或不正当的数据输入人工智能设备，虽然不同于给自然人造成认识错误，不应以普通诈骗论处，但以“机器不能骗”为由将之笼统地认定为普通盗窃，在人工智能大量模拟人类智能乃至部分取代人类智能的当今时代，也显得有些不合时宜。在ATM机等支付设备上使用，具有欺骗的性质，可以依照相应司法解释，以信用卡诈骗罪等罪名论处；在具有管理性质的设备上使用，则通常应以普通盗窃行为论处。调换支付二维码图片，进而代替对方收取第三者（平等主体）所转让的债权的案件中，以普通盗窃罪的直接正犯论处。[②]无论何种解释，有一点是清楚的，即行为人的行为构成犯罪并受到处罚。不同的主要是解释方式和视角。本书赞同后一种理由。总体而言，解释既要符合时代变化，也要符合行为构造的本质特征。

3.其他特殊诈骗罪

《刑法》不仅在侵犯财产罪一章中规定了诈骗罪，还在破坏社会主义市场经济秩序罪一章中的第5节规定了集资诈骗罪、贷款诈骗罪、票据诈骗罪、金融凭证诈骗罪、信用证诈骗罪、信用卡诈骗罪、有价证券诈骗罪、保险诈骗罪等，在第8节规定了合同诈骗罪。这些特殊的诈骗罪和诈骗罪在侵犯财产所有权和以非法占有为目的主观方面是一致的，但是，它们和诈骗罪是特殊法条和一般法条的关系，有的是行为人手段的竞合，有的是犯罪对象的竞合。

诈骗罪和特殊诈骗罪具有如下三点区别：第一，侵犯的客体不同。诈骗罪侵

---

① 参见董玉庭，杜文辉.论偷换二维码非法侵财犯罪行为［J］.山东社会科学，2020（6）.

② 参见蔡桂生.新型支付方式下诈骗与盗窃的界限［J］.法学，2018（1）.

犯的是简单客体；而特殊诈骗罪侵犯的是复杂客体。第二，犯罪的客观表现不同。诈骗罪的方法比较广泛；而特殊诈骗罪仅限于对特殊对象使用特殊方法。第三，犯罪主体不同。诈骗罪的主体是自然人主体；而特殊诈骗罪有的可以是单位主体，如金融凭证诈骗罪、合同诈骗罪等。

4.逃付费用

逃付费用，指行为人在接受合法的有偿服务之后，逃避支付费用的行为。例如，在饭馆饮食、酒店住宿、医院就诊等之后，逃避支付餐饮费、住宿费、医疗费用。这类情形在日常生活中并不鲜见，但是在理论上却缺乏统一思考。其中，为刑法学界关注的主要是“无钱饮食、住宿”现象。鉴于这些情形之间具有联系，本书拟根据对“无钱饮食、住宿”问题进行讨论，对逃付费用行为的刑法定性提出一般的处理意见。

所谓“无钱饮食、住宿”，或称“无钱食宿”，是指行为人在饭店、旅馆有偿提供食宿的场所饮食、住宿之后，逃避支付食宿费的行为。①对此，有些国家刑法明文规定此类行为构成犯罪，如加拿大刑法规定构成“以欺诈手段获取食物、饮料或住宿罪”，英国规定为“负债潜逃罪”。但在很多国家（包括我国），刑法没有明文规定，对“无钱饮食、住宿”如何定性就发生了争议。

在我国，对“无钱饮食、住宿”问题问津者不多。有个别学者认为，行为人如果原本没有支付意思，伪装具有支付意思，骗取对方提供饮食、住宿的数额较大时，构成诈骗罪；如果原本有支付意思，但在饮食、住宿之后，采取欺骗手段逃付费用的，由于被害人并未免除行为人的债务，没有处分财产性利益的行为，所以难以认定为诈骗罪。②据此，有学者主张，因为按照诈骗罪处理会导致一些刑罚均衡性问题，所以有必要像加拿大那样予以专门立法规定。③

在日本判例上，认定无钱饮食、住宿构成诈骗罪。理论上一般根据犯意形成的时间与逃跑的方式加以分类，然后，对各个类型分别加以说明。首先，根据犯意形成的时间，分为犯意先行型和食宿先行型两类；其次，根据逃跑方式，分为

① 本书认为，“食宿”一般理解为饮食和住宿，而不是饮食或住宿，为避免此类误解，而使用“无钱饮食、住宿”。参见刘明祥.财产罪比较研究［M］.北京：中国政法大学出版社，2001：266.

② 参见张明楷.刑法学（上）［M］.北京：法律出版社，2003：779.

③ 参见刘明祥.财产罪比较研究［M］.北京：中国政法大学出版社，2001：272.

单纯逃跑型和诡计逃跑型两类。这样就结合为四种行为类型。由于犯意和行为方式上的差异，导致刑法认定上的区别：（1）犯意先行型，包括犯意先行的单纯逃跑型和犯意先行的诡计逃跑型。由于行为人隐瞒了不支付的意思这一事实真相，又积极地吃喝或者住宿，在形式上符合诈骗的要素，可构成诈骗罪。（2）食宿先行的单纯逃跑型，如行为人在酒店吃饭后，发现没有带钱而乘机逃跑，这属于窃取利益的行为，因为刑法对窃取利益的行为没有处罚规定，所以不可罚。（3）食宿先行的诡计逃跑型，如行为人在酒店吃饭后发现没有带钱，就借口去借钱而逃走；或者借口送朋友后回来付款而逃跑。前一种情形存在经营者暂缓支付的意思表示，说明被害人做出了有意识的处分行为，构成诈骗罪并无很大争议。但后一种情形涉及在诈骗罪中是否要求受害人的处分意思，如果不要求处分意思，那么不影响诈骗罪的成立；如果要求处分意思，那么行为人行为的性质是盗窃利益，属于刑法无处罚规定的行为，不可罚。当然，如果将这种情形理解为暂缓支付的意思，行为人也构成诈骗罪。①

在上述中日学者的观点中，都强调诈骗罪两个基本构成条件之间的关联性，即受害人交付的行为和交付意思，且交付行为发生于交付意思之后。有一种观点认为，诈骗的交付行为是基于受害人的意思，自由决定交付财产；交付意思是被害人认识到自己的行为是把某种财产转移给对方占有，而根据自己的“自由”意思做出此种决定。②还有一种观点也认为，成立诈骗罪要求对方陷入错误认识之后交付财产。③基于这种认识，在逃付费用的场合，由于行为人的意思可能形成于受害人交付财物之后，自然可以得出否定性结论。

可是，本书认为，在纯事实性评价上，论者的观点虽然有一定的根据，但是法律评价不仅是事实评价，而且是规范评价，所以，一个客观事实和法律事实之间的指称关系是不能简单经由事实分析来完成的。基于以下一些情由，应当且可能将不支付数额较大的费用当作诈骗罪论处：第一，在无钱饮食、住宿的场合，行为人恶意逃避支付费用的行为，明显违背了餐饮业的交易习惯与规则（具有行为规范的违反性）且违背了受害人的意思，侵犯了受害人的利益，当其数额较大

① 参见刘明祥.财产罪比较研究［M］.北京：中国政法大学出版社，2001：266–271.

② 参见刘明祥.财产罪比较研究［M］.北京：中国政法大学出版社，2001：224–231.

③ 参见张明楷.刑法学（上）［M］.北京：法律出版社，2003：776.

时，也就具备了和诈骗犯罪相同的社会危害性，需要对行为人加以刑罚制裁。否则，不仅受害人的利益遭到直接侵犯，而且如后将述，我们的正常社会生活秩序也将发生严重混乱。第二，诈骗行为表现为虚构事实、隐瞒真相，目的在于非法占有他人财产。而无钱饮食、住宿行为最终使受害人遭受财产损失，除了“食宿先行的单纯逃跑型”之外，行为人都明显虚构了某种事实或者隐瞒了真相，而且行为和非法占有他人财物的结果之间也存在合理联系。第三，在饮食和住宿场合，可推定为受害人的交付意思在前，而交付行为在后。在日常生活中，消费者到饭馆饮食、到酒店住宿，可能经营者要求消费者先付费后消费；更多的则是消费者先消费后付费。第一种情形自然不会发生“白吃白喝白住”的纠纷，但是这种结算方式不利于经济发展，而且在很多场合必然导致严重社会问题，例如患者被紧急送往医院，很可能没有随身携带充足费用，那么医院是不是就可以拒绝救护呢？答案显然是否定的。所以经营者会拟定消费者在消费之后会付款，这就成为经营者向消费者提供服务的前提，它也构成交付意思的一部分。由此也可认为经营者的交付行为发生在交付意思之后。

另外从诈骗罪的本质上看，交付的意思是否必须发生在交付行为之前，是一个值得商讨的命题。诈骗罪中最根本之处是，行为人骗取了受害人的信任，从而获得了不正当的财物或者利益。因此，即便行为人基于受骗者的错误认识方式占有了受害人的财物或者接受了财产性利益，但是通过虚构事实、隐瞒真相的方法，使受害人误信为行为人不能提供等价付费，从而主动或者被动放弃追偿行为人，进而非法占有该财物或者财产性利益的，也属于诈骗，即受害人的交付意思可以发生于交付行为发生之后。

综上所述，本书认为除了所谓的“食宿先行的单纯逃跑型”情形之外，[①]在饮食或者住宿后不付费的，都可构成诈骗罪。基于同样理由，行为人在接受其他服务之后虚构事实、隐瞒真相从而逃避付费的行为，也可构成诈骗罪。

5.诉讼诈骗

诉讼诈骗，一般指行为人以提起民事诉讼为手段，提供伪造的或虚假的证据

① 本书认为，这种情形和恶意逃避债务一样，可以根据侵占罪论处，这样就可避免因这样的情形不受处罚而可能形成的罪刑不均衡现象。

材料，致使法院作出错误判决，并强令民事被告向行为人支付财物或财产性利益的情形。诉讼诈骗是否构成犯罪，过去主要有两种见解：一是否定论，认为诉讼诈骗不构成诈骗罪；二是肯定论，认为诉讼诈骗可构成诈骗罪，这是日本刑法理论的通说，近年来也获得了我国一些学者的赞同。

否定论至少有三种，其各自理由有所差别。甲种否定论的理由是：第一，诉讼诈骗主要是一种破坏司法正常活动的行为；第二，诉讼诈骗构成的应当是行为犯，而不是结果犯，可是诈骗罪是结果犯；第三，诉讼诈骗有别于“三角诈骗”；第四，将诉讼诈骗认定为诈骗罪将导致诸多问题。[①]乙种否定论的理由是：第一，诉讼诈骗是直接针对法院而不是针对被害人实施的诈骗，财产不是由被害人直接交付行为人，而且交付财产也不是出于自愿，被害人对于自己的被骗心知肚明；第二，在行为人诉讼诈骗成功时，根据我国赔偿法，司法机关应承担赔偿义务，如果否认司法机关可以成为诉讼诈骗行为的对象，那么司法机关也应该没有相应的赔偿义务，这将间接免除司法机关的责任。[②]丙种否定论的理由是：第一，行为人没有实施诈骗行为，特别是民事诉讼中采取形式真实主义，而不问法院是否陷入错误；第二，被诈骗者没有交付财产，财产交付是基于强制执行的方法在违背被告人意思的情况下被夺走的。[③]值得注意的是，否定论在我国获得了司法机关的支持。《最高人民检察院法律政策研究室关于通过伪造证据骗取法院民事裁判占有他人财物的行为如何适用法律问题的答复》规定：以非法占有为目的，通过伪造证据骗取法院民事裁判，占有他人财物的行为，所侵害的主要是人民法院正常的审判活动，可以由人民法院依照民事诉讼法的有关规定作出处理，不宜以诈骗罪追究行为人的刑事责任。此后的立法增设了虚假诉讼罪，根据《刑法》第307条之一规定，虚假诉讼罪是指以捏造的事实提起民事诉讼，妨害司法秩序或者严重侵害他人合法权益的行为。可以说虚假诉讼就是诉讼诈骗的方式。就该罪的地位和第1款的内容看，立法似乎也支持否定论。但是，同条第3款规定：“有第一款行为，非法占有他人财产或者逃避合法债务，又构成其他犯罪的，依照处

① 参见董玉庭.论诉讼诈骗及其刑法评价［J］.中国法学，2004（2）.

② 参见于改之，赵慧.诉讼诈骗行为性质之认定——武汉大学法学院刑法学专业博士研究生座谈纪要［J］.法学评论，2005（1）.

③ 参见刘明祥.财产罪比较研究［M］.北京：中国政法大学出版社，2001：252.

罚较重的规定定罪从重处罚。”这又在一定意义上支持了肯定说。

肯定论也至少有三种，各自理由也不尽一致。甲种肯定论的理由是：第一，没有证据表明民事诉讼中采取形式真实主义，法官对事实产生错误是可能的；第二，强制执行时的财物交付应与任意交付等同对待。[①]乙种肯定论的理由是：第一，行为人具有诈骗故意；第二，判例上有肯定诉讼诈骗构成诈骗罪的先例。[②]丙种肯定论的理由是：第一，认为被害人虽然没有陷于错误，但出于对法律的忠诚也应该服从法律，应当与陷于错误同等对待，在被害人交付财物或者财物被强制执行时，对法院裁判的履行可以看作被害人的自愿处分行为或者准自愿处分行为；第二，对《刑法》关于诈骗罪理论进行重新解构，认为诈骗罪的行为结构表现为：行为人实施欺诈行为—使他人陷于错误—作出财物处分（被骗者和处分者必须同一）—被害人财物受损（处分者和被害人不要求同一）—得利（行为人与得利人不要求同一）。也就是说，在诈骗罪的构成中，不要求被骗者、处分者和被害人同一，只要被骗者具有处分他人财物的事实上的权限或者地位就够了。[③]

就甲种否定论而言，认为诉讼诈骗侵害了国家司法权威并非没有道理。但通过类似牵连行为犯罪的，行为人的目的行为主要构成诈骗罪，手段行为通常不构成犯罪。即使假定手段行为可能被《刑法》立法处罚，可是依据现行《刑法》规定，手段行为所触犯的妨害司法罪的最高刑为7年有期徒刑，远远低于诈骗罪的最高刑（无期徒刑），因此也不能避免诈骗罪的适用。由此可见，它最终也和该罪是行为犯或结果犯没有必然关联。就乙种否定论而言，考虑到国家赔偿法有一定独到之处，但是没有注意到国家赔偿责任和行为人责任的性质差异，没有注意到国家赔偿责任并不排斥行为人责任。例如，诬告陷害使他人受到刑罚处罚的，国家有责任对受害人赔偿，但是《刑法》还是要追究行为人的刑事责任。在诉讼诈骗中，即便认为民事被告由于国家赔偿没有遭受财产损失，也要看到国家财产基于此遭受损失。所以这种理由不具有说服力。就丙种否定论

① 参见刘明祥.财产罪比较研究［M］.北京：中国政法大学出版社，2001：252–254.

② 参见于改之，周玉华.诉讼诈骗行为的定性及相关问题探究——从诈骗罪之行为结构的考察出发［J］.法商研究，2005（4）.

③ 参见于改之，赵慧.诉讼诈骗行为性质之认定——武汉大学法学院刑法学专业博士研究生座谈纪要［J］.法学评论，2005（1）.

而言，它以民事诉讼采取的是形式真实主义为前提，不问法官发生错误的情由，这是现代法理所不能接受的，在我国更是不可取，因为它至少违背了我国司法机关“以事实为根据，以法律为准绳”这一原则要求。虽然在我国有否定性司法答复，但是，“这一答复完全忽视了诉讼诈骗行为对被害人财产的侵害，也误解了诈骗罪的构造，值得商榷”①。

诉讼诈骗能否构成诈骗罪，显然不能仅仅依靠行为人是否具有诈骗的目的、是否有司法裁判先例作为立论基点，在论证中要考虑到惩治诉讼诈骗的正当性和以诈骗罪处罚诉讼诈骗的形式合目的性。就正当性而言，需要注意的问题是，如果在刑法中基于诈骗者和受害者必须一致的要求，不处罚诉讼诈骗，将造成诸多重大社会问题和刑法问题。例如，行为人通过诉讼进行诈骗却不构成犯罪，那么诉讼诈骗就基本上没有任何成本，而且行为人实现不法占有他人财物的可能性并非不存在，该可能性也不小。这种可能性必将纵容一些人为了“规避”诈骗罪风险，而采用这种基本上不具备法律风险的行径去进行诈骗活动。至于该行径对于其他公民的财产利益、正常社会生活，对于国家司法正常秩序乃至对共同体所必要的基本社会伦理造成严重影响，是非常明显的。由此存在的社会风险和道德风险是现行《刑法》必须正视并且积极回应的问题。

就形式合目的性而言，关键在于，诈骗罪的规范保护范围是否排除以诉讼手段达到诈骗目的的行为方式。首先，从《刑法》规定的字面含义看，考虑到诈骗的实质是通过欺骗行为非法获得他人财产，那么诈骗者是为了自己还是为了第三人占有他人财产，占有者占有的是受骗者本人财产还是通过受骗者占有受骗者之外的第三人财产，都包含在诈骗之中。诉讼诈骗是一个较为典型的三角诈骗。②欺骗行为的被欺骗者（法院）和被害人（民事被告）不是同一人，在《刑法》规定的字面含义中似乎没有将这种情形排除在外。其次，结合三种否定论以及肯定论中的积极观点，可看到在形式合目的性中关键性的分歧是，诈骗罪是否要求受骗者和受害人必须同一。这个问题可能需要从两个层面上回答：第一法律根据，在我国肯定受骗者和受害人不一致是有立法依据的，如冒用他人信用卡构成信用

① 张明楷.刑法学（上）[M].北京：法律出版社，2003：778.

② 参见大谷实.刑法讲义各论[M].东京：成文堂，1999：244.

卡诈骗罪；第二现实根据，在一般社会观念中，诈骗财物并不限于受害人和受骗人是同一的，为了保护公民合法财产权，维护社会诚信这一基本伦理规范，也没有理由认为诈骗的受害人就是受骗人。因此，肯定诈骗罪中受害人和受骗人可不同一的论点是可取的。

据此，本书认为，有必要且完全可以将诉讼诈骗分解为手段行为与目的行为。在行为人仅仅实现了手段行为的时候，构成虚假诉讼罪；但在行为人的目的实现时，还可以构成诈骗罪或者其他犯罪。

五、侵占罪

侵占罪，是指以非法占有为目的，将代为保管的他人财物或者他人的遗忘物、埋藏物非法占为己有，数额较大，拒不退还或者拒不交出的行为。

（一）侵占罪的构成要件

1. 主体要件

侵占罪的主体为一般主体，即年满16周岁、具有刑事责任能力的自然人。

2. 主观要件

侵占罪的主观要件是故意，并且有非法占有的目的。但是非法占有目的形成于以合法方式控制财物之后。

3. 客观要件

侵占罪的行为对象是他人所有的财物，可以是动产，也可以是不动产；可以是有体物，也可以是无体物，如天然气、煤气、电力等。他人所有的财物包括：代为保管的他人财物、他人的遗忘物、他人的埋藏物。

（1）代为保管的他人财物。代为保管的他人财物，是指自己基于合法原因占有、但为他人所有的财物。他人的财物可以是其他个人所有财物，也可以是单位或者国家所有的财物。如果财物原来为自己所有，但由于某种原因被公务机关命令其保管的，这种情况在《日本刑法典》第252条第2项中，也可以作为侵占罪的他人财物。但是在我国，由于《刑法》第314条规定“隐瞒、转移、变卖、故意毁损已被司法机关查封、扣押、冻结的财产，情节严重的”，应当根据非法处置查封、扣押、冻结的财产罪定罪处罚。

（2）他人的遗忘物。目前理论上对其界限有争议。甲观点认为，要将遗忘物与遗失物相区别。遗忘物是指本应携带因遗忘而没有带走的财物，一般又认为是刚刚遗忘的财物，失主一般会很快回想起来回去寻找，捡拾人一般也知道失主，如自己的顾客，如外出“打的”遗忘在出租车中的财物，在商场购物遗忘在柜台上的财物等。遗失物是失主丢失的财物，一般离开失主的时间相对较长，失主并不一定知道在哪里，而且拾到的人不知也难以找到财物的主人。乙观点认为，遗忘物，又称为遗失物，是指非出于占有人或所有人之本意，偶然失去其占有的动产，它的条件是：第一，丧失必须不是出于占有人或所有人之本意；第二，必须是偶然丧失。本书认为，应当区别遗忘物和遗失物。《民法典》第314条规定：“拾得遗失物，应当返还权利人。拾得人应当及时通知权利人领取，或者送交公安等有关部门。”所以，对于遗失物的占有，属于民法调整的对象。而在刑法立法中，也应注意到两个概念的差别，如《刑法草案》第149条规定：“侵占遗失的公共财物或者公民财物的，处训诫或者一百元以下罚金。”在修订刑法的过程中，也曾有关于侵占遗失物犯罪的规定，如《刑法修改稿》第5章侵犯财产罪第7条第2款规定：“侵占埋藏物、漂流物或者遗失物，数额较大的，依照前款的规定处罚。”而在以后的刑法修改草稿中，却再也没有“遗失物”的字样，而统一使用“遗忘物”。至于如何区别遗忘物和遗失物，一要结合物品遗失的时间长短，二要结合物品遗失的场所。遗忘物，是持有人因疏忽未带走而遗留在他人能有效管理的场所的物品。遗失物，是不慎丢失在无人管理的场所或者有许多人进出，管理人不能有效控制的公共场所的财物。①

（3）他人的埋藏物。关于他人埋藏物的界限也有争议。有的观点认为，他人的埋藏物是指埋藏于地下的所有人不明的财物。这些财物依照《民法通则》第79条之规定，归国家所有。有的观点认为，是指埋在地下的财物，如埋在院子中或者坟墓中的钱财、珍宝等。这里要将埋藏物与文物区别开来，地下出土的文物，年代久远，一般属于国家所有。我们认为，埋藏物可以是国家所有的，也可以是个人所有的。根据《民法典》第319条规定：“拾得漂流物、发现埋藏物或者隐藏物的，参照适用拾得遗失物的有关规定。法律另有规定的，依照其规定。”但

---

① 参见刘明祥.财产罪比较研究［M］.北京：中国政法大学出版社，2001：380.

是应当注意，刑法中并没有规定埋藏物必须是不明所有的埋藏物，如果埋藏物属于个人所有，也可以侵占，如所有人将祖传的金银财宝埋藏在山上，行为人偶然在山上挖药材发现而占有，就可以构成侵占罪。由于法律对古文物、古墓葬有特别法律规定，如果行为人在取得财物之前，具有非法盗掘的意思，应该构成盗窃罪或者盗掘古墓葬罪。另外，如果行为人明知埋藏物为某人所有，继而加以挖掘和占有的，则构成盗窃罪或者其他犯罪。

侵占罪在立法上表现为两种情形：第一，行为人将代为保管的他人财物非法占为己有，数额较大，拒不退还。它的条件如下：其一，行为人侵占的前提条件是合法占有他人的财物。行为人对财物的占有是基于民事上的保管关系，如委托关系、租赁关系、无因管理、借用关系、担保关系、赠与关系等。其二，行为人拒不退还财物，即行为人在财物的所有人要求取得财物的时候，以财物消极的方式不归还财物，如对权利人的要求置之不理、软磨硬泡、远走他乡等，其目的就是要最终将财物归为己有。其三，侵占财物数额较大。如果数额较小，不能构成侵占罪。第二，行为人将他人的遗忘物或者埋藏物非法占为己有，数额较大，拒不交出。

（二）侵占罪与职务侵占罪

职务侵占罪，是指公司、企业或者其他单位的人员，利用职务上的便利，将本单位财物非法占为己有，数额较大的行为。

1.职务侵占罪的构成特征

本罪是特殊主体，即仅限于公司、企业或者其他单位的人员。公司是依照公司法，经过国家主管机关批准设立的各种有限责任公司和股份有限公司。企业是依照我国企业登记法规，经过国家主管机关批准设立的，以营利为目的的各种经济组织。其他单位，是指公司、企业之外的其他组织，如农村的村民委员会、城镇的居民委员会、医院、学校、文艺单位等。

由于贪污罪和职务侵占罪在客观方面的要件极其相近，一般认为两者的区别主要是犯罪的主体，那么，国有公司、企业以及其他国有单位的人员能否单独构成职务侵占罪呢？这在理论上有争议。否定的观点认为，国有公司、企业或者国有单位中从事公务的人员和国有公司、企业或者其他国有单位委派到非国有公司、企业或者国有单位中从事公务的人员，有前款行为的，应依据《刑法》第382条、第383条的规定，以贪污罪定罪处罚。肯定的观点认为，国有公司、企业以及其他国有单位中从事公务的国家工作人员不能成为职务侵占罪的主体，但不能认为，国有公司非从事公务的人员都不能成为职务侵占的主体。例如国有商场的售货员，由于从事的是服务性的劳务，不是带有管理性的公务，可以成为职务侵占罪的主体。[①]这个问题在实践中还有待进一步讨论。本书认为，我国特别设立贪污罪的目的在于对国有资产的特别保护和对国家工作人员廉洁性的要求，所以，对国有公司、企业或者其他国有单位的人员，侵占国有资产的定性，要结合行为人是否具有从事公务的性质，结合其管理、经营国有资产的权力区别对待。如果行为人具有管理、经营国有资产的权力，而利用该权力侵占的，则是贪污罪；反之，如果行为人没有管理、经营的权力，则不构成贪污罪，而是职务侵占罪。

需要说明的是，根据《刑法》第382条第2款的规定，受国家机关、国有公司、企业、事业单位、人民团体委托管理、经营国有资产的非国家工作人员，如果利用职务上的便利，侵吞、窃取、骗取或者以其他手段非法占有国有财物的，属于贪污行为。《最高人民法院关于审理贪污、职务侵占案件如何认定共同犯罪几个问题的解释》，对于国家工作人员和非国家工作人员共同侵占财物犯罪的定罪，作出了比较明确的规定。根据该解释，如果行为人与国家工作人员勾结，利用国家工作人员的职务便利，共同侵吞、窃取、骗取或者以其他手段非法占有公共财物的，以贪污罪共犯论处；如果行为人与公司、企业或者其他单位的人员勾结，利用公司、企业或者其他单位人员的职务便利，共同将该单位财物非法占为己有，数额较大的，以职务侵占罪共犯论处；如果公司、企业或者其他单位中，不具有国家工作人员身份的人与国家工作人员勾结，分别利用各自的职务便利，共同将本单位财物非法占为己有的，按照主犯的犯罪性质定罪。

在股份公司中，由于国家只参股或者控股，单位财物究竟属于国有资产还是非国有资产，其认定需要格外严谨。根据《最高人民法院关于在国有资本控股、参股的股份有限公司中从事管理工作的人员利用职务便利非法占有本公司财

① 参见高铭暄，马克昌.刑法学［M］.北京：北京大学出版社，高等教育出版社，2000：524.

物如何定罪问题的批复》，在国有资本控股、参股的股份有限公司中从事管理工作的人员，除受国家机关、国有公司、企业、事业单位委派从事公务的以外，不属于国家工作人员。对其利用职务上的便利，将本单位财物非法占为己有，数额较大的，应当依照《刑法》第271条第1款的规定，以职务侵占罪定罪处罚。反之，如果受国家机关、国有公司、企业、事业单位委派，在股份公司从事公务的人员，属于国家工作人员，其侵占股份公司财物的行为，以贪污罪定罪处罚。

本罪在主观方面表现为直接故意，并且具有非法占有的目的。

本罪在客观上表现为公司、企业或者其他单位的人员，利用职务上的便利，将本单位的财物非法占为己有，达到较大数额。"利用职务上的便利"，是指利用自己主管、管理或者经手本单位财物的便利条件。所谓主管，是指对单位财物有调拨、安排、使用、决定的权力。所谓经手，是指因工作需要手里把持、掌管、实际控制单位的财物。所谓管理，是指具有决定、办理、处置某一事务的权力并由此权力而对人事、财政产生制约、左右和影响。但是，如果行为人只利用在本单位工作形成的便利条件，如对工作环境的熟悉、对其他劳务者的熟识、有接触单位财物的机会等条件，而窃取单位财物的，应认定为盗窃罪。非法占为己有的行为包括：（1）侵吞，即行为人利用职务之便，将合法管理、使用、经手的单位财物该上缴而不上缴，占为己有或转给他人；（2）窃取，即行为人利用职务之便，秘密将自己管理、使用、经手的单位财物占为己有；（3）骗取，即行为人利用职务之便，使用欺骗的手段，如造假账、伪造、涂改单据、虚报冒领差旅费等，将自己管理、使用、经手的单位财物占为己有；（4）其他方法，指上述三种常见方法之外的方法，如私自将回扣占为己有、巧立名目私分单位财物等。

本罪侵犯的是复杂客体，一是公司、企业或者单位的财物所有权，二是从业人员基于职务或者业务身份对所在公司、企业或单位的诚信关系。因为在公司、企业或者其他单位担任一定职务或从事一定业务，是根据单位和行为人之间在民事上的诚信关系而产生的，如果没有这种信任关系，社会的劳动关系不能正常进行，社会有序的发展是难以想象的，所以，对于严重破坏这种诚信关系的行为，有必要加以特别的惩罚。犯罪的对象，是单位的各种财物，包括有形物和无形物，包括单位所有的财物和单位保管、使用或者管理的私人财物。行为人侵占的财物数额要达到较大程度。

2. 职务侵占罪与侵占罪的区别

职务侵占罪和侵占罪都要求具有非法占有的目的，并且要求具有侵占的行为，但是，两者的不同是：第一，前罪侵犯的是单位的财物，后罪侵犯的是代为保管的他人财物、遗忘物、埋藏物。第二，前罪只能利用职务之便实施，后罪的实行与职务没有关系，只要行为人将基于一定事实占有的财物占为已有，拒不交出。第三，前罪是特殊主体，后罪是一般主体。

（三）窃取委托保管的箱包内物品的定性

关于窃取委托保管的箱包内物品的定性，有两种观点。观点一认为，受委托保管的箱包由受托人占有，但其内的物品依然由委托人占有，据此，受托人将内容物转移给自己占有的，当然成立盗窃罪。[①]观点二认为，包装物之内的内容即财物为委托人占有，而包装物本身则为受托人单独占有。在受托人侵占包装物整体的时候，就是对作为内容的财物的盗窃和对包装物的侵占，后者为前者所吸收，二者之间成立想象竞合的关系。[②]

可见上述两种观点基本上是一致的。但本书认为，当委托人将财物交由他人保管的时候，或多或少是基于信任关系。虽然委托人将财物封缄起来，但并不能由此将包装物和内在的物品人为分割，则有反主为次之嫌。委托人交给受托人保管封缄物品是主物，包装物是从属物，二者是一体的。因此，窃取委托保管的箱包内的物品的行为，应被认定为侵占罪。

六、挪用资金罪

挪用资金罪，是指公司、企业或者其他单位的人员，利用职务上的便利，挪用本单位资金归个人使用或者借贷给他人，数额较大、超过3个月未还的，或者虽未超过3个月，但数额较大、进行营利活动的，或者进行非法活动的行为。

---

① 参见张明楷.刑法学（下）[M].北京：法律出版社，2021：1234-1235.

② 参见黎宏.刑法学各论[M].北京：法律出版社，2016：317.

（一）挪用资金罪的构成要件

1. 主体要件

本罪为特殊主体，即公司、企业或其他单位经手、管理、主管本单位资金的工作人员。但如果是国有公司、企业或者其他国有单位中从事公务的人员挪用国有公司、企业或者其他国有单位资金和国有公司、企业或者其他国有单位委派到非国有公司、企业或者其他国有单位中从事公务的人员，挪用所委派到的单位的资金的，以挪用公款罪定罪处罚。另外，根据《最高人民法院关于对受委托管理、经营国有财产人员挪用国有资金行为如何定罪问题的批复》，对于受国家机关、国有公司、企业、事业单位、人民团体委托，管理、经营国有财产的非国家工作人员，利用职务上的便利，挪用国有资金归个人使用构成犯罪的，应当依照挪用资金罪定罪处罚。

2. 主观要件

本罪为故意犯罪，即明知是本单位资金，为了本人或者他人的使用，擅自挪用，但准备日后归还，不具有永久占有的目的。

3. 客观要件

本罪在客观方面表现为公司、企业或其他单位的工作人员，利用职务上的便利，挪用本单位的资金归个人使用或者借贷给他人使用。挪用的对象是本单位的资金。资金，是指国民经济各部门中财产物资的货币表现，包括财政资金、信贷资金、建设资金、生产经营资金和其他资金，等等。

根据《最高人民法院关于如何理解刑法第二百七十二条规定的“挪用本单位资金归个人使用或者借贷给他人”问题的批复》，公司、企业或者其他单位的非国家工作人员，利用职务上的便利，挪用本单位资金归本人或者其他自然人使用，或者挪用人以个人名义将所挪用的资金借给其他自然人和单位，构成犯罪的，以挪用资金罪定罪处罚。挪用，是指行为人未经单位领导批准或许可而擅自将本单位资金归本人或者他人使用。利用职务上的便利，是指利用自己主管、经营或者经手本单位资金的便利条件，如出纳人员利用自己经手资金的条件等。不利用职务之便，是不可能挪用单位资金的，也无法构成挪用资金罪。挪用资金罪较挪用公款罪的社会危害性小，所以对挪用资金罪的入罪条件应比挪用公款罪严格，结合挪用公款罪的立法解释，以个人名义挪用资金给其他单位使用，如果行为人谋取个人利益的，也应该属于挪用资金借贷给他人。根据挪用资金的用途，《刑法》规定的挪用资金罪有三种形式：（1）挪用单位资金进行非法活动。非法活动包括一切为法律所禁止的一般违法行为和犯罪行为，如走私、贩卖毒品、赌博、嫖娼以及从事其他犯罪活动等。这种挪用资金行为构成犯罪，刑法上没有规定挪用时间和挪用数额的限制。但是根据《最高人民法院、最高人民检察院关于办理贪污贿赂刑事案件适用法律若干问题的解释》第11条第2款的规定，挪用资金罪中的"进行非法活动"情形的数额起点，按照关于挪用公款罪"进行非法活动"的数额标准规定的二倍执行，即为6万元以上。（2）挪用本单位资金，数额较大，进行营利活动的。这里的营利活动，本身是合法的谋取利润的行为，如经商、炒股以及其他投资，如果营利活动本身是非法的，如以营利为目的，播放淫秽影像制品的，属于前种行为。对于这种情形的挪用行为，没有挪用时间上的限制，但是，必须达到"数额较大"。根据上述司法解释，此数额较大，是指10万元以上。（3）挪用本单位资金，数额较大，超过3个月未还的，这种情形的挪用用途，是指从事前述非法活动和营利活动之外的活动，如旅游、偿还债务、购买生活用品等。这种挪用行为构成犯罪，必须符合两个条件：第一，挪用资金数额较大；第二，挪用时间超过3个月以上未还。即行为人如果挪用数额不到10万元，或者挪用时间超过3个月，但是在案发之前已经归还的，不构成犯罪，可根据财经纪律处理。

4.客体要件

本罪的客体是公司、企业或其他单位对财产的占有权、使用权和收益权，而不包括处分权。

（二）挪用资金罪的关联犯罪

1.挪用特定款物罪

挪用特定款物罪，是指违反国家财经管理制度，挪用用于救灾、抢险、防汛、优抚、扶贫、移民、救济款物，情节严重，致使国家和人民群众利益遭受重大损害的行为。

挪用特定款物罪的主体是经手、管理上述特定款物的工作人员，既包括国家工作人员，也包括集体经济组织和其他单位的工作人员。犯罪的主观方面是直接故意，即明知是专用款物而故意挪用。犯罪在客观方面表现为利用职务之便，违反财经制度，将特定款物挪作他用。犯罪对象仅限于救灾、抢险、防汛、优抚、扶贫、移民、救济的款物，包括生产资料和生活资料。挪作他用，是指将特定款物挪用于其他公共事务，如果行为人将特定款物挪为个人使用，则应当根据挪用公款罪定罪处罚。此外，挪用行为必须情节严重，致使国家和人民群众利益遭受重大损害，才构成犯罪。本罪侵犯的是复杂犯罪客体，即公共财物所有权和专款专用的财经制度。

挪用资金罪与挪用特定款物罪的界限。前罪和后罪都具有将一定财物挪作他用的表现，但它们的区别如下：第一，犯罪侵犯的客体不同。前罪侵犯的是对公司企业单位资金的占有、使用和收益权，后罪除了侵犯国家工作人员的廉洁性，还侵犯国家的财经制度。第二，挪用用途不同。这是一个重要的区别。前罪是将公款挪为私用，后罪是将特定款物挪为其他公用，所以国家工作人员挪用特定款物私用的，构成挪用公款罪。

2. 挪用公款罪

挪用公款罪，是指国家工作人员利用职务上的便利，挪用公款归个人使用，进行非法活动的，或者挪用公款数额较大、进行营利活动的，或者挪用公款数额较大、超过3个月未还的行为。本罪的构成要件如下。

（1）主体要件

本罪是特殊主体，只能是国家工作人员。至于受国家机关、国有公司、企业、事业单位、人民团体委托管理、经营国有财产的人员可否构成本罪主体，理论上有争议。根据《最高人民法院关于对受委托管理、经营国有财产人员挪用国有资金行为如何定罪问题的批复》的精神，对于受国家机关、国有公司、企业、事业单位、人民团体委托，管理、经营国有财产的非国家工作人员，利用职务上的便利，挪用国有资金归个人使用构成犯罪的，应当认定为挪用资金罪。这说明，只有受国家机关、国有公司、企业、事业单位、人民团体委托，管理、经营国有财产的国家工作人员，利用职务上的便利，挪用国有资金归个人使用，才构成挪用公款罪；如果被委托管理、经营国有资产的人不是国家工作人员，挪用国有资金，只能构成挪用资金罪。但是，根据前述《刑法》第93条立法解释的规定，村民委员会等基层组织的工作人员协助人民政府从事公务时，利用职务便利挪用公款，构成犯罪的，适用《刑法》关于挪用公款罪的规定。

（2）主观要件

本罪主观方面是直接故意，即行为人明知是公款而挪用，但不具有非法占有的目的。

（3）客观要件

本罪在客观方面表现为利用职务上的便利，挪用公款归个人使用，进行非法活动，或者挪用公款数额较大、进行营利活动，或者挪用公款数额较大、超过3个月未还。利用职务上的便利，是指行为人利用自己主管、经手、管理公款的权力及便利条件，既包括直接经手和管理，也包括利用主管权力进行调拨、支配等。挪用公款罪的危害对象，主要是公款和特定财物。挪用公款归个人使用，是指挪用公款归本人或者其他自然人（包括不具有法人资格的私营独资企业、私营合伙企业）使用，实践中表现为如下三种方式：第一，将公款供本人、亲友或者其他自然人使用的；第二，以个人名义将公款供其他单位使用的；第三，个人决定以单位名义将公款供其他单位使用，谋取个人利益的。根据使用人对于被挪用公款的用途不同，成立挪用公款罪的三种形式的要件有所不同。

其一，挪用公款进行非法活动。非法活动包括一切违反国家法律、法令的活动，如赌博、走私等。这种情况构成挪用公款罪，在立法中没有数额和挪用时间的限制。挪用公款给他人使用，明知使用人用于非法活动的，才认定为挪用公款进行非法活动。但对挪用公款进行非法活动，并不是完全不要求数额。根据《最高人民法院、最高人民检察院关于办理贪污贿赂刑事案件适用法律若干问题的解释》的规定，挪用公款归个人使用，进行非法活动，数额在3万元以上的，应当依照《刑法》第384条的规定以挪用公款罪追究刑事责任。

其二，挪用公款数额较大、进行营利活动。营利活动是国家法律所许可的以营利为目的的活动，如用于投资，购买股票、国债及存入银行取息等。这种情况的挪用公款罪，不受挪用时间和公款是否归还的限制。挪用公款给他人使用，明知使用人用于营利活动的，才认定为挪用公款进行营利活动；但要求达到数额较大的程度。根据司法解释的规定，挪用公款进行营利活动，以挪用公款5万元以上为数额较大的起点，对营利活动所获取的利益、收益等违法所得，应予以追缴，但不计入挪用公款的数额。

其三，挪用公款归个人使用，数额较大，且超过3个月未还。这种情形的挪用公款罪，是指挪用公款给自己或者他人，用于非法活动和营利活动之外的活动，如购物、建房、还债等。超过3个月未还，是指案发前未归还。由于各地经济条件不同，所以各地可以在上述幅度内确定本地方的标准。

（4）客体要件

犯罪主要客体是国家工作人员的廉洁性，次要客体是国家对公款的占有、使用和收益权。根据《刑法》第272条第2款的规定，被委派到非国有单位从事公务的国家工作人员，利用职务上的便利挪用本单位的资金归个人使用或者借贷给他人的，同样以挪用公款罪论处。另外根据《刑法》第384条第2款的规定，挪用用于救灾、抢险、防汛、优抚、扶贫、移民、救济款物归个人使用的，从重处罚。依照该规定，特定财物也属于挪用公款罪的对象。[①]其他公物不是本罪的危害对象。但须指出的是，虽然一般公物不是挪用公款罪的危害对象，但并非挪用公物的案件一概不能构成挪用公款罪。如果行为人的目的是利用公物本身的价值，用所得的价款为个人从事非法活动或其他活动的，如将公物出售转换成货币，由于该项价款的所有权属于单位所有，所以是单位的公款，行为人对价款的使用，是一种特殊的挪用公款行为，可以构成挪用公款罪。

3.贪污罪

贪污罪是指国家工作人员以非法占有为目的，侵吞、窃取、骗取公共财物，数额较大的行为。

挪用资金罪与贪污罪的界限。前罪和后罪侵犯的都是复杂客体，但它们具有以下区别：第一，犯罪所侵犯的客体有一定区别。前罪侵犯的是财产的占有、使用和收益权，后罪侵犯的是所有权。在犯罪对象方面，前罪仅指资金，后罪则包含一切公共财物。第二，客观表现不同。前罪是利用职务上的便利，挪用单位资金进行非法活动，或者挪用数额较大资金，进行营利活动，或者挪用资金进行其他活动，数额较大，超过3个月未归还；而后罪是利用职务之便，采取侵吞、窃取、骗取或其他手段，非法占有公共财产。第三，犯罪主体范围不同。前罪仅限于非国家工作人员，而后罪还包括受国家机关、国有公司、企业或者其他国有单

① 参见高铭暄，马克昌.刑法学［M］.北京：北京大学出版社，高等教育出版社，2000：632.

位委托，管理、经营国有资产的人员。第四，犯罪主观方面不同。前罪以使用为目的，后罪以非法占有为目的。

七、故意毁坏财物罪

（一）故意毁坏财物罪的构成要件

故意毁坏财物罪，是指故意非法地毁灭或者损坏公私财物，数额较大或者情节严重的行为。

本罪具有如下构成特征：（1）主体要件，为一般主体。（2）主观要件，是故意。（3）客观要件，表现为毁灭或者损坏公私财物，数额较大或者情节严重的行为。损毁的方法多种多样，包括砸毁、撕毁以及烧毁、炸毁等。但是要说明的是，如果用放火、爆炸的方法，并且危害了公共安全的，应以放火罪、爆炸罪论处。损毁财物数额较大或者情节严重的，才构成犯罪。数额不大，情节不严重的，按一般违法行为处理。（4）客体要件，是公私财物的所有权。犯罪对象是他人财物，但必须是有形财物，包括动产和不动产。

（二）故意毁坏财物罪的关联犯罪

1.破坏交通工具罪，破坏交通设施罪，破坏电力设备罪，破坏易燃易爆设备罪，破坏广播电视设施、公用电信设施罪

上述犯罪的行为对象分别如下：（1）交通工具有广义和狭义之分。从狭义上讲，交通工具指一切人造的用于人类代步或运输的装置，如自行车、汽车、摩托车、火车、船只及飞行器等；其中也包括马车、牛车等动物驱动的移动设备。从广义上讲，交通工具包括黄包车、轿子，轮椅也可以算是交通工具。但是刑法的交通工具一般是指动力驱动的代步或者运输装置。（2）交通设施指的是交通运输中，辅助交通工具的机械设备、场地、线路、通信设备、信号标志等。（3）电力设备是指发电和供电的相关机器设备。本罪的电力设备是指处于运行、应急等使用中的电力设备；已经通电使用，只是由于枯水季节或电力不足等原因暂停使用的电力设备；已经交付使用但尚未通电的电力设备。不包括尚未安装完毕，或者已经安装完毕但尚未交付使用的电力设备。（4）易燃易爆

设备是指容易发生燃烧或者爆炸的设备，包括正在使用的油田输油管道。在实施盗窃油气等行为过程中，采用切割、打孔、撬砸、拆卸、开关等手段破坏正在使用的油气设备的，属于《刑法》第118条规定的“破坏电力、燃气或者其他易燃易爆设备”的行为。油气是指石油、天然气。其中，石油包括原油、成品油；天然气包括煤层气。油气设备是指用于石油、天然气生产、储存、运输等易燃易爆设备。(5)广播电视设施，是指在中华人民共和国境内依法设立的广播电视台、站(包括有线广播电视台、站)和广播电视传输网的设施，包括广播电视信号发射设施、信号专用传输设施、信号监测设施等。破坏广播电视设施是指，破坏正在使用的广播电视设施，包括以拆卸、毁坏设备，剪割缆线，删除、修改、增加广播电视设备系统中存储、处理、传输的数据和应用程序，非法占用频率等手段。(6)公用电信设施，是指用于社会公用事业的通信设施、设备以及其他公用的通信设施、设备。如国家电信部门无线电发报设施、设备，包括发射机、天线等；还有电话交换局、交换站以及有关国家重要部门的电话交换台、无线电通信网络。

破坏这些设备、设施危及公共安全。所以破坏交通工具、交通设施、电力设备、易燃易爆设备、广播电视设施、公共电信设施的行为，一般属于危害公共安全的犯罪。故意破坏正在使用的公用电信设施尚未危害公共安全，或者故意毁坏尚未投入使用的公用电信设施，造成财物损失，构成犯罪的，依照《刑法》第275条规定，以故意毁坏财物罪定罪处罚。盗窃公用电信设施价值数额不大，但是构成危害公共安全犯罪的，依照《刑法》第124条的规定定罪处罚；盗窃公用电信设施同时构成盗窃罪和破坏公用电信设施罪的，依照处罚较重的规定定罪处罚。盗窃正在使用的广播电视设施，尚未构成盗窃罪，但危及公共安全的，以破坏广播电视设施罪定罪处罚；同时构成盗窃罪和破坏广播电视设施罪的，依照处罚较重的规定定罪处罚；破坏正在使用的广播电视设施未危及公共安全，或者故意毁坏尚未投入使用的广播电视设施，造成财物损失数额较大或者有其他严重情节的，以故意毁坏财物罪定罪处罚。

2.破坏界碑、界桩罪，破坏永久性测量标志罪

破坏界碑、界桩罪，破坏永久性测量标志罪，是指故意破坏国家边境的界碑、界桩或者永久性测量标志的行为。

3.破坏计算机信息系统罪

破坏计算机信息系统罪，是指违反国家规定，对计算机信息系统功能进行删除、修改、增加、干扰，造成计算机信息系统不能正常运行，后果严重的行为。本罪的行为包括：（1）对计算机信息系统功能进行删除、修改、增加、干扰，造成计算机信息系统不能正常运行；（2）对计算机信息系统中存储、处理或者传输的数据和应用程序进行删除、修改、增加的操作；（3）故意制作、传播计算机病毒等破坏性程序，影响计算机系统正常运行。

4.破坏自然保护地罪

破坏自然保护地罪，是指违反自然保护地管理法规，在国家公园、国家级自然保护区进行开垦、开发活动或者修建建筑物，造成严重后果或者有其他恶劣情节的行为。

5.破坏武器装备、军事设施、军事通信罪

破坏武器装备、军事设施、军事通信罪，是指破坏武器装备、军事设施、军事通信的行为。

6.破坏生产经营罪

破坏生产经营罪，是指以泄愤报复或者其他个人目的，破坏机器设备、残害耕畜或者以其他方法破坏生产经营的行为。本罪具有如下构成特征：（1）犯罪主体是一般主体。犯罪对象是与生产经营有直接联系的财物，一般是正在使用中的各种设备、用具以及牲畜。（2）犯罪主观方面是直接故意，并具有报复泄愤或者其他个人目的。（3）犯罪客观方面表现为破坏机器设备、残害耕畜或者以其他方法破坏生产经营的行为。其他方法是指其他与破坏机器设备、残害耕畜相类似的破坏生产经营活动的方法。（4）犯罪客体是复杂客体，即公私财物的所有权和国家、集体或者个人生产经营的正常秩序。

值得注意的是，由于生产经营方式的变化，所以本罪的行为不再限于破坏机器设备、残害耕畜。如何适应技术和经营管理发展的需要理解“以其他方法破坏生产经营”的行为，至关重要。本书赞同这样的观点，即应当将破坏生产经营罪扩大解释为包括所有使生产经营陷于不能或对生产经营造成破坏的方法，使其满足当下网络环境中形式多样的破坏生产经营的行为样态，且未超出破坏生产经营本来的语义范围，符合罪刑法定的基本原则。[1]例如，甲将网约车的定位系统破坏后，将车辆自行驾驶或者交付给第三人驾驶数日后，又将网约车归还，网约车公司的所有权虽然没有被侵犯，但行为却造成网约车公司营业损失数额较大。在此类案件中，行为人的行为虽然没有对他人的物品造成严重损毁，却导致他人的生产经营受到严重影响，利益也因此受损，符合破坏生产经营罪的规制目的。

7.故意毁损文物罪

故意毁损文物罪，是指故意损毁国家保护的珍贵文物或者被确定为全国重点文物保护单位、省级文物保护单位的文物的行为。财物一般是普通物品，文物无疑是特殊物品，因此，故意毁损文物的行为属于故意毁坏公私财物行为的特殊行为。

8.故意损毁名胜古迹罪

故意损毁名胜古迹罪，是指故意损毁国家保护的名胜古迹，情节严重的行为。名胜古迹也属于特殊不动产，因此故意损毁名胜古迹属于故意毁坏公私财物的特殊行为。

---

① 参见朱建华，薛琴琴.破坏生产经营罪的网络异化与刑法消解［J］.学术探索，2019（4）；刘仁文.网络时代破坏生产经营的刑法理解［J］.法学杂志，2019，40（5）.

第二十一章

侵犯社会法益的犯罪

第一节 破坏社会主义市场经济秩序的犯罪

一、破坏社会主义市场经济秩序罪

破坏社会主义市场经济秩序罪，是指违反国家法律法规，破坏社会主义市场经济秩序的行为。

1.本罪的客体是社会主义市场经济秩序

所谓社会主义市场经济秩序，是一个内容复杂、含义广泛的概念。从市场经济秩序的发展看，包括市场进入、退出以及中间的生产经营秩序。从经济秩序的内容看，它包括商品市场，销售秩序，对外贸易管理秩序，公司、企业管理秩序，金融管理秩序，金融安全，税收征管，知识产权和市场秩序等。

（1）市场进入秩序。市场进入秩序又称为市场准入秩序，其中包括主体进入秩序与客体进入秩序。前者是指哪些人通过何种途径可以进入市场。进入市场的主体必须具有一定的权利能力与行为能力，在此基础上要经过法定程序，如登记注册，获得从事特定生产经营活动的授权。简而言之，市场经营主体进入市场的秩序，实际上就是取得进入市场的法律资格和经营权利的秩序内容，如要进行登记注册、要确定经营范围，如果扩大或者缩小经营范围、类型则要完善变更等。

同样进入市场的客体（即商品或者服务）也可能受到一定限制，即哪些商品或者服务允许进入市场进行交易。首先，商品或者服务必须获得批文才能交易，如果没有获得批准交易，就破坏了客体进入秩序。其次，进入市场的商品必须满足基本功能，达到一定的品质。在此，跨国跨境销售还需符合对外贸易管制的条件，即走私品禁止进入市场。

（2）市场行为秩序。公司、企业进入市场后、退出市场前，在中间环节从事生产、经营的行为还必须符合市场行为秩序。市场行为秩序主要包括：反不正当竞争秩序，禁止垄断行为秩序，合同行为秩序，广告行为秩序，知识产权取得、使用和转让的行为秩序，倾销秩序，定价行为秩序，计量行为秩序，股票、证券和期货交易秩序等。同时。企业在生产经营中还应恪守企业、公司的社会责任，维护社会公共利益的生产经营秩序，如防止环境污染和破坏生态平衡、杜绝生产经营黄色书刊、净化文化市场环境、反走私贩卖毒品、武器等。

（3）市场退出秩序。市场主体即便退出市场，也要遵循必要的秩序，并非可以随意退出市场。市场退出秩序同样包括市场经营主体退出市场和市场客体退出市场两方面秩序。市场主体退出市场秩序包括破产、公司企业兼并、重组、清算等方面的秩序。

2.本罪的主体

破坏社会主义市场经济秩序的绝大多数犯罪既可以由自然人实施，也可以由单位实施。只有少数犯罪只能由自然人实施，还有一些犯罪属于单位犯罪，如妨害清算罪、虚假破产罪、背信运用受托财产罪、违法运用资金罪、逃汇罪等。

二、生产、销售伪劣产品罪

生产、销售伪劣产品罪，是指生产者、销售者在产品中掺杂、掺假，以假充真，以次充好或者以不合格产品冒充合格产品，销售金额5万元以上的行为。

（一）生产、销售伪劣产品罪的构成要件

1.主观要件

生产、销售伪劣产品罪的主观要件是故意，过失不能构成该罪。

2.客观要件

生产、销售伪劣产品罪在客观方面表现为，在产品中掺杂、掺假，以假充真，以次充好或者以不合格产品冒充合格产品，销售金额5万元以上。可见，生产、销售伪劣产品罪是结果犯或者数额犯，不仅要求行为人实施了生产、销售伪劣产品的行为，而且要求生产、销售伪劣产品的销售金额达5万元以上。

生产、销售伪劣产品的行为方式主要有四种：（1）在产品中掺杂、掺假，是指在产品中掺入杂质或者异物，致使产品质量不符合国家法律、法规或者产品明示质量标准规定的质量要求，降低、失去应有使用性能的行为。如在酒中加水，在牛奶中掺豆浆，在棉花里掺石块等。如果没有真品存在，就谈不上掺杂掺假。（2）以假充真，是指以不具有某种使用性能的产品冒充具有该种使用性能的产品的行为。如以白水冒充白酒，以萝卜干冒充天麻的行为。（3）以次充好，是指以低等级、低档次产品冒充高等级、高档次产品，或者以残次、废旧零配件组合、拼装后冒充正品或者新产品的行为。如以二锅头冒充五粮液，以豆油冒充芝麻油的行为。（4）以不合格产品冒充合格产品。所谓"不合格产品"，是指不符合《产品质量法》第26条第2款规定的质量要求的产品。根据《产品质量法》规定，达标产品必须具备以下特性：第一，不存在危及人身、财产安全的不合理的危险，有保障人体健康和人身、财产安全的国家标准、行业标准的，应当符合该标准；第二，具备产品应当具备的使用性能，但是，对产品存在使用性能的瑕疵作出说明的除外；第三，符合在产品或者其包装上注明采用的产品标准，符合以产品说明、实物样品等方式表明的质量状况。

本条中的"产品"是指经过加工、制作，用于销售的产品。一般根据《产品质量法》确定其范围。存在争议的问题如下：（1）建设工程是否属于产品。传统观点认为，根据我国《产品质量法》的规定，这里的"产品"，不包括建设工程。[①]但也有观点认为，建设工程不适用《产品质量法》，并非说明也不适用于其他专门的产品质量法，例如建设工程不符合国家建设质量标准的，也属于伪劣产品。如果施工单位违反国家规定，故意降低工程质量标准，建设劣质"豆腐渣"工程，造成重大安全事故的，可以按工程重大安全事故罪追究其直接责任人员的刑事责任。如果没有造成重大安全事故，但其建设的工程的销售金额在5万元以上的，也可以按生产、销售伪劣产品罪追究刑事责任。[②]本书认为，首先，

---

① 参见高铭暄，马克昌.刑法学［M］.北京：北京大学出版社，高等教育出版社，2000：386；参见张明楷.刑法学（上）［M］.北京：法律出版社，2003：579；孙国祥，魏昌东.经济刑法研究［M］.法律出版社，2005：179-180.

② 参见狄世深.生产、销售伪劣产品罪新探［J］.广西大学学报（哲学社会科学版），2003（2）；郭立新.论生产、销售伪劣产品罪的几个争议问题［J］.法学评论，2001（1）.

根据《产品质量法》第2条第3款规定，建设工程一般不适用《产品质量法》规定；但是，建设工程使用的建筑材料、建筑构配件和设备，属于前款规定的产品范围的，适用该法规定。故此涉及建筑材料、建筑构配件和设备质量的问题，并非一概不适用本罪的规制。其次，建筑工程由《建筑法》规制，规制的目的在于确保工程安全；《产品质量法》规制的目的在于确保产品的质量。建筑工程产品质量不合格有两类：一类是工程安全存在隐患，如框架扭曲变形、建筑工程承重不达标、建筑工程有坍塌风险等；另一类只是建筑材料、建筑构配件和设备的质量不合格，但并不危及工程安全，如商品房采用的门窗产品达不到标准，防水处理不合格、墙体填充物使用不合格物品等，后一类情况尚不会造成建筑工程坍塌。在此情况下，建筑工程质量就属于本罪的对象，如果涉及犯罪的，可按照生产、销售伪劣产品罪定罪处罚。如果建筑工程同时存在产品质量问题和工程重大安全隐患，应当追究刑事责任的，可按照想象竞合犯处理。（2）产品是否包括军工产品。我国的军工产品一般是由国家指定单位有偿提供，这些军工产品便表现出商品的一般属性。但是，由于武器装备、军事设施是武装部队消灭敌人、保存自己的物资力量，是军队战斗力的重要体现，如果向武装部队提供不合格的该类军工产品，必将直接削弱部队战斗力，危害我国国防利益，为此，《刑法》第370条特别规定了故意提供不合格武器装备、军事设施罪与过失提供不合格武器装备、军事设施罪。除此之外的生产、销售不合格的衣物、背包、食物等用品的，可按《刑法》第140条的规定定罪处罚。

“销售金额”，是指生产者、销售者出售伪劣产品后所得和应得的全部违法收入。多次实施生产、销售伪劣产品行为，未经处理的，伪劣产品的销售金额或者货值金额累计计算。

（二）生产、销售特殊伪劣商品犯罪

依照《刑法》第141条至第148条的规定，特殊的生产、销售伪劣商品罪包括生产、销售、提供假药罪，生产、销售、提供劣药罪，生产、销售不符合安全标准的食品罪，生产、销售有毒、有害食品罪，生产、销售不符合标准的医用器材罪，生产、销售不符合安全标准的产品罪，生产、销售伪劣农药、兽药、化肥、种子罪，生产、销售不符合卫生标准的化妆品罪八类具体犯罪。

1.假药

假药是指具有如下四种情形之一的药品:(1)药品所含成分与国家药品标准规定的成分不符;(2)以非药品冒充药品或者以他种药品冒充此种药品;(3)变质的药品;(4)药品所标明的适应症或者功能主治超出规定范围。

2.劣药

劣药是指具有如下七种情形之一的药品:(1)药品成分的含量不符合国家药品标准;(2)被污染的药品;(3)未标明或者更改有效期的药品;(4)未注明或者更改产品批号的药品;(5)超过有效期的药品;(6)擅自添加防腐剂、辅料的药品;(7)其他不符合药品标准的药品。

3.不符合安全标准的食品

不符合安全标准的食品是指具有如下十三种情形之一的食品:(1)营养成分不符合食品安全标准的专供婴幼儿和其他特定人群的主辅食品;(2)病死、毒死或者死因不明的禽、畜、兽、水产动物肉类及其制品;(3)未按规定进行检疫或者检疫不合格的肉类,或者未经检验或者检验不合格的肉类制品;(4)国家为防控疾病等特殊需要明令禁止生产经营的食品;(5)添加药品的食品;(6)用超过保质期的食品原料、食品添加剂生产的食品、食品添加剂;(7)超范围、超限量使用食品添加剂的食品;(8)腐败变质、油脂酸败、霉变生虫、污秽不洁、混有异物、掺假掺杂或者感官性状异常的食品、食品添加剂;(9)标注虚假生产日期、保质期或者超过保质期的食品、食品添加剂;(10)未按规定注册的保健食品、特殊医学用途配方食品、婴幼儿配方乳粉;(11)以分装方式生产的婴幼儿配方乳粉,或者同一企业以同一配方生产的不同品牌的婴幼儿配方乳粉;(12)利用新的食品原料生产的食品,或者生产食品添加剂新品种,未通过安全性评估的;(13)被责令其召回或者被要求停止生产经营后生产经营的食品。

4.有毒、有害食品

有毒、有害食品一般是指具有如下两种情形之一的食品:(1)用非食品原料生产食品、在食品中添加食品添加剂以外的化学物质和其他可能危害人体健康的物质,或者用回收食品作为原料的食品;(2)含致病性微生物,农药残留、兽药残留、生物毒素、重金属等污染物质以及其他危害人体健康的物质含量超过食品安全标准限量的食品、食品添加剂。

5.医用器材

医用器材是指直接或者间接用于人体的仪器、设备、器具、体外诊断试剂及校准物、材料，以及其他类似或者相关的物品，包括所需要的计算机软件。医用器材包括医疗设备和医用耗材，包括所需要的计算机软件。

6.安全标准

安全标准是指为保护人体健康、生命和财产的安全而制定的标准。安全标准是强制性标准，即必须执行的标准。安全标准一般有两种形式，一种为专门的安全标准，另一种是在产品标准或工艺标准中列出有关安全的要求和指标。目前我国的安全标准大致包括以下四个方面：（1）劳动安全标准；（2）锅炉和压力容器安全标准；（3）电气安全标准；（4）消费品安全标准。生产、销售伪劣产品罪中的安全标准主要是指后三类标准。

7.农药、兽药、化肥、种子统称为农资产品

农药是指用于预防、消灭或者控制危害农业、林业的病、虫、草和其他有害生物以及有目的地调节、控制、影响植物和有害生物代谢、生长、发育、繁殖过程的化学合成或者来源于生物、其他天然产物及应用生物技术生产的一种物质或者几种物质的混合物及其制剂。兽药是指用于预防、治疗和诊断家畜、家禽、鱼类、蜜蜂、蚕以及其他人工饲养的动物疾病，有目的地调节其生理机能并规定作用、用途、用法、用量的物质（包括饲料添加剂）。化肥，即化学肥料，是用化学和（或）物理方法制成的含有一种或几种农作物生长需要的营养元素的肥料，包括氮肥、磷肥、钾肥、微肥、复合肥料等。种子，是指农作物和林木的种植材料或者繁殖材料，包括籽粒、果实、根、茎、苗、芽、叶、花等。

8.化妆品

化妆品是指以涂擦、喷洒或者其他类似方法，施用于皮肤、毛发、指甲、口唇等人体表面，以清洁、保护、美化、修饰为目的的日用化学工业产品。用于染发、烫发、祛斑美白、防晒、防脱发的化妆品以及宣称新功效的化妆品为特殊化妆品。特殊化妆品以外的化妆品为普通化妆品，如牙膏和宣传具有特殊化妆品功效的香皂。有以下六种情形之一的，属于不符合卫生标准的化妆品：（1）使用不符合强制性国家标准、技术规范的原料、直接接触化妆品的包装材料，应当备案

但未备案的新原料生产化妆品，或者不按照强制性国家标准或者技术规范使用原料的化妆品；（2）不符合强制性国家标准、技术规范或者不符合化妆品注册、备案资料载明的技术要求的化妆品；（3）未按照化妆品生产质量管理规范的要求组织生产的化妆品；（4）更改使用期限的化妆品；（5）擅自配制的化妆品，或者变质、超过使用期限的化妆品；（6）被责令其实施召回后拒不召回，被停止或者暂停生产、经营后拒不停止或者暂停生产、经营的化妆品。

根据刑法的一般理论，生产、销售伪劣产品罪与这些特殊的生产、销售伪劣商品罪之间属于法条竞合关系，前者为普通法，后者为特别法。它们之间的区别在于以下三点：（1）侵犯的次要客体不同。生产、销售伪劣产品罪侵犯的是消费者的经济利益，而生产、销售伪劣农药、兽药、化肥、种子罪侵犯的不是一般的经济利益，而是农业生产经营的正常进行，另外几类特殊的生产、销售伪劣商品罪则侵犯了消费者的人身安全，有的包括生命权和健康权，有的则是健康权。（2）犯罪对象不同。生产、销售伪劣产品罪包括一切经过制作、加工，用于销售的产品，而特殊的生产、销售伪劣商品罪的对象仅指药品、食品、医用器材、关系到人身安全的非食用产品、农资和化妆品。（3）犯罪的基本构成要件不同。生产、销售伪劣产品罪是数额犯，而其他犯罪或者是抽象危险犯，如生产、销售、提供假药罪，生产、销售不符合安全标准的食品罪和生产、销售不符合标准的医用器材罪；或者是结果犯，如生产、销售、提供劣药罪，生产、销售不符合安全标准的产品罪，生产、销售伪劣农药、兽药、化肥、种子罪和生产、销售不符合卫生标准的化妆品罪；或者是行为犯，如生产、销售有毒、有害食品罪。

如果行为人生产、销售伪劣商品的行为不构成生产、销售特殊伪劣商品的犯罪，但在销售金额上符合《刑法》第140条的规定，则构成生产、销售伪劣产品罪。如果行为人生产、销售伪劣商品的行为既构成生产、销售特殊伪劣商品的犯罪，又构成生产、销售伪劣产品罪，则应当依照处罚较重的规定定罪处罚。

（三）生产、销售伪劣产品罪的共同犯罪

知道或者应当知道他人实施生产、销售伪劣产品犯罪，与之共同犯罪的情形除了主动参与到生产、销售行为之外，还包括为生产、销售伪劣产品提供如下帮助或者便利条件：（1）为伪劣产品的生产者、销售者提供贷款、资金、账号、发

票、证明、许可证件；（2）为伪劣产品的生产者、销售者提供生产、经营场所或者运输、仓储、保管、邮寄等便利条件；（3）为伪劣产品的生产者、销售者提供制假生产技术。

（四）生产、销售伪劣产品罪的罪数形态

第一，实施生产、销售伪劣产品罪，同时构成非法经营等其他犯罪的，一般多是因为生产、销售行为和其他行为之间存在牵连关系，而可以按照牵连犯的一般处断原则处理。依照有关司法解释，也是依照处罚较重的规定定罪处罚。

第二，实施生产、销售伪劣产品罪，又以暴力、威胁方法抗拒查处，构成其他犯罪的，由于本罪行为和抗拒查处的行为之间不存在牵连关系，应当依照数罪予以并罚。

第三，实施生产、销售伪劣产品罪，同时构成假冒注册商标罪的。大多数学者认为，如果行为人在自己生产、销售的伪劣产品上假冒他人的注册商标，一般成立牵连犯。但如果生产行为完成的同时要求假冒注册商标行为也要完成，即假冒注册商标行为是生产伪劣产品行为中不可分割的部分时，成立生产、销售伪劣产品罪同假冒注册商标罪的想象竞合犯。如果销售者销售的伪劣产品同时是假冒注册商标的商品，应分别不同情况处理：根据《刑法》第213条假冒注册商标罪和第214条销售假冒注册商标的商品罪的规定，构成该二罪，必须以在同一种商品上使用他人的注册商标为前提，因而，如果行为人销售的伪劣产品与他所假冒的有注册商标的商品属同一种类，则构成销售伪劣产品罪与销售假冒注册商标的商品罪的想象竞合犯，应按从一重罪处断的原则定罪量刑；否则，就只触犯销售伪劣产品罪一个罪名。

三、走私普通货物、物品罪

走私普通货物、物品罪，是指违反海关法规，逃避海关监管，运输、携带、邮寄武器、弹药、核材料、假币、贵重金属、珍贵动物及其制品、珍稀植物及其制品等国家禁止进出口的货物、物品、淫秽物品、废物和毒品之外的货物、物品，偷逃应缴税额较大的行为。

（一）走私普通货物、物品罪的构成要件

1.主观要件

本罪在主观方面表现为故意，即明知自己的行为违反海关监管，希望或者放任该行为发生，以达到偷逃关税的目的。

2.客观要件

本罪表现为违反海关法及有关法律、法规，逃避海关监管，非法运输、携带、邮寄普通货物、物品进出境，偷逃应缴税额较大的行为。

走私行为有三种方式：（1）直接走私。直接走私行为表现为违反海关法及有关法律、法规，逃避海关监管，非法运输、携带、邮寄普通货物、物品进出境的行为。可见，认定直接走私行为的条件如下：第一，违反海关法，即违反国家关于海关监督管理的各种法律、法规，如海关、外贸、进出口物品和关税管理法律、法规。违反海关法规是构成走私罪的前提条件。如果行为人未违反海关法规，其行为根本谈不上构成走私罪的问题。第二，逃避海关监管，非法运输、携带、邮寄普通货物、物品进出境。海关监管的主要内容包括经设关的地点进出境制度、海关现场管理制度、后续管理制度和保税管理制度等。逃避海关监管的方式如下：一是绕关、避关进行走私，即从没有设立海关的地点运输、携带、邮寄货物、物品进出境的行为。这种行为破坏的是经设关地点进出境制度。所谓设关地点，是指海关监管区，即设立海关的港口、车站、机场、国界通道、国际邮件互换局、交换站等。此处的海关，是指经海关总署会同有关部门报国务院批准正式设立，对外办理海关业务的海关，而不包括海关监督站、办事处、工作组。进出境运输工具、货物、物品必须通关设立海关的地点进出境；在特殊的情况下，经国务院或者国务院授权的机关批准，并由海关监督站、办事处、工作组或者附近的海关办理海关手续，也可从没有设立海关的地点进出境。从没有设立海关的地点进出境而又不符合法定条件的，就是逃避海关机关的走私行为。二是通关走私，即从设立海关的地点采用欺骗、隐瞒的方式运输、携带、邮寄货物、物品进出境。这种行为违反的是海关现场管理制度。（2）变相走私。变相走私行为是指不违反从设关地点进出境制度和海关现场管理制度，合法地运输、携带、邮寄货物、物品进境，但违反海关的后续管理制度或保税管理制度，在境内非法销售这

些货物、物品牟利的行为。变相走私行为也可分为两种情况。第一，未经海关许可并未补缴应缴税额，擅自将批准进口的来料加工、来件装配、补偿贸易的原材料、零件、制成品、设备等保税货物，在境内销售牟利的行为。《刑法》第154条第1项对此作了规定。第二，对于特定减、免税进口的货物、物品，未经海关许可并未补缴应缴税额，即擅自在境内销售特定减、免税进口的货物、物品牟利的，就会破坏海关的后续管理制度。（3）间接走私。对《刑法》第155条的规定，有学者认为它们属于准走私行为，或者认为属于间接走私行为。之所以把它们称为准走私行为，是因为它们不是典型的走私行为，这类行为包括两种情形：一是贩私行为，即该条第1项规定的直接向走私人非法收购国家禁止进口物品的，或者直接向走私人非法收购走私进口的其他货物、物品，数额较大的行为；二是推定走私行为，即该条第2项规定的在内海、领海、界河、界湖运输、收购、贩卖国家禁止进出口物品的，或者运输、收购、贩卖国家限制进出口货物、物品，数额较大，没有合法证明的行为。

本罪的行为对象是普通货物和物品。所谓普通货物、物品是指《刑法》第151条、第152条和第347条规定的特殊货物、物品之外的其他货物、物品，包括以下三种：（1）国家限制进出境的物品。国家限制进出境的物品是指依照国家法律、法规的规定，需要事先由国家主管部门批准、签发有关许可证件，并凭此进出口货物、物品（简称“应证货物、物品”），如粮食、成品油、化工原料、汽车等。（2）依法应当交纳税款的货物、物品（简称“应税货物、物品”）。依法应当交纳税款的货物、物品是指依照海关法的规定，需要征收关税和进口环节代征税的进出口的货物、物品。（3）保税货物。保税货物是指经海关批准，未办理纳税手续进境，在境内储存、加工、装配后应予复运出境的货物。保税货物包括通过加工贸易、补偿贸易等方式进口的货物，以及在保税仓库、保税工厂、保税区或者免税商店等储存、加工、寄售的货物。保税货物包括两类。一是来料加工货物、来件装配货物和补偿贸易货物。《刑法》第154条第1项规定“未经海关许可并且未补缴应缴税额，擅自将批准进口的来料加工、来件装配、补偿贸易的原材料、零件、制成品、设备等保税货物，在境内销售牟利的”，构成走私普通货物、物品罪。其中，所谓来料加工，是指由国外厂商提供原材料、辅助材料及包装材料等，委托我方企业加工成成品，国外厂商负责销售，我方按合同收取加工费的贸易方式。二是进料加工货物。所谓进料加工货物，是指我国有关经营单位用外汇购买进口部分或全部原料、材料、辅料，元器件、零部件、配套和包装物料，加工成成品或半成品再销往国外的贸易方式。进料加工货物应包括在《刑法》第154条的“保税货物”中的理由如下：第一，《刑法》第154条第1项在列举了来料加工、来件装配等货物后，用了概括性的词，即“等保税货物”，而进料加工货物也是保税货物，与其他保税货物有共同特征，即都应返销国外，若在国内销售，均应补缴应缴税额。因此，进料加工货物也应当包含其中。第二，《海关法》与《最高人民法院、最高人民检察院关于办理走私刑事案件适用法律若干问题的解释》对“保税货物”的定义是一致的，即：“经海关批准，未办理纳税手续进境，在境内储存、加工、装配后应予复运出境的货物。”而《海关法》列举的保税货物中包含进料加工货物。由此可以推定，《刑法》第154条规定的保税货物包括进料加工货物。[①]第三，最高人民检察院专门为此作出的《最高人民检察院关于擅自销售进料加工保税货物的行为法律适用问题的解释》规定：保税货物是指经海关批准未办理纳税手续进境，在境内储存、加工、装配后复运出境的货物。经海关批准进口的进料加工的货物属于保税货物。未经海关许可并且未补缴应缴税额，擅自将批准进口的进料加工的原材料、零件、制成品、设备等保税货物，在境内销售牟利，偷逃应缴税额在5万元以上的，依照《刑法》第154条、第153条的规定，以走私普通货物、物品罪追究刑事责任。以上充分说明，保税货物、物品包括进料加工的货物。

走私普通货物、物品罪的客观要件还包括偷逃应缴税额较大，即10万元以上不满50万元。

（二）走私普通货物、物品罪的关联犯罪

1.走私国家管制物品犯罪

《刑法》除规定了走私普通货物、物品罪外，还规定了走私武器、弹药罪，走私核材料罪，走私假币罪，走私文物罪，走私贵重金属罪，走私珍贵动物、珍贵动物制品罪，走私国家禁止进出口的货物、物品罪，走私淫秽物品罪，走私废

---

① 参见何立荣.走私罪若干司法问题探析［J］.广西社会科学，2002（3）.

物罪，走私毒品罪等走私犯罪。本罪与这些犯罪的区别在于以下两点：

第一，走私物品不同，这是最关键的区别。凡是走私《刑法》有关条文所规定的管制物品，如武器弹药、核材料，符合有关犯罪构成要件的，按有关走私特定物品的犯罪定罪处罚。特殊物品的管制范围一般有管制目录，实践中需要严格按照目录确定。

第二，构成犯罪的条件不同。构成走私普通货物、物品罪，要求因走私偷逃应缴税额达10万元；而特殊走私罪没有偷逃税额的要求，一般属于行为犯，个别犯罪（走私废物罪）的构成要件是“情节严重”。

2.骗取出口退税罪

根据《刑法》第204条的规定，骗取出口退税罪，是指以假报出口或者其他欺骗手段，骗取国家出口退税，数额较大的行为。

走私普通货物、物品罪与骗取出口退税罪的区别如下：（1）客体不同。本罪的客体是国家对普通货物、物品进出口监管、征税的制度；后罪的客体则是国家的出口退税制度。（2）客观方面不同。本罪的客观方面表现为违反海关法规，逃避海关监管，走私货物、物品进出境，偷逃应缴税额较大的行为；而后罪的客观方面则表现为采取假报出口或者其他欺骗手段，骗取国家出口退税款数额较大的行为。

3.非法处置进口的固体废物罪

非法处置进口的固体废物罪，是指违反国家规定，将境外的固体废物进境倾倒、堆放、处置的行为。非法处置进口的固体废物罪与走私废物罪的区别在于：（1）侵犯的客体不同。走私废物罪侵犯的是国家对外贸易管制中对废物进口的管理制度；而非法处置进口的固体废物罪侵犯的是复杂客体，即在侵犯国家对外贸易管制的同时，更主要的是侵犯国家关于环境保护和污染防治的管理秩序。（2）犯罪对象不同。根据《最高人民法院、最高人民检察院关于办理走私刑事案件适用法律若干问题的解释》，走私废物罪中的“废物”包括国家禁止进口的废物和国家限制进口的可用作原料的废物；而从《刑法》第339条的规定看，非法处置进口的固体废物罪中的“固体废物”只能是国家禁止进口的固体废物。（3）犯罪构成中的行为特征不同。只要有逃避海关监管，将境外固体废物运输进境的行为即构成走私废物罪，其犯罪构成较为简单；而非法处置进口的固体废物罪则须同时具备违反国家规定，将境外固体废物运输进境（实质也是走私）和将已入境的固体废物非法倾倒、堆放、处置的行为，其犯罪构成较为复杂，属于刑法理论上的“二行为犯”。（4）入罪门槛不同。走私国家禁止进口的固体废物，只要有走私行为或走私的固体废物达到一定数量就构成走私废物罪；而非法处置进口的固体废物罪的构成无数额限制，只要实施该行为即构成犯罪。走私废物罪与非法处置进口的固体废物罪不仅存在区别，它们之间还存在法条竞合关系。具体而言，《刑法》第152条第2款（走私废物罪）与第339条第1款（非法处置进口的固体废物罪）属于法条竞合中的包含关系（法条竞合关系包括交叉关系和包含关系），前者包含后者。行为人走私废物进境但没有非法处置行为的，或者走私国家限制进口的固体废物，符合走私废物罪的犯罪构成但不符合非法处置进口的固体废物罪的犯罪构成。而凡是符合非法处置进口的固体废物罪犯罪构成的行为，即将国家禁止进口的固体废物走私进境并非法倾倒、堆放、处置的，都符合走私废物罪的犯罪构成。当二者发生法条竞合，即当某一行为既符合走私废物罪的犯罪构成，又符合非法处置进口的固体废物罪的犯罪构成时，应按处理法条竞合的法律适用一般原则，择一重罪处罚。例如，走私并非法处置国家禁止进口的非危险性固体废物25吨以上的，未造成重大环境污染事故的，应按走私废物罪定罪处罚，因为在这种情况下，走私废物罪的法定刑是5年以上有期徒刑，而非法处置进口的固体废物罪是3年以上10年以下有期徒刑，前罪比后罪重。实质上，非法处置进口的固体废物罪没有设立的必要，因为走私国家禁止进口的固体废物之后，不进行非法处置几乎是不可能的。既然如此，设立走私废物罪就足够了。

4.擅自进口固体废物罪

擅自进口固体废物罪，是指未经国务院有关主管部门许可，擅自进口固体废物用作原料，造成重大环境污染事故，致使公私财产遭受重大损失或者严重危害人体健康的行为。

走私废物罪与擅自进口固体废物罪的区别主要在于：（1）主观要件不同。前罪在主观方面只能是故意；后罪的罪过形式则较为复杂，从行为人对擅自进口固体废物这一行为来说，应属于故意，且行为人必须具有进口固体废物用作原料的目的，若不具备这一目的，而以原料利用为名，进口不能用作原料的固体废物的，应以前罪论处。而就其对造成重大环境污染事故的危害结果来说，则表现为过失。当然，实践中有些行为人对于危害结果可能持放任或希望的态度，即具有故意，这种情况应认定为以危险方法危害公共安全罪而不是擅自进口固体废物罪，否则不符合罪刑法定原则，因为犯罪的故意与过失是就犯罪行为所造成的危害结果而言，而不是就行为本身而言的。因此，总体来说，擅自进口固体废物罪是过失犯罪。（2）犯罪对象不同。前罪的犯罪对象包括国家禁止进口的固体废物和国家限制进口的固体废物；而后罪的犯罪对象只能是国家限制进口的可用作原料的固体废物。（3）行为方式不同。走私废物罪的行为方式应包括直接走私和间接走私，即不仅逃避海关监管，将境外废物运输进境的行为构成走私废物罪，而且直接向走私人非法收购国家禁止进口的固体废物或者直接向走私人非法收购走私进口的国家限制进口的固体废物、数额较大的行为，以及在内海、领海运输、收购、贩卖国家禁止进口的固体废物或者运输、收购、贩卖国家限制进口的固体废物、数额较大、没有合法证明的行为，同样构成走私废物罪；擅自进口固体废物罪的行为方式表现为未经国务院有关主管部门许可，擅自进口固体废物用作原料，实质上是直接进口。（4）入罪门槛不同。走私废物罪是行为犯，只要具有走私行为或走私的固体废物达到一定数量即构成犯罪；而擅自进口固体废物罪是结果犯，既要求有擅自进口固体废物的走私行为，又要求有造成重大环境污染事故，致使公私财产遭受重大损失或者严重危害人体健康的危害结果，才构成犯罪。

走私废物罪与擅自进口固体废物罪同样存在法条竞合关系，且属于法条竞合关系中的交叉关系。

（三）走私的共同犯罪

1.共同走私中的帮助行为

《刑法》第156条规定：“与走私罪犯通谋，为其提供贷款、资金、帐号、发票、证明，或者为其提供运输、保管、邮寄或者其他方便的，以走私罪的共犯论处。”这是关于帮助型共犯的规定。根据这一规定，构成本罪的帮助型共犯，既要求行为人实施了为本罪的罪犯提供贷款、资金、帐号、发票、证明，或者为其提供运输、保管、邮寄或者其他方便的行为，也要求行为人与罪犯有通谋。只有上述帮助行为而没有与罪犯通谋的，不能构成本罪的帮助型共犯。通谋，是指相互沟通、谋划，是一种积极的行为，既可以是在走私犯罪分子实施走私行为之前与其通谋，也可以是在走私犯罪分子实施走私行为之中与其通谋，但不包括彼此心照不宣的情况。如果行为人知道他人是走私普通货物、物品的罪犯而为其提供了有关帮助，但并没有与其沟通、谋划，那就不能按本罪的共犯处理。可见本罪的帮助行为主要包括以下九种：（1）提供贷款，是指从事贷款业务的银行或者其他金融机构或者其工作人员，按有关贷款的手续将现金贷给走私犯罪分子用于走私活动。（2）提供资金，可以是银行或者其他金融机构或者其工作人员将金融机构的资金提供给走私犯罪分子从事走私活动，也可以是其他单位或个人将自己单位所有或者个人所有的资金提供给走私犯罪分子用于走私活动。理论上有人将提供资金的主体限定在金融机构的工作人员范围内，也有人将资金限制在单位资金的范围内，这都是片面的，会导致放纵罪犯的结果。（3）提供账号，是指单位或者个人将本单位或自己已有的账号或者开设新的账号供走私犯罪分子用于走私活动。（4）提供发票，是指为走私犯罪分子提供可作为记账、纳税、报销等凭证的写有售出商品名称、数量、价格、日期等内容的发票或者空白发票。（5）提供证明，是指为走私犯罪分子提供运输、收购、贩卖走私货物、物品所需的有关证明，如进口许可证、商检证明等。（6）提供运输方便，是指为走私犯罪分子提供运输走私货物、物品的各种工具、运输准运证等。（7）提供保管方便，是指为走私犯罪分子存放走私货物、物品提供存放仓库或者其他场所，或者代为储存、保管等。（8）提供邮寄方便，是指海关、邮电工作人员利用工作上的便利，帮助走私犯罪分子将国家禁止进出境或者超过国家规定进出境限量的物品邮寄进出境。（9）提供其他方便，是指为走私犯罪分子提供上述方便以外的各种便利，如提供走私货源的信息、走私物品的销路信息等。

2.走私分子与公职人员勾结

与走私有关的职务关联犯罪主要包括受贿罪、放纵走私罪、滥用职权罪。走私罪与上述职务犯罪的关联主要有以下四种情况。

（1）走私分子与国家工作人员互相勾结，国家工作人员直接参与走私活动的策划、组织，事后销赃、利益分成的，对国家工作人员应以走私罪共犯论处。

（2）海关工作人员徇私舞弊，放纵走私，情节严重，但未有受贿行为，或者受贿行为尚未构成犯罪的，走私分子构成走私罪，海关工作人员构成放纵走私罪。

（3）海关工作人员收受走私分子的贿赂，为走私分子提供便利条件，使其走私行为得以完成。这种情况下，走私分子的行为不仅构成走私罪，还构成行贿罪，应数罪并罚。而海关工作人员的行为不仅构成放纵走私罪，同时还构成受贿罪，这种情况属于刑法罪数理论中的牵连犯。对于牵连犯，刑法并未规定统一的处罚规定，而针对具体的牵连犯，有的规定数罪并罚，有的规定择一重罪处罚，大多则未作规定。根据《最高人民法院、最高人民检察院、海关总署关于办理走私刑事案件适用法律若干问题的意见》，海关工作人员收受贿赂又放纵走私的，应以受贿罪和放纵走私罪数罪并罚。

（4）海关以外的其他国家工作人员利用职务上的便利，为走私分子提供保护，放纵走私的，可以构成滥用职权罪。如果接受走私分子贿赂，数额较大，同时构成受贿罪的，基于上述理由，对这些国家工作人员同样应当以滥用职权罪与受贿罪数罪并罚。

（四）罪数形态

走私普通货物、物品罪的罪数形态主要涉及三个问题。

1.既走私普通货物、物品又走私了其他特定物品

根据《最高人民法院、最高人民检察院关于办理走私刑事案件适用法律若干问题的解释》第22条规定，对在走私的货物、物品中藏匿《刑法》第151条、第152条、第347条、第350条规定的货物、物品，构成犯罪的，以实际走私的货物、物品定罪处罚；构成数罪的，实行数罪并罚。对此如何理解呢？

观点一认为，在一次走私活动中，既走私普通货物、物品，又走私武器、弹药等物品的，应当认定行为人实施了数行为（不属于想象竞合），实行数罪并罚。①

观点二认为，“藏匿”表明是故意为之，既包括确知藏匿的是什么，也不排除不确知具体是何种禁止进出口物品，但并非完全不知情，应认定具有走

① 参见贾宇．刑法学［M］．北京：高等教育出版社，2019：72；张明楷．刑法学（下）［M］．北京：法律出版社，2021：967.

私故意。藏匿数量较少，按照走私普通货物、物品罪处罚；藏匿数量较大的，构成数罪，实行数罪并罚。①

观点三认为，在一次走私行为中，行为人同时走私了不同货物、物品的，根据该货物、物品在走私犯罪中的归类的不同，分别构成数罪，应当实行数罪并罚。因为，刑法理论上的犯罪构成标准说虽然是区分某行为是构成一罪还是数罪的基础，但并不是对我国刑法中规定的所有犯罪都适用的原则。在有关走私犯罪中，我国刑法整体上是以行为人所侵犯的犯罪对象为标准来规定一罪与数罪的，因此，将行为人在一次走私行为中，走私不同货物、物品的，以数罪处理，也并无不可。②

观点四认为，根据《刑法》的规定，上述情况并非只存在于走私罪中，在盗窃罪、抢劫罪、抢夺罪中也存在同样的问题。按照通说的刑法理论，想象竞合犯指的是一行为触犯数罪名的情况。在走私罪中，走私对象虽独立于走私行为，但对象对于行为定罪具有重要意义。一次走私包括普通货物、物品和刑法规定的特定对象，与典型的想象竞合犯是有区别的。而从另一个方面看，该种情形与典型的数罪也不完全吻合。因此，如何从理论上科学解释该问题，还值得进一步研究。③

本书认为观点一、观点二没有给出数罪并罚的理由，观点三虽然进行了解释，但是没有贯彻我国刑法中的罪数标准。无论如何，行为人在同批次走私活动中，走私了不同物品，即便同时触犯了数个罪名，但是其行为只有一个，如果按照数罪并罚，有重复评价之嫌。因此作一罪从重处罚较好。

2.武装掩护走私

《刑法》第157条第1款规定："武装掩护走私的，依照本法第一百五十一条第一款的规定从重处罚。"

问题在于，对武装掩护走私的，《刑法》第157条只是规定要依照《刑法》第151条第1款的规定"从重处罚"，但该条款包括走私武器、弹药罪，走私核材料罪，走私假币罪，那么，如果武装掩护走私的对象不同，究竟定什么罪？

---

① 参见林亚刚．刑法学教义（总论）[M]．北京：北京大学出版社，2020：335.

② 参见黎宏．刑法学各论［M］．北京：法律出版社，2016：105.

③ 参见马克昌．百罪通论（上）[M]．北京：北京大学出版社，2014：208-209.

观点一认为，根据《刑法》第157条的规定，武装掩护走私的，依照《刑法》第151条第1款的规定从重处罚。[①]

观点二认为，武装掩护是从重情节而非罪名，且适用于所有以武装掩护走私犯罪的情况。武装掩护所使用的武器包括以火药为动力的枪支、爆炸物以及其他冷兵器等。因此，该规定属于从重处罚情节。[②]

观点三认为，对武装掩护走私行为，既不能按照《刑法》第151条规定的走私犯罪定罪，也不能按照武装掩护走私罪定罪，而是应根据走私的对象分别定不同的罪，只是量刑要根据《刑法》第151条第1款、第4款的规定从重处罚。[③]

观点四认为，武装掩护走私并不是一个独立犯罪，而是以某种特殊手段实施的各种犯罪的概称，是各种走私犯罪的一种从重处罚情节。对武装掩护走私的行为，应根据具体走私货物、物品的性质定罪，即对于武装掩护走私行为不能按照《刑法》第151条第1款规定的走私武器、弹药罪，走私核材料罪，走私假币罪定性，而只能在该款的量刑幅度之内量刑，根据特别规定处罚。如对于武装掩护走私、贩卖、运输、制造毒品的，应当根据《刑法》第347条第2款的规定处罚，而不是适用本条的规定进行处罚。[④]

本书认为观点四较妥当。

3.走私罪与妨害公务罪

《刑法》第157条第2款规定："以暴力、威胁方法抗拒缉私的，以走私罪和本法第二百七十七条规定的阻碍国家机关工作人员依法执行职务罪，依照数罪并罚的规定处罚。"根据这一规定，走私普通货物、物品的犯罪分子，以暴力、威胁方法抗拒缉私的，按本罪和《刑法》第277条规定的妨害公务罪实行并罚。

四、欺诈发行证券罪

欺诈发行证券罪，是指在招股说明书、认股书、公司、企业债券募集办法等

① 参见张明楷．刑法学（下）[M]．北京：法律出版社，2021：969；贾宇．刑法学（各论）[M]．北京：高等教育出版社，2019：72.

② 参见林亚刚．刑法学教义（总论）[M]．北京：北京大学出版社，2020：337.

③ 参见李希慧．走私普通货物、物品若干问题探讨[J]．法商研究，2001（1）；马克昌．百罪通论（上）[M]．北京：北京大学出版社，2014：213.

④ 参见黎宏．刑法学各论[M]．北京：法律出版社，2016：107.

发行文件中隐瞒重要事实或者编造重大虚假内容，发行股票或者公司、企业债券、存托凭证或者国务院依法认定的其他证券，数额巨大、后果严重或者有其他严重情节的行为。

（一）欺诈发行证券罪的构成要件

本罪主体除了公司、企业、单位管理人员之外，还包括控股股东、实际控制人。本罪主观上是故意。本罪在客观上表现为公司、企业管理人员在招股说明书、认股书、公司、企业债券募集办法等发行文件中隐瞒重要事实或者编造重大虚假内容，发行股票或者公司、企业债券、存托凭证或者国务院依法认定的其他证券，数额巨大、后果严重或者有其他严重情节的行为。

（二）欺诈发行证券罪的关联犯罪

1. 违规披露、不披露重要信息罪

违规披露、不披露重要信息罪，是指依法负有信息披露义务的公司、企业向股东和社会公众提供虚假的或者隐瞒重要事实的财务会计报告，或者对依法应当披露的其他重要信息不按照规定披露，严重损害股东或者其他人利益，或者有其他严重情节的行为。违规披露、不披露重要信息罪的主体是依法负有信息披露义务的公司、企业。违规披露、不披露重要信息罪在客观方面表现为提供虚假的或者隐瞒重要事实的财务会计报告，或者对依法应当披露的其他重要信息不按照规定披露，严重损害股东或者其他人利益，或者有其他严重情节的行为。

欺诈发行证券罪与违规披露、不披露重要信息罪的主要区别在于行为时间和方式不同。前罪是在融资过程中，后罪是在融资之后。前罪只能是作为方式，后罪包括作为和不作为方式。

2. 妨害清算罪

妨害清算罪，是指公司、企业在进行清算时，隐匿财产，对资产负债表或者财产清单作虚伪记载或者在未清偿债务前分配公司、企业财产，严重损害债权人或者其他人利益的行为。

妨害清算罪在客观方面表现为违反有关公司、企业清算的规定，在清算时，隐匿财产，对资产负债表或者财产清单作虚伪记载或者在未清偿债务前分配公司、企业财产，严重损害债权人或者其他人利益的行为。妨害清算的行为方式有以下四种：（1）隐匿财产；（2）对资产负债表作虚假记载，如夸大负债数额，作实际上并不存在的负债记载，对特定债权人作不符合事实的负债记载等；（3）对财产清单作虚伪记载，如减少公司、企业的收入，提高固定资产的价格等；（4）在清偿债务前分配公司、企业财产。但本罪不包括集体私分国有资产的行为，后者应被认定为私分国有资产罪。

欺诈发行证券罪与妨害清算罪发生的时机不同，前罪发生在公司融资过程中，一般为公司、企业进入市场之后退出市场之前，后罪发生在公司、企业退出市场时。

3. 擅自发行股票、公司、企业债券罪

擅自发行股票、公司、企业债券罪，是指未经国家有关主管部门批准，擅自发行股票或者公司、企业债券，数额巨大、后果严重或者有其他严重情节的行为。

擅自发行股票、公司、企业债券罪在客观方面表现为未经国家有关主管部门批准，擅自发行股票或者公司、企业债券，数额巨大、后果严重或者有其他严重情节的行为。擅自发行，是指违反《证券法》的规定，在不具备法定授权的情况下自行发行。根据《证券法》的规定，公开发行股票须报国务院证券监督管理机构核准；发行公司债券须报国务院授权的部门审批。本罪的主体是一般主体，自然人和单位均可构成。擅自发行股票、公司、企业债券罪在主观方面是故意。

擅自发行股票、公司、企业债券罪与欺诈发行证券罪有相同之处，如都是非法发行股票或者公司、企业债券；都要求数额巨大、后果严重或者有其他严重情节；主体都包括自然人与单位；主观方面都是故意。关键区别在于：擅自发行股票、公司、企业债券罪是未经国家有关主管部门批准而擅自发行股票或者公司、企业债券；而欺诈发行证券罪，是指在招股说明书、认股书、公司、企业债券募集办法等发行文件中隐瞒重要事实或者编造重大虚假内容，发行股票或者公司、企业债券。既未经国家有关主管部门批准，又采取欺诈方法发行股票或者公司、企业债券的，属于一行为触犯数罪名，按一重罪定罪量刑。

五、非法经营同类营业罪

非法经营同类营业罪，是指国有公司、企业的董事、监事、高级管理人员利用职务便利自己经营或者为他人经营与其所任职公司、企业同类的营业，获取非法利益，数额巨大的行为。

（一）非法经营同类营业罪的构成要件

本罪主体一般是国有公司、企业的董事、监事、高级管理人员，但是根据平等保护的要求，目前将其他公司、企业的董事、监事、高级管理人员也纳入刑法规制范围中来。这些人应当忠实履行职务，维护所在公司、企业的合法权益。董事、经理拥有管理所在公司、企业事务的权利，熟知所在公司、企业的经营信息，如果允许其在该公司、企业外与该公司、企业自由竞业，他就可能为给自己或者他人牟取私利而损害该公司、企业的利益。因此，公司法禁止公司、企业的董事、经理自营或者为他人经营与其所任职公司、企业同类的营业。本罪在客观方面表现为违反公司法规定，利用职务上的便利，自己经营与其所任职公司、企业同类的营业，或者为他人经营与其所任职公司、企业同类的营业，获取非法利益，数额巨大的行为。

（二）非法经营同类营业罪的关联犯罪

1.非法经营同类营业罪与为亲友非法牟利罪

为亲友非法牟利罪，是指国有公司、企业、事业单位的工作人员，利用职务上的便利，背信经营，致使国家利益遭受重大损失的行为。为亲友非法牟利罪的主体过去是国有公司、企业、事业单位的工作人员，根据平等保护的需要，立法将其他公司、企业的工作人员也纳入刑法规制中来。为亲友非法牟利罪在客观方面表现为利用职务之便，实施了刑法规定的三种为亲友非法牟利的行为，致使国家利益遭受重大损失的行为。具体而言包括：（1）将本单位的盈利业务交由自己的亲友进行经营；（2）以明显高于市场的价格向自己的亲友经营管理的单位采购商品，或者以明显低于市场的价格向自己的亲友经营管理的单位销售商品；（3）向自己的亲友经营管理的单位采购不合格的商品。

非法经营同类营业罪与为亲友非法牟利罪都属于背任罪，即行为人辜负了委托者的信任，从事了与委托人的利益相冲突的行为。不同之处在于行为方式不同，前罪是以间接方式损害所在公司、企业的利益，后者是直接损害所在公司、企业的利益。

2. 背信损害上市公司利益罪

背信损害上市公司利益罪是指上市公司的董事、监事、高级管理人员违背对公司的忠实义务，利用职务便利，操纵上市公司从事损害上市公司利益的行为，以及上市公司的控股股东或者实际控制人，指使上市公司董事、监事、高级管理人员实施损害上市公司利益的行为。

背信损害上市公司利益罪的主体是上市公司的董事、监事、高级管理人员。背信损害上市公司利益罪在客观方面表现为利用职务便利，操纵上市公司，致使上市公司利益遭受重大损失的行为。操纵上市公司的方法包括以下六种：（1）无偿向其他单位或者个人提供资金、商品、服务或者其他资产；（2）以明显不公平的条件，提供或者接受资金、商品、服务或者其他资产；（3）向明显不具有清偿能力的单位或者个人提供资金、商品、服务或者其他资产；（4）为明显不具有清偿能力的单位或者个人提供担保，或者无正当理由为其他单位或者个人提供担保；（5）无正当理由放弃债权、承担债务；（6）采用其他方式损害上市公司利益的。

六、伪造货币罪

伪造货币罪，是指仿照真货币的外部形状特征，非法制造假货币，意图使之进入流通领域的行为。

（一）伪造货币罪的构成要件

1. 主观要件

本罪在主观上只能由直接故意构成。间接故意和过失不构成本罪。关于本罪的构成，是否要求特定的目的，在理论上有争议。但是本书认为，如果不强调主观目的性，将扩大刑法的打击范围，甚至可能将一些艺术性的创造行为当作犯罪处理。从国外立法例看，一般也将伪造货币罪规定为目的犯，例如《德国刑法典》对此规定为“以供流通或可能流通为目的”；《日本刑法典》规定为“以行使为目的”。在承认本罪为目的犯的学者中，有的主张营利或谋取非法利益为其目的，有的以“意图流通”或“意图使之进入流通领域”为其目的。大部分学者同意以意图将假币当作真币进入流通领域为其目的。

2. 客观要件

本罪在客观方面表现为违反国家货币管理法规，伪造货币的行为。本罪的对象是货币。所谓货币，也称通货，是指在一国或地区具有强制流通力的、代表一定价值的、用作支付手段的特定物。货币包括本币和外币。我国的本币为人民币，本罪中的"人民币"包括中国人民银行发行的纸币和硬币。由国务院授权中国银行发行的外汇兑换券是否属于"人民币"，在理论上存在争议。有观点认为，外汇兑换券是限定在临时入境的港、澳、台、各国华侨及外宾五种人使用而且限于在指定范围内流通的有价证券。它是中国银行发行的，与中国人民银行发行的人民币性质是不一样的。另有观点认为，外汇兑换券虽然在发行时并未明确属于国家货币还是有价证券，但其实际上是作为含有外汇价值的人民币代用券使用的，它与人民币的基本职能并无实质差异。中国银行发行也是基于国务院的授权，这与中国人民银行根据授权发行人民币道理是一样的，因此应把外汇兑换券视为广义上的人民币看待。这不仅是我国理论上的通行看法，也是实践中予以承认的做法。所谓外币，即外国货币，指在境外流通的货币，包括外国钞票和外国铸币。

所谓伪造货币，是指没有货币制造权的人，仿照人民币或者外币的面额、图案、色彩、质地、式样、规格等，使用多种方法，非法制造假货币，冒充真货币的行为。伪造货币的方式大体包括以下九种类型：第一，机制胶印、凹印假币；第二，石板、蜡板、木板印假币；第三，誊印假币；第四，复印假币；第五，照相假币；第六，描绘假币；第七，板印假币；第八，复印、制板技术合成假币；第九，仿照硬币铸造的假币；等等。

本罪系行为犯，行为人只要出于故意实施了伪造货币的行为，就可构成本罪，而不以情节严重或者造成实际的危害后果为构成犯罪的必要前提。至于未遂的标准，则应视其伪造的行为是否实施完毕而定。如果行为人仿照某种货币进行伪造，实施了所有制造工序的行为，即构成既遂，反之则为未遂。伪造货币罪为行为犯，一般而言，只要行为人基于流通的目的故意伪造货币的，就可构成本罪。但是，为了缩小本罪的打击面，最高人民法院发布了《最高人民法院关于审理伪造货币等案件具体应用法律若干问题的解释》，对于伪造货币罪的定罪处罚标准予以限定，要求构成本罪必须具备如下条件之一：其一，伪造货币总面额在

2千元以上不满3万元的；其二，伪造货币币量200张（枚）以上不足3000张（枚）的。对于外币的面额，要折合人民币计算。

应当注意是：第一，仿照真人民币或外币制造的货币，必须与真币具有高度的相似性。如果不是仿照真人民币或外币而制作假币，如冥币，用以骗取他人财物的，构成诈骗罪，不构成伪造货币罪。如果行为人伪造的货币完全不足以让人相信，也不能构成伪造货币罪。第二，伪造的货币，主要在于它与真币的相似性，而不在于其相同性，即不要求与真币完全相同，一模一样。尽管科学技术已非常发达，致使伪造假币的手段越来越高明，伪造的效果极为逼真、难以辨认，但行为人毕竟是以假币冒充真币，因而一般不可能达到与真币完全一致的程度。其相似性则只要求足以蒙蔽、欺骗他人，达到以假乱真、使人信以为真的程度。

（二）伪造货币罪的关联犯罪

1.变造货币罪

变造货币罪，是指对真币采用挖补、剪贴、揭层、拼凑、涂改等方法进行加工处理，改变货币的真实形状、图案、面值或张数，增大票面面额或者增加票张数量，数额较大的行为。变造货币与伪造货币的区别在于：变造货币是在真实货币的基础上进行加工处理，以增加原货币的面值；伪造货币则是将非货币的一些物质经过加工后伪造成货币。

2.伪造、变造金融票证罪

伪造、变造金融票证罪，是指伪造、变造汇票、本票、支票、委托收款凭证、汇款凭证、银行存单、其他银行结算凭证、信用证附随的单据、文件，扰乱正常金融秩序的行为。

我国学界对伪造金融票证的解释有分歧。观点一认为，伪造金融票证包括两种情况：第一，有形伪造，即没有金融票证制作权的人，假冒他人的名义，擅自制造外观上足以使一般人误认为是真实金融票证的虚假金融票证。至于采取何种方法，虚假金融票证是否具有法律上的有效形式与要件、其记载的内容与事实是否相符，都不影响伪造的成立。第二，无形伪造，即具有金融票证制作权的人，超越其制作权限，违背事实制造内容虚假的金融票证，如银行职员制作虚假的银行存单交付他人。[①]观点二认为，伪造金融票证是按照真实的金融票据的形式、图案、颜色、格式，通过印刷、复印、绘制等制作方法制造假的金融票据。[②]观点三认为，伪造金融票证，就是制作不真实的金融票证，即仿照各种金融票证的式样、图案、颜色、特征、质地等，用印刷、描绘、影印等方式制造出外观上足以让一般人误认为是真实的金融票证。[③]上述解释沿袭了伪造货币的解释，并不符合票据的功能。

根据票据法学界的观点，票据伪造是指行为人假借他人名义，而在票据上为一定的票据行为。从某种意义上，就是伪造票据签章。[④]也有观点认为票据伪造有广义和狭义之分，狭义的票据伪造是指假冒或者虚构他人名义出票，广义的票据伪造是指假冒或者虚构他人名义实施票据行为。[⑤]而票据伪造是指无票据记载事项变更权的人，对票据上记载事项加以变更，从而使票据法论关系的内容发生改变。[⑥]票据变造的主要内容是签章以外的记载事项，如票据记载的金额、到期日、付款地等。[⑦]可见，票据伪造和票据变造的区别主要是对改变的内容不同，而不是行为方式。这种理解更符合票据的功能。

伪造货币罪和伪造、变造金融票证罪的关键区别在于以下两点：（1）行为对象不同。伪造货币罪的对象是货币，而伪造金融票证罪的对象是货币之外的汇票、本票、支票、委托收款凭证、汇款凭证、银行存单、其他银行结算凭证、信用证附随的单据、文件等金融工具。汇票，是指出票人签发的，委托付款人在见票时或者在指定日期，无条件支付确定的金额给收款人或持票人的票据。本票，是指出票人签发的，承诺由自己在见票时无条件支付确定的金额给收款人或持票人的票据。支票，是指出票人签发的，委托办理支票存款业务的银行或者其他金融机构在见票时无条件支付确定的金额给收款人或持票人的票据。委托收款凭证，是指收款人向银行提供的，委托其向付款人收取款项的结算凭证。汇款凭

① 参见张明楷. 刑法学（下）[M]. 北京：法律出版社，2021：1004.
② 参见林亚刚. 刑法学教义（分论）[M]. 北京：北京大学出版社，2020：381.
③ 参见黎宏. 刑法学各论 [M]. 北京：法律出版社，2016：135.
④ 参见赵新华. 票据法论 [M]. 长春：吉林大学出版社，2000：132.
⑤ 参见邢海宝. 票据法 [M]. 北京：中国人民大学出版社，2004：90.
⑥ 参见赵新华. 票据法论 [M]. 长春：吉林大学出版社，2000：143.
⑦ 参见邢海宝. 票据法 [M]. 北京：中国人民大学出版社，2004：102.

证，是指汇款人委托银行给异地收款人进行汇兑结算的凭证，包括信汇凭证与电汇凭证。银行存单是银行发行的可以用于支付债务的工具，它一般不记名、定额、可自由流通。其他银行结算凭证，是指除上述结算凭证以外的结算凭证。（2）行为方式不同。伪造货币是仿照人民币或者外币的面额、图案、色彩、质地、式样、规格等，使用多种方法，非法制造假货币，冒充真货币；而伪造金融票证则是假冒权利人的名义，签署金融票证；变造金融票证是指对金融票证的有关记载内容进行改变。

3.伪造、变造国家有价证券罪

伪造、变造国家有价证券罪，是指违反国家证券管理法规，伪造、变造国库券或者国家发行的其他有价证券，数额较大的行为。伪造国家有价证券，是指仿照有价证券的图案、形式、颜色、面值、格式等外部形态特征，通过复印、绘制、印刷等方法制作假证券的行为，使非有价证券摇身变成“有价证券”，是从无到有的假；变造国家有价证券，是指对真实有效的有价证券使用涂改、挖补、拼凑、剪接、覆盖等各种方式进行加工，使其主要内容如发行的面额、发行期限或张数等加以改变的行为。伪造货币罪与伪造、变造国家有价证券罪的主要区别在于行为对象不同。

4.出售、购买、运输假币罪

出售、购买、运输假币罪是指出售、购买伪造的货币或者明知是伪造的货币而运输，数额较大的行为。本罪的基本构成要件如下：（1）客观要件，表现为出售、购买、运输伪造数额较大的货币。出售伪造的货币是指以营利为目的，以各种方式或途径，以一定的价格卖出伪造的货币的行为。购买伪造的货币，是指行为人以一定的价格买入伪造的货币的行为。明知是伪造的货币而运输，是指行为人明知是伪造的货币，而使用汽车、飞机、火车、轮船等交通工具或者以其他方式将伪造的货币从一个地方运往另一个地方的行为。（2）主观要件，都是出于故意，意图牟取非法利益。但是，如果行为人不知是伪造的货币而运输的，不构成犯罪。伪造货币罪与出售、购买、运输假币罪的区别在于行为方式不同。

5.持有、使用假币罪

持有、使用假币罪，是指明知是伪造的货币而持有、使用，数额较大的行为。持有是指非法拥有；使用是将假币当作真币进行流通，包括合法使用（如购物）和非法使用（如用于赌博）。伪造货币罪与持有、使用假币罪的区别在于：前者是制造假币，后者是持有或者使用假币。如果行为人伪造货币之后持有、使用的，属于伪造货币。

（三）伪造货币罪的罪数问题

行为人实施伪造货币的犯罪行为后，通常还会继续实施其他相关行为，从而触犯其他罪名。这些情形大体包括以下三种：第一，出售或运输其伪造的货币；第二，使用其伪造的货币骗购财物；第三，走私其伪造的货币；等等。伪造货币之后的行为分别触犯了出售、运输假币罪，持有、使用假币罪，走私假币罪。对此，应如何定罪处罚呢？

根据《刑法》第171条第3款之规定，伪造货币并出售或者运输伪造的货币的，依照伪造货币罪定罪，并从重处罚。但值得注意的是，行为人出售、运输的货币，应为伪造者自己所伪造的。在这种情况下，出售或运输假币的行为属于伪造货币的结果行为，它们之间存在牵连关系，因此依据重罪从重处罚。如果行为人伪造货币之后进行运输或者出售假币，其中包含不是自己所伪造的假币，此时，运输、出售假币的行为与伪造货币的行为没有必然的联系，从而不存在吸收与被吸收关系，对此，应当分别定罪，再实行并罚。

七、内幕交易、泄露内幕信息罪

内幕交易、泄露内幕信息罪，是指证券、期货交易内幕信息的知情人员或者非法获取证券、期货交易内幕信息的人员，在涉及证券的发行，证券、期货交易或者其他对证券、期货交易价格有重大影响的信息尚未公开前，买入或者卖出该证券，或者从事与该内幕信息有关的期货交易，或者泄露该信息，或者明示、暗示他人从事上述交易活动，情节严重的行为。

（一）内幕交易、泄露内幕信息罪的构成要件

1.本罪的主体

本罪主体有两类。一类是证券、期货交易内幕信息的知情人员。证券、期货交易内幕信息的知情人员是指由于持有发行人的证券，或者在相关公司中担任董

事、监事、高级管理人员，或者由于其会员地位、管理地位、监管地位或者职业地位，或者作为雇员、专业顾问履行职务，能够接触或者获得内幕信息的人员，其范围依照法律、行政法规的规定确定。“证券、期货交易内幕信息的知情人员”包括：（1）《证券法》第51条规定的人员；（2）《期货交易管理条例》第81条第12项规定的人员。另一类是非法获取证券、期货交易内幕信息的人员与单位。非法获取证券、期货交易内幕信息的人员，是指内幕信息的知情人员以外的，不是基于职务或者业务，而是通过偷听、监听、私下交易等非法手段获取证券、期货交易内幕信息的人员。实践中，这类人员包括：（1）利用窃取、骗取、套取、窃听、利诱、刺探或者私下交易等手段获取内幕信息的；（2）内幕信息知情人员的近亲属或者其他与内幕信息知情人员关系密切的人员，在内幕信息敏感期内，从事或者明示、暗示他人从事，或者泄露内幕信息导致他人从事与该内幕信息有关的证券、期货交易，相关交易行为明显异常，且无正当理由或者正当信息来源的；（3）在内幕信息敏感期内，与内幕信息知情人员联络、接触，从事或者明示、暗示他人从事，或者泄露内幕信息导致他人从事与该内幕信息有关的证券、期货交易，相关交易行为明显异常，且无正当理由或者正当信息来源的。“内幕信息敏感期”是指内幕信息自形成至公开的期间。

2.本罪的主观要件

本罪主观方面只能是故意，即明知证券、期货交易内幕信息尚未公开而买入或者卖出证券，或者从事与该内幕有关的期货交易，或者明知是证券交易内幕信息而泄露。

3.本罪的客观要件

本罪客观方面表现为三种行为：（1）进行内幕交易，即在涉及证券的发行，证券、期货交易或者其他对证券、期货交易价格有重大影响的信息尚未公开前，买入或者卖出该证券，或者从事与该内幕信息有关的期货交易；（2）泄露内幕信息，即使内幕信息处于使不应知悉该信息的人知悉或者可能知悉的状态；（3）明示、暗示他人从事上述交易活动。“内幕信息”，是指为内幕人员所知悉的、尚未公开并对证券的发行，证券、期货交易或者价格有重大影响的信息，其具体范围根据法律、行政法规的规定确定。下列四种行为不属于从事与内幕信息有关的证券、期货交易行为：（1）持有或者通过协议、其他安排与他人共同持有上市公司百分之五以上股份的自然人、法人或者其他组织收购该上市公司股份的；（2）按照事先订立的书面合同、指令、计划从事相关证券、期货交易的；（3）依据已被他人披露的信息而交易的；（4）交易具有其他正当理由或者正当信息来源的。

（二）内幕交易、泄露内幕信息罪的关联犯罪

1.利用未公开信息交易罪

利用未公开信息交易罪，是指证券交易所、期货交易所、证券公司、期货经纪公司、基金管理公司、商业银行、保险公司等金融机构的从业人员以及有关监管部门或者行业协会的工作人员，利用因职务便利获取的内幕信息以外的其他未公开的信息，违反规定，从事与该信息相关的证券、期货交易活动，或者明示、暗示他人从事相关交易活动，情节严重的行为。本罪的构成特征如下。

本罪主体是相关金融机构的从业人员以及有关监管部门或者行业协会的工作人员。本罪客观方面表现为，利用因职务便利获取的内幕信息以外的其他未公开的信息，违反规定，从事与该信息相关的证券、期货交易活动，或者明示、暗示他人从事相关交易活动，情节严重的行为。“内幕信息以外的其他未公开的信息”包括下列三类信息：（1）证券、期货的投资决策、交易执行信息；（2）证券持仓数量及变化、资金数量及变化、交易动向信息；（3）其他可能影响证券、期货交易活动的信息。“违反规定”，是指违反法律、行政法规、部门规章、全国性行业规范有关证券、期货未公开信息保护的规定，以及行为人所在的金融机构有关信息保密、禁止交易、禁止利益输送等规定。

2.编造并传播证券、期货交易虚假信息罪

编造并传播证券、期货交易虚假信息罪，是指编造并且传播影响证券、期货交易的虚假信息，扰乱证券、期货交易市场，造成严重后果的行为。

本罪在客观方面表现为编造并且传播影响证券、期货交易的虚假信息，扰乱证券、期货交易市场，造成严重后果的行为。编造，是指捏造虚假信息，既包括虚构本不存在的信息，也包括篡改、加工、隐瞒真实的信息。传播，是指使用各种方式使虚假信息处于不特定人或者多数人知悉或可能知悉的状态。只编造不传播或者只传播不编造的，不能构成本罪。虚假信息，是指足以影响证券、期货交易价格的各种不真实的信息。构成本罪还要求造成严重后果。本罪的主体是一般

主体，自然人和单位均能成为本罪的主体。本罪的主观方面是故意。

3.诱骗投资者买卖证券、期货合约罪

诱骗投资者买卖证券、期货合约罪，是指证券交易所、期货交易所、证券公司、期货经纪公司的从业人员，证券业协会、期货业协会或者证券、期货管理部门的工作人员与单位，故意提供虚假信息或者伪造、变造、销毁交易记录，诱骗投资者买卖证券、期货合约，造成严重后果的行为。

本罪在客观方面表现为提供虚假信息或者伪造、变造、销毁交易记录，诱骗投资者买卖证券或者期货合约，造成严重后果的行为。本罪主体为特殊主体，既可以是证券交易所、期货交易所、证券公司、期货经纪公司的从业人员，证券业协会、期货业协会或者证券、期货管理部门的工作人员，也可以是证券交易所、期货交易所、证券公司、期货经纪公司以及证券、期货管理部门等单位。本罪主观上只能出于故意。

4.操纵证券、期货市场罪

根据《刑法》第182条的规定，操纵证券、期货市场罪，是指自然人或者单位，故意操纵证券、期货市场，情节严重的行为。

本罪在客观方面表现为操纵证券、期货市场，情节严重的行为。根据《刑法》的规定，其行为方式表现为以下七种：（1）单独或者合谋，集中资金优势、持股或者持仓优势或者利用信息优势联合或者连续买卖；（2）与他人串通，以事先约定的时间、价格和方式相互进行证券、期货交易；（3）在自己实际控制的账户之间进行证券交易，或者以自己为交易对象，自买自卖期货合约；（4）不以成交为目的，频繁或者大量申报买入、卖出证券、期货合约并撤销申报的；（5）利用虚假或者不确定的重大信息，诱导投资者进行证券、期货交易的；（6）对证券、证券发行人、期货交易标的公开作出评价、预测或者投资建议，同时进行反向证券交易或者相关期货交易的；（7）以其他方法操纵证券、期货市场的。本罪主观方面只能是故意。

八、洗钱罪

洗钱罪，是指为掩饰、隐瞒毒品犯罪、黑社会性质的组织犯罪、恐怖活动犯罪、走私犯罪、贪污贿赂犯罪、破坏金融管理秩序犯罪、金融诈骗犯罪的所得及其产生的收益的来源和性质，而提供资金账户，或者将财产转换为现金、金融票据或者有价证券的，通过转账或者其他支付结算方式转移资金的，跨境转移资产的，或者以其他方法掩饰、隐瞒犯罪所得及其收益的性质和来源的行为。

（一）洗钱罪的构成要件

1.主体要件

本罪的主体包括单位和自然人。过去本罪限于上游犯罪主体之外的其他自然人或者单位，但是新的立法将“自洗钱”纳入规制范围中，也就意味着特定上游犯罪的行为人实施的掩饰隐瞒犯罪所得只要符合法定的洗钱行为，就不再认定为事后的不可罚行为，而是独立构成洗钱罪，进而，应对行为人实施洗钱罪规定的七种上游犯罪与洗钱罪实行数罪并罚。①

2.主观要件

本罪在主观方面只能由故意构成。即行为人明知是毒品犯罪、黑社会性质的组织犯罪、恐怖活动犯罪、走私犯罪、贪污贿赂犯罪、破坏金融管理秩序犯罪、金融诈骗犯罪的所得及其产生的收益，而故意通过提供资金账号、转账等方式，掩饰或者隐瞒其来源和性质。“明知”，应当结合被告人的认知能力，接触他人犯罪所得及其收益的情况，犯罪所得及其收益的种类、数额，犯罪所得及其收益的转换、转移方式以及被告人的供述等主、客观因素进行认定。具有下列七种情形之一的，可以认定被告人明知系犯罪所得及其收益，但有证据证明确实不知道的除外：（1）知道他人从事犯罪活动，协助转换或者转移财物的；（2）没有正当理由，通过非法途径协助转换或者转移财物的；（3）没有正当理由，以明显低于市场的价格收购财物的；（4）没有正当理由，协助转换或者转移财物，收取明显高于市场的“手续费”的；（5）没有正当理由，协助他人将巨额现金散存于多个银行账户或者在不同银行账户之间频繁划转的；（6）协助近亲属或者其他关系密切的人转换或者转移与其职业或者财产状况明显不符的财物的；（7）其他可以认定行为人明知的情形。

① 参见刘宪权，陆一敏.自洗钱入罪司法适用的疑难解析［N］.检察日报，2021-5-12.

3.客观要件

本罪的客观方面表现为掩饰、隐瞒毒品犯罪、黑社会性质的组织犯罪、恐怖活动犯罪、走私犯罪、贪污贿赂犯罪、破坏金融管理秩序犯罪、金融诈骗犯罪的所得及其产生的收益的来源和性质的洗钱行为。根据刑法的规定，洗钱具体包括以下五种行为方式：（1）提供资金账户的；（2）将财产转换为现金、金融票据、有价证券的；（3）通过转账或者其他支付结算方式转移资金的；（4）跨境转移资产的；（5）以其他方法掩饰、隐瞒犯罪所得及其收益的来源和性质的。根据《最高人民法院最高人民检察院关于办理洗钱刑事案件适用法律若干问题的解释》第5条，"以其他方法掩饰、隐瞒犯罪所得及其收益的来源和性质"在实践中包括七种：（1）通过典当、租赁、买卖、投资、拍卖、购买金融产品等方式，转移、转换犯罪所得及其收益的；（2）通过与商场、饭店、娱乐场所等现金密集型场所的经营收入相混合的方式，转移、转换犯罪所得及其收益的；（3）通过虚构交易、虚设债权债务、虚假担保、虚报收入等方式，转移、转换犯罪所得及其收益的；（4）通过买卖彩票、奖券、储值卡、黄金等贵金属等方式，转换犯罪所得及其收益的；（5）通过赌博方式，将犯罪所得及其收益转换为赌博收益的；（6）通过"虚拟资产"交易、金融资产兑换方式，转移、转换犯罪所得及其收益的；（7）以其他方式转移、转换犯罪所得及其收益的。上述七种行为方式，行为人只要实施其中之一的，就可以构成本罪。

（二）洗钱罪与掩饰、隐瞒犯罪所得、犯罪所得收益罪

1.掩饰、隐瞒犯罪所得、犯罪所得收益罪的构成要件

掩饰、隐瞒犯罪所得、犯罪所得收益罪，是指明知是犯罪所得及其产生的收益而予以窝藏、转移、收购、代为销售或者以其他方法掩饰、隐瞒的行为。本罪的主体是七种犯罪分子以外的其他人。本罪在主观上是故意，即明知是犯罪所得及其产生的收益而予以掩饰、隐瞒。如果事前与盗窃、抢劫、诈骗、抢夺等犯罪分子通谋，掩饰、隐瞒犯罪所得及其产生的收益的，则以盗窃、抢劫、诈骗、抢夺等犯罪的共犯论处。本罪客观上表现为对他人的犯罪所得及其产生的收益予以窝藏、转移、收购、代为销售或者以其他方法掩饰、隐瞒的行为。本罪是行为犯，但实践中应定罪处罚的情形包括以下四种：（1）一年内曾因掩饰、隐瞒犯罪

所得及其产生的收益行为受过行政处罚，又实施掩饰、隐瞒犯罪所得及其产生的收益行为的；（2）掩饰、隐瞒的犯罪所得系电力设备、交通设施、广播电视设施、公用电信设施、军事设施或者救灾、抢险、防汛、优抚、扶贫、移民、救济款物的；（3）掩饰、隐瞒行为致使上游犯罪无法及时查处，并造成公私财物损失无法挽回的；（4）实施其他掩饰、隐瞒犯罪所得及其产生的收益行为，妨害司法机关对上游犯罪进行追究的。人民法院审理掩饰、隐瞒犯罪所得、犯罪所得收益刑事案件，应综合考虑上游犯罪的性质，掩饰、隐瞒犯罪所得及其收益的情节、后果及社会危害程度等，依法定罪处罚。司法解释对掩饰、隐瞒涉及计算机信息系统数据、计算机信息系统控制权的犯罪所得及其产生的收益行为构成犯罪已有规定的，审理此类案件依照该规定。依照《全国人民代表大会常务委员会关于〈中华人民共和国刑法〉第三百四十一条、第三百一十二条的解释》，明知是非法狩猎的野生动物而收购，数量达到五十只以上的，以掩饰、隐瞒犯罪所得、犯罪所得收益罪定罪处罚。①

2.洗钱罪与掩饰、隐瞒犯罪所得、犯罪所得收益罪的区别

洗钱罪与掩饰、隐瞒犯罪所得、犯罪所得收益罪的主要区别如下：（1）犯罪主体不同。前罪包括上游犯罪的犯罪分子；后罪不包括上游犯罪的犯罪分子。（2）掩饰、隐瞒方法不同。洗钱罪的掩饰、隐瞒方法仅仅限于《刑法》明确规定的几种手段；而后罪的行为方法更多。（3）上游犯罪的范围不同。前罪的范围有明确限定；后罪无明确限定。洗钱罪方法包括窝藏、转移、收购、代为销售以及以外的其他方法，其他方法包括居间介绍买卖，收受，持有，使用，加工，提供资金账户，协助将财物转换为现金、金融票据、有价证券，协助将资金转移、汇往境外等。

九、集资诈骗罪

集资诈骗罪，是指以非法占有为目的，使用诈骗方法非法集资，数额较大的行为。

① 参见2021年4月13日《最高人民法院关于审理掩饰、隐瞒犯罪所得、犯罪所得收益刑事案件适用法律若干问题的解释》第1条。

（一）集资诈骗罪的构成要件

本罪在主观方面只能是故意，并且具有非法占有的目的。根据司法实践的总结，使用诈骗方法非法集资，具有下列八种情形之一的，可以认定为“以非法占有为目的”：（1）集资后不用于生产经营活动或者用于生产经营活动与筹集资金规模明显不成比例，致使集资款不能返还的；（2）肆意挥霍集资款，致使集资款不能返还的；（3）携带集资款逃匿的；（4）将集资款用于违法犯罪活动的；（5）抽逃、转移资金，隐匿财产，逃避返还资金的；（6）隐匿、销毁账目，或者搞假破产、假倒闭，逃避返还资金的；（7）拒不交代资金去向，逃避返还资金的；（8）其他可以认定非法占有目的的情形。

本罪在客观方面表现为使用诈骗方法非法集资，数额较大的行为。本罪是从普通诈骗罪中分离出来的一种特殊诈骗罪。其一，必须使用诈骗方法。本罪中的诈骗方法包括虚构资金用途，以虚假的证明文件和高回报率为诱饵，或者其他骗取集资款的手段。其二，非法集资数额较大。

（二）集资诈骗罪的关联犯罪

1.非法吸收公众存款罪

非法吸收公众存款罪，是指非法吸收公众存款或者非法变相吸收公众存款，扰乱金融秩序的行为。

本罪的主体包括自然人与单位。有观点认为，具有吸收存款资格的金融机构也可以成为本罪的行为主体。[①]这种观点不利于保护集资对象的利益。所以构成本罪主体的单位只能是不具有吸收存款资格的单位。

本罪客观方面表现为非法吸收公众存款或者非法变相吸收公众存款。“非法吸收公众存款或者变相吸收公众存款”，是指违反国家金融管理法律规定，向社会公众（包括单位和个人）吸收资金，同时具备下列四个条件的行为：（1）未经有关部门依法批准或者借用合法经营的形式吸收资金。（2）通过媒体、推介会、传单、手机短信等途径向社会公开宣传。“向社会公开宣传”，包括以各种途径向

---

① 参见谢望原，张开骏.非法吸收公众存款罪疑难问题研究［J］.法学评论，2011（6）.

社会公众传播吸收资金的信息，以及明知是吸收资金的信息向社会公众扩散而予以放任等情形。（3）承诺在一定期限内以货币、实物、股权等方式还本付息或者给付回报。（4）向社会公众即社会不特定对象吸收资金。未向社会公开宣传，在亲友或者单位内部针对特定对象吸收资金的，一般不属于非法吸收或者变相吸收公众存款。但是，“针对特定对象吸收资金”的如下两种行为，应当认定为向社会公众吸收资金：（1）在向亲友或者单位内部人员吸收资金的过程中，明知亲友或者单位内部人员向不特定对象吸收资金而予以放任的；（2）以吸收资金为目的，将社会人员吸收为单位内部人员，并向其吸收资金的。

非法吸收公众存款的方式不断变化，目前在司法实践中表现较为突出的方式包括以下十一种：（1）不具有房产销售的真实内容或者不以房产销售为主要目的，以返本销售、售后包租、约定回购、销售房产份额等方式非法吸收资金的；（2）以转让林权并代为管护等方式非法吸收资金的；（3）以代种植（养殖）、租种植（养殖）、联合种植（养殖）等方式非法吸收资金的；（4）不具有销售商品、提供服务的真实内容或者不以销售商品、提供服务为主要目的，以商品回购、寄存代售等方式非法吸收资金的；（5）不具有发行股票、债券的真实内容，以虚假转让股权、发售虚构债券等方式非法吸收资金的；（6）不具有募集基金的真实内容，以假借境外基金、发售虚构基金等方式非法吸收资金的；（7）不具有销售保险的真实内容，以假冒保险公司、伪造保险单据等方式非法吸收资金的；（8）以投资入股的方式非法吸收资金的；（9）以委托理财的方式非法吸收资金的；（10）利用民间“会”“社”等组织形式非法吸收资金的；（11）其他非法吸收资金的行为。

集资诈骗罪和非法吸收公众存款罪都是非法募集资金的犯罪。两罪的区别主要表现在以下两点：（1）犯罪目的不同。前罪以非法占有为目的；而后罪不具有非法占有的意图，而是具有返还的意图。这是两罪的本质区别。因此，认定行为人是否具有非法占有的目的，是区分本罪与相关犯罪的关键。（2）行为方式不同。前罪的行为人一般是采取诈骗手段，骗取公众信任后非法取得集资款；后罪主要在主体资格、条件、程序上往往有弄虚作假行为，但在吸收存款的目的上则不需要采取欺骗手段。

2.擅自发行股票、公司、企业债券罪

擅自发行股票、公司、企业债券罪，是指未经国家有关主管部门批准，擅自发行股票或者公司、企业债券，数额巨大、后果严重或者有其他严重情节的行为。

此外，未经国家有关主管部门批准，向社会不特定对象发行、以转让股权等方式变相发行股票或者公司、企业债券，或者向特定对象发行、变相发行股票或者公司、企业债券累计超过200人的，也应当认定为擅自发行股票、公司、企业债券。构成犯罪的，以擅自发行股票、公司、企业债券罪定罪处罚。

本罪与欺诈发行证券罪有相同之处，如都是非法发行股票或者公司、企业债券；都要求数额巨大、后果严重或者有其他严重情节；主体都包括自然人与单位；主观方面都是故意。关键区别在于：本罪是未经国家有关主管部门批准而擅自发行股票或者公司、企业债券；而欺诈发行证券罪，是指在招股说明书、认股书、公司、企业债券募集办法中隐瞒重要事实或者编造重大虚假内容，发行股票或者公司、企业债券。既未经国家有关主管部门批准，又采取欺诈方法发行股票或者公司、企业债券的，属于一行为触犯数罪名，按一重罪定罪量刑。

集资诈骗罪与擅自发行股票、公司、企业债券罪具有以下三点主要区别：（1）行为方式不尽相同。虽然两罪在一定程度上都使用了欺诈的方法，但是欺诈的具体内容和方式不同。（2）行为发生的具体场合不同。前罪可以发生在任何集资活动过程中，而后罪只能发生在发行股票或者公司、企业债券的特定集资活动过程中。（3）主观目的不同。前罪以非法占有为目的，而后罪的目的在于通过擅自发行股票、公司、企业债券来募集资金以发展生产、扩大经营，不具有非法占有的目的。

十、贷款诈骗罪

贷款诈骗罪，是指以非法占有为目的，用虚构事实和隐瞒真相的方法，诈骗银行或者其他金融机构的贷款，数额较大的行为。

（一）贷款诈骗罪的构成要件

贷款诈骗罪的主体是自然人，不包括单位。单位进行贷款诈骗的，应以合同诈骗罪定罪处罚。

贷款诈骗罪在主观上是故意，并且具有非法占有的目的。具有下列七种情形之一的，应认定为具有非法占有的目的：（1）假冒他人名义贷款的；（2）贷款后携款潜逃的；（3）未将贷款按贷款用途使用，而是用于挥霍致使贷款无法偿还的；（4）改变贷款用途，将贷款用于高风险的经济活动造成重大经济损失，导致无法偿还贷款的；（5）为谋取不正当利益，改变贷款用途，造成重大经济损失，致使无法偿还贷款的；（6）使用贷款进行违法犯罪活动的；（7）隐匿贷款去向，贷款到期后拒不偿还的等。对于确有证据证明行为人不具有非法占有的目的，因不具备贷款的条件而采取了欺骗手段获取贷款，案发时有能力履行还贷义务，或者案发时不能归还贷款是因为意志以外的原因如因经营不善、被骗、市场风险等，不应以贷款诈骗罪定罪处罚。

贷款诈骗罪的对象是金融机构的贷款。在我国，贷款的发放是由商业银行、股份制银行、城市信用社、农村信用社等金融机构进行的，贷款诈骗罪侵害的具体对象是这些金融机构的贷款资金。如果诈骗的不是这些金融机构的贷款资金，而是其他单位或个人的资金，就构成了其他类型的诈骗罪而不是贷款诈骗罪。

贷款诈骗罪的客观行为方式有如下五种：（1）编造引进资金、项目等虚假理由。申请贷款必须有贷款理由，如进行技术改造、进口生产设备、引进外资等。编造引进资金、项目等虚假理由，是指无中生有，捏造根本不存在的引资或项目等事实，或夸大其词，编造需要较大规模贷款的引资或项目等事实。（2）使用虚假的经济合同。虚假经济合同，是指主要内容不真实的经济合同。如伪造合同当事人，虚构标的、价款的合同等。如果仅仅是履行方式、地点等记载不真实的合同不应包括在内。（3）使用虚假的证明文件。虚假证明文件一般是指有关借款人身份、资信情况和还贷能力等内容不真实的证明文件。这种虚假证明文件可以是伪造、变造的，还可以是已作废的，其具体包括虚假的批准立项文件、营业执照、财务报告、担保书或债权凭证等。（4）使用虚假的产权证明作担保或者超出抵押物价值重复担保。使用虚假的产权证明一般是指使用伪造、变造、作废、无效或者冒用的产权证明。产权证明主要包括对汽车等动产、房屋等不动产以及其他财产权利拥有所有权的一切文件，如房产证、银行存单、股权证、票据等。虚假既包括内容完全虚假，也包括内容部分虚假。超出抵押物价值重复担保，是指将同一项财产超出抵押物价值同时抵押给几个债权人用于担保。这种重复担保除了一个属于真实担保之外，其他的都属于虚构抵押物进行担保。（5）其他方法。实践中骗取贷款的手段很多，除了我国《刑法》第193条明确列举的情况外，主要还有以下手段，包括伪造货物存放单骗取贷款，伪造本票和委托书骗贷，企业以多头开户等手段骗贷以及贿赂银行工作人员骗贷。此项规定是兜底条款，主要是弥补立法中的疏漏。

（二）贷款诈骗罪的关联行为

1.借贷纠纷

借贷纠纷是指借款人与贷款人因履行合同而发生的民事纠纷。借贷纠纷中的借款人并不具有非法占有款项的目的，而贷款诈骗罪的犯罪构成主观方面必须是直接故意，并具有非法占有的目的，因此是否具有非法占有的目的是区分两罪的关键所在，这可以从以下四个方面去区分：（1）看贷款关系是否正常、合法，借款人实际使用贷款的用途是否正当；（2）看行为人获得贷款后是否将贷款用于借贷合同所规定的用途；（3）看发生到期不还的原因；（4）发生到期不还时，看行为人在申请贷款时有无履约能力或者看行为人贷款到期后是否做出偿还的努力。如果借款人实际使用贷款用途正当，符合借贷合同的规定，在申请贷款时有履约能力，贷款到期未归还是由于市场行情发生了变化或者其他意外事件、不可抗力等因素，而且也尽力归还的，则应看作借贷纠纷，不能认定为贷款诈骗。如果在申请贷款时行为人根本没有履约能力，则有欺诈的可能。

2.集资诈骗罪

集资诈骗罪与贷款诈骗罪的主要区别在于以下两点：（1）行为对象不同。前者的行为对象是社会公众，后者的行为对象主要是金融机构。（2）行为方式不同。前者是集资，后者是贷款。

3.骗取贷款罪

骗取贷款罪是指自然人或者单位以欺骗手段取得银行或者其他金融机构贷款，给银行或者其他金融机构造成重大损失的行为。

贷款诈骗罪与骗取贷款罪的主要区别在于行为人是否具有非法占有的目的。骗取贷款罪在客观方面表现为以欺骗手段取得银行或者其他金融机构贷款，给银行或者其他金融机构造成重大损失的行为。骗取贷款罪不要求具有非法占有的目的。

4.合同诈骗罪

合同诈骗罪，是指以非法占有为目的，在签订、履行合同过程中，骗取对方当事人财物，数额较大的行为。本罪的构成特征如下。

合同诈骗罪的主体既可以是已满16周岁、具有辨认控制能力的自然人，也可以是单位。合同诈骗罪在主观方面只能是故意，并且具有非法占有目的，即具有不法占有对方当事人财物的目的。合同诈骗罪在客观方面表现为在签订、履行合同过程中，骗取对方当事人数额较大的财物的行为。本罪行为方式具体表现为以下五种：（1）以虚构的单位或者冒用他人名义签订合同；（2）以伪造、变造、作废的票据或者其他虚假的产权证明作担保；（3）没有实际履行能力，以先履行小额合同或者部分履行合同的方法，诱骗对方当事人继续签订和履行合同；（4）收受对方当事人给付的货物、货款、预付款或者担保财产后逃匿；（5）以其他方法骗取对方当事人财物。实施上述行为之一，骗取对方当事人数额较大财物的，即可成立本罪。此外，本罪还以“骗取对方当事人财物，数额较大”为要件。合同诈骗罪的客体是国家的合同管理制度和公私财产所有权。本罪是诈骗罪的一种特殊形式，《刑法》之所以将其从普通诈骗罪中分离出来规定为独立的犯罪，主要是因为这种犯罪不仅侵害了公私财产所有权，而且行为人利用经济合同骗取对方当事人财物的行为，使人们对合同这种手段失去信赖，侵害了市场秩序。

合同诈骗罪与合同纠纷之间实质上为罪与非罪的区别。行为人在签订、履行经济合同过程中，使用了一定欺诈手段时，难以区分罪与非罪。区分两者的关键在于是否具有非法占有对方当事人财物的目的。合同诈骗罪的行为人意欲利用合同非法占有对方当事人的财物，而经济合同纠纷的当事人只是通过合同进行正常经济活动从而取得经济利益。考察行为人有无非法占有的目的，应当着重考察以下三点：（1）看行为人有无履行合同的能力和担保；（2）看行为人在签订合同后，有无履行合同的实际行动；（3）看行为人取得货款后的处置情况以及偿还能力。

合同诈骗罪、贷款诈骗罪是从普通诈骗罪中分离出来的，三者的关系实质上是普通法与特别法的关系，在发生法条竞合时，应适用特别法。[①]贷款诈骗罪是从诈骗罪中分离出来的，两罪有许多相似之处：主观方面都是故意，都具有非法占有的目的；主体都是自然人，即年满16周岁具有刑事责任能力的自然人；客观方面都使用虚构事实或隐瞒真相的手段，使财物的所有人“自愿地”将财物交出。但两罪又有不同之处，主要有以下三方面：（1）犯罪的客观表现不同。贷款诈骗罪在客观方面主要表现为法定的行为方式，而诈骗罪的行为方式各种各样，形形色色，无此限制。（2）犯罪对象不同。贷款诈骗罪的犯罪对象仅限于银行或其他金融机构，诈骗罪的犯罪对象是一般的受害人。（3）犯罪客体不同。贷款诈骗罪侵犯的客体是国家对贷款的管理秩序和银行或其他金融机构对贷款的所有权，是复杂客体，而诈骗罪侵犯的客体为单一客体，即公私财物的所有权。

合同诈骗罪同贷款诈骗罪两罪有许多共同之处：都侵犯了一定的财产所有权；都采用了虚构事实、隐瞒真相等欺骗手段；都利用了合同形式；主观方面都是故意，且具有非法占有的目的。但两罪又有不同之处，主要表现在以下三个方面：（1）犯罪主体不同。贷款诈骗罪的主体是自然人，合同诈骗罪的主体既可以是自然人，也可以是单位。（2）犯罪对象不同。贷款诈骗罪的犯罪对象是银行或其他金融机构的贷款，合同诈骗罪的犯罪对象是对方当事人的预付款、货款、货物等普通财物。（3）犯罪客体不同。贷款诈骗罪是国家对贷款的管理秩序和银行或其他金融机构对贷款的所有权，而合同诈骗罪的客体是国家的合同管理制度和公私财产所有权。

（三）贷款诈骗的共同犯罪

贷款诈骗的共同犯罪存在两种形式，一是行为人与银行内部人员相勾结诈骗贷款；二是行为人与其他人相勾结诈骗贷款。

1.行为人与银行工作人员相勾结的

《最高人民法院关于审理贪污、职务侵占案件如何认定共同犯罪几个问题的解释》第1条规定：“行为人与国家工作人员勾结，利用国家工作人员的职务便

---

① 参见田立文，夏汉清.贷款诈骗罪认定中的疑难问题［J］.人民司法，2001（12）.

利，共同侵吞、窃取、骗取或者以其他手段非法占有公共财物的，以贪污罪共犯论处。”第2条规定：“行为人与公司、企业或者其他单位的人员勾结，利用公司、企业或者其他单位人员的职务便利，共同将该单位财物非法占为己有，数额较大的，以职务侵占罪共犯论处。”第3条规定：“公司、企业或者其他单位中，不具有国家工作人员身份的人与国家工作人员勾结，分别利用各自的职务便利，共同将本单位财物非法占为己有的，按照主犯的犯罪性质定罪。”据此，我国银行和其他金融机构与金融机构工作人员内外相勾结，利用金融机构工作人员职务上的便利诈骗贷款的行为应认定为贪污罪，理由在于：金融机构内部人员利用职务便利与他人勾结进行贷款诈骗的行为，使诈骗目的更易实现，其不仅侵犯了银行对贷款的所有权和贷款的管理制度，更侵犯了国家的廉政建设制度，是比诈骗犯罪更为严重的一种犯罪。但如果金融机构工作人员不是利用本身职务所提供的便利条件，而是利用熟悉银行业务的便利和熟悉办理贷款业务的人的便利，而从中谋划、介绍及提供其他帮助的，则应认定为贷款诈骗罪。

2.行为人与其他人员相勾结

这里的其他人员不是银行工作人员，主要包括与行为人签订虚假经济合同的对方当事人，提供虚假证明文件的人，提供虚假产权证明或者超出抵押价值重复担保的抵押人等。对于这些人构成贷款诈骗罪的共犯，须要求他们是在明知对方具有非法占有目的的情况下实施犯罪。但是否要求其本身也具有非法占有的主观目的呢？通常非法占有的目的可以为本人非法占有，也可以为第三人非法占有。依据我国《刑法》第25条“共同犯罪是指二人以上共同故意犯罪，”即只要其他人员明知对方具有非法占有金融机构贷款的目的仍然提供帮助的，可视为有共同诈骗的故意，并不要求其本身也同时具有非法为自己占有的主观目的。

十一、票据诈骗罪

票据诈骗罪，是指以非法占有为目的，利用金融票据进行诈骗活动，数额较大的行为。

（一）票据诈骗罪的构成要件

票据诈骗罪的主体属于一般主体，包括自然人和单位。票据诈骗罪在主观方面表现为直接故意，并且具有非法占有他人财物及其他财产性利益的目的。票据诈骗罪的行为对象是狭义上的票据，即汇票、本票、支票。票据诈骗罪在客观方面有五种行为方式。

（1）明知是伪造、变造的汇票、本票、支票而使用。首先，行为人在主观上对其使用的汇票、本票、支票必须明知是伪造、变造的而实施犯罪。只要行为人知道自己所持票据系伪造、变造的而实施犯罪即可构成犯罪，并不要求行为人知道所持票据的具体来源。行为人使用的汇票、本票、支票必须是伪造、变造的。“伪造”是指以行使票据为目的，假冒他人或者虚假持票人的名义在票据上签章、伪造票据的违法行为。“变造”是指在票据上无权而擅自变更票据文义即变更签章以外的票据上记载的内容。其次，行为人必须实施了使用伪造、变造汇票、本票、支票的行为。“使用”是指以非法占有为目的，以伪造、变造票据行使票据权利，骗取他人财物的行为。

（2）明知是作废的汇票、本票、支票而使用的。“作废”，是指根据法律和有关规定不能使用，如票据过期、无效以及被依法宣布作废。“过期”票据是指超过兑付期限的票据。“无效”票据是指票据金额以中文大写和数额同时记载不一致或者记载事项不全的票据等。“被依法宣布作废”票据是指根据国家规定更换了票据版本，旧的票据版本因此宣布作废的票据。

（3）冒用他人的汇票、本票、支票。冒用他人票据可以分为两种基本行为类型：一是非票据权利人采用欺骗手段使他人误信其为票据权利人；二是行为人虽然不直接冒充票据权利人，但是采用欺骗手段使他人误信其为票据权利人授权的代理人。这里的“冒用”是指无权利人没有法律依据或者没有得到授权而利用真正票据权利人的票据，骗取票据资金或商品等财物。严格而言，冒用行为属于伪造行为。

（4）签发空头支票或者与其预留印鉴不符的支票。“签发空头支票”是指出票人、签发或使用在银行没有账户或没有足够存储资金的支票交付给收款人，使支票在银行不能兑现的行为。“空头支票”是指出票人所签发的支票金额超过其付款时在银行设有账户处实有存款金额的支票。签发空头支票诈骗行为通常有以下四种情形：第一，无存款的空头支票，即出票人明知支票账户没有存款余额，仍然签发支票。第二，超过存款的空头支票，即出票人签发支票时，明知金额将超过其存款数，或已超过付款银行允许垫付的余额而签发的支票。第三，提回存款的空头支票，即出票人出票以后立即提走自己账户内的款项，造成支票不能支付。第四，签发支票后谎称遗失，即出票人出票后谎称支票遗失申请银行止付，造成持票人或者收款人取款不能。

（5）签发无资金保证的汇票、本票或者在出票时虚假记载。首先，“无资金保证的汇票、本票”是指汇票、本票的出票人在承兑其签发时，不具有按票据支付能力。其次，“虚假记载”是指在汇票上记载与真实情况不一致。

（二）票据诈骗罪的关联犯罪

1.信用卡诈骗罪

信用卡诈骗罪，是指以非法占有为目的，利用信用卡进行诈骗活动，数额较大的行为。

本罪主观上是直接故意，且行为人具有非法占有公私财物的目的。实践中，当行为人有如下行为表现时，可认定其具有非法占有的目的：（1）明知没有还款能力而大量透支，无法归还的；（2）使用虚假资信证明申领信用卡后透支，无法归还的；（3）透支后通过逃匿、改变联系方式等手段，逃避银行催收的；（4）抽逃、转移资金，隐匿财产，逃避还款的；（5）使用透支的资金进行犯罪活动的；（6）其他非法占有资金，拒不归还的情形。

本罪表现为利用信用卡进行诈骗活动，数额较大的行为。因此行为要件是利用信用卡进行诈骗活动，结果要件是数额较大。所谓信用卡，是指由商业银行或者其他金融机构发行的具有消费支付、信用贷款、转账结算、存取现金等全部功能或者部分功能的电子支付卡。利用信用卡诈骗具体表现为如下四种情形。

（1）使用伪造的信用卡（包括使用以虚假的身份证明骗领的信用卡）。伪造信用卡主要有两种行为表现：第一，完全模仿真实信用卡的质地、模式、版块、图样以及磁条密码等非法制造信用卡；第二，在真实信用卡基础上进行伪造，如在空白信用卡上输入其他用户的真实信息进行复制，或者在空白卡上输入虚假信息等。另外，还有一些行为也属于伪造信用卡，如在原有信用卡上涂改、变造等。所谓以虚假的身份证明骗领信用卡，是指使用不真实的居民身份证、军官证、护照等申请并领取信用卡。使用伪造的信用卡就是利用伪造的信用卡进行支付、消费、结算等行为。使用伪造的信用卡，可以是行为人本人伪造后使用，也可以是明知是他人伪造的信用卡而使用，如果行为人将伪造的信用卡出售或者单纯伪造信用卡而没有使用的，应以伪造、变造金融票证罪处理。

（2）使用作废的信用卡。作废的信用卡，是指由于法定原因失去效用的信用卡。信用卡失去效用的原因主要包括三种情形：信用卡超过有效使用期限而自动失效、持卡人已经办理退卡手续而失效、经持卡人办理挂失而失效。

（3）冒用他人的信用卡。冒用他人信用卡是指非持卡人以持卡人的名义使用持卡人的信用卡而骗取财物或者服务的行为。根据我国信用卡的相关管理规定，信用卡一般限于合法持卡人本人使用，不得转借或转让。但是经持卡人同意和许可出借给亲友使用的，不构成本罪。冒用他人的信用卡包括以下情形：第一，拾得他人信用卡并使用的；第二，骗取他人信用卡并使用的；第三，窃取、收买、骗取或者以其他非法方式获取他人信用卡信息资料，并通过互联网、通信终端等使用的；第四，其他冒用他人信用卡的情形。

（4）恶意透支。信用卡有的不具有透支功能，有的具有透支功能。透支信用卡分为善意透支和恶意透支两种情形。所谓善意透支，是指在银行设立账户的客户在账户上已无资金或资金不足的情况下，经过银行批准，允许客户以超过其账上资金的额度支用款项的行为。恶意透支是指信用卡的持卡人以非法占有为目的，超过规定限额或者规定期限透支，并且经发卡银行催收后仍不归还的行为。恶意透支的一般是具有透支功能的信用卡。善意透支和恶意透支的本质区别在于，善意透支的行为人主观上有先用后还的意图，而恶意透支的行为人是为了将透支款占为己有，根本不想偿还或者也没有能力偿还。由于行为人是基于合法的方式占有发卡单位的财产，只是不按照约定且拒绝归还透支金额，所以这种行为具有较为明显的侵占性质，不过因为《刑法》第196条规定，而将其作为信用卡诈骗罪处理。一般而言，持卡人以非法占有为目的，超过规定限额或者规定期限透支，经发卡银行两次有效催收后超过三个月仍不归还的，应当认定为“恶意透支”。

盗窃信用卡并使用的行为定性。《刑法》第196条第3款规定：“盗窃信用卡并使用的，依照本法第二百六十四条的规定定罪处罚。”即按照盗窃罪定罪处罚。

伪造信用卡后又使用的行为定性。理论上的分歧在于：有的观点认为，应当以伪造金融票证罪和信用卡诈骗罪数罪并罚；有的观点认为，应按照牵连犯的一般处断原则从一重罪处罚。毫无疑问，行为人伪造信用卡后，可以出售给他人使用，也可以自己使用。无论是出售给他人使用还是自己使用，前后行为之间均存在必然牵连关系，在无法律明确规定的情况下，应从一重罪论处。由于二者法定刑相同，用任何一个犯罪定罪处罚似乎都可以。但是应该注意到，伪造金融票证罪是行为犯，而信用卡诈骗罪是结果犯。前者无数额限制，后者有数额限制。二者虽然法定刑相同，但显然伪造金融票证罪对行为人更为严厉，因此应定伪造金融票证罪。此外是否有必要根据涉案的数额定罪，本书认为无此必要。

拾得他人信用卡并使用的行为定性。司法实践与刑法理论对其定性存在不同意见：（1）信用卡诈骗论，认为这种行为属于冒用，体现方式和由金融单位工作人员交付现款无异，这种诈骗是传统诈骗罪难以解释的，因此应当作为信用卡诈骗罪或滥用信用卡罪；[①]（2）盗窃论，认为用拾得的信用卡在ATM机上取款，根据机器不能被骗的观念，用拾得的信用卡在ATM机上取款的行为符合盗窃罪的构成要件；[②]（3）侵占论，认为被使有的信用卡属于遗忘物，侵占信用卡等同于侵占财物，侵占信用卡是主行为，使用信用卡是侵占信用卡的后续行为，应按主行为认定行为性质，盗窃信用卡并使用的行为成立盗窃罪，侵占信用卡并使用的行为成立侵占罪。[③]本书认为，根据规定，冒用他人信用卡构成信用卡诈骗罪，拾得他人信用卡并使用，在理论上必须冒用他人名义，因此按照信用卡诈骗罪处理较为妥当。

以诈骗、抢夺、侵占等手段获取他人信用卡并加以使用行为的定性。实践中，对于行为人以欺骗、抢夺等方式获取他人的信用卡并加以使用的行为，以及行为人使用他人委托保管的信用卡的行为，应如何定性颇有争议。第一种观点认为，按照刑法有关盗窃信用卡并使用的立法精神，对于上述行为理应以行为人的先前行为作为定性的依据。即如果行为人以诈骗、抢夺等方式取得他人的信用卡

---

① 参见刘明祥.用拾得的信用卡在ATM机上取款行为之定性［J］.清华法学，2007（4）.

② 参见张明楷.也论用拾得的信用卡在ATM机上取款的行为性质——与刘明祥教授商榷［J］.清华法学，2008（1）.

③ 参见张明楷.也论用拾得的信用卡在ATM机上取款的行为性质——与刘明祥教授商榷［J］.清华法学，2008（1）.

并加以使用的，应以诈骗罪或者抢夺罪论处；如果行为人使用他人委托保管的信用卡的，在“拒不退还”的情况下，应以侵占罪论处。第二种观点认为，对此应该以重罪吸收轻罪的原则处理。[①]本书认为，由于前后行为之间有牵连关系，所以从牵连犯的角度确定性质是可行的。首先，无论行为人采用何种手段获取他人信用卡，只要冒用并达到犯罪的程度即可构成信用卡诈骗罪。其次，刑法有关诈骗罪、抢夺罪和侵占罪的法定刑均低于信用卡诈骗罪。从理论上看，以信用卡诈骗罪定性似乎更为稳妥。但在行为人以抢劫方式获取他人信用卡并使用时，由于抢劫罪的法定刑明显高于信用卡诈骗罪，因此对于行为人的行为应以抢劫罪定性，认定抢劫罪的数额则应以行为人使用信用卡的数额作为依据。

2.信用证诈骗罪

信用证诈骗罪，是指以非法占有为目的，利用信用证进行诈骗活动的行为。

本罪的基本构成要件客观表现为以下四个方面：（1）使用伪造、变造的信用证或者附随的单据、文件的；（2）使用作废的信用证的；（3）骗取信用证的；（4）以其他方法进行信用证诈骗活动的。所谓信用证（Letter of Credit，L/C），是指开证银行应申请人的要求并按其指示向第三方开立的载有一定金额的，在一定的期限内凭符合规定的单据付款的书面保证文件。在国际贸易活动中，买卖双方可能互不信任，买方担心预付款后，卖方不按合同要求发货；卖方也担心在发货或提交货运单据后买方不付款。因此需要两家银行作为买卖双方的保证人，代为收款交单，以银行信用代替商业信用。信用证是银行有条件保证付款的证书，成为国际贸易活动中常见的结算方式。按照这种结算方式的一般规定，买方先将货款交存银行，由银行开立信用证，通知异地卖方开户银行转告卖方，卖方按合同和信用证规定的条款发货，银行代买方付款。所谓附随的单据、文件，是指使用信用证时必须附随的运输单据，商业发票、合同、提单、保险单等单据文件。

3.保险诈骗罪

保险诈骗罪，是指投保人、被保险人或者受益人，以使自己或者第三人获取保险金为目的，采取虚构保险标的、保险事故或者制造保险事故等方法，骗取保险金，数额较大的行为。

---

① 参见刘宪权.信用卡诈骗罪若干疑难问题研究［J］.政治与法律，2008（10）.

保险诈骗罪在客观上表现为虚构保险标的、保险事故或者制造保险事故等，骗取保险人的保险金，数额较大的行为。

保险诈骗罪的行为方式依法限定为如下五种。

（1）虚构保险标的，骗取保险金。所谓保险标的，是指作为保险对象的物质及其有关利益、人的生命或者身体。虚构保险标的，就是投保人投保的标的实际上不存在，而杜撰其存在。

（2）对发生的保险事故编造虚假的原因或者夸大损失的程度，骗取保险金的。所谓对发生的保险事故编造虚假的原因，是指事故发生的本来原因不是保险公司应当支付保险金的事由，而行为人将其编造为保险公司应当支付保险金的事由。所谓夸大损失的程度，是指行为人在提请保险公司支付保险金时，故意夸大保险标的损失，以骗取更多保险金。

（3）编造未曾发生的保险事故，骗取保险金。编造未曾发生的保险事故，是指实际并未发生保险事故，但行为人虚构事实，谎称发生了保险事故。

（4）投保人、被保险人故意造成财产损失的保险事故，骗取保险金。故意造成财产损失的保险事故，是指行为人在投保财产险后，故意以一定方法造成财产损失的行为。如对自己的房屋投保之后故意焚毁。

（5）投保人、受益人故意造成被保险人死亡、伤残或者疾病，骗取保险金。这种情形主要是，投保人、受益人对被保险人投保人身险之后，采取杀害、伤害、虐待、遗弃、传播疾病等方法，故意致被保险人死亡、残疾或者生病，以取得保险金。保险诈骗罪在主观上只能是故意，而且以非法占有为目的。

十二、非法经营罪

非法经营罪，是指违反国家规定，从事特定的非法经营活动，扰乱市场秩序，情节严重的行为。

（一）非法经营罪的构成要件

非法经营活动在客观上具有较为特定的行为方式。

第一，未经许可经营法律、行政法规规定的专营、专卖物品或者其他限制买卖的物品的。实践中常见的有以下三种：（1）未经烟草专卖行政主管部门许可，无生产许可证、批发许可证、零售许可证，而生产、批发、零售烟草制品；（2）未取得药品生产、经营许可证件和批准文号，非法生产、销售盐酸克仑特罗（俗称“瘦肉精”）等禁止在饲料和动物饮用水中使用的药品；（3）在生产、销售的饲料中添加盐酸克仑特罗等禁止在饲料和动物饮用水中使用的药品，或者销售明知是添加有该类药品的饲料。

第二，买卖进出口许可证、进出口原产地证明以及其他法律、行政法规规定的经营许可证或者批准文件的。

第三，未经国家有关主管部门批准非法经营证券、期货、保险业务的，或者非法从事资金支付结算业务的。实践中常见的方式有以下三种：（1）在外汇指定银行和中国外汇交易中心及其分中心以外买卖外汇；（2）公司、企业或者其他单位，违反有关外贸代理业务的规定，采用非法手段，或者明知是伪造、变造的凭证、商业单据，为他人向外汇指定银行骗购外汇；（3）居间介绍骗购外汇100万美元以上或者违法所得10万元人民币以上的。

第四，其他严重扰乱市场秩序的非法经营行为。实践中比较突出的包括以下六种：（1）违反国家规定，出版、印刷、复制、发行1998年12月11日《最高人民法院关于审理非法出版物刑事案件具体应用法律若干问题的解释》第1条至第10条规定以外的其他严重危害社会秩序和扰乱市场秩序的非法出版物；（2）非法从事出版物的出版、印刷、复制、发行业务；（3）违反国家规定，采取租用国际专线、私设转接设备或者其他方法，擅自经营国际电信业务或者涉港澳台电信业务进行营利活动；（4）违反国家在预防、控制突发传染病疫情等灾害期间有关市场经营、价格管理等规定，哄抬物价、牟取暴利；（5）从事传销或者变相传销活动；（6）违反国家有关盐业管理规定，非法生产、储运、销售食盐。

（二）非法经营罪的关联犯罪

1.强迫交易罪

强迫交易罪，是指以暴力、威胁手段，强买强卖商品，强迫他人提供或者接受服务，强迫他人参与或者退出投标、拍卖，强迫他人转让或者收购公司、企业的股份、债券或者其他资产，强迫他人参与或者退出特定的经营活动，情节严重的行为。

本罪的行为方式有如下五种：

（1）强买强卖商品的；

（2）强迫他人提供或者接受服务的；

（3）强迫他人参与或者退出投标、拍卖的；

（4）强迫他人转让或者收购公司、企业的股份、债券或者其他资产的；

（5）强迫他人参与或者退出特定的经营活动的。

2.伪造、倒卖伪造的有价票证罪

伪造、倒卖伪造的有价票证罪，是指伪造或者倒卖伪造的车票、船票、邮票或者其他有价票证，数额较大的行为。

3.倒卖车票、船票罪

倒卖车票、船票罪，是指倒卖车票、船票，情节严重的行为。

4.非法转让、倒卖土地使用权罪

非法转让、倒卖土地使用权罪，是指以牟利为目的，违反土地管理法规，非法转让、倒卖土地使用权，情节严重的行为。

5.倒卖文物罪

倒卖文物罪，是指以牟利为目的，倒卖国家禁止经营的文物，情节严重的行为。

6.提供虚假证明文件罪

提供虚假证明文件罪，是指承担资产评估、验资、验证、会计、审计、法律服务、保荐、安全评价、环境影响评价、环境监测等职责的中介组织的人员故意提供虚假证明文件，情节严重的行为。

（三）非法经营罪的罪数形态

（1）实施生产、销售伪劣商品犯罪，同时构成侵犯知识产权、非法经营等其他犯罪的，依照处罚较重的规定定罪处罚。

（2）未经烟草专卖行政主管部门许可，无生产许可证、批发许可证、零售许可证，而生产、批发、零售烟草制品，同时构成生产、销售伪劣产品罪，销售假冒注册商标的商品罪，非法经营罪等罪的，依照处罚较重的规定定罪处罚。

（3）违反国家规定，擅自设置、使用无线电台（站），或者擅自占用频率，非法经营国际电信业务或者涉港澳台电信业务进行营利活动，同时构成非法经营罪和扰乱无线电通讯管理秩序罪的，依照处罚较重的规定定罪处罚。

（4）从事传销或者变相传销活动，扰乱市场秩序，情节严重，同时构成非法经营罪和刑法规定的其他犯罪的，依照处罚较重的规定定罪处罚。

（5）未取得药品生产、经营许可证件和批准文号，非法生产、销售盐酸克仑特罗（俗称“瘦肉精”）等禁止在饲料和动物饮用水中使用的药品，扰乱药品市场秩序，情节严重，同时触犯非法经营罪和刑法规定的其他犯罪的，依照处罚较重的规定追究刑事责任。

（6）在生产、销售的饲料中添加盐酸克仑特罗等禁止在饲料和动物饮用水中使用的药品，或者销售明知是添加有该类药品的饲料，情节严重的，同时触犯非法经营罪和刑法规定的其他犯罪的，依照处罚较重的规定追究刑事责任。

（7）以非碘盐充当碘盐或者以工业用盐等非食盐充当食盐进行非法经营，同时构成非法经营罪和生产、销售伪劣产品罪，生产、销售不符合安全标准的食品罪，生产，销售有毒、有害食品罪等其他犯罪的，依照处罚较重的规定追究刑事责任。

（8）伪造、变造、买卖国家机关颁发的野生动物允许进出口证明书、特许猎捕证、狩猎证、驯养繁殖许可证等公文、证件构成犯罪的，以伪造、变造、买卖国家机关公文、证件、印章罪定罪处罚。同时构成非法经营罪的，依照处罚较重的规定定罪处罚。

（9）伪造、变造、买卖林木采伐许可证、木材运输证件，森林、林木、林地权属证书，占用或者征用林地审核同意书、育林基金等缴费收据以及其他国家机关批准的林业证件构成犯罪的，以伪造、变造、买卖国家机关公文、证件、印章罪定罪处罚。同时触犯《刑法》第225条规定之罪的，依照处罚较重的规定定罪处罚。

十三、逃税罪

逃税罪，是指纳税人采取欺骗、隐瞒手段进行虚假纳税申报或者不申报，逃避缴纳税款数额较大并且占应纳税额百分之十以上，或扣缴义务人采取欺骗、隐瞒手段不缴或者少缴已扣、已收税款，数额较大的行为。

（一）逃税罪的构成要件

1. 主体要件

一般认为是特殊主体，即纳税人和扣缴义务人。纳税人是指法律、行政法规规定负有纳税义务的单位和个人。扣缴义务人是指法律、行政法规规定的负有代扣代缴、代收代缴义务的单位和个人。代扣代缴义务人，是指有义务从持有的纳税人收入中扣除其应纳税款并代为缴纳的单位和个人。代收代缴义务人，是指有义务借助经济往来关系向纳税人收取应纳税款并代为缴纳的单位和个人。但是，依法纳税是每个公民应尽的义务，在此意义上，也可以说本罪的主体是一般主体。

2. 主观要件

本罪在主观方面表现为故意，行为人一般具有逃避缴纳应缴税款而非法获利的目的。如果行为人因过失未及时申报纳税，或者因账目不清而漏缴税款的，不构成偷税罪。

3. 客观要件

表现为纳税人采取欺骗、隐瞒手段进行虚假纳税申报或者不申报，逃避缴纳税款或者扣缴义务人采取欺骗、隐瞒手段不缴或者少缴已扣、已收税款，数额较大并且占应纳税额百分之十以上的行为。可见，逃税罪的客观要件如下。

第一，行为人采取了如下五种行为逃避缴纳税款：（1）伪造、变造、隐匿、擅自销毁账簿、记账凭证，包括伪造、变造、隐匿、擅自销毁用于记账的发票等原始凭证的行为。（2）在账簿上多列支出或者不列、少列收入。（3）经税务机关通知申报而拒不申报纳税。“经税务机关通知申报”的情形包括：纳税人、扣缴义务人已经依法办理税务登记或者扣缴税款登记的、依法不需要办理税务登记的纳税人，经税务机关依法书面通知其申报的，尚未依法办理税务登记、扣缴税款登记的纳税人、扣缴义务人，经税务机关依法书面通知其申报的。（4）进行虚假的纳税申报。虚假的纳税申报是指纳税人或者扣缴义务人向税务机关报送虚假的纳税申报表，财务报表，代扣代缴、代收代缴税款报告表或者其他纳税申报资料，如提供虚假申请，编造减税、免税、抵税、先征收后退还税款等虚假资料等。（5）缴纳税款后，以假报出口或者其他欺骗手段，骗取所缴纳的税款。

第二，行为人逃避缴纳税款数额较大。所谓数额较大是指逃税数额在5万元以上。偷税数额，是指在确定的纳税期间，不缴或者少缴各税种税款的总额。对多次实施逃税行为而未经处理的，逃税数额按照累计数额计算。“未经处理”，是指纳税人或者扣缴义务人在5年内多次实施偷税行为，但每次偷税数额均未达到《刑法》第201条规定的构成犯罪的数额标准，且未受行政处罚的情形。

第三，行为人逃避缴纳的税款不仅数额较大，而且占应缴纳税额10%以上。偷税数额占应纳税额的百分比，是指一个纳税年度中的各税种偷税总额与该纳税年度应纳税总额的比例。不按纳税年度确定纳税期的其他纳税人，偷税数额占应纳税额的百分比，按照行为人最后一次偷税行为发生之日前一年中各税种偷税总额与该年纳税总额的比例确定。纳税义务存续期间不足一个纳税年度的，偷税数额占应纳税额的百分比，按照各税种偷税总额与实际发生纳税义务期间应当缴纳税款总额的比例确定。偷税行为跨越若干个纳税年度，只要其中一个纳税年度的偷税数额及百分比达到《刑法》第201条第1款规定的标准，即构成偷税罪。各纳税年度的偷税数额应当累计计算，偷税百分比应当按照最高的百分比确定。

（二）逃税罪的关联犯罪

1.抗税罪

抗税罪，是指以暴力、威胁方法拒不缴纳税款的行为。本罪的客观方面必须是使用暴力、威胁方法拒不缴纳税款。其中的暴力包括两种情况：（1）对人暴力，即对履行税收职责的税务人员的人身不法行使有形力，使其不能正常履行职责。（2）对物暴力，即冲击、打砸税务机关，使税务机关不能从事正常的税收活动。威胁方法，是指对履行税收职责的税务人员实行精神强制，使其不敢正常履行税收职责。暴力、威胁是手段行为，目的行为是拒绝缴纳税款。[①]实施抗税行为致人重伤、死亡，构成故意伤害罪、故意杀人罪的，分别依照《刑法》第234条第2款、第232条的规定定罪处罚。本罪的主体是纳税人和扣缴义务人，单位不能构成本罪。与纳税人或者扣缴义务人共同实施抗税行为的，以抗税罪的共犯依法

① 参见张明楷.刑法学（上）[M].北京：法律出版社，2003：643.

处罚。本罪在主观方面只能是故意。

2.逃避追缴欠税罪

逃避追缴欠税罪，是指纳税人欠缴应纳税款，采取转移或者隐匿财产的手段，致使税务机关无法追缴欠缴的税款，数额较大的行为。本罪客观方面表现为在欠缴税款的情况下，采取转移、隐匿财产的手段，致使税务机关无法追缴欠缴的税款，数额在1万元以上的行为。（1）行为人必须有欠税的情况，如果没有因欠税而转移、隐匿财产的，不构成本罪。（2）行为方式表现为转移财产或隐匿财产。所谓转移财产，主要是指行为人从开户银行或者有关金融机构将存款转入他人账号或者提走存款，或者将其商品、产品、货物或者其他财产转移至通常存放地点以外的地点。隐匿财产，是指行为人将其财产予以隐藏，使税务机关难以或者不能发现。转移、隐匿财产的行为必须使税务机关无法追缴欠缴的税款。（3）致使税务机关无法追缴的税款数额较大。这里的“无法追缴”应该理解为足以使行为人逃税[①]，即只要行为人转移、隐匿财产的行为达到了足以使其逃税，具有使税务机关不能追缴欠税的可能性的程度，就可以认定构成本罪。根据《刑法》的规定，数额较大是指1万元以上。本罪主体是负有纳税义务的欠税人。欠税人既可以是自然人，也可以是单位，因此，本罪主体既可以是自然人，也可以是单位。本罪主观方面只能是故意，即行为人明知转移、隐匿财产的行为会发生使税务机关无法追缴欠缴税款的结果，并且希望或者放任这种结果发生。行为人转移、隐匿财产的目的，就是逃避税务机关追缴欠缴税款。

3.骗取出口退税罪

骗取出口退税罪，是指以假报出口或者其他欺骗手段，骗取国家出口退税款，数额较大的行为。本罪客观方面表现为采取假报出口或者其他欺骗手段，骗取国家出口退税款，数额较大的行为。本罪的行为方式具体有两种：（1）假报出口。即根本没有商品出口却利用伪造的出口证明文件和各种单据，谎报出口，骗取出口退税款。（2）其他欺骗手段。如虽然有产品出口，但是虚报出口商品的数量或价格等。此外，根据《刑法》的规定，成立本罪还要求骗取出口退税款数额较大。本罪主体既可以是自然人，也可以是单位。本罪主观方面只能是故意，即

① 参见张明楷.刑法学（上）[M].北京：法律出版社，2003：644.

行为人明知自己的行为会骗取国家出口退税款而故意实施该行为，其目的在于不法占有国家出口退税款。

骗取出口退税罪，只有在没有缴纳税款的情况下才可能成立。如果纳税人缴纳税款后，采取假报出口等欺骗方法，骗取所缴纳的税款的，成立逃税罪。对于纳税人缴纳税款后，骗取税款超过所缴纳的税款部分，则应认定为骗取出口退税罪，与逃税罪实行并罚。

4.虚开增值税专用发票、用于骗取出口退税、抵扣税款发票罪

虚开增值税专用发票、用于骗取出口退税、抵扣税款发票罪，是指故意虚开增值税专用发票或者虚开用于骗取出口退税、抵扣税款的其他发票的行为。

本罪主体既可以是自然人，也可以是单位。本罪主观方面只能是故意，行为人明知虚开增值税专用发票或者用于骗取国家出口退税、抵扣税款的其他发票会造成国家税款的流失，而故意实施该行为。过失不成立本罪。本罪客观方面表现为虚开专用发票的行为。行为对象是增值税专用发票与用于骗取出口退税、抵扣税款的其他发票。增值税是对生产、销售商品或提供劳务过程中实现的法定增值额征收的一个税种。世界各国的增值税制度，根据各自的经济情况和财政情况而有所不同。如按增值税的课税对象进行分类，增值税可以分为生产型增值税、收入型增值税和消费型增值税三种类型。

增值税专用发票，是指国家税务部门根据增值税征收管理需要，兼记价款及货物或劳务所负担的增值税税额而设定的一种专用发票。它不仅具有其他发票所具有的记载商品或者劳务的销售额以作为财产收支记账凭证的功能，而且是兼记销货方纳税义务和购货方进项税额的依据，是购货方据以抵扣税款的证明。

行为方式表现为虚开专用发票，具体包括四种：（1）为他人虚开，即合法拥有增值税专用发票的单位和个人，明知道对方没有货物销售或者提供应税劳务，而为其开具增值税专用发票，或者对方虽有货物销售或者提供应税劳务，但为其开具内容不实的增值税专用发票的行为；（2）为自己虚开，即合法拥有增值税专用发票的单位和个人，在本身没有货物销售或者提供应税劳务，而为自己开具增值税专用发票，或者自己虽有货物销售或者提供应税劳务，但为自己开具内容不实的增值税专用发票的行为；（3）让他人为自己虚开，即没有货物销售或者提供应税劳务的单位或者个人，要求合法拥有增值税专用发票的单位和个人为自己开

具内容不实的增值税专用发票的行为；（4）介绍他人虚开，即在没有货物销售或者提供应税劳务的单位或者个人与合法拥有增值税专用发票的单位和个人之间牵线搭桥，撮合沟通的行为。只要行为人实施其中一种行为，即可构成本罪。

《刑法》第205条与第208条的关系。本书认为，非法购买增值税专用发票是危害税收征管罪的一个具体罪名，其侵犯的法益总体上必须与危害税收征管罪一致，即必须侵害税收征管的法益。在判断该罪的法益侵害时，一要看行为，二要看结果。行为人的行为具有明显的违法性，但是在判断其违法性时，还要研判其是对税收制度还是对发票管理制度的侵害。从我国立法规定体例看，发票管理制度尚不构成危害税收征管罪的法益，所以，重点要考察行为人是否危害税收征管制度。依据我国《发票管理办法》第39条规定，"违反发票管理法规，导致其他单位或者个人未缴、少缴或者骗取税款的，由税务机关没收违法所得，可以并处未缴、少缴或者骗取的税款1倍以下的罚款"。可见发票管理制度也必须结合税收征管制度进行理解。《刑法》第208条之规定主要是为了防止行为人规避《刑法》第205条的几种手段，采用购买增值税专用发票或者购买虚假增值税专用发票进而骗税的。所以，如果行为人购买增值税专用发票之后意图用于抵税，但是之后并没有将其用于抵税，且如数缴纳税款的，不应认定构成犯罪。

5.虚开发票罪

虚开发票罪，是指虚开增值税专用发票、用于骗取出口退税、抵扣税款发票以外的其他发票，情节严重的行为。

十四、假冒注册商标罪

假冒注册商标罪，是指未经注册商标所有人的许可，在同一种商品、服务上使用与其注册商标相同的商标，情节严重的行为。

（一）假冒注册商标罪的构成要件

1.主体要件

既可以是已满16周岁、具有辨认控制能力的自然人，也可以是单位。明知他人实施假冒注册商标犯罪，而为其提供贷款、资金、账号、发票、证明、许可证件，或者提供生产、经营场所或运输、储存、代理进出口等便利条件帮助的，以假冒注册商标罪的共犯论处。

2. 主观要件

本罪是故意。故意的内容表现为：行为人不仅认识到自己使用的商标与他人已经注册的商标相同，而且认识到自己的行为未经注册商标所有人许可，但有意在同一种商品上使用与他人注册商标相同的商标。行为人的动机多种多样，但不同的动机不影响犯罪的成立。

3. 客观要件

本罪表现为未经商标所有人的许可，在同一种商品上使用与其注册商标相同的商标，情节严重的行为。

（1）行为人必须使用了与他人注册商标相同的商标。所谓“使用”，根据2004年12月8日公布的《最高人民法院、最高人民检察院关于办理侵犯知识产权刑事案件具体应用法律若干问题的解释》（简称“2004年司法解释”），是指将注册商标或者假冒的注册商标用于商品、商品包装或者容器以及产品说明书、商品交易文书，或者将注册商标或者假冒的注册商标用于广告宣传、展览以及其他商业活动等行为。所谓“注册商标”，是指经商标局审核注册的商标。所谓“他人”，是指向商标局申请商标注册，并依法取得商标专用权的企业、事业单位及个体工商业者，包括外国企业和外国人。成立本罪要求使用与他人的注册商标相同的商标，如果行为人使用与他人注册商标相似的商标，则不构成本罪。根据“2004年司法解释”，“相同的商标”是指与被假冒的注册商标完全相同，或者与被假冒的注册商标在视觉上基本无差别、足以对公众产生误导的商标。在司法实践中，根据2020年9月12日公布的《最高人民法院、最高人民检察院关于办理侵犯知识产权刑事案件具体应用法律若干问题的解释（三）》第1条的规定，具有下列六种情形之一的，可以认定为《刑法》第213条规定的“与其注册商标相同的商标”：①改变注册商标的字体、字母大小写或者文字横竖排列，与注册商标之间基本无差别的；②改变注册商标的文字、字母、数字等之间的间距，与注册商标之间基本无差别的；③改变注册商标颜色，不影响体现注册商标显著特征的；④在注册商标上仅增加商品通用名称、型号等缺乏显著特征要素，不影响体现注册商标显著特征的；⑤与立体注册商标的三维标志及平面要素基本无差别的；⑥其他与注册商标基本无差别、足以对公众产生误导的商标。

（2）必须是在同一种商品上使用与他人注册商标相同的商标。“同一种商品”的含义，根据最高人民法院、最高人民检察院、公安部2011年1月10日印发的《关于办理侵犯知识产权刑事案件适用法律若干问题的意见》（简称“2011年司法解释”）第5条的规定，一般是指名称相同的商品以及名称不同但指同一事物的商品，可以认定为“同一种商品”。“名称”是指国家工商行政管理总局商标局在商标注册工作中对商品使用的名称，通常即《商标注册用商品和服务国际分类》中规定的商品名称。“名称不同但指同一事物的商品”是指在功能、用途、主要原料、消费对象、销售渠道等方面相同或者基本相同，相关公众一般认为是同一种事物的商品。认定“同一种商品”，应当在权利人注册商标核定使用的商品和行为人实际生产销售的商品之间进行比较。

（3）必须是未经注册商标所有人的许可而使用与其注册商标相同的商标。这是本罪行为侵犯他人注册商标专用权的实质所在，因为《商标法》第43条规定：“商标注册人可以通过签订商标使用许可合同，许可他人使用其注册商标。”据此，经过注册商标所有人许可，在同一种商品上使用该注册商标的，是合法行为，不构成假冒注册商标罪。

（4）根据《刑法》的规定，假冒他人注册商标，必须情节严重才成立本罪。根据2010年5月印发的《最高人民检察院、公安部关于公安机关管辖的刑事案件立案追诉标准的规定（二）》的规定，具有下列三种情形之一的，属于“情节严重”：①非法经营数额在5万元以上或者违法所得数额在2万元以上的；②假冒两种以上注册商标，非法经营数额在3万元以上或者违法所得数额在2万元以上的；③其他情节严重的情形。其中的“非法经营数额”，根据“2004年司法解释”的规定，是指行为人在实施侵犯知识产权行为过程中，制造、储存、运输、销售侵权产品的价值。已销售的侵权产品的价值，按照实际销售的价格计算。制造、储存、运输和未销售的侵权产品的价值，按照标价或者已经查清的侵权产品的实际销售平均价格计算。侵权产品没有标价或者无法查清其实际销售价格的，按照被侵权产品的市场中间价格计算。

擅自在类似商品上使用与他人注册商标相同或者相似的商标，以及在同一种商品上使用与他人注册商标相似的商标的行为，不构成假冒注册商标罪。未经注册的商标，在不侵犯他人注册商标专用权的前提下，虽然可以使用，但不受法律保护，也不能取得商标专用权。因此，假冒他人没有注册的商标的，不可能构成假冒注册商标罪。此外，对于未经注册商标所有人许可，在同一种商品上使用与其注册商标相同的商标，但情节不严重的，属于一般商标侵权行为，不构成犯罪。

（二）假冒注册商标罪的关联犯罪

1.生产、销售伪劣商品犯罪的界限

以假冒注册商标的方式生产、销售伪劣商品的行为，属于一行为触犯数罪名的想象竞合犯，应从一重罪论处。

2.销售假冒注册商标的商品罪

销售假冒注册商标的商品罪，是指明知是假冒注册商标的商品，而予以销售，且销售金额数额较大的行为。

本罪在客观方面表现为销售假冒注册商标的商品，销售金额数额较大的行为:（1）行为的方式为销售，既包括零售，也包括批发；既包括市场销售，也包括内部销售。销售方式没有限制，以任何方式将假冒注册商标的商品卖出的行为，都是“销售”。（2）行为的对象是假冒注册商标的商品，即未经注册商标所有人许可，使用与其注册商标相同的商标的同一种商品。至于这种商品的质量与真正注册商标的商品质量有无差异，则在所不问。即使假冒注册商标的商品质量优于真正注册商标的商品质量，也不影响本罪的成立。因为刑法规定此罪的目的主要是保护注册商标所有人对商标的专用权，任何销售假冒他人注册商标的商品的行为，都会侵犯注册商标的专用权。（3）成立本罪还要求销售金额数额较大。本罪在主观上表现为故意，其核心是要求行为人“明知是假冒注册商标的商品”。根据“2004年司法解释”，具有下列四种情形之一的，应当认定为“明知”:（1）知道自己销售的商品上的注册商标被涂改、调换或者覆盖的;（2）因销售假冒注册商标的商品受到过行政处罚或者承担过民事责任又销售同一种假冒注册商标的商品的;（3）伪造、涂改商标注册人授权文件或者知道该文件被伪造、涂改的;（4）其他知道或者应当知道是假冒注册商标的商品的情形。销售假冒注册商标的商品罪可能同时触犯销售伪劣产品罪，因为假冒注册商标的商品通常属于伪造产品，由于行为人仅实施了一个销售行为，故成立一个行为触犯数个罪名的想象竞合犯，从一重罪论处。

3. 侵犯著作权罪

侵犯著作权罪，是指以营利为目的，侵犯他人著作权，违法所得数额较大或者有其他严重情节的行为。

本罪主体是符合一般主体条件的自然人以及单位。出版单位与他人事前通谋，向其出售、出租或者以其他形式转让该出版单位的名称、书号、刊号、版号，他人实施侵犯著作权行为，构成犯罪的，对该出版单位应当以共犯论处。

本罪主观方面只能是故意，即行为人明知自己的行为侵犯他人著作权而故意实施。根据《刑法》的规定，行为人主观上还必须具有营利目的，如果出于教学、研究等非营利目的复制他人作品，则不属于侵犯著作权的行为。关于以营利为目的的认定，根据“2011年司法解释”，除销售外，具有下列四种情形之一的，可以认定为“以营利为目的”：（1）以在他人作品中刊登收费广告、捆绑第三方作品等方式直接或者间接收取费用的；（2）通过信息网络传播他人作品，或者利用他人上传的侵权作品，在网站或者网页上提供刊登收费广告服务，直接或者间接收取费用的；（3）以会员制方式通过信息网络传播他人作品，收取会员注册费或者其他费用的；（4）其他利用他人作品牟利的情形。

本罪在客观方面表现为违反著作权法的规定，侵犯了他人著作权，违法所得数额较大或者有其他严重情节的行为。根据《刑法》第217条的规定，本罪具体有以下四种行为方式。

（1）未经著作权人许可，复制发行其文字作品、音乐、电影、电视、录像作品、计算机软件及其他作品以及录音录像制品。[①]首先，未经著作权人许可。“未经著作权人许可”是指没有得到著作权人授权或者伪造、涂改著作权人授权许可文件或者超出授权许可范围的情形。对“未经著作权人许可”的认定，[②]一般应当依据著作权人或者其授权的代理人、著作权集体管理组织、国家著作权行政管理部门指定的著作权认证机构出具的涉案作品版权认证文书，或者证明出版者、复

---

① 参见2005年10月13日公布的《最高人民法院、最高人民检察院关于办理侵犯著作权刑事案件中涉及录音录像制品有关问题的批复》。

② 参见2011年1月10日最高人民法院、最高人民检察院、公安部印发的《关于办理侵犯知识产权刑事案件适用法律若干问题的意见》。

制发行者伪造、涂改授权许可文件或者超出授权许可范围的证据，结合其他证据综合予以认定。在涉案作品种类众多且权利人分散的案件中，上述证据确实难以一一取得，但有证据证明涉案复制品系非法出版、复制发行的，且出版者、复制发行者不能提供获得著作权人许可的相关证明材料的，可以认定为“未经著作权人许可”。但是，有证据证明权利人放弃权利、涉案作品的著作权不受我国著作权法保护，或者著作权保护期限已经届满的除外。其次，复制发行。复制发行，包括复制、发行或者既复制又发行。复制，是指以印刷、复印、临摹、拓印、录音、录像、翻拍等方式将作品制作一份或者多份的行为。发行，是指通过出售、出租等方式向公众提供一定数量的作品复制件的行为。发行包括总发行、批发、零售、通过信息网络传播以及出租、展销等活动。根据最高人民检察院、公安部《关于公安机关管辖的刑事案件立案追诉标准的规定（一）》通过信息网络向公众传播他人文字作品、音乐、电影、电视、录像作品、计算机软件及其他作品以及录音录像制品的行为，视为“复制发行”。最后，复制发行的对象是他人享有著作权的作品，包括文字作品、音乐、电影、电视、录像作品、计算机软件及其他作品。文字作品，是指小说、诗词、散文、论文等以文字形式表现的作品。音乐作品，是指歌曲、交响乐等能够演唱或者演奏的带词或者不带词的作品。电影、电视、录像作品，是指摄制在一定介质上，由一系列有伴音或者无伴音的画面组成，并且借助适当装置放映或者以其他方式传播的作品。计算机软件，是指计算机程序及其有关文档。其他作品，包括口述作品、戏剧作品、曲艺作品、舞蹈作品、杂技艺术作品、美术作品、建筑作品、摄影作品、类似摄制电影的方法创作的作品、图形作品、模型作品等。

（2）出版他人享有专有出版权的图书。出版，是指将作品编辑加工后，经过复制向公众发行。根据《著作权法》的规定，图书出版者对著作权人交付出版的作品，在合同约定期间享有专有出版权。图书出版者一旦享有对某一作品的专有出版权，就可在作品的出版传播方面对抗著作权人和任意第三人，他人未经出版者许可而出版的，就构成侵权。

（3）未经录音录像制作者许可，复制发行其制作的录音录像。

（4）制作、出售假冒他人署名的美术作品。美术作品，是指绘画、书法、雕塑等以线条、色彩或者其他方式构成的有审美意义的平面或者立体的造型艺术作品。

值得重视的是，随着互联网的发展，网络服务商侵犯著作权的行为与通常情况不同。例如在P2P技术（尤其是分散型P2P架构）之下，网上作品的传播已经脱离了服务器的管理而完全由用户终端自行完成，侵权作品不在服务器上，所以网络服务商并不直接侵犯他人著作权，但是，P2P软件和网络服务商为用户提供了技术设备，并为网络用户提供网络接入的技术支持。对此问题，至少可以从如下方面进行考虑：一是网络服务商已知存在大量文件被非法分享或下载的事实，依然为他人侵犯著作权的行为提供软件和技术上的支持，其行为超越了被允许的范围，可能以帮助犯论处。二是要考察网络服务商是否应居于保证人的地位而负有对网络分享作品的监督、管控义务。如果存在该义务，则可构成不作为的犯罪。①

根据《著作权法》的规定，在下列十二种情况下使用作品，可以不经著作权人许可，不向其支付报酬（但应当指明作者姓名、作品名称，并且不得侵犯著作权人依照本法享有的其他权利），因此不成立侵犯著作权罪：（1）为个人学习、研究或者欣赏，使用他人已经发表的作品；（2）为介绍、评论某一作品或者说明某一问题，在作品中适当引用他人已经发表的作品；（3）为报道时事新闻，在报纸、期刊、广播电台、电视台等媒体中不可避免地再现或者引用已经发表的作品；（4）报纸、期刊、广播电台、电视台等媒体刊登或者播放其他报纸、期刊、广播电台、电视台等媒体已经发表的关于政治、经济、宗教问题的时事性文章，但作者声明不许刊登、播放的除外；（5）报纸、期刊、广播电台、电视台等媒体刊登或者播放在公众集会上发表的讲话，但作者声明不许刊登、播放的除外；（6）为学校课堂教学或者科学研究，翻译、改编、汇编、播放或者少量复制已经发表的作品，供教学或者科研人员使用，但不得出版发行；（7）国家机关为执行公务在合理范围内使用已经发表的作品；（8）图书馆、档案馆、纪念馆、博物馆、美术馆等为陈列或者保存版本的需要，复制本馆收藏的作品；（9）免费表演已经发表的作品，该表演未向公众收取费用，也未向表演者支付报酬；（10）

① 参见杨彩霞.P2P软件和服务提供商著作权侵害刑事责任探究——以P2P技术架构为切入点[J].政治与法律，2016（3）.

对设置或者陈列在室外公共场所的艺术作品进行临摹、绘画、摄影、录像；（11）将中国公民、法人或者非法人组织已经发表的以国家通用语言文字创作的作品翻译成少数民族语言文字作品在国内出版发行；（12）将已经发表的作品改成盲文出版。

侵犯著作权罪与假冒注册商标罪的主要区别表现在以下两个方面：（1）行为对象不同。前罪的行为对象是著作权人的各种作品、图书、录音录像制品等；后罪的行为对象是他人的注册商标。（2）客观方面的行为方式不同。前罪的犯罪行为方式是刑法规定的复制、发行、出版、制作、出售；后罪的行为方式表现为未经注册商标所有人许可，在同一种商品上使用与其注册商标相同的商标。

4.侵犯商业秘密罪

侵犯商业秘密罪，是指违反国家有关商业秘密的保护法规，侵犯他人商业秘密，给商业秘密的权利人造成重大损失的行为。

本罪的主体既可以是自然人，也可以是单位。

本罪主观方面为故意。侵犯商业秘密的行为只能是基于故意，即行为人明知自己的行为侵犯了他人商业秘密，会给权利人造成重大损失，并且希望或者放任这种结果发生。

本罪客观上表现为实施了侵犯他人商业秘密，并且给权利人造成了重大损失的行为。

行为对象为商业秘密。依据我国现行《反不正当竞争法》第9条第4款规定，商业秘密是指不为公众所知悉、具有商业价值并经权利人采取相应保密措施的技术信息、经营信息等商业信息；《最高人民法院关于审理侵犯商业秘密民事案件适用法律若干问题的规定》第1条至第7条则对商业秘密的技术信息、经营信息、不为公众所知悉性、保密性、价值性等方面进行了详细规定，商业秘密包括技术信息与经营信息。

一般认为，商业秘密具有秘密性、价值性和保密性三重属性。保密性无疑是商业秘密得以构成的重要组成部分。[①]价值性和秘密性应当是判断商业秘密的重要基础，也是司法实践中判断商业秘密时必不可少的依据。但是，在此基础上，

---

① 参见江伟.侵犯商业秘密案件成案难原因及对策探析［J］.中国检察官，2020（24）.

部分学者还额外提出了“实用性”的要求。“实用性”能否成为判断商业秘密的重要因素存在争论。有学者认为，这可能导致商业秘密难以全面受到刑法保护。[①]司法工作人员常常将实用性作为界定商业秘密的重要特点。但实用性是指客体对于主体的实际效用，它和价值性之间缺乏必然联系，所以将其作为商业秘密的判断因素并不妥当。[②]即便如此，实务中也不能忽视效用的大小和使用价值的大小具有的关系，应以商业秘密的价值性为基础，充分考虑到价值、交换价值和价格的正向关系。商业秘密本质上是一种自定义的垄断权。根据一般观点，只有权利人基于自己的意愿和能力，决定将其保密，且就保密方式、保密范围、保密时间采取了保密措施的，才具有所谓的保密性。如何判断保密性是司法实践当中的难点。在司法实践中，一般采用文本主义确定保密性，即认定权利人采取保密措施主要根据是否制定相应保密制度、是否与员工签订保密协议两方面。[③]但在当前，由于企业对知识产权，特别是对经营信息尚未高度重视，劳动合同往往不健全，员工流动也较为频繁，如果坚持采用文本主义的方式，要求企业有保密制度，并和员工签订了保密协议，显然也并不妥当。一方面，如果企业采取保护文本固化措施不及时，容易导致行为人侵犯商业秘密的行为不能处罚；另一方面，企业虽然采取了保密措施但是执行并不严格，导致行为人在离职后带走客户信息或者离职后使用原有客户信息的，是否应一律作为侵犯商业秘密罪进行处罚也存在疑问。由此可见，如果片面运用保密性要求，反而容易造成司法漏洞。所以，司法过程中应对企业的保密措施予以合理评价。

行为人实施了侵犯商业秘密的行为。侵犯商业秘密罪的客观行为方式表现为以下四种情况。

（1）以盗窃、贿赂、欺诈、胁迫、电子侵入或者其他不正当手段获取权利人的商业秘密的。

① 参见唐稷尧.扩张与限缩：论我国商业秘密刑法保护的基本立场与实现路径［J］.政治与法律，2020（7）.

② 参见李汉军，李文凯.论侵犯商业秘密罪的司法认定［J］.贵州民族大学学报（哲学社会科学版），2021（1）.

③ 参见李汉军，李文凯.论侵犯商业秘密罪的司法认定［J］.贵州民族大学学报（哲学社会科学版），2021（1）.

（2）披露、使用或者允许他人使用以前项手段获取的权利人的商业秘密的。

（3）违反保密义务或者违反权利人有关保守商业秘密的要求，披露、使用或者允许他人使用其所掌握的商业秘密的。

（4）明知前款所列行为，获取、披露、使用或者允许他人使用该商业秘密的，以侵犯商业秘密论。

行为人实施前述行为且情节严重，即给权利人造成了重大损失的。权利人，是指商业秘密的所有人和经商业秘密所有人许可的商业秘密使用人。关于情节要注意的是，首先，构成要件情节并不排斥构成要件损失。在评价情节是否严重时主要综合考量以下因素：行为的性质、方法、手段，行为是否造成严重后果或者是否可能造成严重危害后果，行为侵犯的是什么样的社会关系，行为人本身的情况，行为人主观方面的情况，情节是否严重恶劣，行为实施时的社会形势。①可见“情节严重”作为一个综合考量的情节，是对主体、主观方面、客体、客观方面综合考量的情节，②并非单纯的“唯数额论”“唯经济损失论”。构成要件的后果中包括构成要件的损失、数额等，所以构成要件的后果包含在构成要件的情节之中，构成要件的数额、构成要件的损失依然会作为评价情节严重的重要客观因素。其次，以损失作为构成要件要素的情节时，如何评价损失的问题仍然具备意义和价值。其一，将补救成本作为损失计算标准并不科学，因为补救成本往往无法充分表明商业秘密权利人的损失，可能会对其不利。其二，损失取证难。就商业秘密而言，其无形性特征使得收集用以证明损害行为和损害后果的证据尤其困难。③其三，在评价损失时，应当考虑的因素有：商业秘密的研发成本，使用情况，交易转让情况，利润实际损失、失密范围，商业秘密部分所占市场份额，侵权人的生产能力，侵权的时间、方式，商业秘密的种类、利用周期、竞争程度、前景预测、新颖程度。最后，“情节严重”也符合刑法关于侵犯知识产权罪的立法趋势。如非法制造、销售非法制造的注册商标标识罪，假冒注册商标罪等都采

① 参见潘莉.侵犯商业秘密罪：如何界定“情节严重”［N］.检察日报，2020-11-25.

② 参见王志远.侵犯商业秘密罪保护法益的秩序化界定及其教义学展开［J］.政治与法律，2021（6）.

③ 参见冯晓青，马彪.民刑交叉视野下侵犯商业秘密罪边界的检视与厘清［J］.法治社会，2021（3）.

用了情节严重的定罪标准，这也使得侵犯商业秘密罪和其他的知识产权犯罪在刑法保护的层面实现了统一。

本罪客体是公平自由的市场竞争秩序。侵犯商业秘密罪的成立依赖于企业建立商业秘密的保护制度，所以，只有当行为人的侵权行为严重破坏了企业保密规定，影响了企业创新激励机制，扰乱了市场竞争秩序，才应动用刑法予以制裁。将公平自由的市场竞争秩序作为侵犯商业秘密罪的保护客体，可以更为合理地构建侵犯商业秘密的刑事制裁体系。①

侵犯商业秘密罪与假冒注册商标罪、假冒专利罪、侵犯著作权罪有相似之处，都侵犯了知识产权。其主要区别如下：（1）本罪侵犯的是商业秘密；而其他知识产权犯罪侵犯的是商标权、专利权与著作权。（2）本罪行为主要表现为以不法手段获取商业秘密，或者非法披露、使用或允许他人使用商业秘密；而其他知识产权犯罪主要表现为假冒行为。

第二节　妨害社会管理秩序的犯罪

一、妨害社会管理秩序罪

妨害社会管理秩序罪，是指故意或者过失地妨害国家机关或其他有关机构对社会的管理活动，破坏社会秩序、依法应当受到刑罚处罚的行为。

主体要件，多为一般主体，少数为特殊主体。

主观要件，绝大多数为故意，少数为过失。

客观要件，行为人实施了妨害国家对社会的管理活动，破坏社会管理秩序的行为。根据立法规定，此类罪的行为有如下类型：一是扰乱公共秩序；二是妨害司法秩序；三是妨害国（边）境管理；四是妨害文物管理；五是危害公共卫生；六是破坏环境资源保护；七是危害毒品管理；八是妨碍风化管理；九是妨害淫秽物品管理。

客体要件，《刑法》分则第六章规定了妨害社会管理秩序罪。社会管理秩序

---

① 参见王志远.侵犯商业秘密罪保护法益的秩序化界定及其教义学展开［J］.政治与法律，2021（6）.

是社会秩序的基础。社会秩序是一种主要的社会法益。首先，社会秩序是一种客观存在的关系。虽然我们很难对社会秩序给出准确的界定，但是这并不会妨碍我们对社会秩序的基本认知和理解：第一，社会秩序具有客观性。社会秩序意味着社会运行的某种状态，所以不能说社会秩序可有可无。可见社会秩序是独立存在于人们的意识之外的客观实在，人们无法否定其存在。第二，社会秩序具有丰裕的内容。其内容不仅包括人们在参与社会生活中所必须遵循的行为准则，也包括其所调整的社会关系、模式、结构等的条理性、连续性及稳定性，因此它指涉的内容宽泛。第三，社会秩序具有重要的现实作用。“社会关系正是社会秩序的一种呈现”，①这一方面表明社会秩序是在人与人之间存在的关系，另一方面还表明社会秩序在现代社会中具有重要地位，尤其在充满不确定性的现代社会，人们特别渴望生活在有序的社会生活中。②可以说，社会秩序是国民生活安宁、社会发展进步的必要保障。

其次，社会秩序的形成原因复杂。社会秩序的客观性并不掩饰其发展性，社会秩序作为人际关系的表现，它在不断发生变化，其判断视角具有多样性。迄今为止，社会学者对其发生根据有多种解读：一是从功能视角看，社会秩序来源于社会各个部分之间功能上的耦合；二是从冲突视角看，社会秩序来源于部分社会群体对部分社会群体的强制或者双方之间的妥协；三是从互动视角看，社会秩序被认定为人际互动的结果。但是，不论如何，社会结构、社会价值观以及社会资源这三种要素的变动关涉社会秩序的建构与形成。③其中，如下内外因素颇值得法学工作者关注。一是内在的价值信念。社会成员的共同价值信念、共同道德规范是构建社会秩序的基础，它们对社会结构起着至关重要的作用。④二是外在压力。外部造成的压力很多，值得关注的是政治原因形成的外部强制性塑造力。在我国刑法制度中要重视政治因素对社会秩序建构的显著影响。因此，就国家合法性与社会秩序的维护来讲，治安体制的有效构建至关重要。在当前社会转型过程中，频繁出现的矛盾纠纷、群体性事件以及犯罪对国家的稳定和秩序是一种持续

① 孙莉莉.依赖性认同与城郊空间社会秩序生产［J］.长白学刊，2019（1）.

② 参见郭星华，刘朔.社会秩序的恢复与重建［J］.国家行政学院学报，2017（5）.

③ 参见郭星华，刘朔.社会秩序的恢复与重建［J］.国家行政学院学报，2017（5）.

④ 参见郭星华，刘朔.社会秩序的恢复与重建［J］.国家行政学院学报，2017（5）.

的挑战。[①]因此，应以积极态度关注法治建设中破坏社会秩序的危害。我国有学者在谈到起哄闹事这一行为时，曾明确指出了其所具有的三个显著特征，即煽动性、蔓延性和扩展性。[②]后两个特征揭示了社会管理秩序保护目的的核心特征。公共秩序作为社会法益，和个人法益具有不一样的特点。侵害个人法益的犯罪具有行为对象和行为目的上的特定性，而侵害社会法益的犯罪在对象上往往不具有特定性。侵害公共秩序的犯罪一般不仅对象不特定，而且其行为目的也不具有特定性。公共秩序所表征的状态会强化民众心理上的安宁，公共秩序混乱则会造成或加剧民众心理上的不安。破坏公共秩序的行为就是通过公开性制造社会心理上的不安，并向其他公民传递这种信息，进而导致社会不安心理的进一步蔓延和扩散，在事态严重的情况下容易导致群体性事件。这是我们分析寻衅滋事罪制度的逻辑起点。实践经验中很容易忽视这一点，将社会法益评价异化为个人法益分析。

再次，我国当前的社会秩序是由悠久的历史传统与复杂的现实环境共同型构而成的。国家重视社会秩序的历史和现实经验。其一，重视刑法中社会秩序型构过程的文化因素。“中华民族自古以来便充满着一种‘秩序情结’”。[③]古代统治者之所以重视秩序有其历史原因，在历史上对统治王朝的最大威胁无疑是各个地方的“起义”，从统治者角度看就是所谓的“民变”。民变发生的原因包括三种情由：自然灾害、邪教蛊惑和奸商作乱。[④]民变通常是因个案处理不当而积累民怨进而演化发酵而成。这种历史经验或者教训提醒政府管理者，在社会转型时期，由于社会矛盾增多，必须高度重视对社会秩序的维持，而不是采取相反做法，将其还原为个人的一些东西，甚至作为民事问题处理。其二，重视刑法中社会秩序型构过程的文化价值因素。当前，我国社会价值观出现了由一元向多元化变迁的趋势，这种变迁趋势势必影响到部分学者对公共秩序的认知，但并不能以此替代其他认知，尤其是无视文化价值原因和现实因素。多样化文化价值在观念

① 参见杨志云.社会治安的政治定位与调控中的社会秩序——当代中国警务运行机理的解释框架［J］.社会学研究，2019，34（02）.

② 参见张明楷.寻衅滋事罪探究（上篇）［J］.政治与法律，2008（1）.

③ 郭星华.“秩序情结”与社会转型［J］.学海，2001（1）.

④ 参见廖寅，王晓龙.宋代民变若干成因新探［J］.兰州学刊，2016（4）.

上可能会消解社会秩序的意义，但是也可能借助于历史情结和政治理论来强化社会秩序的需求。

最后，社会秩序在我国国家治理现代化过程中具有决定性和基础性影响，要将社会秩序当作改革发展不可或缺的基础。当前社会矛盾交织，治安案件和刑事案件多发，群体性事件频密，对于矛盾比较集中的问题必须加快治理节奏，强化治理力度。可以说扫黑除恶、打击邪教、治理涉众经济纠纷、打击医闹、严厉处理疫情防控期间的种种违法行为等都具有这种考量。所以，社会治安和社会秩序是我国“最根本的社会基础设施”。

所谓社会管理秩序，是指国家机关依法对社会进行管理而形成的正常社会秩序。社会秩序极其广泛，包括生产秩序、生活秩序、经济秩序、教学科研秩序等。《刑法》分则第六章的社会管理秩序，是指政治秩序、公共安全、经济秩序、国家机关内部管理秩序、国防利益、军事利益等秩序之外的日常管理秩序。[①]其中可进一步分为公共秩序、司法秩序、文物管理秩序、公共卫生秩序、环境资源秩序、毒品管制秩序、风化管理秩序等。

二、妨害公务罪

妨害公务罪，是指用暴力、胁迫的方法，阻碍国家机关工作人员、人大代表依法执行职务，红十字会工作人员依法履行职责，或者故意阻碍国家安全机关、公安机关依法执行国家安全工作任务，虽未使用暴力、胁迫方法，但造成严重后果的行为。

（一）妨害公务罪的构成要件

1. 主观要件

本罪的主观表现为故意。

2. 客观要件

本罪的行为对象是依法执行国家公务的工作人员。其中包括国家机关工作人员、各级人大代表、红十字会工作人员。本罪的行为表现为如下两种情形：一是

① 参见贾宇.刑法学［M］.北京：高等教育出版社，2019：181.

用暴力、胁迫的方法，阻碍国家机关工作人员、人大代表依法执行职务，红十字会工作人员依法履行职责；二是未使用暴力、胁迫方法，但故意阻碍国家安全机关、公安机关依法执行国家安全工作任务，造成严重后果的行为。

（二）妨害公务罪的关联犯罪

1.煽动暴力抗拒法律实施罪

煽动暴力抗拒法律实施罪，是指煽动群众暴力抗拒国家法律、行政法规实施，扰乱社会秩序的行为。

煽动暴力抗拒法律实施罪的基本构成要件如下：（1）主体要件，是一般主体。（2）主观要件，是故意。（3）客观要件，表现为煽动群众暴力抗拒国家法律、行政法规实施，扰乱社会秩序的行为。所谓煽动，是指以鼓动性言辞或文字劝诱、引导、促使他人去实施犯罪活动。煽动的内容必须是暴力抗拒国家法律实施，煽动的对象必须是群众。如果煽动群众以和平方式，如沉默的方式抗拒国家法律实施，不构成本罪。所谓国家法律，应当从广义上理解，包括宪法、法律、法规、规章等。本罪属于行为犯，只要行为人实施了煽动群众暴力抗拒国家法律、行政法规实施的行为，无论被煽动的群众是否付诸实施了，均构成本罪。（4）客体要件，是国家法律的实施秩序和法律权威。

煽动群众暴力抗拒国家法律、行政法规实施的行为，属于妨害公务罪的预备行为。那么，当行为人先行煽动群众以暴力抗拒法律、行政法规实施的，其后又参与暴力妨害公务罪行为，或者行为人煽动他人，他人以暴力抗拒法律、行政法规实施的，应当如何处罚呢？

第一种情形主要的问题是：应当数罪并罚，还是以一罪处罚或者以何罪处罚？妨害公务罪和煽动暴力抗拒法律实施罪，是两个不同的罪名。如果行为人既实施了煽动的行为，也实施了妨害公务的行为，应该认定其实施了两个犯罪的实行行为，在形式上，它符合数罪的规定，似乎要依据数罪并罚。但是，很明显，煽动行为和妨害公务的行为是必然联系的，前者是后者的一般条件。在共同犯罪的场合，没有煽动行为者，往往不会有暴力行为者，所以，如果根据一般刑法原理，就不应该将它们进行数罪并罚。而作为一罪处罚的法理，只能是裁判上的一罪。显然，这种情形不是连续犯，那么，它是牵连犯还是吸收犯呢？牵连犯是行为人实行一个犯罪，其犯罪的方法行为或者结果行为又触犯了其他的罪名的犯罪形态。而吸收犯则是数个犯罪行为，其中一个犯罪行为吸收了其他的犯罪行为，仅成立吸收的犯罪行为一个罪名的犯罪形态。[①]吸收犯和牵连犯的相同点很多，如都是两个以上的犯罪行为，都触犯了两个以上的罪名，并且两个犯罪之间存在某种联系。为了区别它们，本书认为，只能将牵连的犯罪行为理解为性质完全不同的犯罪，而吸收的犯罪行为是性质相同的犯罪行为。前者的两个以上的犯罪，能各自独立存在，而后者中被吸收的犯罪，必须依附于吸收的犯罪行为而存在。比如日本刑法中的杀人预备罪和杀人罪，如果没有杀人罪，杀人预备罪是难以成立的。日本刑法之所以将预备行为独立规定为犯罪，是由于预备犯只有在刑法有特别规定的场合才被处罚。因此，如果不规定严重犯罪的预备罪名，一般不能处罚预备犯。而预备犯罪名被明确规定之后，当预备行为发展为实行行为之后，就出现了未遂犯罪名或者基本罪名，此时，就不能单独评价预备行为了，观念上认为它被实行行为吸收了。这是吸收犯的法理。基于这种理解，本书认为，煽动行为作为预备行为单独被规定，不是因为它和暴力行为有牵连关系，而是该行为反映了行为人对于法秩序的公然对抗，在性质上是妨害公务罪，在妨害公务罪不成立的时候，这种行为也应当被处罚。所以，煽动暴力抗拒法律实施的行为和暴力行为之间属于吸收关系，应该根据吸收犯的处罚原则处理。处罚吸收犯有三个基本原则：（1）重行为吸收轻行为；（2）实行行为吸收预备行为；（3）主行为吸收从行为。具体如何操作，在下一个问题中论述。

第二种情形主要的问题是：以妨害公务罪的共同犯罪处罚，还是以煽动暴力抗拒法律实施罪处罚呢？依据一般理论，似乎应该成立妨害公务罪的共同犯罪，煽动者一般作为主犯，要对从犯的行为承担责任。但是，在立法上，妨害公务罪是具体危险犯，并且只有一个量刑情节；而煽动暴力抗拒法律实施罪的基本形态是行为犯，另外还有结果加重的处罚。在基本形态上，后罪比前罪重，因为后罪可能被剥夺政治权利。而在造成严重后果的状态下，如何处罚，还要结合其他有关法律规定。因此，对于煽动者的行为定性，应该区分以下四种不同情形。

（1）当煽动者的行为实施后，并没有发生妨害公务罪的情形，对煽动者直接定煽动暴力抗拒法律实施罪。

① 参见马克昌.刑法学［M］.北京：高等教育出版社，2003：194–195.

（2）基于煽动者的煽动行为，发生了暴力、胁迫公务执行者的行为，并构成基本的妨害公务罪，则对煽动者的行为，应根据“主行为吸收从行为”的原则，定煽动暴力抗拒法律实施罪。

（3）当煽动者不仅实施了煽动行为，还共同实施了暴力行为，则根据“重行为吸收轻行为”的原则，煽动者构成煽动暴力抗拒法律实施罪。

（4）基于煽动的暴力行为，导致了一定后果，则依据后果的具体类型，确定煽动者的行为责任。其一，当发生了公务执行者的重伤或者死亡结果，那么，应该依据想象竞合犯原理，认为构成故意伤害罪或故意杀人罪，依据《刑法》第234条第2款和第232条分别处罚。其二，当发生了轻伤害的结果，依然根据想象竞合犯和吸收犯的有关规定，最高法定刑参照《刑法》第234条第1款为3年有期徒刑，依照妨害公务罪也是3年有期徒刑，但依照煽动暴力抗拒法律实施罪是7年有期徒刑，所以应以煽动暴力抗拒法律实施罪论处。其三，当发生了财物的毁坏，根据《刑法》第275条的规定，一般处3年以下有期徒刑、拘役或者罚金，数额巨大或者有其他特别严重情节的，处3年以上7年以下有期徒刑。即此时根据妨害公务罪处罚最轻，而根据煽动暴力抗拒法律实施罪处罚最重，所以应定煽动暴力抗拒法律实施罪。

2.袭警罪

袭警罪，是指暴力袭击正在依法执行职务的人民警察的行为。

袭警罪与妨害公务罪具有竞合关系，但是本罪的行为对象是人民警察，包括公安警察、司法警察。妨害公务罪的对象是国家机关工作人员、各级人大代表、红十字会工作人员，还包括接受国家机关委托，从事公务活动的人员，等等。

3.招摇撞骗罪

招摇撞骗罪，是指为了谋取非法利益，假冒国家机关工作人员进行招摇撞骗的行为。

本罪的主体为一般主体，即已满16周岁并具有辨认控制能力的自然人。单位不能构成本罪。本罪的主观方面为直接故意，且具有骗取某种非法利益的目的，过失不构成本罪。本罪在客观方面表现为行为人实施了冒充国家机关工作人员进行招摇撞骗的行为。本罪在客观方面须同时具备两个条件。第一，行为人必须冒充国家机关工作人员。所谓冒充，是指不具备国家机关工作人员身份的人，假冒国家机关工作人员身份。从司法实践情况来看，假冒国家机关工作人员身份的具体表现又包括三种情况：一是非国家机关工作人员冒充国家机关工作人员；二是此种国家机关工作人员冒充他种国家机关工作人员，如工商行政管理机关的工作人员冒充人民警察；三是职务低的国家机关工作人员冒充职务高的国家机关工作人员。冒充军人招摇撞骗的，不成立本罪，而成立冒充军人招摇撞骗罪。冒充非国家机关工作人员进行招摇撞骗的，不构成本罪。第二，行为人必须实施招摇撞骗的行为。所谓招摇撞骗，是指行为人以其假冒的国家机关工作人员的身份，炫耀并骗取非法利益。

三、聚众扰乱社会秩序罪

聚众扰乱社会秩序罪，是指聚众扰乱社会秩序，情节严重，致使工作、生产、营业和教学、科研、医疗无法进行，造成严重损失的行为。

（一）聚众扰乱社会秩序罪的构成要件

1.主体要件

本罪是一般主体，但仅限于聚众的首要分子和积极参加者。

2.主观要件

本罪的主观要件表现为明知自己的行为会扰乱社会秩序，导致工作、生产、营业和教学，以及科研和医疗工作无法进行，但希望或者放任这种结果发生的心理态度。行为人的目的或者动机不影响本罪的构成。

3.客观要件

本罪的客观要件表现为行为人实行了聚众扰乱社会秩序、情节严重的行为，并且该行为致使工作、生产、营业和教学、科研、医疗无法进行，造成严重损失。所谓情节严重，主要是指因行为人扰乱社会秩序的行为导致生产、经营等部门较长时间不能正常生产或营业，从而造成了经营损失；导致党政机关不能正常办公，从而产生了恶劣影响；导致教学、科研、医疗工作停止，从而引起了严重后果。

4.客体要件

本罪的客体是社会秩序。关于社会秩序的理解，理论上有两种观点。甲说，认为本罪侵犯的是狭义的社会秩序，即公司、企业、事业单位、社会团体的正常工作、生产、营业、教学、科研秩序；乙说，认为本罪侵犯的是党政机关、企业、事业单位、人民团体的正常活动。[①]本书认为，如果将本罪的范畴作狭义的理解，将可能造成刑法适用的漏洞，从而违背刑法立法的初衷，因此有必要从广义上理解社会秩序。

（二）聚众扰乱社会秩序罪的关联犯罪

聚众扰乱社会秩序罪是刑法中聚众犯罪的一种。聚众犯罪作为一种法定的犯罪类型，为刑法分则所明文规定。

（1）聚众冲击国家机关罪，是指聚众冲击国家机关，致使国家机关工作无法进行，造成严重损失的行为。

（2）聚众扰乱公共场所秩序、交通秩序罪，是指聚众扰乱车站、码头、民用航空站、商场、公园、影剧院、展览会、运动场或者其他公共场所秩序，聚众堵塞交通或者破坏交通秩序，抗拒、阻碍国家治安管理工作人员依法执行职务，情节严重的行为。本罪只处罚首要分子。

（3）聚众斗殴罪，是指聚众进行斗殴的行为。本罪的加重处罚情节包括：①多次聚众斗殴的；②聚众斗殴人数多、规模大、社会影响恶劣的；③在公共场所或者交通要道聚众斗殴，造成社会秩序严重混乱的；④持械聚众斗殴的。聚众斗殴，致人重伤、死亡的，依照故意伤害罪、故意杀人罪的规定定罪处罚。

（4）聚众淫乱罪，是指聚众进行淫乱活动的行为。本罪只处罚首要分子和多次参加者。其法定刑为5年以下有期徒刑、拘役或者管制。

依据《刑法》的规定，聚众犯罪分为两大类：纯正的聚众犯罪和不纯正的聚众犯罪，不纯正的聚众犯罪分为选择的聚众犯罪和加重的聚众犯罪。[②]

（1）纯正的聚众犯罪，是指刑法分则将“聚众”行为方式作为犯罪构成的必备要件，而且罪名包含“聚众”的犯罪，即刑法分则中被称为“聚众××罪”的犯罪。例如聚众阻碍解救被拐卖的妇女、儿童罪（第242条第2款），聚众哄抢

---

① 参见马克昌.刑法学［M］.北京：高等教育出版社，2003：194-195.

② 参见刘德法，孔德琴.论聚众犯罪的概念和法律特征［J］.河南省政法管理干部学院学报，2009（3）.

罪（第268条），聚众扰乱社会秩序罪（第290条第1款），聚众冲击国家机关罪（第290条第2款），聚众扰乱公共场所秩序、交通秩序罪（第291条），聚众斗殴罪（第292条），聚众淫乱罪（第301条第1款），引诱未成年人聚众淫乱罪（第301条第2款），聚众持械劫狱罪（第317条第2款），聚众冲击军事禁区罪（第371条第1款），聚众扰乱军事管理区秩序罪（第371条第2款），等等。

（2）选择的聚众犯罪，是指犯罪在客观要件上不以“聚众”为必备要件，但是聚众是其犯罪实行方式之一。这类聚众犯罪包括：聚众“打、砸、抢”的故意杀人罪、故意伤害罪、抢劫罪（第289条），聚众赌博的赌博罪（第303条第1款），聚众哄闹、冲击法庭的扰乱法庭秩序罪（第309条）等罪名。

（3）加重的聚众犯罪，是指“聚众”方式并不是犯罪成立的客观要件，但刑法将其规定为对该罪加重处罚的一种情节。如《刑法》第237条第1款规定：“以暴力、胁迫或者其他方法强制猥亵他人或者侮辱妇女的，处五年以下有期徒刑或者拘役。”该条第2款规定“聚众或者在公共场所当众犯前款罪的”，则“处五年以上有期徒刑”。

“聚众”是聚众犯罪的核心要件和必备要素。所谓聚众，是指首要分子纠集特定或者不特定的多人，在一定时间聚集于同一地点。

值得注意的是，我国理论界对于纠集多少人可视为聚众存在不同看法。甲说，也即通说认为是纠集3人以上，但不包括纠集者在内；乙说，认为是纠集包括聚首和积极参加者3人以上。相关司法解释也常把多人解释为3人以上（包括3人）。显然，《刑法》重视“聚众”的量化标准，具有可操作性，但没有考虑到聚众行为造成社会危害性的实际可能性，其人数限定标准过低，与其他国家或者地区的刑法规定存在较大差异。如《意大利刑法典》分则第655条违警罪规定纠集10人以上属于聚众；在日本，是不是聚众，不仅看纠集人数，还要考虑纠集行为的性质、参与者所持有的凶器、集合的场所和时间等因素，判断其是否会对不特定或多数人的生命、身体、财产的安全造成不安。[①]因此司法实践中应当根据不同的犯罪情形确定聚众的人数要求，如聚众淫乱罪可以为聚众者在内的3人以上，

---

① 参见刘德法，孔德琴.论聚众犯罪的概念和法律特征［J］.河南省政法管理干部学院学报，2009（3）.

但是其他聚众犯罪，人数标准宜提高。

在纯正的聚众犯罪中，有的只处罚首要分子，有的既处罚首要分子，也处罚积极参加者（包含多次参加者）。鉴于聚众犯罪人数众多，因此合理确定首要分子和积极参加者，既可以达到分别处理的效果，又可以依据刑事政策的要求，限制刑法的适用范围，实现刑法惩罚与教育的目的。

认定聚众犯罪中的首要分子，要根据《刑法》第97条的规定。依据该条规定，首要分子，是指在犯罪集团或者聚众犯罪中起组织、策划、指挥作用的犯罪分子。据此，聚众犯罪中的首要分子指在聚众犯罪中起组织、策划、指挥作用的犯罪分子。根据犯罪成员在聚众犯罪中所起的作用，聚众犯罪的首要分子可以是一人，也可以是多人，特别是当组织者（包括纠集者）、策划者和指挥者分别为数人时。

认定聚众犯罪中的积极参加者，有不同观点。甲观点认为，积极参加者一般是指主动参加聚众犯罪并在其中起主要作用的人，属于“其他在共同犯罪中起主要作用”的主犯。乙观点认为，“积极”是一个带有心理评价的词语，它强调的是行为人对聚众犯罪活动所持的一种热心的态度。在判定行为人是否为积极参加者时，首先要看行为人对参与的聚众犯罪活动是自己主动要求参加的，还是经他人邀请或要求而参加的。如果是前者，就表明其对参与聚众犯罪活动具有一定的积极性；如果是后者，通常就否定其对参与的聚众犯罪活动具有积极性。如果行为人在他人的邀请或要求下，愉快地接受了邀请或要求，也应当认定其对参与的聚众犯罪活动具有积极性。在行为人以实际行动参与了聚众犯罪活动并具有一定的积极性时，就认定其为“积极参加者”，可以依法对其追究刑事责任。[①]本书认为，甲、乙两种观点都有不当之处。就甲观点而言，将首要分子和积极参加者均视为共同犯罪的主犯，这不符合聚众犯罪的一般特征。在聚众犯罪中，如前所述，首要分子是犯罪主体，但是并不必然是共同犯罪的主体，当刑法分则规定只处罚首要分子时，一般意味着该犯罪为首要分子单独实施。当首要分子为二人以上时，则应当依据刑法总则有关共同犯罪的规定，对于首要分子区分主犯和从犯。同理，当其中存在首要分子和积极参加者时，作为共同犯罪也有必要区分主犯和从犯。

① 参见刘志伟.聚众犯罪若干实务问题研讨［J］.国家检察官学院学报，2003（6）.

可见积极参加者并非一律为主犯，甚至通常应当作为聚众共同犯罪中的从犯。就乙观点而言，将积极理解为心理评价要素，违背了行为刑法的基本要求，也和主客观相统一的一般性要求不相符。

积极参加者在客观上表现为行为人积极参与聚众犯罪的相关破坏活动，主观上表现为行为人对聚众犯罪的相关破坏活动持积极的心理态度，即能认识到其中的社会危害后果，且追求该结果发生。如果行为人虽然是主动要求参加破坏活动，但客观上并没有发挥重要作用，或者心理上受他人裹胁，被动参加该活动的，就不能视为积极参加者。通常情形下，以下行为人是积极参加者：第一，主动向他人请求参加破坏活动，且积极实施破坏行为的；第二，并非主动请求参与破坏活动，但在不受裹胁的情形下主动参加到破坏群体中去，且积极实施破坏活动的；第三，并非主动请求参加破坏活动，但是为了发泄个人不满，借机参加并积极实施破坏活动的；第四，被迫参加破坏群体之后，心理态度发生转变，自觉主动实施破坏活动的；第五，多次参加聚众活动的；等等。

四、伪证罪

根据《刑法》第305条的规定，伪证罪，是指在刑事诉讼中，证人、鉴定人、记录人和翻译人对与案件有重要关系的情节，故意作虚假证明、鉴定、记录、翻译，意图陷害他人或者隐匿罪证的行为。

（一）伪证罪的构成要件

1. 主体要件

本罪是特殊主体，即只能是刑事诉讼中的证人、鉴定人、记录人和翻译人。所谓证人，是指根据司法机关的要求，陈述自己所知道的案件情况的人。证人包括受害人。所谓鉴定人是指司法机关为鉴别案件中某些情节的真伪和事实真相而指派或聘请的、具有专门知识或者特殊技能的人。所谓记录人，是指为案件的调查取证，询问证人、被害人或审问犯罪嫌疑人、被告人等作记录的人。所谓翻译人是指司法机关指派或聘请为案件中的外籍、少数民族或聋哑人等诉讼参与人充当翻译的人员，也包括为案件中的法律文书或者证据材料等有关资料作翻译的人员。如果行为人是国家司法工作人员，为了徇私情而枉法，伪造证据，对明知是无罪的人而使他受追诉，对明知是有罪的人而故意包庇不使他受追诉的，或者在刑事审判活动中故意违背事实和法律，作枉法裁判的，构成徇私枉法罪。

犯罪嫌疑人或者被告人为了开脱罪责，教唆他人为自己作伪证。对此如何处罚，理论上有争议。有观点认为，亲手教唆作伪证不成立教唆犯，理由是：其一，由于犯罪嫌疑人或被告人本人进行虚假陈述不处罚，那么作为共犯使他人进行虚假陈述的罪责也应当不问，所以亲手教唆不得成立教唆犯；其二，从法理上看，类似教唆行为比实行行为轻，如果处罚的话，会丧失刑罚的协调性和正当性；其三，这种情形缺乏期待可能性；其四，如果惩治教唆伪证罪，可能导致打击范围扩大，这不符合立法的精神，也不为司法实践所支持。[①]本书认为，上述理由值得商榷：第一，犯罪人本人进行虚假陈述不处罚并不能成为否定教唆共犯的成立理由；第二，虽然犯罪嫌疑人或者被告人自己实施虚假陈述的行为并不受罚，但是教唆他人实施的行为性质，并不一定比实行者轻；第三，虽然法律不能强人所难，通常认为被告人自己进行虚假陈述没有期待可能性，但是，如果被告人为了自己的利益，使被教唆者陷入犯罪境地，这在国民的道义观念上是难以容忍的；第四，从有关国家和地区的判例看，教唆者受到刑罚处罚的主张更加有力。

2. 主观要件

本罪的主观方面是直接故意，并且行为人具有陷害他人或者隐匿罪证的目的。即行为人明知自己的行为会发生妨害司法秩序，并导致陷害他人或者开脱罪责的不公正后果，而希望该结果发生。如果行为人没有陷害他人或者隐匿罪证的目的，而是由于过错作出不符合真实情况的证明、鉴定、记录、翻译的，不构成伪证罪。

3. 客观要件

伪证罪的客观要件表现为在刑事侦查、起诉、审判中，对与案件有重要关系的情节，作虚假的证明、鉴定、记录、翻译的行为。

首先，伪证行为发生在刑事侦查、起诉和审判过程中。在以下三种场合作伪

---

① 参见黄祥青．论不可罚的教唆行为——共犯理论与实践中有待确立的一个新命题［J］．法律适用（国家法官学院学报），2001（9）；大谷实．刑法讲义各论［M］．东京：成文堂，1994：565.

证不构成伪证罪：（1）在民事诉讼中作伪证；（2）在行政诉讼中作伪证；（3）在刑事诉讼前作虚假告发，意图使他人受刑事追究的，构成诬告陷害罪。

其次，所谓与案件有重要关系的情节，主要是指对案件是否构成犯罪、犯罪的性质或者对罪行轻重有重大影响的情节。如果伪证的事实无关紧要、对案件的处理影响不大，不能以伪证罪论处。值得注意的是，伪证行为是否造成了司法机关的错误判决，并不影响定罪，但可作为量刑的情节予以考虑。

最后，行为人作了虚假的证明、鉴定、记录或翻译。所谓作虚假的证明、鉴定、记录、翻译，指证人作了虚假的证明，鉴定人作了不符合事实真相的鉴定，记录人作了不真实的记录，翻译人作了歪曲原意的翻译。根据其可能结果，它包括两种情况：一是对被告人不利的虚假证明、鉴定、记录、翻译；二是对被告人有利的虚假证明、鉴定、记录、翻译。

由于产生不真实的证明、鉴定、记录和翻译的原因，既可能因客观情形所致，也可能由行为人主观原因而形成，因此就伪证罪中“虚伪”的判断产生了不同的标准。（1）客观说，认为证人作出的和客观事实不同的陈述是虚假的陈述，即以证言和客观事实是否合致为标准，如果证人的陈述和客观情形不一致就是虚伪的，但即便证人违反自己的记忆，其陈述的内容和客观事实一样时，也不属于虚假的陈述，如鉴定人在证明时，由于受技术手段影响，作出的结论是错误的，就属于虚伪的证明；但他为了替当事人掩饰，而出具了相反的意见，该意见凑巧和事实一致，就不能认为是虚伪的。（2）主观说，认为证人只要违反自己的记忆进行陈述就是虚伪的陈述，[①]例如，鉴定人故意出具和自己的判断不一致的意见，无论该结论是否和客观情形一致，都属于虚伪的鉴定。（3）折中说，认为虚假的陈述是指违反证人的记忆，并且不符合客观事实的陈述。如果陈述违反了证人的记忆但符合客观事实，就不能认为妨害了司法活动，因此不能认定为伪证罪；如果符合证人的记忆，但是与客观事实不相符，由于行为人没有实施伪证罪的故意，也不可能成立伪证罪。[②]本书赞同主观说的观点，即只要证明人、鉴定人、记录人、翻译人作了不符合内心认识的证明、鉴定、记录、翻译，就可以构成伪

① 参见植松正，川端博，曽根威彦等.现代刑法论争Ⅱ［M］.劲草书房日文版，1985：353-354.

② 参见张明楷.刑法学（下）［M］.北京：法律出版社，1997：825.

证罪。

（二）伪证罪的关联犯罪

1.窝藏、包庇罪

根据《刑法》第310条规定，窝藏、包庇罪，是指明知是犯罪的人而为其提供隐藏处所、财物，帮助其逃匿或者作假证明包庇的行为。窝藏、包庇罪为选择性罪名，具体包括窝藏罪和包庇罪。

窝藏、包庇罪的主体是已满16周岁、具有刑事责任能力的自然人。值得注意的是，在国外刑法中，一般根据期待可能性原理，认为通常不可能期待配偶、直系血亲之间不实施窝藏、包庇行为。[①]故此，刑法立法中对配偶、直系血亲之间实施窝藏、包庇的情形一般作出不予处罚的例外规定。本书认为，配偶之间、直系亲属之间进行窝藏、包庇确属人之常情，因此外国相关立法例的确具有一定合理性，这种做法在我国也有历史文化基础和思想渊源。因此本书主张，今后立法有必要对于配偶或者直系亲属之间的窝藏、包庇行为例外地作出不处罚的规定。

窝藏、包庇罪在主观上必须出于故意，即明知是犯罪的人而实施窝藏、包庇行为。明知，是指认识到自己窝藏、包庇的是犯罪的人。在开始实施窝藏、包庇行为时明知是犯罪的人，当然成立窝藏、包庇罪；在开始实施窝藏、包庇行为时，不知道对方是犯罪的人，但后来发现是犯罪的人，仍然继续实施窝藏、包庇行为的，也成立窝藏、包庇罪。

窝藏、包庇罪在客观方面表现为实施了窝藏或包庇犯罪的人的行为。窝藏行为主要表现为：为犯罪的人提供隐匿处所、财物，帮助其逃匿的行为。在实践中主要有如下四种情形：（1）为犯罪人提供隐蔽处所；（2）为犯罪人提供财物，使其能够继续隐蔽；（3）为犯罪人提供交通工具、伪造通行证、指示行动路线或者逃匿方向等，帮助其逃匿；（4）旅馆业、饮食服务业、文化娱乐业、出租汽车业等单位的人员，在公安机关查处卖淫、嫖娼活动时，为违法犯罪分子通风报信。包庇行为主要表现为，向司法机关作虚假证明掩盖犯罪的人。在

---

① 参见木村裕三，小林敬和.现代刑法各论［M］.东京：成文堂，2005：375.

司法机关追捕过程中，行为人出于某种原因为了使犯罪人逃匿，而自己冒充犯罪的人向司法机关投案或者实施其他使司法机关误认为其为犯罪人的行为的，构成包庇罪。

窝藏、包庇的行为对象是犯罪的人。何谓“犯罪的人”，理论上对此有争议。一般观点认为，犯罪的人包括被判决有罪的人和因有犯罪嫌疑而被搜查或者追诉的人；也有观点认为，犯罪的人仅限于被判决有罪的人。[①]本书认为，对犯罪的人采取过于狭隘的理解会导致不利的社会后果，因此赞同前一种观点。

值得注意的是，如果犯罪的人所犯之罪较为特殊，立法上有特殊规定，那么行为人的行为构成特殊的窝藏、包庇犯罪，如：（1）包庇走私、贩卖、运输、制造毒品的犯罪分子；（2）战时明知是逃离部队的军人而为其提供隐蔽处所、财物，情节严重；（3）司法工作人员徇私枉法、徇情枉法，对明知是无罪的人而使其受追诉、对明知是有罪的人而故意包庇使其不受追诉，或者在刑事审判活动中故意违背事实和法律作枉法裁判。

包庇罪和伪证罪的相同之处在于行为人作虚假证明，但是两罪的区别在于以下五点：（1）犯罪主体不同。包庇罪的主体是一般主体；伪证罪的主体仅限于刑事诉讼中的证人、鉴定人、翻译人和记录人。（2）行为发生的时间不同。包庇罪没有时间限制；而伪证罪只能发生在刑事诉讼过程中。（3）行为对象不同。包庇罪的行为对象主要是已决犯，但也包括未决犯；而伪证罪的对象只能是未决犯。（4）行为内容不同。包庇罪是通过使犯罪人逃匿或者采取其他庇护方法，使其逃避刑事制裁；而伪证罪掩盖的是与案件有重要关系的犯罪情节。（5）主观目的不同。包庇罪的目的是使犯罪分子逃避法律制裁；而伪证罪的目的包括使犯罪分子逃避制裁，还包括陷害他人使无罪者受到刑事追究。

2. 帮助毁灭、伪造证据罪

帮助毁灭、伪造证据罪，是指帮助诉讼活动的当事人毁灭、伪造证据，情节严重的行为。本书认为，根据刑法的规定，伪证罪仅限于在特定诉讼活动中作假证明进行包庇的行为，而不包括帮助犯罪人毁灭或者伪造证据的行为。不过，这两种犯罪的法定刑相差较大，如何合理划清其界限，还需要研究。

---

① 参见马克昌. 刑法学［M］. 北京：高等教育出版社，2003：585.

3.辩护人、诉讼代理人毁灭证据、伪造证据、妨害作证罪

辩护人、诉讼代理人毁灭证据、伪造证据、妨害作证罪，是指在刑事诉讼中，辩护人、诉讼代理人毁灭、伪造证据，帮助当事人毁灭、伪造证据，威胁、引诱证人违背事实改变证言或者作伪证的行为。本罪在客观方面具有以下两个特征：（1）行为发生在刑事诉讼中。（2）行为方式具体表现为三种情况：毁灭、伪造证据；帮助当事人毁灭、伪造证据；威胁、引诱证人违背事实改变证言或者作伪证。本罪的主体是特殊主体，即刑事诉讼中的辩护人、诉讼代理人。本罪在主观方面表现为故意。

伪证罪与辩护人、诉讼代理人毁灭证据、伪造证据、妨害作证罪具有以下三方面区别：（1）行为主体不同。前罪的主体是参与刑事诉讼活动的证人、鉴定人、记录人和翻译人；而后罪的主体是辩护人、诉讼代理人。（2）行为方式不同。前者是做虚假证明、鉴定、记录和翻译；后者是毁灭、伪造证据，威胁、引诱证人作伪证。（3）行为后果不同。前罪可能有利于案件当事人，也可能不利于案件当事人；但后罪往往是有利于当事人的行为。

4.妨害作证罪

妨害作证罪，是指以暴力、威胁、贿买等方法阻止证人作证或者指使他人作伪证的行为。

本罪在客观方面表现为采用暴力、威胁、贿买或者其他方法阻止证人作证或者指使他人作伪证的行为。本罪不限于发生在刑事诉讼中，在民事、行政等诉讼中实施本罪行为的，也成立本罪。本罪的主体是已满16周岁且具有辨认控制能力的自然人，通常是案件的当事人或与案件有利害关系的人。本罪在主观方面表现为故意。

本罪与辩护人、诉讼代理人毁灭证据、伪造证据、妨害作证罪有相似之处，主要区别如下：（1）犯罪主体不同。本罪只要求一般主体；而后罪的主体必须是辩护人或者诉讼代理人。（2）客观行为不同。本罪只限于以各种方法阻止证人作证或者指使他人作伪证；而后罪还包括毁灭、伪造证据等行为。（3）犯罪的时间不同。本罪可以发生在刑事、民事、行政等诉讼过程中或者诉讼活动开始前；而后罪只能发生在刑事诉讼中。

伪证罪与妨害作证罪的区别如下：（1）犯罪主体不同。前罪的主体是特殊主

体；后罪只要求一般主体。（2）客观行为不同。前罪是做虚假证明、鉴定、记录和翻译；后罪只限于以各种方法阻止证人作证或者指使他人作伪证。（3）犯罪时间不同。前罪只能发生在刑事诉讼中；后罪可以发生在刑事、民事、行政等诉讼过程中或者诉讼活动开始前。

5.虚假诉讼罪

虚假诉讼罪，是指以捏造的事实提起民事诉讼，妨害司法秩序或者严重侵害他人合法权益的行为。

"以捏造的事实提起民事诉讼"，是指采取伪造证据、虚假陈述等手段，捏造民事法律关系，虚构民事纠纷，向人民法院提起民事诉讼的行为。实践当中的主要行为方式包括以下九种：（1）与夫妻一方恶意串通，捏造夫妻共同债务的；（2）与他人恶意串通，捏造债权债务关系和以物抵债协议的；（3）与公司、企业的法定代表人、董事、监事、经理或者其他管理人员恶意串通，捏造公司、企业债务或者担保义务的；（4）捏造知识产权侵权关系或者不正当竞争关系的；（5）在破产案件审理过程中申报捏造的债权的；（6）与被执行人恶意串通，捏造债权或者对查封、扣押、冻结财产的优先权、担保物权的；（7）单方或者与他人恶意串通，捏造身份、合同、侵权、继承等民事法律关系的其他行为；（8）隐瞒债务已经全部清偿的事实，向人民法院提起民事诉讼，要求他人履行债务的；（9）向人民法院申请执行基于捏造的事实作出的仲裁裁决、公证债权文书，或者在民事执行过程中以捏造的事实对执行标的提出异议、申请参与执行财产分配的。

"妨害司法秩序或者严重侵害他人合法权益"表现为如下六种情形：（1）致使人民法院基于捏造的事实采取财产保全或者行为保全措施的；（2）致使人民法院开庭审理，干扰正常司法活动的；（3）致使人民法院基于捏造的事实作出裁判文书、制作财产分配方案，或者立案执行基于捏造的事实作出的仲裁裁决、公证债权文书的；（4）多次以捏造的事实提起民事诉讼的；（5）曾因以捏造的事实提起民事诉讼被采取民事诉讼强制措施或者受过刑事追究的；（6）其他妨害司法秩序或者严重侵害他人合法权益的情形。

实施虚假诉讼行为，非法占有他人财产或者逃避合法债务，又构成诈骗罪，职务侵占罪，拒不执行判决、裁定罪，贪污罪等犯罪的，依照处罚较重的规定定罪从重处罚。司法工作人员利用职权，与他人共同实施虚假诉讼行为，非法占有他人财产或者逃避合法债务，构成其他犯罪的，从重处罚；同时构成滥用职权罪，民事、行政枉法裁判罪，执行判决、裁定滥用职权罪等犯罪的，依照处罚较重的规定定罪从重处罚。诉讼代理人、证人、鉴定人等诉讼参与人与他人通谋，代理提起虚假民事诉讼、故意作虚假证言或者出具虚假鉴定意见，依照共同犯罪的规定定罪处罚；同时构成妨害作证罪，帮助毁灭、伪造证据罪等犯罪的，依照处罚较重的规定定罪从重处罚。

采取伪造证据等手段篡改案件事实，骗取人民法院裁判文书，构成犯罪的，依照伪造、变造、买卖国家机关公文、证件、印章罪，盗窃、抢夺、毁灭国家机关的公文、证件、印章罪，伪造公司、企业、事业单位、人民团体印章罪，伪造、变造、买卖身份证件罪，妨害作证罪，帮助毁灭、伪造证据罪等规定追究刑事责任。

五、脱逃罪

脱逃罪，是指依法被关押的罪犯、被告人、犯罪嫌疑人逃脱的行为。

（一）脱逃罪的构成要件

本罪的主体是特殊主体，即依法被关押的罪犯、被告人和犯罪嫌疑人。未被关押的罪犯、被告人与犯罪嫌疑人，不是本罪主体。但是，未被关押的人教唆、帮助上述人员脱逃的，成立本罪的共犯。本罪的主观方面为故意，且出于逃避监管机关的监管的目的。本罪在客观方面表现为实施了脱逃行为。脱逃，是指脱离监管机关的实力支配的行为，具体表现为逃离关押场所。脱逃的方式没有限制，有趁监管人员疏忽而逃离关押场所，趁外出劳动逃离关押场所，对监管人员使用暴力、威胁手段而逃离关押场所，打破门窗或毁损械具后逃离关押场所等。受到监狱奖励，节假日获准回家的罪犯，故意不在规定时间返回监狱，采取逃往外地等方式逃避入狱的，也应以脱逃罪论处。

脱逃罪的认定，主要是厘清本罪的既遂与未遂问题。关于脱逃罪既遂与未遂的区分标准，理论上有四种观点：（1）脱离说。该说认为应以行为人是否脱离监管场所这一特定的地域环境为标准。（2）控制说。该说认为应该以行为人是否脱离看守人员的监视控制为标准。（3）程度说。该说认为应以脱逃行为是否达到逃离羁押、关押的程度为标准。(4)脱离控制结合说。该说认为脱逃行为是否得逞，主要应看行为人是否逃出了羁押、改造场所，是否摆脱了看管人员的控制。[①]本书认为，行为摆脱了监管机关与监管人员的实力支配(控制)时，就是脱逃罪的既遂。脱逃罪的本质是脱离监管机关的实力支配，行为人的主观目的也在于摆脱监管机关与监管人员的实力支配，因此摆脱了监管机关与监管人员的实力支配时，就应认定为既遂。

(二)脱逃罪的关联犯罪

1.劫夺被押解人员罪

劫夺被押解人员罪，是指劫夺押解途中的罪犯、被告人、犯罪嫌疑人的行为。本罪的行为对象必须是被押解的罪犯、被告人、犯罪嫌疑人。劫夺行为发生在押解途中。

脱逃罪与劫夺被押解人员罪的区别如下:(1)主体不同。前者是被关押人员，后者是被押解人员之外的其他人员。(2)行为发生的时间不同。前罪发生于行为人被关押期间，后罪发生于被押解途中。

2.组织越狱罪

组织越狱罪，是指依法被关押的犯罪嫌疑人、被告人和罪犯相互勾结，有组织、有计划地越狱逃跑的行为。本罪在客观方面表现为多个人犯相互勾结，有组织、有计划地从狱中逃跑的行为。行为方式具体有两种：组织越狱；积极参加有组织的越狱。本罪的主体是特殊主体，即依法被关押的罪犯、被告人、犯罪嫌疑人。本罪的主观方面为故意。

本罪与脱逃罪的关键区别在于，是否有组织地越狱脱逃。判断是否有组织地越狱脱逃时需要注意以下两点:(1)要看参与越狱脱逃的人数是否在3人以上。(2)要看是否有组织、策划、指挥的首要分子。由于脱逃罪既可以单独实施，也可以共同实施，因此从共同犯罪的角度而言，脱逃罪的共同犯罪属于任意共同犯罪，而组织越狱罪则是必要共同犯罪。可见，这两个罪名的法条之间存在法条竞合关系。根据特别法条优于普通法条的原则，应优先适用组织越狱罪定罪量刑。

---

① 参见马克昌.刑法学[M].北京：高等教育出版社，2003：589.

3.暴动越狱罪

暴动越狱罪，是指依法被关押的罪犯、被告人、犯罪嫌疑人，在首要分子组织、策划、指挥下，采用暴动方式，有组织地脱逃的行为。本罪在客观方面表现为依法被关押的罪犯、被告人、犯罪嫌疑人，在首要分子组织、策划、指挥下，采用暴动方式，有组织地脱逃的行为。本罪的主体是特殊主体，即依法被关押的罪犯、被告人、犯罪嫌疑人。本罪的主观方面为故意。

本罪与组织越狱罪的关键区别在于犯罪行为方式不同。本罪只能是采用暴力手段；而组织越狱罪则既可以采用暴力手段，也可以采用秘密脱逃等非暴力手段。

本罪与脱逃罪的主要区别在于：第一，是否以组织方式进行；第二，是否采取暴力手段。

六、组织他人偷越国（边）境罪

依据《刑法》第318条的规定，组织他人偷越国（边）境罪，是指违反国（边）境管理法规，领导、策划、指挥他人偷越国（边）境或者在首要分子的指挥下，实施拉拢、引诱、介绍他人偷越国（边）境等行为。

（一）组织他人偷越国（边）境罪的构成要件

组织他人偷越国（边）境罪的主体是年满16周岁、具有刑事责任能力的自然人。不满16周岁的人组织他人偷越国（边）境的，不构成本罪。本罪的犯罪主体既可以是组织他人偷越国（边）境而自己不偷越者，也可以是组织他人与自己共同偷越国（边）境者。

本罪在主观方面是直接故意。即行为人明知自己的行为违反了国家的规定，而希望将他人组织出境。本罪通常具有营利目的，但营利目的不是构成本罪的主观要件。

组织他人偷越国（边）境罪在客观上表现为违反国（边）境管理法规，非法组织他人偷越国（边）境的行为。具体表现如下：（1）行为人违反了国家出入境的管理规定。组织他人偷越国（边）境罪的行为违反了《出境入境管理法》和《中华人民共和国外国人入境出境管理条例》以及相关法律规定。这些法规明确规定了中国公民和外国人进出我国国境、边境，必须履行相关法律手续，并在规定时间内经由特定的地点进境或者出境。我国公民因私或者因公出境，一般要持有效护照，向有关国家或者地区驻外机构办理签证。所谓国境，是指我国与邻国划定的疆界。法律意义上的边境，通常是指我国内地与香港、澳门，我国大陆与台湾地区等的交界。（2）实施非法组织他人偷越国（边）境的行为。组织偷越国（边）境的行为包括两类：一是领导、策划、指挥他人偷越国（边）境；二是在首要分子指挥下，实施拉拢、引诱、介绍他人偷越国（边）境。所谓他人，是指被组织偷越国（边）境的人，包括自愿偷越者、被拐骗偷越者以及被胁迫偷越者。所谓偷越国（边）境，是指被组织者按照组织者的计划、安排和指导，非法进出我国国（边）境。

（二）组织他人偷越国（边）境罪的关联犯罪

1.偷越国（边）境罪

偷越国（边）境罪，是指违反国（边）境管理法规，偷越国（边）境，情节严重的行为。

本罪在客观方面具有以下特征：（1）违反国（边）境管理法规，这是构成本罪的前提条件；（2）实施了偷越国（边）境行为；（3）必须情节严重。

本罪的主体是已满16周岁且具有辨认控制能力的自然人，无论是中国人还是外国人，均能构成本罪。

本罪的主观方面为故意。

偷越国（边）境罪与组织他人偷越国（边）境罪的主要区别是犯罪主体。前罪处罚的是偷越国（边）境的人，后罪处罚的是组织他人偷越国（边）境的领导者、策划者、指挥者以及其他人员。

2.运送他人偷越国（边）境罪

运送他人偷越国（边）境罪，是指违反国（边）境管理法规，运送他人偷越国（边）境的行为。

本罪的主体是已满16周岁且具有辨认控制能力的自然人。本罪的主观方面为故意。本罪在客观方面表现为非法运送他人偷越国（边）境的行为。本罪的加重处罚情形包括以下四种：（1）多次实施运送行为或者运送人数众多的；（2）

所使用的船只、车辆等交通工具不具备必要的安全条件，足以造成严重后果的；（3）违法所得数额巨大的；（4）有其他特别严重情节的。在运送他人偷越国（边）境的过程中，造成被运送人重伤、死亡或者以暴力、威胁方法抗拒检查的行为，属于结果加重犯或情节加重犯。其中，行为人对造成被运送人重伤或者死亡的结果是由于过失所致。如果在运送他人偷越国（边）境的过程中，对被运送人有杀害、伤害、强奸、拐卖等犯罪行为，或者对检查人员有杀害、伤害等行为的，依照数罪并罚的规定处罚。

运送他人偷越国（边）境罪与组织他人偷越国（边）境罪的主要区别是犯罪的客观方面。前罪实施的是运送他人偷越国（边）境，而后罪是组织他人偷越国（边）境。

（三）组织他人偷越国（边）境罪的罪数

依据《刑法》第318条第2款的规定，组织他人偷越国（边）境者在组织他人偷越国（边）境过程中，实施了如下犯罪行为的，应当依照数罪并罚的规定处罚。

1.组织他人偷越国（边）境者，对被组织人有杀害、伤害、强奸、拐卖等犯罪行为的

其行为分别构成组织他人偷越国（边）境罪和相应的其他犯罪，依法应当按照数罪并罚的规定处罚。

2.组织他人偷越国（边）境者，对检查人员有杀害、伤害等犯罪行为的

其行为分别构成组织他人偷越国（边）境罪和故意伤害罪（或妨害公务罪），依法应当按照数罪并罚的规定处罚。

3.既组织又运送同一批人偷越国（边）境的情形

对此的定性和处理，理论上有不同观点。一种观点认为，组织和运送行为属牵连行为，构成牵连犯，应当按照处理牵连犯的原则从一重罪处断，定为组织他人偷越国（边）境罪，其运送行为可以作为量刑中的从重情节。另一种观点认为，组织行为和运送行为构成吸收关系，应按吸收犯中高度行为吸收低度行为的处理原则，以组织他人偷越国（边）境罪论处。本书认为，组织他人偷越国（边）境的行为和运送他人偷越国（边）境的行为属于同性质的行为，因此认定组织行为

和运送行为之间存在牵连关系不妥当，根据吸收犯的原理进行定性较为恰当。在通常情况下，行为人在组织他人偷越国（边）境过程中会安排运送，因此运送行为可视为组织行为的一部分，可为组织行为所吸收。所以，当组织他人偷越国（边）境者运送同批人偷越国（边）境的，其运送行为为组织行为所吸收，不再单独定罪处罚。行为人既实施了组织他人偷越国（边）境的行为，又实施了运送他人偷越国（边）境的行为，按照我国刑法基本原理，显然不能按照数罪予以定罪处罚。

4.既组织他人偷越国（边）境，同时自身也偷越国（边）境的情形

对此的定性和处罚，在理论上和实践中也存有不同的意见和做法。一种观点认为，组织他人偷越国（边）境与偷越国（边）境是两种不同性质的行为，同时成立犯罪的，应当实行数罪并罚。一种观点认为，这种情况成立牵连关系，应按照牵连犯从一重罪的处断原则，以组织他人偷越国（边）境罪论处，而不实行数罪并罚。还有一种观点认为，对此应当区别对待，当行为人组织、策划、指挥、带领他人与自己一起偷越国（边）境的，对行为人应以组织他人偷越国（边）境罪与偷越国（边）境罪数罪并罚；当行为人在组织他人偷越国（边）境活动中，不仅对整个偷越国（边）境活动起着组织、策划、指挥作用，而且亲自出马，带领偷越国（边）境者偷越国（边）境的，应按照吸收犯的处理原则，以组织他人偷越国（边）境罪论处。本书认为，通常情况下，组织他人偷越国（边）境和自身偷越国（边）境的刑法性质是不一样的，对此应当分别定罪，实行数罪并罚。但是，如果行为人偷越国（边）境不是为了本人出境或者入境，而是为了带领他人偷越国（边）境，则应以组织他人偷越国（边）境罪论处。

5.基于拐卖妇女、儿童的目的，将妇女、儿童卖往境外的情形

在这种情形中，行为人的行为同时触犯了拐卖妇女、儿童罪和组织他人偷越国（边）境罪，应当按照想象竞合犯的处理原则，以拐卖妇女、儿童罪定罪处罚。

（四）组织他人偷越国（边）境罪的刑罚适用

依据刑法规定，组织他人偷越国（边）境一般处2年以上7年以下有期徒刑，并处罚金。但是，如果行为人具有如下情形之一的，处以7年以上有期徒刑或者无期徒刑，并处罚金或者没收财产：

（1）组织他人偷越国（边）境集团的首要分子。

（2）多次组织他人偷越国（边）境或者组织他人偷越国（边）境人数众多的。法律没有明确规定何为“多次”组织他人偷越国（边）境，我们认为一般应指组织他人偷越国（边）境3次以上。据有关司法解释，组织他人偷越国（边）境人数“众多”，一般是指组织、运送他人偷越国（边）境的人数在10人以上。

（3）造成被组织人重伤、死亡的。造成被组织人重伤、死亡是指由于过失致被组织者重伤或者死亡。如果被组织偷越国（边）境者为组织者所故意伤害或者杀害的，应当认定组织者构成故意伤害罪或者故意杀人罪。

（4）剥夺或者限制被组织者人身自由的。

（5）以暴力、威胁方法抗拒检查的。

（6）违法所得数额巨大的。

（7）有其他特别严重情节的，一般是指以组织他人偷越国（边）境为常业，或者持械组织他人偷越国（边）境等情况。

七、妨害传染病防治罪

妨害传染病防治罪，是指违反传染病防治法的规定，引起甲类传染病以及依法确定采取甲类传染病预防、控制措施的传染病传播或者有传播严重危险的行为。

（一）妨害传染病防治罪的构成要件

本罪的主体是一般主体，包括自然人和单位。本罪的主观方面为过失。本罪在客观方面表现为实施了违反传染病防治法规定的行为，造成甲类传染病以及依法确定采取甲类传染病预防、控制措施的传染病传播或者有传播的严重危险。根据《传染病防治法》的规定，甲类传染病是指鼠疫与霍乱。国务院可以根据情况，增加或减少甲类传染病病种。在司法实践中，对于部分乙类传染病，也可以按照甲类传染病采取预防控制措施。

客观行为方式具体表现为以下五种情况：（1）供水单位供应的饮用水不符合国家规定的卫生标准的；（2）拒绝按照疾病预防控制机构提出的卫生要求，对传染病病原体污染的污水、污物、场所和物品进行消毒处理的；（3）准许或者纵容传染病病人、病原携带者和疑似传染病病人从事国务院卫生行政部门规定禁止从事的易使该传染病扩散的工作的；（4）出售、运输疫区中被传染病病原体污染或者可能被传染病病原体污染的物品，未进行消毒处理的；（5）拒绝执行县级以上人民政府、疾病预防控制机构依照传染病防治法提出的预防、控制措施的。

（二）妨害传染病防治罪的关联犯罪

1.传染病菌种、毒种扩散罪

传染病菌种、毒种扩散罪，是指从事实验、保藏、携带、运输传染病菌种、毒种的人员，违反国务院卫生行政部门的有关规定，造成传染病菌种、毒种扩散，后果严重的行为。本罪的主体是特殊主体，即只能是从事实验、保藏、携带、运输传染病菌种、毒种的人员。本罪的主观方面为过失。本罪在客观方面表现为违反国务院卫生行政部门的有关规定，在实验、保藏、携带、运输过程中，造成传染病菌种或者毒种扩散，后果严重的行为。

2.妨害国境卫生检疫罪

妨害国境卫生检疫罪，是指自然人或者单位违反国境卫生检疫规定，引起检疫传染病传播或者有传播严重危险的行为。本罪的主体是进出我国国境的个人或者有货物进出我国国境的单位。本罪的主观方面是过失。本罪在客观方面表现为违反国境卫生检疫规定，逃避或者抗拒国境卫生检疫，引起检疫传染病传播或者有引起检疫传染病传播严重危险的行为。检疫传染病，是指鼠疫、霍乱、黄热病以及国务院确定和公布的其他传染病。

3.妨害动植物防疫、检疫罪

妨害动植物防疫、检疫罪，是指违反有关动植物防疫、检疫的国家规定，引起重大动植物疫情，或者有引起重大动植物疫情危险，情节严重的行为。本罪的主体是一般主体，包括自然人和单位。本罪的主观方面为故意。本罪在客观方面表现为违反有关动植物防疫、检疫的国家规定，引起重大动植物疫情，或者有引起重大动植物疫情危险，情节严重的行为。所谓引起重大动植物疫情，一般是指引起动物一、二类传染病、寄生虫病和植物危险性病，虫、杂草等爆发流行或者传播、滋生、蔓延的情况。一类疫病主要有炭疽热、口蹄疫等；二类疾病主要有焦虫病、猪丹毒等。本罪的客体是国家动植物防疫、检疫制度。

八、医疗事故罪

医疗事故罪，是指医务人员由于严重不负责任，造成就诊人死亡或者严重损害就诊人身体健康的行为。

（一）医疗事故罪的构成要件

本罪由特殊主体即医务人员构成。非法行医致人伤亡的，不构成本罪。本罪的主观方面为过失，即行为人对造成就诊人死亡或者严重损害就诊人身体健康的后果在主观上持否定的态度。如果行为人在医疗护理工作中故意致就诊人死亡或故意严重损害就诊人身体健康，则应以故意杀人罪或故意伤害罪论处，而不以医疗事故罪认定。要注意医疗意外与医疗过失的区别。前者是指在诊疗护理过程中，由于就诊人的病情或体质特殊而发生了医务人员难以预料和难以抗拒的情况，致使就诊人残废、死亡或功能障碍。医疗意外虽有严重后果，但医务人员无过失和违章行为的，不构成犯罪。本罪与医疗意外的区别主要在于，医务人员主观上是否存有过失。本罪在客观方面表现为严重不负责任，造成就诊人死亡或者严重损害就诊人身体健康。严重不负责任，是指医务人员在诊疗护理过程中，违反诊疗护理规章制度，不履行或者不正确履行诊疗护理职责。行为人造成就诊人死亡或者严重损害就诊人身体健康的，才成立本罪。《医疗事故处理条例》第2条规定："本条例所称医疗事故，是指医疗机构及其医务人员在医疗活动中，违反医疗卫生管理法律、行政法规、部门规章和诊疗护理规范、常规，过失造成患者人身损害的事故。"对严重损害就诊人身体健康的认定，可以参照这一规定。

（二）医疗事故罪与非法行医罪

非法行医罪，是指未取得医生执业资格的人非法行医，情节严重的行为。

本罪的主体是未取得医生执业资格的人。"未取得医生执业资格的人非法行医"情形包括：（1）未取得或者以非法手段取得医师资格从事医疗活动的；（2）个人未取得医疗机构执业许可证开办医疗机构的；（3）被依法吊销医师执业证书期间从事医疗活动的；（4）未取得乡村医生执业证书，从事乡村医疗活动的；（5）家庭接生员实施家庭接生以外的医疗行为的。

本罪的主观方面为故意，即行为人明知自己没有取得医生执业资格，但为了牟利而非法行医。对非法行医所造成的危害结果，一般是出于过失，即行为人既不希望危害结果发生，也不是放任危害结果发生。否则，可能构成其他犯罪。

本罪在客观方面表现为非法行医的行为。所谓非法行医，是指未取得医生执业资格，非法开展诊疗活动。成立本罪还必须情节严重。情节严重的情形有：（1）造成就诊人轻度残疾、器官组织损伤导致一般功能障碍的；（2）造成甲类传染病传播、流行或者有传播、流行危险的；（3）使用假药、劣药或不符合国家规定标准的卫生材料、医疗器械，足以严重危害人体健康的；（4）非法行医被卫生行政部门行政处罚两次以后，再次非法行医的；（5）其他情节严重的情形。

未取得医生执业资格非法行医，具有造成突发传染病病人、病原携带者、疑似突发传染病病人贻误诊治或者造成交叉感染等严重情节的，依照本罪从重处罚。

九、污染环境罪

污染环境罪，是指违反国家规定，排放、倾倒或者处置有放射性的废物、含传染病病原体的废物、有毒物质或者其他有害物质，严重污染环境的行为。

（一）污染环境罪的构成要件

本罪的主体是一般主体，包括自然人和单位。本罪的主观方面为过失。本罪在客观方面要求具备三个条件：第一，违反国家环境保护方面的法律、法规。这主要是指违反《大气污染防治法》《固体废物污染环境防治法》《水污染防治法》《海洋环境保护法》《环境保护法》等法律以及国务院颁布的有关实施细则。这是构成本罪的前提条件。第二，排放、倾倒或者处置有放射性的废物、含传染病病原体的废物、有毒物质或者其他有害物质。第三，严重污染环境，一般的轻微污染不构成本罪。本罪并不是纯粹意义上的行为犯，严重污染环境是其客观要件，所以，本罪理解为过失犯罪较为妥当。

有毒物质包括：（1）危险废物，是指列入国家危险废物名录，或者根据国家规定的危险废物鉴别标准和鉴别方法认定的，具有危险特性的废物；（2）《关于持久性有机污染物的斯德哥尔摩公约》附件所列物质；（3）含重金属的污染物；

（4）其他具有毒性，可能污染环境的物质。

具有如下十八种情形之一，就应认定为严重污染环境：（1）在饮用水水源一级保护区、自然保护区核心区排放、倾倒、处置有放射性的废物、含传染病病原体的废物、有毒物质的；（2）非法排放、倾倒、处置危险废物3吨以上的；（3）排放、倾倒、处置含铅、汞、镉、铬、砷、铊、锑的污染物，超过国家或者地方污染物排放标准3倍以上的；（4）排放、倾倒、处置含镍、铜、锌、银、钒、锰、钴的污染物，超过国家或者地方污染物排放标准10倍以上的；（5）通过暗管、渗井、渗坑、裂隙、溶洞、灌注等逃避监管的方式排放、倾倒、处置有放射性的废物、含传染病病原体的废物、有毒物质的；（6）二年内曾因违反国家规定，排放、倾倒、处置有放射性的废物、含传染病病原体的废物、有毒物质受过两次以上行政处罚，又实施前列行为的；（7）重点排污单位篡改、伪造自动监测数据或者干扰自动监测设施，排放化学需氧量、氨氮、二氧化硫、氮氧化物等污染物的；（8）违法减少防治污染设施运行支出100万元以上的；（9）违法所得或者致使公私财产损失30万元以上的；（10）造成生态环境严重损害的；（11）致使乡镇以上集中式饮用水水源取水中断12小时以上的；（12）致使基本农田、防护林地、特种用途林地5亩以上，其他农用地10亩以上，其他土地20亩以上基本功能丧失或者遭受永久性破坏的；（13）致使森林或者其他林木死亡50立方米以上，或者幼树死亡2500株以上的；（14）致使疏散、转移群众5000人以上的；（15）致使30人以上中毒的；（16）致使3人以上轻伤、轻度残疾或者器官组织损伤导致一般功能障碍的；（17）致使一人以上重伤、中度残疾或者器官组织损伤导致严重功能障碍的；（18）其他严重污染环境的情形。

（二）污染环境罪的关联犯罪

1.投放危险物质罪

应当注意区分污染环境罪与投放危险物质罪的界限。两罪的主要区别如下：（1）污染环境罪行为是通过污染环境造成公私财产的重大损失与人身伤亡结果；而投放危险物质罪的行为直接造成公私财产的重大损失与人身伤亡的结果。（2）污染环境罪是违规排放、倾倒或者处置有放射性的废物、含传染病病原体的废物、有毒物质或者其他有害废物；投放危险物质罪一般是将毒害性、放射性、传染病病原体等物质投放于供不特定或者多数人饮食的食品或者饮料中，供人、畜等使用的河流、池塘、水井中或者不特定人、多数人通行的场所。（3）污染环境罪应是排放、倾倒或者处置因产品的生产、加工等而产生的危险废物；投放危险物质罪则并无此要求。（4）污染环境罪的行为人主观上是出于过失，不具有危害公共安全的故意；投放危险物质罪的行为人具有危害公共安全的故意。

2.非法处置进口的固体废物罪

非法处置进口的固体废物罪，是指违反国家规定，将境外固体废物进境倾倒、堆放、处置的行为。本罪的主体是一般主体，包括自然人和单位。本罪的主观方面为故意。本罪在客观方面表现为违反国家规定，将境外的固体废物进境倾倒、堆放、处置的行为。

十、走私、贩卖、运输、制造毒品罪

根据《刑法》第347条规定，走私、贩卖、运输、制造毒品罪，是指违反国家毒品管制法规，走私、贩卖、运输、制造毒品的行为。本罪是选择性罪名。

（一）走私、贩卖、运输、制造毒品罪的构成要件

1.主体要件

本罪的主体是一般主体，自然人和单位都可以成为本罪的主体。根据《刑法》第17条第2款的规定，凡年满14周岁不满16周岁且具有刑事责任能力的自然人也可以成为贩卖毒品罪的主体。《刑法》第347条第5款规定："单位犯第二款、第三款、第四款罪的，对单位判处罚金，并对其直接负责的主管人员和其他直接责任人员，依照各该款的规定处罚。"

2.主观要件

本罪在主观方面表现为故意，即明知自己是在实施走私、贩卖、运输、制造毒品的行为而故意实施。"明知"是指行为人知道或者应当知道所走私、贩卖、运输的是毒品。在认定主观要件的时候有三点要注意：（1）如果行为人不知是毒品而误带、误运、误售的，不构成本罪；（2）如果行为人明知所贩卖的物品不是毒品，却冒充毒品向他人贩卖，骗取钱财的，应以诈骗罪定罪处罚；（3）如果行为人出于走私、贩卖、运输、制造毒品的故意而走私、贩卖、运输、制

造了主观上认为是毒品的药品，但客观上不是毒品的，理论通说和司法实践认为，应当以走私、贩卖、运输、制造毒品罪（未遂）定罪处罚。但是个别观点认为不构成犯罪。[①]至于行为人是否具有营利目的，不影响本罪的成立。

判断行为人对涉案毒品是否明知，不能仅凭被告人供述，而应当依据被告人实施毒品犯罪行为的过程、方式、毒品被查获时的情形等证据，结合被告人的年龄、阅历、智力等情况，进行综合分析判断。具有下列情形之一，被告人不能做出合理解释的，可以认定其“明知”是毒品，但有证据证明确属被蒙骗的除外：（1）执法人员在口岸、机场、车站、港口和其他检查站点检查时，要求行为人申报为他人携带的物品和其他疑似毒品物，并告知其法律责任，而行为人未如实申报，在其携带的物品中查获毒品的。（2）以伪报、藏匿、伪装等蒙蔽手段，逃避海关、边防等检查，在其携带、运输、邮寄的物品中查获毒品的。（3）执法人员检查时，有逃跑、丢弃携带物品或者逃避、抗拒检查等行为，在其携带或者丢弃的物品中查获毒品的。（4）体内或者贴身隐秘处藏匿毒品的。（5）为获取不同寻常的高额、不等值报酬为他人携带、运输物品，从中查获毒品的。（6）采用高度隐蔽的方式携带、运输物品，从中查获毒品的。（7）采用高度隐蔽的方式交接物品，明显违背合法物品惯常交接方式，从中查获毒品的。（8）行程路线故意绕开检查站点，在其携带、运输的物品中查获毒品的。（9）以虚假身份或者地址办理托运手续，在其托运的物品中查获毒品的。（10）有其他证据足以认定行为人应当知道的。

3. 客观要件

本罪在客观方面表现为违反国家毒品管制法规，走私、贩卖、运输、制造毒品。

首先，行为人的行为违反了国家毒品管制法规。毒品具有严重的社会危害性，因此国家立法严格管制毒品的生产和使用。如果为了医疗、教学、科研等的需要，且经有关行政管理部门特许的买卖、运输、制造麻醉药品和精神药品的，属于合法行为。

其次，本罪的行为对象是毒品。所谓毒品，是指鸦片、海洛因、甲基苯丙胺

---

① 参见张明楷. 刑法学（下）[M]. 北京：法律出版社，1997：871-872.

（冰毒）、吗啡、大麻、可卡因以及国家规定的其他能够使人形成瘾癖的麻醉药品和精神药品（俗称麻精药品）。根据《麻醉药品和精神药品管理条例》的规定，麻醉药品是指连续使用后易产生身体依赖性、能成瘾癖的药品；精神药品是指直接作用于中枢神经系统，使之兴奋或抑制，连续使用能产生依赖性的药品。

最后，行为人实施了走私、贩卖、运输、制造毒品的行为。

（1）走私毒品，是指违反海关法规，逃避海关监管，非法运输、携带、邮寄毒品进出国（边）境。在司法实践中，走私毒品的常见情形包括：在设立海关或者边卡的地点，以谎报、隐匿、伪装等手段，非法运输、携带毒品进出国（边）境；以谎报、藏匿、伪装等手段，非法邮寄毒品进出国（边）境；在未设海关或者设卡的陆地边境，非法运输、携带毒品进出国（边）境；在领海、内海、界河、界湖运输、收购、贩卖毒品。依据我国《刑法》第155条第2项规定，在内海、领海、界河、界湖运输、收购、贩卖国家禁止进出口物品的，或者运输、收购、贩卖国家限制进出口货物、物品，数额较大，没有合法证明的，属于走私行为。依据我国《刑法》第155条第1项规定，直接向走私人非法收购国家禁止进口物品的，或者直接向走私人非法收购走私进口的其他货物、物品，数额较大的，属于走私行为。与走私毒品的犯罪分子通谋，为其提供贷款、资金、实物或者提供保管、运输、藏匿及其他方便条件，构成走私毒品罪的共同犯罪。

（2）贩卖毒品，是指非法销售毒品或者为销售而非法收购毒品。贩卖毒品的行为方式常见的是（低价）买进（高价）卖出，还包括只卖不买等方式。具体而言，贩卖毒品的具体方式包括：以较低价格将其他毒贩的毒品购进，再以较高的价格贩卖给他人；自己先制造出毒品，然后将其销售给他人；以毒品折价劳务费或者偿还债务；以毒品为流通物交换商品或者其他货物；容留他人吸毒并出售毒品；居间介绍毒品买卖，从中牟利；依法从事生产、运输、管理、使用国家管制的麻醉药品、精神药品的单位和人员，明知对方是贩卖毒品的犯罪分子，而向其提供国家管制的麻醉药品、精神药品；依法从事生产、运输、管理、使用国家管制的麻醉药品、精神药品的单位和人员，违反国家规定，以牟利为目的，向吸食、注射毒品的人提供国家管制的麻醉药品、精神药品。

（3）运输毒品，是指携带、邮寄、利用他人或者使用交通工具等方法，将毒品从一个地方运送到另一个地方的行为。

（4）制造毒品，是指违反国家毒品管制法规，利用毒品原料提炼、加工、配制成毒品。常见的制造毒品行为包括：从罂粟中提炼、制造鸦片、吗啡、海洛因系列毒品；从古柯中提炼可卡因；从大麻中提炼、配制大麻子、大麻油系列毒品；从化学原料中配置毒品。

（二）走私、贩卖、运输、制造毒品罪的关联犯罪

1.非法持有毒品罪

非法持有毒品罪，是指明知是毒品而非法持有，且数量较大的行为。本罪在客观方面表现为明知是毒品而非法持有，且数量较大的行为。具体而言，第一，行为人所持有的必须是毒品。第二，持有毒品行为是非法的。"持有"是一种事实上的支配，行为人与物之间有一种事实上的支配与被支配的关系，也就是行为人对毒品的事实上的支配。所谓非法，即行为人持有毒品违反了《麻醉药品和精神药品管理条例》的有关规定。如果行为人合法持有毒品，则不构成犯罪。换言之，依法生产、使用、研究毒品的人持有毒品的，是正当行为，不构成犯罪。例如，医生因病人病情的需要，为使用麻醉药品而持有麻醉药品的；经过有权机关批准从事毒品管理职业的；经过有权机关批准，制造毒品后持有毒品或依法运输毒品的，都是合法行为，不构成非法持有毒品罪。第三，非法持有的毒品数量较大。本罪的主体是已满16周岁且具有辨认控制能力的自然人。本罪在主观方面为故意，即行为人明知是毒品而持有。过失不构成本罪。

对于吸毒者实施的毒品犯罪，在认定犯罪事实和确定罪名上一定要慎重。吸毒者在购买、运输、存储毒品过程中被抓获，如没有证据证明被告人实施了其他毒品犯罪行为的，一般不应定罪处罚，但如果查获的毒品数量大的，应当以非法持有毒品罪定罪；毒品数量未超过《刑法》第348条及有关司法解释规定毒品数量最低标准的，不定罪处罚。有证据证明行为人不是以营利为目的，为他人代买仅用于吸食的毒品，毒品数量超过《刑法》第348条及有关司法解释规定的最低数量标准，构成犯罪的，托购者、代购者均构成非法持有毒品罪。对于以贩养吸的被告人，应以贩卖毒品罪定罪。

2.包庇毒品犯罪分子罪

包庇毒品犯罪分子罪，是指明知是走私、贩卖、运输、制造毒品的犯罪分子而对其进行包庇的行为。

3.窝藏、转移、隐瞒毒品、毒赃罪

窝藏、转移、隐瞒毒品、毒赃罪，是指明知是走私、贩卖、运输、制造毒品的犯罪分子，而为其窝藏、转移、隐瞒毒品或者犯罪所得的财物的行为。

4.非法生产、买卖、运输制毒物品、走私制毒物品罪

非法生产、买卖、运输制毒物品、走私制毒物品罪，是指违反国家规定，非法生产、买卖、运输醋酸酐、乙醚、三氯甲烷或者其他用于制造毒品的原料、配剂，或者携带上述物品进出境，情节严重的行为。如果明知他人制造毒品而为其生产、买卖、运输前款规定的物品的，以制造毒品罪的共犯论处。

5.非法种植毒品原植物罪

非法种植毒品原植物罪，是指非法种植罂粟、大麻等毒品原植物数量较大，或者经公安机关处理后又种植的，或者抗拒铲除的行为。

6.引诱、教唆、欺骗他人吸毒罪

引诱、教唆、欺骗他人吸毒罪，是指引诱、教唆、欺骗他人吸食、注射毒品的行为。

7.强迫他人吸毒罪

强迫他人吸毒罪，是指强迫他人吸食、注射毒品的行为。

8.容留他人吸毒罪

容留他人吸毒罪，是指容留他人吸食、注射毒品的行为。

9.非法提供麻醉药品、精神药品罪

非法提供麻醉药品、精神药品罪，是指依法从事生产、运输、管理、使用国家管制的麻醉药品、精神药品的人员，违反国家规定，向吸食、注射毒品的人提供国家规定管制的能够使人形成瘾癖的麻醉药品、精神药品的行为。

10.妨害兴奋剂管理罪

妨害兴奋剂管理罪，是指引诱、教唆、欺骗运动员使用兴奋剂参加国内、国际重大体育竞赛，或者明知运动员参加上述竞赛而向其提供兴奋剂，情节严重的行为。

（三）走私、贩卖、运输、制造毒品罪数罪并罚情形

第一，行为人在一次走私活动中，既走私毒品，又走私其他货物、物品的，一般应按走私毒品罪和构成的其他走私罪，实行数罪并罚。依据《最高人民法院、最高人民检察院关于办理走私刑事案件适用法律若干问题的解释》第22条规定，在走私的货物、物品中藏匿《刑法》第151条、第152条、第347条、第350条规定的货物、物品，构成犯罪的，以实际走私的货物、物品定罪处罚；构成数罪的，实行数罪并罚。[①]如既走私冰毒，又走私国家禁止进出口的珍稀植物制品，其行为人分别构成走私毒品罪和走私国家禁止进出口的货物、物品罪，应当数罪并罚。

第二，行为人在生产、销售的食品中掺入微量毒品的，应视性质与情节，认定为生产、销售有毒、有害食品罪或者欺骗他人吸毒罪，不宜认定为贩卖毒品罪。可以按照生产、销售有毒、有害食品罪定罪处罚。

第三，缉毒人员或者其他国家机关工作人员掩护，或者包庇走私、贩卖、运输、制造毒品的犯罪分子且事先通谋的，依照本罪从重处罚。

十一、组织卖淫罪

根据《刑法》第358条规定，组织卖淫罪，是指以招募、雇用、强迫、引诱、容留等手段，控制他人从事卖淫活动的行为。

（一）组织卖淫罪的构成要件

1. 主体要件

组织卖淫罪的主体为一般主体，即凡达到刑事责任年龄，具有刑事责任能力的自然人均可构成组织卖淫罪。组织者可以是一人，也可以是多人。旅馆业、饮食服务业、文化娱乐业、出租汽车业等单位的人员，利用本单位的条件，组织他人卖淫的，构成组织卖淫罪。

---

① 参见《最高人民法院、最高人民检察院关于办理走私刑事案件适用法律若干问题的解释》（2014年2月24日最高人民法院审判委员会第1608次会议、2014年6月13日最高人民检察院第十二届检察委员会第23次会议通过）。

2. 主观要件

本罪在主观方面只能出于故意。虽然卖淫以营利为目的，组织卖淫者通常也以营利为目的，但以营利为目的不是组织卖淫罪的主观要素。组织卖淫的目的行为是使他人卖淫。所谓卖淫，就是通过满足不特定对象的性欲的行为，包括与不特定对方发生性交和从事其他猥亵活动，实现营利的目的。

3. 客观要件

组织卖淫罪在客观上表现为组织他人卖淫的行为。所谓组织卖淫，是指以招募、雇用、强迫、引诱、容留等手段，控制他人从事卖淫活动的行为。

组织卖淫的行为对象是他人，而且人数为多人。从性别看，被组织者包括女性和男性。在传统观念中，卖淫者为女性，嫖娼者为男性，但是随着社会的发展变化，已经出现男性向女性或者其他男性提供性服务并收取“报酬”的情形，如果不依法惩治这类情形，将无助于从根本上实现刑法立法目的。因此，男性提供性服务，并据此收取“报酬”的，也应当视为卖淫；组织男性卖淫，也应认定为组织卖淫罪。从数量看，组织卖淫的对象应为多人，如果强迫、引诱、容留、招募1至2人卖淫，就不应当认定为组织卖淫罪。

组织卖淫的方式一般表现为两种情况：一是设置卖淫场所或者变相卖淫场所，控制卖淫者，招揽嫖娼者。二是没有固定卖淫场所，通过控制卖淫人员，组织他人进行卖淫活动。组织卖淫的手段包括以下五种：（1）招募他人卖淫。招募，是指将自愿卖淫者招集或者募集到卖淫场所或者其他卖淫地点进行卖淫活动的行为。（2）雇用他人卖淫。雇用，是指以出资为条件，雇用自愿卖淫者到卖淫场所或者其他卖淫地点进行卖淫活动。（3）强迫他人卖淫。强迫，是指以暴力、胁迫或者其他方法，强制或者迫使不愿卖淫者进行卖淫活动。（4）引诱他人卖淫。引诱，是指以金钱、财物、色相等为诱饵，诱使他人进行卖淫活动。（5）容留他人卖淫。容留，是指容纳、收留自愿卖淫者在卖淫场所或者其他卖淫地点进行卖淫活动。上述五种具体的手段，可以是同时交叉使用，也可以是只使用其中一种或者数种，都不影响组织卖淫罪的成立。

（二）组织卖淫罪的关联犯罪

1.强迫卖淫罪

强迫卖淫罪是指使用暴力、威胁、虐待等强制方法迫使他人卖淫的行为。本罪客观上表现为使用暴力、威胁、虐待等强制方法迫使他人卖淫。行为对象为妇女或者男子。犯罪主体为年满16周岁且具有刑事责任能力的自然人。主观上必须出于故意。

一般而言，组织卖淫罪包含使用强迫手段，因此，区别组织卖淫罪和强迫卖淫罪的关键不在于行为人是否实施了强制行为，而在于被强制对象的人数及强制是否成为一种组织活动。如果行为人只是强制1人或者2人卖淫，应认定为强迫卖淫罪；如果行为人在组织卖淫的活动中，对被组织者实施强迫行为的，应认定为组织卖淫罪。

2.协助组织卖淫罪

协助组织卖淫罪，是指在组织他人卖淫的共同犯罪中起帮助作用的行为。如充当保镖、打手、管账人等。协助组织卖淫者本来属于组织卖淫罪的帮助犯，但由于组织卖淫罪具有严重社会危害性，如果按照从犯处罚协助者，则可能发生处罚畸轻的现象。为了避免这种状况，刑法对协助他人卖淫的行为规定了具体的罪状和单独的法定刑，因而不适用刑法总则关于从犯的处罚原则。值得注意的是，协助管理卖淫者的行为人如果实施了强迫他人卖淫的行为，应认定为组织卖淫罪或者强迫卖淫罪。

（三）组织卖淫罪的加重处罚情节

（1）组织他人卖淫，情节严重的。

（2）强迫不满14周岁的幼女卖淫的。

（3）强迫多人卖淫或者多次强迫他人卖淫的。

（4）强奸后迫使卖淫的。

（5）造成被强迫卖淫的人重伤、死亡或者其他严重后果的。以强迫方式组织他人卖淫，卖淫者发生了重伤、死亡或者其他严重后果的，无论后果是在卖淫过程中发生的，还是因为拒绝卖淫被殴打造成的，抑或在逃避卖淫的逃跑过程中发生的，对于组织者都应当认定为“造成被强迫卖淫的人重伤、死亡或者其他严重后果的”。

十二、制作、复制、出版、贩卖、传播淫秽物品牟利罪

制作、复制、出版、贩卖、传播淫秽物品牟利罪，是指以牟利为目的，制作、复制、出版、贩卖、传播淫秽物品的行为。

（一）制作、复制、出版、贩卖、传播淫秽物品牟利罪的构成要件

本罪的主体是一般主体，包括自然人和单位。

本罪的主观方面为故意，即明知是淫秽物品而制作、复制、出版、贩卖或者传播，且以牟利为目的。至于行为人盈亏与否不影响本罪构成。如果不以牟利为目的而实施制作、复制、出版、贩卖、传播淫秽物品的行为，不能构成本罪，但可能构成其他淫秽物品犯罪。

本罪在客观方面表现为实施了制作、复制、出版、贩卖或者传播淫秽物品的行为。本罪行为对象是淫秽物品，是指具体描绘性行为或者露骨宣扬色情的淫秽性的书刊、影片、录像带、录音带、图片及其他淫秽物品。

本罪行为方式是制作、复制、出版、贩卖、传播淫秽物品。制作，是指生产、录制、编写、绘画、印刷等创造、产生淫秽物品的行为。复制，是指通过翻印、翻拍、复印、转录等方式将原已存在的淫秽物品制作一份或多份的行为。出版，是指将淫秽作品编辑加工后，经过复制向公众发行的行为。贩卖，通常是指低价购进再高价卖出的行为。传播，是指通过播放、陈列、在互联网上建立淫秽网站、网页等方式使淫秽物品让不特定或者多数人感知以及通过出借、赠送等方式散布、流传淫秽物品的行为。实施上述行为之一的，即可成立本罪，同时实施上述行为的，也只认定为一罪，不实行数罪并罚。因此，本罪名是选择性罪名。

（二）制作、复制、出版、贩卖、传播淫秽物品牟利罪的关联犯罪

1.走私淫秽物品罪

走私淫秽物品罪，是指以牟利或者传播为目的，走私淫秽的影片、录像带、录音带、图片、书刊或者其他淫秽物品的行为。

制作、复制、出版、贩卖、传播淫秽物品牟利罪与走私淫秽物品罪的界限。两罪的相似之处在于：犯罪行为对象都是淫秽物品；侵犯的都是复杂客体，且都包括社会管理秩序。两罪的区别如下：（1）犯罪客体不同。除社会管理秩序外，前者还侵犯了社会主义道德风尚；后者侵犯的则是国家对进出口物品的管理秩序。（2）犯罪的客观方面表现不同。前者表现为制作、复制、出版、贩卖、传播淫秽物品的行为；后者则表现为违反海关法规，逃避海关监管，非法运输、携带或者邮寄淫秽物品进出国（边）境的走私行为。（3）犯罪主体不同。前者的主体仅限于出版单位，而后者无此限制。（4）主观故意内容不同。前者行为人主观上具有牟利的目的；后者既可以是具有牟利的目的，也可以是具有传播的目的。如果行为人走私进口淫秽物品后予以贩卖、传播的，其贩卖、传播行为视为走私后续行为，以走私淫秽物品罪一罪论处。如果行为人走私进口淫秽物品后予以大量复制、出版的，应以复制、出版淫秽物品牟利罪和走私淫秽物品罪实行并罚。

2. 为他人提供书号出版淫秽书刊罪

为他人提供书号出版淫秽书刊罪，是指违反国家书号管理规定，为他人提供书号，出版淫秽书刊的行为。本罪在客观方面表现为为他人提供书号，出版淫秽书刊的行为：（1）行为人实施了为他人出版淫秽书刊提供书号的行为。所谓书号，是指依照国家新闻出版行政法规的规定，对全国出版物统一按类别、科目、顺序进行登记而产生的图书编号。（2）必须发生了他人利用书号出版淫秽书刊的结果，否则不成立本罪。本罪主体既可以是自然人，也可以是单位，一般是出版单位及其工作人员。本罪主观上只能是过失，即应当预见到自己提供书号的行为可能导致他人出版淫秽书刊的结果，但因为疏忽大意而没有预见，或者已经预见而轻信能够避免。如果明知他人用于出版淫秽书刊而提供书号，则属于故意犯罪，成立出版淫秽物品牟利罪。

3. 传播淫秽物品罪

传播淫秽物品罪，是指不以牟利为目的，传播淫秽书刊、影片、音像、图片或者其他淫秽物品，情节严重的行为。本罪的客体是良好的社会道德风尚和国家禁止传播淫秽物品的制度。本罪的行为对象是淫秽物品。本罪的客观方面表现为：（1）行为人实施了向不特定的人传播淫秽的书刊、影片、音像、图片或其他淫秽物品的行为；（2）传播淫秽物品的行为必须达到情节严重。本罪的主体是年满16周岁且具有刑事责任能力的自然人和单位。本罪的主观方面为故意，即行为人明知是淫秽物品而向不特定的人传播，但必须排除以牟利为目的。否则，构成传播淫秽物品牟利罪。

4.组织播放淫秽音像制品罪

组织播放淫秽音像制品罪，是指不以牟利为目的，组织播放淫秽的电影、录像等音像制品的行为。本罪在客观方面表现为组织播放淫秽的电影、录像等音像制品的行为。其一，行为人实施了组织播放淫秽音像制品的行为。所谓组织，是指安排、筹划、指挥他人播放或聚集多人收看、收听淫秽音像制品的行为。所谓播放，是指利用录音机、录像机、CD机、影碟机等播放设备将图像、声音等信息予以展示供人观看或收听的行为。其二，必须具备一定的情节。本罪的主体是一般主体，包括自然人和单位。本罪的主观方面为故意，即行为人明知是淫秽音像制品而组织播放，但必须没有牟利目的。

根据《刑法》第364条第3款的规定，制作、复制淫秽的电影、录像等音像制品组织播放的，依照本罪从重处罚。这是指行为人既制作、复制淫秽的电影、录像等音像制品又组织播放的行为。但其中的制作、复制行为与组织传播行为，都必须出于非牟利目的。如果行为人出于牟利目的制作、复制淫秽的音像制品然后组织播放的，或者制作、复制时没有牟利目的，但后来以牟利目的组织播放的，则成立《刑法》第363条规定的制作、复制、传播淫秽物品牟利罪。

5.组织淫秽表演罪

组织淫秽表演罪，是指组织进行淫秽表演的行为。

本罪的主体是一般主体，包括自然人和单位。本罪的主观方面是故意。本罪在客观方面表现为组织进行淫秽表演的行为。所谓淫秽表演，是指通过表演者的语言、动作具体描绘性行为或露骨宣扬色情的淫秽性演出。

十三、非法侵入计算机信息系统罪

非法侵入计算机信息系统罪，指违反国家规定，侵入国家事务、国防建设、尖端科学技术领域的计算机信息系统的行为。

（一）非法侵入计算机信息系统罪的构成要件

本罪的主体是一般主体，年满16周岁且具有刑事责任能力的自然人都可以成为本罪的主体。

本罪主观上是故意，即行为人明知是国家事务、国防建设或者尖端科学技术领域的计算机信息系统，却希望或者放任自己的行为侵入这些系统。如果行为人因为过失进入相关信息系统随即退出的，不能认为行为人有故意。

本罪的对象是国家事务、国防建设、尖端科学技术领域的计算机信息系统。所谓计算机信息系统，是指由计算机及其相关的配套的设备、设施（含网络）构成的，按照一定的应用目标和规则进行采集、加工、存储、传输、检索等处理的人工系统。所谓国家事务、国防建设、尖端科学技术领域的计算机信息系统，是指该系统所采集、加工、存储、传输、检索的信息的性质属于国家事务、国防建设、尖端科学技术领域的范围。侵入其他计算机信息系统的行为，不成立本罪。

本罪的客观方面表现为行为人违反国家规定，实施了侵入国家事务、国防建设、尖端科学技术领域的计算机信息系统的行为。所谓侵入，是指未取得有关部门的合法授权与批准，通过计算机终端访问国家事务、国防建设、尖端科学技术领域的计算机信息系统或者进行数据截收的行为。

（二）非法侵入计算机信息系统罪的关联犯罪

1.非法获取计算机信息系统数据、非法控制计算机信息系统罪

非法获取计算机信息系统数据、非法控制计算机信息系统罪，指违反国家规定，侵入国家事务、国防建设、尖端科学技术领域以外的计算机信息系统或者采用其他技术手段，获取该计算机信息系统中存储、处理或者传输的数据，或者对该计算机信息系统实施非法控制，情节严重的行为。本罪客观方面表现为两种情况：（1）违反国家规定，侵入计算机信息系统，获取该计算机信息系统中存储、处理或者传输的数据，或者对该计算机信息系统实施非法控制，情节严重的行为。常见的方式是利用他人网上认证信息进入计算机信息系统，或者在系统中植入木马、后门程序，获取存储、处理或传输的信息数据，或对系统实施非法控制。（2）违反国家规定，利用其他技术手段非法获取储存、处理或者传输的数据信息，情节严重的行为。所谓“利用其他技术手段”，主要是指假冒或者设立虚假网站，或者利用网关欺骗技术，行为人并不需要进入他人的计算机信息系统就可获取其他计算机处理、传输的数据信息。

2.提供侵入、非法控制计算机信息系统程序、工具罪

提供侵入、非法控制计算机信息系统程序、工具罪，指提供专门用于侵入、非法控制计算机信息系统的程序、工具，或者明知他人实施侵入、非法控制计算机信息系统的犯罪行为而为其提供程序、工具，情节严重的行为。

本罪的客观方面表现为两种情况：（1）违反国家规定，提供专门用于侵入、非法控制计算机信息系统的程序、工具，情节严重的行为。“专门用于非法控制计算机信息系统的程序、工具”，主要是指可用于绕过计算机信息系统或者相关设备的防护措施，进而实施非法入侵或者获取目标系统中数据信息的计算机程序，如具有远程控制、盗取数据等功能的木马程序、后门程序等恶意代码。包括具有避开或者突破计算机信息系统安全保护措施，未经授权或者超越授权获取计算机信息系统数据的功能的程序、工具；具有避开或者突破计算机信息系统安全保护措施，未经授权或者超越授权对计算机信息系统实施控制的功能的程序、工具以及其他专门设计用于侵入、非法控制计算机信息系统、非法获取计算机信息系统数据的程序、工具。（2）违反国家规定，明知他人实施侵入、非法控制计算机信息系统的犯罪行为而为其提供程序、工具，情节严重的行为。本罪的主观方面为故意。

3.破坏计算机信息系统罪

破坏计算机信息系统罪，是指违反国家规定，对计算机信息系统功能进行删除、修改、增加、干扰，造成计算机信息系统不能正常运行，或者对计算机信息系统中存储、处理或者传输的数据和应用程序进行删除、修改、增加的操作，或者故意制作、传播计算机病毒，影响计算机系统正常运行，后果严重的行为。

本罪的对象是计算机信息系统，包括数据、应用程序及系统功能。本罪在客观方面表现为三种情况：（1）违反国家规定，对计算机信息系统功能进行删除、修改、增加、干扰，造成计算机信息系统不能正常运行，后果严重的行为。造成计算机信息系统不能正常运行，包括使计算机信息系统不能运行和不能按原来的设计要求运行。（2）违反国家规定，对计算机信息系统中存储、处理或者传输的数据和应用程序进行删除、修改、增加的操作，后果严重的行为。（3）制作、传播计算机病毒等破坏性程序，影响计算机系统的正常运行，后果严重的行为。本罪的主体是已满16周岁且具有刑事责任能力的自然人。本罪的主观方面为故意，

既可以是直接故意，也可以是间接故意。至于行为人出于何种目的与动机，不影响本罪的成立。

4.拒不履行信息网络安全管理义务罪

拒不履行信息网络安全管理义务罪，是指网络服务提供者不履行法律、行政法规规定的信息网络安全管理义务，经监管部门责令采取改正措施而拒不改正，情节严重的行为。

本罪主体是网络服务者。一般而言，年满16周岁且具有刑事责任能力的自然人或者单位，经过一定程序都可以成为网络服务提供者。实践中，提供下列服务的单位和个人属于"网络服务提供者"：（1）网络接入、域名注册解析等信息网络接入、计算、存储、传输服务；（2）信息发布、搜索引擎、即时通信、网络支付、网络预约、网络购物、网络游戏、网络直播、网站建设、安全防护、广告推广、应用商店等信息网络应用服务；（3）利用信息网络提供的电子政务、通信、能源、交通、水利、金融、教育、医疗等公共服务。

本罪行为是指不履行法律、行政法规规定的信息网络安全管理义务，经监管部门责令采取改正措施而拒不改正，情节严重的行为。可见，本罪是不作为犯。"监管部门责令采取改正措施"，是指网信、电信、公安等依照法律、行政法规的规定承担信息网络安全监管职责的部门，以责令整改通知书或者其他文书形式，责令网络服务提供者采取改正措施。

本罪所谓"情节严重"是指具备下列四种情形之一：（1）致使违法信息大量传播的；（2）致使用户信息泄露，造成严重后果的；（3）致使刑事案件证据灭失，情节严重的；（4）有其他严重情节的。

同时构成其他犯罪的，依照处罚较重的规定定罪处罚。利用计算机实施金融诈骗、盗窃、贪污、挪用公款、窃取国家秘密或者其他犯罪的，依照《刑法》有关规定定罪处罚。

5.非法利用信息网络罪

非法利用信息网络罪，是指利用信息网络实施特定行为，情节严重的行为。

本罪主体是自然人和单位。本罪行为手段包括：（1）设立用于实施诈骗、传授犯罪方法、制作或者销售违禁物品、管制物品等违法犯罪活动的网站、通讯群组的；（2）发布有关制作或者销售毒品、枪支、淫秽物品等违禁物品、管制物品或者其他违法犯罪信息的；（3）为实施诈骗等违法犯罪活动发布信息的。

同时构成其他犯罪的，依照处罚较重的规定定罪处罚。

6.帮助信息网络犯罪活动罪

帮助信息网络犯罪活动罪，是指明知他人利用信息网络实施犯罪，为其犯罪提供互联网接入、服务器托管、网络存储、通讯传输等技术支持，或者提供广告推广、支付结算等帮助，情节严重的行为。

本罪主体是单位和自然人。本罪的主观要件是故意，即明知他人利用互联网络实施犯罪，希望或者放任这种行为发生。行为方式表现为为其犯罪提供互联网接入、服务器托管、网络存储、通讯传输等技术支持，或者提供广告推广、支付结算等帮助，情节严重的行为。

同时构成其他犯罪的，依照处罚较重的规定定罪处罚。

第三节　贪污贿赂犯罪

一、贪污罪

贪污罪，是指国家工作人员和受国家机关、国有公司、企业、事业单位、人民团体委托管理、经营国有财产的人员，利用职务上的便利，侵吞、窃取、骗取或者以其他手段非法占有公共财物的行为。

（一）贪污罪的构成要件

贪污罪的基本构成要件如下。

1.主体要件

本罪是特殊主体，即行为人必须是国家工作人员。根据《刑法》第93条的规定，以下人员属于国家工作人员，或者可视为国家工作人员：

（1）在各级国家机关，如国家权力机关、国家行政机关、国家审判机关、国家检察机关、国家监察机关和国家军事机关从事公务的人员；

（2）在国有公司、企业、事业单位、人民团体中从事公务的人员；

（3）受国家机关、国有公司、企业、事业单位委派，到非国有公司、企业、事业单位、社会团体从事公务的人员；

（4）其他依照法律从事公务的人员，如《刑法》第382条第2款规定的受国家机关、国有公司、企业、事业单位、人民团体委托管理、经营国有资产的人员。此外，根据《全国人民代表大会常务委员会关于〈中华人民共和国刑法〉第九十三条第二款的解释》规定，村民委员会等村基层组织人员协助人民政府从事下列行政管理工作，属于《刑法》第93条第2款规定的"其他依照法律从事公务的人员"：其一，救灾、抢险、防汛、优抚、扶贫、移民、救济款物的管理；其二，社会捐助公益事业款物的管理；其三，国有土地的经营和管理；其四，土地征收、征用补偿费用的管理；其五，代征、代缴税款；其六，有关计划生育、户籍、征兵工作；其七，协助人民政府从事的其他行政管理工作。村民委员会等村基层组织人员从事前款规定的公务，利用职务上的便利，非法占有公共财物、挪用公款、索取他人财物或者非法收受他人财物，构成犯罪的，适用《刑法》第382条和第383条贪污罪、第384条挪用公款罪、第385条和第386条受贿罪的规定。

在中国共产党各级机关和政治协商会议各级机关从事公务的人员，也属于国家工作人员，只是究竟属于国家机关工作人员还是其他国家工作人员，则有待进一步研究。

2. 主观要件

本罪是直接故意，并且具有非法占有的目的。根据1998年4月6日《最高人民法院关于审理挪用公款案件具体应用法律若干问题的解释》第6条规定，携带挪用的公款潜逃的，按照贪污罪的规定定罪处罚。一般来说，行为人挪用之时，并没有非法占有的目的，但在挪用之后潜逃的，说明其主观上产生了非法占有的目的，客观上实施了侵吞公款的行为，可以认为其行为构成贪污罪。

3. 客观要件

本罪在客观方面表现为，国家工作人员和受国家机关、国有公司、企业、事业单位、人民团体委托管理、经营国有财产的人员，利用职务上的便利，侵吞、窃取、骗取或者以其他手段非法占有公共财物的行为。本罪的犯罪对象是公共财物。本罪的行为有如下特点。

首先，行为人必须利用职务上的便利。所谓利用职务上的便利，是指利用行为人在职务上具有的主管、管理、经手公共财物的权力和地位。主管，是指国家工作人员不具体负责、经手、管理公共财物，但依其职权范围或者职务地位具有调拨、支配、转移、使用或者以其他方式支配公共财物的权力，在其主管期间，对公共财物具有决定权。管理，是指具有监守或者保管公共财物的职权，期限一般较长，管理人在管理期间对管理的公共财物具有处置权。经手，是指具有领取、支出等经办公共财物的流转事务的权限，经手人虽然不负责公共财物的管理和处置，但对公共财物具有临时的控制权。如果行为人仅仅因为工作上的原因，熟悉作案环境，或凭借其主体身份便于接近目标物等方便条件，就不能认为是利用职务之便。

其次，行为人还必须实施了侵吞、窃取、骗取或者以其他手段非法占有公共财物的行为。

最后，构成贪污罪还必须数额达到一定程度，或者具有特定犯罪情节。在贪污公款的情形下，对于数额比较容易计算，但在贪污公物的时候，如何确定公物的价值则是一个很具体的问题。本书认为，可以参照《最高人民法院、最高人民检察院关于办理盗窃刑事案件适用法律若干问题的解释》中对被盗物品的数额计算方法，对贪污物品的价格予以有效证明确定。

4.客体要件

本罪侵犯的是复杂客体，主要客体是国家工作人员的职务廉洁性，次要客体是公共财产所有权。

（二）“公共财物”的认定问题

1.公共财物的一般外延

贪污罪的对象是公共财物。根据《刑法》第91条的规定，公共财产包括以下六种。

（1）国有财物，即所有权归国家的财物。作为贪污罪对象的“国有财物”必须是所有权明晰的国有财物，如国家财政收入，国有公司、国有企业事业单位的财政投入、拨款或产生的收益等。需要指出的是，国有控股公司、企业的财产也应当作为国有财物。其原因不再赘述。

（2）劳动群众集体所有的财物，即劳动群众集体所有制组织的财物，其所有权主体是特定的劳动群众集体。劳动群众集体包括集体经济组织、村民自治组织、街道居民委员会等特定的集体。具体认定可参照《最高人民法院、最高人民检察院印发关于执行〈关于惩治贪污罪贿赂罪的补充规定〉若干问题的解答》关于“集体经济组织”的解释执行。集体经济组织入股、参股、参加的股份制、合作、合资企业，不能认定为集体经济组织，除国有与集体，以及集体与集体合资、合作、合股形成的企业的财产以外，其他企业财产不能都认定为公共财产。在集体经济组织中的具有国家工作人员身份的人侵占该组织财产的，可能构成贪污罪。

（3）用于扶贫和其他社会公益事业的社会捐助或者专项基金的财物。在这类财物认定时应当注意：第一，其财产来源是社会捐助、赞助或者为特定公益事业设立的专项基金；第二，财物用途为社会公益事业；第三，财物权属归公益事业机构。国家捐助给公益事业机构的款项，是无偿赞助，权属归公益事业机构，这与国家财政直接设立的由相应国家行政机关管理的某些基金不同，后者是国有财物。

（4）在国家机关、国有公司、企业、集体企业和人民团体管理、使用或者运输中的私人财物。这种财物本身是私人所有，由于处于国有、集体单位或人民团体管理、使用、运输过程中，其损毁灭失风险转移至国有、集体单位或人民团体，因而以公共财物论。

（5）在国内公务和对外交往中收受的、应交公的礼物。依据有关规定，国家工作人员在国内公务活动中禁止接受礼物，确实不能拒收的，接受之后必须交公。如根据国务院《国家行政机关及其工作人员在国内公务活动中不得赠送和接受礼品的规定》和《中共中央办公厅、国务院办公厅关于严禁党政机关及其工作人员在公务活动中接受和赠送礼金、有价证券的通知》的规定，国内公务活动中接受礼物的范围，不仅包括“国家工作人员在与本职工作有关的活动中接受礼物”，还包括：其一，以鉴定会、评比会、业务会、订货会、展销会、接待会、茶话会、新闻发布会、座谈会、研讨会等各种会议和礼仪庆典、纪念、商务等各种活动的形式和名义接受礼物；其二，以试用、借用、品尝、鉴定的名义接受礼物；其三，以其他形式和名义接受礼物。另外，在对外交往中接受礼物价值较小的，可以留用，价值较大的必须交公。[①]

---

① 参见唐世月.贪污罪犯罪对象研究［J］.中国法学，2000（1）.

（6）其他经济组织的财物。其他经济组织的财物具体指国家参股企业、事业单位以及非国有的企业事业单位的财物。当国有保险公司工作人员和国有保险公司委派到非国有保险公司从事公务的人员或者其他国有公司、企业或者其他国有单位中从事公务的人员和国有公司、企业或者其他国有单位委派到非国有公司、企业以及其他单位从事公务的人员侵占这些财物时，也构成贪污罪，即该财物成为贪污罪中的公共财物。如《刑法》第183条第2款规定，国有保险公司的工作人员和国有保险公司委派到非国有保险公司从事公务的人员，利用职务上的便利，故意编造未曾发生的保险事故进行虚假理赔，骗取保险金归自己所有的，依照贪污罪定罪处罚。再如《刑法》第271条第2款规定，国有公司、企业或者其他国有单位中从事公务的人员和国有公司、企业或者其他国有单位委派到非国有公司、企业以及其他单位从事公务的人员，利用职务上的便利，将本单位财物非法占为己有，数额较大的，依照贪污罪定罪处罚。

值得注意的是，国家参股或者控股股份公司的财产是否属于公共财物，在理论上有争议。根据《最高人民法院关于在国有资本控股、参股的股份有限公司中从事管理工作的人员利用职务便利非法占有本公司财物如何定罪问题的批复》的规定：在国有资本控股、参股的股份有限公司中从事管理工作的人员，除受国家机关、国有公司、企业、事业单位委派从事公务的以外，不属于国家工作人员。对其利用职务上的便利，将本单位财物非法占为己有，数额较大的，应当依照《刑法》第271条第1款的规定，以职务侵占罪定罪处罚。这说明，国家参股或者控股的股份公司的财产，在特殊情形下也应视为公共财物。

2.承包国有企业中的“国有财产”的认定

承包经营是资产所有权和经营权分离的制度。目前在我国，承包经营有一定的生命力，国有中小型企业实行的承包经营方式依据企业的性质而有所差别：第一，中小型企业实行核定基数，递增包干，超收全留；也可以实行核定基数，增长分成。第二，亏损企业实行亏损包干，超亏不补，扭亏全留或扭亏分成。第三，特殊行业实行投入产出包干。这种制度打破了“大锅饭”，是我国建立现代企业制度过程中的过渡性经济运行方式。虽然其成效显著，但是一个不容忽视的问题也出现了，就是在承包企业中，由于承包人个人所得和集体提留之间的界限不好掌握，往往无法判断行为人的行为究竟是贪污还是合法。在一些地方，国有资产悄悄流失，而在另一些地方，承包人合法的权益不能得到保障，被错误地作为贪污犯处理。

本书认为，处理承包企业中的贪污问题，关键是对企业的资产有明确界限，因为行为人的行为可以说是接受国家机关或者国有单位委托，经营、管理国有财产。在界限上应当分三步走。

首先，要将承包之前的企业资产作为国有资产。这一点毋庸置疑。关键是根据企业国有资产登记的时间，将承包前的企业原资产和承包后的新增资产区别开来。如果行为人将国有资产占为己有，则是贪污。

其次，要将承包合同中约定的企业提留、职工福利基金等承包后的收益作为公共财产。承包经营一般是为了达到扭亏增效的目的，承包经营合同中通常会明确应当由承包人交纳的费用和作为企业发展必要的提留部分。这部分不能作为个人收益。

最后，除此之外的企业承包收益，是否归个人所有，还必须看承包的方式。在劳务承包中，承包者是根据劳务取得报酬，不享有对多余收益的额外所有权，如果占为己有的，构成贪污；在经营性承包中，则应当根据合同，如果是基数定包，那么承包人完成承包任务之外的收益为个人合法收益，不构成贪污。如果对承包收益约定比例，则在该比例之外的财产，可以构成贪污的对象。

（三）“利用职务上的便利”的认定

职务上的便利与职业上的便利、工作上的便利、劳务上的便利虽然不同，但是它们之间或多或少有联系，因此在一般情况下，行为人在实施犯罪时只要能利用职业上的便利、工作上的便利或者劳务上的便利，对公共财物或公共事务予以实质性的支配或者控制，就构成利用职务上的便利。①

关于“利用职务上的便利”的理解有如下五点分歧：（1）利用职务上的便利，是指利用职务上主管、管理、经营、经手公共财物的权力。②（2）利用职务

---

① 参见欧阳本祺.我国刑法中“利用职务便利”的类型化解释［J］.江苏行政学院学报，2019（6）.

② 参见王建敏.当前贪污贿赂犯罪的司法认定［J］.中国刑事法杂志，2002（2）.

上的便利，是指利用职务内权力和地位形成的有利条件，具体表现为主管、保管、出纳、经手公共财物等便利条件。（3）利用职务上的便利，是指利用自己主管、管理、经手公共财物的权力及管理、经手公共财产的方便条件。（4）利用职务上的便利，是指利用从事组织、领导、管理、监督等活动的工作便利，或履行公共管理职权、职责的方便条件。（5）利用职务上的便利，是指利用职务上处理、处分或者控制公共财物职务行为的便利。①

值得肯定的是，上述观点都注意到贪污罪的构成中行为人必须对公共财物具备特定的支配方式，否则难以体现职务犯罪的特性。不过，第四种观点将组织、监督等都视为支配财物的行为，不免过于宽泛。其他观点的差别在于对支配财物的方式和前提存在不同看法，分歧点如下：第一，职务上的便利是否包括因其形成的全部有利条件呢？无疑，对于财物所处位置及其周围状况的认识，财物的主管、经营或者经手人员显然比其他人更具有利条件，如出纳熟悉本机关钱物的存放地点，这是否属于利用职务上的便利呢？假如答案是肯定的，那么，出纳下班后利用自己知道本机关财物存放地点的有利条件窃取该财物的，就可能构成贪污罪。第二，行为人对公共财物的支配是否限于主管、管理和经手？出纳是否和管理不同，经营是否等于经手？

根据通说的观点，利用职务上的便利应当和仅仅利用了对单位地理位置比较熟悉的有利条件区别开来，所以，将利用职务形成的全部有利条件囊括进来是不可取的，容易扩大贪污罪的适用范围。据此，上述第二种观点并不可取。此外，出纳属于财务管理的重要部分，和保管具备相同的特性，在本质上也是一种对财物的管理，将出纳和保管与管理并列的第二种、第三种观点也不可取。由于经营行为在《刑法》第382条第2款中明确和管理不同，它是指利用公共财物进行财产和销售的特殊企业行为，所以与经手也不一样，因此第一种观点在这方面比较可取。

本书认为，虽然第一种观点概括比较全面，但还是不能体现利用职务上的便利占有公共财产的本质，不具备概括性，所以主张第五种观点，将利用职务上的便利概括为：利用本人对公共财物所具有的处置权或者因为工作而占有的事实。

① 参见刘流.论贪污罪中“利用职务上的便利”[J].法律适用，2001（6）.

（四）贪污手段的认定

贪污的具体手段包括侵吞、窃取、骗取和其他手段。这些手段之间是不一样的。

（五）多次贪污的处理

《刑法》第383条第2款规定："对多次贪污未经处理的，按照累计贪污数额处罚。"《最高人民法院、最高人民检察院印发关于执行〈关于惩治贪污罪贿赂罪的补充规定〉若干问题的解答》规定："多次贪污未经处理，是指两次以上（含两次）的贪污行为，既没有受过刑事处罚（包括免予起诉、免予刑事处分），也没有受过行政处理。"

虽然该司法解释出台在前，立法在后，但应该承认它在今天还是具有效力的。"多次"是指两次以上（含两次），处理既包括行政处分，也包括刑事处分。当然累计的数额应该达到贪污罪的起点，即一般应该是3万元以上，才能构成贪污罪。

但是，在涉及现行刑法和旧刑法的追诉时效时，由于旧法的处罚比新法严厉，根据从旧兼从轻的原则，应当按照新刑法核算多次贪污的数额，分不同情形处理。

（六）共同贪污数额的分配

贪污罪的处罚主要根据贪污的数额。那么如何确定共同贪污犯罪中行为人的贪污数额，直接决定了行为人应当受到的刑罚。在理论上和实践中，有两种观点或者做法：第一，分赃数额说，主张各共同犯罪人只对个人实际所得的赃物和赃物的数额承担刑事责任，认为这样才能体现罪责自负的原则；第二，犯罪总额说，主张以共同犯罪的总额作为确定各共犯刑事责任的尺度。犯罪总额说总的原则是要求各共犯对整个犯罪数额负责，体现了共同犯罪的基本原理，已成为通说。①

---

① 参见高飞.试论共同贪污受贿犯罪数额［J］.当代法学，2003（2）.

以上两种学说的结论是不一样的：分赃数额说对于行为人比较有利，而犯罪总额说比较严厉。比如当两人合谋贪污公款3万元，其中一人分得2万元，另外一人也分得1万元，如果采取分赃数额说，则每个人都没有达到刑法规定的入罪数额，均不构成贪污罪；如果根据犯罪总额说，则因贪污总数额达到3万元以上，可构成贪污的共同犯罪。

本书认为，通说符合共犯处罚原理，具有合理性，而分赃数额说不可取。因为如果根据分赃数额说，会引发诸多问题。例如，当数人共同参与贪污尚未来得及分赃时，就无从认定犯罪完成与否。再如，当数人共同参与贪污时，也不容易区别起主要作用的犯罪分子，甚至首要分子可能因为没有分得赃款而不被定罪处罚。还如前面所述，当数人共同贪污的总数额达到了贪污罪的定罪数额标准，但共犯分得的赃物数额达不到定罪数额标准，那么对这些共犯也无法定罪处罚。

当然，犯罪总额说并不是处罚共同贪污犯罪人的唯一标准，还需要参照其他原则和方法确定犯罪人在贪污中的地位和作用，据此实现刑罚个别化要求。

（七）在公务活动或对外活动中收受礼物应当交公而不交公的理解

《刑法》第394条规定："国家工作人员在国内公务活动或者对外交往中接受礼物，依照国家规定应当交公而不交公，数额较大的……"表明在公务活动中收受礼物应当交公而不交公的，只要数额达到贪污罪的起点，也构成贪污罪。

本条中的"国家规定"，主要是指全国人大及其常委会制定的法律及国务院制定发布的规范国家工作人员在国内外交往中接受礼物行为的有关法规和决定。诸如《国务院关于在对外活动中不赠礼、不受礼的决定》《国家行政机关及其工作人员在国内公务活动中不得赠送和接受礼品的规定》《国务院关于在对外公务活动中赠送和接受礼品的规定》等。依据相关规定：第一，国家工作人员在国内交往中不得收受可能影响公正执行公务的礼品馈赠，因各种原因未能拒收的礼品，必须登记上交；第二，国家工作人员在国内交往（不含亲友之间的交往）中收受的其他礼品，除价值不大的以外，均须登记；第三，对接收的礼品必须在1个月内交公并上交国库，所收礼品不按期交公的，按贪污罪论处。

本条规定中的"礼物"，从形式上分为礼金和物品，从来源上分为在国内公务活动中接受的礼物和在国外公务活动中接受的礼物。国家工作人员在国外公务活动中接受的礼物，主要是根据外交礼仪所获得的他国赠送的公务礼品，也包括在从事外务活动中获得的其他物品。

（八）贪污罪的既遂标准

关于贪污罪的既遂标准，主要存在以下理论分歧。

观点一认为，贪污罪是一种以非法占有为目的的财产性职务犯罪，与盗窃、诈骗、抢夺等侵犯财产罪一样，应当以行为人是否实际控制（取得）财物作为区分贪污罪既遂与未遂的标准。对于行为人利用职务上的便利，实施了虚假平账等行为，但公共财物尚未实际转移，或者尚未被行为人控制（取得）就被查获的，应当认定为贪污罪未遂。行为人控制（取得）公共财物后，是否将财物据为己有，不影响贪污既遂的认定。①

观点二认为，其既遂标准与侵财犯罪的诈骗罪等相同，以实际非法占有与所有者、控制者的失控的统一为标准。②

观点三认为，贪污罪既遂与未遂的界限应当以行为人是否实际控制财物为标准。行为人实际控制财物后，最终是否归自己所有，不影响贪污既遂的认定。③

观点四认为，只有当行为人将其所主管、经营、经手的财物非法转为己有的时候，才能构成贪污罪既遂。④

观点五认为，贪污罪应以行为人是否实际控制财物作为区分贪污罪既遂与未遂的标准。⑤

本书认为，贪污罪和取得型财产犯罪在行为主体身份和行为对象上有所区别，而取得财物的行为方式并无差异，所以它们的既遂形态是一致的，应以公共财物是否遭受利益损失为判定标准。如果以公共财物是否转移为判断标准，在实践中容易引起争议，如行为人利用职务上的便利，将自己保管的公共房产私下更名为本人所有，并办理房产登记的，这种情况难以认定有财物转移。

① 参见张明楷.刑法学（下）[M].北京：法律出版社，2021：1563.

② 参见林亚刚.刑法学教义（分论）[M].北京：北京大学出版社，2020：625-626.

③ 参见马克昌.百罪通论（下）[M].北京：北京大学出版社，2014：1146.

④ 参见黎宏.刑法学各论[M].北京：法律出版社，2016：511.

⑤ 参见贾宇.刑法学（各论）[M].北京：高等教育出版社，2019：260.

（九）利用职务之便挥霍公款性质

利用职务之便挥霍公款的，本来属于违反财经纪律的行为，但在实践中，行为人挥霍公款和贪污有时候是同时发生的，或者说在挥霍公款的过程中实施了贪污的行为。由于这两类行为的法律性质不同，所以有界分的必要。

首先，应当将单纯的挥霍公款行为作为违反财经纪律的行为。单纯的挥霍公款，主要是行为人在从事接待工作或者为单位进行采购活动中，铺张浪费，大吃大喝，游山玩水等。它的基本特征表现为，行为人没有在这些活动中为自己或他人直接获得经济上的利益。这类行为属于不正之风，无法单纯依靠刑法手段进行解决，防止这类行为的主要方法在于严肃财经纪律，健全财经制度。

其次，在挥霍公款过程中侵吞、骗取或者以其他方法非法占有公共财产的，应当以贪污论处。这些情形包括：（1）行为人在挥霍公款之时，为自己采购财物；（2）行为人在挥霍公款时，为谋取自己的利益，用公款采购、请吃请喝，变相向他人行贿；（3）行为人在挥霍公款时夹带将个人的消费支出一起报销，如将家里人吃饭的发票冒充单位宴请的发票一起报销，或将单位领导人员消费支出的发票一起拿来报销；（4）在挥霍公款时将家人或者与工作没有关系的人安排在一起，如吃饭时用公款为他人结账，集体组织旅游时携带个人亲友，以免私人付费等。

（十）国企改革过程中的贪污问题

在国有企业改革过程中，企业通过改制或者改变经营方式，向现代企业制度过渡，经营者或者有关管理者的收入分配制度和传统的薪酬制度不一样，因此，哪些是正当收入，哪些是不正当收入，是贪污罪认定中的现实问题。

1.借企业改制，出售股票归自己的行为

国企改革的一个重要目标就是实现企业的股份制改造。在改造过程中，企业往往发行一定数量的内部股、职工股，国家工作人员或者应当以国家工作人员论的人员拥有企业股份的现象十分普遍。因此，在国企改革过程中出售股票归自己所有的行为，应当按照行为人是否利用职务上的便利侵占国企财产认定其性质。

需要注意的是，由于国企改革中企业股控制比较严格，而且内部股票的分配方案必须经过有关上级主管部门认可，所以，在该限度内，一般不会出现股票分配中的不公平现象。此时出售股票的行为一般是合法的，不应该当作违法或者犯罪处理。另外，在国企改革中，有些公司、企业员工对于企业股的认识存在误解，不愿意购买单位股票，因而，一些企业领导将员工不愿意购买的剩余股票不用分配购买的，也不能当作犯罪。但是，假借改制的名义，通过不正当、不公开的方式，将企业股以明显低于上市价格出售给自己或者他人，因此造成较大损失不能弥补的，可以作为贪污罪处理。

2.经营者的非法收入

在国企改革中，涉及企业经营者收入的性质问题，其中有的是合法的，有的是不合法的。企业经营者取得数额较大的不合法收入，也可以构成贪污罪。问题是，哪些收入合法、哪些收入不合法呢?

当前我国企业经营者薪酬体系主要有“工资+奖金”和年薪制两种形式。“工资+奖金”中的奖金虽然和企业的业绩挂钩，但是一种短期激励，只评价和奖励过去一年的经营活动，因而容易导致经营者的短期行为。年薪制比较完整、客观地反映了经理人员的工作业绩，在工资关系上突出了企业领导者人力资本的重要性，同时使得经理人员的收入同企业经济效益挂钩，体现了利益、责任与风险一致的原则。然而年薪制只考虑了企业的年度收益，在企业经营者和所有者之间信息不对称的情况下，会导致企业经营者行为短期化，追求任期内的高收入。此外，由于年薪制不包含长期报酬，经理人员在缺乏长远目标激励的情况下，可能通过其他渠道获取收入，结果使国有企业利益受到损害。上述两种薪金制度对经营者的收入有明确规定，所以一般比较容易确定合法收入与不法收入的界限。

但是，在企业改制中，一些单位尝试采取基于年薪制的股票期权激励机制，即企业所有者可以将年薪中利润分享报酬的一部分以现金形式支付给企业经营者，将其余部分转化为股票期权授予，以达到长期激励的功效。这种股票期权的内在价值在于期权股票到期转让时的现金值，若公司经营状况良好，股票价格上涨，企业经营者可以通过股票期权获得较高的收益；相反，若公司经营不善，股票价格下跌，企业经营者到期将得不到原有的股票期权价值，使以前的努力成果打折扣。股票期权是协调经理人员与股东利益最直接的方式，是对经理人员实行长期激励约束的有效手段。但这种方式也能形成不合理的收入，包括：第一，经营者人为追求股票价格的上涨，使股价与公司业绩不一致，造成股票价格“失真”而带来的报酬。第二，经营者作为“内部人”，对本企业比其他人掌握更多的信息，他们利用这些信息从事“内幕交易”，为自己谋取利益。第三，通过上市增发或者回购股票，获取不正当利益。这些不正当的报酬，原则上应当归公司、企业所有，因此，行为人以自己增加薪金的目的从事上述活动获取的财产，应当视为贪污罪的对象。

3.经营承包中的收入

一般来说，对贪污受托经营、管理国有财产的数额比较好认定。但是对于以承包、租赁形式经营、管理国有财产的，由于具体形式不一样，对受托人员的贪污数额认定要具体分析。

（1）对于以上缴固定承包费为承包形式的，其贪污数额就是承包者的营利中扣除其侵占的余额和承包费之间的差额（如果余额大于承包费，则差额属于承包者的合法收入；如果余额小于承包费，则差额为贪污数额）。如果承包合同中规定，承包者在上缴国家承包费时，还必须按一定比例足额提取固定资产折旧和修理基金的，还须从营利中再扣除折旧费和修理基金，余额才是承包者的个人收入。

（2）如果承包是按营利比例分成，则贪污的数额是实际占有数额中减去本人按比例应得的。

（3）如果以租赁经营为国有财产委托经营、管理形式，租赁经营要求承租人在交纳租赁费同时必须交纳租赁抵押金的，承租人在租赁期间，非法占有国有财产的数额，即贪污的数额中要扣除抵押金的数额。因为抵押金是租赁者的个人财产，其以抵押金赔偿之后，不足部分才应以贪污罪论处。[①]

（十一）贪污罪的未完成形态

贪污罪未完成形态的关键是未遂的问题。从理论上看，对于贪污罪的未遂形态有以下五种观点。

（1）否定说，即认为贪污是结果犯，不存在未遂的形态。

（2）控制说，以行为人实际控制财物为贪污既遂的标准，没有控制财物则是

---

① 参见郭立新.贪污罪中的数额认定［J］.中国刑事法杂志，2000（3）.

未遂。

（3）占有说，以行为人占有公共财物为既遂标准，没有占有的是未遂。

（4）失控说，以公共财物的所有人、持有人或者管理者是否丧失对该财物的实际控制为标准，失去了则为贪污的既遂，反之为未遂。

（5）非法占有说，以财物处于非法占有的状态为标准，如果财物处于非法占有状态，为既遂，反之为未遂。[①]

本书认为，直接故意犯罪中的结果犯、危险犯和行为犯都存在未遂形态，否定结果犯的未遂形态，与我国的基本刑法理论不符合。所以否定说不可取。

（十二）贪污罪中的共同犯罪

《刑法》第382条第3款规定："与前两款所列人员勾结，伙同贪污的，以共犯论处。"即与国家工作人员和受国家机关、国有公司、企业、事业单位、人民团体委托管理、经营国有财产的人员相勾结，利用职务上的便利，侵吞、窃取、骗取或者以其他手段非法占有公共财物的，是共同贪污犯罪。但在贪污罪的共同犯罪中，有两类情形不太好处理：（1）内外勾结的贪污如何处理；（2）同一单位内具有不同身份的人共同贪污如何处理。本书认为，之所以产生这些困难，是因为我们在观念上对有身份者和无身份者能否共同犯罪，如何认定行为人的性质还有争议。以下先就共同犯罪中的基本观念加以厘清，然后再结合两种情形说明本书的意见。

1.有身份者和无身份者在共同犯罪中的形态

对于这个问题，有两个层面的意见，一是有身份者可否和无身份者共同构成特殊身份犯罪；二是无身份者可否构成有特殊身份犯罪中的实行犯。

（1）有身份者可否和无身份者共同构成特殊身份犯罪

现在，一般观点都承认，有身份者可以和无身份者构成特殊身份的共同犯罪。但有个别学者还是认为，无身份者不能构成特殊身份的共同犯罪。其理由主要是：国家工作人员与没有国家工作人员身份的人如果构成共同贪污罪，会产生如下问题：第一，国家工作人员的身份资格在刑法以外的其他法律（如行政法）

① 参见唐世月.贪污罪研究［M］.北京：人民法院出版社，2002：278-283.

上能否为他人借用或者共享？退一步而言，即使在刑法定罪时能够为他人借用或者共享，那么落实到个体量刑时，从未享受过国家工作人员身份的非国家工作人员如何承受只有国家工作人员才能承担的刑罚？比如贪污罪的最高法定刑为死刑，非国家工作人员是否可以被判处死刑就值得研究。第二，非国家工作人员借用国家工作人员的身份资格可以构成贪污罪的共犯，不借用，只能构成盗窃罪等单独犯。从现有的法律规定看，盗窃罪与贪污罪的数额起刑点仍有数倍之差，现以贪污罪的共犯论处，到底是在宽纵还是为了严惩？其复杂性不能一言以蔽之，其间的相互关系如何协调，颇费思量。第三，国家工作人员与非国家工作人员相勾结，利用国家工作人员的身份条件实施侵吞、窃取、骗取就只能构成贪污罪，静态的身份条件与动态的占有行为孰轻孰重，在价值判断上颇使人犯难。[①]根据这种说法，比如在国企厂长要求饭店老板虚开6000元饭费，合伙骗取企业财产的案件中，饭店老板就不能构成贪污罪。

但是本书认为，无论在理论上还是在实践中，都必须承认有身份者和无身份者的共同犯罪。首先，从理论上看，共同犯罪理论只认为两人以上共同故意犯罪就构成共同犯罪，至于说两人有没有身份上的限制或者差别，一般是不考虑的。而且在共同犯罪中，共同行为应该从整体上考察，没有身份的人的行为虽然不能单独完成有身份者的犯罪，但是借助于有身份者的行为，则可以完成类似犯罪。所以在理论上具有现实的基础。其次，就实践而言，也应当承认这类犯罪并加以处罚，原因如下：第一，有身份者和无身份者共同实施有身份的犯罪现象并不鲜见，其中有的是在无身份者的唆使或者胁迫下实施的，但没有无身份者的协力，身份者的犯罪就不可能完成；反之在有的情形下，如果没有有身份者，无身份者也不能够根据自己的意图实现犯罪的目的。因此，有必要打击这类犯罪。在我国当前社会环境下，如果放纵无身份者，是难以让人信服的，也无助于预防和惩戒贪污犯罪。第二，从形式上看，日本等国刑法明确规定了有身份者和无身份者可以共同实施有身份者的犯罪。虽然在刑法中没有类似规定，但是考虑到刑法也没有限制这类犯罪情形的事实，结合上述意见，以共同犯罪惩罚无身份者，是合乎我国实践要求的，也没有违背罪刑法定原则。

---

① 参见杨兴培，何萍.非特殊身份人员能否构成贪污罪的共犯［J］.法学，2001（12）.

因此，无身份者可以和有身份者共同实施特殊身份的犯罪。那么在前述案例中，就可以承认饭店老板实施了共同贪污犯罪。

（2）无身份者可否构成有特殊身份犯罪中的实行犯

无身份者可以和有身份者共同实施特殊身份的犯罪，那么根据犯罪的分工，他只能构成教唆犯、帮助犯，还是也可构成实行犯呢？因为在排除教唆犯的场合，如果无身份者可以成为实行犯的话，则意味着他可以作为主犯被处罚。由于立法上一般规定不明确，所以，这一点在司法实践中具有很大争议。

甲（肯定）说，认为无身份者和有身份者可以构成身份犯的共同实行犯。这在日本从理论到司法实践都是主流的观点。根据这种观点，饭店老板实施了骗取单位财物的实行行为，成立实行犯。

乙（否定）说，认为无身份者不能构成特殊身份的实行犯。那么饭店老板只能按照帮助犯处罚。

丙（折中）说，认为应当区别而论，对于有的犯罪，如背叛国家罪，没有身份者是不能实施实行行为的，而对于有些存在分工的犯罪，或者犯罪行为比较复杂的，则无身份者可以构成有身份的共同实行犯，比如贪污罪。

很明显，上述折中说是正确的，即并非无身份者可以实行所有的身份犯罪中的实行行为。但是，它明确肯定在贪污罪中，无身份者可以构成实行犯。事实上，实行犯、教唆犯、帮助犯、组织犯是以形式标准划分的，所谓实行犯是指实施刑法分则具体犯罪规定的基本构成中的行为。对于贪污罪来说，无身份者虽然不可能利用职务便利，但是他可以假借有身份者的职务便利，实施侵吞、窃取或者骗取的行为。

2.内外勾结的贪污的处理

内外勾结的贪污，主要是指单位外部的人伙同单位内部的国家工作人员，利用其在职务上的便利，侵吞、窃取、骗取或者以其他方法非法占有公共财产的行为。对于这种行为或行为人的定性，有主犯决定说、分别说、实行犯决定说、特殊身份说和职务利用说。

本书认为，关于行为人行为的性质定性，由于刑法作了明确规定，所以主犯决定说、分别说、实行犯决定说都不可取。因为主犯的性质取决于行为人在共同犯罪中的分工和作用，实行犯是否为主犯，要看他是否被胁迫或者起次要作用，如果答案是否定的，那么行为人就是主犯。根据该论断，在上述案例中，饭店老板是起主要作用的实行犯，那么是依照他的身份和行为定诈骗罪还是依照另外一个主犯（即厂长）的行为定贪污罪，此处就有争议了。而分别说无疑是否定了有身份者和无身份者构成共同犯罪的理论，这自不足取。实行犯决定说依然有问题，因为当有身份者和无身份者都有实行行为，根据各自的实行行为处理，结果比主犯说还难以操作。职务利用说在利用职务这点上和特殊身份说一样。特殊身份说就比较容易操作，而且符合刑法规定。

所以，在内外勾结的情形下，无身份者利用有身份者的职务便利，共同实施侵吞、窃取、骗取或者以其他方法非法占有公共财产的行为时，无论有身份者是否为主犯，是否为实行犯，应当根据有身份者的犯罪，即贪污罪处理。如妻子希望丈夫将单位的某样财物拿回家，丈夫不同意，为此两人吵架多次，后来，妻子直接到丈夫单位，趁没有其他人在场的时候，当着丈夫的面将该物品拿回家，丈夫因为不愿意吵架也就没有制止，其后这种行为多次发生。在这种情形下，丈夫显然不是实行犯，也不能说是主犯，但是如果丈夫履行了职责，就不会出现这种情形，所以夫妻二人之间通过作为和不作为的方式，实现了贪污罪中利用职务上的便利和实行行为的结合，自然应当以贪污论处。

3. 内部勾结的行为的性质

内部勾结侵占单位财物的，定性本来不应该有问题，可是在混合制经济单位中，由具有国家工作人员身份的人和不具有国家工作人员身份的人共同侵占单位财物的，例如国有单位委派甲到非国有单位任副总经理，甲与非国有单位中的会计乙相互勾结，分别利用职务之便，非法占有非国有单位财物归已所有，此时既存在贪污罪的适用余地，也有构成职务侵占罪的可能。那么对两类特殊身份的人员实施的犯罪如何定性呢？

在理论上，过去有主犯说和分别处罚说。如有学者认为，对于上述犯罪情况，应以共同犯罪论处，分别定罪处罚，即对委派人员甲以贪污罪论处，对乙以职务侵占罪论处。理由如下：（1）甲、乙相对于诈骗罪、盗窃罪等犯罪主体来说，都属于特殊主体，不能因甲属于国家工作人员，就认为甲为特殊主体，乙就不是特殊主体。（2）在共同犯罪中，甲、乙各自享有独立的职务，在共同犯罪中，又各自利用自己或互相利用对方职务上的便利条件。（3）刑法对甲、乙的行为是否构成犯罪、构成何罪都有明确而具体的规定，并互相独立，不能以其中某种犯罪构成来否定另一种犯罪构成存在的价值。（4）由于贪污罪、职务侵占罪的起刑数额高低、法定刑轻重等相差较大，无论是以贪污罪，还是以职务侵占罪来对全案论处，都做不到罪刑相适应，有失公平公正。（5）对于共同犯罪，可以对共犯以不同的罪名论处。（6）如果公司、企业或者其他单位中，不具有国家工作人员身份的人与国家工作人员在共同犯罪中所起的作用基本相同，不存在主犯、从犯之分的，按《最高人民法院关于审理贪污、职务侵占案件如何认定共同犯罪几个问题的解释》的规定，则难以甚至是无法处理。但甲、乙应对共同犯罪的数额承担刑事责任。①

本书认为，这种见解不符合惩治共同犯罪的要求。首先，从理论上看，之所以对共同犯罪的惩罚在刑法中特别加以规定，是因为共同犯意的联系，更容易导致犯罪的发生，而且产生更为恶劣的社会后果。在上述案件中，如果甲、乙两人没有相互勾结，相互谋议，实施犯罪相对比较困难，所以应该作为共同犯罪处罚。其次，从共同犯罪的处罚要求看，如果可以分别单独定罪的话，则违背了共同犯罪的立法宗旨，如此一来，也达不到刑法的目的。而且在共同犯罪中对于共同行为人定不同罪名，不能反映共同的实质。最后，上述见解不符合司法实践的现实。

当然，在上述案件中，甲、乙各自都利用了职务上的便利，那么就要看哪一个是主犯了。如果甲是分管财务的副总经理，那么他是乙的领导，乙在整个案件中是受领导的，所以，甲是主犯；如果甲不是分管财务的领导，那么乙不应当受领导，甲的行为是教唆，乙是实行犯，由于不能说乙有被胁迫的情由，而且他起了主要作用，所以乙是主犯。那么在前一情形下，应当定贪污罪，在后一情形下，应当定职务侵占罪。

（十三）贪污的关联犯罪

1.职务侵占罪

职务侵占罪，是指公司、企业或者其他单位的非国家工作人员，利用职务上

---

① 参见郭敏峰.贪污罪若干问题的司法认定［J］.福建政法管理干部学院学报，2002（3）.

的便利，将本单位财物非法占为己有，数额较大的行为。

贪污罪和职务侵占罪的构成要件十分相似，大体表现为：第一，在犯罪的客观方面，都表现为行为人利用了职务上的便利，不法占有单位财物；第二，二者的犯罪主体都是在一定单位担负一定职务、履行一定职责的管理人员；第三，两者在主观方面都是故意犯罪，并且都有非法占有单位财物的目的。

但刑法规制贪污犯罪和职务侵占罪的目的不同，所以它们还是有许多区别的，这些区别主要在于以下三点：第一，侵犯的主要客体不同。职务侵占罪侵犯的主要客体是公司、企业或者其他单位的财产所有权；而贪污罪侵犯的主要客体是国家公职人员的职务廉洁性。第二，犯罪对象不同。职务侵占罪的犯罪对象是公司、企业或者其他单位的各种单位财物；而贪污罪的犯罪对象则是公共财物。第三，犯罪主体的范围不同。职务侵占罪的主体从理论上是不具备国家工作人员身份的人；而贪污罪的犯罪主体则是国家工作人员。这些差别还导致两罪在其他方面的区别：第一，受理案件机关不同。职务侵占罪案件由公安机关负责侦查；而贪污罪则由监察机关进行调查。第二，最高法定刑不同。职务侵占罪的最高法定刑为15年有期徒刑；而贪污罪的最高法定刑为死刑。

以下四个问题值得注意。

（1）国有公司、企业以及其他国有单位的人员能否单独构成职务侵占罪

对此有两种观点：甲（否定）观点认为，国有公司、企业或者国有单位中从事公务的人员和国有公司、企业或者其他国有单位委派到非国有公司、企业或者国有单位中从事公务的人员，有前款行为的，应依据《刑法》第382条、第383条的规定，以贪污罪定罪处罚。乙（肯定）观点认为，国有公司、企业以及其他国有单位中从事公务的国家工作人员不能成为职务侵占罪的主体，但不能认为，国有公司非从事公务的人员都不能成为职务侵占罪的主体。例如，国有商场的售货员，由于从事的是服务性的劳务，不是带有管理性的公务，可以成为职务侵占罪的主体。[①]本书认为，我国特别设立贪污罪的目的，在于对国有资产的特别保护和对国家工作人员的廉洁性的要求，所以，在国有公司、企业或者其他国有单位的人员，侵占国有资产的，要结合行为人是否从事公务，是否具有管理、经营

① 参见高铭暄，马克昌.刑法学［M］.北京：北京大学出版社，高等教育出版社，2000：524.

国有资产的权利加以区别对待。如果行为人具有管理、经营国有资产的权力，而利用该权力进行侵占的，可构成贪污罪；反之，如果行为人没有管理、经营权，则不能构成贪污罪，但可构成职务侵占罪。

（2）国家工作人员与非国家工作人员共同侵占单位财物，如何定性

根据《刑法》第382条第2款的规定，受国家机关、国有公司、企业、事业单位、人民团体委托管理、经营国有财产的非国家工作人员，如果利用职务上的便利，侵吞、窃取、骗取或者以其他手段非法占有国有财物的，属于贪污行为。

（3）侵占国家参股、控股公司的财物如何定性

国家参股或者控股的公司的财物究竟属于国有资产还是非国有资产，这难以认定。根据《最高人民法院关于在国有资本控股、参股的股份有限公司中从事管理工作的人员利用职务便利非法占有本公司财物如何定罪问题的批复》，在国有资本控股、参股的股份有限公司中从事管理工作的人员，除受国家机关、国有公司、企业、事业单位委派从事公务的以外，不属于国家工作人员。对其利用职务上的便利，将本单位财物非法占为己有，数额较大的，应当依照《刑法》第271条第1款的规定，以职务侵占罪定罪处罚。反之，如果受国家机关、国有公司、企业、事业单位委派，在股份有限公司从事公务的人员，属于国家工作人员，其侵占股份有限公司财物的行为，以贪污罪定罪处罚。

（4）职务侵占与盗窃、诈骗存在竞合时如何定性

和贪污罪一样，职务侵占的行为方式包括利用职务上的便利窃取、骗取本单位财物。一般情况下，并不存在定性问题。但是由于我国司法实践中盗窃罪或者诈骗罪的入罪标准明显比贪污罪或者职务侵占罪低，所以当行为人窃取、骗取的数额达不到贪污罪或者职务侵占罪的入罪标准时，应当如何处理？一种思路是：当窃取或者骗取的数额达到了盗窃罪或者诈骗罪的入罪标准时，按照盗窃罪或者诈骗罪论处。这样做虽然有利于预防犯罪，但是可能造成处罚的不公正。同一个人构成盗窃罪或者诈骗罪，其处罚可能比同等情况下对贪污罪或者职务侵占罪的处罚重。另一种思路是：利用职务上的便利窃取、骗取本单位财物的行为已经丧失了其成为盗窃罪、诈骗罪的行为定性的资格，从而应当适用特别法并排斥盗窃罪和诈骗罪的适用，即应适用“特别法排斥一般法”的处断规则。这种思路也有不合理之处，如在同时犯的场合，对无身份者按照盗窃罪、诈骗罪处罚，对有身

份者则不能定罪处罚。[①]可见问题要最终解决，还需要将两类犯罪的入罪标准予以统一。

2.挪用资金罪

挪用资金罪，是指公司、企业或者其他单位的人员，利用职务上的便利，挪用本单位资金归个人使用或者借贷给他人，数额较大、超过3个月未还的，或者虽未超过3个月，但数额较大、进行营利活动的，或者进行非法活动的行为。挪用资金罪与贪污罪的主要区别在于行为主体与犯罪目的不同。

3.为亲友非法牟利罪

为亲友非法牟利罪，是指国有公司、企业、事业单位的工作人员，利用职务便利，将本单位的盈利业务交由自己的亲友经营，或者以明显高于市场的价格向自己的亲友经营管理的单位采购商品，或者以明显低于市场的价格向自己的亲友经营管理的单位销售商品，或者向自己的亲友经营管理的单位采购不合格的商品，使国家利益遭到重大损失的行为。

为亲友非法牟利罪和贪污罪的区别如下：（1）犯罪的主体范围不同。为亲友非法牟利罪的主体不包含国家行政机关中的国家工作人员；而贪污罪包括。（2）主观方面不同。为亲友非法牟利罪在主观上没有非法占有单位财物的目的；而贪污罪有非法占有单位财物的目的。（3）犯罪客观方面不同。为亲友非法牟利罪是利用职务便利使本单位和自己亲友的业务活动发生联系，使之获取一定利益；而贪污罪是行为人利用职务，侵吞、窃取、骗取或者用其他手段非法占有公共财产。（4）犯罪客体不同。为亲友非法牟利罪侵犯的是国有单位的正常经营、管理活动；而贪污罪的客体是国家工作人员职务上的廉洁性以及公共财产所有权。

4.徇私舞弊低价折股、出售国有资产罪

徇私舞弊低价折股、出售国有资产罪，是指公司、企业或者其上级主管部门直接负责的主管人员，徇私舞弊，将国有资产低价折股或者低价出售，致使国家利益遭受重大损失的行为。徇私舞弊低价折股、出售国有资产罪和贪污罪的区别如下：（1）犯罪客体不同。徇私舞弊低价折股、出售国有资产罪侵犯了国家对国有公司、国有企业管理制度和国家对国有资产的所有权；贪污罪的客体是公共财

---

① 参见魏东.职务侵占的刑法解释及其法理［J］.法学家，2018（6）.

产的所有权和国家工作人员的职务廉洁性。(2)犯罪的客观方面不同。徇私舞弊低价折股、出售国有资产罪是将国有资产低价折股或者低价出售，致使国家利益遭受重大损失的行为；而贪污罪是行为人利用职务，侵吞、窃取、骗取或者用其他手段非法占有公共财产。(3)犯罪主体的范围不同。徇私舞弊低价折股、出售国有资产罪的犯罪主体是国有公司、企业或者其上级主管部门直接负责的主管人员，以及其他公司、企业直接负责的主管人员；而贪污罪的犯罪主体是国家工作人员。(4)犯罪的主观方面不同。徇私舞弊低价折股、出售国有资产罪不具有非法占有国有资产的目的；而贪污罪具有非法占有公共财产的目的。

所以，当有关人员非法出售国有资产为自己所有，在客观上反映出其主观上非法占有国有资产的目的，就应当按照贪污罪论处。比如将国有资产以明显低于交易价格的价格出售给自己或者自己的亲友，应当定为贪污罪。

二、挪用公款罪

挪用公款罪，是指国家工作人员利用职务上的便利，挪用公款归个人使用，进行非法活动的，或者挪用公款数额较大、进行营利活动的，或者挪用公款数额较大、超过3个月未还的行为。

(一)挪用公款罪的构成要件

1.主体要件

本罪是特殊主体，即只能由国家工作人员构成。至于受国家机关、国有公司、企业、事业单位、人民团体委托管理、经营国有财产的人员可否构成本罪主体，理论上有争议。本书认为，根据《最高人民法院关于对受委托管理、经营国有财产人员挪用国有资金行为如何定罪问题的批复》规定的精神，对于受国家机关、国有公司、企业、事业单位、人民团体委托，管理、经营国有财产的非国家工作人员，利用职务上的便利，挪用国有资金归个人使用构成犯罪的，应当依照挪用资金罪定罪处罚。这说明，只有受国家机关、国有公司、企业、事业单位、人民团体委托，管理、经营国有财产的国家工作人员，利用职务上的便利，挪用国有资金归个人使用的，才可能构成挪用公款罪；如果被委托管理、经营国有资产的人不是国家工作人员，挪用国有资金的，只能构成挪用资金罪。但是，根据

《全国人民代表大会常务委员会关于〈中华人民共和国刑法〉第九十三条第二款的解释》规定，村民委员会等基层组织的工作人员协助人民政府从事公务时，利用职务便利挪用公款，构成挪用公款罪。

2.主观要件

本罪在主观方面是直接故意，即行为人明知是公款而挪用，但不具有非法占有的目的，而是准备以后归还。过失或间接故意不构成本罪。在司法实践中应注意下列问题：第一，当挪用人与具体使用人不同时，要坚持主客观相一致的原则。如果挪用人不知道使用人利用公款进行非法活动，只能根据挪用人明知的内容按照挪用公款进行营利活动或挪用公款归个人使用处罚，而不能按挪用公款进行非法活动处罚。第二，如果挪用人开始作案后主观故意由暂时挪用发展为非法永久占为己有，就应该根据其主观故意的这种发展变化定为贪污罪。

3.客观要件

挪用公款罪在客观上表现为利用职务上的便利，挪用公款归个人使用，进行非法活动，或者挪用公款数额较大、进行营利活动，或者挪用公款数额较大、超过3个月未还的行为。本罪的对象是公共财产中的公款。所谓利用职务上的便利，是指行为人利用自己主管、经手、管理公款的便利条件，既包括直接经手和管理，也包括利用主管权力进行调拨、支配等。所谓挪用公款归个人使用，是指挪用公款归自己使用或者他人使用。根据使用人对于被挪用公款的用途不同，成立挪用公款罪有三种形式，其要件有所不同。

第一，挪用公款、进行非法活动。非法活动包括一切违反国家法律、法令所禁止的活动，如赌博、走私等。这种情况构成挪用公款罪的，在立法中没有挪用金额和挪用时间的限制。挪用人挪用公款给他人使用，须明知使用人用于非法活动的，才认定为挪用公款进行非法活动。但在司法实践中，挪用公款进行非法活动的，以3万元为追究刑事责任的起点。

第二，挪用公款数额较大、进行营利活动。营利活动是国家法律所许可的、以营利为目的的活动，如用于投资，购买股票、国债及存入银行取息等。这种情况构成挪用公款罪的，不受挪用时间和公款是否归还的限制。挪用人挪用公款给他人使用，须明知使用人用于营利活动的，才认定为挪用公款进行营利活动。在这种情形下，要求挪用金额达到较大程度。在司法实践中，挪用公款进行营利活动，以挪用公款5万元为数额较大的起点。对营利活动所获取的利益、收益等违法所得，应予以追缴，但不计入挪用公款的数额。

第三，挪用公款归个人使用，数额较大，且超过3个月未还。这种情形构成挪用公款罪的，是指挪用公款给自己或者他人，用于非法活动和营利活动之外的其他活动，如购物、建房、还债等。另外，它有挪用金额和挪用时间的限制。挪用公款5万元为数额较大的起点，且挪用公款须超过3个月且于案发前未归还。

4. 客体要件

本罪的客体是复杂客体，即侵犯了国家工作人员的职务廉洁性和公共财产的占有权、使用权和收益权。现行刑法将本罪归入贪污贿赂罪这一章中，说明它是一种侵犯公共财物的职务犯罪。挪用公款的国家工作人员必然违背廉洁奉公的职务宗旨，因此，挪用公款罪侵犯的客体首先是国家工作人员职务行为的廉洁性。另外，财产的所有权包括占有权、使用权、收益权和处分权。挪用公款罪的“挪用”只是改变公款的用途，并不是将公款据为己有或者为他人所有，其侵犯的不是所有权的全部权能，只是其中的部分权能即占有权、使用权和收益权，财产所有人并没有完全丧失对公款的所有权，因此，挪用公款罪的客体还包括公共财产的占有权、使用权和收益权。

（二）“利用职务上的便利”的理解

在挪用公款罪中，“利用职务上的便利”和贪污罪中具备大体相同的含义。理论上对贪污罪中的利用职务之便的理解一直争论不休，相关司法解释的规定也几经变迁。从《最高人民法院、最高人民检察院关于当前办理经济犯罪案件中具体应用法律的若干问题的解答（试行）》到《最高人民法院、最高人民检察院关于办理贪污贿赂刑事案件适用法律若干问题的解释》，分别都对贪污罪中的利用职务之便进行了解释。由于1997年《刑法》将贪污罪主体限定为“国家工作人员”，而国家工作人员又是以从事公务为特征，因此原有的关于贪污罪利用职务上的便利的界定不便继续适用。为了满足司法实践的需求，《最高人民检察院关于人民检察院直接受理立案侦查案件立案标准的规定（试行）》中将贪污罪中“利用职务上的便利”界定为“利用职务上主管、管理、经手公共财物的权力及方便条件”，将利用工作上的便利熟悉作案环境，凭借主体身份便于接近目标物等方便条件的情形排除在利用职务之便之外。这里的“主管”是指国家工作人员不具体负责、经手、管理公共财物，但依其职权范围或者职务地位具有调拨、支配、转移、使用或者以其他方式支配公共财物的职权，在其主管期间，对公共财物具有决定权。这里的“管理”，是指具有监守或者保管公共财物的职权。这种管理的期限一般较长，管理人在管理期间对管理的公共财物具有处置权。“经手”是指具有领取、支出等经办公共财物的流转事务的权限，经手人虽然不负责公共财物的管理和处置，但对公共财物具有临时的控制权。利用职务之便是挪用公款行为的附随条件，该职务条件与挪用财物行为间具有时空的当下性，亦即现有职务支配现有的财物时才可能发生挪用财物的行为。

（三）“归个人使用”的认定

1. 对“归个人使用”的几个有权解释述评

何为挪用公款“归个人使用”，尤其是其中“个人”是否包含私营企业、公司，不仅理论上认识不一致，而且有关法律解释也存在矛盾和冲突，这必然导致司法实践的严重混乱。新刑法颁行后，对此有二个相关解释，其中包括一个司法解释和一个立法解释。

（1）《最高人民法院关于审理挪用公款案件具体应用法律若干问题的解释》第1条规定，“挪用公款归个人使用”，包括挪用者本人使用或者给他人使用。挪用公款给私有公司、私有企业使用的，属于挪用公款归个人使用。这一解释实际上是以“个人使用（而非单位使用）”作为认定挪用公款“归个人使用”的标准。

（2）《全国人民代表大会常务委员会关于〈中华人民共和国刑法〉第三百八十四条第一款的解释》规定，所谓挪用公款“归个人使用”是指：其一，将公款供本人、亲友或者其他自然人使用的；其二，以个人名义将公款供其他单位使用的；其三，个人决定以单位名义将公款供其他单位使用，谋取个人利益的。

《最高人民法院关于审理挪用公款案件具体应用法律若干问题的解释》将挪用公款给私有公司、企业使用的，视为挪用公款“归个人使用”，这在理论界引起了强烈反响。有学者认为挪用公款给私有公司、企业使用的，不能以所有制形式作为判断的标准，而应当以私有企业的组织形式来鉴别。本款规定一定程度上限制了单位的性质和组织形式，难以应付司法实践的需要。

立法解释的效力肯定比司法解释高，而且它出台时间也比较晚，所以，关于“归个人使用”的含义，原则上应当遵循立法解释的规定。因此，本书认为，立法解释不仅符合实践需要，也合乎立法精神。但为了说明这个问题，有必要对立法解释存在的一些误解加以说明。

有的学者认为，立法解释不再区分单位是否具备法人资格，将公款挪出后的使用人进一步扩大到任何性质的单位，无论其是否具备法人资格，只要以个人名义实施或者谋取个人利益，符合其他条件的，也可以认定为挪用公款罪，因而，以个人名义将公款挪用给其他单位使用的，是个人非法支配公款；个人决定以单位名义将公款供其他单位使用谋取个人利益的，是个人假借单位名义，仍然属于个人非法支配单位公款。这一解释实际上以“个人非法支配公款（而非单位支配公款）”作为挪用公款“归个人使用”的标准。这说明挪用公款“归个人使用”的认定标准已经从形式走向实质。基于此，挪用公款给他人（包括挪用人本人）使用的，如果使用人是个人，当然是挪用公款“归个人使用”；而为个人目的擅自将单位公款借贷给其他单位使用，侵害了国家工作人员职务行为的廉洁性和公款所有权，在符合其他条件的情况下，同样可以认定为挪用公款罪。但是，论者认为，立足于公款使用人的角度将挪用公款给其他单位使用的行为解释为“归个人使用”，超出了“个人”的逻辑范围，违背了罪刑法定原则。[①]

本书认为，上述论者关于认定“归个人使用”的标准已经从形式转为实质是有道理的，但是最后的结论并非妥当。争议的核心在于，上述解释第2条、第3条所规定的情形，从本质上究竟属不属于“归个人使用”。在司法实践中，挪用公款的方法多种多样，有的和刑法的规定明显相符，有的则属于变相挪用，但其实质还是挪用。行为人如果没有谋取个人私利的动机，一般是不会挪用公款归他人使用的。而以个人名义挪用公款归其他单位使用，表明行为人具有为自己获取某种不法利益的目的，如侵占回扣、利用公款做某种交易等。在这个意义上，行为人的挪用行为首先是属于“归个人使用”。所以，立法解释没有违背刑法的规定范围，而是揭示了其中的应有之义。

---

① 参见周宜俊．“归个人使用”及其具体用途在挪用公款罪中的定位［J］．中国刑事法杂志，2003（2）．

2. “归个人使用”在刑法中的地位

“归个人使用”在刑法中的地位，包括两个方面的问题：一是“归个人使用”是不是挪用公款的构成要件；二是刑法中应否规定“归个人使用”。

（1）“归个人使用”是不是挪用公款的构成要件

对此，本书持肯定的观点，即“归个人使用”是刑法明文规定的挪用公款罪的客观要件之一。有学者认为，被挪用公款的去向或者用途不同，仅仅反映了行为人的动机不同，而动机如何，并不能影响挪用公款罪的成立。实践中有的行为人挪用公款供企事业单位、机关、团体使用，对这种行为一概不处罚，不利于惩治犯罪，因而主张，挪用公款后是否归个人使用，不应影响挪用公款罪的构成。本书认为，这种理解不符合挪用公款罪的立法原意。挪用公款是归个人使用还是归单位使用，其社会危害程度是极不相同的。刑法要惩治具有严重社会危害程度的犯罪行为，并非一般的违法或违纪行为，一般的挪用公款归单位使用的行为，是违反财经纪律的行为，不包含在挪用公款罪法条的保护范围之内，但是公款私用的社会危害程度很大，不仅造成国有资产流失，而且社会影响极为恶劣，有必要施以刑罚处罚。

（2）刑法中应否规定“归个人使用”

这个问题属于应然性话题，它是围绕挪用公款归单位使用是否应构成挪用公款罪展开的。对此，有两种完全不同的见解。

甲（否定）说，认为《刑法》第384条规定的“挪用公款归个人使用”，包括挪用者本人使用或者给他人使用，不包括挪用公款给单位使用的情况。因为挪用公款为个人使用是挪用公款罪客观方面的重要特征，将挪用公款给单位使用也规定为犯罪，于法无据，有悖罪刑法定原则。在刑法理论上，挪用公款不仅侵犯了国家财经管理制度，而且侵害了公共财产的使用权。挪用公款给其他单位使用，虽然侵犯了国家财经管理制度，但作为公款的使用权和收益权并没有受到侵犯，其使用和收益的权利仍由国有或者集体所有的单位行使，公款的性质没有改变，因此，没有侵犯公款的使用权，对这种行为只能作为违反国家财经管理制度处理，不能构成挪用公款罪。而且从司法实践来看，虽然过去司法解释曾作过规定，但由于将公款挪用给其他单位使用的情况比较复杂，什么是“为私利”和“以个人名义”缺乏具体的认定标准，容易混淆罪与非罪的关系。因此，刑法没有将挪用公款给单位使用的行为规定为犯罪。[①]

乙（肯定）说，认为挪用公款给单位使用的，也应该作为挪用公款罪处理，其理由如下：第一，认为凡是把公款挪用给国有、集体单位使用的，都是公款公用，这不完全符合挪用公款罪的本质特征。行为人为私利将国有公款挪用给集体单位使用的，或将集体单位所有公款挪用给国有单位使用的，都侵犯了国有或者集体所有公款的占有、使用、收益权。第二，本罪的客体是国家、集体的公共财产所有权以及国家工作人员职务行为的廉洁性。挪用公款的时间越长，挪用的数额越大，对公共财产所有权造成的损害就越大，社会危害性就越大。至于挪用公款给谁使用，对国家或集体的公款所有权造成的侵害并无实质性的差异。既然刑法规定挪用公款归个人使用的行为构成犯罪，那么，挪用公款给单位使用，也应当以犯罪论处。第三，实践中有的行为人规避法律，钻法律的空子，挪用公款供企业事业单位、机关、团体使用。对这种行为一概不处罚，会导致刑法的规定难以成为遏制挪用公款犯罪活动的有力武器。而且进一步指出，挪用公款归个人使用与归单位使用，尽管都对公款使用权构成一定的侵犯，但公款私用的社会危害性程度显然大于挪用公款归单位使用的社会危害性，挪用给单位使用型的犯罪构成应增加特殊的构成要件。

本书认为，既然《刑法》明文规定，挪用公款罪之构成，是以挪用公款给个人使用为要件，自然不能包括给与个人相对应的企业、事业单位、机关、团体等单位使用。所谓“挪用公款归个人使用”，是指为私利非法支配公款的使用权。首先，所谓“为私利”，就是从行为人的个人利益出发，决定挪用公款的数额、期限、用途及公款的最终使用者。如果为单位的利益而挪用公款，无论挪用者以个人名义，还是以单位名义，都不构成本罪。因为，不为私利，就没有侵犯本罪的主要客体——国家工作人员职务行为的廉洁性。其次，所谓“使用”，是指行为人对公款的支配行为。行为人挪用公款后，公款的占有、使用、收益的权能就受其非法支配，由其决定公款的最终使用者和用途，并从中获取利益，这实际上已经是“归个人使用”了。其实，早在《最高人民法院、最高人民检察院印发关于执行〈关于惩治贪污罪贿赂罪的补充规定〉若干问题的解答》中就已规

① 参见王作富.挪用公款罪司法认定若干问题研究［J］.政法论坛，2001（4）.

定："为私利以个人名义将挪用的公款给企业事业单位、机关、团体使用的，应为挪用公款归个人使用。"本书认为，这一解释较好地阐述了《补充规定》关于挪用公款罪归个人使用的本质特征。另外，"挪用公款后，为私利将公款给企事业单位、机关团体使用"这一行为本身就是"归个人使用"，而不应该视为"归单位使用"。因此，将公款供本人、亲友或其他自然人使用的，构成挪用公款罪。同时，以个人名义挪用公款供其他单位或者个人决定以单位名义将公款供其他单位使用，谋取个人利益的，也应以挪用公款罪论处。在此意义上，认为有必要将挪用公款归其他单位使用的加以处罚的观点，实际上没有现实意义。

（四）"非法活动"的理解

因挪用公款"进行非法活动"构成挪用公款罪，既没有挪用数额的限制，也没有挪用时间的限制，这使得"非法活动"成了理解此类挪用公款罪的关键。关于非法活动的含义及方式，有关解释并没有明确规定。理论上对于非法活动存在两种理解：甲说，认为非法活动包括一切违反国家法律、法令和政策的活动；乙说，认为非法活动应限定在刑事违法活动的范围内。

挪用公款"进行非法活动"构成犯罪之所以不受挪用数额和时间的限制，是因为挪用公款进行非法活动这一行为本身就具有严重的社会危害性。如果非法活动本身危害性很小，挪用数额不大，挪用时间不长，根据《刑法》第13条的"但书"规定，可以不认为构成犯罪。因此把非法活动理解为一切违反法律、法规和政策的活动，会扩大挪用公款罪的打击面，并不妥当。据此，第一种观点失之过宽。但是，第二种观点又失之过窄，因为许多违法行为虽然不包含在刑罚范围中，但是它们的社会危害性较大，如果不加处罚，不符合实践要求。而且需要注意的是，刑法规定没有将非法活动限定为犯罪活动，根据罪刑法定原则所强调的明确性要求，犯罪行为之外的非法行为也应包含在"非法活动"之中。

本书认为，非法活动应当是受到法律禁止的活动，而不是受法律限制的活动。比如没有卫生经营许可证从事食品生产的行为，食品生产本身不为法律禁止，但是无卫生经营许可从事食品生产的行为，属于违反食品卫生法的非法活动。挪用公款进行这类活动的，不属于"非法活动"。只有类似赌博、走私、卖淫嫖娼这类为法律禁止的行为，才属于本罪中的非法活动。实践中，对挪用公款进行非法活动的，以3万元为量刑起点。

（五）“营利活动”的理解

挪用公款归个人使用，数额较大，进行营利活动，构成挪用公款罪。在此虽有数额限制，但没有期限限制。司法实践中认定此种情况的关键是如何理解“营利活动”。有关解释对营利活动作了列举性说明，但没有予以具体解释，如“挪用公款存入银行，用于集资，购买股票、国债等，属于挪用公款进行营利活动”。实践中对此则有两种理解：第一，认为营利活动是指挪用公款用于生产经营以谋取利润，从而使该公款进入流通领域，危害经济管理秩序的活动；第二，认为营利活动泛指一切谋取利润的活动。

本书认为，第一种观点不够全面。按照这种观点，如果行为人挪用巨额公款给他人做申办公司注册资金使用，几天后归还，其行为就不能构成犯罪，这显然会放纵犯罪；第二种观点过于宽泛，也不尽合理。根据《刑法》第384条“挪用公款归个人使用，进行非法活动的，或者挪用公款数额较大、进行营利活动的，或者挪用公款数额较大、超过三个月未还的，是挪用公款罪”，可见这里的“营利活动”是指在法律许可的范围内从事的经营谋利活动，而不包括非法的营利活动。

在实践中，挪用公款进行营利活动大体包括下列情况：（1）挪用公款为个人进行营利活动做准备，如用作私有公司、企业的资信证明以取得工商登记等。（2）为了获取利息、股息，挪用公款存入银行，用于集资，购买股票、国债等。根据《最高人民法院关于审理挪用公款案件具体应用法律若干问题的解释》第2条第2款规定应当依法追缴，但不计入挪用公款的数额。（3）国家工作人员将所承包、租赁的企业或者其他经济组织的资金挪用于承包、租赁项目以外的其他营利活动，但完成了承包、租赁合同的，可不以挪用公款罪追究刑事责任。（4）挪用公款用于归还个人（包括本人、他人以及私有公司、私有企业）贷款或者私人借款的，且个人贷款或者私人借款是用于营利活动的。（5）挪用公款给他人使用，不知道使用人用公款进行营利活动或者用于非法活动，数额较大、超过3个月未还的，也构成挪用公款罪。在明知其他使用人将被挪用的公款用于营利活动或者非法活动的时候，应当认定为挪用公款进行营利活动或者非法活动。

对挪用公款进行营利活动的，以挪用公款5万元为“数额较大”的起点，对营利活动所获取的利益、收益等违法所得，应予以追缴，但不计入挪用公款的数额。

（六）“超过3个月未还”的理解

《刑法》第384条规定构成挪用公款罪的第三种情况是挪用公款归个人使用，数额较大、超过3个月未还。此种情况下的犯罪构成，既有数额限制，又有挪用期限限制，因此，如何理解“超过3个月未还”，成为认定挪用公款罪的关键问题之一。理论上对“超过3个月未还”有两种不同理解：第一，认为“超过3个月未还的”是指挪用公款时间超过3个月，且案发时未归还的。“超过3个月”与“未还的”是并列的限制条件。如果挪用时间超过3个月，但案发前已归还的，即不构成本罪。第二，认为挪用公款“超过3个月未还的”是指挪用公款之后，逾期3个月未归还。即挪用公款之后，在3个月期限内已归还的，不构成犯罪；超过3个月未归还的，构成挪用公款罪，至于挪用人还与不还，自愿还还是被迫还，不是罪与非罪的法定界限。

本书认为，如果按第一种意见把“超过3个月未还的”理解为挪用公款时间超过3个月，并且在案发时未主动归还的，会在司法实践中导致定罪的不公平现象，比如甲挪用公款数额较大，超过3个月不久就案发，甲未来得及归还本息。而乙挪用同样数额较大的公款归个人使用，而挪用时间比甲长，但乙发案较晚，在发案前全部归还了本息，这样甲的行为就构成挪用公款罪，而乙则不构成挪用公款罪，这显然是不公平的。相对而言，乙说较为可取，且和《最高人民法院关于审理挪用公款案件具体应用法律若干问题的解释》相一致。现行刑法根据实践中出现的挪用公款现象，将挪用公款罪概括为三个类型。从立法原意上看，“超过3个月未还的”应当是指挪用公款3个月后仍未归还。“超过3个月”是“未还”的定语。只要挪用公款的时间超过3个月，不论案发前是否归还，均应构成犯罪。如果将“未还”理解为案发前未还，则犯罪分子越狡猾，作案手段越隐蔽，就越可能逃避制裁，而且，挪用公款罪侵犯的是公款的使用权和收益权，在客观方面挪用时间的长短只是影响其社会危害性大小的一个重要因素，与案发前是否归还没有直接联系，后者只是量刑时应考虑的因素。《最高人民法院关于审理挪用公款案件具体应用法律若干问题的解释》规定：挪用正在生息或者需要支付利息的公款归个人使用，数额较大，超过3个月但在案发前全部归还本金的，可以从轻或免除处罚，给国家、集体造成的利息损失应予以追缴。根据此解释，只要挪用公款归个人使用，数额较大，超过3个月的，就已构成挪用公款罪。至于在案发前全部归还本金的，只是一个可以从轻处罚或免除处罚的量刑情节。

（七）公款的理解与范围

1.公款的一般含义

挪用公款罪的犯罪对象主要是公款。关于公款的范围，有的学者认为公款是公用货币的代名词，即只包括现金、银行存单等，不能包括国库券、债券等有价证券。本书认为，有价证券可以分为两类：第一，可以兑换现金的有价证券，如股票、债券、国库券等；第二，可以换取物品的有价证券。对于后者，是特定物品的一种特殊载体和凭证，确实不应属于挪用公款罪的对象范畴；而对于前者，则应当认定为公款。因为它们可以兑换为现金，可以实现货币的职能，挪用国库券、债券、股票等有价证券的行为与挪用现金没有本质上的区别，如果把它们排除于公款之外，既有悖于立法原意，也不利于打击犯罪。需要指出的是，这里的公款除了包括国有的货币资金，还应当包括由国家管理、使用、运输、汇兑、储存过程中的私人所有的货币资金。根据《刑法》第272条第2款的规定，被委派到非国有单位从事公务的国家工作人员，利用职务上的便利挪用本单位的资金归个人使用或者借贷给他人的，同样以挪用公款罪论处，至于行为人所挪用的单位资金的性质，刑法并未附加任何限制。一般观点认为，本罪侵犯的财产，主要是公共财产中货币或者有价证券的部分。根据《刑法》第384条第2款的规定，挪用用于救灾、抢险、防汛、优抚、扶贫、移民、救济款物归个人使用的，从重处罚。依照该规定，挪用特定财物，也属于挪用公款罪的犯罪对象。[①]

2.挪用非特定公物是否构成挪用公款罪

一般而言，非特定公物不是本罪的犯罪对象。值得说明的是，《最高人民法院、最高人民检察院印发关于执行〈关于惩治贪污罪贿赂罪的补充规定〉若干问

---

① 参见高铭暄，马克昌.刑法学［M］.北京：北京大学出版社，高等教育出版社，2000：632.

题的解答》规定："挪用公物归个人使用，一般应由主管部门按政纪处理，情节严重，需要追究刑事责任的，可以折价按挪用公款罪处罚。"该司法解释的意图，显然是要以此弥补法律之不足，但该做法未必妥当：第一，公物虽是用公款购买，但是，公款一旦转换成公物，二者的性质和作用就发生了变化。比如，公款用于生产、经营活动，可以增值，而许多公物却都是处在逐渐消耗和折旧过程之中。第二，由上述特点所决定，挪用公物与挪用公款在数额相同的条件下，其实际危害程度是不完全相同的，把公物折价与挪用同等数额的公款相提并论，难以实现罪责刑相适应原则的要求。第三，对法律规定作不利于被告人的扩大解释，应当严格控制。[①]将法律规定的公款扩大解释为可以包括任何公物，有损现代刑法的人权保障机能。所以，1997年刑法修订以后，《最高人民法院关于审理挪用公款案件具体应用法律若干问题的解释》第3条明确规定，挪用救灾、抢险、防汛、优抚、扶贫、移民、救济款物归个人使用的数额标准，参照挪用公款归个人使用进行非法活动的数额标准。《最高人民检察院关于国家工作人员挪用非特定公物能否定罪的请示的批复》中则进一步指出，"刑法第384条规定的挪用公款罪中未包括挪用非特定公物归个人使用的行为，对该行为不以挪用公款罪论处。如构成其他犯罪的，依照刑法的相关规定定罪处罚。"这说明，除了特定物之外，其他非货币和有价证券形式的财物，不是挪用公款罪的犯罪对象。

（八）挪用的特殊问题

1.银行工作人员冒用他人名义借贷

银行工作人员套用公款的手段、方法是多种多样的，冒名贷款是其中一种使用较为广泛的手段。所谓冒名贷款，是指银行工作人员利用职务之便，借用他人的名义，将款贷出供个人使用（包括本人使用）的行为。借用他人名义，既包括被冒名者不知道的，也包括被冒名者同意的；既包括编造假名贷款，也包括趁为单位和个人办理贷款之机，利用职权迫使贷款人将部分贷款归其个人使用的情况。银行工作人员冒用他人名义借贷，主要有下列三种情况。

（1）硬性冒名贷款。它是指虚构贷款申请人，以其名义骗取贷款的行为，包

① 参见王作富.挪用公款罪司法认定若干问题研究［J］.政法论坛，2001（4）.

括编造假名或销户人的名义骗取贷款的行为。由于伴有伪造账目、凭证、签章等手段，此种行为很可能出于永久性占有公款的故意。

（2）软性冒名贷款。它是指行为人先造成他人对贷款的需求，然后擅自向他人放款，转嫁个人债务的行为。这种行为一般不可能出于挪用的故意，行为人一开始就没有归还的打算。

（3）盗名贷款。它是指在他人不知道的情况下，虚构他人贷款申请，伪造或偷用他人签名、印章骗取银行贷款的行为，既包括以他人名义贷款全部归自己使用，也包括借正常贷款之机私自增加贷款，将增加的部分归自己使用的行为。盗名贷款既可以出于挪用的故意，也可能出于贪污的故意。银行工作人员利用职务之便冒名贷款，严重扰乱了国家金融管理秩序，破坏了国家信贷制度，其危害是严重的，其行为是用欺骗手段取得贷款，而使银行对这部分贷款丧失了监督和控制。因此，冒名贷款应视为私自动用公款，若归个人使用或本人使用，应以挪用公款罪论处，追究行为人的刑事责任。

2. 以单位名义向银行借贷，直接给他人使用并由他人支付利息

贷款活动，作为重要的金融活动之一，是以借贷双方的相互信任为基础的，信用安全的意义匪浅。根据《贷款通则》规定，贷款的使用应受银行的监督，贷款的使用方向应符合法律和合同的规定。在现实生活中，由于金融机构贷款一般对资信状况较好的单位或个人条件放得宽而对经济效益较差的单位限制较严，这导致一些单位无法通过正常的途径获得贷款。因此，他们往往会要求具有良好资信能力的单位为其申请贷款，并相应地支付其一定的好处费或手续费。

在这种情况下，行为人虚构借款用途等获取金融机构信贷资金后，直接转账给用款单位。贷款是行为人以单位的名义申请的，单位与用款人之间签有协议，由用款人承担单位在借款合同中的权利、义务，并支付给单位好处费，则其行为为单位行为。该好处费实质是高利转贷的违法所得，应定高利转贷罪，理由如下：第一，从用款人来说，其除支付行为人获得贷款人的利息以外，额外支付的好处费和其支付的利息一样，都是贷款的费用，本质上没什么不同。第二，行为人获得的好处费是转贷行为的结果，虽约定由用款人承担贷款的义务，在书面上没有提高利率，但该好处费实质是超过贷款利率的利差，这与约定由用款人向行为人支付高于贷款利率的利息没有实质差别。这里的好处费实质是利差的转化形式。

如果好处费归行为人所有，则构成挪用公款罪和受贿罪数罪并罚。因为单位虽与用款人约定由用款人承担借款合同中的权利义务，但贷款是单位和银行签订的协议，应由单位向银行承担还款的责任。行为人利用在单位中的经营管理地位，收受他人好处费为他人申请贷款，可以构成受贿罪和挪用公款罪。如果行为人不是以自己名义而是以用款单位的名义向金融机构申请贷款，在其中起中介作用，只要不是利用职权，其所收好处费应视为中介劳务费，不构成犯罪。

3.用公款为他人作担保

国有单位主管人员私自用本单位名义为个人贷款担保，致使单位公款被银行划拨抵偿了到期未还的个人贷款。对此种行为定性，实践中主要有两种意见：一种意见认为，担保只是提供一种保证，并不直接侵犯本单位权益，银行划款是贷款人不归还贷款的行为连带出来的，不是提供担保之人主观上的故意，不能构成挪用公款罪。如果已经造成了重大损失，可按修正后的《刑法》第168条处理。[①]另一种意见认为，担保是一种法律关系，擅自以单位名义提供担保意味着用公共财产为个人承担法律义务，如发生划款事实，应按挪用公款罪处理。[②]在司法实践中，以单位公款为他人提供财产担保有保证、抵押、质押三种形式。因而，对于以公款为他人提供财产保证的行为，是否以挪用公款罪认定，不可一概而论，必须结合不同担保方式的特点，具体问题具体分析。

（1）关于以公款为个人债务提供保证行为的定性

保证方式的特点是，保证人以自己的信用为债务人债务的履行向债权人作保，保证关系一旦成立，保证人与债务人就对债务共同负有连带责任。一旦债务人到期不履行债务，则由保证人向债权人履行。但在债务未到期以前，保证人无需向债权人移交财产。因此，以单位的公款为个人债务的履行提供保证，最终的结果可能是：第一，债务人如期向债权人履行自己全部债务的，则保证人的保证责任解除，无须向债权人承担任何财产责任，保证人不会有任何损失；第二，债务人到期不履行自己的债务，则保证人有义务履行，保证人向债权人履行债务后，有权向债务人追偿。这样，如果债务人无力向保证人清偿，则保证人因履行

① 参见杨敦先等.廉政建设与刑法功能［M］.北京：法律出版社，1991：95.

② 参见杨敦先等.廉政建设与刑法功能［M］.北京：法律出版社，1991：95.

保证义务所遭受的财产损失就只能由保证人自己承担；而如果债务人有清偿能力，保证人也不会有财产损失。可见，以公款为个人债务提供保证的，只有在债务人无力履行债务的情况下，才有挪用公款罪成立的可能。

（2）关于以公款为个人债务作抵押行为的定性

在抵押的担保形式中，债务人或第三人以一定的财产向债权人作担保，以保证债务的履行，这时，提供抵押物的人就是抵押人，因而抵押人既可能是债务人，也可能是第三人；而接受抵押的债权人就是抵押权人。但是，在抵押期间，也就是债务履行期到来之前，抵押物的占有、使用、收益、处分关系并不发生转移，仍然由抵押人自行占有。只有当债务人到期不履行债务时，债权人才可以依照法律的有关规定将抵押物折价或者以变卖抵押物的价款优先使自己的债权得到偿还。尽管如此，与保证关系不同的是，从抵押权设定之时起，作为抵押物的财产的各项权能的行使实际上已经受到限制：第一，在同一标的物上设定抵押后，除非抵押物的价值超出被担保债权的价值，否则，抵押人不得在抵押物上重复设定抵押权。第二，在抵押权设定后，未经抵押权人允许，抵押人不得将抵押物转让给第三人。所以，以公款（包括汇票、支票、债券等）为个人债务作抵押担保的，尽管公款的占有权未发生转移，但从抵押关系成立之时起，公款的使用权和处分权的行使实际上已经受到限制，这种情形显然已符合挪用公款罪的客观构成特征，只是挪用的形式不同于一般的挪用公款而已，因此如果抵押的公款数额达到挪用公款罪的立案标准，就应以挪用公款罪定性处理。

（3）关于以公款为个人债务作质押行为的定性

质押实际上是一种特殊形式的抵押，其与抵押的区别仅仅在于，从质押关系成立之时起，质押人也就是债务人或者第三人，必须将质押物交付质押权人也就是债权人占有。当债务人到期不履行债务时，债权人就有权依照法律规定将该质押财产予以折价或者以其变卖价金优先受偿。尽管在质押期间，债权人无权处分质押物，但由于质押物的占有权已经由债权人行使，因而以公款为个人债务提供质押的，从质押关系成立之时起，公款的占有权、使用权就发生了转移，这显然属于挪用公款的行为，只要挪用的数额达到相应的立案标准，就应当以挪用公款罪定罪处罚。

4. 以国有资产为个人债务提供担保的

用国有资产进行担保，比利用公款进行担保，在理论上更为可能。那么，能否将用国有资产进行担保的行为视为挪用公款罪处罚呢？

根据《刑法》第384条规定，挪用公款罪的对象包括公款和特定款物。其中特定款物指用于救灾、抢险、防汛、优抚、扶贫、移民、救济款的公物。此外，《全国人民代表大会常务委员会关于〈中华人民共和国刑法〉第九十三条第二款的解释》针对“村民委员会等村基层组织人员”在何种情况下属于“其他依照法律从事公务的人员”即国家工作人员作出了专门解释。其中规定了村民委员会等村基层组织人员协助政府从事行政管理活动时，“社会捐助公益事业款物”可以成为挪用公款罪的对象。所以，“社会捐助公益事业款物”应被纳入特定公物的范围。

一般公物（即非特定公物）能否成为挪用公款罪的对象？理论界存在不同认识。但如前所述，本书认为，从现行刑法规定上看，挪用公款的对象范围仅限于公款和明文规定的特定公物。将非特定公物也纳入本罪的对象范围，或者将公物折价按公款处理，此种解释超出了刑法条文的本来含义，且不利于被告人，有违罪刑法定基本原则，有欠妥当。《最高人民检察院关于国家工作人员挪用非特定公物能否定罪的请示的批复》进一步指出：“刑法第384条规定的挪用公款罪中未包括挪用非特定公物归个人使用的行为，对该行为不以挪用公款罪论处，如构成其他犯罪的，依照刑法的相关规定定罪处罚。”因此，挪用非特定公物的行为不能认定为挪用公款罪。用国有资产进行担保的，不能构成挪用公款罪。

（九）挪用公款罪的关联行为

1. 借贷公款

所谓借贷公款，是指经过单位审批或单位负责人批准决定，依照有关财务管理制度，办理正当借贷手续，将公款借给个人使用，因而形成的合法债权债务行为。按照民法理论和借贷的主体不同，借贷可划分为金融企业借贷和民间借贷两种形式。《最高人民法院关于审理民间借贷案件适用法律若干问题的规定》第一条：“本规定所称的民间借贷，是指自然人、法人和非法人组织之间进行资金融通的行为。经金融监管部门批准设立的从事贷款业务的金融机构及其分支机构，因发放贷款等相关金融业务引发的纠纷，不适用本规定。”因此，除自然人外，法人、非法人组织也能成为民间借贷法律关系中的一方主体，公民与非金融企业之间的借贷属于民间借贷，从而也确立了国有公司法定代表人以单位名义将公款借给他人使用的非挪用公款性质。但是根据《刑法》第384条以及《全国人民代表大会常务委员会关于〈中华人民共和国刑法〉第三百八十四条第一款的解释》的规定“挪用公款‘归个人使用’的含义问题，解释如下：有下列情形之一的，属于挪用公款‘归个人使用’：（一）将公款供本人、亲友或者其他自然人使用的；（二）以个人名义将公款供其他单位使用的；（三）个人决定以单位名义将公款供其他单位使用，谋取个人利益的”，国家工作人员利用职务上的便利为谋取个人利益，以个人名义将公款借给其他单位使用的，属于挪用公款归个人使用。相反，国有公司、企业的法定代表人或负责人以单位名义将公款借出，就不能认定为犯罪行为。另外，为了区分挪用公款罪与借贷公款，还应把握以下五点。

第一，借贷行为人一般是单位的负责人或其他负责主管财务人员。这类人对内有经营决策权和公共财产支配权，对外有代表单位进行民事活动的资格。他们是以单位名义批准或决定将公款贷给个人使用，因此是代表单位意志的单位行为。而挪用公款者一般对公款无合法的支配、调拨、处置的权力，往往是职务上有接触公款便利的人。行为人并非以单位名义而是以个人名义擅自将公款挪作他用，属于个人行为。

第二，挪用公款罪是行为人利用职务上的便利条件实施的，不仅违反了国家法律、法规、政策，而且违反了行为人所在单位的有关规章制度，未经合法批准或许可，因而挪用行为本身就是一种非法行为。而借贷公款不是利用职务上的便利，是经过债权人与债务人双方合意进行的。

第三，挪用行为多数情况下是秘密进行的，甚至采用隐瞒或欺骗的手段，使公款所有者不明公款被非法动用的真相，但也不排除半公开甚至完全公开的情形。如有的行为人为防备上级或者有关部门的突击检查，以便为自己开脱，在挪用本单位资金的同时，往往留下所谓的“欠据”“借条”等。但无论哪种情形，只要未经合法批准或者许可，均改变不了挪用的非法性质。借贷公款是根据正当的理由或用途，经申请或协商取得了公款所有者的同意。

第四，挪用公款罪的行为多数是未经合法批准，擅自动用公款，虽然使用人出具借据，但未经合法批准。出具的借据只能证明其与挪用人之间的债务关系及有归还财物之意，不能因此否认挪用的行为性质。而借贷公款一般都经过合法程序批准，并履行了合法手续，立有借贷文书，公款的使用人与所有人之间建立起了合法的借贷关系。借款人经过领导审批，与单位立具借贷文书、字据，双方当事人意思表示一致的行为，体现了一种合同关系。

第五，动机的公利性。借贷行为一般是出于为本单位谋利，例如有的是出于为单位搞创收，把“死钱”变成“活钱”；有的是暂借本单位的老客户或关系单位周转资金，以维护本单位良好的社会关系。而挪用公款是为谋取私利，即通过取得公款使用权而从中取得经济上的利益或者其他好处。

通过上述比较分析，本书认为，如果行为人是以个人名义，出于私利而为“借贷”行为，应当以挪用公款罪论处；如果借贷行为人是以单位的名义，出于为公利而为的，则不构成犯罪。作为例外的是，如果借贷行为人出借的是法律法规明确专门用途的特定款项，如救灾、抢险、防汛、优抚、扶贫、移民、救济款物，那么不管借贷行为是否以单位的名义或是否出于公利，均应以挪用公款论处。

2.挪而未用

行为人将公款挪为自己支配，但是没有使用的，是否不构成犯罪？如果构成犯罪，应该如何处理呢？

例如，国有控股商业银行行长甲，准备在本市为其个人购置商品房，便指使本单位会计取出公款20万元现金，以备购房时使用。后因种种原因，虽经甲多方联系，房子最终没有买成。在此期间，甲将20万元现金存放于自己办公室的保险柜内，直到6个月后才全部退还单位。对甲的行为如何定性，有三种意见。其一，认为甲的行为不构成犯罪，理由是挪用公款属条件结果犯。挪用公款只有达到法定的挪用结果条件后，才能构成犯罪。甲的行为不符合《刑法》第384条规定构成挪用公款罪的三种情形。其二，认为甲的行为构成挪用公款罪，但属于犯罪未遂，理由是：甲的行为符合挪用公款罪的构成要件，只是由于其本人意志以外的原因没有买到商品房，才没有实际使用这笔公款。“买房未成”这一介入原因阻断了先行行为向最终结果发展，使该行为没有出现法定的犯罪结果，但其挪用公款的性质不因此而改变，因而属于挪用公款罪的未遂形态。其三，认为甲的行为构成挪用公款罪的既遂形态，理由是：甲为了个人使用而将20万元公款私自挪出，造成国家对该公款失控达6个多月的严重后果，侵害了国家对公款的使用权、收益权，侵犯了国家工作人员职务的廉洁性。其行为完全具备挪用公款罪的构成要件。"没有使用""返还公款"的行为不影响本罪既遂的成立。[①]

本书认为，对于"挪而未用"的行为定性，涉及对《刑法》第384条的规定如何理解。从本罪的三个类型看，在构成上对于是否要求行为人使用了被挪用的公款的确有区别。根据规范的要求，"归个人使用"是三种类型的挪用公款罪的共同成立条件，是挪用的性质，并不是行为的具体表现，所以，挪用者是否使用公款，并不是行为的客观要件。但是，挪用公款之后，行为人进行了非法活动或者营利活动，是前两种类型的明确行为要件，而第三种类型没有对此有所要求，因此，只要行为人挪移公款，具有归个人使用的性质，当达到法定数额和超过法定期限的，尽管没有使用，都可以构成挪用公款罪。但是，行为人出于从事营利或者非法活动的目的而挪移公款的，并有使用的行为，则前者无期限要求，后者无数额与期限要求，都构成挪用公款罪。如果行为出于前述目的而挪移公款，但没有使用的，就不能适用这两类情形，则要看是否具备第三种情形规定的数额和期限要求，并根据这种类型判断是否成立犯罪。在前述案例中，假如行为人挪用了11万元公款准备赌博，但是没有使用，最后归还的，其数额较大，而且超过了3个月，当然可以构成挪用公款罪。所以对上述案件，本书赞同第三种意见，因为行为人挪用数额和期限都符合法律规定的第三类情形，构成犯罪的完成形态。

3.非出于个人私利而挪用

实践中，由个人决定或经单位集体讨论通过或同意，非出于私利挪用公款给他人使用（为单位利益）的现象，时有发生。这种现象实际上就是单位挪用公款。基于刑法中并无单位可以构成挪用公款罪的规定，对于单位挪用公款的行为，不能以挪用公款罪来追究单位的刑事责任，这可以说是罪刑法定原则的必然要求，且在理论上也几乎没有异议。但对于是否能以挪用公款罪来追究有关责任人员的刑事责任，在理论上就出现了"否定说"和"肯定说"两种截然对立的意见。"否定说"认为，对单位挪用公款的案件，如以挪用公款罪追究有关责任人员的刑事

① 参见卢东林，范志勇.挪而未用是否构成挪用公款罪［J］.人民检察，2000（1）.

责任，势必与罪刑法定原则相违背。对单位犯罪的处罚，不论是双罚制还是单罚制，都必须以对单位犯罪主体的明确规定为前提。[①]“肯定说”则认为，虽然《刑法》没有明确规定单位可以成为挪用公款罪的主体，但在单位非法将资金直接拆借给其他私有公司、私有企业时，仍然可以依照共同犯罪的原理，视具体案情对有关直接责任人员以挪用公款罪论处（在满足挪用公款罪其他构成条件的情况下）。

本书认为，单位挪用公款如何处理的问题是在法律没有规定单位犯罪的情况下，是否存在自然人的刑事责任这一共性问题的反映。首先，单位犯罪是由单位作为犯罪主体所实施的刑法分则有明文规定的危害社会的行为，对单位中直接负责的主管人员和其他直接责任人员判处刑罚体现的是对单位整体所应负的刑事责任的一种分担，而不是意味着该类人员也是单位犯罪的主体。这说明在单位实施某一行为的场合，要追究有关直接责任人员的刑事责任，须以单位所实施的行为已构成犯罪为前提。由此，在单位的行为不构成犯罪的情况下，对直接责任人员追究刑事责任，便会导致犯罪与刑事责任的必然联系出现割裂，造成在没有犯罪的情况下却存在刑事责任的不合理现象。其次，前述“否定说”所认为的以挪用公款罪追究单位挪用公款案件中有关责任人员的刑事责任势必与罪刑法定原则相违背，并非空穴来风。2002年最高人民法院在重庆市召开的全国法院审理经济犯罪案件工作座谈会就单位决定将公款给个人使用的行为的认定进行了讨论。讨论意见指出：根据刑法的规定，单位不构成挪用公款罪，经单位领导集体研究决定挪用公款归个人使用，或者单位负责人为了单位的利益，决定将公款给个人使用的，实际上属于单位行为，不应以挪用公款罪追究单位负责人的刑事责任。但构成其他犯罪的，仍可追究有关责任人员的刑事责任。但问题在于，对于刑法没有明确规定单位能够实施刑法分则所规定的某种危害社会的行为而单位实施了该种行为的案件，以刑法针对自然人规定的犯罪的法条来追究有关责任人员的刑事责任，其法律依据何在？因此要追究单位实施的危害行为的案件中直接责任人员的刑事责任，无论在任何情况下都要以刑法对该种行为有明文规定为前提；在刑法

① 参见杨聚章，田力文.关于挪用公款罪的几个问题［A］.高铭暄，马克昌.刑法热点疑难问题探讨（下册）［C］.北京：中国人民公安大学出版社，2002.

没有规定单位可以实施某种危害行为的情况下，对于单位实施的该种危害行为的案件中的直接责任人员以刑法中针对自然人犯罪规定的法条来追究刑事责任，确有违背罪刑法定原则之嫌。再次，在单位行为不构成犯罪的情况下，以相关的自然人犯罪来追究直接责任人员的刑事责任，便抹杀了单位行为与自然人个人行为的界限，将本来由单位意志支配下的行为强行作为个人意志支配下的行为加以对待。有的学者认为单位行为必须通过人来实施，没有人的行为就不会有单位的行为。不能因为无法处罚单位，就连自然人也不处罚。[①]对此，本书认为，行为既然体现的是单位意志，实现的是单位利益，当然就是单位行为；单位行为固然必须通过单位的成员来付诸实施，但其实施的是体现单位意志的单位行为，而不是体现个人意志的个人行为，不能说一种单位行为由个人实施后便由此获得了个人行为的属性。单位的任何成员如果脱离了单位，就不再具有其在单位中的地位，其实施的行为也就不可能成为单位行为，而只是孤立的个人的行为。最后，刑法规定挪用公款罪的目的，是惩治国家工作人员个人利用职务上的便利将资金或特定公物挪作私用的行为。单位挪用公款案件中直接责任人员所实施的行为并非为了其本人的利益，不具备挪用公款罪的“归个人使用”这一要件。

综合以上论述，本书认为，对于单位挪用公款行为，不能以挪用公款罪来追究直接责任人员的刑事责任。不过，1997年《刑法》对用账外客户资金非法拆借、发放贷款罪规定了单位犯罪，如果单位挪用公款行为符合该罪的构成要件，是可以以该罪论处的。即使单位的行为不符合该罪的构成要件，在造成公款损失的情况下，对于单位负责人可依据其在挪用公款时所具有的主观罪过的实际情况（如对使用人的还款能力或还款信誉疏于考察等），依法认定相应的渎职类犯罪（如滥用职权罪，玩忽职守罪，国家机关工作人员签订、履行合同失职被骗罪，国有公司、企业、事业单位人员失职罪，国有公司、企业、事业单位人员滥用职权罪或者签订、履行合同失职被骗罪）。

4.挪用公款以个人的名义借给他人使用

《全国人民代表大会常务委员会关于〈中华人民共和国刑法〉第三百八十四条第一款的解释》（简称“人大《解释》”）第2项、第3项分别提出了“以个人

① 参见周振晓.为了单位利益而诈骗贷款的刑事责任［J］.观察与思考，2001（10）.

名义”和“以单位名义”的规定。以往关于“以个人名义”的认定问题在学术界争议很大，究其根本就是未厘清“以个人名义”与“以单位名义”的关系问题。“人大《解释》”出台之后表明，个人也是可以做到“以单位名义”，传统的认为只有单位集体研究决定后方能以单位名义的观点受到冲击。由此，针对“人大《解释》”，必须重新对“以个人名义”和“以单位名义”进行界定。以往关于“以个人名义”的观点主要有两种。

一种观点认为，以个人名义借款给单位，实质上是先将公款转为个人名义之下，再借给其他单位，等同于挪用人将公款供本人使用。后者在表现形式上是使用人从挪用人处直接将公款借走，在借款手续或账目上表现为个人借款形式，也不排除在账目上表现为单位转借形式，但在口头上约定或以其他书面形式明确表达了个人借款的意思。

另一种观点认为，单位的法定代表人、负责人或者一般工作人员，超出职权范围或者虽未超出职权范围，但逃避财务监管，或者明确与使用人约定以个人名义，擅自将公款借给其他单位或者个人使用的，应认定为“以个人名义”。[①]

上述两种观点都有其合理因素。第一种观点提出在口头上约定或以其他书面形式明确表达个人借款的意思，为指导司法实践起过一定的积极作用。第二种观点提出挪用人与使用人明确约定以个人名义是“以个人名义”的表现方式。但是，司法实践是纷繁复杂的。挪用公款在过去往往是秘密进行的，主体一般限于单位财务人员，而现在主体多为主管型的挪用人，这类挪用人在公款借出时便明确指示单位财务人员办理正式的借出手续，在借出的公款不能按期归还时，往往指派单位人员追讨公款，有的甚至通过民事诉讼渠道追索款项，其前期挪用公款的行为完全公开化，这就不好认定其是逃避财务监管。为了逃避法律、逃避打击，挪用人往往采取假公济私的方法回避“以个人名义”，以便明哲保身。

结合司法实践，本书认为，以下四种情况可以视为“以个人名义”：（1）使用人在挪用人处直接将公款借走，在借款手续或账目上表现为借款形式；（2）在账目上表现为单位转借形式，但使用人与挪用人在口头上约定或以其他形式明确

① 参见孙军工.关于如何认定挪用公款归个人使用有关问题的解释的理解和适用［J］.人民检察，2002（3）.

表达了个人借款的意思；（3）法定代表人或主管财务领导，自己决定将公款借出，单位账目没有体现的，且没有明确是单位借款的；（4）部门负责人或具体工作人员未经领导同意，擅自借出的。

5.行为人对于借用单位的性质有错误认识

《最高人民法院关于如何认定挪用公款归个人使用有关问题的解释》第1条规定：国家工作人员利用职务上的便利，以个人名义将公款借给其他自然人或者不具有法人资格的私营独资企业、私营合伙企业等使用的，属于挪用公款归个人使用。如果行为人明知是私有公司、私有企业，包括“私挂公”的私有公司、企业，尽管有集体、国有公司、企业的招牌，但实际上是个人经营的，并且性质也被鉴定为私有独资企业、个体工商户、个人合伙企业等非法人型企业的，应视为“归个人使用”，符合挪用公款罪其他条件的，应作为挪用公款罪处理；如果行为人明知是私有公司、私有企业，但该企业鉴定为私营有限责任公司的，则不能简单地认定为公款“归个人使用”，一般不构成挪用公款罪。

实践中往往存在这样一种情况：作为个人的公款实际使用人不以自己名义，或者蒙骗公款挪用人，向拥有公款支配权的国家工作人员筹措资金，而国家工作人员主观上也认为自己利用职务上的便利挪用的公款是给非个人使用，但实际上公款借出后完全由个人使用了。对于这种情况能否追究行为人的挪用公款罪之刑事责任？这在理论上同样存在分歧。一种观点认为，行为人确实不知道公司已成为私营企业，因此主观上不具有挪用公款归个人使用的故意，故其行为不应构成挪用公款罪。另一种观点认为，行为人的行为应构成挪用公款罪。因为挪用公款无论归个人或私营企业使用，还是给国有公司、企业使用，应该属于挪用公款罪客观方面的表现。对犯罪客观方面的认定，应当依据实际发生的事实和情节来认定，行为人对事实认识上的错误，不掩盖事实的本来面目，对私人或私营企业的性质的认识不是挪用公款罪故意的认识内容。①

本书认为，第一种观点是正确的。虽然刑法和目前司法解释未明确挪用人必须明知使用人的性质为“个人”方可构成挪用公款罪，但是刑法设立挪用公款罪，旨在禁止国家工作人员故意将公款挪作私用的行为，因而作为挪用公款

① 参见李浩永等.此案能否构成挪用公款罪［N］.人民法院报，2000-5-15.

罪构成要素之一的“挪用公款归个人使用”，不应理解为纯粹的客观要素，而是包含主观评价因素在内的。挪用公款是以特定的使用人作为构成要件，行为人故意的认识内容应该包括对这一特定使用人的认识。行为人如果对使用人的私人或私营企业的性质没有认识，认为使用人是国有或集体性质的公司、企业，行为人因缺乏挪用公款归个人使用的故意，不能构成挪用公款罪。

（十）挪用公款罪的关联犯罪

1.挪用资金罪

挪用公款罪与挪用资金罪具有相似之处：第一，挪用情况相似。二者都分为三种情况，即挪用款项数额较大，归个人使用超过3个月未还的；挪用款项数额较大，归个人使用，进行营利活动的；挪用款项归个人使用，进行非法活动的。第二，挪用行为特征相似，都表现为行为人利用职务之便进行挪用。第三，挪用者主体身份相似，都是担任一定职务的人员。第四，挪用者挪用时的罪过态度相同，挪用人在主观上都出自直接故意。

挪用公款罪与挪用资金罪的主要区别如下。

（1）犯罪客体不同。挪用公款罪的犯罪客体是复杂客体，犯罪行为既侵犯国家工作人员职务行为的廉洁性，也侵犯公款的部分所有权。挪用资金罪的客体是单一客体，其犯罪行为只侵犯单位资金或国有资金的部分所有权。

（2）犯罪对象不尽相同。挪用公款罪挪用的主要是国家机关用于公务支出的公款和其他国有单位用于生产、经营的资金。挪用资金罪挪用的主要是非国有公司、企业或其他单位用于生产、经营的资金。

（3）犯罪手段不尽相同。二者尽管都是利用职务之便，但职务性质不同。挪用公款罪挪用人所担任的职务是国家机关或国有单位的职务。挪用资金罪挪用人所担任的职务是非国有单位的职务。

（4）犯罪主体的身份不同。挪用公款罪的犯罪主体必须是国家工作人员。非国家工作人员只有在与国家工作人员共谋、指使或者参与策划取得公款时，才能构成挪用公款罪的共同犯罪主体。挪用资金罪的犯罪主体则只能是非国家工作人员。只要是非国家工作人员，挪用的不论是非国有单位的资金还是国有单位的资金，均定挪用资金罪。国家工作人员即使挪用的是非国有单位的资金，也定挪用公款罪。这也是两者区别的关键所在。

2.违法发放贷款罪

违法发放贷款罪，是指银行或者其他金融机构及其工作人员，采用吸收客户资金不入账的方式，将资金用于违法发放贷款，造成重大损失的行为。挪用公款罪和违法发放贷款罪有很多相似之处：都是故意犯罪；都是利用自己经营资金的权利，将国家或单位信贷资金借给他人（经常是自己的亲戚朋友）使用，内外勾结；都不是以永久非法占有国家或单位资金为目的；侵犯的都只是国家或单位资金使用权，而非所有权；在客观行为上，二者都在一定范围内公开，不是永久性极力掩盖自己行为；挪用公款罪的绝大多数也属于账外经营。

违法发放贷款罪与挪用公款罪的区别主要如下。

（1）犯罪客体不同。前者侵害的客体是国家的金融信贷管理制度和金融机构的信誉。后者侵害的客体是公共财产的使用权。

（2）犯罪客观方面有根本区别。虽然有一些挪用公款罪中挪用行为也没入账，但是挪用资金来源于“账内资金”，是从账内到账外的行为。而违法发放贷款行为，从资金来源到资金使用都是账外行为，整个是“体外循环”。账外经营是违法发放贷款罪的根本特征，也是与挪用公款罪的根本区别。

（3）犯罪主体不同。前者的犯罪主体必须是具有资金发放业务的银行或者其他金融机构的工作人员。中国人民银行、保险公司的工作人员等由于无发放贷款的业务权限，一般情况下不能成为违法发放贷款罪的主体。后者的主体只要是国家工作人员即可。

（4）犯罪主观方面不同。尽管违法发放贷款是违法行为，但它仍然是银行及金融机构业务范围内的一种经营行为，它的目的仍然是为银行、金融机构及工作人员自己谋取一定的利益。而挪用公款行为和本单位的业务毫不相干，也不是一种经营行为，挪用的目的不一定是牟利。

（5）在违法发放贷款行为中，存款人、借款人是借银行这个“壳”，套取银行信用，有转嫁风险、嫁祸于银行的动机。而在挪用公款行为中，不存在风险转移。

（6）前者是结果犯，以造成重大损失为构成犯罪的必备条件。后者是行为犯，不强调重大损失这一结果，只要行为人挪用数额较大资金，超过3个月未还即可构成。

（7）挪用公款罪的行为人挪用资金是归个人使用，这是挪用公款罪的重要特点。而违法发放贷款行为中，借款人往往是单位。

3.挪用特定款物罪

挪用特定款物罪，是指违反国家财经管理制度，挪用用于救灾、抢险、防汛、优抚、扶贫、移民、救济款物，情节严重，致使国家和人民群众利益遭受重大损害的行为。

本罪的基本构成要件如下：（1）客体要件，是复杂客体，即公共财物所有权和专款专用的财经制度。犯罪对象仅限于救灾、抢险、防汛、优抚、扶贫、移民、救济的款物，包括生产资料和生活资料。（2）客观要件，表现为利用职务，违反财经制度，将特定专款挪作他用。挪作他用，是指将特定专款挪用于其他公共事务。如果行为人将特定款物挪为个人使用，则应当根据挪用公款罪定罪处罚。此外，挪用行为必须情节严重，致使国家和人民群众利益遭受重大损害，才构成犯罪。（3）主体要件，是经手、管理上述特定款物的工作人员，既包括国家工作人员，也包括集体经济组织和其他单位的工作人员。（4）主观要件是直接故意，即明知是专用款物，故意挪用的。根据《刑法》第273条的规定，犯挪用特定款物罪，情节严重，致使国家和人民群众利益遭受重大损害的，对直接责任人员，处3年以下有期徒刑或者拘役；情节特别严重的，处3年以上7年以下有期徒刑。

挪用公款罪与挪用特定款物罪在主观方面都是故意；客观方面行为人都是利用了其职务上的便利，并将公款（物）移作他用，私自改变既定和规定用途。但两罪的区别也很明显。

第一，从侵犯的犯罪客体看，挪用特定款物罪侵犯的是复杂客体，它既侵犯了国家公共财产所有权，又侵犯了国家对特定款物专项专用的财经管理制度，其主要客体是国家公共财产所有权。而挪用公款罪的客体是国家工作人员的职务廉洁性和国家公共财产所有权，主要客体是国家工作人员的职务廉洁性。

第二，从挪用的对象看，挪用特定款物罪挪用的对象是特定的款物，即用于救灾、抢险、防汛、优抚、扶贫、移民、救济的款物，既包括特定的款，也包括特定的物。而挪用公款罪的对象一般只是公款，只有当国家工作人员挪用了救灾、抢险、防汛、优抚、扶贫、移民、救济的特定物归个人使用时，该特定物才能成为犯罪对象。

第三，从客观方面的具体形式看，挪用特定款物罪必须是挪用特定款物，情节严重，并致使国家和人民利益遭受重大损失。而挪用公款罪没有情节严重，致使国家和人民利益遭受重大损失这一限制条件，只要符合法定的挪用用途、挪用时间、挪用数额即构成犯罪。

第四，从主观故意的内容看，挪用特定款物罪中行为人是为了用于其他公共事务，如修建楼、堂、所、经商办企业等，即公款公用。挪用公款罪中行为人挪用公款是归个人使用，并以归还为前提，即公款私用。

第五，从案件的侦查管辖主体看，挪用特定款物案件由公安机关管辖，而挪用公款案件由监察机关立案管辖。

（十一）挪用公款罪的未完成形态

挪用公款罪是否存在未遂问题，特别是对于挪而未用的，是定犯罪既遂还是定犯罪未遂，因涉及不同的量刑幅度，实践中分歧意见较大。一种观点认为，挪用是一个不可分割的行为整体，缺一不可，如果行为人只是“挪”公款而没有使用该公款，则不能产生本罪的危害结果，应以未遂认定。“挪”的意思指移动，“用”指使用。由此可见，只有既挪又用公款的行为，才能叫作挪用公款，只挪未用的，不构成本罪。也有人认为，既然“归个人使用”是本罪的构成要件之一，只有既挪又用才构成本罪的既遂。另一种观点认为，“挪”是“用”的前提和基础，“用”是行为人“挪”的目的和追求。从行为的关系看，“挪”是主行为，“用”是从行为。“挪”是刑法对该罪打击的根本所在。之所以对挪用公款的行为定罪处罚，是因为挪用公款改变了公款的用途和控制权、使用权及收益权，违背了公职人员的廉洁性。公款自被挪出起，其占有权、使用权、收益权已被侵害，危害结果已经出现。所以行为人以个人使用为目的将公款挪出后，即使没有实际使用，也不影响挪用公款罪既遂的成立。

本书认为，单就“挪用”一词的含义而言，一般是指挪后使用。但是，在刑法中，认为挪而未用的一概不能构成犯罪，则值得研究。从犯罪客体的角度看，挪用公款罪侵犯的客体是单位对公款的占有权、使用权，这是认定本罪社会危害性质的决定性因素。既然行为人已将公款转移到自己的控制之下，使单位失去了对该项公款的控制，单位的占有权、使用权已实实在在受到了侵犯，实际使用了没有，对于单位所受的损害来说，是没有任何影响的，只不过从社会利益角度看其危害程度大小不同而已。因此，为了有效地保护单位的财产权利不受侵犯，遏制挪用公款现象的发生，不能说挪而未用的一概不能定罪处罚。即使本罪行为是挪用的“复式行为”结构，也只能说这是本罪的完成形态。《刑法》第22条规定，犯罪预备行为可以比照既遂定罪判刑。那么，因意志以外原因只挪公款而尚未使用，对其不加以处罚，毫无道理。刑法规定，对挪用公款罪的定罪判刑，以挪用公款的数额为主要标准。如果说只挪未用的就不构成犯罪，那么，假定行为人为了营利活动挪用了50万元，刚使用了10万元就案发了。那么，对其只能按挪用10万元定罪判刑，这合理吗？当然，主张对挪而未用的一律不构成犯罪的学者可能会提出：刑法对挪用公款行为是按不同的用途分别加以规定的，只挪未用的按哪种情形处罚呢？本书认为，在实践中通过侦查一般是不难查明其使用意图的。假定确实难以证实其意图，本着“疑罪从无”的精神，对其按照“挪用公款归个人使用，超过3个月未还的”规定处罚，也是完全适当的，并无违背法律之处。对因“归个人使用”是本罪的构成要件而认为只有既挪又用才构成本罪的既遂的观点，本书认为这种理解过于机械和狭隘。从本罪的罪状看，“挪用”中已经包含“使用”的内容，之所以进一步规定“归个人使用”，目的在于将“归个人使用”与归国有公司、企事业单位、国家机关、团体使用相区别，从而界定了挪用公款罪与非罪的关系。它所解决的并非是否“实际使用”的问题，而是解决公款被谁使用的问题，因而对“归个人使用”应从广义上去理解，既包括客观上已实际使用，也包括正在准备使用或没有使用。同时，“归个人使用”也是行为人主观上的追求。因此，是否已经归个人实际使用公款并不影响挪用公款罪的成立。

（十二）挪用公款罪的共同犯罪

1.国家工作人员共同实施挪用公款行为

两个以上的国家工作人员共谋、共同挪用公款的，当然构成挪用公款罪的共犯。但是在司法实践中，一些国家工作人员在挪用公款的过程中，往往于事前或者事后，在领导班子内部与个别成员甚至全体成员进行“研究”，形成所谓的

"集体决策"。对这种"集体"挪用行为，应当如何处理，理论界存在两种主张：一种观点认为，刑法中挪用公款罪没有规定单位犯罪，"集体"挪用不构成犯罪；另一种观点认为，对这种行为应当依据职务犯罪的特点和具体情况进行具体分析，符合共同犯罪条件的，以挪用公款罪论处，反之，则不成立挪用公款罪。

本书认为，根据刑法中的共同犯罪理论，不论是挪用人与使用人共谋，还是两个以上的挪用人共同挪用，只要他们在主观上有共同的挪用公款故意，客观上实施了共同的挪用公款行为，都成立挪用公款罪的共同犯罪，故"集体"挪用当然可以构成挪用公款罪的共犯。集体研究挪用公款可以构成共同犯罪，但并非所有的"集体"挪用都是共同犯罪，实践中很多所谓的"集体"挪用并不真正反映集体意志，只是被作为掩饰挪用的手段而已。如行为人利用职务便利，自己提议武断拍板，抢先形成所谓"集体决策"，集体研究走过场，或者利用职权已实行了挪用行为，又向"集体"成员"打招呼"，让其他成员面对成舟之木，无可奈何，形成所谓的"集体知晓"，以及向集体成员谎报情况、诱骗其形成所谓的"一致意见"，然后实施操作等。这些情况都是行为人利用职务之便以上压下、专横武断的结果，并不能体现"集体"意志，也不应以集体挪用对待。对于这种为了逃避法律的制裁，以集体为幌子，实则为个人挪用的情形，不能以挪用公款罪的共同犯罪处理，只能以挪用公款罪的单独犯罪追究行为人的刑事责任。

区别"经单位领导集体研究"共同挪用公款的行为与单位行为的关键条件，要看是否具备挪用公款罪的特征——行为人主观上出于私利性，客观上实施了擅自支配公款的行为。如果单位少数领导甚至全体领导损公肥私，擅自将公款挪归个人使用的，则构成挪用公款罪的共犯。如果单位领导经集体研究讨论，为单位利益挪用公款给他人使用的，属于违反财经纪律的行为，给国家和人民利益造成重大损失的，可以滥用职权罪或玩忽职守罪论处，而不构成挪用公款罪。

2. 国家工作人员与非国家工作人员共同实施挪用公款的行为

根据刑法理论，不具备特定身份的人可以成为有身份者实施真正身份犯的教唆犯或帮助犯，在无身份者能够参与真正身份犯的部分实行行为的情况下，还可以与有身份者构成共同实行犯。《最高人民法院关于审理挪用公款案件具体应用法律若干问题的解释》第8条规定："挪用公款给他人使用，使用人与挪用人共谋，指使或者参与策划取得挪用款的，以挪用公款罪的共犯定罪处罚。"显然，该“解释”中的“使用人”既可以是国家工作人员，也可以是非国家工作人员。在挪用公款给非国家工作人员使用的情况下，解决使用人刑事责任，应当按照上述理论和司法解释办理。

当然，使用人要成为挪用公款罪的共犯必须具备一定的条件，即只有使用人在主观上与挪用人具有挪用公款的共同故意，且共同故意必须是在挪用公款前形成，即属于事先共谋的共同犯罪；客观上使用人实施了与挪用人共同商议、策划挪用公款或主动指使挪用人挪用公款时，才能对使用人以挪用公款罪的共犯定罪处罚。使用人如果对资金来源于擅自挪用的事实缺乏认识，即使与挪用人对资金的借贷、用途有过商议，也不能以挪用公款罪的共犯论处。挪用人告知使用人资金是其擅自挪用来的，只要使用人没有参与策划，在挪用人未产生挪用公款决意时没有指使，对使用人同样不能以挪用公款罪的共犯论处。即在以下情况下，使用人不能成为挪用公款罪的共犯：第一，挪用人将公款私自挪出，以个人名义将公款借给使用人，使用人对该款的真实来源并不知情；第二，使用人向挪用人借贷时虽然知道或者应当知道挪用人出借的为公款，但其并未参与策划或指使挪用公款。

由于刑法针对挪用公款的不同用途规定了不同的数额和时间标准，因而挪用人和使用人对公款用途的具体认识也可能影响到对共犯的认定和处理。《最高人民法院关于审理挪用公款案件具体应用法律若干问题的解释》第2条第2款指出：“挪用公款给他人使用，不知道使用人用公款进行营利活动或者用于非法活动，数额较大、超过三个月未还的，构成挪用公款罪；明知使用人用于营利活动或者非法活动的，应当认定为挪用人挪用公款进行营利活动或者非法活动。”这个解释为司法实践解决上述问题提供了一个准则，但是没有涵盖现实中的全部问题。本书认为，应当依据共同犯罪原理，立足于刑法主客观统一的立场进一步分析，分如下三种情形处理。

第一，如果使用人与挪用人共谋，指使挪用人挪用公款或者参与策划行为时，是为了将公款用于非法活动或营利活动，但使用人在取得公款后实际上将公款用于非法活动及营利活动以外的其他用途，应该根据客观行为表现，对使用人和挪用人均应按照公款的实际用途衡量是否构成犯罪及量刑。

第二，如果使用人与挪用人共谋，指使挪用人挪用公款或者参与策划行为时，确实是为了将公款用于非法活动及营利活动以外的其他用途，只是在取得公款后主观目的及客观行为发生转变，将公款用于非法活动或营利活动的，处理结果同上。但是，如果挪用人事后知道这种情况而仍同意、放任，没有追回公款的意思表示，则对挪用人亦应认定为挪用公款进行营利活动或者非法活动。

第三，如果使用人与挪用人共谋，指使挪用人挪用公款或者参与策划行为时，故意欺骗挪用人、隐瞒其用公款进行非法活动或营利活动的真实意图，以非法活动及营利活动以外的其他用途为名取得公款，在取得公款后却将之用于非法活动或营利活动的，对使用人应按照“挪用公款进行非法活动”或“进行营利活动”衡量是否构成犯罪及量刑；对挪用人则应按“挪用公款数额较大、超过三个月未还的”要件衡量是否构成犯罪及量刑。

3.国家工作人员与公司、企业人员共同实施挪用单位资金的行为

在公司、企业或者其他单位中，存在国家工作人员与非国家工作人员相勾结共同挪用本单位资金的情况。从犯罪人之间的分工看，这类犯罪有三种不同类型：（1）国家工作人员组织、教唆或者帮助非国家工作人员，由后者利用职务上的便利，挪用本单位资金；（2）非国家工作人员组织、教唆或者帮助国家工作人员，由后者利用职务上的便利，挪用本单位资金；（3）国家工作人员与非国家工作人员相勾结，分别利用各自的职务便利，共同挪用本单位资金。这三种情形，都属于共同犯罪，这在理论上已不存在什么争议，也早已为我国司法实践所肯定。但是，应当如何确定其犯罪性质呢？

本书认为，该类案件有一定的复杂性，实践中应针对不同情况分别处理。

第一，前两种情形在性质上类似，都属于所谓“无身份者组织、教唆、帮助有身份者实施真正身份犯”的共同犯罪。对于无身份者组织、教唆、帮助有身份者实施真正身份犯的共同犯罪的定性，在理论上有不同的看法，主要有以下两种比较有代表性的观点：一种观点认为，这类犯罪的性质应以主犯犯罪的基本特征为根据来认定。《最高人民法院、最高人民检察院关于当前办理经济犯罪案件中具体应用法律的若干问题的解答（试行）》规定：“内外勾结进行贪污或者盗窃活动的共同犯罪……应按其共同犯罪的基本特征定罪。共同犯罪的基本特征一般是由主犯犯罪的基本特征决定的。”另一种观点认为，这类犯罪的性质应以有身份的实行犯犯罪的基本特征来认定。持这种观点的学者完全否认前一种观点。首

先，共同犯罪中的主犯，是就犯罪人在共同犯罪中的作用而言的，确认主犯的意义，主要在于量刑而不在于定罪。其次，如果共同犯罪案件中的主犯为二人以上，而且其中既有有身份者，又有无身份者，此时应定为何罪，就产生了困难。再次，如果国家工作人员与普通公民共同窃取前者经管的公共财物，后者系主犯，依前述观点把案件定为盗窃罪，既有悖于共同犯罪关于共同故意和共同犯罪行为的基本原理，也抹杀了特殊主体对定罪的应有作用。最后，按照前种观点，必将造成对同种案件定罪量刑不一致的混乱局面。若按有身份的实行犯犯罪的基本特征对上述犯罪的性质作出认定，则上述缺陷皆可消除。这种观点目前较有影响力，得到大多数学者的支持。

本书认同上述第二种观点。因为无身份者与有身份者共同犯罪时，其犯罪的实施，从客观方面看，利用了有身份者的身份和便利；从主观方面看，有利用有身份者身份和便利实施特定身份犯罪的故意，因此，其犯罪性质就发生了实质性变化，其犯罪行为就与有身份者的犯罪行为连成了一个密不可分的有机整体。因此，对公司、企业或者其他单位中国家工作人员组织、教唆或者帮助该单位中的非国家工作人员，由后者利用职务上的便利，挪用本单位资金的，应当对所有共同犯罪人都定挪用资金罪；对公司、企业或者其他单位中的非国家工作人员组织、教唆或者帮助该单位中的国家工作人员，由后者利用职务上的便利，挪用本单位资金，应当对所有共同犯罪人都定挪用公款罪。

第二，对第三种情形的定性，《最高人民法院关于审理贪污、职务侵占案件如何认定共同犯罪几个问题的解释》曾对类似这种情形的共同犯罪作出规定。该解释第3条规定，“公司、企业或者其他单位中，不具有国家工作人员身份的人与国家工作人员勾结，分别利用各自的职务便利，共同将本单位财物非法占为己有的，按照主犯的犯罪性质定罪”。若按上述规定的精神，对上述情形，也应按照主犯的犯罪性质定罪，即若国家工作人员是主犯的，则全案以挪用公款罪论处；若非国家工作人员是主犯的，则全案应定为挪用资金罪。

本书认为，上述解释不够全面。国家工作人员与公司、企业人员共谋，分别利用自己的职务之便，共同挪用单位资金的，又分为两种情况：如果双方共谋，但各自仅仅利用本人职务上的便利，而未利用对方的职务之便的，以分别定罪为宜，即国家工作人员定挪用公款罪，公司、企业人员定挪用资金罪；如果双方不仅利用自己职务上的便利，而且还利用他人职务上的便利予以协同的，则各行为人既构成由其主体身份决定的独立犯罪，又构成不同身份主体决定的犯罪的共犯。具体而言，国家工作人员在构成挪用公款罪的实行犯的同时，又构成公司、企业人员挪用资金罪的帮助犯；公司、企业人员也触犯了挪用资金罪和挪用公款罪两个罪名。这种情况是一行为触犯数个罪名，属想象竞合犯的范畴，对其应从一重罪处断。挪用公款罪与挪用资金罪相比，前者在法定刑的配置上明显重于后者，所以全案应以挪用公款罪的共犯定罪处罚

（十三）挪用公款罪的罪数问题

1.挪用公款过程中又触犯其他罪名的处理

对挪用公款过程中又触犯其他罪名的，可以根据案件的具体情况，分别作出处理。第一，挪用公款数额达到立案标准又构成其他犯罪的，一般应当根据牵连犯的处理原则，根据重罪论处，但是，根据上述解释，因挪用公款索取、收受贿赂的，应当分别构成挪用公款罪、受贿罪，数罪并罚。第二，挪用公款数额未达法定数额标准但构成其他犯罪的，以构成之罪定罪处罚。第三，挪用公款数额达到立案标准，但挪用过程中又触犯其他罪名尚不构成其他犯罪的，则只按挪用公款罪一罪处罚。第四，挪用公款数额未达到法定标准，用公款进行的其他行为情节也较轻微，综合全案确实属于情节显著轻微危害不大的，根据《刑法》第13条的规定，不应以犯罪论处。

2.挪用公款进行违法活动构成一罪或数罪的问题

《最高人民法院关于审理挪用公款案件具体应用法律若干问题的解释》第7条第2款规定：挪用公款进行非法活动构成其他犯罪的，依照数罪并罚的规定处罚。有许多学者认为，这一规定是不合理的，主要有下列两点原因：（1）挪用公款进行非法活动构成其他犯罪，依照数罪并罚的规定处罚的解释，实际上是把牵连犯当作独立的数罪处罚，因为按照立法的精神，“进行非法活动”本身是挪用公款罪的构成要件之一，而当这种非法活动又独立构成其他犯罪时，两罪之间具有牵连关系，如果按数罪并罚处理，等于将“非法活动”既作为挪用公款罪处罚，又作为独立犯罪处罚，这违背牵连犯处罚的一般原则。（2）按照立法精神，“进行非法活动”本身是挪用公款罪的客观构成要件之一。既然“进行非法活动”

本身已经作为挪用公款罪的一个构成要件，被评价在挪用公款罪中，就不能单独再对其进行“定罪”评价。否则，就是重复评价。

本书以为：第一，挪用公款进行非法活动的，不必然构成牵连犯，不能从一重罪处断。所谓牵连关系，是以牵连意图为主观形式，以因果关系为客观内容所构成的数个相对独立的犯罪有机统一体。即牵连犯的目的行为，与成为其方法或结果的犯罪行为之间在客观上须有内在的必然联系，而主观上犯意的继续也是必不可少的。因此，那种认为凡是行为人现实所犯的二罪，只要形式上具有“手段或结果”的关系，都可以构成牵连犯的观点是错误的。对于那些形式上有手段和目的的关系，但是两行为之间实际上并无内在、必然联系的，不能构成牵连犯。为了进行非法活动而挪用公款的，这类案件的前行为和后行为从表面上看都是围绕着一个目的而进行的，但实际上它们之间并无内在的必然联系。也即，进行非法活动的资金并不一定要用挪用公款的方法解决。所以，挪用公款进行非法活动的，并不具有牵连犯特征。

第二，挪用公款进行非法活动构成其他犯罪的，依照数罪并罚的规定处罚，并不违反“同一行为禁止重复评价”的原则。挪用公款罪依据公款后来的不同用途分成三种情形，对各自成立犯罪作出数额和时间的不同规定，其本意在于通过犯罪构成要件的选择和组合，从总体上使行为的社会危害性达到应当以犯罪论处的程度。之所以把挪用公款罪依据公款的不同用途分成三种情形，是为了界定挪用公款罪与非罪的关系。它所解决的并不是实际使用及如何使用的问题。也就是说，是否实际上用挪用的公款进行非法活动，并不影响挪用公款罪的成立。挪用公款罪的本质是：这种行为对国家、集体的公共财产所有权以及国家工作人员职务行为廉洁性的侵犯，挪用公款的数额越大、时间越长，对公共财产所有权造成的损害就越大，社会危害性就越大。决定挪用公款行为社会危害性大小的根本因素是挪用的数额和时间。至于挪用公款以后，是否把挪用的公款用于非法活动，对国家或集体的公款所有权造成的侵害并无实质性的差异，只影响行为人的主观恶性程度。我们对“挪而未用”的行为也可以追究刑事责任的理由也基于此。所以，我们应该着眼于挪用行为对公款的非法控制本身。通过非法占有并使用公款进行犯罪活动，就具有了刑法上独立评价的意义。因而对“进行非法活动”应从广义上去理解，既包括行为人实际实施了非法活动，也包括行为人主观上的追求。所以，如果行为人实际实施了非法活动，并且构成犯罪的，应当数罪并罚；如果只是有证据证明行为人主观上想将挪用的公款从事某种非法活动，而客观上尚未实施，或者虽实施了非法活动，但尚未单独构成其他犯罪的，只构成挪用公款罪一罪。从上述分析可知，进行非法活动是独立于挪用公款罪的犯罪构成要件之外的行为，因此，不存在对同一行为进行重复评价的问题。

第三，行为人将挪用的公款用于赌博、走私、非法经营等，非法活动本身的社会危害性就严重，其社会危害性大于挪用公款行为的危害性，不可能被挪用公款罪吸收。只有对非法活动进行单独定罪量刑，才能做到罪刑相适应。例如行为人把为单位讨回的3万元公款用于走私假币，假币面值为70万元。如果把走私活动作为挪用公款罪的客观构成要件，不进行单独的定罪与量刑，那么行为人的行为就构成挪用公款罪一罪，量刑最高只是五年有期徒刑。而如果把走私活动作为挪用公款罪的主观构成要件，则行为人的行为构成挪用公款罪和走私假币罪，可能判处无期徒刑，直至死刑。为了做到罪刑相适应，对赌博、走私、非法经营等犯罪活动进行单独评价，是有必要且合理的。

第四，挪用公款进行非法活动构成其他犯罪的，同时符合两个罪的犯罪构成，应当认定为实质上的数罪，实行并罚。刑法理论通说认为，区分一罪与数罪的标准是行为符合刑法规定的犯罪构成的个数（即“犯罪构成要件符合说”），也就是说，行为人基于一个故意或过失，实施一个行为，具备一种犯罪构成的，就是一罪；行为人基于两个以上的故意或者过失，实施两个以上的行为，具备两个以上犯罪构成的，就是数罪。比较挪用公款罪和行为人用挪用的公款进行非法活动所构成犯罪的构成要件：前罪的主体为国家工作人员，而后罪的主体则可能是国家工作人员，也可能不是国家工作人员；前罪的客观方面表现为利用职务上的便利，挪用公款归个人使用的行为，而后罪的客观方面则表现为赌博、走私或者是非法经营等其他非法行为。因此，可以说，挪用公款又进行非法活动，如赌博、走私或者非法经营等，同时符合两个罪的犯罪构成，应当认定为实质上的两罪，实行数罪并罚。

3. 如何认定“不退还”及行为人的主观内容

《刑法》第384条规定：“挪用公款数额巨大不退还的，处十年以上有期徒刑或者无期徒刑”。一般而言，挪用公款罪与贪污罪的主要区别在于行为人主观上是否具有非法占有公款的目的，主观目的需要依靠外在行为加以确定，但是当行为人挪用公款不退还时，在行为外观上与贪污犯罪极其相似。因此存在两个问题：第一，如何理解“不退还”及其范围；第二，是否存在挪用公款向贪污犯罪的转化。

（1）关于挪用公款后“不退还”及其范围

《最高人民法院关于审理挪用公款案件具体应用法律若干问题的解释》第5条规定：“‘挪用公款数额巨大不退还的’，是指挪用公款数额巨大，因客观原因在一审宣判前不能退还的。”显然，《最高人民法院关于审理挪用公款案件具体应用法律若干问题的解释》把“主观上不想还”排除在“不退还”范围之外，而把“客观原因”作为“不退还”的唯一情形。理解本解释的规定，还应注意两个问题：第一，在时间上，将不退还的时间限定在一审宣判前，这不仅符合刑法理论，而且有利于最大限度地为国家、集体挽回损失。第二，在数额上，《最高人民法院关于审理挪用公款案件具体应用法律若干问题的解释》第3条规定：“挪用公款归个人使用，‘数额较大、进行营利活动的’，或者‘数额较大、超过三个月未还的’，以挪用公款一万元至三万元为‘数额较大’的起点，以挪用公款十五万元至二十万元为‘数额巨大’的起点。”

在认定“不退还”范围问题上，学术界也存在不同看法。有学者认为，虽然上述司法解释已有明确规定，“不退还”仅指主观上想还而客观上无能力还这样一种情况，但行为人主观上的“想还”，不能仅片面地理解为行为人的归还态度或意向，而应建立在一定客观行为基础之上，即主观上有归还的诚意，客观上有实际的归还行为，如查明行为人在挪用时确实准备归还，挪用后也对归还公款作了一些必要的工作，最终不能归还是行为人意志以外的原因所致，而这一意志外原因是行为人事先难以预料并经查证属实的。

有的学者则认为，挪用公款后因主观原因不退还的应包括以下几种情况：第一，挪用公款后有能力退还而拒不退还的；第二，挪用公款后，行为人抱着侥幸心理，能不还则不还，非还不可时再退还；第三，挪用公款后携款潜逃的。

本书认为，以上观点都有一定的道理，但还不够全面。第二种见解将行为人挪用公款后，抱着侥幸心理，能不还则不还，非还不可时再退还的情况认定为贪污罪也存在不合理之处。贪污罪的主观方面应为直接故意，并且具有坚定的将公款非法占为己有的目的。而上述情况最多属于间接故意，它与挪用公款后有能力退还而拒不退还的情况有着本质的区别。而且《最高人民法院关于审理挪用公款案件具体应用法律若干问题的解释》将挪用公款数额巨大不退还的时间明确限定在“一审宣判前”，因而行为人在案发后被立案审查、提起公诉至一审宣判前的一段时间内，在面临着被定为挪用公款罪还是贪污罪的情况下，很难说还抱有“侥幸心理”。根据法律、司法解释的有关规定，结合司法实际，本书认为，挪用公款“不退还”有下列五种情况：第一，挪用公款后有能力退还而拒不退还的；第二，挪用公款后，行为人抱着侥幸心理，能不还则不还，非还不可时再退还；第三，挪用公款后，行为人本想归还公款，但因使用不当致使公款不能退还的；第四，挪用公款后，行为人肆意挥霍或者进行毫无把握的高风险投资，最终导致所挪用公款严重损失的；第五，挪用公款后携款潜逃的。其中，只有第二种、第三种、第四种属于《最高人民法院关于审理挪用公款案件具体应用法律若干问题的解释》所言“因客观原因在一审宣判前不能退还”的情况。

（2）关于挪用公款后不退还行为性质的认定

《全国人民代表大会常务委员会关于惩治贪污罪贿赂罪的补充规定》曾明文规定“挪用公款数额较大不退还的，以贪污论处”，“两高解答”也作了相应的解释，而新刑法并未采纳这一规定。这种立法状况使得“挪用公款能否（或应否）转化为贪污”成为法学界和司法界普遍关注的热点问题之一。有学者认为这实际是一种犯罪转化，是由行为人挪用公款的意图向贪污意图转化的结果。如果不加区分地将挪用公款不退还均以挪用公款罪定性论处，势必给一些犯罪分子造成可乘之机，造成打击不力，即“肯定说”。①也有学者认为，新刑法实际上已取消了挪用公款罪转化为贪污罪的情况，今后凡查实属于挪用的公款，即使拒不退还也只能以挪用公款罪定罪处刑，即“否定说”。②其后，《最高人民法院关于审理挪用公款案件具体应用法律若干问题的解释》第6条明确规定：“携带挪用的公款潜逃的，依照刑法第三百八十二条、第三百八十三条的规定定罪处罚。”这表明挪用公款行为转化为贪污罪是客观存在的。

① 参见魏刚.对挪用公款不退还的理解［J］.人民检察，1999（5）.

② 参见吴平.挪用公款不退还行为的定性之我见［J］.浙江师范大学学报（哲学社会科学版），1998（3）.

本书认为，虽然《刑法》没有对上述情形进行规定，并不表明实践中无此现象。《最高人民法院关于审理挪用公款案件具体应用法律若干问题的解释》的规定，也并不表明挪用公款向贪污的转化只有一种情况，而认为所谓从此不再有转化犯罪的认识，更是错误的。行为人在挪用公款后，携带挪用的公款潜逃的，当然是一种典型的由挪用公款罪向贪污罪的转化。一般来讲，思想和行为是密切联系的，思想要通过行为来表达，行为是反映思想的客观依据。同样，犯罪故意只有通过客观行为才能反映出来。行为是主观见之于客观的产物，根据犯罪行为可以判断犯罪分子的主观故意是实施哪种犯罪。挪用公款后，挪用人由于种种原因改变了原来的想法而不归还，此时，行为人犯罪故意发生了变化，其非法占有公款的目的在主、客观上相统一起来，毫无疑问属贪污性质。在实践中还存在其他一些情况足以证明行为人犯罪意图的转化，例如，行为人挪用公款后，向境外转移存款和赃款的；在司法机关追缴时，转移、隐匿财产的以及采取其他方式拒不退还的等。这些情况也都表明行为人具有非法占有的目的，符合贪污罪的特征，应以贪污论处，故《最高人民法院关于审理挪用公款案件具体应用法律若干问题的解释》对“因主观原因不退还的”仅限于“携款潜逃”，不适应同犯罪作斗争的需要，有待有关司法解释对其进一步完善。本书认为，只有在下述情况下，挪用公款行为才可以转化为贪污罪：第一，挪用公款后有能力退还而拒不退还的；第二，挪用公款后携款潜逃的。

4. 以欺骗方式（如假合同）挪用公款的认定

随着反腐败和打击经济犯罪力度的不断加大，挪用公款的犯罪分子为了逃避打击，也在不断变换着犯罪的方法手段。其中一个显著的动向是：一些手握实权的企事业单位的工作人员，在进行挪用公款犯罪的时候，不再公开或半公开，而是利用欺骗或更为隐蔽的方式，如精心策划采取签订虚假合同的方法来实施贪污，为实现犯罪目的披上合法的外衣。利用虚假合同进行挪用公款犯罪是一种迷惑性较强的智能犯罪。本书认为，对这类案件认定的关键在于行为人的主观目的。如果行为人利用虚假合同将公款挪出，只是暂时利用公款的使用权、收益权，具有归还的意图，就构成挪用公款罪。如果行为人利用虚假合同将公款挪出，以非法占有为目的，则构成贪污罪。利用虚假合同只是行为人挪用公款的一种手段，只能以一罪处罚，不能数罪并罚。

三、受贿罪

受贿罪，是指国家工作人员利用职务上的便利，索取他人财物的，或者非法收受他人财物，为他人谋取利益的行为。

（一）受贿罪的构成要件

1. 主体要件

本罪主体是特殊犯罪主体，即只能由国家工作人员构成。本罪的国家工作人员，一般是在职的国家工作人员，但根据《最高人民法院关于国家工作人员利用职务上的便利为他人谋取利益离退休后收受财物行为如何处理问题的批复》的规定，国家工作人员利用职务上的便利为请托人谋取利益，并与请托人事先约定，在其离退休后收受请托人财物，构成犯罪的，以受贿罪定罪处罚，说明离职的国家工作人员也可以构成受贿罪。

2. 主观要件

本罪在主观上是直接故意，即行为人明知利用职务上的便利索取他人财物或者非法收受他人财物并为他人谋取利益的行为会损害国家工作人员职务上的廉洁性，仍然接受的行为。

3. 客观要件

本罪客观上表现为利用职务上的便利，索取他人财物或者非法收受他人财物，为他人谋取利益。财物包括货币、物品和财产性利益。财产性利益包括可以折算为货币的物质利益，如房屋装修、债务免除等，以及需要支付货币的其他利益如会员服务、旅游等。后者的犯罪数额，以实际支付或者应当支付的数额计算。利用职务上的便利，是利用行为人现有的职务范围内的权力或者地位等便利条件。行为人所利用的职务便利，可以在收受贿赂之时具有，也可以在收受贿赂之前具有，还可以在收受贿赂之后具有。为他人谋取利益，是为行贿人或行贿人所指定的第三人谋取物质上的或者其他非物质利益，包括实际或者承诺为他人谋取利益的、明知他人有具体请托事项的；履职时未被请托，但事后基于该履职事由收受他人财物的。前者如获得工程建设项目，后者如职务升迁或上学等。

司法实践中，受贿行为的具体表现如下。

（1）利用职务上的便利，索取他人财物。索取，是指行为人主动向他人明示、暗示，要求对方给予自己财物。

（2）利用职务上的便利，收受他人财物。收受是对他人向自己所给予的财物，加以接受。

（3）在经济往来中，违反国家规定，收受各种名义的回扣、手续费，归个人所有。回扣，是在商业活动中，货币的接受者从收到的价款中，向支出货款的一方根据一定的比例，返还部分价款。手续费，是多种费用的总称，如辛苦费、介绍费、酬劳、信息费等。在商业活动中，允许正常的回扣和手续费，但是，如果违反国家规定，则是不合法的。国家工作人员受国家机关、国有公司、企业、事业单位、人民团体的委托或者委派，从事商业活动，不允许私自收受回扣、手续费，对于这种情形，属于一种特殊的受贿行为。

（4）利用本人职权或者地位形成的便利条件，通过其他国家工作人员职务上的行为，为请托人谋取不正当利益，索取请托人财物或者收受请托人的财物。这种情形在有些国家的刑法中被称为斡旋受贿罪。作为受贿罪的特殊类型，斡旋受贿的构成条件如下：第一，行为人利用了自己的职权或者职务上的地位。如果没有利用职权或者职务上的地位，而是利用朋友关系或者亲戚关系，不能作为利用职权或者职务上的地位。第二，为请托人谋取不正当的利益。如果为请托人谋取的是正当利益，不构成斡旋受贿。第三，请托人谋取的利益的实现需要通过其他国家工作人员。第四，行为人索取或者收受了请托人的财物。

司法实践中的受贿情形还包括以下几种。

（1）虚假的商品交易。国家工作人员利用职务上的便利为请托人谋取利益，以下列交易形式收受请托人财物的：第一，以明显低于市场的价格向请托人购买房屋、汽车等物品的；第二，以明显高于市场的价格向请托人出售房屋、汽车等物品的；第三，以其他交易形式非法收受请托人财物的。其中的受贿数额，要按照交易时当地市场价格与实际支付价格的差额计算。但是，根据商品经营者事先设定的各种优惠交易条件，以优惠价格购买商品的，不属于受贿。国家工作人员收受请托人房屋、汽车等物品，未变更权属登记或者借用他人名义办理权属变更登记的，不影响受贿的认定。

（2）收受干股。干股是指未出资而获得的股份。国家工作人员利用职务上的便利为请托人谋取利益，收受请托人提供的干股的，应以受贿论处。进行了股权转让登记，或者相关证据证明股份发生了实际转让的，受贿数额按转让行为发生时股份价值计算，所分红利按受贿孳息处理。股份未实际转让，以股份分红名义获取利益的，实际获利数额应当认定为受贿数额。

（3）虚假的合作投资。国家工作人员利用职务上的便利为请托人谋取利益，由请托人出资，“合作”开办公司或者进行其他“合作”投资的，或者国家工作人员利用职务上的便利为请托人谋取利益，以合作开办公司或者其他合作投资的名义获取“利润”，没有实际出资和参与管理、经营的，以受贿论处。

（4）虚假的理财投资。国家工作人员利用职务上的便利为请托人谋取利益，以委托请托人投资证券、期货或者其他委托理财的名义，未实际出资而获取“收益”，或者虽然实际出资，但获取“收益”明显高于出资应得收益的，以受贿论处。受贿数额，前一情形，以“收益”额计算；后一情形，以“收益”额与出资应得收益额的差额计算。

（5）通过赌博方式收受请托人财物。国家工作人员利用职务上的便利为请托人谋取利益，通过赌博方式收受请托人财物的，构成受贿。

（6）通过特定关系人“挂名”领取薪酬。国家工作人员利用职务上的便利为请托人谋取利益，要求或者接受请托人以给特定关系人安排工作为名，使特定关系人不实际工作却获取所谓薪酬的，以受贿论处。

（二）“为他人谋取利益”的争论

1.“为他人谋取利益”应否为受贿罪的构成要件

“为他人谋取利益”应否为受贿罪的构成要件，在理论上存在分歧。

（1）甲（肯定）说，认为“为他人谋取利益”是受贿罪的构成要件，理由是：第一，从立法上分析，由于刑法保护的是职务行为的不可收买性，所以受贿罪的构成要件必须说明收受贿赂侵犯了这种法益。而收受贿赂是否侵犯了这种法益，关键在于国家工作人员收受贿赂，是否与其职务行为之间具有对价关系，即国家工作人员所收受的财物，是否是其具体职务行为的不正当报酬。因此，刑法条文在“非法收受他人财物”之后，添加了“为他人谋取利益”的要件，旨在说明国家工作人员收受的财物与其具体职务行为之间具有对价关系。[①]第二，从犯罪构成理论上讲，利用职务之便为他人谋取利益与利用职务之便收受他人财物是有机整体，是权钱交易的条件，是侵犯受贿罪客体（国家工作人员的不可收买性）的必备要件。

（2）乙（否定）说，认为应该把"为他人谋取利益"作为量刑情节，而不是受贿罪的构成要件。其理由主要如下：第一，收受贿赂是受贿罪的主行为，为他人谋取利益是受贿罪的从行为，主行为并不依赖从行为而存在。收受贿赂和为他人谋取利益两个行为不能等量齐观。[②]第二，行为人是否为他人实际谋取了利益，并不影响权钱交易的性质，它都侵害了国家工作人员职务的廉洁性，取消谋利要件并不会就此影响受贿罪的本质特征。[③]第三，行为人只要客观上利用职务上的便利实施了索取或收受他人财物的行为，就违背了廉洁性要求，就应受到刑罚的惩治。因此，将"为他人谋取利益"作为收受型受贿罪的构成要件，会造成同一性质的犯罪在构成要件上的不同，有悖于犯罪构成理论。[④]第四，在司法实践中，把"为他人谋取利益"作为受贿罪的构成要件，会给受贿犯罪分子以可乘之机，极易放纵犯罪，不利于惩治贿赂犯罪。

本书认为，无论肯定说和否定说的结果如何，我们都必须看到，在国际法和法治完善国家的刑法中，并无该要件的规定。如《联合国反腐败公约》规定的贿赂犯罪是：公职人员为其本人或者其他人员或实体直接或间接索取或者收受不正当好处，以作为其在执行公务时作为或者不作为的条件。显然，只要行为人索取或者收受了不正当好处，且其行为与其职务相关，就可构成贿赂犯罪。瑞士刑法规定，只要有关人员为将来的"违背职责的职务行为"或"不违背职责的职务行为"索要、接受或让他人允诺礼物或不属于他人的利益的，就构成受贿的犯罪（包括接受礼物罪）。加拿大、德国、日本、韩国等国的刑法也均没有特别规定"为他人谋取利益"。基于反腐败的国际化发展，本书认为应将"为他人谋取

---

① 参见张明楷.论受贿罪中的"为他人谋取利益"[J].政法论坛，2004（5）.

② 参见马克昌等.刑法学全书［M］.上海：上海科学技术文献出版社，1993：404.

③ 参见宗剑峰.中西文化与贪污贿赂犯罪学研究［M］.北京：中国检察出版社，2003：287.

④ 参见孟庆华.贪污贿赂罪重点疑点难点问题判解研究［M］.北京：人民法院出版社，2005：244.

利益”作最大限度的解释。

2.“为他人谋取利益”的属性

基于刑法的规定，应当如何理解“为他人谋取利益”的属性，存在以下争议。

（1）甲（旧客观要件）说，认为“为他人谋取利益”属于受贿罪的客观要件。这种观点指出，受贿罪的客观方面表现为行为人利用职务上的便利，索取他人财物或非法收受他人财物为他人谋利益的行为。所谓为他人谋取利益，是指受贿人为行贿人谋取某种非法利益或合法利益的行为，而不要求实际上使他人取得了利益。

（2）乙（预备行为）说，认为“为他人谋取利益”虽然是收受型受贿罪客观方面的要件，即必须有为他人谋取利益的行为，但也并非只能理解为实施了为他人谋取利益的实行行为。相反，可以将“为他人谋取利益”的行为理解为包含准备为他人谋取利益的行为，即为他人谋取利益的预备行为。①

（3）丙（新客观要件）说，认为“为他人谋取利益”应解释为许诺为他人谋取利益。许诺为他人谋取利益的方式可以是明示，也可以是暗示；可以是直接的，也可以是间接的；可以是真实的，也可以是虚假的。②

（4）丁（主观要件）说，认为“为他人谋取利益”只是行贿人与受贿人之间达成的一种默契。就行贿人来说，是对受贿人的一种要求；就受贿人来说，是对行贿人的一种许诺或答应。因为，为他人谋取利益只是受贿人的一种心理态度，属于主观要件的范畴，而不像通行观点所说的那样是受贿罪的客观要件。③

本书认为，如果将“为他人谋取利益”作为受贿罪的要件，一方面限制了刑法的惩治力度，另一方面也不符合国际法反腐败的要求，因此，在当前的司法实务中，将其解释为客观要件或者将其作为预备行为，都不可取。而新客观要件说或者主观要件说之间并无实质性差异，它们在当前相对较为可取。

---

① 参见刘明祥.也谈受贿罪中的“为他人谋取利益”[J].华中科技大学学报（社会科学版），2004（1）.

② 参见张明楷.论受贿罪中的“为他人谋取利益”[J].政法论坛，2004（5）.

③ 参见王作富，陈兴良.受贿罪若干要件之探讨[A].杨敦先.廉政建设与刑法功能[C].北京：法律出版社，1991.

（三）“财物”的理解

1.财物的含义

受贿罪的对象是财物。但理论上对“财物”的理解存在分歧。

（1）甲（财物）说，认为受贿罪中的财物，仅限于金钱和物品。①其理由如下：第一，有史记载以来，贿赂便仅指财物。贿者，财也；赂者，遗也。在古代法律中也有把受贿称为“受赇”，《汉书·刑法志》载：“吏坐受赇枉法”，《说文解字》解释：“赇，以财物枉法相谢也。”“赇”即指贿赂，也即以财物相酬谢。在唐律上，受贿属于计赃犯罪的范围，“赃”都是以财物的数量来计算的，把贿赂数额或经济价值作为定罪量刑的绝对依据。第二，我国过去及现在的立法也将贿赂限定为财物。1979年《刑法》直接把贿赂作为这一类型犯罪的行为客体，并未写明贿赂指什么。1982年全国人大常委会制定的《关于惩治严重破坏经济犯罪的决定》中把贿赂比照贪污罪进行处罚，由此推定了这一时期的贿赂仍仅指财物。以及后来1988年《全国人民代表大会常务委员会关于惩治贪污罪贿赂罪的补充规定》和1997年《刑法》都明确了贿赂即为财物。第三，对贿赂犯罪的处罚，现行《刑法》采用了“计赃论罪”的原则，所以不可量化的利益不属于贿赂的外延范围，只有财物才可计量。②

（2）乙（财物与财产性利益）说，也有称为物质性利益说或有形利益说。该观点认为，财物除了包括金钱、物品外，还包括可以转移占有的财产性利益，非财产性利益不应视为财物。③其理由如下：第一，从犯罪形式和特点来看，贿赂已经从收受金钱、物品扩大到收取财产性的利益。而财产性利益与财物有着不可分割的关系，这种交易的实际仍是财物，且现实的危害性与以财物为内容的贿赂没有本质区别。第二，现行刑法以财物数额进行定罪量刑，而财产性利益可以用金钱、货币来加以折算，因此并不超出法条规定的“财物”范围。第三，财产性利益实际上是无形财物，财物则包括有形物与无形物，那么财产性利益理当属于财物。反之，如果仅将金钱与物品视为贿赂，而将财产性利益排斥在贿赂物之

---

① 参见高铭暄.中国刑法学［M］.北京：中国人民大学出版社，1989：604.

② 参见王平，程鹏.关于贿赂的界定问题［J］.中南大学学报（社会科学版），2003（8）.

③ 参见张明楷.论受贿罪的客观要件［J］.中国法学，1995（1）.

外，则明显不符合实际要求。第四，根据民法理论，受贿人收受他人财物，既可以理解为财物的积极增加，也可以理解为财物消极利益的减少，如债务的免除等，本来应当由受贿人支付，但实际由行贿人代为支付。第五，某些接受财产性利益的行为，从表面看没有转移占有，如设定债权、免除债务等，但实际上这只是对方支付财物的方式不同，因为收受人无条件地获得了收取金钱的权利，或者没有支出本应支出的金钱，事实上都是财物所有权的转移，都是以权换利的表现形式。[①]第六，许多国家的刑法规定贿赂的范围不仅限于财物，还包括其他非法利益。

（3）丙（利益）说，认为能满足受贿人各种生活需要和精神欲望的一切财物、财产性利益与非财产性利益都应包涵于“贿赂”的范围之内，即“财物”的范畴涵盖非财产性利益。这些非财产性利益包括：招工转干、利用职权提拔职务、安排出国留学、办理户口迁移，甚至提供性服务，等等。[②]

值得注意的是，在外国刑法或者国际法中，一般不将贿赂的内容限定为“财物”，如美国规定的是任何有价值的事项。在《联合国反腐败公约》中是“不正当好处”，法国刑法规定的是“好处”，瑞士刑法规定的是“利益”，德国刑法规定的是“好处”和“利益”，加拿大刑法规定的是“金钱，有价报酬，职务，处所或委聘”，而韩国和日本刑法则直接使用“贿赂”字样。可见在构成犯罪的贿赂物上，《刑法》的范围明显狭窄，而在法治化程度比较高的一些国家，其贿赂的范围较广。就这一点而言，在相关立法上有必要以“不正当好处”作为贿赂的内容。

基于上述分析，在当前的司法实践中，如果将财物狭义地理解为金钱和实物，这显然不合适。当然，本书不认为财产性利益是一个很重要的概念。因此，如何解释财物是一个关键的问题。

2. 性贿赂问题

所谓“性贿赂”，是指提供性服务，使国家工作人员利用职务上的便利，为请托人谋取利益。性贿赂能否纳入受贿罪的范围，存在争议。

---

① 参见肖扬.贿赂犯罪研究［M］.北京：法律出版社，1994：178.

② 参见江辉，张惠.非物质利益贿赂立法化思考［J］.宜春学院学报（社会科学版），2001（10）.

（1）甲（否定）说，认为性贿赂不构成贿赂的内容，理由如下：[①]第一，将性贿赂作为贿赂的内容，会加重对非法性交易行为的惩罚力度，这将违背刑法的谦抑性原则，破坏刑罚的均衡性。第二，性贿赂取证困难，难以量刑。从现行刑法的规定看，贿赂行为的罪与非罪，贿赂罪的量刑轻重，都以贿赂财物数量大小认定。但性贿赂无法量化，因此，追究性贿赂的刑事责任，具有证据收集、数量衡量等方面无法把握的困境，其结果可能会增加司法成本、降低司法效率。第三，性行为属于道德范畴，道德和法律两者是并行的意识形态。法律不是万能的，不能用法律来规范道德层面的事情，性是属于个人隐私权的事情，如果刑法过分介入，有侵犯人权的嫌疑。第四，现行刑法可以对性贿赂予以适当规范。性贿赂可分为两类：第一，是性行贿者本人为达到自身目的，与国家工作人员进行权色交易；第二，是性行贿者为达到某种目的，收买、雇用、介绍出卖色相者或者引诱、强迫他人出卖色相去引诱国家工作人员。虽然对前者难以追究刑事责任，但对后者则可以按照组织、强迫、引诱、容留、介绍卖淫罪的相关规定进行处罚。

（2）乙（肯定）说，认为应将性贿赂纳入贿赂内容中来，理由如下：[②]第一，性贿赂的社会危害极大，如果将性贿赂排除在贿赂犯罪之外，将不利于打击这种日益猖獗的行为，而且对以钱财贿赂可定罪处罚，但对非财物贿赂者则任其逍遥法外，这有失刑法公正的原则。第二，性贿赂行为在本质特征和目的上都符合贿赂犯罪的构成要件，将其规定为犯罪，符合刑事立法本意。第三，我国在对性贿赂定罪上，有历史传统和现实依据。我国自古以来就有惩治性贿赂的记载。对性贿赂入刑体现我国一贯从严治吏的法律传统。第四，将性贿赂纳入贿赂中也有范例可循。如美国、日本、意大利、波兰，此外，我国香港、台湾等地区在司法实践中都有对性贿赂作为贿赂犯罪加以惩罚的判例。

本书认为，将性贿赂一律纳入贿赂的范围中来，在当前还有很大难度，至少对于提供性服务者本身就是利益寻求者而言尚有很大难度。但是，并非所有的性

---

① 参见黄涛．“性贿赂罪”之探讨——从刑法的谦抑性论其不足［J］．人民检察，2001（7）；邢光英．性贿赂不应犯罪化［J］．检察风云，2005（3）；冯象．性贿赂为什么不算贿赂［J］．读书，2001（11）．

② 参见谢林刚．性贿赂犯罪研析［J］．广西政法管理干部学院学报，2003（4）；周勇，徐彬．性贿赂的探讨［J］．河北法学，2001（5）．

贿赂都无法按照贿赂理解。对此问题，还需要进一步加以研究。

（四）不构成受贿罪的行为

1.接受亲友财物

亲友相互之间给予礼物馈赠，是一种比较正常的社会现象。但是，国家工作人员接受亲友馈赠的财物，并非不能构成受贿罪，如有的工作人员接受亲友馈赠财物之后，利用职务之便，为其谋取利益。所以，接受亲友馈赠的财物应该分情形处理，如果亲友出于亲情或者友谊，单方面、无条件地馈赠财物，如逢年过节、婚丧喜事等给予财物的，一般不属于受贿。如果亲友是有事相求，希望国家工作人员利用其职务为其谋取不正当的利益，则可以构成受贿罪。

2.合法报酬

行为人在法律、政策允许的范围内，利用自己的知识和劳动，在业余时间为他人提供服务而获得的报酬是合法收入，不属于受贿。例如，教师利用节假日，为学生补课，根据课时收取一定的费用。当前，最突出的问题是国家工作人员的投资行为，有的认为构成受贿罪；有的认为在合理限度内的投资收入不属于受贿。本书认为，对于国家工作人员的投资，不能仅仅因为行为人具有国家工作人员的身份，且具有一定职务就认定为受贿，还应当看其收入是否在合理限度内，对此可以参考投资时法定借款利息和民间借款利息。此外，还应当注意投资风险，如果借款人投资失败，大部分投资者利益丧失，但少数人依然从中获利，也不能认定其为正常投资收入。

3.一般受贿行为

受贿罪和一般受贿行为的区别主要是受贿财物的数额和受贿情节。个人受贿，一般以司法标准为构成犯罪的数额起点；受贿数额达不到司法标准但是情节严重的，也可以构成受贿罪。但是，如果个人受贿数额达不到司法标准而且情节也不严重的，则属于一般受贿行为。

（五）受贿罪的关联犯罪

1.贪污罪

受贿罪和贪污罪都侵犯了国家工作人员职务上的廉洁性，但是二者之间还是有区别的，具体表现如下：第一，受贿罪只侵犯了国家工作人员职务上的廉洁性；而贪污罪既侵犯了国家工作人员职务上的廉洁性，还侵犯了公共财产所有权。第二，行为在客观方面的表现不同。受贿罪在客观方面表现为行为人利用职务上的便利，索取他人财物或者非法收受他人财物并为他人谋取利益；贪污罪表现为行为人利用职务上的便利，使用侵吞、窃取、骗取或者其他方法非法占有公共财物。第三，《最高人民检察院关于人民检察院直接受理立案侦查案件立案标准的规定（试行）》第1条第3款也规定了对“受国家机关、国有公司、企业、事业单位、人民团体委托管理、经营国有资产的人员”以贪污罪追究刑事责任。第四，犯罪目的不同。受贿罪的犯罪目的是非法获取他人财物；而贪污罪的目的是非法占有自己合法主管、经管的公共财物。

2.非国家工作人员受贿罪

非国家工作人员受贿罪，是指公司、企业或者其他单位的工作人员利用职务上的便利，索取他人财物或者非法收受他人财物，为他人谋取利益，数额较大的行为。

本罪的主体必须是公司、企业或者其他单位的工作人员，但不包括国有公司、企业或者其他国有单位中从事公务的人员和国有公司、企业或者其他国有单位委派到非国有公司、企业或者其他单位从事公务的人员。根据《刑法》第184条的规定，银行或者其他金融机构的工作人员（国有金融机构工作人员和国有金融机构委派到非国有金融机构从事公务的人员除外），在金融业务活动中索取他人财物或者非法收受他人财物，为他人谋取利益的，或者违反国家规定，收受各种名义的回扣、手续费，归个人所有的，以本罪论处。本罪主观方面只能是故意，即行为人明知自己收受贿赂的行为是非法的，明知自己的行为会发生侵犯公司、企业、其他单位管理秩序的结果，仍然故意实施。本罪在客观方面表现为利用职务上的便利，索取他人财物或者非法收受他人财物，为他人谋取利益，数额较大的行为。具体表现如下：第一，行为人实施了向他人索取财物或者非法收受他人财物且数额较大的行为。索取财物和接受财物均可构成本罪。另外，根据《刑法》第163条第2款的规定，公司、企业或者其他单位的工作人员在经济往来中，利用职务上的便利，违反国家规定，收受各种名义的回扣、手续费，归个人所有的，也应认定为收受贿赂。第二，必须利用了职务上的便利。利用职务上的便利，是指利用职务范围内主管、经手、承办某项公司、企业事务的权力和便利条件。第三，不管是索取他人财物还是收受他人财物，都必须为他人谋取利益。但谋取的利益是否实现，利益是否正当，不影响本罪的成立。

受贿罪与非国家工作人员受贿罪的区别主要体现为：犯罪客体不同和犯罪主体不同。受贿罪侵犯的是国家工作人员职务的廉洁性；而非国家工作人员受贿罪侵犯的是公司、企业的管理秩序。受贿罪的犯罪主体是国家工作人员，而非国家工作人员受贿罪的犯罪主体是非国有公司、企业中不具有国家工作人员身份的人员。两罪关于客观方面的构成也不尽一致。受贿罪中索取贿赂不以为他人谋取利益为要件；而非国家工作人员受贿罪中的索取贿赂和收受贿赂均要求必须为他人谋取利益。

3.单位受贿罪

单位受贿罪是指国家机关、国有公司、企业、事业单位、人民团体索取、非法收受他人财物，为他人谋取利益，情节严重的行为。

本罪的特征如下：单位受贿罪的犯罪主体是国家机关、国有公司、企业、事业单位、人民团体。犯罪的主观方面是直接故意，目的是为单位谋取非法的利益。犯罪在客观方面表现为索取或者非法收受他人财物，为他人谋取利益，情节严重的行为；或者在经济往来中，违反国家规定，于账外暗中收受各种名义的回扣、手续费的行为。单位受贿罪的客体是国家廉政制度。

可见受贿罪与单位受贿罪的主要区别是犯罪主体不同。前者是自然人，后者是单位。

4.利用影响力受贿罪

利用影响力受贿罪，是指国家工作人员的近亲属或者其他与该国家工作人员关系密切的人，通过该国家工作人员职务上的行为，或者利用该国家工作人员职权或者地位形成的便利条件，通过其他国家工作人员职务上的行为，为请托人谋取不正当利益，索取请托人财物或者收受请托人财物，数额较大或者情节较重的行为。

本罪的构成要件如下：（1）主体要件是和任现职的国家工作人员关系密切

的人，包括任现职的国家工作人员的近亲属、情妇（夫）、以前的同事和其他有共同利益关系的人，以及离职的国家工作人员或者其近亲属以及其他与其关系密切的人。（2）主观要件是故意。（3）犯罪客观方面表现为两种情形。第一，通过和自己关系密切的国家工作人员职务上的行为，为请托人谋取不正当利益，索取请托人财物或者收受请托人财物，数额较大或者情节较重的行为。第二，利用和自己关系密切的国家工作人员的职权或者地位形成的便利条件，通过其他国家工作人员职务上的行为，为请托人谋取不正当利益，索取请托人财物或者收受请托人财物，数额较大或者情节较重的行为。离职的国家工作人员或者其近亲属以及其他与其关系密切的人，利用该离职的国家工作人员原职权或者地位形成的便利条件实施上述行为的，属于后种情形。（4）犯罪客体是国家廉政制度。

受贿罪与利用影响力受贿罪的主要区别是犯罪主体不同。前者为国家工作人员，后者包括非国家工作人员。如果国家工作人员与非国家工作人员有犯罪意思联络，并利用国家工作人员职务上的便利为他人谋取利益，由非国家工作人员收取财物，则应以受贿罪的共同犯罪处理。

5.行贿罪

行贿罪是指为谋取不正当的利益，给予国家工作人员财物的行为。本罪构成要件如下。

（1）犯罪主体是一般主体，即年满16周岁且具有刑事责任能力的自然人。

（2）犯罪主观方面是直接故意，具有谋取不正当利益的目的。不正当利益包括：违反法律、法规、国家政策和国务院各部门规章规定的利益，即非法利益，如走私所得财物等；要求国家工作人员或有关单位提供违反法律、法规、国家政策和国务院各部门规章规定的帮助和便利条件，如不具备升学条件得以升学等。如果为了获得合法利益向国家工作人员给予财物的，不构成本罪。

（3）本罪客观上表现为行为人给予国家工作人员财物。贿赂的方式有两种：一是典型行贿，即为谋取不正当的利益，给予国家工作人员财物的行为；二是非典型行贿，即在经济往来中，违反国家规定，给予国家工作人员数额较大的财物或者各种名义的回扣、手续费的行为，以达到实质行贿的目的。虽然法律对于行贿的数额没有规定，但是如果行为人为了谋取不正当利益而给予国家工作人员少量财物，并且不具备严重情节的，则不宜按犯罪处理。

（4）犯罪客体主要是国家廉政制度，其次还包括由于行贿所侵犯的社会秩序。犯罪对象仅限于国家工作人员。

行贿罪与受贿罪是对向犯，行贿的行为对象与受贿主体一样，但行贿的主体范围没有限制。依据当前反腐败政策要求，对行贿犯罪的处罚较过去严厉，行为人具有如下情形的，属于从重处罚情节：（1）多次行贿或者向多人行贿的；（2）国家工作人员行贿的；（3）在国家重点工程、重大项目中行贿的；（4）为谋取职务、职级晋升、调整行贿的；（5）对监察、行政执法、司法工作人员行贿的；（6）在生态环境、财政金融、安全生产、食品药品、防灾救灾、社会保障、教育、医疗等领域行贿，实施违法犯罪活动的；（7）将违法所得用于行贿的。

6. 对单位行贿罪

对单位行贿罪，是指个人或者单位为谋取不正当利益，给予国家机关、国有公司、企业、事业单位、人民团体财物，或者在经济往来中，违反国家规定，给予各种名义的回扣、手续费的行为。本罪的客体是国家机关、国有公司、企业、事业单位、人民团体等国有单位的正常管理活动。行贿的对象必须是国家机关、国有公司、企业、事业单位、人民团体，向非国有公司、企业、事业单位、人民团体给予财物的，不能构成对单位行贿罪。本罪在客观方面表现为：第一，给予国家机关、国有公司、企业、事业单位、人民团体财物；第二，在经济往来中，给予上述单位各种名义的回扣、手续费。犯罪主体既可以是自然人，也可以是单位。犯罪主观方面是故意，并具有谋取不正当利益的目的。

7. 单位行贿罪

单位行贿罪，是指单位为谋取不正当利益，给予国家工作人员财物，或者违反国家规定，在经济往来中，给予国家工作人员各种名义的回扣、手续费，情节严重的行为。本罪具有如下构成特征：本罪的犯罪主体是单位；本罪在主观方面是直接故意；本罪的犯罪对象仅限于国家工作人员；本罪在客观方面表现为单位为谋取不正当的利益给予国家工作人员财物，或者违反国家规定，给予国家工作人员回扣、手续费，情节严重的行为。本罪客体是国家廉政制度。单位行贿行为构成犯罪，还必须具备情节严重这一特征。

8. 介绍贿赂罪

介绍贿赂罪，是指向国家工作人员介绍贿赂，情节严重的行为。犯罪主体是一般主体，即年满16周岁且具有刑事责任能力的自然人。犯罪主观方面是直接故意。本罪在客观方面表现为在行贿人和受贿人之间进行沟通、撮合，使得行贿和受贿行为得以实现。介绍贿赂的行为具体表现为：（1）为受贿人寻找索贿对象，转告索贿要求；（2）受行贿人之托，寻找行贿对象，转达行贿要求，转交贿赂。此外，构成介绍贿赂罪必须具有严重情节。本罪的客体是国家廉政制度。

9. 对有影响力的人行贿罪

对有影响力的人行贿罪，是指为谋取不正当利益，向国家工作人员的近亲属或者其他与该国家工作人员关系密切的人，或者向离职的国家工作人员或者其近亲属以及其他与其关系密切的人行贿。

第四节　渎职犯罪

一、滥用职权罪

滥用职权罪，是指国家机关工作人员滥用职权，致使公共财产、国家和人民利益遭受重大损失的行为。

（一）滥用职权罪的构成要件

1. 主体要件

主体为特殊主体，即只有具备国家机关工作人员身份的人，才能构成滥用职权罪。国家机关工作人员包括：在依照法律、法规规定行使国家行政管理职权的组织中从事公务的人员，或者在受国家机关委托代表国家机关行使职权的组织中从事公务的人员，或者虽未列入国家机关人员编制但在国家机关中从事公务的人员等。根据《最高人民检察院关于渎职侵权犯罪案件立案标准的规定》，国家机关工作人员是指“在国家机关中从事公务的人员，包括在各级国家权力机关、行政机关、司法机关和军事机关中从事公务的人员。在依照法律、法规规定行使国家行政管理职权的组织中从事公务的人员，或者在受国家机关委托代表国家行使职权的组织中从事公务的人员，或者虽未列入国家机关人员编制但在国家机关中从事公务的人员，在代表国家机关行使职权时，视为国家机关工作人员。在乡（镇）以上中国共产党机关、人民政协机关中从事公务的人员，视为国家机关工作人员”。实践中，主要根据行为人是否履行特定公务或者受委托履行公务确定其主体身份，如未被公安机关正式录用，受委托履行监管职责的人员，或者非监管机关在编监管人员被监管机关聘用受委托履行监管职责，可视为司法工作人员。相反，不负监管职责的狱医，不具备司法工作人员主体身份，受委派承担了监管职责的狱医，则可视为司法工作人员。

2. 主观要件

犯罪的主观要件为故意，即行为人明知滥用职权行为会侵犯国家机关正常管理活动，仍然希望或放任该危害结果的发生。对公共财产、国家和人民利益遭受“重大损失”之结果，行为人至少有预见的可能性，否则不承担责任。

3. 客观要件

滥用职权罪在客观方面表现为国家机关工作人员滥用职权，致使公共财产、国家和人民利益遭受重大损失。滥用职权的行为类型包括三种：（1）故意以作为或不作为方式不正确行使自己职务范围之内的权力；（2）超越自己职务范围，以不正确方式行使与自己的职务有关联的本机关、本部门的其他工作人员职务上的权力；（3）违反特定程序行使自己职权的行为。

行为人的滥用职权行为使公共财产、国家和人民利益遭受重大损失。滥用职权罪与一般滥用职权行为的区别主要在于是否致使公共财产、国家和人民利益遭受重大损失。这种重大损失并不限于直接经济损失。滥用职权造成重大损失的，构成滥用职权罪，未造成重大损失的，则属于一般的滥用职权行为。

关于“重大损失”，理论上有三种看法：一元说，认为渎职罪的损失只包括物质性损失，而不包括非物质性损失。二元说，认为渎职罪的损失一般是物质性的，但不排除非物质性的。三元说，认为渎职罪的损失不仅包括物质性或者非物质性的，而且有些损失兼具这两种特点，如故意泄露国家秘密罪中的损失。[①]还

---

① 参见贾济东.“渎职罪重大损失”结果的司法认定［J］.人民检察，2005（3）.

有观点认为，在实务中，应当包括整体财产价值减损、债权无法实现、主观使用价值减少、损失不确定状态及损失的职务相关性五种类型。本书倾向于上述三种见解中的第一种，理由如下：第一，“损失”与“情节严重”不同，“重大损失”与“严重情节”、“严重后果”也显然有区别，不能将其等同。第二，在《最高人民法院、最高人民检察院关于办理渎职刑事案件适用法律若干问题的解释（一）》中，“损失”的构成元素包括：生命、健康、经济损失、社会影响等，社会影响显然是非物质性的。进一步说，“经济损失”，是指渎职犯罪或者与渎职犯罪相关联的犯罪立案时已经实际造成的财产损失，包括为挽回渎职犯罪所造成损失而支付的各种开支、费用等。立案后至提起公诉前持续发生的经济损失，应一并计入渎职犯罪造成的经济损失。

滥用职权罪（包括玩忽职守罪）的因果关系问题较为复杂，因为滥用职权罪往往是多因一果。有观点主张运用主要原因力说对因果关系进行判断。主要原因力说是因果关系理论在类罪中具体化的体现，也是把日本理论界主张的危险的现实化说与德国理论界主张的客观归责论转化为因果关系理论的必然选择，可以解决渎职犯罪的归责对象与归责问题。在原因判断时，要分析职务相关性、行为人对不法结果至少具有客观的可预见性，并注重合法替代的因果关系。[①]从事实因果关系角度无法确定滥用职权罪的因果关系，只有充分了解国家机关工作人员的行为准则以及规制的目的和范围，由此才能确定哪些结果可归属于行为人的行为。

（二）滥用职权罪的关联犯罪

《刑法》分则第九章所规定的滥用职权型犯罪还有执行判决、裁定滥用职权罪，私放在押人员罪，滥用管理公司、证券职权罪，违法发放林木采伐许可证罪，非法批准征收、征用、占用土地罪等。滥用职权罪与这些犯罪是普通法条与特别法条的关系。当滥用职权行为同时触犯滥用职权罪和其他相关条款的规定时，应当按照特别法优于一般法的原则，以其他特别的滥用职权型渎职罪定罪处罚。只有在滥用职权行为不构成特别的滥用职权型渎职犯罪，而仅触犯普通法条

① 参见姜涛.渎职犯罪因果关系的判断方法［J］.河北法学，2021，39（10）.

时，才可以普通的滥用职权罪处罚。

1.执行判决、裁定滥用职权罪

执行判决、裁定滥用职权罪，是指司法工作人员在执行判决、裁定活动过程中，滥用职权，不依法采取诉讼保全措施、不履行法定执行职责，或者违法采取诉讼保全措施、强制执行措施，致使当事人或者其他人的利益遭受重大损失的行为。本罪的主体为司法工作人员，一般是负责诉讼保全、判决和裁定执行的司法工作人员。这类司法工作人员与一般的审判人员不同，具有一定的执行权和决定权。本罪的主观方面为故意，即行为人明知其行为破坏了司法程序，仍希望或放任破坏司法程序的心理态度，对于给当事人或者其他人的利益造成重大损失之结果，行为人主观上至少有认识的可能性。本罪的客观方面是实施了执行判决、裁定滥用职权的行为，致使当事人或者其他人的利益遭受重大损失。执行判决、裁定滥用职权行为表现为：在执行判决、裁定活动中，严重不负责任或者滥用职权，不依法采取诉讼保全措施、不履行法定执行职责，或者违法采取诉讼保全措施、强制执行措施。

2.私放在押人员罪

私放在押人员罪是指司法工作人员私放在押（包括在羁押场所和押解途中）的犯罪嫌疑人、被告人或者罪犯的行为。本罪主体为特殊主体，即司法工作人员，包括公安机关、国家安全机关、检察机关、审判机关、狱政管理机关的负责监管、看守工作的人员。执行监所看守任务的武警人员也可以成为本罪的主体。本罪主观方面只能为故意，即明知是在押的犯罪嫌疑人、被告人或罪犯，仍希望或放任其脱逃的心理态度。过失不构成本罪。本罪客观方面表现为利用监管职务的便利，非法将在押的犯罪嫌疑人、被告人或罪犯放走。

3.滥用管理公司、证券职权罪

滥用管理公司、证券职权罪，是指工商行政管理、人民银行、证券管理等国家有关主管部门的工作人员徇私舞弊，滥用职权，对不符合法律规定条件的公司设立、登记申请或者股票、债券发行、上市申请予以批准或者登记，致使公共财产、国家和人民利益遭受重大损失的行为，以及上级部门、当地政府强令登记机关及其工作人员实施上述行为的行为。本罪的主体为特殊主体，即工商行政管理、人民银行、证券管理等国家有关主管部门的工作人员，还包括上述部门的上级部门、当地政府的相关工作人员。本罪的主观方面为故意。本罪的客观方面表现为徇私舞弊，滥用职权，对不符合法律规定条件的公司设立、登记申请或者股票、债券发行、上市申请予以批准或者登记，致使公共财产、国家和人民利益遭受重大损失的行为。具体包括以下五种情况：第一，是工商管理部门的工作人员对不符合法律规定条件的公司设立、登记申请，违法予以批准、登记，严重扰乱市场秩序的；第二，是金融证券管理机构工作人员对不符合法律规定条件的股票、债券发行、上市申请，违法予以批准，严重损害公众利益，或者严重扰乱金融秩序的；第三，是工商管理部门、金融证券管理机构的工作人员对不符合法律规定条件的公司设立、登记申请或者股票、债券发行、上市申请违法予以批准或者登记，致使犯罪行为得逞的；第四，是上级部门强令登记机关及其工作人员徇私舞弊，滥用职权，对不符合法律规定条件的公司设立、登记申请或者股票、债券发行、上市申请予以批准或者登记，致使公共财产、国家或者人民利益遭受重大损失的；第五，是其他致使公共财产、国家和人民利益遭受重大损失的情形。本罪客观方面还要求其行为致使公共财产、国家和人民利益遭受重大损失。

4.违法提供出口退税凭证罪

违法提供出口退税凭证罪，是指海关、商检、外汇管理等国家机关工作人员违反国家规定，在提供出口货物报关单、出口收汇核销单等出口退税凭证的工作中，徇私舞弊，致使国家利益遭受重大损失的行为。

5.违法发放林木采伐许可证罪

违法发放林木采伐许可证罪，是指林业主管部门的工作人员违反《森林法》的规定，超过批准的年采伐限额发放林木采伐许可证或者违反规定滥发林木采伐许可证，情节严重，致使森林遭受严重破坏的行为。本罪主体为特殊主体，即林业主管部门的工作人员。本罪主观上只能是故意，过失不构成本罪。本罪客观方面表现为违反《森林法》的规定，超过批准的年采伐限额发放林木采伐许可证或者违反规定滥发林木采伐许可证，情节严重，致使森林遭受严重破坏的行为。违法发放林木采伐许可证，只有情节严重、致使森林遭受严重破坏的，才构成本罪。

6.非法批准征收、征用、占用土地罪

非法批准征收、征用、占用土地罪，是指国家机关工作人员徇私舞弊，违反土地管理法规，滥用职权，非法批准征收、征用、占用土地，情节严重的行为。所谓违反土地管理法规，是指违反《土地管理法》《森林法》《草原法》等法律以及行政法规中关于土地管理的规定。所谓非法批准征收、征用、占用土地，是指非法批准征收、征用、占用耕地、林地等农用地以及其他土地的行为。

7.非法低价出让国有土地使用权罪

非法低价出让国有土地使用权罪，是指国家机关工作人员徇私舞弊，违反土地管理法规，滥用职权，非法低价出让国有土地使用权，情节严重的行为。

8.放纵走私罪

放纵走私罪，是指海关工作人员徇私舞弊，放纵走私，情节严重的行为。

9.办理偷越国（边）境人员出入境证件罪

办理偷越国（边）境人员出入境证件罪，是指负责办理护照、签证以及其他出入境证件的国家机关工作人员对明知是企图偷越国（边）境的人员予以办理出入境证件的行为。

10.放行偷越国（边）境人员罪

放行偷越国（边）境人员罪，是指边防、海关等国家机关工作人员对明知是偷越国（边）境的人员予以放行的行为。

11.不解救被拐卖、绑架妇女、儿童罪

不解救被拐卖、绑架妇女、儿童罪，是指对被拐卖、绑架的妇女、儿童负有解救职责的公安、司法等国家机关工作人员接到被拐卖、绑架的妇女、儿童及其家属的解救要求或者接到其他人的举报后，而对被拐卖、绑架的妇女、儿童不进行解救，造成严重后果的行为。

12.阻碍解救被拐卖、绑架妇女、儿童罪

阻碍解救被拐卖、绑架妇女、儿童罪，是指对被拐卖、绑架的妇女、儿童负有解救职责的公安、司法等国家机关工作人员利用职务阻碍解救被拐卖、绑架妇女、儿童的行为。

13.帮助犯罪分子逃避处罚罪

帮助犯罪分子逃避处罚罪，是指有查禁犯罪活动职责的司法及公安、国家安全、海关、税务等国家机关的工作人员向犯罪分子通风报信、提供便利，帮助犯罪分子逃避处罚的行为。

14.徇私枉法罪

徇私枉法罪，是指司法工作人员徇私枉法、徇情枉法，对明知是无罪的人而使他受追诉、对明知是有罪的人而故意包庇不使他受追诉，或者在刑事审判活动中故意违背事实和法律作枉法裁判的行为。本罪的主体为特殊主体，即监察、司法工作人员。具体而言，就是依法行使职务犯罪调查权、刑事侦查权、刑事起诉权和刑事审判权的机关，包括监察机关、公安机关、国家安全机关、检察机关、审判机关的工作人员。这些机关中没有行使刑事调查权、侦查权、起诉权和审判权的人员，如财会人员、后勤人员等不能构成本罪。帮助司法工作人员行使追诉权的专业技术人员，也可以构成本罪。本罪在主观方面为故意，且只能是直接故意，还必须有徇情、徇私的动机。徇情，是指行为人出于感情而产生犯罪动机，这种感情包括亲情、友情和爱情等多种情感，徇情的动机可以表现为接受请托、袒护亲友等；徇私，是指行为人出于追求个人私利的动机，一般表现为贪恋女色、报复泄愤、嫉妒逞能、邀功请赏等个人私欲私利。[①]缺乏徇私和徇情的动机，而仅仅因为业务水平较低而出现冤假错案的，则不构成本罪。“徇私”应理解为徇个人私情、私利。如果国家机关工作人员为了本单位的利益，实施滥用职权、玩忽职守行为，构成犯罪的，应当依照《刑法》第397条第1款的规定定罪处罚。本罪的客观方面为对明知是无罪的人而使他受追诉、对明知是有罪的人而故意包庇不使他受追诉，或者在刑事审判活动中违背事实和法律作枉法裁判的行为。徇私枉法罪的行为表现为以下六种：（1）对明知是没有犯罪事实或者其他依法不应当追究刑事责任的人，采取伪造、隐匿、毁灭证据或者其他隐瞒事实、违反法律的手段，以追究刑事责任为目的立案、侦查、起诉、审判的；（2）对明知是有犯罪事实需要追究刑事责任的人，采取伪造、隐匿、毁灭证据或者其他隐瞒事实、违反法律的手段，故意包庇使其不受立案、侦查、起诉、审判的；（3）采取伪造、隐匿、毁灭证据或者其他隐瞒事实、违反法律的手段，故意使罪重的人受较轻的追诉，或者使罪轻的人受较重的追诉的；（4）在立案后，采取伪造、隐匿、毁灭证据或者其他隐瞒事实、违反法律的手段，应当采取强制措施而不采取强制措施，或者虽然采取强制措施，但中断侦查或者超过法定期限不采取任何措

---

① 参见王安异.刑法第399条中“枉法”的认定［J］.法学评论，2003（2）.

施，实际放任不管，以及违法撤销、变更强制措施，致使犯罪嫌疑人、被告人实际脱离司法机关侦控的；（5）在刑事审判活动中故意违背事实和法律，作出枉法判决、裁定，即有罪判无罪、无罪判有罪，或者重罪轻判、轻罪重判的；（6）其他徇私枉法应予追究刑事责任的情形。非司法工作人员与司法工作人员勾结，共同实施徇私枉法行为，构成犯罪的，应当以徇私枉法罪的共犯追究刑事责任。

15. 民事、行政枉法裁判罪

民事、行政枉法裁判罪，是指审判人员在民事、行政审判活动中，故意违背事实和法律作枉法裁判，情节严重的行为。

16. 枉法仲裁罪

枉法仲裁罪，是指依法承担仲裁职责的人员，在仲裁活动中故意违背事实和法律作枉法裁决，情节严重的行为。本罪主体为特殊主体，即仲裁人。仲裁人是在仲裁活动中承担仲裁职责的人，具有特定的法律地位。本罪主观上只能是故意。本罪客观上表现为违背事实和法律，违法裁决，且情节严重的行为。

17. 徇私舞弊减刑、假释、暂予监外执行罪

徇私舞弊减刑、假释、暂予监外执行罪，是指司法工作人员徇私舞弊，对不符合减刑、假释、暂予监外执行条件的罪犯予以减刑、假释、暂予监外执行的行为。

18. 徇私舞弊不移交刑事案件罪

徇私舞弊不移交刑事案件罪，是指行政执法人员，徇私情、私利，伪造材料，隐瞒情况，弄虚作假，对依法应当移交司法机关追究刑事责任的刑事案件，不移交司法机关处理，情节严重的行为。本罪主体是行政执法人员。由于国家监察体制改革，原来行政监察的工作人员改隶为国家监察机关工作人员，因此，本罪的行政执法人员包括监察机关中承担违纪调查职责的工作人员。本罪在主观上是故意，并且有徇私舞弊的动机。徇私，是指出于私情、私利的动机，并不要求实际上私情得偿所愿或者谋取了私利；舞弊，是指实施伪造材料、隐瞒情况、弄虚作假的想法。本罪客观表现为不移交刑事案件。不移交刑事案件是指将本来应该移交刑事侦查、审判的案件，拒不移交的行为。对此，行为人主观上明知该案件涉嫌犯罪，应该移交刑事侦查机关，否则就会放纵犯罪；客观上也确实使本应受到刑事查处的行为面临逃脱刑事审判的危险。如果该行为根本就不构成犯罪，

则即使不移交，也不构成本罪。

19.徇私舞弊不征、少征税款罪

徇私舞弊不征、少征税款罪，是指税务机关工作人员徇私舞弊，不征、少征应征税款，致使国家税收遭受重大损失的行为。

20.徇私舞弊发售发票、抵扣税款、出口退税罪

徇私舞弊发售发票、抵扣税款、出口退税罪，是指税务机关工作人员违反法律、行政法规的规定，在办理发售发票、抵扣税款、出口退税工作中徇私舞弊，致使国家利益遭受重大损失的行为。

21.商检徇私舞弊罪

商检徇私舞弊罪，是指国家商检部门、商检机构的工作人员徇私舞弊，伪造检验结果的行为。

22.动植物检疫徇私舞弊罪

动植物检疫徇私舞弊罪，是指国家检验检疫部门及检验检疫机构中从事动植物检疫工作的人员徇私舞弊，伪造检疫结果的行为。

23.放纵制售伪劣商品犯罪行为罪

放纵制售伪劣商品犯罪行为罪，是指对生产、销售伪劣商品犯罪行为负有追究责任的国家市场监督管理机关工作人员徇私舞弊，不履行法律规定的追究职责，情节严重的行为。

24.招收公务员、学生徇私舞弊罪

招收公务员、学生徇私舞弊罪，是指国家机关工作人员在招收公务员、省级以上教育行政部门组织招收的学生工作中徇私舞弊，情节严重的行为。

（三）滥用职权罪的共同犯罪

司法实践中，涉及共同实施滥用职权罪的情形不少。从一般情况看，可以把滥用职权罪的共同犯罪分为如下两大类：一是内外勾结型，即具有一定身份的国家机关工作人员与外部人员勾结，由前者实行滥用职权罪。二是内部勾结型，即同一国家机关或者部门之内的国家机关工作人员相互勾结，实施滥用职权罪。它可复分为上下级勾结和同级勾结两种。由于共同犯罪人的身份、地位、职级不一样，所以在认定共同犯罪的成立和共犯责任上，要分别进行认定。

1.关于内外勾结型

如徇私舞弊、徇私枉法的滥用职权犯罪，其渎职行为的内容包括庇护他人的犯罪行为，因此这种渎职罪往往与他人的犯罪行为具有共生性。再如徇私舞弊不征、少征税款罪与偷税罪、放纵走私罪与走私罪，在实践中往往并发。由此便产生出一个问题：当渎职者在明知其渎职行为所庇护的对象（他人）实施犯罪行为的情况下，对渎职者究竟应当认定为渎职罪还是他人所犯之罪的共犯呢？

从目前刑法理论研究和司法实务的处理结果来看，主要存在两种观点：第一种观点主张只能认定为渎职罪。第二种观点认为原则上应当认定为渎职罪，但是如果以共犯对渎职者认定处罚更重的，则应当认定为共犯，理由是：在这种情况下，渎职者的渎职行为实际上兼有渎职罪构成要件和共犯构成要件的双重性质，即其同一个行为在观念上、形式上同时符合两个犯罪构成，属于想象竞合犯形态，依照想象竞合犯的处罚原则，对行为人应当择一重罪处断。①

本书认为，当国家机关工作人员滥用职权，和其他人共同实施犯罪的，如果认为只能构成渎职罪，显然是不合理的。但是，在明知他人实施犯罪的时候，对渎职者处以何种罪名的刑罚，还须分两种情形。

第一，当行为人和他人没有犯罪意思联络时，虽然明知他人犯罪，即便行为人有片面共犯的性质，也应当根据渎职罪的实行犯进行处罚。

第二，当行为人有和他人共同犯罪的意思联络时，行为人滥用职权和他人共同实行犯罪的，则应当根据想象竞合犯的法理处罚。比如，税务机关工作人员在税收征收管理中，与纳税人相互勾结，税务机关工作人员在纳税人缴纳税款过程中少征税款或者干脆不征税款，甚至出谋划策，致使国家税收遭受重大损失，则税务机关工作人员的行为，一方面符合《刑法》第404条规定的徇私舞弊不征、少征税款罪的构成，另一方面也符合逃税罪共犯的构成。在这种情形下，应当以税务机关工作人员少征、未征税款（亦即逃税人所逃税款）的实际数额为依据，在比较徇私舞弊不征、少征税款罪和逃税罪的刑罚轻重后，选择处罚较重的一罪定罪处罚。但是如果税务机关工作人员对逃税人的行为假装不知，帮助其逃税

---

① 参见肖中华.渎职罪认定中的几个共性问题探析［J］.法学论坛，2001（5）.

的，则只能构成徇私舞弊不征、少征税款罪。

2.关于内部勾结型

内部勾结共同滥用职权，在少数场合涉及共同犯罪成立与否的认定，如上级要求下级滥用职权，如果下级服从上级命令，是否一律认定为共同犯罪？在一般场合，这个问题主要涉及对主犯、从犯或者胁从犯地位的认定。

对于第一个问题，应当视不同情况进行处理。如果下级对上级的命令没有审查权，根据该部分内容的工作性质，下级也不得拒绝上级指令的，就不宜认定下级的行为构成犯罪；如果下级对上级命令有审查权，或者可以拒绝上级指令的，当符合共同犯罪的主观方面和客观方面的条件时，就可以构成共同犯罪。

对于第二个问题，一般而言，在上下级之间，应当根据自己的地位、职务和职权等判断主、从犯。上级因职位高而被当作主犯，下级如果处于被动地位，并不是主动、积极滥用职权，那么下级应当作为从犯或者胁从犯。在同级之间，因为缺乏命令和被命令关系，所以，一般按照共同正犯处理。也可根据滥用职权的原因将肇事者作为主犯，或者根据行为与结果之间的关系，将实行主要犯罪行为者作为主犯。

（四）滥用职权罪的罪数问题

1.滥用职权的牵连犯问题

故意罪过的渎职罪，特别是以徇私为动机的渎职犯罪，往往与受贿行为交织在一起。即行为人收受他人贿赂甚至索取贿赂，以此作为交换条件，利用职务便利为他人谋取违背自己职责要求的利益，如为他人违法提供出口退税凭证、不征或少征税款等。如果收受贿赂、索贿的数额达不到受贿罪的起刑数额，而渎职的行为又造成了国家利益遭受重大损失等结果的，对行为人以具体的渎职罪定罪处罚，收受贿赂、索贿的行为作为情节考虑。但是，如果有关国家机关工作人员的受贿行为符合受贿罪的构成，而有关渎职行为也达到了定罪标准的，对行为人应从一重罪认定还是以数罪认定呢？

司法实践中和理论上存在不同的认识。刑法一般理论认为，这种情况属于牵连犯，而对牵连犯应当从一重罪处罚。但是，在我国刑事立法和司法解释中，对于牵连犯的处罚，有的按照“从一重罪”来处罚，有的则实行数罪并罚。在刑法立法中，有规定“从一重罪处罚”的，如《刑法》第399条第3款的规定；也有规定数罪并罚的，如《刑法》第198条第2款规定，投保人、被保险人故意造成财产损失的保险事故，投保人、受益人故意造成被保险人死亡、伤残或者疾病，骗取保险金，同时构成保险诈骗罪和其他犯罪的，依照数罪并罚的规定处罚。《最高人民法院关于审理挪用公款案件具体应用法律若干问题的解释》第7条规定：“因挪用公款索取、收受贿赂构成犯罪的，依照数罪并罚的规定处罚。挪用公款进行非法活动构成其他犯罪的，依照数罪并罚的规定处罚。”因此，对于牵连犯究竟应当如何处理，在理论上和刑法实践中是有差异的，这势必造成相关问题的争议。具体到渎职罪中，对没有作出明确规定的牵连形态，有一罪处罚论和数罪并罚论两种观点。

一罪处罚论认为，对于牵连犯，法律或司法解释对处罚原则有明确规定的，应当依照法律或司法解释的规定；法律或司法解释对处罚原则没有明确规定的，应当按照刑法理论通说的观点，即从一重罪处罚。所以，对于渎职罪中的牵连犯，无论是《刑法》第399条第3款明确规定的执行判决、裁定失职或执行判决、裁定滥用职权与受贿的牵连犯，还是其他没有规定的渎职罪与受贿罪的牵连犯，都应当从一重罪处罚。还有学者主张，《刑法》第399条第3款的规定，虽然不是普遍适用的原则，但是，对其他渎职罪与受贿罪的牵连犯的处罚，完全可以而且应当比照这款规定从一重罪论处。[①]

数罪并罚论认为，对渎职罪中的牵连形态，原则上实行数罪并罚，理由如下：在刑法渎职罪一章的23个条文、37个罪名当中，只有第399条第1款、第2款规定的徇私枉法罪及民事、行政枉法裁判罪和受贿罪牵连时适用“依照处罚较重的规定定罪处罚”的原则。由此可以推断，修正后的刑法的立法原意，是除第399条第1款、第2款规定的徇私枉法罪、枉法裁判罪以外，渎职罪一章中规定的其他各罪，行为人由于贪赃枉法，又构成受贿罪的，均应以所犯渎职罪名和受贿罪实行数罪并罚。而且，《最高人民检察院关于办理徇私舞弊犯罪案件适用法律若干问题的解释》第6条也曾规定：“犯徇私舞弊罪并有受贿、刑讯逼供

① 参见王作富，刘志远.论徇私舞弊不移交刑事案件罪的司法适用［J］.中国刑事法杂志，2000（3）.

等行为构成犯罪的，应当依法按数罪并罚原则追究刑事责任。”①

本书不赞成实行数罪并罚的观点。该论者提出，刑法只明确规定徇私枉法、枉法裁判且受贿的从一重罪处罚，便意味着其他渎职犯罪与受贿罪牵连时则必须实行数罪并罚，这显然是违反逻辑的推断。根据这种观点，假如以刑法规定的应当实行数罪并罚的牵连犯立法例为基准，就可能反证刑法没有规定的其他牵连犯形态都应当从一重罪论处。这在形式逻辑上就成为一个无法解决的标准问题。至于《最高人民检察院关于办理徇私舞弊犯罪案件适用法律若干问题的解释》第6条，以徇私舞弊罪与受贿、刑讯逼供等犯罪牵连应按数罪并罚原则追究刑事责任的规定，并不具有说服力，因为这一批复已经随着1979年刑法的失效而自动失效，且与现行《刑法》第399条第3款的规定相抵触，不应当在司法中适用。

也有学者认为，鉴于目前刑事立法对牵连犯采取了不同的处罚原则，刑法理论最好取消“牵连犯”概念，将原有的牵连犯所包含的犯罪形态，分别作为想象竞合犯、吸收犯与数罪处理。如果考察的“牵连犯”中的数个犯罪构成之间不符合想象竞合犯或吸收犯的特征，则对行为人应当实行数罪并罚。这才是对国家机关工作人员兼犯渎职罪和受贿罪的情形应当实行数罪并罚（《刑法》第399条第3款的规定是法定例外）的理论依据。②

牵连犯和想象竞合犯、吸收犯具备完全不同的特点。想象竞合犯是实质的一罪，行为人只实行了一个犯罪行为；而吸收犯主要是同种罪名下的主犯行为和从犯行为、预备犯行为和实行犯行为之间的形态；而牵连犯是以行为人的复数行为分别触犯不同罪名为特征。所以，假如根据论者的观点，无异于认为牵连犯只能根据数罪并罚。如果这样理解的话，牵连犯的概念真的没有存在的必要。但是在罪数论中，则会出现两个犯罪行为在刑法中被评价为一个罪名的犯罪，这是结合犯还是其他犯罪形态呢？其法理何在呢？这些将产生新的理论纠葛。所以，在现在的观念下，还是应该坚持在没有法律明确规定的时候，从一重罪处罚。即在受贿以及滥用职权并存的时候，应当选择重罪处罚行为人。

---

① 张穹.贪污贿赂、渎职、“侵权”犯罪案件立案标准精释［M］.北京：中国检察出版社，2000：263-264.

② 参见肖中华.渎职罪认定中的几个共性问题探析［J］.法学论坛，2001（5）.

2.滥用职权罪的法条竞合问题

在渎职罪中，基本的罪名是滥用职权罪和玩忽职守罪，其他具体罪名是特殊型的滥用职权罪或特殊型的玩忽职守罪。

特殊型的滥用职权罪包括：故意泄露国家秘密罪，徇私枉法罪，民事、行政枉法裁判罪，执行判决、裁定滥用职权罪，枉法仲裁罪，私放在押人员罪，徇私舞弊减刑、假释、暂予监外执行罪，徇私舞弊不移交刑事案件罪，滥用管理公司、证券职权罪，徇私舞弊不征、少征税款罪，徇私舞弊发售发票、抵扣税款、出口退税罪，违法提供出口退税凭证罪，违法发放林木采伐许可证罪，非法批准征收、征用、占用土地罪，非法低价出让国有土地使用权罪，放纵走私罪，商检徇私舞弊罪，动植物检疫徇私舞弊罪，放纵制售伪劣商品犯罪行为罪，办理偷越国（边）境人员出入境证件罪，放行偷越国（边）境人员罪，阻碍解救被拐卖、绑架妇女、儿童罪，帮助犯罪分子逃避处罚罪，招收公务员、学生徇私舞弊罪。

特殊型的玩忽职守罪包括：过失泄露国家秘密罪，执行判决、裁定失职罪，失职致使在押人员脱逃罪，国家机关工作人员签订、履行合同失职被骗罪，环境监管失职罪，传染病防治失职罪，商检失职罪，动植物检疫失职罪，不解救被拐卖、绑架妇女、儿童罪，失职造成珍贵文物损毁、流失罪。

二、玩忽职守罪

玩忽职守罪，是指国家机关工作人员严重不负责任，不履行或者不认真履行职责，致使公共财产、国家和人民利益遭受重大损失的行为。

（一）玩忽职守罪的构成要件

1.主观要件

本罪要求违反职责所规定的预见义务和结果避免义务，疏忽大意或过于自信，对于其行为可能会导致公共财产、国家和人民利益遭受的重大损失应当预见而没有预见，或者已经预见而轻信能够避免的心理态度。玩忽职守罪的主观罪过包括监督过失，即处于监督管理地位的人违反监督管理义务，对其应当防止的危害结果因疏忽大意或者过于自信而没有防止的心理态度。

2.客观要件

本罪客观方面表现为严重不负责任，不履行或者不认真履行职责，致使公共财产、国家和人民利益遭受重大损失。严重不负责任，是指行为人对职责漠不关心、得过且过、疏忽马虎的态度。不履行职责，是指根据职责要求，应作为而不作为，或者放弃职守、擅离岗位，一般表现为不作为的方式。不认真履行职责，是指国家机关工作人员在从事公务的过程中，违反规定或者违反操作规程，采取不合法或不合理的方法、手段，或者不及时、不完全履行职责的行为。本罪的客观方面还要求有危害结果，即公共财产、国家和人民利益遭受重大损失。玩忽职守罪，要求给公共财产、国家和人民利益造成重大损失；而一般的玩忽职守行为则没有导致公共财产、国家和人民利益遭受重大损失的要求。

需要说明的是，刑法中涉及“严重不负责任”的规定大体分为两大类：第一，公司、企业、事业单位工作人员在从事业务活动的过程中因严重不负责任导致的业务犯罪，如《刑法》第167条、第168条、第229条、第304条、第335条等；第二，国家机关工作人员在从事公务活动的过程中因严重不负责任导致的职务犯罪，如《刑法》第399条、第400条、第406条、第408条、第409条、第412条、第413条、第419条等。由于理解不一致，所以关于严重不负责任还有一些问题值得探讨。

（1）严重不负责任作为客观要件

我国学界就这个问题存在三种争议观点：观点一坚持客观要件说，也是主流观点，认为“严重不负责任”属于客观要件，从而将其作为行为构成犯罪的客观表现方式。[①]观点二主张主观要件说，认为将其作为主观要件加以描述，如认为玩忽职守罪的主观方面是过失，“即行为人应当预见自己对工作严重不负责任可能造成公共财产、国家和人民利益的重大损失，由于疏忽大意而没有预见或者虽然预见但轻信能够避免的一种心理态度”。还有学者认为“严重不负责任是国家机关工作人员对其职责的一种态度，是玩忽职守的前提”[②]。据此，有观点认为，

---

① 参见高铭暄，马克昌.刑法学［M］.北京：北京大学出版社，高等教育出版社，2016：651；张明楷.刑法学（下）［M］.北京：法律出版社，2016：1248；黎宏.刑法学［M］.北京：法律出版社，2012：976.

② 陈兴良.判例刑法学（下）［M］.北京：中国人民大学出版社，2009：638.

"我们应当坚守'严重不负责任'属于主观要件的立法本意"[①]。观点三主张综合要件说，认为其属于主客观表现的统一体，"我们认为将严重不负责任理解为具体犯罪构成中的主观与客观方面的综合指标，或许是理解这一问题的新的思路"。"犯罪分子的严重不负责任的心态导致严重不负责任的行为，表明了犯罪构成中主观方面与客观方面的内在的联系，体现了主客观相统一的原则。"[②]

综合要件说是有待商榷的。首先，主客观统一可谓是刑法理论上的基本原则，但是我们不能依据该原则的重要性肆意对其进行理解和适用。正如孙国祥教授所说："主客观相统一虽然系我国刑法的重要原则，但既然称之为原则，说明其并不具有绝对的意义。"[③]主客观相统一主要是指对犯罪的评价既要重视行为客观表现，又要重视其主观心理态度。如果忽视这个基本出发点，忽视对象问题本身的特质，泛泛地从主客观相统一的角度去理解刑法规范，特别是某个事实就不合适。其次，这种做法不仅容易混淆"严重不负责任"与犯罪或者犯罪构成的区别，而且不符合现代刑法的知识传统：第一，根据传统理论，犯罪是行为人主观意思与客观行为方式的统一。"犯罪构成，就是依照我国刑法的规定，决定某一具体行为的社会危害性及其程度而为该行为构成犯罪所必需的一切客观和主观要件的有机统一。"[④]如果认为"严重不负责任"属于主客观表现的统一体，其实就是将"严重不负责任"作为一种现象，而不是某种现象的构成要素，结果可能将"严重不负责任"本身简单归结为犯罪。第二，从现代刑法的知识传统看，这种理解也不合适。"思维与存在的关系是全部哲学的基本问题。"[⑤]受其影响，将犯罪构成要件分为客观要件和主观要件，则是现代刑法形成以来一贯秉持的传统，其最早见于德国，之后影响到日本，在我国和英美刑法中一般也是采用这种模式的。[⑥]

本书认为，将"严重不负责任"作为主观要件理解也是不可取的，理由如

---

① 李希慧，宋久华.医疗事故罪之"严重不负责任"辨析［J］.人民检察，2012（21）.

② 李兰英，雷堂.论严重不负责任［J］.河北师范大学学报（哲学社会科学版），2000（4）.

③ 孙国祥.刑法基本问题［M］.北京：法律出版社，2007：213.

④ 高铭暄，马克昌.刑法学［M］.北京：北京大学出版社，高等教育出版社，2016：56.

⑤ 陈兴良.刑法知识论［M］.北京：中国人民大学出版社，2007：264.

⑥ 参见大冢仁.刑法概说（总论）［M］.冯军，译.北京：中国人民大学出版社，2003：104-105.

下：第一，从立法角度看，我们很难发现立法者明确将“严重不负责任”作为主观要件规定的迹象。事实上，由于主客观要素之间的关系，立法者通常不会明确规定某个犯罪的主观要件。除了类似于目的犯之外的少数犯罪之外，大量犯罪的主观要件通常需要通过法律规定予以解释或者分析。例如，与本条解释关系极为密切的《刑法》第397条规定的滥用职权罪、玩忽职守罪，严格说其主观构成要件和行为构成要件必须通过对“滥用职权或者玩忽职守”的解析予以把握，同理，“严重不负责任”也存在类似特征。因此，并不存在立法上将“严重不负责任”作为主观要件定位的情况。第二，从体系功能出发，这种解释可能仅仅限于玩忽职守罪这个普通罪名才具有一定的有效性。但是对于诸多修正性失职犯罪而言，它将诱发犯罪构成缺乏客观行为要件的问题。以《刑法》第409条传染病防治失职罪为例，如果将“严重不负责任”作为主观要件，客观要件中就无行为要件，而只有结果要件。这样一来，所谓的因果关系就不是行为和结果之间的关系，而是心理态度和结果的关系，这突破了现代刑法“无行为就无犯罪”的训言。“严重不负责任”作为客观要件是否无需考量其主观意向？答案是否定的，如前所述，任何行为都是行为人主观意向的表现，“严重不负责任”本身就是行为人心理态度的反应和表现，但是这与将其作为主观要件或者主客观综合要件是两回事。事实上，刑法中主、客观要件的划分都具有一定的相对性。客观要件可以包含某些主观要素，主观要件也需要通过客观因素表现出来。而且立法在规定罪状的时候，往往不会刻意区分主观要件和客观要件，但在法教义学中，则需要根据犯罪构成对罪状进行类似的解构。第三，这种理解既不能凸显现代刑法的保障功能，还可能削弱刑法的保护机能。诚然，在犯罪发生过程中，行为人的心理意向无疑是其客观行为的主观驱动。在失职犯罪案件中，行为人对待工作严重不负责任的态度往往是导致其行为具有严重社会危害性的主观诱因。可是，现代刑法并不惩罚人的心理态度，心理态度在刑法上的意义仅仅在于显示行为人可否对其行为进行有目的的意思操控，从而判断是否具有非难可能性以及非难可能性的程度。因此，现代刑法学普遍坚持客观要件评价在先，主观要件评价在后的规则。犯罪构成中的行为体现了“内部因素和外部因素的统一体”。[①]事实上，在失

① 克劳斯·罗克辛.德国刑法学总论（第1卷）[M].王世洲，译.北京：法律出版社，2005：199.

职犯罪中，行为人的主观心理态度也可能和行为的客观表现有显著反差。最后，如果仅仅将“严重不负责任”作为主观要件的话，可能导致并不恰当的结论。实践中有两类人：一类人对于某个职责相当反感，经常在同事面前抱怨本职工作，还常常谈及换个工作的想法。有些时候，这类人不会安心于本职工作，也不会认真对待工作；但是有一些人说是说，做归做，虽然对工作有抱怨情绪，但在工作的时候还是能按照要求认真办事。如果将其抱怨作为“严重不负责任”的主观罪过，就有可能将其因为特殊原因没能履行职责的行为认定为犯罪行为，这种结论就是不恰当的。另一类人则相反，口头上总是表示自己很喜欢本职工作，但是在内心对本职工作不满意。在具体工作时，貌似严格依照规章制度办事，其实就是采取变相手段，将本该由自己完成的困难工作推诿给他人，变相不履行职责或者不认真履行职责。可见将“严重不负责任”作为主观要件弊大于利，无法体现刑法主客观相统一的原则。

基于以上缘由，将“严重不负责任”作为客观要件相对比较合理，也符合现代刑法评价的基本规则。因为在不否定犯罪人心理态度的情况下，将“严重不负责任”作为犯罪的客观要件进行理解，有助于强化对行为人心理态度和行为客观表现的统合性判断，为确定性行为的不法提供标准，为合理评价行为人的责任提供最有价值的帮助。

（2）严重不负责任的具体含义

在20世纪80年代初，因为刑事法制处于初创时期，行政法制建设尚未纳入国家法制建设的计划表，所以渎职犯罪主要关注的是贪污受贿犯罪，滥用职权或者玩忽职守犯罪并非当时刑法惩治的重点。当时理论认为，渎职是指国家工作人员利用职务上的便利实施的，或者因玩忽职守造成的危害国家机关正常活动，情节严重的行为。具体到玩忽职守，则认为是“不履行国家赋予的公务职责，因而使公共财产或国家和人民的其他利益遭受重大损失”的行为。[①]可见，囿于当时的政府治理环境，尤其是约束行政管理主体的法律法规体系还不成熟，学界整体上对于国家公务人员的渎职行为的社会危害性缺乏重视，对于玩忽职守的客观表现也缺乏充分研究，对滥用职权和玩忽职守犯罪的构成要件缺乏明晰的认识，结

---

① 法学教材编辑部.刑法讲义［M］.北京：法律出版社，1983：201.

果该罪在实践中应用并不多。这也导致有学者呼吁："同样，也请不要把玩忽职守罪的法律条款当装饰品，是摆着好看的，对玩忽职守，后果严重的渎职干部，也同样要不管其地位多高，职务多大，依法追究责任。"①不过，这种情况后来有所改观，理论上对玩忽职守的客观表现开始加以较为规范的表述。当时发行量最大的教材为1984年版高铭暄、马克昌主编的《刑法学》（简称1984年刑法教科书），本书认为，"玩忽职守行为一般表现为工作上的官僚主义、马虎草率，严重不负责任"②。此时，"严重不负责任"开始成为表现玩忽职守的一种方式。将"严重不负责任"作为玩忽职守行为的表现方式进行正式的理论阐述，不得不说是一种认识上的进步，它奠定了现有关于玩忽职守一般解释规则的基础。

此前，也就是在20世纪80年代中期，刑法学界就敏锐地注意到："由于经济体制改革，我国的经济结构已由简单的经济形式发展成复杂的经济形式……在新的形势下，研究玩忽职守罪，及时掌握玩忽职守罪新的特征，对于有效地同这种犯罪做斗争，也具有十分重要的意义。"③所以，1984年刑法教科书所确定的规则在20世纪80年代晚期被正式确定。这个时期发行量最大的刑法教科书为高铭暄教授主编的1989年版《中国刑法学》（简称1989年刑法教科书），本书认为："玩忽职守的行为，一般表现为国家工作人员严重不负责任，不履行或者不正确履行职责。"④在20世纪90年代初，因为社会经济形势发生了变化，政府不得不处理各类改革带来的新的问题。1979年《刑法》关于玩忽职守的规定及此前学界的理论已经无法适应时代的要求，玩忽职守罪的主体、主观方面和客观表现形式都发生了变化。当时的立法形势已然发生了变化，附属刑法活跃起来。在森林法、文物保护法、环境保护法等一系列行政法律中，都专条规定比照1979年《刑法》第187条玩忽职守罪的规定追究刑事责任，也即玩忽职守罪的适用范围更加宽泛，其各类行为表现方式更为丰富。在此背景下，重构玩忽职守罪的立法规定与理论解释显得尤为必要。有学者提出玩忽职守行为包括三个方面的特征：一是必须违

① 周南.玩忽职守罪的法律条款不是摆着好看的［J］.法学杂志，1982（9）.
② 高铭暄.刑法学［M］.北京：法律出版社，1984：572.
③ 曹子丹，阮齐林.适应经济体制改革，加强对玩忽职守罪的研究［J］.法学杂志，1985（6）.
④ 高铭暄.中国刑法学［M］.北京：中国人民大学出版社，1989：619.

反职责规定；二是不履行职责；三是不正确履行职责规定。[①]这种观点似乎抛弃了“严重不负责任”，所以没有产生太大影响。大多数学者还是坚持了1989年刑法教科书的基本规则，如有学者在当时提出，玩忽职守是指严重不负责任，不履行职责或者不正确履行职责的行为。他在相关表述中对“不履行职责或者不正确履行职责”进行了进一步分析。遗憾的是，他没有指出“严重不负责任”与“不履行职责或者不正确履行职责”的关系，也没有明确“严重不负责任”的含义。[②]

1997年《刑法》修订时，伴随着立法理念和技术的发展，渎职罪立法有了很大变化：第一，渎职罪作为类罪名被专章规定；第二，为了纠正所谓的渎职罪“口袋化问题”，渎职罪在立法中出现了细化现象，即专门针对特定机构的国家工作人员规定特殊的滥用职权或者玩忽职守罪名。细化是立法类型化的体现，对于玩忽职守罪的进一步理解无疑应产生推动作用，但是结果往往出乎意料。一方面，1989年刑法教科书的基本观点再次得到了坚持和伸张，如“红皮书”教材提出，“所谓玩忽职守，是指行为人严重不负责任，工作中草率马虎，不履行或者不认真履行公职”[③]。虽然“红皮书”教材在不断修订，但是这种观点的核心内容一直坚持到现在，即“行为人具有玩忽职守的行为，即严重不负责任，不履行或不正确履行职责”[④]。或者说“玩忽职守，是指严重不负责任，不履行或者不正确履行职责的行为”[⑤]。这种观点具有代表性。另一方面，当时实务机关普遍认为，玩忽职守罪在“客观方面表现为不履行或者不正确履行职责，致使公共财产、国家和人民利益遭受重大损失的行为”[⑥]。这或许表明实务机关并不重视理论上对“严重不负责任”的阐述。值得注意的是，“严重不负责任”要件有被虚化的危险。虽然有学者接受了刑法学界的主流解释观点，但认为本罪的客观表现并不包含“严重不负责任”。有学者认为，玩忽职守行为的客观表现是“不履行或者不

---

① 参见周其华.玩忽职守罪的立法完善［A］.杨敦先.廉政建设与刑法功能［C］.北京：法律出版社，1991.

② 参见张明楷.刑法学（下）［M］.北京：法律出版社，1997：936.

③ 高铭暄，马克昌.刑法学［M］.北京大学出版社，高等教育出版社2007：728.

④ 高铭暄，马克昌.刑法学［M］.北京大学出版社，高等教育出版社2019：647.

⑤ 张明楷.刑法学（下）［M］.北京：法律出版社，1997：1248.

⑥ 周道鸾，张军.刑法罪名精释［M］.北京：人民法院出版社，1998：954.

认真履行职责，致使公共财产、国家和人民利益遭受重大损失的行为”。[①]还有学者认为，“国家机关工作人员之所以不履行职责或者不认真履行职责的原因就是严重不负责任”。[②]

大多数教科书对于这个问题采取消极方式存而不论，但存而不论的方法本身折射出一种带有普遍性的看法，那就是将“严重不负责任”作为上位概念，“不履行职责或者不正确（认真）履行职责”则是其客观表征。这样一来，1989年刑法教科书所确定的传统规则就与黎宏教授的观点殊途同归。结果二者最终都认为玩忽职守在客观上是不履行职责或者不正确（认真）履行职责的行为。进一步说，“严重不负责任”与“玩忽职守“可以相互替代，甚至不需要在玩忽职守罪的基本构成要件中讨论“严重不负责任”。但是，包容关系论由于没有准确区分“玩忽职守”与“严重不负责任”的关系，容易导致裁判说理的混乱。

虽然法律并未在玩忽职守罪中明确规定“严重不负责任”，但是1989年刑法教科书将其正式作为客观要件的基本规则是合理的，有必要得到坚持。而当下虚化“严重不负责任”的理论方法并不合适，理由在于：“严重不负责任”是玩忽职守客观要件最宽泛同时又是最精准的概述。我们不可能用“不履行职责或者不正确（认真）履行职责”来取代之。因为“不履行职责或者不正确（认真）履行职责”都只是部分指称了“严重不负责任”的事实，用它们作为客观要件显然有以偏概全的嫌疑。但是“不履行或者不正确（认真）履行职责”是阐释玩忽职守时不可缺乏的补充成分，它们表明“严重不负责任”行为存在的两种类型的方式。行政机关职能分工化的事实和行政管理事务碎片化的客观现象，必然导致行政机关工作人员职能的差异很大，特别是1997年《刑法》细化玩忽职守罪的方法，导致在刑法中很难对玩忽职守罪的行为事实进行较为全面的列举，采取相对类型化的表述无疑是稳妥的办法。因此“不履行职责或者不正确（认真）履行职责”是本罪行为事实的概括。换言之，“严重不负责任”是玩忽职守犯罪的客观要件，“不履行或者不正确（认真）履行职责”是行为方式。由于各个国家机关工作人员行政管理职责的性质、内容不同，因此，在实践中应从不同主体所从事的职责规定，对不履行或者不正确（认真）履行职责的行为事实进行具体把握。

① 黎宏.刑法学［M］.北京：法律出版社，2012：976.

② 陈兴良.判例刑法学（下）［M］.北京：中国人民大学出版社，2009：638.

（二）玩忽职守罪的关联犯罪

1.危害公共安全罪中的责任事故犯罪

危害公共安全罪中的责任事故犯罪，如工程重大安全事故罪等，与玩忽职守罪较为相似，很容易混淆，因此理论上有明确区分的必要。玩忽职守罪与这些犯罪的主要区别在于：从犯罪主体上看，玩忽职守罪的犯罪主体是国家机关工作人员，而危害公共安全罪中的有关责任事故犯罪的主体可能是国家工作人员，也可能是非国家工作人员；从犯罪的客观方面看，玩忽职守罪发生在国家机关的社会、经济管理过程中，而责任事故类犯罪则一般发生在各种生产、作业、工程建设活动中；从犯罪客体看，玩忽职守罪侵犯的客体是国家机关的正常管理活动，而责任事故类犯罪则危害了公共安全。

2.玩忽职守型的特殊罪名

玩忽职守型的特殊罪名包括：执行判决、裁定失职罪，失职致使在押人员脱逃罪，国家机关工作人员签订、履行合同失职被骗罪，环境监管失职罪，传染病防治失职罪，商检失职罪，动植物检疫失职罪，失职造成珍贵文物损毁、流失罪等。玩忽职守罪与这些犯罪是普通法条与特别法条的关系。当玩忽职守行为同时触犯玩忽职守罪和其他相关条款的规定时，应当按照特别法优于一般法的原则，以其他特别的玩忽职守型渎职罪定罪处罚。只有在玩忽职守行为不构成特别的玩忽职守型渎职犯罪，而仅触犯普通法条时，才可以普通的玩忽职守罪处罚。

（1）执行判决、裁定失职罪

执行判决、裁定失职罪，是指司法工作人员在执行判决、裁定活动中，严重不负责任，不依法采取诉讼保全措施、不履行法定执行职责，或者违法采取诉讼保全措施、强制执行措施，致使当事人或者其他人的利益遭受重大损失的行为。

（2）失职致使在押人员脱逃罪

失职致使在押人员脱逃罪，是指司法工作人员由于严重不负责任，不履行或者不认真履行职责，致使在押的犯罪嫌疑人、被告人、罪犯脱逃，造成严重后果的行为。

（3）国家机关工作人员签订、履行合同失职被骗罪

国家机关工作人员签订、履行合同失职被骗罪，是指国家机关工作人员在签

订、履行合同过程中，因严重不负责任，不履行或者不认真履行职责被诈骗，致使国家利益遭受重大损失的行为。

（4）环境监管失职罪

环境监管失职罪，是指负有环境保护监督管理职责的国家机关工作人员严重不负责任，不履行或者不认真履行环境保护监管职责，导致发生重大环境污染事故，致使公私财产遭受重大损失或者造成人身伤亡的严重后果的行为。

（5）食品、药品监管渎职罪

食品、药品监管渎职罪，是指负有食品药品安全监督管理职责的国家机关工作人员，滥用职权或者玩忽职守，造成严重后果或者有其他严重情节的行为。本罪的行为方式有以下五种：第一，瞒报、谎报食品安全事故、药品安全事件的；第二，对发现的严重食品药品安全违法行为未按规定查处的；第三，在药品和特殊食品审批审评过程中，对不符合条件的申请准予许可的；第四，依法应当移交司法机关追究刑事责任不移交的；第五，有其他滥用职权或者玩忽职守行为的。

（6）传染病防治失职罪

传染病防治失职罪，是指从事传染病防治的政府卫生行政部门的工作人员严重不负责任，不履行或者不认真履行传染病防治监管职责，导致传染病传播或者流行，情节严重的行为。

（7）商检失职罪

商检失职罪，是指国家商检部门、商检机构的工作人员严重不负责任，对应当检验的物品不检验，或者延误检验出证、错误出证，致使国家利益遭受重大损失的行为。

（8）动植物检疫失职罪

动植物检疫失职罪，是指国家检验检疫部门及检验检疫机构中从事动植物检疫工作的人员严重不负责任，对应当检疫的检疫物不检疫，或者延误检疫出证、错误出证，致使国家利益遭受重大损失的行为。

（9）失职造成珍贵文物损毁、流失罪

失职造成珍贵文物损毁、流失罪，是指国家机关工作人员严重不负责任，造成珍贵文物损毁或者流失，后果严重的行为。

（三）滥用职权罪与玩忽职守罪

关于滥用职权罪和玩忽职守罪的区别，在理论上有如下不同观点。（1）主观要素区别说，认为滥用职权和玩忽职守的区别是，前者是故意行为，后者是过失行为。[①]（2）主客观要素区别说，即认为滥用职权和玩忽职守的区别在两个方面：第一，客观方面，滥用职权是积极利用、违背职责的行为，玩忽职守是疏忽、不认真履行职责的行为；第二，主观方面，滥用职权是故意行为，玩忽职守是过失行为。[②]（3）双重要素区别说，即认为滥用职权和玩忽职守除了前者为故意行为，后者为过失行为之外，滥用职权罪在客观方面多为作为，表现为过度或任意超出正当权限范围；玩忽职守多为不作为，表现为不履行或不正当履行职责。[③]

本书观点如下：第一，认定"滥用职权"和"玩忽职守"的差别，既具有立法规定意义，也具有法律后果的实质意义，因为不仅刑法条文规定了这两个罪名，而且这两个罪的不同界定将招致不一样的法律后果。例如，根据我国现行《教师法》第14条[④]、《律师法》第7条[⑤]规定，因故意犯罪的，将不得从事教师和律师职业，而过失犯罪基本不受此限制。滥用职权罪是故意犯罪，玩忽职守罪是过失犯罪，可见行为人因滥用职权罪或玩忽职守罪受刑罚处罚之后，其再次社会化时的择业范围是不同的，所以有必要区分这两种犯罪。

第二，讨论两种行为的界限，需要采取不同于传统理论的方法。依据传统，应当是在明确滥用职权和玩忽职守的基本构成之后，再来划分它们之间的界限。但是，依据《刑法》第397条的基本规定，传统方法孤立地考证滥用职权和玩忽职守，缺乏对渎职罪的整体性把握，势必导致在两个犯罪的构成问题上发生冲突，也可能留下法律漏洞。可见，不先行从规范目的方面初步划分滥用职权和玩忽职守，难免有无的放矢之嫌，基于此对行为方式和种类的限定，很难做到准确和明晰。

---

① 参见高铭暄，马克昌．刑法学［M］．北京：北京大学出版社，高等教育出版社，2000：651.

② 参见张明楷．刑法学（下）［M］．北京：法律出版社，2003：944.

③ 参见马克昌．刑法学［M］．高等教育出版社，2003：687.

④ "受到剥夺政治权利或者故意犯罪受到有期徒刑以上刑事处罚的，不能取得教师资格；已经取得教师资格的，丧失教师资格。"

⑤ 不予颁发律师执业证书的情形包括："受过刑事处罚的，但过失犯罪的除外"。

第三，值得肯定的是，上述争论反映了刑法界的通常做法，即一致认为滥用职权是故意行为，玩忽职守是过失行为。必须注意到的是，有少数研究者认为，滥用职权和玩忽职守在主观上都可表现为故意或过失。[①]即便这在事实层面上有可能，但是在规范的层面上，假如不区分滥用职权罪和玩忽职守罪的主观差别，那么因它们所导致的法律后果就没有差别可言。如此一来，刑法似无必要确定两个罪名，还不如以“普通渎职罪”统揽全部罪行，且更有助于减少司法认定中的争议，这两个罪名也就丧失了在立法上独立的意义。这显然不符合规范的目的，也不符合刑法保障犯罪人合法权益的要求。因此，有必要区分玩忽职守罪和滥用职权罪，并将它们考虑为两种罪过形态互补的渎职犯罪。这既是为了防止存在可能避免的法律漏洞，也是为了迎合客观实际情形和需要。依据社会常识，将滥用职权当作故意行为，玩忽职守当作过失行为是恰当和可行的。

第四，还需要从渎职的整体性上明确滥用职权罪和玩忽职守罪之间在客观方面的临界点。“滥用职权”和“玩忽职守”这两种行为都亵渎了国家机关工作人员的职能，而国家机关工作人员的职能是根据其职责和职权形成的。从一般语义上看，“职权”意味着职务范围内的权力，而“职守”是指工作岗位，显然，它在《刑法》第397条中意指工作职责。[②]职守和职权之间具有对称性，它们构成完整的职务权限；反过来，为了全面保证职务行为根据法律和社会要求行使，必须经由对不符合职守和职权的行为的惩罚，形成严密的法律制裁体系。进而，玩忽职守和滥用职权两种行为就应当是在这种完整的意义上，在渎职行为范畴之内形成关联性和补充性。具体而言就是，一个违反职务权限的行为，要么归类于滥用职权，要么归类于玩忽职守；一个渎职犯罪，要么构成滥用职权，要么构成玩忽职守。在这个意义上，我们可以将不属于玩忽职守的渎职行为方式全部当作滥用职权行为，也可以反过来将不属于滥用职权的渎职行为方式当作玩忽职守行为。可见，区别两种行为和方式的关键，不在于滥用职权行为是什么、玩忽职守

---

① 参见吴步钦.论玩忽职守罪之特征［J］.人民检察，2001（2）；张克文，齐文远.论滥用职权罪的罪过形式——从立法与实践的角度分别探讨［J］.河南省政法管理干部学院学报，2002，17（2）.

② 参见中国社会科学院语言研究所词典编辑室.现代汉语词典［M］.北京：商务印书馆，1989：1483.

行为是什么，而在于哪些行为应当归类为滥用职权，从而其他渎职行为归类为玩忽职守，或者哪些行为应当归类为玩忽职守，从而其他渎职行为归类于滥用职权。

综上所述，滥用职权和玩忽职守的区别要点之一是主观罪过。前者是故意，后者是过失。不过由于行为人主观心理态度不一样，加之职权和职守之间具有对称性，所以它们在行为方式上也还是有区别的。

玩忽职守与滥用职权的主要区别在于行为方式和主观心理态度。

玩忽职守包括三种情形：第一，消极的不履行职责，即行为人有职责、有履行职责的能力和条件，但不履行自己的职责；第二，积极的不履行职责，即行为人在执行职务期间，擅自离开工作岗位；第三，不正确履行职责，即行为人在履行职责，但是违反相关职务要求，不认真履行职责，粗心大意，马虎草率。滥用职权通常采取作为的方式，而玩忽职守采取不作为的方式；玩忽职守表现为行为人对该自己履行的责任不积极履行，滥用职权表现为行为人对职权的任意行使，如胡乱作为、恶意作为等。但是在涉及“不为”的情形时，还需要综合考虑行为环境，行为人和相对人的关系，行为人的职责权限等，在此基础上来确认它究竟属于滥用职权还是玩忽职守。

三、故意泄露国家秘密罪

故意泄露国家秘密罪，是指国家机关工作人员或者非国家机关工作人员违反保守国家秘密法，故意使国家秘密被不应知悉者知悉，或者故意使国家秘密超出了限定的接触范围，情节严重的行为。

（一）故意泄露国家秘密罪的构成要件

本罪的主体主要为国家机关工作人员，但非国家机关工作人员也可构成本罪。本罪的主观方面为故意，即行为人明知是国家秘密而加以泄露的心理态度。行为人如果出于危害国家安全的目的，而故意将国家秘密提供给境外机构、组织或人员的，应以《刑法》第111条为境外窃取、刺探、收买、非法提供国家秘密、情报罪处罚。本罪在客观上表现为，违反保守国家秘密法，使国家秘密被不应知悉者知悉，或者使国家秘密超出了限定的接触范围，情节严重。泄露国家秘密的行为，是指把自己所掌握或知悉的国家秘密让不应知悉的人知悉，或者使国家秘密超出了限定的接触范围。泄露的方式多种多样，可以是公开的，也可以是秘密的；可以是口头泄露，也可以是通过行为泄露。本罪的对象要件为国家秘密。根据保守国家秘密法的规定，国家秘密是指关系国家的安全和利益，依照法定程序确定，在一定时间内只限定在某个范围内的人员所知悉的事项，包括国家事务重大决策中的秘密事项、国防建设和武装力量活动中的秘密事项、外交和外事活动中的秘密事项、国民经济和社会发展中的秘密事项、科学技术的秘密事项、维护国家安全活动和追查刑事犯罪中的秘密事项等。故意泄露国家秘密，情节严重的，才构成犯罪。

（二）故意泄露国家秘密罪与过失泄露国家秘密罪

过失泄露国家秘密罪，是指国家机关工作人员或者非国家机关工作人员违反保守国家秘密法，过失泄露国家秘密，或者遗失秘密文件，致使国家秘密被不应知悉者知悉或者超出了限定的接触范围，情节严重的行为。

可见故意泄露国家秘密罪与过失泄露国家秘密罪的主要区别是犯罪的心理态度。前罪是故意，后罪是过失。

第五节　危害公共安全犯罪

一、危害公共安全罪概述

危害公共安全罪，是指故意或者过失地实施危及不特定或者多数人的生命、健康或者重大公私财产安全的行为。

（一）危害公共安全罪的构成要件

1.危害公共安全罪的主体

危害公共安全罪的犯罪主体较为复杂。有些犯罪主体是自然人；有些犯罪主体既可以是自然人，也可以是单位；有些犯罪主体只能是单位。自然人犯罪主体多属于一般主体，其中个别犯罪的主体是年满14周岁、具有刑事责任能力的自然人，如放火罪、爆炸罪、投放危险物质罪的主体。还有一些犯罪主体属于特殊主体，如非法出租、出借枪支罪，丢失枪支不报罪，重大飞行事故罪，铁路运营安全事故罪，重大劳动安全事故罪，大型群众性活动重大安全事故罪，危险物品肇事罪，工程重大安全事故罪，教育设施重大安全事故罪，消防责任事故罪，不报、谎报安全事故罪。既可以是自然人主体的犯罪，也可以是单位主体的犯罪，包括帮助恐怖活动罪，非法出租、出借枪支罪，等等。只能由单位主体构成的危害公共安全犯罪，是违规制造、销售枪支罪。

2.危害公共安全罪的客体

本罪客体是社会的公共安全。关于"公共安全"的含义，有如下五种具有代表性的不同观点。

观点一：认为公共安全，指不特定多数人的生命、健康、重大公私财产安全。[①]

观点二：认为不特定或者多数人的生命、健康、财产的安全，就是公共安全。[②]

观点三：认为作为公共安全罪的保护法益的公共安全中的"公共"，一般是指不特定或者多数人。因为危害公共安全罪，是以危害公众的生命、健康等为内容的犯罪，故应注重行为对"公共"利益的侵犯。刑法规定危害公共安全罪的目的，是将生命、身体等个人法益抽象为社会利益作为保护对象，故应当重视其社会性。"公共"与"社会性"要求重视量的"多数"。换言之，"多数"是"公共"的概念的核心。"少数"的情形应当排除在外。但是，如果是"不特定"，则意味着随时有向"多数"发展的现实可能性，会使多数人遭受危险和侵害。因此，不特定或者多数人的生命、健康等安全，就是"公共"安全。[③]

观点四：认为侵害行为不危及不特定多数人的生命、健康、重大公私财产安全，就不是危害公共安全的犯罪。但不特定不能绝对化，可以包括只针对特定对象但实质上危害的是不特定的情况，该情况仍然是危害公共安全。[④]

---

① 参见贾宇.刑法学（各论）[M].北京：高等教育出版社，2019：31.

② 参见黎宏.刑法学各论［M].北京：法律出版社，2016：17.

③ 参见张明楷.刑法学（下）[M].北京：法律出版社，2021：879.

④ 参见林亚刚.刑法学教义（分论）[M].北京：北京大学出版社，2020：209.

观点五：认为特定的多数人本来就具有“公共”的性质。[①]此外，财产作为公共安全的组成部分，必须满足以下三方面的条件：第一，必须是属于不特定或多数人的重大的公私财产；第二，财产损失的造成必须处于公共安全领域之内；第三，取得财产或造成财产损失的方式必须能够形成对公共安全的威胁。[②]

另外，有观点认为，公共生活的平稳和安宁属于公共安全的内容；[③]但有观点认为，将公共生活的平稳与安宁纳入公共安全的范畴，会造成很多不妥当的结论。[④]

可见，关于危害公共安全罪的客体，分歧在于：（1）在危害到人身权利时，它究竟是涵盖不特定多数人，还是指多人，或者是不特定的人以及多数人？（2）在侵犯财产安全时，它是特指重大公私财产安全，还是包括一般财产安全？（3）除了人身安全和财产安全之外，它是否包含其他安全？如果这三个界限不明确，就会要么过于缩小刑法保护公共安全的机能，要么过于扩大刑法的适用范围，危害公民的自由和其他权利。

本书认为，第一种观点不恰当地缩小了公共安全的范围，因为它排除了特定多数人的生命、健康和重大公私财产安全；第二种观点则不恰当地扩大了公共安全的范围，主要是将不重要的财产安全包容进来；第三种观点则排除了财产安全，对此，第五种观点和第六种观点做了明确论述。另外，将“社会生活安宁”当作公共安全，可能造成与妨害社会管理秩序罪的冲突。本书认同第四种观点，即“公共安全”指不特定或者多数人的生命、健康和重大财产的安全。所谓“不特定”，是指行为的实际对象无法确定，行为结果及其规模也无从预计和控制；所谓“多数人”，指不易用具体数字表述的较多人；所谓“安全”，是指不受不法侵害或者威胁的状态。

本章所保护的利益属于重大利益，所以多个犯罪的成立属于行为犯或者抽象危险犯，但在过失犯罪的情况下，则要求行为人造成了人身伤亡事故、财产损失

① 参见马克昌.百罪通论（上）[M].北京：北京大学出版社，2014：29.

② 参见马克昌.百罪通论（上）[M].北京：北京大学出版社，2014：30–31.

③ 参见张明楷.刑法学（下）[M].北京：法律出版社，2021：882.

④ 参见马克昌.百罪通论（上）[M].北京：北京大学出版社，2014：31.

或者造成了其他严重后果。

（二）危害公共安全罪的种类

根据我国刑法分则第二章的具体规定，危害公共安全罪可以分为以下五类。

1.用危险方法危害公共安全的犯罪

例如，放火罪、决水罪、爆炸罪、投放危险物质罪、以危险方法危害公共安全罪等。

2.破坏公共设备、设施危害公共安全的犯罪

例如，破坏交通工具罪、破坏交通设施罪、破坏电力设备罪、破坏易燃易爆设备罪等。

3.实施恐怖活动危害公共安全的犯罪

例如，组织、领导、参加恐怖活动组织罪，帮助恐怖活动罪，准备实施恐怖活动罪，宣扬恐怖主义、极端主义、煽动实施恐怖活动罪等。

4.违反枪支、弹药、爆炸物及核材料管理的犯罪

例如，非法制造、买卖、运输、邮寄、储存枪支、弹药、爆炸物罪，非法制造、买卖、运输、储存危险物质罪，违规制造、销售枪支罪，盗窃、抢夺枪支、弹药、爆炸物、危险物质罪，抢劫枪支、弹药、爆炸物、危险物质罪等。

5.重大安全事故的犯罪

例如，重大飞行事故罪、铁路运营安全事故罪、交通肇事罪、危险驾驶罪、重大责任事故罪、重大劳动安全事故罪等。

二、放火罪

放火罪，是指故意放火焚烧公私财物，危及公共安全的行为。

（一）放火罪的构成要件

1.主观要件

本罪主观要件是故意，既可以是直接故意，也可以是间接故意。即明知自己放火的行为会危害公共安全，希望或者放任这种结果发生。至于放火的动机，不决定本罪的构成，只影响量刑。

2.客观要件

表现为放火焚烧公私财物，危害公共安全的行为。具体包括三个要素：(1)放火焚烧财物。“放火”，是指使用各种引火物或者其他方法，引起财物燃烧的行为。放火方法多种多样，包括作为方式和不作为方式。(2)行为对象是财物，且该财物可为本人所有，或者为他人所有，只要烧毁该财物的行为危及公共安全即可。(3)放火行为危害公共安全。

需要注意的是，在刑法理论中，一般围绕“危害公共安全”的含义，理论上有两种不同观点。一种观点认为，放火罪是抽象危险犯，理由是，危险限定在法律明文规定的范围之内，符合构成要件的行为一经在特定地点或针对特定对象实施，就认为具有一般危险，如行为人只要在工厂、矿山、住宅等特定地点实施放火、爆炸等行为，就具有危害公共安全的危险，这就是抽象危险；而具体危险是指危险内容已由法律具体加以规定，需要依法认定，如破坏交通工具罪、破坏交通设施罪中的“足以使火车、汽车、电车、船只、航空器发生倾覆、毁坏”的危险，才是具体危险。另一种观点认为，放火罪是具体危险犯，理由是，具体危险是指作为某种犯罪的构成要件而被明确规定出来的危险；抽象危险是没有被作为构成要件明确加以规定，而是行为本身所具有的侵害合法利益的危险。由于刑法明文规定，成立放火罪必须达到危害公共安全的程度，因此放火罪是具体危险犯。①本书认同第二种观点，即放火罪是具体危险犯，理由是，具体危险犯是以特定危险作为犯罪成立客观条件的犯罪类型。从刑法规定看，放火焚烧公私财物必须导致危害公共安全的客观后果，因此，在行为人放火焚烧财物但没有危及公共安全的场合，尚不符合放火罪的客观构成要件。只有当行为人放火焚烧财物的行为足以引起火灾危及公共安全时，才符合放火罪的客观要件。②

（二）放火罪的既遂标准

放火罪是具体危险犯，因此刑法理论上通常将发生目的物烧毁的结果作为放火罪既遂成立的标准。然而，对烧毁结果的确认却有着不同的观点。

---

① 参见黎宏.论放火罪的若干问题[J].法商研究，2005(3).

② 与之同理，决水罪、爆炸罪、投放危险物质罪、以危险方法危害公共安全罪都应当理解为具体危险犯。

观点一认为，根据我国刑法对放火罪的规定，采用独立燃烧说比较妥当。[①]

观点二认为，当放火行为导致对象物在离开媒介物的情况下已经开始独立燃烧时，就是放火罪既遂。[②]该说可谓修正的独立燃烧说。

观点三认为，采独立燃烧说是可行的标准。但当对象本身就具有阻燃性（如石质建筑），对其放火因不可能烧毁，一般应属于对象不能犯，不宜以放火罪论处。[③]

观点四认为，放火罪既遂与否的标准是依据《刑法》第115条第1款规定的是否造成严重后果决定的。[④]

观点五认为，实施放火等行为，足以危害公共安全尚未造成严重后果的，构成放火罪等犯罪的既遂。[⑤]

本书认同独立燃烧说。因为放火罪是一种严重的犯罪，如果以放火对象物的部分或者全部毁损或者效用的部分或者全部丧失作为犯罪既遂的标准，就达不到有效维护社会公共安全的目的，因此刑法将其规定为一种具体危险犯，即放火行为只要危害到公共安全，无论是否造成目的物的毁损或者效用毁损，都有必要追究行为人的刑事责任。另外，采用该说有利于鼓励犯罪分子中止犯罪，从而有效维护公共安全。

但是需要进一步注意“危害公共安全”“独立燃烧”事实与放火罪既遂的关系。一些学者认为，“足以危害公共安全”是放火罪的成立条件，而不是既遂标准。[⑥]本书不认同这种解释。“危害公共安全”是放火罪既遂的规范标准，在判断放火行为是否“危害公共安全”时，还要基于刑法机能和刑事政策的需要，根据行为发生场所的公共安全特征，采取“独立燃烧”这一具体的事实标准。

（三）关于《刑法》第114条和第115条第1款的关系

理论上对《刑法》第114条和第115条第1款的规定存在一定争议。一种观点

---

① 参见黎宏.刑法学各论［M］.北京：法律出版社，2016：19.

② 参见张明楷.刑法学（下）［M］.北京：法律出版社，2021：887.

③ 参见林亚刚.刑法学教义（分论）［M］.北京：北京大学出版社，2020：217.

④ 参见马克昌.百罪通论（上）［M］.北京：北京大学出版社，2014：39.

⑤ 参见贾宇.刑法学（各论）［M］.北京：高等教育出版社，2019：32.

⑥ 参见张明楷.刑法学（上）［M］.北京：法律出版社，2003：542.

认为，两者之间是基本犯与结果加重犯的关系，即以发生危害公共安全的危险状态为构成要件的是基本犯，以发生致人伤亡或者重大财产损失的实害结果为构成要件的是结果加重犯。这种见解是目前刑法学界的通说。还有一种观点认为，两者之间是未遂犯与既遂犯之间的关系，即以发生危害公共安全的危险状态为构成要件的是未遂犯，而以发生致人伤亡或者重大财产损失等实害结果为构成要件的是既遂犯。①

这种争议涉及对于基本犯罪构成与修正犯罪构成、普通犯罪构成和派生犯罪构成的理解。基本犯罪构成是指，刑法分则条文就某一犯罪的完成形态所规定的犯罪构成；修正犯罪构成是指，以基本的犯罪构成为基础，适应故意过程中的犯罪形态或者共同犯罪的形式而加以修正变更的犯罪构成。由于刑法分则条文没有明文规定犯罪未遂、犯罪预备的特例，因此妥当的理解是，将刑法分则中规定的犯罪类型理解为基本犯。对于基本犯罪构成，则依据其社会危害程度，将其进一步分为普通犯罪构成和派生犯罪构成两类。普通犯罪构成是指，刑法条文对通常具有社会危害性的行为所规定的犯罪构成；派生犯罪构成是指，以普通犯罪构成为基础，由于具有严重或者较轻的社会危害程度或情节，从普通犯罪构成中分化出来的犯罪构成，包括加重犯罪构成和减轻犯罪构成。据此，本书认同第一种观点，即《刑法》第114条规定的是放火罪的基本犯罪构成，《刑法》第115条第1款规定的是放火罪的结果加重犯罪构成。②

（四）放火罪的关联犯罪

1.爆炸罪、决水罪、投放危险物质罪、以危险方法危害公共安全罪

决水罪，是指以故意破坏水利设施等手段，制造水患，危害公共安全的行为。决水是指一切足以使水流横溢、泛滥成灾的行为。它既可以是作为，也可以是不作为。前者如破坏防水设备、破坏水闸、堵水道、决堤坝等；后者如负有特定责任的人在应该开启水闸时，故意不履行开闸义务，造成水患的行为。

爆炸罪，是指故意使用爆炸的方法，危害公共安全的行为。爆炸是指引起爆

① 参见黎宏.论放火罪的若干问题［J］.法商研究，2005（3）.

② 与之同理，决水罪、爆炸罪、投放危险物质罪、以危险方法危害公共安全罪的基本犯罪构成规定在第114条中，而第115条第1款规定的是其结果加重犯的构成。

炸物或其他设备、装置爆炸。引起爆炸物爆炸，主要是指引起炸弹、炸药包、手榴弹、雷管及各种易爆的固体、液体、气体物品爆炸。引起其他设备、装置爆炸，主要是指利用各种手段，导致机器、锅炉等设备或装置爆炸。

投放危险物质罪，是指故意投放毒害性、放射性、传染病病原体等物质，危害公共安全的行为。毒害性物质是指含有毒质的有机物或者无机物，主要包括砒霜、氯化钾、氰化钾、敌敌畏以及其他含有剧毒的农药等；放射性物质是指通过原子核裂变时放出的射线发生伤害作用的物质，如镭、铀、钴等放射性化学元素；传染病病原体是能够引起疾病的微生物和寄生虫的统称，如炭疽、霍乱等传染病病菌、病毒。

以危险方法危害公共安全罪，是指故意使用放火、决水、爆炸、投放危险物质以外的危险方法危害公共安全的行为。其他危险方法是指与放火、决水、爆炸、投放危险物质的危险性相当，足以危害公共安全的方法。需要说明的是，虽然立法增设了高空抛物罪，但是并不意味着所有的高空抛物行为都构成该罪。因为高空抛物罪的实行行为是在高位随意抛掷可能导致他人伤亡或财产损失的物品，该行为可能危及公共安全。①

2.破坏交通工具罪、破坏交通设施罪、破坏电力设备罪、破坏易燃易爆设备罪

破坏交通工具罪，是指故意破坏火车、汽车、电车、船只、航空器，足以使火车、汽车、电车、船只、航空器发生倾覆、毁坏危险，尚未造成严重后果，或者已经造成严重后果的行为。

破坏交通设施罪，是指故意破坏轨道、桥梁、隧道、公路、机场、航道、灯塔、标志或者进行其他破坏活动，足以使火车、汽车、电车、船只、航空器发生倾覆、毁坏危险，尚未造成严重后果，或者已经造成严重后果的行为。

破坏电力设备罪，是指故意破坏电力设备，危害公共安全的行为。

破坏易燃易爆设备罪，是指故意破坏燃气或者其他易燃易爆设备，危害公共安全的行为。

就立法规定而言，这些犯罪的差别仅仅在于行为对象不一样。但是，正常使

---

① 参见姜涛.高空抛物罪的刑法教义学分析［J］.江苏社会科学，2021（5）.

用的交通工具、交通设施、电力设备、易燃易爆设备等和公共安全密切相关，所以破坏正在使用的这些工具或者设备，都将危害公共安全。

放火罪与这些犯罪的竞合点主要表现为以下三点。（1）危害行为竞合。放火罪表现为放火焚烧公私财物。其中，“放火焚烧”可以表现出破坏的属性。破坏交通工具、交通设施、电力设备、易燃易爆设备等罪表现为破坏使用中的交通工具、交通设施、电力设备、易燃易爆设备。其中“破坏”可以通过放火的方法加以实现。（2）危害对象竞合。放火罪的对象是“公私财物”，其中包含使用中的交通工具、交通设施、电力设备、易燃易爆设备；反之，交通工具、交通设施、电力设备、易燃易爆设备也是公私财物的具体形式。（3）危害结果竞合。放火罪的行为结果，表现为危及公共安全；破坏交通工具、交通设施、电力设备、易燃易爆设备等罪的行为结果，表现为足以使交通工具发生倾覆或者毁坏危险。除了明确的实害结果相同之外，“足以使交通工具发生倾覆或者毁坏危险”，也是“危害公共安全”的一种具体形式。当行为人放火，同时触犯放火罪和破坏交通工具罪、破坏交通设施罪、破坏电力设备罪、破坏易燃易爆设备罪时，应按照想象竞合犯处理。

3.故意杀人罪

故意杀人罪是故意非法剥夺他人生命的行为。

两罪的竞合之处在于以下两点：（1）危害行为竞合。放火可以是杀人的手段行为，杀人的方法可以通过放火实现。（2）危害对象的竞合。放火可以造成人、财、物的损失；以放火手段杀人也可以造成前述危害。

两罪区别的关键在于：行为是否危害公共安全。主要考察危害对象是否为不特定或者为多数。需要指出的是，行为危害对象与行为针对的对象是两个不同的概念。如果行为人以放火的方法杀害特定的人，并且不会危害到不特定人或者多数人，不足以危害公共安全的，只能构成故意杀人罪；如果行为人以放火的方法杀害或伤害他人，虽然针对的是特定对象，但是可能造成火灾，危害到其他的不特定的人，或者多数人的安全，即足以危害公共安全的，应当构成放火罪。

4.故意毁坏财物罪

故意毁坏财物罪，是故意毁坏公私财物，数额较大或者有其他严重情节的行为。

两罪的竞合点主要表现为以下两点：（1）危害行为竞合。放火包含毁坏财物的可能，而故意毁坏的行为包含放火。（2）危害对象竞合。放火罪中的财物是否属于行为人所有不限，而故意毁坏财物罪的对象是他人所有的财物。

两罪区别的关键在于：行为是否会危及公共安全。放火罪与故意毁坏财物罪，主要是针对不同的后果，对以放火的方法毁坏财物的行为进行认定。以放火的方法毁坏他人数额较大的财物的行为，如果没有危害重大的财产安全，只能构成故意毁坏财物罪，但如果放火的方法，不仅毁坏财物，而且危害公共安全，则构成想象竞合犯，应该根据放火罪处理。

5.失火罪

失火罪是指过失引起火灾，危害公共安全，致人重伤、死亡或者使公私财产遭受重大损失的行为。

放火罪与失火罪的区别主要如下：（1）客观要件不同。放火罪的基本犯是危险犯，只要放火行为危害公共安全即可；失火罪是实害犯，不仅要求失火行为危害公共安全，而且要求造成致人重伤、死亡或者使公私财产遭受重大损失。（2）主体不同。放火罪的主体是年满14周岁，具有辨别能力和控制能力的自然人；失火罪的主体是年满16周岁，具有辨别能力和控制能力的自然人。（3）主观要件不同。这是区别两罪的关键。放火罪在主观上是故意，而失火罪在主观上是过失。

（五）放火罪的罪数

1.情形一

行为人以放火的手段实施其他犯罪，同时触犯放火罪；或者行为人构成放火罪，同时触犯其他犯罪。在实践中，这种情形并不鲜见。例如，行为人以放火手段实施破坏交通工具罪、故意杀人罪、故意毁坏财物罪等行为，或者在实施放火罪时，破坏了交通工具、造成他人死亡、毁坏了财物等。对此情形如何认定，理论上存在分歧。以放火罪与破坏交通工具罪为例，一种观点认为，以放火的方式破坏使用中的交通工具，危及公共安全的行为，构成放火罪与破坏交通工具罪的想象竞合犯，以放火罪或者破坏交通工具罪中的重罪论处。另一种观点认为，放火罪与破坏交通工具罪之间存在法条（规范）竞合关系。[①]

---

① 参见张小虎.放火罪之理论探究［J］.河南省政法管理干部学院学报，2002（4）.

可见，这个问题在一定程度上与想象竞合犯和法条竞合犯的理解有关。所谓想象竞合犯，又称观念的竞合、想象的数罪，是指行为人实施一个犯罪行为而触犯两个以上罪名的犯罪形态。所谓法条竞合，又称法规竞合，或称法律竞合，甚至称规范竞合，是指行为人实施一个犯罪行为同时触犯数个法条，只适用其中一个法条的情况。本书认为，法条竞合与想象竞合之间的区别如下：（1）发生的原因不同。想象竞合犯是由于事实原因；法条竞合犯是由于立法原因。（2）法规竞合所触犯的两个法条的犯罪在内容上具有包容关系；而想象竞合犯所触犯的数个法条之间不具有这种关系。（3）法条竞合可以是行为人基于一个故意，实施一个行为，产生一个结果，触犯一个客体，如行为人出于一个盗窃的目的，实施一个盗窃的行为，盗窃一支手枪的，就是盗窃罪与盗窃枪支罪的法条竞合问题，而想象竞合犯必须侵害数个客体，其主观上具体表现为数个罪过，客观上发生数个结果。据此，本书认同第一种观点，而将这种情形视为想象竞合犯，遵循从一重罪论处的原则进行处理。

2.情形二

行为人在实施了某些犯罪以后，又实施了放火行为的情形。比如行为人在实施杀人、强奸等犯罪后又用放火的方法焚毁罪证的，应当如何定罪量刑？有学者主张，对此应当分两种情况处理：第一，行为人实施杀人、强奸等犯罪以后，为毁灭罪证所进行的放火行为足以危及公共安全，则应以故意杀人罪或者强奸罪与放火罪实行数罪并罚，此时的放火行为构成放火罪。第二，行为人实施杀人或者强奸等犯罪以后，为毁灭罪证所进行的放火行为不足以危及公共安全，那么按其所犯的故意杀人罪或者强奸罪酌情从重处罚，放火行为是酌定的量刑情节。[①]

对于上述看法，本书认同对第一种情形的处理意见，理由是：行为人犯罪之后焚毁罪证的行为，虽然不构成放火罪，但可进一步区分为两种情况，一种情形是行为没有造成数额较大的财物损失；另一种情形是行为造成了数额较大的财物损失，例如将犯罪场所较为珍贵的财物烧毁的。前种情形的放火行为不构成犯罪，可作为本罪的量刑情节加以考虑，但是后种情形的放火行为符合故意毁坏财物罪的规定。而故意毁坏财物罪并非强奸、杀人等犯罪的必要事后行为，也不存

---

① 参见张小虎.放火罪之理论探究［J］.河南省政法管理干部学院学报，2002（4）.

在牵连关系，应当单独评价，所以其行为既构成强奸罪或杀人罪，同时又构成故意毁坏财物罪，要根据数罪并罚原则处理。

三、投放危险物质罪

投放危险物质罪，是指故意投放毒害性、放射性、传染病病原体等危险物质，危害公共安全的行为。

（一）投放危险物质罪的构成要件

1. 主观要件

主观要件是故意，表现为行为人明知自己投放危险物质的行为会发生危害公共安全的结果，并且希望或者放任这种结果发生的心理态度。

2. 客观要件

客观要件表现为投放毒害性、放射性、传染病病原体等危险物质，危害公共安全的行为。危险物质的投放行为可以表现为多种多样的方式，既可以是秘密投放在公共水井、自来水水源或某种食品、饮料当中，也可以是公然向不特定的多人直接投撒，还可以采取邮寄的方式进行投放，如给他人邮寄传染性极强的炭疽杆菌。危险物质包括毒害性、放射性、传染病病原体以及其他与毒害性、放射性、传染病病原体的危险性相当的物质。所谓毒害性物质，是指含有能致人死亡的毒质的有机物或者无机物。传统的毒害性物质有砒霜、敌敌畏、氰化钾、西梅脱等，包括现在恐怖分子开始使用的毒气。而鸦片、大麻、吗啡、冰毒等虽然也是毒品，但不属于本罪所指的毒害性物质。所谓放射性物质，是指含有能自发放射出穿透力很强射线的元素的物质。这类物质通过自身的衰变可放射出各种射线。放射性物质进入环境后，可造成对大气、水体和土壤的污染。对长期受到放射性物质辐射的人来讲，各种癌症、白血病发病率明显增高。放射物质还可通过食物链经消化道以及呼吸道进入人体，对人体产生内辐射，损伤人体的组织器官，危害机体，使人患贫血、恶性肿瘤等疾病。所谓传染病病原体，是指病毒、立克次体、细菌、真菌、螺旋体、原虫等造成传染性疾病传播的病原体。每种传染病都有其特异的病原体，病原体通过某种方式在人群中传播，常造成传染病流行。根据《传染病防治法》的规定，传染病分为甲类、乙类和丙类三类。所谓

“等危险物质”，即其他与毒害性、放射性、传染病病原体具有危险性相当的物质。

（二）投放危险物质罪的既遂标准

投放危险物质罪的实行着手，是行为人开始将危险物质进行投放。根据本罪客体的特殊性，在司法实践中，不能以行为人将危险物质已经投递到具体受害人为实行着手，这样将使刑法维护社会公共安全的机能受到严重束缚。在类似案件中，一般应当以投放行为开始产生现实和急迫的法益侵害性为准，具体操作中则要根据投放的具体方式加以把握。例如，以邮寄方式进行投放，则应当以行为人开始着手办理邮寄手续为实行着手；向食物中投放毒物，则应当以行为人开始着手将毒物和食物混合的活动为实行着手；在公共水源投放危险物质，则应当以行为开始接近公共水源地为实行着手；在公共场所投放危险物质（如传染病病原体），则应当以行为人开始接触公共场所为本罪的实行着手。

投放危险物质罪是危险犯，行为人投放毒害性、放射性、传染病病原体等物质的，应当具体判断该行为是否对不特定多数人的生命、健康或者重大公私财产安全造成损害危险。如果造成了损害危险就已构成犯罪既遂，应当按照《刑法》分则第114条规定的法定刑处罚。如果造成了严重损害的后果，则应当依照《刑法》第115条适用更重的法定刑。

（三）投放危险物质罪的关联犯罪

1.投放虚假危险物质罪

依据《刑法》第291条之一的规定，投放虚假危险物质罪，是指投放虚假的爆炸性、毒害性、放射性、传染病病原体等物质，严重扰乱社会公共秩序的行为。

投放虚假危险物质罪的构成要件如下：（1）主体是年满16周岁，具有刑事责任能力的自然人。（2）主观要件是故意。在认识上，要求行为人认识到自己投放的是不真正危险物质，且应当或者可能认识自己的行为将造成社会民众恐慌的社会后果。如果行为人对于投放的物质是否真正为危险物质存在认识错误，则应分别根据不同情形处理：第一，如果行为人将真实危险物质误认为虚假危险物质而进行投放，则行为人的行为触犯了投放虚假危险物质罪和过失投放危险物质罪，可以依据想象竞合犯的处断原则，择一重罪论处。第二，如果行为人误将虚假危险物质当作真正危险物质而进行投放，那么行为人的行为构成投放危险物质罪，且属于不能犯未遂。本罪包括直接故意和间接故意。直接故意表现为，行为人明知投放虚假危险物质的行为，必然或可能发生严重扰乱社会公共秩序的结果，并且希望该结果发生。间接故意表现为，行为人明知投放虚假危险物质的行为可能发生严重扰乱社会公共秩序的结果，并且放任该结果发生。（3）客观要件，表现为向机关、团体、企业、事位或者个人以及向公共场所或公共交通工具投放、邮寄、设置虚假的爆炸性、毒害性、放射性、传染病病原体等物质，严重扰乱社会秩序的行为。如在邮件中掺杂面粉等白色粉末，让收件人误认为是炭疽病菌；或者在公共场所放置提包，谎称内有炸弹，造成公众恐慌等。本罪必须在客观上造成了严重扰乱社会秩序的结果，否则不构成犯罪。（4）客体是严重扰乱了社会公共秩序。

投放危险物质罪与投放虚假危险物质罪的主要区别如下：（1）主体不同。投放危险物质罪的主体是年满14周岁、具备刑事责任能力的自然人；投放虚假危险物质罪的主体是年满16周岁、具备刑事责任能力的自然人。（2）主观内容不同。通常情况下，投放危险物质罪要求明知投放的是真正具有危险性的物质；投放虚假危险物质罪要求明知投放的是不具有危险性的物质。（3）行为对象不同。投放危险物质罪投放的是真正具有危险性的物质；投放虚假危险物质罪投放的是不具有危险性的物质。（4）犯罪客体不同。投放危险物质罪危害到社会公共安全；投放虚假危险物质罪侵犯的是社会公共秩序。

2.生产、销售有毒、有害食品罪

生产、销售有毒、有害食品罪，是指在生产、销售的食品中掺入有毒、有害的非食品原料，或者销售明知掺有有毒、有害的非食品原料的食品的行为。

投放危险物质罪与生产、销售有毒、有害食品罪的主要区别如下：（1）主体不同。前罪主体是年满14周岁、具有刑事责任能力的自然人，后罪是年满16周岁、具有刑事责任能力的自然人和单位。（2）主观要件不同。前罪是出于多种原因与动机，后罪往往是为了降低产品成本、增加产品数量和销量。（3）客体不同。前罪侵犯的是公共安全，后罪侵犯的是社会主义市场经济秩序与消费者的生命健康。

3.过失投放危险物质罪

过失投放危险物质罪，是指过失投放毒害性、放射性、传染病病原体等物质，致人重伤、死亡或者使公私财产遭受重大损失，危害公共安全的行为。

投放危险物质罪与过失投放危险物质罪的区别如下。（1）主体不同。前罪主体是年满14周岁、具有刑事责任能力的自然人，后罪是年满16周岁、具有刑事责任能力的自然人和单位。（2）主观要件不同。前罪是故意，后罪出于过失。

四、组织、领导、参加恐怖组织罪

组织、领导、参加恐怖组织罪，是指组织、领导或者参加恐怖活动组织的行为。

（一）组织、领导、参加恐怖组织罪的构成要件

1.主观要件

主观要件是直接故意，具体表现为明知是恐怖组织仍组织、领导、参与。犯罪动机不影响本罪成立。不过值得注意的是，各种扰民乱世恐怖活动的动机多种多样，有的是出于民族仇恨和纠纷，有的是对政界领导人的政策不满，或者对社会现状不满故意实施报复，有的是为了逃脱自己的罪责，有的则纯粹属于崇尚暴力。

2.客观要件

客观要件表现为组织、领导恐怖活动组织的行为，或者参加恐怖活动组织的行为。所谓恐怖活动组织，是指三人以上为实施恐怖活动而组成的犯罪组织。恐怖活动，是指具有恐怖主义性质的下列行为：（1）组织、策划、准备实施、实施造成或者意图造成人员伤亡、重大财产损失、公共设施损坏、社会秩序混乱等严重社会危害的活动的；（2）宣扬恐怖主义，煽动实施恐怖活动，或者非法持有宣扬恐怖主义的物品，强制他人在公共场所穿戴宣扬恐怖主义的服饰、标志的；（3）组织、领导、参加恐怖活动组织的；（4）为恐怖活动组织、恐怖活动人员、实施恐怖活动或者恐怖活动培训提供信息、资金、物资、劳务、技术、场所等支持、协助、便利的；（5）其

他恐怖活动。

本罪的行为方式包括四种：（1）组织恐怖组织，是指召集多人为首发起成立恐怖组织，或者实施招募、雇用、拉拢、鼓动多人成立恐怖组织。具体可表现为，制定恐怖组织的纲领、计划、宣言、组织名称、组织纪律和对恐怖活动成员进行分工、训练等积极筹措恐怖组织的行为。（2）领导恐怖组织，是指对于恐怖组织成立后的恐怖活动，实施策划、指挥、布置和协调等行为，领导行为可以由单个人独立完成，也可以由多个人共同完成。（3）积极参加恐怖组织，是指明知为恐怖组织，而积极要求加入组织，或者加入组织后积极参加恐怖组织的各项活动。具体表现为，积极要求加入已成立的恐怖组织的行为；或者在成立恐怖组织时积极出谋献策；或者在组织者和领导者的指挥下积极筹措活动经费，拉拢、引诱他人参加恐饰活动组织。（4）其他参加恐怖组织，是指明知为恐怖组织，而仍然参加该组织、参与该组织的活动，但行动不积极者。至于因被诱骗、胁迫参加恐怖组织，但参加后积极从事恐怖活动的，也应认为是积极参加者。组织、领导、参加恐怖组织罪是行为犯，行为人只要实施了组织、领导恐怖组织或者参加恐怖组织的行为，就构成本罪的犯罪既遂，并不要求组织、领导恐怖组织后再实施具体的恐怖活动，如爆炸、暗杀、劫持人质等。

（二）组织、领导、参加恐怖组织罪的关联犯罪

1.帮助恐怖活动罪

依据《刑法》第120条之一的规定，帮助恐怖活动罪，是指故意资助恐怖组织或实施恐怖活动的个人的行为。帮助恐怖活动罪的构成要件如下：（1）主体包括单位和自然人。单位构成该罪的，处罚时实行“双罚制”。（2）主观要件是故意，过失不构成本罪。（3）客观要件，行为人实施了“资助恐怖组织或实施恐怖活动的个人”的行为。这里的“资助”，是指从经济上提供帮助，如向恐怖组织或实施恐怖活动的个人提供金钱、物品、通信器材、交通工具、场所等，以用于恐怖活动，使犯罪分子得到物质上的帮助，更加有恃无恐地进行恐怖活动。需要注意的是，这里的“资助”必须是有形的、物质性的，而不是仅在精神上予以支持。“资助”的对象，可以是恐怖组织，也可以是实施恐怖活动的个人。（4）客体是社会公共安全。

组织、领导、参加恐怖组织罪与帮助恐怖活动罪的主要区别如下：（1）主体范围不同。前罪的主体是自然人，后罪的主体是自然人和单位。（2）犯罪客观表现不同。前罪主要表现为行为人组织、领导或参加恐怖组织，后罪表现为资助恐怖组织或实施恐怖活动的个人。在此需要说明，恐怖组织之所以活动猖獗，组织、领导、参加恐怖组织罪发案率之所以居高不下，与有关单位或个人积极资助恐怖组织及个人恐怖活动紧密相关，甚至在某些情况下后者起到了决定性的作用。因为恐怖组织要建立、生存和发展，离不开金钱和财物，没有一定的物质作保障，恐怖组织难以建立，恐怖活动无法开展。

2. 准备实施恐怖活动罪

准备实施恐怖活动罪，是指为实施恐怖活动准备凶器、危险物品或者其他工具，或者组织恐怖活动培训或者积极参加恐怖活动培训，或者为实施恐怖活动与境外恐怖活动组织或者人员联络以及为实施恐怖活动进行策划或者其他准备的行为。本罪的行为方式有四种：（1）为实施恐怖活动准备凶器、危险物品或者其他工具的；（2）组织恐怖活动培训或者积极参加恐怖活动培训的；（3）为实施恐怖活动与境外恐怖活动组织或者人员联络的；（4）为实施恐怖活动进行策划或者其他准备的。

3. 宣传恐怖主义、极端主义、煽动实施恐怖活动罪

宣扬恐怖主义、极端主义、煽动实施恐怖活动罪，是指以制作、散发宣扬恐怖主义、极端主义的图书、音频视频资料或者其他物品，或者通过讲授、发布信息等方式宣扬恐怖主义、极端主义的，或者煽动实施恐怖活动的行为。

4. 利用极端主义破坏法律实施罪

利用极端主义破坏法律实施罪，是指利用极端主义煽动、胁迫群众破坏国家法律确立的婚姻、司法、教育、社会管理等制度实施的行为。

5. 强制穿戴宣扬恐怖主义、极端主义服饰、标志罪

强制穿戴宣扬恐怖主义、极端主义服饰、标志罪，是指以暴力、胁迫等方式强制他人在公共场所穿着、佩戴宣扬恐怖主义、极端主义服饰、标志的行为。

6. 非法持有宣扬恐怖主义、极端主义物品罪

非法持有宣扬恐怖主义、极端主义物品罪，是指明知是宣扬恐怖主义、极端主义的图书、音频视频资料或者其他物品而非法持有，情节严重的行为。

上述犯罪是对于恐怖活动犯罪具有辅助作用的预备行为或者帮助行为。立法将其单独作为犯罪处罚，体现了刑法立法中将帮助行为、预备行为实行行为化的做法。

7.组织、领导、参加黑社会性质组织罪

组织、领导、参加黑社会性质组织罪，是指组织、领导或者参加以暴力、胁迫或者其他手段，有组织地进行违法犯罪活动，称霸一方，为非作歹，欺压、残害群众，严重破坏经济、社会生活秩序的黑社会性质的组织。本罪的基本构成要件如下。

组织、领导、参加黑社会性质组织罪，其犯罪主体为一般主体，在主观上要明知自己参与的是黑社会性质组织，即有犯罪故意。根据刑法规定，黑社会性质的组织应当同时具备以下特征：（1）形成较稳定的犯罪组织，人数较多，有明确的组织者、领导者，骨干成员基本固定；（2）有组织地通过违法犯罪活动或者其他手段获取经济利益，具有一定的经济实力，以支持该组织的活动；（3）以暴力、威胁或者其他手段，有组织地多次进行违法犯罪活动，为非作歹，欺压、残害群众；（4）通过实施违法犯罪活动，或者利用国家工作人员的包庇或者纵容，称霸一方，在一定区域或者行业内，形成非法控制或者重大影响，严重破坏经济、社会生活秩序。行为人在客观上实施了组织、领导或者参加黑社会性质组织的行为。实施组织、领导、参加黑社会性质组织的行为，不仅侵犯了经济、社会生活秩序，还侵犯了公民的人身权利和其他合法权益。黑社会性质组织的活动对于国家、社会和个人利益的危害是多重的。它直接侵犯的是个人的人身权利、民主权利和财产权利，其次破坏了社会生活秩序和社会经济秩序，进而危害国家的基本伦理秩序和管理秩序，甚至危害国家政权。

组织、领导、参加恐怖组织罪与组织、领导、参加黑社会性质组织罪区别的关键是犯罪组织的性质。

五、交通肇事罪

交通肇事罪，是指违反交通运输管理法规，因而发生重大事故，致人重伤、死亡或者使公私财产遭受重大损失的行为。

（一）交通肇事罪的构成要件

1.主观要件

一般认为是过失，即行为人应当预见到自己的行为可能造成交通事故，因为疏忽大意而没有预见，或者已经预见，但轻信自己能避免该事故而未能避免的情形。

2.客观要件

表现为违反交通运输管理法规，因而发生重大事故，致人重伤、死亡或者使公私财产遭受重大损失的行为。

（1）行为发生在交通运输过程中，并且违反了交通运输管理法规。本条所指的“交通运输管理法规”，是指航空、铁路运输以外的公路运输和水路交通运输有关的管理法规。

（2）行为造成了重大事故，致人重伤、死亡或者公私财产遭受重大损失。“发生重大事故，致人重伤、死亡或者公私财产遭受重大损失”应参考司法解释。依据《最高人民法院关于审理交通肇事刑事案件具体应用法律若干问题的解释》，交通肇事具有下列情形之一的，处三年以下有期徒刑或者拘役：第一，死亡一人或者重伤三人以上，负事故全部或者主要责任的；第二，死亡三人以上，负事故同等责任的；第三，造成公共财产或者他人财产直接损失，负事故全部或者主要责任，无能力赔偿数额在30万元以上的。交通肇事致一人以上重伤，负事故全部或者主要责任，并具有下列情形之一的，以交通肇事罪定罪处罚：第一，酒后、吸食毒品后驾驶机动车辆的；第二，无驾驶资格驾驶机动车辆的；第三，明知是安全装置不全或者安全机件失灵的机动车辆而驾驶的；第四，明知是无牌证或者已报废的机动车辆而驾驶的；第五，严重超载驾驶的；第六，为逃避法律追究逃离事故现场的。

（3）违反交通运输管理法规的行为与交通事故的结果之间有刑法上的因果关系，即可以将该结果归责于行为人的违规行为。

（二）交通肇事罪的关联犯罪

1.以危险方法危害公共安全罪

以危险方法危害公共安全罪，是指故意以放火、决水、爆炸、投放危险物质等危险性相当的其他危险方法，危害公共安全的行为。以危险方法危害公共安全罪的基本构成要件如下：（1）主体为一般主体，即年满16周岁、具有刑事责任能力的自然人。（2）主观要件表现为犯罪的故意。（3）客观要件表现为以放火、决水、爆炸、投放危险物质等危险性相当的其他危险方法，危害公共安全的行为。在司法实践中，以危险方法危害公共安全的犯罪包括私设电网、驾车向人群冲撞、制售坏血和病毒血、向人群开枪等。（4）客体是公共安全。

从理论上看，交通肇事罪与以危险方法危害公共安全罪的区别很明显：（1）主观要件不同。交通肇事罪是过失犯罪；而以危险方法危害公共安全罪是故意犯罪。（2）客观表现不同。交通肇事罪表现为违反交通运输管理法规，因而导致一定危害结果；而以危险方法危害公共安全罪是以放火、决水、爆炸、投放危险物质之外的其他方法危害公共安全，构成本罪不要求发生实际危害结果。（3）客体不同。交通肇事罪危害的是交通运输安全；而以危险方法危害公共安全罪的客体更广泛，不仅包括交通运输安全，还包括其他领域的公共安全。

在司法实践中，对于这两个罪的关系则存在争议。特别是对于正在驾驶的驾驶员争夺方向盘的行为如何定性的问题，理论上一度对此有争议。虽然立法对此作了规定，但是并未完全解决实践问题。关键还是应当考察行为人的主观心理态度以及行为客观上是否危及公共安全。

2.危险驾驶罪

危险驾驶罪，是指在道路上故意以危险方法驾驶机动车的行为。

危险驾驶的法定行为方式有四种：（1）追逐竞驶，情节恶劣的。驾驶机动车追逐竞驶，是指行为人以竞技、追求刺激、娱乐或者赌气、赌博等为动机，驾驶机动车在公共道路上你追我赶，互相竞逐。情节恶劣一般是指在人流车流密集的交通路段追逐竞驶，追逐竞驶中连闯红灯或超速驾驶，反复多次追逐竞驶，不听交通警察劝阻继续追逐竞驶等。（2）醉酒驾驶机动车的。醉酒驾驶不同于一般性酒后驾驶，一般认为，在道路上驾驶机动车，血液酒精含量达到80mg/100ml以上的，属于醉酒驾驶机动车。（3）从事校车业务或者旅客运输业务，严重超过额定乘员载客，或者严重超过规定时速行驶的。（4）违反危险化学品安全管理规定运输危险化学品，危及公共安全的。

但是，危险驾驶罪属于轻罪，饮酒具有社会相当性，防止醉驾不能只重代驾，而要从源头治理，所以在实践中应严格按照刑法犯罪的实质标准掌握醉驾构成危险驾驶罪的标准，为此，司法机关调整了司法解释，规定醉驾标准在80mg/100ml以上，不满150mg/100ml，只有具有如下情节才认定为犯罪：（1）造成交通事故且负事故全部或者主要责任的；（2）造成交通事故后逃逸的；（3）未取得机动车驾驶证驾驶汽车的；（4）严重超员、超载、超速驾驶的；（5）服用国家规定管制的精神药品或者麻醉药品后驾驶的；（6）驾驶机动车从事客运活动且载有乘客的；（7）驾驶机动车从事校车业务且载有师生的；（8）在高速公路上驾驶的；（9）驾驶重型载货汽车的；（10）运输危险化学品、危险货物的；（11）逃避、阻碍公安机关依法检查的；（12）实施威胁、打击报复、引诱、贿买证人、鉴定人等人员或者毁灭、伪造证据等妨害司法行为的；（13）二年内曾因饮酒后驾驶机动车被查获或者受过行政处罚的；（14）五年内曾因危险驾驶行为被判决有罪或者作相对不起诉的；（15）其他需要从重处理的情形。

3. 重大飞行事故罪、铁路运营安全事故罪

重大飞行事故罪，是指航空人员违反规章制度，因而发生重大飞行事故，危及公共安全，造成严重后果的行为。

铁路运营安全事故罪，是指铁路职工违反规章制度，致使发生铁路运营安全事故，造成严重后果的行为。

本书认为，交通肇事罪和重大飞行事故罪、铁路运营安全事故罪之间本来属于法条竞合关系，前罪为一般法条，后罪为特殊法条。但是由于解释上的缘故，三个犯罪之间成为并立关系。它们的区别如下：（1）犯罪主体不同。交通肇事罪的主体是一般主体。重大飞行事故罪的主体为特殊主体，为航空人员。根据《民用航空法》的规定，航空人员，是指从事民用航空活动的空勤人员和地勤人员。空勤人员包括驾驶员、领航员、飞行通信员、机械员、乘务员，地勤人员包括民用航空维护人员、空中交通管制员、飞行签派员、航空台通信员。铁路运营安全事故罪的犯罪主体是特殊主体，仅限于铁路职工，包括具体操纵机车的司机，铁路运营设备的其他操纵人员，如扳道员、挂钩员，列车运营活动的直接领导和指挥人员，如调度员，列车安全的管理人员，如信号员等。（2）违反的规章制度不同。交通肇事罪违反的是与保证公路、水路交通运输安全有直接关系的各种法律、法规与制度；重大飞行事故罪违反的是与航空运输安全有关的各种法律、法

规与制度；铁路运营安全事故罪违反的是与铁路运输安全有关的规章制度。（3）犯罪客体不同。交通肇事罪的客体是公路、水路交通运输安全；重大飞行事故罪的客体是航空运输安全；铁路运营安全事故罪的客体是铁路运输安全。

4.妨害安全驾驶罪

妨害安全驾驶罪，是指对行驶中的公共交通工具的驾驶人员使用暴力或者抢控驾驶操纵装置，干扰公共交通工具正常行驶的，或者行驶中的公共交通工具的驾驶人员在行驶的公共交通工具上擅离职守，与他人互殴或者殴打他人，危及公共安全的行为。危及公共安全是指妨害安全驾驶的行为对车内或车外的不特定或多数人的人身、财产安全产生现实的危险。乘客妨害安全驾驶主要表现为对驾驶人员使用暴力以及抢夺或控制驾驶操作装置，达到干扰公共交通工具正常行驶的程度。驾驶人员妨害安全驾驶行为，主要表现为在车辆行驶途中没有履行安全驾驶义务，与他人互殴或殴打他人。①

交通肇事罪和妨害安全驾驶罪的区别在于：前罪是过失犯罪，后罪是故意犯罪；前罪是结果犯，后罪是行为犯。

（三）交通肇事罪的共同犯罪问题

交通肇事罪属于典型的过失犯罪，根据传统理论不能成立共同犯罪，但是，《最高人民法院关于审理交通肇事刑事案件具体应用法律若干问题的解释》第5条第2款规定："交通肇事后，单位主管人员、机动车辆所有人、承包人或者乘车人指使肇事人逃逸，致使被害人因得不到救助而死亡的，以交通肇事罪的共犯论处。"那么，该解释应当如何理解呢？

观点一认为，即使行为人对因逃逸致人死亡的真实心理是故意，也不能否认其行为属于因逃逸致人死亡。逃逸致人死亡就是结果加重犯。在肇事者的逃逸行为致人死亡时，只要教唆者对死亡结果具有预见可能性，教唆者就要对死亡结果承担责任。当指使者指使肇事者逃逸，对肇事者适用因逃逸致人死亡的法律规定时，对指使者也应适用因逃逸致人死亡的规定。亦即，由于肇事者是负有作为

---

① 参见梅传强，胡雅岚.妨害公共交通工具安全驾驶罪的理解与适用［J］.苏州大学学报（哲学社会科学版），2021（1）.

（救助）义务的人，所以，指使者只是逃逸的教唆犯。基于同样的理由，帮助肇事者逃逸的，也能成立帮助犯。[①]

观点二认为，在认可交通肇事罪（过失）可以成立共同犯罪的前提下，解释限定的主体为"单位主管人员、机动车辆所有人、承包人或者乘车人"，这些人员在事故发生后都负有防止被害人死亡结果发生的注意义务，也都具有违反共同注意义务的共同行为，因教唆或帮助行为人逃逸致使被害人死亡结果发生的，可以成立交通肇事罪的教唆犯（或帮助犯）。[②]

观点三认为，解释不但与我国刑法规定的共犯主观要件相冲突，而且与共犯的客观条件也存在矛盾，在理论上难以成立，不值得提倡。[③]

观点四认为，交通肇事后逃逸致人死亡的，往往不具有不作为的故意杀人性质，刑法将其拟制为交通肇事罪的加重犯。指使肇事人逃逸致人死亡的，具有教唆不作为杀人的性质，对二者本应以共犯论处。因此，解释规定以共犯论处，其实是以交通肇事罪（逃逸致死）共犯之名惩罚不作为杀人的教唆。[④]

本书认为，这种情况属于继承的共犯，即行为人在交通肇事后参与到后续犯罪行为中来，就逃逸与肇事者达成共同故意，而逃逸属于故意行为。因此，该规定并未违反共同犯罪的法理。

（四）交通肇事逃逸的认定与处罚

《刑法》第133条后半段规定："交通运输肇事后逃逸或者有其他特别恶劣情节的，处三年以上七年以下有期徒刑；因逃逸致人死亡的，处七年以上有期徒刑。"

1.逃逸

关于交通肇事逃逸的理解存在如下观点。

观点一认为，逃逸是指逃避救助被害人的义务。所谓逃逸，是指在被害人需

---

① 参见张明楷.刑法学（下）[M].北京：法律出版社，2021：929.

② 参见林亚刚.刑法学教义（分论）[M].北京：北京大学出版社，2020：284.

③ 参见马克昌.百罪通论（上）[M].北京：北京大学出版社，2014：123；黎宏.刑法学各论[M].北京：法律出版社，2016：58.

④ 参见贾宇.刑法学（各论）[M].北京：高等教育出版社，2019：52.

要救助的情况下而不履行救助义务。①

观点二认为，逃逸行为本身揭示出行为人具有较大的人身危险性，但逃逸行为所表现出的是行为人不愿履行法律规定的义务，这是其本质。不履行作为义务既可以表现为什么都没有做，也可以表现为逃避应做的，逃逸行为应属于后一种情况。换言之，法律有理由期待行为人在发生事故后积极履行法定义务，而行为人做了不应当作的逃逸行为，所以立法者才将该种行为规定为量刑情节。②

观点三认为，认定交通运输肇事后逃逸，应当把握以下几点：其一，行为人已经构成交通肇事罪。其二，行为人明知发生了交通事故而逃逸。其三，行为人逃逸的目的是逃避法律追究。如果行为人不是为了逃避法律追究，而是由于受到其他现实侵害而逃走，事后自愿认罪的，不认为是这里的逃逸。③

观点四认为，将逃逸仅仅看作不救助被害人也是不全面的。正确的理解应当是，发生交通事故后，不积极履行以抢救被害人为核心的各种义务的行为。作为其主观动机的逃避法律追究并不是指逃避法律处罚，而是逃避履行法定的各种义务。④

观点五认为，交通运输肇事后逃逸，是指行为人在发生交通事故后，为逃避法律追究而逃跑的行为。⑤

本书认为，如果认为逃逸的目的是逃避履行救助义务的话，那么肇事者在现场什么也不做也属于逃逸，显然，这种解释并不可取。根据一般经验，交通事故发生后，行为人一旦逃逸，将导致责任认定困难，因此立法的目的在于防止行为人逃避法律责任的追究。故此，交通运输肇事后逃逸，是指行为人在发生一定的交通事故后，为逃避法律追究而逃跑的行为。依据司法解释，交通肇事罪中的“逃逸”应包括如下基本构成条件：（1）前提条件。已发生了一定的交通事故。（2）主观条件。行为人明知发生了交通事故，逃逸的目的是逃避法律追究。如

① 参见张明楷.刑法学（下）[M].北京：法律出版社，2021：926–927.
② 参见林亚刚.刑法学教义（分论）[M].北京：北京大学出版社，2020：281–282.
③ 参见马克昌.百罪通论（上）[M].北京：北京大学出版社，2014：123.
④ 参见黎宏.刑法学各论[M].北京：法律出版社，2016：61–62.
⑤ 参见贾宇.刑法学（各论）[M].北京：高等教育出版社，2019：54.

果行为人没有意识到发生了交通事故而离开现场，不应认定为交通肇事后逃逸。（3）逃逸的方式。一般而言，逃逸是行为人从肇事现场逃脱。从实践来看，逃脱时一般是驾车逃跑，但是也可以弃车逃跑。如果行为人没有从现场逃逸，而是在有关机关调查过程中逃逸的，不能理解为逃逸。

2.“因逃逸致人死亡”

“因逃逸致人死亡”，是指行为人在交通肇事后为逃避法律追究而逃跑，致使被害人因得不到救助而死亡的情形。另外，根据《最高人民法院关于审理交通肇事刑事案件具体应用法律若干问题的解释》第6条，行为人在交通肇事后为逃避法律追究，将被害人带离事故现场后隐藏或者遗弃，致使被害人无法得到救助而死亡或者严重残疾的，依据司法解释，应当分别依照《刑法》第232条、第234条第2款的规定，以故意杀人罪或者故意伤害罪定罪处罚。

“因逃逸致人死亡”的罪过，理论上存在不同观点。[①]一种观点是“故意论”，认为这“只适用于由交通肇事罪转化而来的故意犯罪”。这样，因“逃逸致人死亡”的罪过形式便仅限于故意。另外一种观点是“过失兼间接故意论”，认为这一规定既适用于行为人交通肇事后逃跑，因过失致人死亡的情况，也适用于因间接故意致人死亡的情形，但不包括直接故意致人死亡。这样，“因逃逸致人死亡”的罪过形式便包含过失与间接故意。还有一种观点是“过失论”，认为这一规定只适用于行为人交通肇事后逃跑因而过失致人死亡的情形，不包含因故意（包括直接故意和间接故意）致人死亡的情况。

本书认为，“因逃逸致人死亡”属于交通肇事罪的法定加重处罚情节，因此其罪过只能是过失，而不能包括故意的心理态度。换言之，如果行为人在逃逸过程中对受害人死亡持有故意的态度，就不能理解为交通肇事罪中的“因逃逸致人死亡”。

六、重大责任事故罪

重大责任事故罪是指在生产、作业中违反有关安全管理的规定，因而发生重大伤亡事故或者造成其他严重后果的行为。

---

① 参见杜宇.再析交通肇事罪中的“因逃逸致人死亡”[J].甘肃政法学院学报，2000（3）.

（一）重大责任事故罪的构成要件

1.主体要件

本罪主体是特殊主体，包括对生产、作业负有组织、指挥或者管理职责的负责人、管理人员、实际控制人、投资人等人员，以及直接从事生产、作业的人员。

2.主观要件

重大责任事故罪的主观方面表现为过失，即行为人应当预见到自己的行为可能发生危害社会的结果，但是由于疏忽大意而没有预见或者已经预见而轻信能够避免，以致发生这种结果的心理态度。行为人对于安全规定的违反，既可能是无意之中违反，也可能是明知故犯，但均不影响本罪的成立。

3.客观要件

重大责任事故罪在客观要件表现为行为人在生产、作业活动中，违反有关安全管理的规定，因而发生重大伤亡事故或者造成其他严重后果。（1）行为人违反有关安全管理的规定的行为必须发生在生产、作业过程中，并与生产、作业有直接的联系。如果不是发生在生产、作业过程中，即使造成了严重后果，也不构成重大责任事故罪。（2）行为人违反了有关安全管理的规定。“有关安全管理的规定”包括三个方面：一是国家颁发各种有关安全生产、作业的法律、法规的明文规定；二是企业、事业单位及其上级管理机关所制定的有关安全生产、作业的规程、规则、章程等的明文规定；三是虽无法律法规等的明文规定，但反映了生产、科研、设计、施工中安全操作的客观规律，为该行业、单位内部公认和通行的、行之有效的安全操作习惯与惯例。（3）行为人在生产、作业中违反有关安全管理规定的行为必须造成了重大伤亡事故或者其他严重后果。

（二）重大责任事故罪的关联犯罪

1.强令、组织他人违章冒险作业罪

强令、组织他人违章冒险作业罪，是指强令他人违章进行作业，或者明知存在重大事故隐患而不排除，仍冒险组织作业，因而发生重大伤亡事故或者造成其他严重后果的行为。该罪的基本构成要件如下：（1）主体是对生产、作业负有组织、指挥或者管理职责的负责人、管理人员、实际控制人、投资人等人员，但也不能排除其他直接从事生产、作业的一般工作人员。一般工作人员不具有命令、强迫其同事、工友违章冒险作业的权力，但在特殊情况下，也有可能以其特有的强制力或者向管理者告发等方式相威胁，强令他人违章冒险作业。（2）主观要件，只能是过于自信的过失，即已经预见到发生危害结果的危险，但是过于自信，因而导致结果发生的心理态度。（3）客观要件，表现为强令他人违章进行作业，或者明知存在重大事故隐患而不排除，仍冒险组织作业，且发生重大伤亡事故或者造成其他严重后果。“违章”不仅指违反国家机关颁布的法律、法规、条例、章程等规范，而且指违反有关安全生产、作业方面的规定。“强令”是指行为人利用自已的职权、职务或其他优势违背他人意志，采取强迫、威胁方法，命令他人违章冒险生产、经营的行为，既包括利用职权上或者职务上的优势地位命令他人，也包括利用职务、职权以外的其他势力地位胁迫他人服从命令。如态度强硬，或者如果受令者拒绝服从，就威胁减工资、扣奖金、辞退等。“组织作业”是安排、调度特定的人员、物资进行作业。（4）客体为作业安全。

重大责任事故罪与强令、组织他人违章冒险作业罪的区别如下：（1）行为主体的范围不同。前罪通常是生产、作业第一线工作人员；后罪通常不是生产、作业第一线工作人员，而是管理者、经营者。（2）主观要件不同。前罪包括疏忽大意的过失，而后罪只能是过于自信的过失。

2.危险作业罪

危险作业罪，是指在生产、作业中故意违反有关安全管理的规定，实施具有发生重大伤亡事故或者其他严重后果的现实危险的禁止行为。

危险作业罪在客观上包括如下三种：（1）关闭、破坏直接关系生产安全的监控、报警、防护、救生设备、设施，或者篡改、隐瞒、销毁其相关数据、信息的；（2）因存在重大事故隐患被依法责令停产停业、停止施工、停止使用有关设备、设施、场所或者立即采取排除危险的整改措施，而拒不执行的；（3）涉及安全生产的事项未经依法批准或者许可，擅自从事矿山开采、金属冶炼、建筑施工，以及危险物品生产、经营、储存等高度危险的生产作业活动的。本罪是危险犯，即行为具有发生重大伤亡事故或者其他严重后果的现实危险。

重大责任事故罪与危险作业罪的区别主要表现为行为后果不同。前者是结果犯，后者是危险犯。危险作业罪充分利用特定业务的安全管理制度，可以实现以轻罪适用预防重罪发生、以处罚危险犯预防实害犯发生的社会效果。[①]故此，危险作业罪的立法是刑法一般积极预防理念的结果，它将刑法介入的时机提前，从而在即便没有发生实害结果的场合也可以追究行为人的刑事责任。

3.重大劳动安全事故罪

重大劳动安全事故罪是指安全生产设施或者安全生产条件不符合国家规定，因而发生重大伤亡事故或者造成其他严重后果的行为。

重大责任事故罪与重大劳动安全事故罪都是涉及违反安全生产规定的犯罪，对重大事故的发生主观心态都是过失。它们的区别如下：（1）犯罪主体不同。前罪是一般自然人主体，后罪为所有从事生产、经营的自然人和单位。考虑到发生安全事故的单位应立即整改，使安全生产设施、安全生产条件达到国家规定，以及对安全事故伤亡人员进行治疗、赔偿，需要大量资金，该条在处罚上只追究“直接负责的主管人员和其他直接责任人员”的刑事责任，对单位没有规定判处罚金。其中，直接负责的主管人员包括生产、经营单位的负责人、生产经营的指挥人员、实际控制人、投资人。其他直接责任人员包括对安全生产设施、安全生产条件负有提供、维护、管理职责的人。（2）行为违反的规范不同。前罪违反的规范在于强调在生产、作业过程中遵守操作规程，以免引起安全生产事故的行为，如在不准使用明火的工作场合使用明火等，处罚的是违章操作规程或者强令他人违章作业的自然人。后罪违反的规范在于保证劳动场所的硬件设施、对劳动者提供的安全生产防护用品、防护措施必须符合国家规定安全生产条件。（3）行为表现不同。前罪表现为在生产作业过程中违反安全生产、安全作业的管理规定，或者强令他人违章冒险作业，因而发生重大事故，一般表现为作为的方式。后者则是表现为安全生产设施或者安全生产条件不符合国家规定，因而发生重大事故，行为人的行为方式一般表现为不作为。

4.工程重大安全事故罪

工程重大安全事故罪是指建筑单位、设计单位、施工单位、工程监理单位违反国家规定，降低工程质量标准，造成重大安全事故的行为。

---

① 参见黄京平.危险作业罪的规范目的及其实现——《刑法修正案（十一）》的标志性立法实践［J］.北京联合大学学报（人文社会科学版），2021（2）.

重大责任事故罪与工程重大安全事故罪相同之处是主观方面都表现为过失，都与生产、作业有关，都需要以发生一定程度的结果为要件。不同之处如下：（1）犯罪主体不同。前罪为一般主体，为自然人犯罪，后罪为建设单位、设计单位、施工单位、工程监理单位，是特殊主体，为单位犯罪，只处罚直接责任人员。（2）时空范围不同。前罪发生在生产、作业过程中，除法律有特殊规定的外，都可能构成此罪，后罪发生的范围限于工程建设、设计、施工、监理过程中。（3）行为方式不同。前罪对行为方式没有限制，后罪表现为违反国家规定，降低工程质量标准。因此，建设单位、设计单位、施工单位、工程监理单位降低工程质量标准，造成重大安全事故的行为，应以工程重大安全事故罪论处。实践中行为人为了赶工期，违章施工，降低工程质量标准的行为，如果没有经过领导的同意，没有集体讨论决定，就不能认定为是单位意志下的行为，其属于个人行为，因而发生重大事故的，应该认定为自然人犯罪，而不是单位犯罪，所以应认定为重大责任事故罪而非工程重大安全事故罪。

5.危险物品肇事罪

危险物品肇事罪是指违反爆炸性、易燃性、放射性、毒害性、腐蚀性物品的管理规定，在生产、储存、运输、使用中发生重大事故，造成严重后果的行为。危险物品肇事罪是一种特殊形式的责任事故，就其实质而言也符合重大责任事故罪，两罪是一般法条与特殊法条的关系。

重大责任事故罪与危险物品肇事罪，主观方面都表现为过失。它们的区别如下：（1）时空范围不同。前罪发生在生产、作业过程中，后罪发生在生产、储存、运输、使用过程中，犯罪对象为危险物品。（2）客观方面不同。重大责任事故罪违反的是与生产、作业安全有关的管理规定，危险物品肇事罪仅限于违反有关爆炸性、易燃性、放射性、毒害性、腐蚀性物品的管理规定。

6.不报、谎报安全事故罪

不报、谎报安全事故罪，是指在安全事故发生后，负有报告职责的人员不报或者谎报事故情况，贻误事故抢救，情节严重的行为。本罪主体是负有报告职责的人员，是指负有组织、指挥或者管理职责的负责人、管理人员、实际控制人、投资人，以及其他负有报告职责的人员。本罪客观表现为，在安全事故发生后，负有报告职责的人员不报或者谎报事故情况，贻误事故抢救。在安全事故发生后，与负有报告职责的人员串通，不报或者谎报事故情况，贻误事故抢救，情节严重的，以不报、谎报安全事故罪的共犯论处。

重大责任事故罪与不报、谎报安全事故罪的区别在于犯罪行为实施时机不同。前罪是在安全事故发生之前，后罪是在安全事故发生之后。行为表现也不一样，前罪是生产、作业行为，属于作为，后罪是不报或者谎报行为，属于不作为。

第二十二章

危害国家安全的犯罪

第一节　危害国家安全罪概述

一、危害国家安全罪的概念

危害国家安全罪又被称为国事罪，理论上认为它是针对国家存立的犯罪，包括针对国家内部秩序的犯罪和针对国家外部秩序的犯罪。我国1997年《刑法》规定的危害国家安全罪，脱胎于1979年《刑法》分则第一章的“反革命罪”。修订《刑法》时对“反革命罪”的内容进行了调整与合并，删除了反革命破坏罪，组织、领导、积极参加反革命集团罪，反革命杀人罪，反革命伤人罪等犯罪，并将组织越狱、聚众劫狱等犯罪移入他章，同时依据《中华人民共和国保守国家秘密法》（已失效）和《国家安全法》等法律规定，增设了一些犯罪，如资助危害国家安全罪、叛逃罪等。

二、危害国家安全罪的客体

这类犯罪侵犯的客体为中华人民共和国的国家安全。国家安全概念具有时代变迁性，今天，理论界将国家安全分为传统安全和非传统安全。2014年，习近平总书记在中央国家安全委员会第一次全体会议上首次正式提出“总体国家安全观”。我国制定的《国家安全法》《反间谍法》《反恐怖主义法》等法律法规都是在总体国家安全观的指导下制定的，为我国总体国家安全观提供了实践依据。根据《国家安全法》第2条的规定，国家安全是指国家政权、主权、统一和领土完整、人民福祉、经济社会可持续发展和国家其他重大利益相对处于没有危险和不受内外威胁的状态，以及保障持续安全状态的能力。我国的国家安全体系内容丰富，具体包括政治安全、国土安全、军事安全、经济安全、文化安全、社会安全、科技安全、信息安全、生态安全、资源安全、核安全十一种安全，可谓涵盖了政治、经济、文化、军事等各个领域，体现了我国安全体系的总体性和全面性。但是，刑法中的国家安全是指中华人民共和国的主权、领土完整与安全，国家的统一，国家政权以及社会主义制度的安全。这类犯罪侵犯的对象是中华人民共和国国家。危害国家安全罪所侵犯的必须是作为一个整体的国家安全，如果行为仅仅侵害了国家的某一局部利益，未危害到国家的整体安全，尚不构成这类犯罪。由于国家安全的重要性不言而喻，所以只要行为人实施侵害国家安全的行为，就产生了严重的社会危害性。

三、危害国家安全罪的主体要件

危害国家安全罪的主体通常是一般主体，即年满16周岁、具有刑事责任能力的自然人。在自然人主体中，大部分可以由中国人或者外国人（包括无国籍人）实施。但是部分危害国家安全犯罪的主体限于中国公民，如投敌叛变罪和叛逃罪，为境外窃取、刺探、收买、非法提供国家秘密、情报罪和资敌罪。除了自然人主体之外，有些犯罪的主体包括机构、组织，例如资助危害国家安全犯罪活动罪。

第二节　危害国家安全的具体犯罪

一、背叛国家罪

根据《刑法》第102条规定，背叛国家罪，是指勾结外国或者境外机构、组织、个人，危害中华人民共和国的主权、领土完整和安全的行为。

背叛国家的行为在客观方面具体表现为，勾结外国或者境外机构、组织、个人，危害中华人民共和国主权、领土完整和安全的行为。所谓勾结，即指通过暗中接触、信电往来或者以其他方式进行通谋、商议和策划等具体活动。勾结内容包括一切危害到国家独立自主处理国内外事务的权力及有损国家领土的完整性或使国家受到外国侵犯的行为。所谓外国，主要是指主权国家的政府，尚未独立的殖民地、托管地的政府也应包括在内。如果勾结港、澳、台地区的机构、组织、个人，危害中华人民共和国主权、领土完整和安全的，根据分裂国家罪、颠覆国家政权罪处理比较妥当。

本罪行为人在主观上具有背叛国家的意思。

二、分裂国家罪

根据《刑法》第103条第1款的规定，分裂国家罪，是指组织、策划、实施分裂国家、破坏国家统一的行为。

分裂国家的行为，在客观方面具体表现为组织、策划、实施分裂国家、破坏国家统一的行为。“分裂国家、破坏国家统一”是本罪行为的内容和实质；“组织、策划、实施”是行为人具体行为的表现形式。所谓“分裂国家、破坏国家统一”，是指将中华人民共和国领土的一部分分割出去，脱离中央政府领导，另立政府，制造地方“独立”的割据局面；或者分裂中华人民共和国，破坏民族团结，制造民族分裂的行为。“组织”，即指分裂国家的犯罪集团或者分裂活动的组织人的纠集行为，具体有两种表现形式：第一，成立旨在分裂国家、破坏国家统一的政党、社会团体等犯罪组织；第二，纠集多人，旨在进行分裂国家、破坏国家统一的非法活动，如“民族迁徙”等。“策划”，主要指秘密谋划分裂国家、破坏国家统一的活动，如密谋制定分裂国家的活动纲领、秘密拟定伪政府人选。“实施”，主要指已着手进行分裂国家、破坏国家统一的活动，如宣布某一地方独立，进行所谓的“民族迁徙”“民族回归”。分裂国家、破坏国家统一的行为的具体内容，主要有以下五个方面：（1）另立中央政府；（2）成立地方割据政府；（3）制造民族分裂；（4）拒绝中央政府领导；（5）破坏国家统一。

本罪的行为人在主观上具有分裂国家的意思。

三、煽动分裂国家罪

根据《刑法》第103条第2款的规定，煽动分裂国家罪，是指煽动分裂国家、破坏国家统一的行为。

本罪在客观上表现为行为人煽动他人实施分裂国家、破坏国家统一的行为。

所谓煽动，是行为人以劝诱、造谣、诽谤、迷惑等方式，蛊惑人心，怂恿、鼓动他人实施犯罪。煽动的方式多种多样，如书写、张贴、散发标语、传单；撰写、印发文章、刊物；投寄匿名信；利用计算机网络等传输信息手段；当众发表演讲等。无论采用何种煽动方式，其都具有分裂国家、破坏国家统一的内容。本罪的行为对象是不特定人或多数人，往往具有群体性特征。如果行为人煽动特定的某个人去实施分裂国家、破坏国家统一的行为，则应以分裂国家罪的教唆犯来处理。本罪的构成并不以被煽动者实施分裂国家犯罪，即具体地着手组织、策划、实施分裂国家、破坏国家统一的行为为必要，只要行为人实施了煽动行为，无论被煽动者是否实施分裂国家、破坏国家统一的行为，行为人即构成煽动分裂国家罪的既遂。

本罪主观要件是故意，表现为行为人通过煽动行为，意图唆使他人实施分裂国家行为。

实践中要把握如下两个问题。

1.本罪与一般的错误言论的界限

二者的区别可从两方面加以分析：（1）主观要件，煽动分裂国家罪要求行为人具有特定的分裂国家、破坏国家统一的犯罪目的；而一般的错误言论或者是由于思想狭隘或者是出于对现状不满而发牢骚、抱怨，一般属于个人情绪宣泄，并不具有煽动他人产生犯罪和实施犯罪的故意。（2）客观要件，一般的错误言论、消极言论只是小范围内的就事论事；而煽动分裂国家罪则表现为行为人积极地进行煽动，并且积极追求他人在其煽动下产生分裂国家的犯罪决意进而实施分裂国家的犯罪行为。如果有人利用群众的不满情绪进而煽动，积极地鼓励群众去实施分裂国家的行为，或者行为人以分裂国家为口号，煽动他们制造骚乱行为的，则应以本罪论处。

2.分裂国家罪与煽动分裂国家罪的关系

煽动分裂国家的行为是针对煽动者本人以外的他人实施的。从形式上看，这种煽动行为与分裂国家共同犯罪中的组织行为、教唆行为具有相似之处，但它们在两个方面存在区别：（1）煽动分裂国家行为与分裂国家罪的组织行为的界限。煽动分裂国家罪中的煽动行为，其犯罪对象是不特定的人或者多数人，其目的在于使无犯罪意图者产生犯罪意图或者对已经产生犯罪意图者进一步助长、刺激其犯罪意图；分裂国家罪的组织行为，表现为实施、策划和指挥共同犯罪人进行分裂国家的犯罪活动，其针对的对象是已有共同犯罪故意的共同犯罪人。如果行为人在实施分裂国家的犯罪活动中，为了壮大犯罪力量或者蛊惑民心而煽动他人实施分裂国家行为的，这种情形可以视为分裂国家罪的一种具体手段，应直接以分裂国家罪追究行为人的刑事责任。（2）煽动分裂国家行为与分裂国家罪的教唆行为的界限。教唆行为是指故意唆使他人犯罪的行为。煽动行为与教唆行为都是行为人通过劝诱、鼓动等方法，促使他人实施犯罪的行为。从广义上讲，煽动行为也是一种教唆行为。但是就煽动分裂国家罪而言，煽动行为与分裂国家罪的教唆行为在客观表现形式上也有所不同：煽动行为的对象为不特定的人或多数人，并且通常具有“公然性”的特征；而教唆行为的对象是特定的个人或数人，通常不具有“公然性”。

四、武装叛乱、暴乱罪

根据《刑法》第104条的规定，武装叛乱、暴乱罪，是指组织、策划、实施武装叛乱或者武装暴乱，危害中华人民共和国国家安全的行为。

本罪的主观要件是直接故意，即行为人希望并追求发生武装叛乱或者武装暴乱。

本罪在客观方面具体表现为，组织、策划、实施武装叛乱或者武装暴乱的行为。“武装叛乱”或“武装暴乱”是本罪的犯罪行为的内容；“组织、策划、实施”是行为人具体的行为方式。“叛乱”，是指意图投靠境外组织或境外敌对势力而反叛国家和政府的行为；“暴乱”，是指行为人没有叛乱的意图，直接与国家或政府进行暴力对抗；所谓“武装叛乱”，是指意图投靠境外组织或境外敌对势力，采取武装对抗的形式，反叛国家和政府的行为；所谓“武装暴乱”，是指采取武装的形式，直接与国家和政府对抗的行为。

构成本罪的行为除了组织、策划、实施三种行为方式外，还包括策动、胁迫、勾引、收买他人进行武装叛乱或者武装暴乱，但是当行为对象为国家机关工作人员、武装部队人员、人民警察、民兵时，属于从重处罚的情形。“策动”，是指策划、鼓动上述人员进行武装叛乱或武装暴乱；“胁迫”，是指以暴力或者其他内容相威胁，迫使上述人员进行武装叛乱或者武装暴乱；“勾引”，是指用名誉、地位、美色等引诱上述人员进行武装叛乱或者武装暴乱；“收买”，是指用金钱、财物等物质利益作为代价换取上述人员进行武装叛乱或者武装暴乱。

实践中要注意的问题主要是，在武装叛乱、暴乱犯罪过程中，往往同时具有杀人、伤害、抢劫、放火、破坏交通工具或交通设施等犯罪行为。在此情形下，是按一罪还是按数罪处理，理论界有不同见解。通说的观点认为，应按一罪处理，不实行数罪并罚，因为在这种情况下，杀人、抢劫、放火等行为在形式上又触犯了其他罪名，但是实质上已被包含在武装叛乱、暴乱罪之中。还有观点认为，应当进行数罪并罚。因为武装叛乱、暴乱行为不能当然地包含杀人、抢劫、放火等犯罪行为。本书认为后一观点是妥当的，理由是：如果认为武装叛乱当然地包括杀人、抢劫、放火等行为，就可能导致这些行为被暴乱、叛乱行为所吸收，最终按照武装叛乱、暴乱罪定罪处罚。但依据《刑法》规定，对实施本罪的首要分子或者罪行重大者的最高法定刑为无期徒刑，而故意杀人、抢劫、放火等犯罪的最高法定刑为死刑。即便根据故意杀人罪、抢劫罪或者放火罪处理，也不能评价武装叛乱、暴乱的行为。总之，按照一罪处理可能无法全面评价行为的社会危害性，无法实现罪责刑相适应原则。

五、颠覆国家政权罪

根据《刑法》第105条第1款的规定，颠覆国家政权罪，是指组织、策划、实施颠覆国家政权、推翻社会主义制度的行为。

本罪主观要件是，行为人有颠覆国家政权、推翻社会主义制度的主观意图。

本罪在客观方面具体表现为组织、策划、实施颠覆国家政权、推翻社会主义制度的行为。颠覆国家政权、推翻社会主义制度是该种犯罪行为的内容，组织、策划、实施是行为人具体行为的表现形式。“国家政权”，不仅指中央人民政府，而且还包括地方人民政府。“颠覆国家政权、推翻社会主义制度”，是使中国人民民主专政的政权和社会主义制度遭到覆灭，其行为方式既包括以暴力形式妄图推翻国家政权，也包括以非暴力形式妄图窃取国家政权。只要行为人实行了组织、策划、实施行为之一的，就符合本罪的客观特征；行为人同时实行两种以上行为的仍只定颠覆国家政权罪，不实行数罪并罚。本罪属于行为犯，构成本罪既遂不要求已经造成颠覆国家政权、推翻社会主义制度的实际后果。只要行为人有颠覆国家政权、推翻社会主义制度的目的，并有组织或策划、实施颠覆国家政权、推翻社会主义制度的行为之一的，即可成立本罪的既遂。

实践中需要注意的问题如下。

1.颠覆国家政权罪与分裂国家罪的关系

颠覆国家政权罪与分裂国家罪均对国家的政权构成危害，并在客观行为上都具有组织、策划、实施的表现。两罪的主要区别如下：（1）主观要件，行为人的主观故意内容不同。实施颠覆国家政权罪的行为人主观上追求国家政权被颠覆、社会主义制度被推翻的结果的发生；实施分裂国家罪的行为人主观上追求国家遭受分裂、国家统一遭受破坏的结果的发生。（2）客观要件，两罪中的“组织、策划、实施”的内容不同。颠覆国家政权罪中，组织、策划、实施的是颠覆中国人民民主专政的国家政权和推翻社会主义制度的活动，表现为以新的政权取代现政权；分裂国家罪中，组织、策划、实施的是分裂国家、破坏国家统一的活动，表现为在中央政府之外另立中央，割据一方，独立为政，对抗中央的领导。

2.颠覆国家政权罪与武装叛乱、暴乱罪的关系

武装叛乱、暴乱罪具有投敌叛变的性质，与颠覆国家政权罪的区别比较明显。关键是如何区分颠覆国家政权罪与武装叛乱、暴乱罪。颠覆国家政权罪，既可以采取暴力的方式，也可以采取非暴力的方式；而以暴力的方式颠覆国家政权的行为与武装暴乱行为具有相似之处。区分二者应主要从行为人的主观方面进行判断。二者虽然都可能危及国家政权，但颠覆国家政权罪的直接目的是颠覆国家政权、推翻社会主义制度，而武装叛乱、暴乱罪并不要求行为人具有颠覆国家政权的目的，而可能是出于对现政权的不满而意图通过武装暴乱来扰乱整个社会秩序，引发社会动乱。如果行为人策动武装暴乱的目的是颠覆国家政权，则应以颠覆国家政权罪论处。

六、煽动颠覆国家政权罪

根据《刑法》第105条第2款的规定，煽动颠覆国家政权罪，是指以造谣、诽谤或者其他方式煽动颠覆国家政权、推翻社会主义制度的行为。

本罪在客观方面具体表现为，以造谣、诽谤或者其他方式煽动颠覆国家政权、推翻社会主义制度的行为。“造谣”，是指出于颠覆国家政权、推翻社会主义

制度之目的制造并散布各种谣言，混淆视听迷惑群众；“诽谤”，是指捏造事实并散布诋毁、攻击国家政权和社会主义制度的行为；“其他方式”，是指除造谣、诽谤以外的煽动、蛊惑他人实施颠覆国家政权、推翻社会主义制度的方式。从实践中看，本罪的行为表现形式主要有以下四种：第一，利用文化传媒煽动颠覆国家政权；第二，在公共场所书写、张贴含有颠覆国家政权、推翻社会主义制度内容的反动传单、标语、大小字报或投寄反动煽动信件；第三，以诗歌、漫画等形式进行宣传煽动；第四，直接公开呼喊颠覆国家政权的口号或者发表以此为内容的反动演讲。本罪是行为犯，只要实施旨在颠覆国家政权、推翻社会主义制度的煽动行为，即成立本罪的既遂。

本罪主观要件是，行为人具有假手他人的行为推翻国家政权、推翻社会主义制度的企图。

实践中要注意的问题如下。

1.本罪与民众的政治错误言论的界限

区分二者界限的关键，是看行为人主观上是否具有煽动群众颠覆国家政权和推翻社会主义制度的目的。如果具有该目的，应以本罪论处；反之，则不构成本罪。对具体案件性质的判断，要综合全案情节、行为人的一贯表现，身份地位等各方面加以具体分析。如果行为人只是个别地发表对政府的不满并有过激言词，对于该行为人应当进行批评，而不能以犯罪论。如果行为人向多数人发表言论并鼓动他们进行带有具体内容、针对政府的敌对活动、推翻政府活动的，则应以本罪追究刑事责任。如果行为人虽然鼓动群众对抗政府，但是只是意图抗拒法律、行政法规实施的，应当根据《刑法》第278条煽动暴力抗拒法律实施罪定罪处罚。

2.颠覆国家政权罪与煽动颠覆国家政权罪的关系

煽动颠覆国家政权的行为是针对煽动者本人以外的他人实施的。从形式上看，这种煽动行为与颠覆国家政权的共同犯罪中的组织行为、教唆行为具有相似之处，但它们在两个方面存在区别：（1）煽动颠覆国家政权行为与颠覆国家政权罪的组织行为的界限。煽动颠覆国家政权罪中的煽动行为，其犯罪对象是不特定的人或者多数人，其目的在于使无犯罪意图者产生犯罪意图或者对已经产生犯罪意图者进一步助长、刺激其犯罪意图；颠覆国家政权罪的组织行为，表现为实施、策划和指挥共同犯罪人进行颠覆国家政权的犯罪活动，其针对的对象是已有共同犯罪故意的共同犯罪人。如果行为人在实施颠覆国家政权的犯罪活动中，为了壮大犯罪力量或者蛊惑民心而煽动他人实施颠覆国家政权行为的，这种情形可以视为颠覆国家政权罪的一种具体手段，应直接以颠覆国家政权罪追究行为人的刑事责任。（2）煽动颠覆国家政权行为与颠覆国家政权罪的教唆行为的界限。教唆行为是指故意唆使他人犯罪的行为。煽动行为与教唆行为都是行为人通过劝诱、鼓动等方法，促使他人实施犯罪的行为。从广义上讲，煽动行为也是一种教唆行为。但是就煽动颠覆国家政权罪而言，煽动行为与颠覆国家政权罪的教唆行为在客观表现形式上也有所不同：煽动行为的对象为不特定的人或多数人，并且通常具有“公然性”的特征；而教唆行为的对象是特定的个人或数人，通常不具有“公然性”。

七、资助危害国家安全犯罪活动罪

根据《刑法》第107条的规定，资助危害国家安全犯罪活动罪，是指境内外机构、组织、个人资助境内组织或者个人实施背叛国家、分裂国家、煽动分裂国家、武装叛乱、暴乱、颠覆国家政权、煽动颠覆国家政权等犯罪，危害国家安全的行为。

本罪的主观要件是，行为人具有犯罪的直接故意，即明知境内的组织或者个人有背叛国家、分裂国家、煽动分裂国家、武装叛乱、暴乱、颠覆国家政权、煽动颠覆国家政权等犯罪行为，仍故意向其提供资助以帮助受资助人顺利实施犯罪的行为。在判断本罪的主观方面时，要查明行为人对被资助人准备实施或者正在实施危害国家安全行为确实存在明知。如果行为人在不知情或者被蒙骗的情况下，对这些组织或者个人提供了资助，则因为缺少犯罪故意而不能以本罪追究刑事责任。

本罪在客观方面具体表现为，资助境内组织或者个人实施背叛国家、分裂国家、煽动分裂国家、武装叛乱、暴乱、颠覆国家政权、煽动颠覆国家政权等犯罪，危害国家安全的行为。“资助”，是指以提供金钱、财物、器材、设备、场所等物质条件予以支持协助。由于本罪在客观方面表现为对境内组织、个人就特定危害国家安全犯罪的实施提供资助，所以资助行为一般发生在被资助人实施前述危害国家安全犯罪行为之前或之中，其作用在于为这些犯罪的着手实行提供便利或者在实行以后促进其完成。资助只能以有形的物质性利益进行帮助，而不包括在精神上、舆论宣传等方面给予支持帮助。至于资助是主动提供还是在对方或其他人要求下提供，均不影响本罪的成立。资助的对象是实施背叛国家罪，分裂国家罪，煽动分裂国家罪，武装叛乱、暴乱罪，颠覆国家政权罪，煽动颠覆国家政权罪的境内组织、个人。

实践中要注意的问题是，资助危害国家安全犯罪活动罪与背叛国家罪等危害国家安全犯罪的帮助犯的关系。从本质上讲，本罪属于共同犯罪中的帮助犯，即帮助行为人实施上述六种犯罪。由于刑法已经将此种行为独立规定为犯罪，即应以本罪的实行行为定罪处罚，而不能再以上述六种犯罪的帮助犯进行处理。在认定本罪时，不能一概将上述六种犯罪的帮助犯以本罪论处，仍要注意区分两者之间的差别：（1）资助危害国家安全犯罪活动罪的资助对象为境内组织或者个人；而上述六种犯罪的帮助犯帮助对象即这六种犯罪的实行犯，除背叛国家罪的实行犯应为中国公民外，其余各罪并无境内、境外限制。（2）资助危害国家安全犯罪活动罪的实行行为只限于对上述六种危害国家安全犯罪活动进行物质上的资助，即通过提供金钱、财物、设备等物质条件予以支持帮助；而上述六种犯罪的帮助犯，还包括精神上的帮助。（3）从帮助发生的时间范围来分析，资助危害国家安全犯罪活动罪的行为应当发生在上述六种犯罪实施之前或者实施之中；而上述六种犯罪的帮助犯，还可能发生在犯罪实施之后，即事先通谋，事后进行窝藏、包庇。（4）从法定刑结果来看，资助危害国家安全犯罪活动罪作为独立的犯罪而具有独立的法定刑；而上述六种犯罪的帮助犯则应当以帮助实施的犯罪行为所构成的具体犯罪来定罪，并依照该罪的法定刑并结合刑法总则中关于共同犯罪的规定进行量刑。

八、叛逃罪

根据《刑法》第109条的规定，叛逃罪，是指国家机关工作人员在履行公务期间，擅离岗位，叛逃境外或者在境外叛逃，危害中华人民共和国国家安全的行为。

本罪的主观要件是，行为人具有叛逃的故意。

本罪客观要件是，国家机关工作人员在履行公务期间，擅离岗位，叛逃境外或者在境外叛逃，危害中华人民共和国国家安全的行为。“公务”，即公事，是指属于国家的事或集体的事。本条所指公务，主要是指国家事务。所谓“履行”，是指实行、执行。“在履行公务期间”，是指在实行、执行国家事务期间，也就是说在国家机关工作人员已经开始履行公务至结束以前的一段时间。国家机关工作人员在境外履行公务期间，应包括在境外的全部时间。“擅离岗位”，是指自作主张地离开所在的职位，即未经设立职位的国家机关的批准，自行离开所在的职位。“危害中华人民共和国国家安全”要求叛逃不是一般的逃离，而是具有危害国家安全性质的背叛祖国的行为。

九、间谍罪

根据《刑法》第110条的规定，间谍罪，是指参加间谍组织或者接受间谍组织及其代理人的任务，或者为敌人指示轰击目标，危害国家安全的行为。

本罪主观要件，是行为人有参加间谍组织或者接受外国间谍组织及其代理人的任务，或者为敌人指示轰击目标，危害国家安全的行为的故意。

本罪的客观要件，具体表现为两种情形：第一，参加间谍组织或者接受间谍组织及其代理人的任务。“间谍组织”，是指外国政府或者境外的敌对势力建立的旨在收集我国情报（含国家秘密），进行颠覆破坏活动等，危害我国国家安全和利益的组织。“参加间谍组织”，是指行为人履行一定的手续，加入间谍组织，成为间谍组织的成员；“接受间谍组织及其代理人的任务”，是指接受间谍组织及其代理人的派遣、命令、指使或委托，执行窃取、刺探我国情报，建立间谍网络，或者颠覆破坏等任务。这里所说的间谍组织的“代理人”，是指受间谍组织或者其成员的指使、委托、资助，而又授意、指使他人进行危害中华人民共和国国家安全活动的人。凡是接受间谍组织及其代理人的任务的，不论其是否参加了间谍组织，均构成本罪。第二，为敌人指示轰击目标的行为。这里所说的“敌人”，主要是指战时与中国交战的敌对国或敌方，也包括非交战时采用轰击方式轰击我国领土的敌国或敌方。“指示轰击目标”，是指为敌人指明、显示其所轰炸、袭击的中国目标的方位、特征以及出现的时间、路线等。行为人采用何种手段，其所指示的目标是否有误，造成的危害后果如何，均不影响本罪的成立。本罪是行为犯，只要行为人实施了法定的行为之一，就构成犯罪既遂。至于行为人参与间谍组织后是否实施了进一步的间谍活动，接受外国间谍组织或者其代理人派遣的任务后是否完成了任务，为敌人指示轰击目标的行为是否导致目标被炸毁，都不影响犯罪既遂的成立。

实践中要注意的问题如下。

1.间谍罪与非罪的关系

行为人是否具有危害中华人民共和国国家安全的故意，并实施了具体危害中国国家安全的间谍行为，是划分本罪与非罪的基本界限。因此，对于因受欺骗，不明真相而加入间谍组织，未实施危害中国国家安全的间谍活动的，不应认定为犯罪；对于在间谍组织中从事勤杂、医务、传达等单纯劳务性活动并不参与间谍活动的，也不应认定为犯罪。此外，《中华人民共和国反间谍法》第55条第2款规定："在境外受胁迫或者受诱骗参加间谍组织、敌对组织，从事危害中华人民共和国国家安全的活动，及时向中华人民共和国驻外机构如实说明情况，或者入境后直接或者通过所在单位及时向国家安全机关如实说明情况，并有悔改表现的，可以不予追究。"根据该条规定，对于在境外因受胁迫或者诱骗而加入间谍组织，从事过危害中国国家安全的活动，但及时向中国驻外机构或中国国内的国家安全机关或者公安机关如实说明情况的人，不予追究刑事责任。

2.间谍罪一罪与数罪的关系

参加间谍组织后又实施刺探、窃取、收买、非法提供国家秘密或情报，或者进行其他破坏活动的，或者在接受外国间谍组织或其代理人派遣的任务后进一步实施完成任务的行为又触犯其他罪名的，或者为敌人指示轰击目标已经造成重大人身伤亡或财产损失的，都只能按一罪处理，而不能实行数罪并罚。上述情形属于牵连犯，因为参加间谍组织的目的就是实施其他犯罪活动，参加间谍组织的行为与接受间谍组织或其代理人派遣的任务后必然要实施完成任务的行为，两者之间存在一种牵连关系。

十、为境外窃取、刺探、收买、非法提供国家秘密、情报罪

根据《刑法》第111条的规定，为境外窃取、刺探、收买、非法提供国家秘密、情报罪，是指为境外的机构、组织、人员窃取、刺探、收买、非法提供国家秘密或者情报的行为。

本罪主观要件是，行为人有为境外窃取、刺探、收买、非法提供国家秘密、情报的故意。

本罪的客观要件是，为境外的机构、组织、人员窃取、刺探、收买、非法提供国家秘密或者情报的行为。这里所说的“境外机构”，是指中华人民共和国边境以外的国家或地区的官方机构，如政府、军队等，包括其在中国边境内的分支或代表机构。“境外组织”是指中华人民共和国边境以外的国家或地区的政党、社会团体以及其他企业事业单位及其在中国境内的分支组织。“境外人员”是指境外外国公民或无国籍人。境外人员也包括居住在中国境内不具有中国国籍的人。“窃取”是指采取秘密手段非法占有国家秘密、情报，也就是采取秘密的手段建立自己对国家秘密、情报的非法支配关系；“刺探”是指用探听或者一定的侦察技术获取国家秘密、情报的行为；“收买”是指利用金钱等财产性利益去换取国家秘密、情报；“非法提供”是指违反法律规定，提供国家秘密、情报的行为。“国家秘密”是依据《保守国家秘密法》所规定的，关系到中国国家安全和利益，依法定程序确定，在一定时间内只限一定范围的人员知悉的事项，具体包括：第一，国家事务重大决策中的秘密事项；第二，国防建设和武装力量活动的秘密事项；第三，外交和外事活动中的秘密事项；第四，国民经济和社会发展中的秘密事项；第五，科学技术中的秘密事项；第六，维护国家安全活动和追查刑事犯罪中的秘密事项；第七，其他经国家保密工作部门确定应当保守的国家秘密事项。国家秘密分为绝密、机密与秘密三个秘级。所谓“国家情报”，是指国家秘密以外的一切可能被境外机构、组织、个人利用而危害中国国家安全的资料、情况、消息，内容涉及国家政治、经济、军事、外交、科技等方面的情报。

实践中要注意的问题如下。

1.本罪与非法获取国家秘密罪的关系

根据《刑法》第282条第1款的规定，非法获取国家秘密罪，是指以窃取、刺探、收买的方法，非法获取国家秘密的行为。本罪与非法获取国家秘密罪的区别主要表现在三个方面：（1）本罪的犯罪对象包括国家秘密和情报；而非法获取国家秘密罪的犯罪对象只限于国家秘密。（2）在客观方面，本罪表现为为境外机构、组织、个人窃取、刺探、收买、非法提供国家秘密或者情报；而非法获取国家秘密罪只要具有窃取、刺探、收买国家秘密的行为即可构成。（3）主观方面都是故意，但故意内容的要求不同。本罪的构成不仅要行为人明知是国家秘密、情报，还要明知对方是境外的机构、组织、个人；而非法获取国家秘密罪只要求行为人明知是国家秘密。从《刑法》第111条与第282条第1款之间的关系看，两罪之间存在一定的法条竞合关系，也就是说，为境外窃取、刺探、收买、非法提供国家秘密的行为实际上可以视为非法获取国家秘密罪的一种具体情形并被包容于后者之中。由于前者为独立罪名，因而两者之间呈现出特殊法与一般法的关系。根据法条竞合时特别法优于一般法适用的原则，应依照《刑法》第111条的规定定罪处罚。

2.本罪与间谍罪的关系

两罪的区别主要表现在行为方式上：为境外窃取、刺探、收买、非法提供国家秘密、情报罪的行为主要表现为为境外的机构、组织或人员窃取、刺探、收买、非法提供国家秘密或者情报；而间谍罪的行为则表现为参加间谍组织或者接受间谍组织及其代理人的任务，或者为敌人指示轰击目标。如果行为人不是接受间谍组织及其代理人的任务，而是主动提供国家秘密或者情报，则以本罪论处；如果行为人参加间谍组织或接受间谍组织及其代理人的任务后，又实施了本罪行为的，应按牵连犯的原则，从一重罪处断。

十一、资敌罪

根据《刑法》第112条的规定，资敌罪，是指在战时供给敌人武器装备、军用物资的行为。

资敌罪的主观要件是行为人在战时有资助敌人的故意。

客观要件，表现为在战时供给敌人武器装备、军用物资的行为。资敌行为的条件如下：（1）资敌行为实施的时间必须在战时。所谓“战时”，是指国家宣布进入战争状态，部队领受作战任务或者遭到敌人突然袭击时。（2）资敌行为的供给对象必须是敌人，即国外的或者国内的敌对营垒或者敌对武装力量。既包括外国的侵略军事力量，也包括国内的反动军事力量。（3）资敌行为的供给内容必须是武器装备、军用物资。“供给”，是指非法向敌人提供，包括非法出售或无偿提供。“武器装备”，包括枪支、弹药等用于作战的装备。“军用物资”主要是指武器装备以外的其他军需用品，如军用被服、粮食、车辆船舶、油料、药品、器材等。只有上述三个条件同时具备，才可构成资敌罪，否则不能以本罪论处。

实践中，要注意资敌罪与资助危害国家安全犯罪活动罪的关系。两罪在客观方面都表现为向一定对象提供物质帮助，因而存在一定的相似性。应当从以下四个方面对两罪进行区分。（1）资助的对象不同。资敌罪的资助对象是敌方营垒和武装力量，不包括个人；而资助危害国家安全犯罪活动罪资助的对象是实施背叛国家罪、分裂国家罪、煽动分裂国家罪、武装叛乱、暴乱罪、颠覆国家政权罪、煽动颠覆国家政权罪的境内组织、个人。（2）时间不同。资敌罪只能发生在战时；而资助危害国家安全犯罪活动罪既可以发生在战时，也可以发生在非战时。（3）供给的物资种类不同。资敌罪只限于武器装备和军用物资；而后者范围比较广泛，包括金钱、物品、设备等物资，也可能包括武器装备和军用物资。（4）主体不同。资敌罪的主体只限于中国公民；而资助危害国家安全犯罪活动罪则包括境内外机构、组织、个人。

图书在版编目 (CIP) 数据

中国刑法导论 / 童德华著 . -- 北京 : 中国法治出版社, 2024. 11. -- ISBN 978-7-5216-4649-8

Ⅰ . D924.04

中国国家版本馆 CIP 数据核字第 2024WV6458 号

策划 / 责任编辑：王　悦（wangyuefzs@163.com）　　封面设计：杨鑫宇

中国刑法导论

ZHONGGUO XINGFA DAOLUN

著者 / 童德华

经销 / 新华书店

印刷 / 北京虎彩文化传播有限公司

开本 / 710 毫米 ×1000 毫米　16 开　　印张 / 50.75　字数 / 609 千

版次 / 2024 年 11 月第 1 版　　2024 年 11 月第 1 次印刷

中国法治出版社出版

书号 ISBN 978-7-5216-4649-8　　定价：169.00 元

北京市西城区西便门西里甲 16 号西便门办公区

邮政编码：100053　　传真：010-63141600

网址：http://www.zgfzs.com　　**编辑部电话：010-63141831**

市场营销部电话：010-63141612　　**印务部电话：010-63141606**

（如有印装质量问题，请与本社印务部联系。）